Guatemala

El Petén
p. 233

El altiplano
p. 93

**Centro y este
de Guatemala**
p. 184

Antigua
p. 66 ◉ ✪ **Ciudad de Guatemala**
p. 44

**Vertiente
del Pacífico**
p. 163

EDICIÓN ESCRITA Y DOCUMENTADA POR

Lucas Vidgen, Daniel C. Schechter

IGLESIA DE SAN ANDRÉS
XEQUL P. 149

AUTOBÚS, PANAJACHEL
P. 96

Sumario

SEMANA SANTA P. 77

Bienvenidos a Guatemala

Misterioso y desafiante, el país más diverso de Centroamérica ofrece paisajes y experiencias que llevan siglos cautivando a los viajeros.

Esplendor colonial

Es innegable que los conquistadores españoles dejaron un impresionante legado arquitectónico en Latinoamérica. Desde las decrépitas ruinas de Antigua a la señorial catedral de Ciudad de Guatemala, hay un sinfín de oportunidades para tomar instantáneas. Incluso las poblaciones más pequeñas alardean de edificios pintorescos; p. ej., la aldea pesquera de Retalhuleu posee una coqueta plaza central, mientras que centros cafeteros, como Cobán o Quetzaltenango, conservan vestigios de su esplendor en sus catedrales, cabildos y otros edificios públicos.

Los intemporales mayas

Quienes se pregunten qué fue de los mayas han de saber que aún están aquí y algunas de sus tradiciones siguen vigentes. Los aficionados a la arqueología sentirán especial interés por los yacimientos de Tikal, Copán (Honduras) y la fenomenal selección de museos de Ciudad de Guatemala. Se puede contemplar la cultura maya en estado puro en poblaciones como Rabinal o en lugares sagrados como la laguna de Chicabal. Hay mayas por doquier, pero los pueblos más tradicionales se hallan en las tierras altas; el Triángulo Ixil es un buen punto de inicio.

Grandes dosis de aventura

Los adictos a la adrenalina se encontrarán con una agenda muy apretada en cuanto lleguen al país. El senderismo por la jungla y volcanes, el *rafting* en aguas bravas, los kilómetros de cuevas y lo que parece una infinita tirolina tendida entre cada dos árboles, son solo el principio. Si se buscan emociones aún más fuertes se podrá sobrevolar en parapente el cráter del lago de Atitlán o bucear bajo sus aguas, incluso cabalgar sobre las olas de la costa del Pacífico. O quizá el viajero podría tumbarse en una hamaca y sopesar con calma las opciones que se le presentan.

Maravillas naturales

Con apenas un 2% de su territorio urbanizado, no sorprende que Guatemala reúna numerosos paisajes naturales de ensueño. Los escasos parques nacionales son impresionantes, en especial los de El Petén, y el exuberante cañón del río Dulce invita a gozar de inolvidables paseos fluviales. La belleza del lago de Atitlán, orlado de volcanes, lleva siglos cautivando a los viajeros, mientras que las Verapaces están horadadas por más cuevas de las que se podrían explorar en toda una vida, y la poza reproducida en mil postales, Semuc Champey, es algo que hay que ver para creer.

Por qué me encanta Guatemala

Lucas Vidgen, autor

Tras haber vivido aquí más de 10 años, compruebo que mi amor por Guatemala ha evolucionado. Al principio era solo visual: los horizontes tachonados de volcanes, los bosques exuberantes y las calles empedradas. Y después los contrastes culturales: mayas con vestimentas tradicionales que portan iPhones, vaqueros de pistola al cinto con botas y sombreros... Pero lo que de verdad acabé apreciando fue el espíritu de los guatemaltecos: que las calamidades pasan –guerras, terremotos, inundaciones y huracanes– pero las cosas sencillas perduran. Una comida en familia, bromear con los amigos..., por muy disparatado que sea lo demás, lo realmente importante es esto.

Para más información sobre los autores, véase p. 328

Guatemala

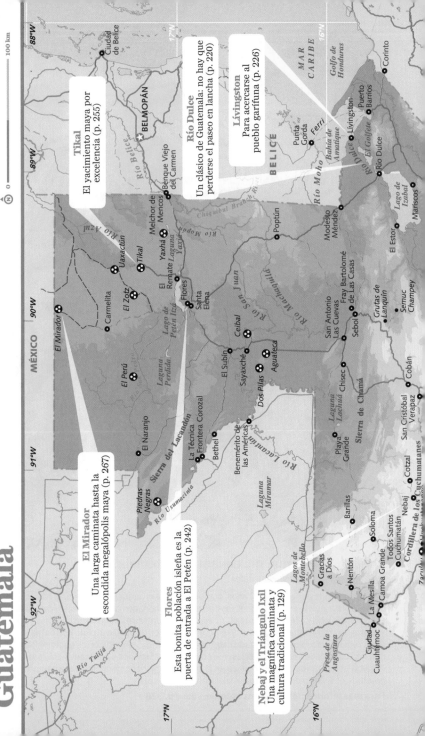

Tikal
El yacimiento maya por excelencia (p. 255)

Río Dulce
Un clásico de Guatemala: no hay que perderse el paseo en lancha (p. 220)

Lívingston
Para acercarse al pueblo garífuna (p. 226)

El Mirador
Una larga caminata hasta la escondida megalópolis maya (p. 267)

Flores
Esta bonita población isleña es la puerta de entrada a El Petén (p. 242)

Nebaj y el Triángulo Ixil
Una magnífica caminata y cultura tradicional (p. 129)

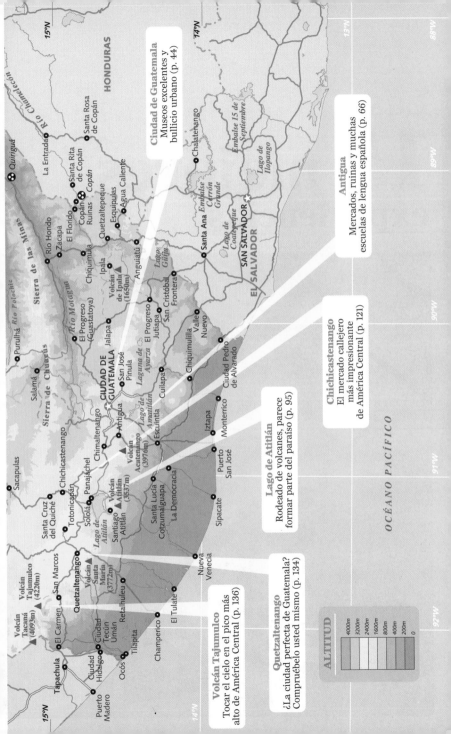

Ciudad de Guatemala
Museos excelentes y bullicio urbano (p. 44)

Antigua
Mercados, ruinas y muchas escuelas de lengua española (p. 66)

Chichicastenango
El mercado callejero más impresionante de América Central (p. 121)

Lago de Atitlán
Rodeado de volcanes, parece formar parte del paraíso (p. 95)

Volcán Tajumulco
Tocar el cielo en el pico más alto de América Central (p. 136)

Quetzaltenango
¿La ciudad perfecta de Guatemala? Compruébelo usted mismo (p. 134)

HONDURAS

EL SALVADOR

SAN SALVADOR

OCÉANO PACÍFICO

Sierra de las Minas

Sierra de Chuacús

Río Chixmeléón

Río Polochic

Purulhá

Río Motagua

Río Hondo

Quiriguá

La Entrada

Santa Rita de Copán

Copán Ruinas

El Florido

Santa Rosa de Copán

Agua Caliente

Esquipulas

Quetzaltepeque

Chiquimula

Zacapa

El Progreso (Guastatoya)

Jalapa

Ipala

Volcán de Ipala (1650m)

San José Pinula

Laguna de Ayarza

El Progreso

Jutiapa

San Cristóbal Frontera

Anguiatú

Lago de Güija

Santa Ana

Embalse Cerrón Grande

Lago de Ilopango

Embalse 15 de Septiembre

Chalatenango

Lago de Coatepeque

Chiquimulilla

Valle Nuevo

Ciudad Pedro de Alvarado

Cuilapa

Iztapa

Monterrico

Puerto San José

Escuintla

CIUDAD DE GUATEMALA

Antigua

Chimaltenango

Volcán Acatenango (3976m)

Volcán Atitlán (3537m)

Lago de Atitlán

Santiago Atitlán

Sololá

Panajachel

Lago de Amatitlán

Santa Lucía Cotzumalguapa

La Democracia

Sipacate

Nueva Venecia

Chichicastenango

Totonicapán

Santa Cruz del Quiché

Sacapulas

Salamá

Volcán Tajumulco (4220m)

San Marcos

Quetzaltenango

Volcán Santa María (3712m)

Volcán Tacaná (4093m)

El Carmen

Retalhuleu

Ciudad Tecún Umán

El Tulate

Champerico

Tapachula

Ciudad Hidalgo

Ocós

Tilapita

Puerto Madero

ALTITUD

4000m
3200m
2400m
1600m
800m
400m
200m
0

15°N

14°N

13°N

15°N

14°N

92°W

91°W

90°W

89°W

88°W

Las
15 mejores
experiencias

Tikal

1 Los templos (p. 38) extraordinariamente restaurados que se alzan en este rincón selvático asombran tanto por su tamaño como por su destreza arquitectónica; y lo mejor es llegar a la Gran Plaza a primera hora de la mañana. Ocupada durante 1600 años, representa el brillo cultural y artístico alcanzado por esta civilización de la selva. Desde el elevado templo IV, en el límite occidental del recinto, se obtiene una vista fabulosa. Merece también la pena admirar la exuberante fauna y flora en torno a los centros ceremoniales. Abajo: Templo I, Gran Plaza (p. 256).

Antigua

2 Con inmensos picos volcánicos y valles cubiertos de cafetales como telón de fondo de los vestigios de la ocupación española, la antigua capital de Guatemala (p. 66) se erige en un tentador entorno para miles de estudiantes de español, que acuden atraídos por reputados institutos como la Escuela de Español San José el Viejo. Ningún otro lugar del país combina de modo tan magnífico gastronomía y vida nocturna con fabulosos *souvenirs* a la venta en los mercados, una hermosa placita central repleta de fuentes y vistas de postal en cada esquina. Abajo: Mercado callejero.

BEN PIPE PHOTOGRAPHY / GETTY IMAGES ©

LUIS DAVILLA / GETTY IMAGES ©

Lago de Atitlán

3 Atitlán (p. 95) provoca arrebatos poéticos incluso a los viajeros más curtidos. De origen volcánico, el lago, ora plácido ora turbulento, se halla circundado de volcanes y sus orillas están tachonadas de pueblos como Santiago Atitlán, con su floreciente cultura indígena, y San Marcos, un refugio para los que quieran conectarse a la energía cósmica del lago. Y, para alargar la estancia, se ofrece un amplio abanico de actividades, desde parapente en Santa Catarina Palopó a kayak en Santa Cruz La Laguna o senderismo por los fabulosos caminos de las orillas.

Chichicastenango

4 "Chichi" (p. 121) es una ventana abierta a la tradición indígena, un antiguo cruce de caminos para los habitantes de la zona, que hablan maya quiché, y un lugar cargado de espiritualidad. En la iglesia de Santo Tomás, en el centro del pueblo, y en el cerro de Pascual Abaj, al sur, los rituales mayas se sincretizan con la iconografía cristiana. El mercado que se instala dos veces por semana ofrece recuerdos de extraordinaria calidad, sobre todo textiles y máscaras de madera. Arriba: Fieles en la escalinata de la iglesia de Santo Tomás (p. 122).

DANITA DELIMONT / GETTY IMAGES ©

Volcanes

5 Sagrados para los mayas y claves en la historia nacional, los volcanes dominan el horizonte de la región occidental del país y son uno de sus elementos más emblemáticos. Se pueden admirar desde el confort que brinda un café de Antigua o desde el lago de Atitlán, o más de cerca ascendiendo a alguno. Entre los preferidos se cuentan el Pacaya (p. 75), que suele arrojar lava a borbotones; el Tajumulco (p. 136), que representa el techo de Centroamérica; y el San Pedro (p. 112), famoso por sus vistas sobre el lago de Atitlán. Arriba: Pacaya (p. 75).

Río Dulce

6 El río Dulce (p. 220) conecta el mayor lago de Guatemala con la costa del Caribe; y por su sinuoso caudal, a través de un valle de altas pendientes, vegetación exuberante, cantos de aves y escurridizos manatíes, se ofrece un clásico e imprescindible paseo en lancha. No se trata de un crucero turístico (aquí, el río es un modo de vida y una vía de transporte), pero se puede atracar en un par de lugares para visitar comunidades fluviales y aguas termales, por lo que resulta una experiencia mágica inolvidable.

Artesanías y tejidos

7 Unidos al patrimonio del país, los tejidos guatemaltecos son mucho más que un reclamo para turistas. Sus diseños narran historias y creencias de las comunidades que los portan. Además, la producción artesana siempre ha sido parte de la vida local. Hay magníficos ejemplos por doquier, pero destacan los de los mercados de Ciudad de Guatemala (p. 60), Antigua, Panajachel y Chichicastenango (p. 121). Abajo: Puesto del mercado de Chichicastenango (p. 121).

Ciudad de Guatemala

8 Vibrante y severa, a menudo provocadora y en ocasiones sorprendente, la capital guatemalteca (p. 44) se ama o se odia. Muchos sienten enseguida lo último, pero si se le dedica tiempo y se mira más allá de su arquitectura y apariencia desaliñada, se hallará una ciudad llena de vida. Los amantes de la cultura, del buen comer, de los centros comerciales, de la música en directo y de las ciudades en general, saborearán un ambiente inusitado en el resto del país. Abajo: Catedral Metropolitana (p. 47).

DAN HERRICK / GETTY IMAGES ©

CLEANFOTOS / SHUTTERSTOCK ©

Semuc Champey

9 Guatemala no cuenta con muchas pozas de agua dulce que inviten a zambullirse, pero el oasis selvático de Semuc Champey (p. 196) es la excepción. Cascadas de agua color turquesa se precipitan formando un conjunto de piscinas calcáreas en un entorno idílico que, para muchos, es el lugar más bello del país. Se puede visitar en una apresurada excursión de un día, pero no hay razón para conformarse con tan poco, pues Semuc y sus alrededores son el mejor exponente de la Guatemala rural.

Quetzaltenango

10 Quetzaltenango (p. 134) –"Xela"– depara al visitante una experiencia urbana más amable que la capital, y su mezcla de paisajes de montaña, vida indígena, noble arquitectura y sofisticación permite conocer la auténtica vida urbana de Guatemala. Muchos vienen para estudiar español en los numerosos institutos de idiomas, como el prestigioso Celas Maya, o para iniciar excursiones a destinos de montaña como la laguna Chicabal –un lago volcánico y lugar de peregrinación para los mayas– o las Fuentes Georginas, una encantadora estación termal.

El Mirador

11 Los aventureros más audaces encontrarán en la caminata a El Mirador (p. 267) una oportunidad emocionante de explorar los orígenes de la historia maya en donde aún trabajan equipos de arqueólogos con los que se puede conversar. Entre sus cientos de templos cubiertos de vegetación está la pirámide maya más alta del mundo, La Danta, desde donde se domina el techo selvático. La caminata de ida y vuelta supone un mínimo de seis días entre fango y mosquitos, a menos que se haga en helicóptero. Arriba: Vista desde lo alto de La Danta (p. 268).

12

TRAVEL INK / GETTY IMAGES ©

13

ANTHONY PAPPONE / GETTY IMAGES ©

Nebaj y el Triángulo Ixil

12 Reducto de cultura indígena en un paraje alpino de fácil acceso, Nebaj (p. 129) apenas recibe visitantes, pero encarna las esencias de Guatemala. Solar de los mayas ixiles, cuya lengua y cultura sobrevivieron a violentas persecuciones, es también un punto de partida para los montes Cuchumatanes, con pueblos tradicionales, como Chajul, donde los albergues regentados por las comunidades ofrecen a los visitantes un acercamiento a este fascinante rincón del mundo. Arriba: Mujer con vestimenta tradicional, Nebaj.

Observación de la naturaleza

13 Pese a que las selvas, ríos, mares y montañas de Guatemala no son especialmente ricas en fauna y flora, hay varias especies dignas de observación. La costa del Pacífico recibe a ballenas y tortugas, y los manatíes abundan en la región de Río Dulce. Las Verapaces son un destino frecuente para la observación de aves –incluso podría avistarse un quetzal (p. 188)–, igual que las junglas de El Petén, donde cabe la posibilidad de avistar jaguares, monos aulladores, armadillos y agutíes. Arriba dcha.: Tucán (p. 299), Tikal.

Flores

14 Situada frente a una vasta reserva selvática, la apacible isla de Flores (p. 242) es una excelente base para explorar El Petén y un lugar ideal para reponer energías. Mientras se toma un trago en alguna de las distendidas terrazas que dan al lago Petén Itzá, o se navega en un viejo barco hacia islas aún más pequeñas, el viajero conocerá a otros aventureros que van a Tikal o a yacimientos más remotos. Pero lo pintoresco del lugar, unido al cautivador retablo de pueblos lejanos, es motivo suficiente para acercarse hasta aquí.

Cultura garífuna, Lívingston

15 Descendientes de los caribes, de los arahuacos y de pueblos del África occidental, los garífunas tal vez sean los más diferenciados de los 23 grupos indígenas de Guatemala. Con religión, cocina, danza y música propias, su acendrada identidad cultural ha sobrevivido a los intentos de aplastarla. Moradores históricos de la costa, su patrimonio está muy ligado al Caribe, y el mejor lugar de Guatemala para empaparse de su cultura es el enclave de Lívingston (p. 226), adonde se puede llegar en barco.

BERT DE RUITER / ALAMY STOCK PHOTO ©

Lo esencial

Para más información, véase 'Guía práctica' (p. 301)

Moneda
Quetzal (GTQ)

Idioma
Español (oficial), lenguas mayas (principalmente quiché, cachiquel y mame), garífuna

Visados
Muchos países no necesitan visado turístico y se les autoriza una estancia de 90 días; ciertos países sí precisan visado.

Dinero
Los bancos cambian efectivo y, a veces, cheques de viaje, pero las casas de cambio son por lo general más rápidas y pueden ofrecer tipos más ventajosos.

Teléfonos móviles
El uso de teléfonos móviles está generalizado. La itinerancia *(roaming)* sale cara; es preferible comprar una tarjeta SIM o un teléfono de prepago local.

Hora
Zona horaria de Norteamérica (GMT/UTC -6)

Cuándo ir

De cálido a caluroso en verano, templado en invierno
Clima tropical, lluvias todo el año
Clima tropical, estaciones húmedas y secas
Clima seco

Flores
oct-may

Río Dulce
dic-abr

Quetzaltenango
oct-may

Lago de Atitlán
oct-may

Antigua
nov-jun

Temporada alta (dic-abr, jun y jul)
➡ Los hoteles disparan sus tarifas en torno a Navidad, Año Nuevo y Semana Santa.

➡ Los alojamientos han de reservarse con antelación para Semana Santa en Antigua.

Temporada media (oct-nov)
➡ Las lluvias descienden, pero octubre es la temporada de huracanes.

➡ Las temperaturas suaves y los días despejados hacen que sea una buena época para viajar y practicar senderismo en el altiplano.

Temporada baja (may, ago-sep)
➡ Los precios bajan, disminuyen los visitantes en las ruinas y rara vez hay que reservar alojamiento.

➡ Las lluvias diarias vespertinas enfrían las temperaturas del altiplano y enfangan los senderos de la selva.

Webs

➡ **INGUAT** (www.inguat.gob.gt) Página oficial del Instituto Guatemalteco de Turismo.

➡ **Entre Mundos** (www.entremundos.org) Cuestiones sociopolíticas y base de datos de ONG.

➡ **Lonely Planet** (www.lonelyplanet.es) Información, reservas, foro y mucho más.

➡ **Cámara de Turismo de Guatemala** (www.camtur.org) Con calendario de excursiones por el país.

Teléfonos útiles

Guatemala no tiene prefijos; basta con marcar el número.

Prefijo de país	☑502
Prefijo internacional	☑00
Llamadas internacionales a cobro revertido	☑147120
Proatur (información turística y asistencia 24 h)	☑1500

Tipos de cambio

Argentina	1 ARS	0,49 GTQ
Chile	100 CLP	1,12 GTQ
Colombia	100 COP	0,25 GTQ
EE UU	1 US$	7,47 GTQ
México	10 MXN	4,00 GTQ
Venezuela	1 VEF	0,75 GTQ
Zona euro	1 €	8,20 GTQ

Tipos de cambio actualizados en www.xe.com.

Presupuesto diario

Hasta 400 GTQ

➡ Cama en un dormitorio colectivo: 80-100 GTQ

➡ Habitación doble en hotel económico: 130-180 GTQ

➡ Menú en un restaurante barato: 30-45 GTQ

➡ Viaje en *parrillera* (3 h): 20 GTQ

Entre 400 y 1000 GTQ

➡ Habitación doble: 320-500 GTQ

➡ Comida a la carta: 100-130 GTQ

➡ Entrada a unas ruinas: 50-150 GTQ

➡ Viaje en autobús/microbús de enlace (3 h): 150 GTQ

Más de 1000 GTQ

➡ Habitación doble en un hotel superior: 550 GTQ o más

➡ Comida en un buen restaurante: desde 130 GTQ

➡ Visita guiada en unas ruinas: hasta 450 GTQ

➡ Alquiler de todoterreno: 650 GTQ/día

Horario comercial

Los horarios son orientativos y varían mucho; en especial los de los restaurantes.

La Ley Seca establece que los bares y discotecas cierren a la 1.00, salvo las vísperas de festivos; esta norma se aplica con rigor en las ciudades grandes.

Bancos 9.00-17.00 lu-vi, 9.00-13.00 sa

Bares 11.00-24.00

Cafés y restaurantes 7.00-21.00

Oficinas públicas 8.00-16.00 lu-vi

Tiendas 8.00-12.00 y 14.00-18.00 lu-sa

Cómo llegar

Aeropuerto internacional La Aurora (p. 312) Los taxis autorizados esperan en la zona de salidas. Solo hay que comprar un cupón (80 GTQ) en la ventanilla. Los autobuses lanzadera a Antigua (80 GTQ) también se encuentran junto a la salida; hay que estar pendiente de que se anuncie "Antigua" de viva voz.

Aeropuerto internacional Mundo Maya (p. 250) Los taxis esperan fuera y cobran 30 GTQ por ir a Flores o Santa Elena. Para Tikal o El Remate hay que salir a la carretera principal y parar cualquier microbús.

Cómo desplazarse

'Pullman' Circulan por las carreteras principales y son el transporte más cómodo, con servicios semidirectos o directos.

Autobús lanzadera Servicio directo. Las reservas se realizan a través de agencias de viajes, hoteles, etc.

'Parrillera' Autobuses escolares estadounidenses reciclados. Son baratas, van a todas partes y recogen a todo el mundo.

'Picop' ('pick-up') Habitual en zonas sin servicio de autobuses. Solo hay que detener una, subirse a la parte trasera y agarrarse con fuerza. Precios similares a los de las *parrilleras*.

Automóvil Una forma estupenda de recorrer el país, siempre que se esté acostumbrado a la forma de conducir en Latinoamérica.

'Tuk-tuk' (mototaxi) Excelente opción para trayectos urbanos cortos por una fracción del precio de un taxi.

Para más información sobre **cómo desplazarse**, véase p. 313.

La primera vez

Para más información, véase 'Guía práctica' (p. 301)

Antes de partir

➡ Pasaporte válido al menos hasta seis meses después de la fecha de llegada

➡ Comprobar los requisitos del visado

➡ Contratar un seguro de viaje apropiado

➡ Vacunarse si es necesario

➡ Consultar los consejos que da el Gobierno del país de origen

Qué llevar

➡ Adaptador universal (en el caso de enchufes diferentes al de EE UU)

➡ Botiquín

➡ Linterna

➡ Faltriquera para el dinero

➡ Calzado para caminar

➡ Ropa de abrigo para el altiplano

➡ Candado (si uno se aloja en dormitorios compartidos)

➡ Permiso de conducir (si se prevé conducir)

➡ Protector solar y repelente de insectos

➡ Gafas de sol

➡ Navaja

Consejos

➡ Viajar lo más ligero de equipaje posible. Cualquier cosa que los habitantes de la zona utilicen en su vida diaria se puede comprar por poco dinero. Los artículos más lujosos (como aparatos electrónicos o productos importados) son más económicos en el país de origen.

➡ Estar alerta respecto al entorno (pero sin obsesionarse) y aplicar el sentido común.

Qué ponerse

Independientemente de su situación económica, los guatemaltecos se afanan por cuidar su presencia en todo momento, y el viajero debería hacer lo mismo, máxime si se va a realizar un trámite burocrático. El estilo generalizado es cuidado pero informal; es costumbre que tanto hombres como mujeres vistan pantalones y vaqueros, y las faldas no se suelen llevar por encima de la rodilla. Normalmente, las ocasiones para arreglarse se reducen a los restaurantes sofisticados y discotecas de la capital.

Es habitual llevar pantalones cortos y camisetas de tirantes en la costa. En el altiplano, la gente se abriga más debido a las temperaturas frescas.

Al visitar iglesias y comunidades rurales se ha de vestir con recato.

Dónde dormir

Por lo general, no es necesario reservar los alojamientos con antelación; pero si se quiere estar en Antigua o la playa durante la Semana Santa, cuanto antes se reserve, mejor.

➡ **Hoteles** Desde cuchitriles para situaciones desesperadas junto a la terminal de autobuses a estilosos establecimientos *boutique,* la oferta es sumamente amplia.

➡ **Albergues** Al fin empiezan a despuntar en la escena de los alojamientos económicos, sobre todo en los destinos predilectos de los mochileros como Antigua, Quetzaltenango o el lago de Atitlán.

➡ **Casas particulares** Son una forma estupenda de empaparse de la cultura local.

Dinero

Los bancos cambian efectivo y, a veces, cheques de viaje, pero las casas de cambio suelen ser más rápidas y pueden ofrecer mejores tipos.

Regatear

Es uno de los pasatiempos nacionales, y todo es negociable, desde una banana en un mercado a una multa por exceso de velocidad. Esta práctica debe entenderse como un juego, y si uno cree que lo están estafando, lo mejor es dar media vuelta (excepto, claro está, si se trata de una multa por exceso de velocidad). No se regatea en las tiendas pequeñas y restaurantes, pero sí en los mercados y con los taxistas.

Propinas

En los restaurantes se espera una propina del 10% (con frecuencia se añade a la cuenta en ciudades turísticas como Antigua). En los comedores (restaurantes baratos) pequeños la propina es opcional, pero se aconseja seguir la costumbre y dejar algo suelto.

➡ **Casas particulares** Mejor hacer un regalo que dar dinero

➡ **Mozos** 10 GTQ por bulto

➡ **Restaurantes** Máximo del 10% (de no estar incluida)

➡ **Taxis** No es costumbre

➡ **Guías** 50 GTQ por persona y día (opcional)

Preparando tortillas, Santiago Sacatepéquez (p. 92).

Protocolo

➡ **Vestimenta** El nivel general de recato al vestir se ha relajado hoy en día. En las zonas costeras se exhibe más que en el altiplano, pero no todos los guatemaltecos comulgan con estas prácticas.

➡ **Lugares públicos** Al entrar a un restaurante o una sala de espera se suele decir "buenos días" o "buenas tardes".

➡ **Saludos** Al conocerse, los hombres se estrechan la mano, las mujeres chocan mejillas, y entre hombres y mujeres son admisibles ambos (conviene esperar a que la mujer tome la iniciativa).

➡ **Mujeres mayas** Muchas evitan el contacto con los hombres extranjeros por cuestiones morales. Los varones que precisen información deberán preferiblemente abordar a otro hombre.

➡ **Fotografías** Los mayas pueden ser muy reacios a que los fotografíen; siempre hay que pedir permiso.

En busca de...

Arquitectura colonial

Antigua Prototipo de ciudad colonial con calles empedradas, ruinas e iglesias nobles. (p. 66)

San Andrés Xecul Fusión de lo colonial y lo indígena, la fachada de esta iglesia está cuajada de imaginería maya. (p. 149)

Ciudad de Guatemala Aunque casi toda la ciudad es fea, encierra verdaderas joyas, sobre todo en el centro histórico. (p. 46)

Cobán Esta coqueta población cimera cuenta con bellísimos edificios, algunos transformados en hoteles encantadores. (p. 189)

Quetzaltenango La segunda ciudad del país alardea de edificios sensacionales en torno al Parque Central. (p. 134)

Volcanes

Tajumulco Subir al punto más alto de Centroamérica es relativamente fácil si se acampa para hacer noche. (p. 136)

Pacaya Excursión de un día desde Antigua, este pico es muy popular entre los senderistas. (p. 75)

Santa María Ideal para contemplar el amanecer y las vistas desde México hasta Antigua y el Pacífico. (p. 136)

San Pedro Esta caminata de medio día y dificultad moderada recompensa por las vistas del lago de Atitlán. (p. 112)

Ruinas

Tikal El mayor atractivo de la región es de visita obligada por sus altos templos cubiertos de vegetación. (p. 37)

El Mirador Antigua megalópolis de difícil acceso (a menos que se llegue en helicóptero) en la que es posible contemplar la labor de los arqueólogos. (p. 267)

Copán Ubicado al otro lado de la frontera con Honduras, posee algunas de las mejores tallas y trabajos en mampostería de la región. (p. 209)

Quiriguá Apostado entre plantaciones de bananas, este enclave apenas visitado posee varias estelas talladas descomunales. (p. 207)

Takalik Abaj Las únicas ruinas verdaderamente impresionantes de la costa del Pacífico evidencian los vínculos entre las culturas olmeca y maya. (p. 170)

Rutas alternativas

Chajul Población sumamente tradicional que permite retroceder en el tiempo a un estilo de vida centenario. (p. 133)

Laguna Magdalena Vale la pena contratar con Unicornio Azul una excursión hasta esta laguna de color turquesa en los montes Cuchamatanes. (p. 157)

San Mateo Ixtatán Bonito pueblo cerca de la frontera con México, rodeado de paisajes espectaculares. (p. 160)

Laguna Lachuá Merece la pena visitar esta laguna de aguas cristalinas rodeada de espesa jungla. (p. 194)

Tilapita Esta típica localidad playera con un solo hotel es magnífica para tomarse un respiro. (p. 194)

Fauna y flora

Monterrico Salvar tortugas, avistar ballenas u observar aves en los manglares son algunas opciones en este pueblo del Pacífico. (p. 178)

Alta Verapaz Las selvas nubosas que rodean Cobán cobijan multitud de especies de aves, como el quetzal. (p. 185)

Río Dulce Con suerte quizá se vea un manatí o un cocodrilo cerca de las márgenes de este río engullido por la jungla. (p. 220)

Estación Biológica Las Guacamayas Los biólogos viajan hasta aquí para estudiar a los jaguares, cocodrilos, tortugas y guacamayos macaos. (p. 267)

Artesanía y tejidos

Chichicastenango El mercado de artesanía más antiguo y grande de Centroamérica es un deleite para la vista (p. 121).

Antigua Pese a ser muy turístico, su mercado tiene precios razonables y no siempre es preciso regatear. (p. 85)

Santiago Atitlán Las mujeres mayas tejen desde hace siglos en esta comunidad zutujil en la orilla sur del lago de Atitlán. Sus labores se ven en el excelente Museo Cojolya. (p. 109)

San Francisco El Alto Los indígenas del altiplano acuden a este pueblo al norte de Quetzaltenango para visitar su pintoresco mercado textil. (p. 150)

Panajachel Los vendedores son muy insistentes, pero en los tenderetes callejeros se pueden comprar algunos de los mejores tejidos del país a precios razonables. (p. 105)

PUESTA A PUNTO EN BUSCA DE...

Arriba: Ruinas de la Gran Plaza (p. 211), Copán, Honduras.
Abajo: Biotopo Monterrico-Hawaii (p. 178), Monterrico.

Para descansar

San Pedro La Laguna Tomarse las cosas con calma es la constante en la capital guatemalteca del relax. (p. 111)

Lanquín Con una buena oferta de cuevas y ríos que explorar. (p. 194).

Monterrico Hamacas a montones y un contagioso carácter despreocupado aguardan en esta serena población playera. (p. 178)

Río Dulce Para disfrutar de la vida fluvial durante unos días en una solitaria cabaña selvática. (p. 220)

Earth Lodge Es fácil relajarse en esta explotación de aguacates en las montañas cercanas a Antigua. (p. 89)

Mes a mes

Enero

Es una buena época para viajar, con temperaturas más frescas. En la primera quincena muchas familias guatemaltecas aprovechan las vacaciones escolares.

El Cristo Negro de Esquipulas

Miles de peregrinos atestan Esquipulas para venerar al Cristo Negro en los días previos al 15 de enero.

Rabinal Achí

En el tradicional pueblo de Rabinal, en Baja Verapaz, del 19 al 25 se interpretan danzas precolombinas con motivo de la fiesta de San Pedro.

Marzo

Con el receso primaveral europeo se da una breve temporada alta; los alojamientos no llegan a llenarse, pero el ambiente empieza a cobrar vida.

Desfile de Bufos

El viernes previo al Viernes Santo, esta tradición centenaria empuja a miles de universitarios encapuchados de Ciudad de Guatemala a echarse a las calles, disfrazados y en carrozas, para burlarse de los gobernantes.

Abril

Es el mes más caluroso del año, cuando los extranjeros quieren estar en Antigua y los guatemaltecos en la playa. Se suelen llenar los alojamientos en ambos lugares.

Semana Santa

Aunque hay procesiones por todo el país, las más evocadoras son las de Antigua; los pasos de la capital son especialmente elaborados.

Mayo

Con el inicio semioficial de la estación lluviosa (aunque empieza a variar sobremanera) imperan los chaparrones vespertinos en todo el país hasta finales de octubre.

Día del Trabajo

El Primero de Mayo se suceden festejos, desfiles y protestas a lo largo y ancho del país, y en especial, en la capital.

Junio

El fin del curso académico en EE UU atrae gran afluencia de estudiantes, que acuden a estudiar español, participar en programas de voluntariado y viajar. Las lluvias no cesan.

Temporada de anidación de tortugas

La principal temporada de la costa del Pacífico se prolonga hasta noviembre y coincide con la llegada de miles de tortugas que desovan en la orilla. El mejor lugar para observarlas es Monterrico (p. 178).

Julio

Continúan las vacaciones universitarias y hay mucho movimiento de estudiantes. Es la época de más lluvias y menos luz solar.

Fiesta de Cubulco

Este pequeño municipio es uno de los contados lugares que mantienen viva la tradición del palo volador, la cual tiene lugar el 25 de julio, el último de los cinco días de fiesta.

Rabin Ajau

Esta fiesta de las tradiciones precolombinas se celebra la última semana de julio en Cobán, y cuenta con ceremonias mayas, artesanía, música y baile.

Agosto

Las muchedumbres disminuyen con la marcha de los universitarios, y llega la canícula, que da tregua a las lluvias con varios días soleados.

Fiesta de la Virgen de la Asunción

Celebrada con danzas folclóricas y desfiles en Ciudad de Guatemala, Sololá y Jocotenango, alcanza su punto culminante el 15 de agosto.

Septiembre

Las temperaturas comienzan a bajar y las lluvias arrecian. Es el verdadero inicio de la temporada baja y se impone regatear al reservar alojamientos.

Día de la Independencia

El 15 de septiembre es el aniversario de la independencia de Guatemala. Las celebraciones se extienden por todo el país, pero al coincidir con las fiestas de Quetzaltenango, es aquí donde se concentra mayor actividad.

Octubre

Con el fin de las lluvias, este mes marca el inicio de la temporada de caminatas por volcanes, aderezada con espectaculares formaciones nubosas hasta mediados de noviembre.

Fiesta de San José Petén

La noche del 31 tiene lugar una curiosa ceremonia: se retira de la parroquia una de las tres calaveras (al parecer pertenecientes a los padres fundadores del pueblo) y se desfila con ella por las calles.

Noviembre

Día de Todos los Santos

El 1 de noviembre se recibe con especial entusiasmo en Santiago Sacatepéquez y Sumpango, donde los festejos incluyen el lanzamiento de enormes cometas multicolores.

Todos Santos Cuchumatán

El Día de Todos los Santos, este pequeño pueblo del altiplano celebra carreras de caballos borrachos por sus principales calles. A muchos les parece un espectáculo bochornoso.

Día de los garífunas

El enclave garífuna de Lívingston celebra su patrimonio con música en directo, danza, desfiles, comida y animados festejos.

Diciembre

El frío golpea fuerte en el altiplano y hay que llevar ropa de abrigo o comprarla in situ. Algunos guatemaltecos comienzan a viajar, aunque lo habitual es esperar a que acabe la Navidad.

Fiesta de las orquídeas

Los ondulados campos neblinosos que rodean Cobán son el hábitat perfecto de las orquídeas, y esta fiesta anual, celebrada la primera semana de diciembre, da buena cuenta de la variedad de especies de la zona.

Quema del Diablo

En todo el país (pero especialmente en el altiplano) la gente amontona sus trastos en la calle el 7 de diciembre y hace una hoguera mientras que hombres vestidos de diablos corretean y bailan entre el humo.

Temporada de avistamiento de ballenas

Desde mediados de diciembre se pueden avistar ballenas jorobadas y cachalotes durante su migración por la costa del Pacífico.

Puesta a punto
Itinerarios

 1 SEMANA Lo mejor de Guatemala

En una escapada corta no es posible verlo todo, pero en una semana se pueden ver al menos los Tres Grandes de Guatemala.

Tras aterrizar en **Ciudad de Guatemala,** se toma un autobús o un taxi hasta **Antigua.** Si no es muy tarde, se puede cenar en uno de los fabulosos restaurantes de la ciudad. A la mañana siguiente se da un paseo por la ciudad y se visita la iglesia de la Merced o el convento de las Capuchinas. Es mejor retirarse pronto, pues al día siguiente hay que ascender un volcán (consúltese sobre cuál es más recomendable durante la estancia). De regreso a la ciudad se cena en el Mesón Panza Verde, con un ambiente fantástico. El día siguiente se dedica al **lago de Atitlán. Panajachel** es magnífico para comprar y comer, pero vale la pena conocer los demás pueblos que rodean el lago. Hay que dedicar medio día a explorarlo, y proseguir con el resto de los pueblos de la zona.

La siguiente parada es **Tikal,** así que hay que regresar a Ciudad de Guatemala y seguir hasta **Flores.** Se pasa el día en el yacimiento y se vuelve a la capital para tomar el vuelo de regreso.

Arriba: Arco de Santa
Catalina (p. 86), Antigua.
Abajo: Artesanía,
Panajachel (p. 96).

DAN HERRICK / GETTY IMAGES ©

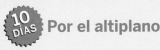

Por el altiplano

10 DÍAS

En esta ruta se encontrarán los paisajes más espectaculares y las tradiciones mayas más arraigadas. Sería fácil dedicar a esta región unos meses si uno se detiene para disfrutar de sus magníficos atractivos y sus numerosas sendas.

Desde la **capital,** hay que enfilar hacia la pintoresca **Antigua** y admirar la mejor arquitectura colonial del país, los formidables restaurantes y el ambiente de viajeros y estudiantes. Hay varios volcanes para ser coronados, como el feroz volcán de Fuego, aunque antes de ascender hay que informarse de las condiciones del momento. Luego la ruta va a **Panajachel,** junto al **lago de Atitlán,** rodeado de volcanes. Después, se puede tomar una lancha para visitar algunos de los pueblos mayas más apacibles y tradicionales del lago, como Santiago Atitlán, donde aguarda la curiosa deidad local, Maximón; o San Pedro La Laguna, un pueblo de afamado carácter festivo. San Marcos La Laguna es más distendido y atrae a amantes del yoga y las terapias naturales; mientras que Santa Cruz La Laguna es simplemente encantadora. Desde el lago hay que tomar un autobús de enlace o una parrillera a **Chichicastenango,** hacia el norte, para visitar su gran mercado de los jueves o los domingos y presenciar una ceremonia religiosa que combina lo maya y lo católico.

Desde Chichicastenango se puede seguir la carretera Interamericana hacia el oeste, por las montañas, hasta **Quetzaltenango,** la pulcra y prolija segunda ciudad de Guatemala, con un dédalo de pueblos misteriosos, mercados y atractivos naturales. Desde allí se puede penetrar aún más en las montañas hasta **Todos Santos Cuchumatán,** una asombrosa población maya con excelentes rutas de senderismo.

Si hay tiempo se pone rumbo este para explorar **Nebaj** y el Triángulo Ixil, para ver cómo viven los mayas en medio de unos paisajes impresionantes. Desde allí, una carretera difícil pero transitable continúa hacia el este, pasando por **Uspantan,** y ofrece una ruta secreta a Alta Verapaz, desde donde se puede visitar **Cobán, Semuc Champey** o enfilar hacia **Tikal,** al norte.

Arriba: Lago de Atitlán (p. 95).
Abajo: Muchacha de Santiago Atitlán (p. 105).

3 SEMANAS El gran circuito

Este recorrido circular de 1900 km pasa por las mejores ruinas mayas de Guatemala, sus selvas y algunas de sus maravillas naturales más espectaculares y discurre por el centro, el este y el norte del país. El itinerario puede completarse en dos semanas a buen ritmo, pero si se dispone de cuatro, se disfrutará más en profundidad.

Tras salir de **Ciudad de Guatemala** hacia el noreste hay que desviarse hacia el sur, entrando en Honduras, para admirar el formidable yacimiento maya de **Copán.** Dado que es una población fantástica, con numerosos reclamos en sus alrededores, conviene dedicarle tiempo. Luego se regresa a Guatemala y se continúa al noreste hasta otra joya maya, **Quiriguá,** donde se disfrutará probablemente a solas de sus estelas talladas de más de 10 m de altura. Desde aquí, cabe proseguir hasta el curioso enclave garífuna de **Lívingston,** en la calurosa costa del Caribe, para empaparse del ambiente distintivo y disfrutar de algunas de las mejores playas del país. A continuación, se remonta el cauce del selvático **río Dulce,** parando para darse un chapuzón en las aguas termales de camino, antes de llegar a **la ciudad de Río Dulce.** Después, se sigue hacia el norte por la carretera 13 y, tras relajarse en la **Finca Ixobel,** se prosigue hasta **Flores,** una evocadora villa en una isla del lago de Petén Itzá. Desde allí, hay que dirigirse a **Tikal,** el más majestuoso yacimiento maya. Interesa pasar una noche allí o en el cercano **El Remate.** Se pueden visitar otros impresionantes yacimientos mayas como **Yaxhá** y **Uaxactún.**

Desde Flores, hay que ir al suroeste hasta la tranquila **Sayaxché,** junto al río, rodeada por los yacimientos mayas de **Ceibal, Aguateca** y **Dos Pilas.** La carretera que va hacia el sur desde Sayaxché está asfaltada hasta **Chisec** y **Cobán,** y permite acceder a varias maravillas naturales, como la **laguna Lachuá,** rodeada de selva, las **grutas de Lanquín** y las cascadas y pozas turquesa de **Semuc Champey.** Finalmente se regresa a Ciudad de Guatemala.

Arriba: Pescadores, Lívingston (p. 226).
Abajo: Ruinas de Tikal (p. 255).

Fuera de ruta: Guatemala

RÍO AZUL

Antaño punto clave del floreciente comercio del cacao, este yacimiento maya poco visitado encierra algunas tumbas con expresivas pinturas y tallas con escenas de ejecuciones rituales. (p. 241)

ESTACIÓN BIOLÓGICA LAS GUACAMAYAS

Aquí se puede ejercer el voluntariado o acompañar a los estudiosos de las guacamayas y mariposas en esta estación biológica del Parque Nacional Laguna del Tigre. (p. 267)

LAGUNITA CREEK

A nado o en kayak, es un placer recorrer los cursos de agua turquesa que rodean este albergue de ecoturismo enclavado en un rincón del país de muy difícil acceso. (p. 232)

FINCA CHACULÁ

Escondida en el extremo noroccidental del país, cerca de la frontera mexicana, en una zona de transición entre bosque subtropical y chaparral, la región de los Huistas posee ríos impetuosos y cenotes turquesa, con la opción de alojarse en esta posada rural regentada por la comunidad. (p. 161)

SAN MATEO IXTATÁN

Fascinante parada en la carretera que va del altiplano a las Verapaces, este pueblo tradicional no solo ofrece unas dosis muy necesarias de comodidad, sino que además reúne algunos atractivos singulares. (p. 160)

BELICE

RÍO AZUL

ESTACIÓN BIOLÓGICA LAS GUACAMAYAS

Flores

GUATEMALA

LAGUNITA CREEK

Usumacinta

MÉXICO

FINCA CHACULÁ

SAN MATEO IXTATÁN

0   100 km

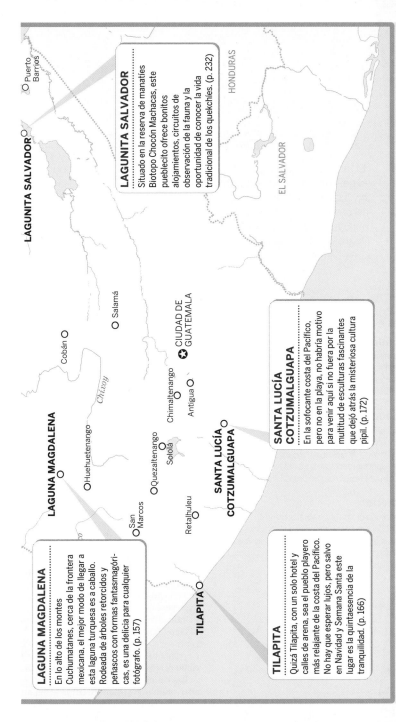

LAGUNITA SALVADOR

Situado en la reserva de manatíes Biotopo Chocón Machacas, este pueblecito ofrece bonitos alojamientos, circuitos de observación de la fauna y la oportunidad de conocer la vida tradicional de los quekchíes. (p. 232)

LAGUNA MAGDALENA

En lo alto de los montes Cuchumatanes, cerca de la frontera mexicana, el mejor modo de llegar a esta laguna turquesa es a caballo. Rodeada de árboles retorcidos y peñascos con formas fantasmagóricas, es una delicia para cualquier fotógrafo. (p. 157)

SANTA LUCÍA COTZUMALGUAPA

En la sofocante costa del Pacífico, pero no en la playa, no habría motivo para venir aquí si no fuera por la multitud de esculturas fascinantes que dejó atrás la misteriosa cultura pipil. (p. 172)

TILAPITA

Quizá Tilapita, con un solo hotel y calles de arena, sea el pueblo playero más relajante de la costa del Pacífico. No hay que esperar lujos, pero salvo en Navidad y Semana Santa este lugar es la quintaesencia de la tranquilidad. (p. 166)

Puesta a punto
Ruinas mayas

El Imperio maya llegó a abarcar desde el norte de El Salvador hasta el golfo de México y, durante su período clásico, fue quizá la mayor civilización de la América prehispánica. Entre los mayores centros ceremoniales y culturales de Guatemala se cuentan Quiriguá, Kaminaljuyú, Tikal, Uaxactún, Río Azul, El Perú, Yaxhá, Dos Pilas y Piedras Negras. Copán, en Honduras, también ganó y perdió importancia con el auge y el declive del imperio y sus reinos.

Lo esencial

Dónde ir

La mayoría de las ruinas mayas se encuentran en El Petén, en el norte del país. Otro grupo importante está en el suroeste, en torno al lago de Atitlán.

Cuándo ir

Lo ideal es huir de la estación lluviosa. El Petén es más recomendable de noviembre a abril para evitar el calor, y de febrero a mayo es la mejor época en el altiplano, dado que las bajas temperaturas nocturnas pueden resultar desapacibles.

Horario

La mayoría de las ruinas abren a diario de 8.00 a 16.00, pero conviene comprobar los horarios con antelación. Se aconseja visitar los lugares más populares a primera hora para evitar los circuitos turísticos y el sol de mediodía.

Visita a las ruinas

Los logros mayas de este período rivalizaban con cualquier avance que aconteciera en Europa, lo que incluye un sistema de escritura avanzado, impresionantes prodigios de ingeniería, importantes descubrimientos matemáticos y astrológicos y técnicas de cantería que aun hoy resultan extraordinarias.

Buena parte de la herencia maya ha ido desapareciendo. Muchas piezas arqueológicas han sido saqueadas por cazadores de tesoros o por potencias extranjeras, y el legado cultural se ha perdido, sobre todo debido a las campañas de la Iglesia y el Gobierno de integración de los mayas en la cultura hispánica. Aparte de visitar la espléndida selección de museos de la capital, para empaparse de esta cultura excepcional lo mejor es explorar sus yacimientos arqueológicos.

Visitar unas ruinas mayas puede ser una experiencia impactante, un verdadero viaje en el tiempo. Y aunque algunas son poco más que un montón de escombros o un montículo cubierto de hierba, otras (como Tikal o Copán) han sido restauradas a conciencia, y los templos, plazas y canchas de pelota brindan una magnífica visión de cómo debió de ser la vida en esos lugares.

Las ruinas más populares suelen estar abarrotadas de visitantes. Otras se hallan

Ruinas mayas

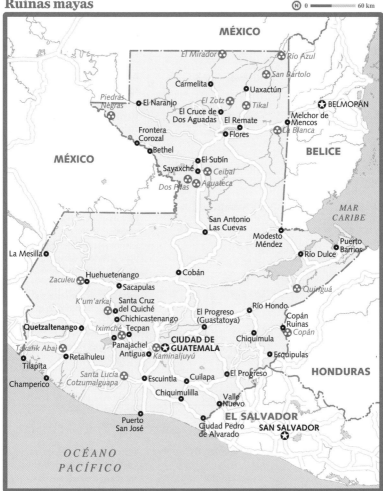

escondidas en la selva y solo son accesibles mediante caminatas de varios días o en helicóptero; para los más aventureros, quizá estas últimas resulten más emocionantes.

De interés

➡ La entrada a las ruinas cuesta desde nada (poco común) hasta 150 GTQ (también inusual y en general reservado para grandes reclamos como Tikal y Copán). En la mayoría se cobran unos 80 GTQ.

➡ Se aconseja protegerse del sol y, en la selva, de los mosquitos.

➡ En ruinas como Tikal o Copán hay restaurantes, librerías, aseos y guías autorizados.

➡ Los yacimientos poco visitados puede que no dispongan de comida ni agua.

➡ Los circuitos guiados a muchos yacimientos pueden contratarse en las poblaciones cercanas, pero a la mayoría de ellos (no a todos) se va directamente.

➡ Los letreros suelen estar en español, a veces con traducción al inglés y, en ciertos

RUINAS MAYAS

REGIÓN	YACIMIENTO	DESCRIPCIÓN
El Petén	Tikal (p. 255)	Las ruinas mayas más famosas de Guatemala
El Petén	El Mirador (p. 267)	Del período preclásico tardío, con la mayor concentración de construcciones mayas
El Petén	San Bartolo (p. 241)	Más de 100 estructuras en 1 km², descubiertas en el 2003 al ser saqueadas
El Petén	Piedras Negras (p. 241)	Uno de los yacimientos más extensos y menos accesibles de Guatemala
El Petén	La Blanca (p. 241)	Centro de comercio del período clásico tardío con murallas magníficamente conservadas
El Petén	El Zotz (p. 241)	Enorme yacimiento en gran parte sin excavar con un biotopo propio, colindante con el Parque Nacional de Tikal
El Petén	Río Azul (p. 241)	Importante enclave comercial en la ruta del comercio del cacao desde el Caribe a principios del período clásico
El Petén	Ceibal (p. 238)	Yacimiento ceremonial con estelas impresionantes
El Petén	Aguateca (p. 238)	Ciudad amurallada junto a un lago de fácil acceso
El Petén	Dos Pilas (p. 240)	Ciudad escindida del grupo de Tikal
Ciudad de Guatemala	Kaminaljuyú (p. 47)	Importantes ruinas preclásicas a unos kilómetros del centro
Altiplano	Iximché (p. 110)	Antigua capital cachiquel con una muralla natural
Altiplano	Gumarcaaj (p. 126)	Antigua capital quiché entre barrancos
Altiplano	Zaculeu (p. 152)	Centro religioso mame posclásico
Vertiente del Pacífico	Takalik Abaj (p. 170)	Importante centro del comercio del preclásico tardío
Vertiente del Pacífico	Santa Lucía Cotzumalguapa (p. 172)	Varios yacimientos pequeños en torno a un pueblo
Este de Guatemala	Quiriguá (p. 209)	Importante centro ceremonial muy vinculado con Copán
Honduras	Copán (p. 209)	Capital religiosa y política que rivaliza en importancia con Tikal

ATRACTIVOS	UBICACIÓN	TRANSPORTE
Templos de suma altura, como el templo IV (65 m)	60 km al noreste de Flores	Transporte público o circuitos
La Danta, la mayor pirámide descubierta hasta la fecha	7 km al sur de la frontera con México	82 km en autobús, más dos días de caminata (o todo en helicóptero)
Uno de los murales mayas mejor conservados, que representa el mito de la creación del Popol Vuh	Aprox. 40 km al noreste de Uaxactún	Circuitos desde Uaxactún o Flores
Tallas impresionantes y una vasta acrópolis	A 40 km de Yaxchilán, río abajo	Circuitos desde Flores o cruceros por el río desde Bethel
Grafitos que se remontan al período posclásico temprano	En el río Mopán, cerca de la frontera con Belice	Circuitos desde Flores o Melchor de Mencos
Vistas hasta Tikal desde lo alto de la Pirámide del Diablo	25 km al suroeste de Uaxactún	Rutas desde Uaxactún o Flores; la cooperativa de guías las organiza desde el Cruce de Dos Aguadas
Tumbas engalanadas con coloridos glifos	Cerca de la triple frontera de Belice, Guatemala y México	Circuitos desde Uaxactún
Ricas tallas; se llega en una evocadora travesía por el río	A 17 km de Sayaxché	Circuito en barco o autobús desde Sayaxché hasta 8 km del yacimiento, después a pie o en autostop
Único puente del mundo maya y elaboradas esculturas	En el extremo sur de la laguna Petexbatún	Circuito en lancha desde Sayaxché
Escalera con jeroglíficos, tallas impresionantes	A 16 km de Sayaxché	Picop hasta Nacimiento, después caminata de 20 km
Excavaciones inacabadas, abiertas al público	Alrededores de la capital	Autobús o taxi
Importante centro ceremonial de los mayas modernos	A 1 km de Tecpán	A pie o en autobús
Túnel sagrado todavía utilizado en ceremonias mayas	3 km al oeste de Santa Cruz del Quiché	Microbús
Entorno espectacular, recinto ajardinado	4 km al oeste de Huehuetenango	Autobús o taxi
Esculturas, baños ceremoniales y calzada de piedra	19 km al norte de Retalhuleu	Autobús, taxi y *picop*
Esculturas de piedra, vínculos con la cultura olmeca mexicana	29 km al oeste de Escuintla	Autobuses frecuentes
Estelas de más de 10 m	45 km al sur de Río Dulce	Autobuses frecuentes
Excelente museo de esculturas, escalinata con el jeroglífico maya más largo conocido	A 5 km de la frontera Guatemala-Honduras, en Honduras	Autobús; circuitos desde Antigua

Arriba: Gran Plaza
(p. 209), Quiriguá.
Abajo: Ruinas de Tikal
(p. 255).

casos, en el dialecto maya local, o incluso pueden ser inexistentes.

Webs

➡ Mundo Maya (www.mundomaya.travel) es el sitio web oficial de la comunidad maya de América Central, con información, mapas, temas de arqueología, naturaleza, historia, costumbres y claves para realizar visitas, que incluyen alojamientos, restaurantes y transporte.

➡ Proyecto Clío (http://clio.rediris.es/fichas/otras_mayas.htm) Promueve alternativas de desarrollo con etnias como la maya, y su página aporta todo tipo de información, fotos y enlaces de interés.

➡ Cultura Maya (www.culturamaya.org) Portal muy divulgativo y muy bien estructurado para conocer todo sobre este legendario pueblo.

Indispensable

➡ Tikal: las ruinas mayas más famosas de Guatemala.

➡ Copán: erigidas al otro lado de la frontera con Honduras, son unas de las estructuras más fascinantes del mundo maya.

➡ El Mirador: metrópoli de finales del período preclásico escondida en la selva.

➡ Ceibal: memorable travesía fluvial hasta un conjunto de templos bajos en ruinas.

➡ Santa Lucía Cotzumalguapa: formidables cabezas de piedra con caras grotescas y excelentes escenas en relieve.

Los mejores museos

Algunas ruinas tienen museos propios (los de Tikal y Copán merecen la entrada adicional), pero también hay importantes museos municipales y regionales que exhiben piezas precolombinas muy valiosas y fascinantes.

Museo Nacional de Arqueología y Etnología, Ciudad de Guatemala (p. 50) La colección más impresionante de objetos mayas antiguos, con piezas llegadas de los principales centros ceremoniales, incluido un espectacular trono de Piedras Negras.

Museo Popol Vuh, Ciudad de Guatemala (p. 50) Presenta una riqueza de piezas menores, como estatuillas, máscaras de madera, tejidos y una copia fiel del Códice Dresde.

Museo El Baúl, Santa Lucía Cotzumalguapa (p. 172) Museo al aire libre situado en los terrenos de una plantación de caña de azúcar, donde se han hallado decenas de esculturas de piedra de tamaño humano.

Colección Dr. Juan Antonio Valdés, Uaxactún (p. 261) En el Hotel El Chiclero, esta colección particular comprende mucha cerámica maya de Uaxactún, en Yaxhá, e incluso de Oaxaca, en México.

Tikal

DESCUBRIR EL ANTIGUO REINO MAYA

Construido en sucesivas oleadas durante aproximadamente 800 años, Tikal es un extenso y complejo yacimiento compuesto de un sinfín de templos, pirámides y estelas. Es imposible recorrerlo todo en un día, pero siguiendo este itinerario se pueden ver sus principales reclamos. Antes de iniciarlo se recomienda pasar por el centro de visitantes y observar la maqueta a escala, así como las joyas reales del pequeño **Museo Sylvanus G. Morley** . Hay que mostrar la entrada en el puesto de control y, una vez junto al letrero del plano general, se gira a la izquierda. Un paseo de 20 min lleva al solitario **templo VI** ❷. Desde allí, la calzada Méndez asciende hasta la **Gran Plaza** ❸, el corazón ceremonial de Tikal, donde se halla el antiguo complejo de la **acrópolis norte** ❹. Al salir de la plaza por el oeste se sigue un sinuoso sendero a la izquierda hasta el **templo V** ❺. Rodeando la parte trasera, a mano derecha, un sendero circunda la acrópolis sur (en buena medida aún por excavar) hasta la **plaza de los Siete Templos** ❻. Al oeste se alza la gran pirámide del **Mundo Perdido** ❼. Desde ahí, un corto paseo y un extenuante ascenso llevan a lo alto del **templo IV** ❽, la estructura más alta de Tikal.

Templo IV
Llegar a última hora de la tarde para tomar fantásticas instantáneas de los templos I, II y III despuntando entre el techo selvático. Tal vez se pueda ver revolotear algún halcón pecho naranja.

CONSEJOS

» Llevar agua y comida.
» Si se entra pasadas las 16.00, la entrada también será válida al día siguiente.
» Hospedarse en alguno de los hoteles del yacimiento para disfrutar del amanecer y el ocaso.
» Para ver salir o ponerse el sol desde el templo IV, hay que comprar una entrada adicional (100 GTQ).
» Llevar repelente de insectos.

Mundo Perdido
El más pequeño templo al oeste de la gran pirámide recuerda a Teotihuacán, cerca de Ciudad de México, con su elegante estilo talud-tablero en claro guiño a este influyente centro de culto.

Gran Plaza

Pese a que no está permitido subir al altísimo templo I (el mausoleo del monarca del período clásico tardío Ah Cacao), sí se puede ascender al templo II, casi igual de alto, al otro lado de la plaza.

Acrópolis norte

Entre el revoltijo de pequeños templos que se elevan en la ladera al norte de la plaza, no hay que perderse un par de inquietantes máscaras protegidas por sendos techos de paja sobre una plataforma.

Museo Sylvanus G. Morley

Se ha escrito mucho sobre la magníficamente conservada estela 31, que representa al rey Cielo Tormentoso coronándose a sí mismo, flanqueado por dos guerreros de Teotihuacán.

Control de entradas

Plano general

Centro de visitantes

CCIT

4

2

Templo VI

Una larga inscripción en la parte trasera de la crestería de este apartado templo registra la estirpe de varios reinos. Puede que resulte difícil de discernir, pero es digna de verse.

Plaza de los Siete Templos

Siete templos en miniatura se alinean al este de este patio cubierto de hierba. Para obtener una buena vista del conjunto, se puede subir a una estructura mayor en el extremo sur.

Templo V

Empinado y colosal, el segundo templo más alto de Tikal presenta extrañas esquinas redondeadas. No se sube por la escalinata frontal, sino por las escaleras de madera de su izquierda, casi verticales.

De un vistazo

Las seis regiones aquí descritas podrían ser muy bien seis países distintos. Basta con viajar unos 100 km para apreciar cómo cambia todo, desde la comida y la vestimenta hasta el acento y el paisaje. La capital es todo alboroto, mientras que cuesta imaginar una cadencia más pausada que la que rige los pueblos de playa. Antigua es la joya colonial por excelencia, al tiempo que las selvas salpicadas de templos y pueblos de El Petén poseen un ambiente primitivo pero funcional. El altiplano del centro y el oeste quizá sea lo más homogéneo. Pero mientras que el volcánico oeste es frío y a veces inhóspito, el centro es mucho más benévolo y exuberante.

Ciudad de Guatemala

Arte y arqueología
Vida nocturna
Animación

Museos y galerías

Puede que haya quien sienta la tentación de esquivar la capital, pero si se tiene un mínimo interés por el arte y la arqueología, vale la pena dedicarle algo de tiempo, pues las mejores piezas se exponen aquí, a menudo en espacios de primera.

Noche de fiesta

Su nutrida población estudiantil, la arraigada escena de música en directo y la pujante zona de bares junto al Parque Central hacen de la capital el mejor lugar del país para salir de fiesta.

¡Qué sensación!

El ambiente alocado y agobiante de la capital es algo inusitado en el resto del país. Ya solo caminar por la calle puede resultar una aventura. Basta con tomarse las cosas con humor y pronto se aprenderá a amarlo (o, al menos, a tolerarlo).

p. 44

Antigua

Arquitectura colonial
Estudiantes
Gastronomía

Encanto colonial

Pese a que buena parte del legado español de la antigua capital se encuentra en ruinas, lo que queda aporta encanto al paisaje urbano, garantizando vistas de postal en cada rincón.

Vuelta al cole

Antigua es la capital latinoamericana de la enseñanza del español como lengua extranjera y son muchos los estudiantes que acuden atraídos por sus pequeños centros, que ofrecen cursos personalizados en un entorno colonial/tropical a precios de ganga.

Aventuras culinarias

Por la variada procedencia de sus visitantes, Antigua rivaliza como capital gastronómica con destinos de mucha más categoría. Aquí se pueden degustar desde *escargots à la Bourguignonne* hasta empanadas argentinas en restaurantes regentados por gente trasplantada de los lugares de origen de estos platos.

p. 66

El altiplano

Ropa indígena
Volcanes
Fiestas

Prendas imaginativas

Desde los pomposos tocados de las mujeres de Chajul a los llamativos pantalones a rayas rojiblancas de los hombres de Todos Santos Cuchumatán, la ropa tradicional maya es un deslumbrante despliegue de identidad.

Cumbres volcánicas

Con un rosario de 33 volcanes, cuatro de ellos activos, tanto escaladores como apasionados de la geología y pintores hallarán aquí suficiente inspiración. La ascensión matutina al volcán Santa María recompensa con vistas fascinantes del virulento Santiaguito.

Ambiente festivo

Todos los pueblos del altiplano celebran fiestas anuales y los forasteros siempre son bien recibidos. Entre los platos fuertes se cuentan el brindis a la Virgen del Rosario en Quetzaltenango a finales de septiembre y el día del patrón de Todos Santos Cuchumatán, con disparatadas carreras de caballos y bailes.

p. 93

Vertiente del Pacífico

Playas
Gastronomía
Naturaleza

Sol, playa y surf

Tras un largo viaje por las montañas, no hay nada como recargar energías en alguno de los muchos pueblecitos playeros que jalonan la costa del Pacífico.

Delicias del mar

La larga línea costera garantiza excelente marisco en abundancia; el pescado y los camarones (gambas) fritos dan valores seguros, pero no hay que dejar de probar el caldo de mariscos, si aparece en la carta.

Descubrir la fauna

Con gran proliferación de ballenas y tortugas frente a las playas y manglares que rebosan de fauna aviar, esta región es una meca para los amantes de la naturaleza. Si no basta con la costa, se puede hacer un alto en la reserva de fauna Auto Safari Chapín.

p. 163

Centro y este de Guatemala

Naturaleza
Cultura
Cuevas

Paraíso natural

Desde las exuberantes selvas nubosas de las Verapaces hasta los verdes paisajes del lago de Izabal y el río Dulce, los ríos, lagos, cañones y selvas representan lo mejor de la naturaleza de Guatemala.

Crisol cultural

Con diversidad étnica y a veces un fuerte apego a las tradiciones, el centro y el este del país están habitados por achíes, pocomchíes, chortíes y quiches, muchos de los cuales conservan sus costumbres ancestrales. En la región del Caribe, los garífunas, culturalmente distintos, completan el mosaico étnico guatemalteco.

Mundo subterráneo

Riscos de caliza, sobre todo al norte de Cobán, albergan una red de cuevas y grutas ideal para tomar instantáneas y acometer incursiones, tanto si se es un espeleólogo en ciernes como consagrado.

p. 184

El Petén

Ruinas mayas
Naturaleza
Senderismo

Visitar ruinas

Con cientos de ruinas diseminadas por los bajíos selváticos, el viajero podrá adentrarse en los misterios de la civilización clásica maya: desde los concurridos templos de Tikal al apenas visitado observatorio astronómico de Uaxactún.

Planeta animal

Criaturas insólitas o amenazadas aún pululan por los espacios protegidos de la Reserva de la Biosfera Maya, y guías de las comunidades peteneras pueden ayudar a observar cocodrilos de noche en la Estación Biológica Las Guacamayas o despertar con el aullido de los monos del Biotopo Cerro Cahuí.

Grandes desafíos

Los experimentados guías del Ni'tun Ecolodge, junto al lago de Petén Itzá, o el Aldana's Lodge, en Uaxactún, acompañarán al viajero entre el fango y los mosquitos hasta ruinas mayas tan remotas como El Zotz o El Mirador.

p. 233

En ruta

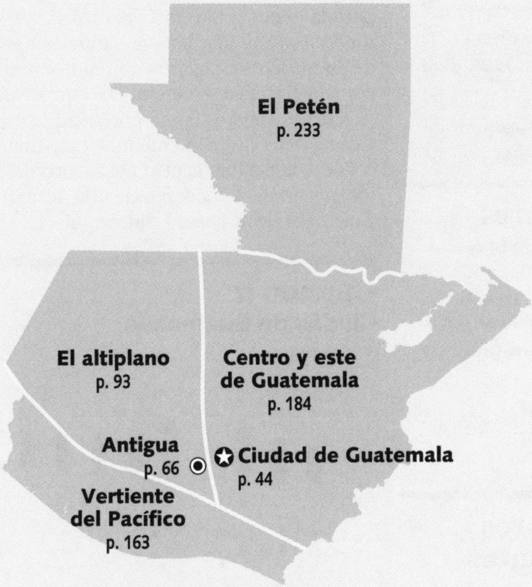

El Petén
p. 233

El altiplano
p. 93

**Centro y este
de Guatemala**
p. 184

Antigua
p. 66

Ciudad de Guatemala
p. 44

**Vertiente
del Pacífico**
p. 163

Ciudad de Guatemala

3 400 000 HAB. / ALT. 1500 M

Los mejores restaurantes

➡ Ambia (p. 59)

➡ Árbol de la Vida (p. 58)

➡ La Cocina de la Señora Pu (p. 57)

➡ Café de Imeri (p. 57)

➡ Kacao (p. 58)

Los mejores alojamientos

➡ Dai Nonni (p. 56)

➡ Hotel Colonial (p. 55)

➡ Theatre International Hostel (p. 54)

➡ Eco Suites Uxlabil (p. 55)

➡ Posada Belén (p. 54)

Por qué ir

Según la persona con quien se hable, Ciudad de Guatemala (llamada popularmente Guate) será enorme, sucia, peligrosa y prescindible, o bien enorme, sucia, peligrosa y fascinante. En ambos casos, no cabe duda de que aquí se percibe una energía desconocida en el resto del país. Los autobuses destartalados expelen humos junto a los BMW y Hummer, y los rascacielos proyectan sus sombras sobre las barriadas de chabolas.

Guate se esfuerza en reinventarse como ciudad acogedora para la gente. La Zona 1 del centro, que durante años fue un área prohibida llena de edificios abandonados y focos de delincuencia, hoy está abriendo camino y en su calle 6ª, cerrada al tráfico, proliferan los bares, cafés y restaurantes.

Muchos viajeros optan por evitar la capital y utilizar Antigua como base. Sin embargo, hay quien desea o necesita conocer la capital, centro neurálgico del país y sede de los mejores museos y galerías de arte, terminales de transporte y otros servicios para el viajero.

Cuándo ir
Ciudad de Guatemala

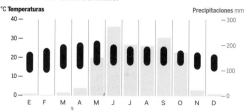

Mar y abr La capital es una buena base para excursiones de un día a Antigua en Semana Santa.

Ago La Asunción, el día 15, se celebra con fuegos artificiales, desfiles y bailes folclóricos.

Nov-mar Los meses más secos y frescos son perfectos para visitar la ciudad, bochornosa el resto del año.

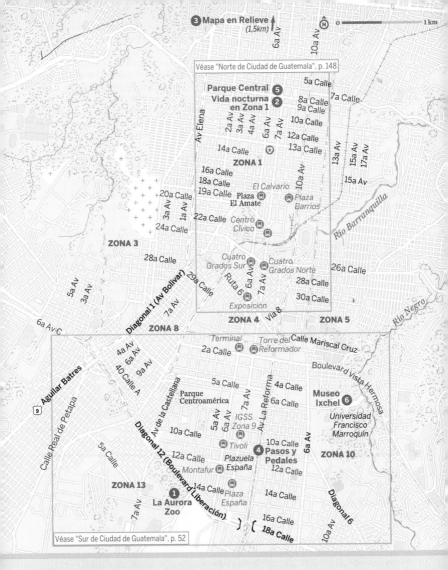

3 Mapa en Relieve *(1,5km)*

Véase "Norte de Ciudad de Guatemala", p. 148

Parque Central 5
Vida nocturna 2
en Zona 1

5a Calle
8a Calle
9a Calle
7a Calle
10a Calle
2a Av
3a Av
4a Av
5a Av
6a Av
7a Av
12a Calle
13a Calle
13a Av
15a Av
17a Av
14a Calle
10a Av

ZONA 1
15a Av

16a Calle
18a Calle
19a Calle **El Calvario**
Plaza **Plaza**
El Amate **Barrios**
20a Calle
3a Av
1a Av
22a Calle Centro
Cívico
24a Calle

Río Barranquilla

ZONA 3
26a Calle
28a Calle

Cuatro
Grados Sur Cuatro
Ruta 6 Grados Norte
29a Calle 28a Calle
6a Av 30a Calle
7a Av
Exposición

ZONA 4 Vía 8 **ZONA 5**

Río Negro

Diagonal 1 (Av Bolívar)
7a Av
6a Av C
6a Av C
ZONA 8

Terminal Calle Mariscal Cruz
2a Calle Torre del
Reformador

Boulevard Vista Hermosa

4a Av
6a Av
9a Av
40 Calle A
5a Calle
4a Calle
6a Calle

Museo
Ixchel 6

Aguilar Batres
Calle Real de Petapa
9

Av de la Castellana
Parque
Centroamérica
7a Av
Av La Reforma

Universidad
Francisco
Marroquín

5a Av
6a Av
IGSS
Zona 9
10a Calle
Tivoli
10a Calle **Pasos y 4**
Pedales

ZONA 10

12a Calle Plazuela
Montúfar España
12a Calle

5a Calle
ZONA 13
14a Calle Plaza
España
La Aurora 1
Zoo
16a Calle
7a Av
10a Av
18a Calle

Diagonal 12 (Boulevard Liberación)
Diagonal 6

Véase "Sur de Ciudad de Guatemala", p. 52

0 ——————— 1 km

Imprescindible

1 Visitar **La Aurora Zoo** (p. 51), un zoológico donde se trata muy bien a los animales.

2 Disfrutar en la rejuvenecida **Zona 1** (p. 46) de la mejor noche de la ciudad.

3 Admirar el **Mapa en Relieve** (p. 47), una representación en 3D de todo

el país, en parte prodigio de la ingeniería, en parte curiosidad turística.

4 Hacer lo que hace todo el mundo y pasear, montar en bicicleta o sacar al perro en **Pasos y Pedales** (p. 51).

5 Escuchar a músicos callejeros y predicadores

errantes y asistir a conciertos gratuitos y otros espectáculos en el **Parque Central** (p. 46), o dar de comer a las palomas.

6 Emprender un viaje por el rico patrimonio cultural de Guatemala en el **Museo Ixchel** (p. 49), dedicado a los tejidos indígenas.

◉ Puntos de interés

Los principales puntos de interés se encuentran en la Zona 1 (el centro histórico), así como en las Zonas 10 y 13, que concentran el grueso de los museos. Los domingos se podría tomar el SubiBaja de Transmetro (p. 46), un autobús de circuitos autoguiados excelente para ver muchos de los lugares de interés de la capital sin preocuparse por el transporte público o los taxis.

◉ Zona 1

Los principales lugares de interés de la Zona 1 se agrupan en torno al **Parque Central** (Plaza de la Constitución; plano p. 48; Zona 1). En épocas pasadas, la ordenación urbana colonial obligaba a que todas las ciudades del Nuevo Mundo tuvieran una gran plaza para desfiles y ceremonias militares: por el flanco norte solía erigirse el Palacio de Gobierno; por otro, preferiblemente el oriental, se levantaba una iglesia o catedral; y por los lados restantes se alzaban otros edificios civiles o las mansiones de los ricos. El Parque Central de Ciudad de Guatemala es un clásico ejemplo de este tipo de planificación.

El Parque Central y el colindante Parque Centenario nunca están vacíos durante el día: niños limpiabotas, vendedores de helados y, a veces, mítines políticos y conciertos se añaden al bullicio general.

Palacio Nacional de la Cultura EDIFICIO HISTÓRICO
(plano p. 48; ☑2253-0748; 6ª Av. esq. 6ª Calle, Zona 1; 40 GTQ; ☺9.00-11.45 y 14.00-16.45 lu-sa) En el lado

norte del Parque Central se alza el imponente palacio presidencial, construido entre 1936 y 1943 durante la dictadura del general Jorge Ubico a costa de las vidas de muchos prisioneros, forzados a trabajar en las obras. Es el tercero que se erigió en ese emplazamiento.

A pesar de su funesta historia, desde el punto de vista arquitectónico es una de las construcciones más interesantes del país, compendio de numerosos estilos anteriores que van desde el Renacimiento español al neoclásico. Casi todas las oficinas estatales se han trasladado a otros lugares y hoy es un museo y sede de actos solemnes.

La visita al palacio se realiza en circuitos guiados y recorre un laberinto de brillante latón, madera pulida, piedra tallada y arcos decorados con frescos. Entre sus piezas destacan un optimista mural de la historia de Guatemala, pintado por Alberto Gálvez Suárez, sobre la escalinata principal, y una lámpara de araña de oro, bronce y cristal de Bohemia, de dos toneladas, situada en el vestíbulo. El salón de banquetes alberga varias vidrieras donde se representan con ironía las virtudes del buen gobierno. En el patio occidental, llamado de la **Paz**, se alza un monumento en forma de dos manos en el lugar donde se firmaron los Acuerdos de Paz de Guatemala en 1996; cada día, a las 11.00, un guardia militar cambia la rosa que sujetan las manos y la del día anterior se lanza a una mujer de entre el público.

Museo del Ferrocarril MUSEO
(plano p. 48; www.museofegua.com; 9ª Av. 18-03, Zona 1; 5 GTQ; ☺9.00-16.00 ma-vi, 10.00-16.00 sa y

❶ CÓMO ORIENTARSE

Al igual que en casi todas las ciudades del país, el trazado de Ciudad de Guatemala tiene forma de cuadrícula. Las avenidas atraviesan la ciudad de norte a sur, mientras que las calles lo hacen de este a oeste. Todas las avenidas y calles tienen un número, que suele ir aumentando a medida que uno se desplaza de oeste a este o de norte a sur. Las direcciones permiten ubicar con exactitud en qué manzana y en qué lado de la calle se encuentra un edificio; y así, la dirección 9ª Av. 15-24 designa el edificio nº 24 de la 9ª Av. en la cuadra que sigue a la 15ª calle, mientras que 4ª calle 7-3 es el edificio nº 3 de la 4ª calle, en la cuadra después de la 7ª Av. Los edificios impares están en el lado izquierdo, si se anda en la dirección en la que aumenta la numeración y los números pares, a la derecha.

Asimismo, casi todas las poblaciones del país se dividen en varias zonas numeradas; en Ciudad de Guatemala hay 25 zonas. Se debe saber la zona además de la dirección, pues en algunas ciudades los números de las avenidas y las calles se repiten en varias zonas distintas. También hay que tener en cuenta otros detalles: las calles cortas pueden llevar el sufijo "A", como en el caso de 14ª calle A, que se encuentra entre las calles 14ª y 15ª. En algunas localidades menores nadie utiliza los nombres de las calles, aunque estén debidamente señalizados.

do) Es uno de los más interesantes de la ciudad y documenta la época dorada del problemático sistema ferroviario guatemalteco, además de exponer estrafalarios artilugios como diagramas de descarrilamientos hechos a mano y una cocina con objetos que se utilizaban en los vagones-restaurante. Se permite subir a los vagones pero no a las locomotoras.

Casa MIMA MUSEO
(plano p. 48; ✆2253-4020; www.casamima.org; 8ª Av. 14-12, Zona 1; 20 GTQ; ☯10.00-17.00 lu-sa) Es un museo y centro cultural que ocupa una casa de finales del s. XIX. Los antiguos propietarios, de gustos eclécticos, reunieron la colección, que abarca desde neorrococó francés y *art déco* hasta arte chino y objetos indígenas. Está decorado como si se tratase de una casa aún habitada.

Catedral Metropolitana CATEDRAL
(plano p. 48; 7ª Av., Zona 1; ☯6.00-12.00 y 14.00-19.00) Frente al Parque Central, fue erigida entre 1782 y 1815 (las torres se terminaron en 1867). Ha resistido terremotos e incendios, aunque los seísmos de 1917 y 1976 causaron graves daños. Por sus proporciones y su escasa ornamentación no es un edificio especialmente bello, aunque goza de cierta majestuosidad y cuenta con varios altares de interés.

Centro Cultural
Metropolitano CENTRO CULTURAL
(plano p. 48; 7ª Av. 11-67, Zona 1; ☯9.00-17.00 lu-vi) En la parte posterior de la planta baja del Palacio de Correos hay un centro cultural muy vanguardista que acoge exposiciones de arte, presentaciones de libros, talleres de artesanía y sesiones nocturnas de cine.

Banco de Guatemala EDIFICIO RELEVANTE
(plano p. 48; 7ª Av., Zona 1; ☯9.00-17.00 lu-vi) Una visita al edificio de este banco, con esculturas en relieve de Dagoberto Vásquez que relatan la historia de su país, es más gratificante de lo esperado.

Palacio de Justicia EDIFICIO RELEVANTE
(plano p. 48; 7ª Av. esq. 21ª Calle, Zona 1) El imponente Palacio de Justicia se encuentra cerca del Centro Cívico (p. 47).

Museo Nacional de Historia MUSEO
(plano p. 48; ✆2253-6149; 9ª Calle 9-70, Zona 1; 10 GTQ; ☯9.00-17.00 lu-vi) Esta colección histórica pone énfasis en las fotografías y retratos; repárese en los peinados de los generales y políticos del s. XIX.

Municipalidad de Guatemala EDIFICIO RELEVANTE
(plano p. 48; 22ª Calle, Zona 1) Contiene un enorme mosaico de Carlos Mérida terminado en 1959.

◉ Zona 2

Mapa en Relieve MONUMENTO
(www.mapaenrelieve.org; Av. Simeón Cañas Final, Zona 2; 30 GTQ; ☯9.00-17.00) Situada al norte de la Zona 1, la Zona 2 es un barrio residencial de clase media, aunque merece la pena visitar el parque Minerva para ver el enorme mapa de Guatemala al aire libre, que muestra el país en una escala de 1:10 000. La escala vertical está aumentada a 1:2000 para que los volcanes y las montañas parezcan mucho más altos de lo que realmente son.

Construido en 1905 bajo la dirección de Francisco Vela, el mapa fue restaurado y pintado en 1999. Las torres de observación permiten gozar de vistas panorámicas. Está a un breve trecho (a pie o en taxi) del Parque Central.

Parque Minerva PARQUE
(Av. Simeón Cañas Final, Zona 2) Minerva, diosa romana de la sabiduría, las habilidades técnicas y la inventiva, era una de las deidades favoritas del presidente Manuel Estrada Cabrera. Su parque es un lugar apacible y muy apropiado para pasear entre los eucaliptos y beber algo fresco, pero hay que estar atento a carteristas y tironeros.

◉ Zona 4

Centro Cívico ARQUITECTURA
(plano p. 48; Zona 4) El orgullo de la Zona 4 (que hoy comparte límites con las Zonas 1 y 5) es el Centro Cívico, un conjunto de edificios oficiales construidos en las décadas de 1950 y 1960. Uno de ellos es el INGUAT (Instituto Guatemalteco de Turismo), que alberga la oficina principal de turismo de la ciudad (p. 61).

◉ Zona 5

Estadio Nacional Mateo Flores ESTADIO
(plano p. 48; 10ª Av., Zona 5) Aquí se celebran partidos de fútbol, torneos de atletismo y conciertos de grandes figuras.

◉ Zona 7

Parque Arqueológico
Kaminaljuyú YACIMIENTO ARQUEOLÓGICO
(11ª Calle esq. 24ª Av., Zona 7; 50 GTQ; ☯8.00-16.00) Conserva vestigios de una de las primeras

Norte de Ciudad de Guatemala

0 _____ 400 m

CIUDAD DE GUATEMALA

ZONA 3

ZONA 1

ZONA 3

ZONA 8

ZONA 4

ZONA 5

Mapa en Relieve (2km)

6a Calle
7a Calle
8a Calle
9a Calle
10a Calle
11a Calle
12a Calle
12a Calle A
13a Calle
14a Calle
15a Calle
15a Calle B
16a Calle
17a Calle
18a Calle
19a Calle
20a Calle
21a Calle
22a Calle
23a Calle
24a Calle
25a Calle

5a Calle
6a Calle
7a Calle
8a Calle
9a Calle
10a Calle
11a Calle
12a Calle
13a Calle
13a Calle A
14a Calle
14a Calle A
15a Calle
15a Calle A
16a Calle
17a Calle
18a Calle
21a Calle
22a Calle
26a Calle
27a Calle
28a Calle
29a Calle
30a Calle

9a Calle A

Av Elena
Av Centroamérica
1a Av
2a Av
3a Av
4a Av
5a Av
6a Av
7a Av
8a Av
9a Av
10a Av
11a Av
12a Av
13a Av
14a Av
15a Av

6a Av A
5a Av A
6a Av A

Diagonal 1 (Av Bolívar)
Diagonal 2
Diagonal 6 (Av de la Barranquilla)

Fuente del Norte
ADN
Transportes Galgos
Plaza Barrios
El Calvario
Transportes Galgos Inter
19a Calle
20a Calle
Litegua
Línea Dorada

CENTRO CÍVICO

21a Calle

Proatur   Inguat

Museo Miraflores (3,8km)

Ruta 3
Ruta 1
Ruta 2
Ruta 5
Ruta 4
Ruta 6
Ruta 7
Ruta 8
Vía 1
Vía 2
Vía 3
Vía 4
Vía 5
Vía 6
Vía 7

Cuatro Grados Sur
Departamento de Extranjería
Cuatro Grados Norte
Exposición
Plaza de la República

16
11
28
12 13
3
48
21
20
41
42
39
29
9
38
37
33
46
43
35
30
5
23
34
36 22 32 27
45
24
2
18
26
25
31
17
19
14
15
49
8
44
7 1
10
4
6
40
47

Norte de Ciudad de Guatemala

ciudades relevantes de la región maya y está al oeste de la 23ª Av., unos 4 km al oeste del centro. En su época de esplendor (aprox. del 400 a.C. al 100 d.C.), Kaminaljuyú poseía miles de habitantes y numerosos templos, y probablemente dominaba gran parte del altiplano guatemalteco.

Las grandes tallas encontradas aquí eran anteriores a las tallas mayas clásicas, y Kaminaljuyú fue la primera ciudad maya en contar con una élite de sabios. Cayó en el olvido antes de ser ocupada alrededor del año 400 por invasores procedentes de Teotihuacán, en el centro de México, que la reconstruyeron en su típico estilo talud-tablero, con edificios colocados alternativamente en posición vertical (tablero) e inclinada (talud). Gran parte de Kaminaljuyú ha sido engullida por el desarrollo urbanístico y el parque arqueológico no es más que una pequeña parte de la antigua ciudad, donde apenas se conservan varios montículos llenos de maleza. A la izquierda de la entrada se halla la acrópolis, donde se pueden ver las excavaciones de una cancha de juego de pelota y varios edificios de estilo talud-tablero construidos entre los años 450 y 550.

Unos 200 m al sur de la entrada, al otro lado de la calle, hay dos estatuas funerarias de época preclásica tardía. Están muy deterioradas, pero son las únicas que quedan en el yacimiento; las mejores se han trasladado al nuevo Museo Nacional de Arqueología y Etnología (p. 50).

Se puede llegar en el autobús nº 35 desde la 4ª Av. de la Zona 1, pero hay que asegurarse, porque no todos llegan hasta las ruinas de Kaminaljuyú (los autobuses urbanos no son recomendables). Un taxi desde la Zona 1 cuesta unos 50 GTQ.

◎ Zona 10

Dos de los mejores museos del país ocupan los grandes y modernos edificios de la Universidad Francisco Marroquín, 1 km al este de la Av. La Reforma.

Museo Ixchel   MUSEO
(plano p. 52; ☑2361-8081; www.museoixchel.org; 6ª Calle Final, Zona 10; 35 GTQ; ☺9.00-17.00 lu-vi,

hasta 13.00 sa) Este museo debe su nombre a la diosa maya de la luna, la mujer, la fertilidad y, por supuesto, los tejidos. Numerosas fotografías y exposiciones de vestidos tradicionales indígenas y otros objetos de artesanía muestran la enorme riqueza del arte tradicional del altiplano guatemalteco. Es de visita obligada para todos los interesados en los tejidos guatemaltecos; dispone de acceso para viajeros discapacitados, una sección para niños, un café, una tienda y una biblioteca.

Museo Popol Vuh MUSEO
(plano p. 52; ☎2338-7896; www.popolvuh.ufm. edu; 6ª Calle Final, Zona 10; adultos/niños 35/10 GTQ; ☺9.00-17.00 lu-vi, hasta 13.00 sa) Situado detrás del Museo Ixchel alberga colecciones bien expuestas de estatuillas prehispánicas, incensarios y urnas funerarias, más máscaras talladas en madera y textiles tradicionales, que ocupan varias salas. También pueden verse pinturas coloniales, objetos de madera dorada y de plata y una colorida muestra de arte maya de temática animal. Una de las piezas más interesantes es la copia fiel del Códice Dresde, uno de los más preciados libros ilustrados de los mayas.

Jardín botánico JARDINES
(plano p. 52; Calle Mariscal Cruz 1-56, Zona 10; 15 GTQ; ☺8.00-15.30 lu-vi, hasta 12.00 sa) La Universidad de San Carlos cuenta con un enorme jardín botánico en el extremo norte de la Zona 10. La entrada incluye el Museo de Historia Natural (p. 50) de la universidad, en el mismo recinto.

Museo de Historia Natural MUSEO
(plano p. 52; Calle Mariscal Cruz 1-56, Zona 10; 15 GTQ; ☺8.00-15.30 lu-vi, hasta 12.00 sa) El Museo de Historia Natural de la universidad está en el mismo recinto que el jardín botánico de la Universidad de San Carlos y expone una colección bien ordenada de flora y fauna de todo el país; se merece una visita rápida si uno pasa por el barrio.

◉ Zona 11

Museo Miraflores MUSEO
(☎2470-3415; www.museomiraflores.org.gt; 7ª Calle 21-55, Zona 11; 25 GTQ; ☺9.00-19.00 ma-do) Este moderno museo está incomprensiblemente ubicado entre dos centros comerciales, a varios kilómetros del centro urbano. La planta baja está dedicada a objetos hallados en el yacimiento de Kaminaljuyú (p. 47), con mapas de rutas comerciales que muestran la importancia del antiguo asentamiento.

La planta superior acoge exposiciones sobre tejidos e indumentaria indígena de todas las regiones del país. En la parte posterior hay una zona ajardinada con varios senderos y bancos para descansar. Para llegar, hay que tomar cualquier autobús desde el centro hasta el centro comercial Tikal Futura; y desde allí hay que recorrer 250 m hasta la zona comercial de Miraflores.

◉ Zona 13

Las atracciones de la parte más meridional de la ciudad se concentran en la 5ª calle, en la zona llamada Finca La Aurora, al noroeste del aeropuerto, donde interesa visitar el Mercado de Artesanías (p. 60).

Museo Nacional de Arqueología y Etnología MUSEO
(plano p. 52; ☎2475-4399; www.munae.gob.gt; 6ª Calle, Sala 5, Finca La Aurora, Zona 13; 60 GTQ; ☺9.00-16.00 ma-vi, 9.00-12.00 y 13.30-16.00 sa y do) Alberga la mayor colección del país de objetos mayas, aunque los paneles explicativos brillan por su ausencia. Se puede admirar un gran número de esculturas de piedra, que incluyen estelas del período clásico procedentes de Tikal, Uaxactún y Piedras Negras, un trono originario de Piedras Negras y representaciones animales de la época preclásica encontradas en Kaminaljuyú.

También exhibe raros dinteles de madera de los templos de Tikal y El Zotz, así como una sala llena de collares de jade y máscaras. No hay que pasar por alto la enorme maqueta de Tikal. La sección etnológica está dedicada a las lenguas de los indígenas guatemaltecos, sus trajes típicos, danzas, máscaras y viviendas.

Museo Nacional de Arte Moderno GALERÍA
(plano p. 52; ☎2472-0467; 6ª Calle, Sala 6, Finca La Aurora, Zona 13; 10 GTQ; ☺9.00-16.00 ma-vi, 9.00-12.30 y 14.00-16.00 sa y do) Acoge una colección de arte guatemalteco del s. xx, con obras de artistas como Carlos Mérida, Carlos Valente y Humberto Gavarito.

Museo de los Niños MUSEO
(plano p. 52; ☎2475-5076; www.museodelosninos. com.gt; 5ª Calle 10-00, Zona 13; 40 GTQ; ☺8.00-12.00 y 13.00-16.30 ma-vi, 9.30-13.30 y 14.30-18.00 sa y do) Situado casi enfrente de la entrada al zoo, este museo interactivo hará felices a los niños. Entre otras cosas, alberga un enorme mapa en forma de rompecabezas, un simulador de terremotos y un recinto con un ameno juego de pelota.

La Aurora Zoo
ZOOLÓGICO

(plano p. 52; ☏2472-0507; www.aurorazoo.org.gt; 5ª Calle, Zona 13; adultos/niños 30/15 GTQ; ⏱9.00-17.00 ma-do) No está tan descuidado como otros de esta parte del mundo. Vale la pena pagar la entrada, aunque para pasear por sus preciosos jardines.

Museo Nacional de Historia
Natural Jorge Ibarra
MUSEO

(plano p. 52; ☏2472-0468; 6ª Calle 7-30, Zona 13; 10 GTQ; ⏱9.00-16.00 ma-do) Por detrás del museo arqueológico, alberga una vasta colección de animales disecados.

🏃 Actividades

Pasos y Pedales
OCIO Y DEPORTES

(plano p. 52; ⏱10.00-14.00 do) El Ayuntamiento ha tenido la feliz iniciativa de cerrar al tráfico los domingos la Av. de las Américas, en la Zona 10, y su prolongación, la Av. de la Reforma, que son tomadas por malabaristas, payasos, patinadores, paseadores de perros, vendedores de comida, clases de taichí y parques infantiles.

Es ideal para dar un paseo (o recorrerlo en bici o patines, que se alquilan en la calle) y contemplar el lado relajado y sociable de esta ciudad, que en pocas ocasiones se descubre.

X-Park
DEPORTES DE AVENTURAS

(☏2380-2080; www.xpark.net; Av. Hincapié, km 11,5; 15 GTQ; ⏱10.00-18.00) Situado a unos 10 min en coche desde el aeropuerto hacia el sur, es un parque de aventura muy bien realizado. Las atracciones, llamadas "retos", incluyen escalada en roca y pared, saltos con cuerda elástica, toros mecánicos, circuito de cuerdas, tirolinas y un parque infantil. Las más baratas cuestan 20 GTQ. En la cafetería, la oferta de comida rápida es bastante limitada. Un taxi desde la Zona 10 ronda los 30 GTQ.

👉 Circuitos

SubiBaja
CIRCUITO EN AUTOBÚS

(plano p. 48; ⏱9.00-14.00) GRATIS TransMetro da servicio con una flota de autobuses modernos con aire acondicionado que pasan cada 20 min y efectúan un circuito turístico con 10 paradas, que incluyen el Parque Central, el Centro Cívico, el zoo (y los museos), la Zona Viva, Pasos y Pedales, Cuatro Grados Norte y el Mapa en Relieve. Los guías voluntarios comentan los lugares por donde se pasa y en cada autobús viaja un agente de la Policía de Tránsito. Los pasajeros pueden subir y bajar cuantas veces quieran.

Clark Tours
CIRCUITO EN AUTOBÚS

(plano p. 52; ☏2412-4700; www.clarktours.com. gt; 7ª Av. 14-76, Zona 9; ⏱9.00-19.00 lu-vi, hasta 13.00 sa) El turoperador más consolidado de Guatemala ofrece circuitos matutinos o de un día completo. El matutino (sa-mi) visita el Palacio Nacional de la Cultura, la catedral y el Centro Cívico. En los de un día se añaden además los museos Ixchel y Popul Vuh. Clark Tours cuenta también con oficinas en

---

CIUDAD DE GUATEMALA PARA NIÑOS

En caso de que se viaje con críos, la capital reúne atractivos suficientes para que valga la pena plantearse la visita como una excursión desde Antigua. En la Zona 13, el Museo de los Niños y La Aurora Zoo, próximos entre sí, son los lugares más entretenidos para los niños, que también disfrutarán con los animales disecados del cercano Museo Nacional de Historia Natural Jorge Ibarra.

El Mapa en Relieve (p. 47), al norte del centro, divierte a gente de todas las edades, y en el parque vecino hay unos cuantos columpios y estructuras metálicas para trepar.

Los domingos, niños y adultos pueden gozar del ambiente relajado y las abundantes propuestas de ocio del Pasos y Pedales.

No debería ser difícil encontrar comida apetecible para niños en las zonas de alimentación del Centro Comercial Los Próceres (p. 60) o el Oakland Mall (p. 60), donde todos pueden disfrutar del aire acondicionado. En el Oakland Mall se encuentra el restaurante Nais (p. 58), que encantará a los pequeños por su enorme acuario con peces tropicales (un submarinista limpia periódicamente el tanque y da de comer a sus moradores).

No es fácil encontrar instalaciones y servicios para familias en Ciudad de Guatemala; los cuartos para cambiar pañales son casi inexistentes y los asientos infantiles en los coches bastante raros, aunque avisando con tiempo las agencias de alquiler podrían proporcionarlos. Si se lleva un cochecito, las aceras son pasablemente anchas y llanas, aunque pueden estar abarrotadas de gente. Y no es mala idea llevar una mochila para bebés.

Sur de Ciudad de Guatemala

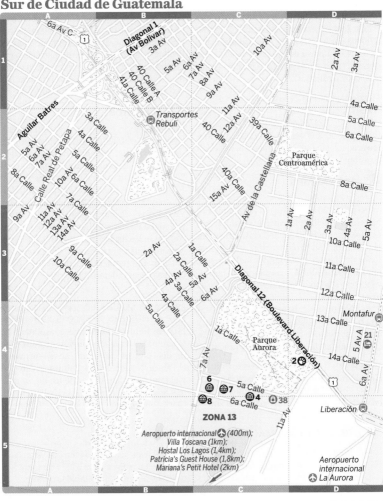

Sur de Ciudad de Guatemala

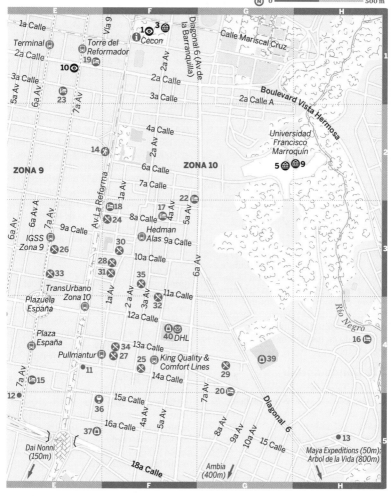

BONJOUR, AMIGO

Hace tiempo alguien apodó a Ciudad de Guatemala el París de no se sabe dónde, de ahí que exista una copia de la Torre Eiffel a horcajadas en un transitado cruce del centro. La **Torre del Reformador** (plano p. 52; 7ª Av. esq. 2ª Calle, Zona 9), originalmente llamada Torre Conmemorativa del 19 de julio, se finalizó en 1935 para celebrar el centenario del nacimiento del ex presidente y reformista Justo Rufino Barrios.

el **Westin Camino Real** (plano p. 52; ☎2363-3920; 14ª Calle esq. Av. La Reforma, Zona 10) y el **Hotel Barceló Guatemala** (plano p. 52; ☎2362-9716; 7ª Av. 15-45, Zona 9).

Maya Expeditions CIRCUITO
(plano p. 52; ☎2363-4955; www.mayaexpeditions. com; 13ª Av. 14-70, Zona 10) La compañía de turismo de aventura más respetada de Guatemala está especializada en senderismo y *rafting* en aguas bravas, aunque también ofrece viajes arqueológicos, expediciones de observación de fauna y muchos otros, sobre todo en las regiones de Alta Verapaz y El Petén.

🛏 Dónde dormir

La Zona 1 concentra la mayor cantidad de hoteles económicos y de precio medio. Si se acaba de llegar en avión o se está a punto de salir del país por vía aérea, cerca del aeropuerto hay varias pensiones muy prácticas. Casi todos los hoteles de alto nivel se agrupan en la Zona 10.

🛏 Zona 1

La mayoría de los hoteles económicos se concentran entre las avenidas 6ª y 9ª, y las calles 14ª y 17ª, unos 10-15 min a pie al sur del Parque Central. Al buscar una habitación hay que tener en cuenta el ruido de la calle.

★Theatre International Hostel ALBERGUE $
(plano p. 48; ☎4202-5112; www.theatreihostel. com; 8ª Av. 14-17, Zona 1; dc 60-80 GTQ, h sin baño desde 170 GTQ; 🛜📶) El mejor hotel de la zona es sencillo pero impecable, con habitaciones y dormitorios espaciosos y una pequeña piscina en el patio, perfecta para refrescarse en los días de bochorno.

Hotel Clariss HOTEL $
(plano p. 48; ☎2232-1113; www.hotelclarissyasocia dos.amawebs.com; 8ª Av. 15-14, Zona 1; i/d 190/240 GTQ, i/d sin baño 145/190 GTQ; 🅿📶) Hotel acogedor en un edificio moderno, con algunas habitaciones de buen tamaño y otras menores. Las delanteras son más aireadas y luminosas, pero también más ruidosas.

Hotel Spring HOTEL $
(plano p. 48; ☎2230-2858; www.hotelspring.com; 8ª Av. 12-65, Zona 1; i/d desde 190/235 GTQ, i/d sin baño 140/180 GTQ; 🅿📶🛜) Tiene mucho más estilo que otros hoteles de la Zona 1, sobre todo el precioso patio. Ofrece 43 habitaciones, muy distintas entre sí, pero la mayoría espaciosas, limpias y de techos altos. Se aconseja ver varias antes de decidirse. Todas tienen televisión por cable, y algunas de las más caras están habilitadas para discapacitados. Conviene reservar con antelación. En la cafetería sirven comidas de 6.30 a 13.30.

Hotel Ajau HOTEL $
(plano p. 48; ☎2232-0488; hotelajau@hotmail. com; 8ª Av. 15-62, Zona 1; i/d 180/230 GTQ, i/d sin baño 110/140 GTQ; 🅿📶🛜) Uno de los contados hoteles baratos de Guate, con evidente sentido del estilo: preciosos suelos de baldosas y habitaciones limpias de tamaño variable (las que dan a la fachada son muy ruidosas).

★Posada Belén HOTEL-BOUTIQUE $$
(plano p. 48; ☎2232-6178; www.posadabelen.com; 13ª Calle A 10-20, Zona 1; i/d 330/420 GTQ; 📶🛜) Hotelito con encanto, uno de los más elegantes de la Zona 1, con solo 10 habitaciones dispuestas alrededor de un par de frondosos patios y decoradas con mobiliario típico. Tiene un buen restaurante.

Hotel Sevilla HOTEL $$
(plano p. 48; ☎2230-0506; 9ª Av. 12-29, Zona 1; i/d 180/220 GTQ; 🛜) Aunque supera a casi todos los hoteles de esta franja de precios, no acaba de hacer honor a las tres estrellas que se ha concedido, pero aun así no está mal. Es muy céntrico y las habitaciones, aunque envejecidas, son amplias y luminosas (un poco ruidosas las de la fachada).

Hotel Pan American HOTEL $$
(plano p. 48; ☎2244-0850; www.hotelpanameri can.com.gt; 9ª Calle 5-63, Zona 1; i/d 360/520 GTQ; 🅿📶🛜) El único hotel de lujo de Ciudad de Guatemala anterior a la II Guerra Mundial es también uno de los pocos de la capital donde se nota el peso de la historia, con

un bonito vestíbulo *art déco* lleno de plantas, un restaurante no muy destartalado y habitaciones grandes y sencillas (las que dan a la calle son ruidosas), a menudo con tres o más camas. Los baños son elegantes y modernos, con bañeras de buen tamaño.

Hotel Colonial HOTEL **$$**
(plano p. 48; ☎2232-6722; www.hotelcolonial. net; 7ª Av. 14-19, Zona 1; i/d 185/270 GTQ, i/d sin baño 150/200 GTQ; 🅿@🛜) Hotel reformado con espaciosas zonas comunes, recargada decoración colonial en tonos oscuros y 42 habitaciones grandes y limpias con correcto mobiliario y, en casi todas ellas, baño privado y TV.

Hotel Quality Service HOTEL **$$**
(plano p. 48; ☎2251-8005; www.qualityguate. com; 8ª Calle 3-18, Zona 1; i/d incl. desayuno 230/300 GTQ; 🅿@🛜) De ambiente tradicional agradable, bien compensado por el estilo moderno de las habitaciones. El mejor hotel cerca del parque.

Hotel Excel HOTEL **$$**
(plano p. 48; ☎2253-2709; www.hotelexcel.amawebs.com; 9ª Av. 15-12, Zona 1; i/d 205/255 GTQ; 🅿@🛜) Puede que su estilo de motel sea un tanto insulso, pero las habitaciones son impecables y las duchas tienen agua caliente.

Hotel Capri HOTEL **$$**
(plano p. 48; ☎2232-8191; 9ª Av. 15-63, Zona 1; i/d 175/250 GTQ; 🅿) Moderno hotel de cuatro plantas, bien situado, con habitaciones tranquilas, apartadas de la calle. Las grandes ventanas que dan a patios interiores ofrecen sol y ventilación.

Hotel Centenario HOTEL **$$**
(plano p. 48; ☎2338-0381; www.hotelcentenario. wordpress.com; 6ª Calle 5-33, Zona 1; i/d 200/250 GTQ; 🅿🛜) Aunque está un tanto descuidado, ofrece una buena relación calidad-precio. Las habitaciones son sencillas y anticuadas, pero tienen TV y ducha con agua caliente.

Hotel Royal Palace HOTEL **$$$**
(plano p. 48; ☎2416-4400; www.hotelroyalpalace.com; 6ª Av. 12-66, Zona 1; i/d 530/645 GTQ; 🅿✳🛜) Pequeña isla de *glamour* en el bullicio de la 6ª Av., con todas las comodidades. El estilo es moderno, con madera oscura y azulejos por doquier. Ofrece habitaciones grandes y modernas y adaptadas para discapacitados. Dispone de restaurante, bar, gimnasio, sauna y transporte gratuito al aeropuerto.

🛏 Zona 9

Hotel Villa Española HOTEL **$$**
(plano p. 52; ☎2205-0200; www.hotelvillaespanola.com; 2ª Calle 7-51, Zona 9; i/d 465/535 GTQ; 🅿✳🛜) Tiene algunos toques elegantes y es uno de los pocos de estilo colonial en la zona. Aunque está en una calle transitada, las habitaciones dan a la parte trasera y quedan aisladas del ruido. Cuenta con un buen restaurante.

Residencia del Sol HOTEL **$$$**
(plano p. 52; ☎2360-4823; www.residenciadelsol.com; 3ª Calle 6-42, Zona 9; i/d 500/580 GTQ; 🅿✳🛜) Las habitaciones amplias y atractivas compensan la ubicación algo a trasmano. Por 80 GTQ más se dispondrá de suelo de parqué y balcón.

Mi Casa HOTEL **$$$**
(plano p. 52; ☎2332-1364; www.hotelmicasa.com; 5ª Av. A 13-51, Zona 9; i/d incl. desayuno 420/640 GTQ; 🅿@🛜) Este hotel instalado en una casa familiar de una calle tranquila ofrece habitaciones grandes y soleadas con baño, suelos de linóleo, pinturas acrílicas, ventiladores y lámparas de lectura. El desayuno se sirve en un jardincito trasero. Si se llama antes, recogen en el aeropuerto.

Barceló Guatemala HOTEL DE NEGOCIOS **$$$**
(plano p. 52; ☎4000-2378; www.barceloguatemalacity.com; 7ª Av. 15-45, Zona 9; h desde 625 GTQ; 🅿✳@🛜🏊) Aunque se prefiera un establecimiento menos impersonal, resulta difícil renunciar a este hotel de una cadena hotelera española.

🛏 Zona 10

Quetzalroo ALBERGUE **$**
(plano p. 52; ☎5746-0830; www.quetzalroo.com; 6ª Av. 7-84, Zona 10; dc/i/d sin baño 120/200/280 GTQ; 🅿@🛜) El mejor albergue del centro posee habitaciones y dormitorios aceptables, una cocina justa y una excelente terraza en la azotea. Queda cerca de la zona de restaurantes y clubes de Zona Viva. Si el viajero llama, lo recogen gratis en el aeropuerto o en la terminal de autobuses.

⭐Eco Suites Uxlabil APARTAMENTOS **$$**
(plano p. 52; ☎2366-9555; www.uxlabil.com; 11ª Calle 12-53, Zona 10; i/d incl. desayuno 395/495 GTQ; ✳🛜) Si se tiene previsto quedarse un tiempo en la ciudad (y si no también), no están mal estos bonitos apartamentos con motivos indígenas en la decoración y escondidos en una

esquina arbolada de la Zona 10. Para estancias semanales se aplican tarifas rebajadas.

Hotel Ciudad Vieja   HOTEL **$$$**
(plano p. 52; ☏2210-7900; www.hotelciudadvieja.com; 8ª Calle 3-67, Zona 10; i/d incl. desayuno 685/760 GTQ; ✳☎) Esta construcción moderna bien decorada con detalles antiguos es de los pocos hoteles con personalidad de esta parte de la ciudad. Las habitaciones son buenas (a las individuales, eso sí, les falta un poco de espacio), y el umbroso patio-atrio es perfecto para tomarse un respiro al mediodía o disfrutar de un largo y plácido desayuno.

La Inmaculada   HOTEL **$$$**
(plano p. 52; ☏2314-5100; www.inmaculadahotel.com; 14ª Calle 7-88, Zona 10; h 800-875 GTQ, ste 990 GTQ; ✳☎) En un rincón tranquilo de la Zona 10, los responsables de este hotel más o menos nuevo se emplean a fondo para complacer a los huéspedes: ropa de cama de algodón egipcio, duchas con efecto lluvia, balcones asomados a los jardines y un diseño general atractivo y discreto.

Hotel San Carlos   HOTEL **$$$**
(plano p. 52; ☏2332-6055; www.hsancarlos.com; Av. La Reforma 7-89, Zona 10; incl. desayuno i/d 740/835 GTQ, apt desde 1390 GTQ; ℗@☎≊) Aunque la decoración es muy barroca, la relación calidad-precio es buena y está alejado del bullicio de la calle. Dispone de habitaciones y apartamentos espaciosos y cómodos. El precio incluye la recogida en el aeropuerto.

🛏 Zona 13

Esta zona residencial de clase media que rodea el aeropuerto se va llenando de hostales dirigidos a los viajeros que llegan o se van. Las tarifas de todos ellos incluyen el desayuno y los traslados (hay que llamar al llegar al aeropuerto). En la zona no hay restaurantes, pero el personal de los hoteles puede informar de todas las opciones de comida rápida a domicilio.

Hostal Los Lagos   ALBERGUE **$**
(☏2261-2809; www.loslagoshostal.com; 8ª Av. 15-85 Aurora 1, Zona 13; dc/i/d 120/170/320 GTQ, i/d sin baño 140/180 GTQ; ℗@☎) Es lo más parecido a un albergue cerca del aeropuerto, con dormitorios colectivos espaciosos y bien ventilados, aunque también hay un par de habitaciones a precios razonables.

Villa Toscana   HOTEL **$$**
(☏2261-2854; www.hostalvillatoscana.com; 16ª Calle 8-20 Aurora 1, Zona 13; i/d incl. desayuno 260/380 GTQ; ℗☎☎) Este hotel de la nueva hornada de alojamientos surgidos cerca del aeropuerto posee habitaciones amplias y confortables, un ambiente tranquilo, una cocina para los huéspedes y un precioso patio trasero. Ofrece traslado al aeropuerto de 5.30 a 21.30; fuera de este horario hay que pagar el taxi.

**Patricia's
Guest House**   PENSIÓN **$$**
(☏2261-4251; www.patriciashotel.com; 19 Calle 10-65, Aurora 2, Zona 13; d sin baño incl. desayuno 260 GTQ; ℗☎☎) Esta casa familiar es un alojamiento tranquilo y cómodo con un bonito traspatio para echar las horas, y además ofrece transporte privado por la ciudad y enlaces con las estaciones de autobuses.

Mariana's Petit Hotel   PENSIÓN **$$**
(☏2261-4105; www.marianaspetithotel.com; 20 Calle 10-17 Aurora 2, Zona 13; i/d incl. desayuno 280/345 GTQ; ☎) Uno de los mejores hoteles del aeropuerto, con habitaciones espaciosas, buenos desayunos y numerosos servicios.

★**Dai Nonni**   HOTEL **$$$**
(☏2362-5458; www.dainonnihotel.com; 15 Av. A 5-30, Zona 13; i/d 695/790 GTQ; ☎) Al sur de todo el barullo de la Zona 10, este hotelito se anota tantos por su decoración ecléctica, habitaciones grandes y jardín trasero con mesas. Se aplican descuentos para pagos en efectivo y estancias largas.

🍴 Dónde comer

Para comer barato lo mejor es la Zona 1; hay pocos comedores en las inmediaciones del Mercado Central, y los más económicos están dentro, en la planta baja. Las zonas 10 y 14 concentran el grueso de los restaurantes de alto nivel, con una buena representación de cocinas internacionales.

Los establecimientos de comida rápida de EE UU abundan en la Zona 1 y el resto de la ciudad. Pollo Campero es la versión guatemalteca de KFC.

🍴 Zona 1

Es fácil encontrar sitios baratos en la Zona 1, con decenas de restaurantes y locales de comida rápida en la 6ª Av. entre la 6ª y 15ª calle y sus aledaños.

La cultura del café empieza a abrirse paso en la Zona 1, con varias cafeterías interesantes donde disfrutar de un buen café, bocadillos y tentempiés.

★ Café de Imeri — CAFÉ $
(plano p. 48; 6ª Calle 3-34, Zona 1; platos ppales. 40-70 GTQ; ⊘8.00-18.30 lu-sa; 🕾) Interesantes desayunos, sopas y pastas. La carta de bocadillos es impresionante y cuenta con un bonito patio trasero.

Bar Céntrico — CAFÉ $
(plano p. 48; 7ª Av. 12-32, Zona 1; tentempiés 25-45 GTQ; ⊘9.00-18.00 lu-sa) Pequeño bar-café con sofás cómodos y pinturas de artistas locales en las paredes.

Café-Restaurante Hamburgo — GUATEMALTECA $
(plano p. _48; 15ª Calle 5-34, Zona 1; menú comida 35-55 GTQ; ⊘7.00-21.30) Este bullicioso local asomado al lado sur del parque Concordia sirve buena comida guatemalteca, con los chefs trabajando en los fogones a la vista de la clientela y camareros con delantales naranja de acá para allá. Los fines de semana actúa una banda de marimba.

Restaurante Rey Sol — VEGETARIANA $
(plano p. 48; 11ª Calle 5-51, Zona 1; platos ppales. 20-30 GTQ; ⊘7.00-19.00 lu-sa, hasta 16.00 do; 🚃) Los ingredientes frescos y los toques innovadores son los responsables de que este restaurante vegetariano estricto se llene al mediodía.

Fu Lu Sho — CHINA $
(plano p. 48; 6ª Av. 12-05, Zona 1; platos ppales. 40-70 GTQ; ⊘8.00-23.00) Este típico local chino funciona desde hace años y es de confianza, aunque es una opción poco estimulante. Sirve comida china auténtica y varios platos típicos guatemaltecos, pero cuando se trata de comer a última hora de la noche, es casi imbatible.

★ La Cocina de la Señora Pu — GUATEMALTECA $$
(plano p. 48; 6ª Av. A 10-16, Zona 1; platos ppales. unos 80 GTQ; ⊘12.00-20.00 lu-sa) Este pequeño restaurante de andar por casa sirve excelentes versiones "modernizadas" de platos mayas clásicos. La carta impresiona por su variedad –carne de res y de cerdo, pollo, pato, pavo, pichón, conejo, pescado y gambas– y todo se prepara en una cocina de cuatro fuegos a la vista de los clientes. Los sabores son deliciosos y a veces sorprendentes.

La Majo — GUATEMALTECA $$
(plano p. 48; 12ª Calle 3-08, Zona 1; platos ppales. 50-80 GTQ; ⊘10.00-19.00 lu-sa; 🚃) La renovación cultural del centro de Guate continúa en este café pequeño, agradable y bohemio instalado en una casa colonial. Se ofrece una comida aceptable y un par de platos vegetarianos, pero

el reclamo principal es su programación de música en directo, teatro y otras actividades.

Café León de 12ª Calle — CAFÉ $$
(plano p. 48; 12ª Calle 6-23, Zona 1; desayuno 50-70 GTQ; ⊘7.00-18.00 lu-ju, hasta 19.30 vi, 8.30-17.00 sa) Acogedora sucursal de la popular franquicia, con un bonito patio trasero.

Café León — CAFÉ $$
(plano p. 48; 8ª Av. 9-15, Zona 1; desayuno 50-70 GTQ; ⊘7.00-18.00 lu-ju, hasta 19.30 vi, 8.30-17.00 sa; 🕾) Muy popular, ambientado y decorado con fotos antiguas de la ciudad, ofrece buenos desayunos y bocadillos, pero el café es su principal atractivo.

Hotel Pan American — INTERNACIONAL $$
(plano p. 48; ☎2232-6807; 9ª Calle 5-63, Zona 1; desayuno 60-100 GTQ, platos ppales. 75-150 GTQ; ⊘7.00-21.00; 🕾) El restaurante de este veterano hotel destaca por su ambiente, con camareros muy profesionales que visten atuendos mayas tradicionales. Sirve buena comida guatemalteca, italiana y norteamericana, aunque los precios son algo excesivos.

Picadilly — INTERNACIONAL $$
(plano p. 48; 6ª Av. esq. 11ª Calle, Zona 1; platos ppales. 50-100 GTQ; ⊘11.00-21.30) En pleno meollo de la 6ª Av., es bullicioso y ofrece *pizzas* y pastas aceptables, además de buenas carnes. Tiene excelentes vistas a la calle a través de grandes ventanales.

Restaurante Altuna — ESPAÑOLA $$$
(plano p. 48; ☎2232-0669; 5ª Av. 12-31, Zona 1; platos ppales. 130-180 GTQ; ⊘12.00-22.00 ma-sa, hasta 16.00 do) Grande y elegante, tiene el ambiente de un club privado, con varios comedores dispuestos alrededor de un patio con tragaluz. Está especializado en marisco y cocina española; el servicio es amable y profesional.

🍴 Zona 9

Celeste Imperio — CHINA $$
(plano p. 52; 7ª Av. esq. 10ª Calle, Zona 9; platos ppales. 80-150 GTQ; ⊘11.00-22.30 lu-sa, hasta 21.30 do) Es uno de los muchos restaurantes chinos de la ciudad, y cuenta con la aprobación de los vecinos. Sirve todos los platos de rigor y algunos poco corrientes, como el pichón asado (85 GTQ).

Puerto Barrios — PESCADO $$
(plano p. 52; ☎2334-1302; 7ª Av. 10-65, Zona 9; platos ppales. 100-200 GTQ; ⊘12.00-15.30 y 18.00-23.00) Especializado en platos a base de gambas y

pescado, se ubica en un gran barco pirata, decorado con motivos marineros: cuadros de bucaneros, ventanas de ojo de buey y una gran brújula en la puerta.

🍴 Zona 10

El ambiente refinado de esta zona se combina con una oferta de restaurantes a la par. Los precios son más altos que en otros barrios, pero la variedad de las cartas es mayor y el entorno, más agradable.

⭐ Árbol de la Vida   VEGETARIANA $
(17 Calle A 19-60, Zona 10; platos ppales. unos 50 GTQ; ⏰7.30-18.00 lu y ma, hasta 20.00 mi-vi, hasta 16.00 sa y do ; 🛜🥗) El mejor restaurante vegetariano de la Zona 10 abre temprano para servir desayunos y ofrece una extensa carta con sabrosas sopas y platos principales con exquisiteces vegetarianas como tofu y quinua.

San Martín & Company   CAFÉ, PANADERÍA $
(plano p. 52; 13ª Calle 1-62, Zona 10; comidas ligeras 40-60 GTQ; ⏰6.00-20.00; 🛜) Café-panadería fresco y limpio en la Zona Viva, que es una opción excelente a cualquier hora del día. Por la mañana sirve deliciosos cruasanes rellenos de tortilla. Más tarde se puede elegir entre tentadores y originales bocadillos, sopas y ensaladas.

La Chapinita   GUATEMALTECA $
(plano p. 52; 1ª Av. 10-24, Zona 10; menú comidas 45 GTQ; ⏰8.00-19.00 lu-sa) En la Zona 10 puede

---

COMIDA BARATA EN LA ZONA 10

¿Un almuerzo económico en la cursi Zona 10? Estos locales no son nada del otro mundo, pero tienen éxito entre los oficinistas.

Paco's Café (plano p. 52; 1ª Av. 10-50, Zona 10; platos ppales. 35-50 GTQ; ⏰7.00-16.00 lu-sa) Comida casera guatemalteca junto a un quiosco.

Cafetería Solé (plano p. 52; 14ª Calle, entre 3ª y 4ª Avs., Zona 10; menú almuerzo 40 GTQ; ⏰12.00-16.00 lu-sa) Menús de buena relación calidad-precio.

Cafetería Patsy (plano p. 52; Av. La Reforma 8-01, Zona 10; menú almuerzo 40-60 GTQ; ⏰7.30-20.00) Luminoso y alegre, ofrece submarinos, sándwiches y menús de almuerzo con buena relación calidad-precio.

---

costar trabajo encontrar comida guatemalteca casera servida en un ambiente más o menos formal, pero este restaurante lo hace y con buenos precios. Las mesas de la terraza son muy agradables y frescas.

Los Alpes   CAFÉ, PANADERÍA $
(plano p. 52; 10ª Calle 1-09, Zona 10; desayuno 40-60 GTQ; ⏰7.00-19.00 lu-sa, 9.00-19.00 do) Panadería-restaurante de ambiente tranquilo, alejada de la calle, detrás de una cortina de vegetación, lo que le confiere cierto aislamiento. Sirve buenos bocadillos y tartas.

⭐ Kacao   GUATEMALTECA $$
(plano p. 52; ☎2337-4188; 2ª Av. 13-44, Zona 10; platos ppales. 90-160 GTQ; ⏰12.00-16.00 y 18.00-23.00 lu-vi, 11.00-22.30 sa y do) Bajo un techo de palapa y con suave música de marimba, es el mejor restaurante de comida típica de la Zona 10, muy recomendable tanto por su ambiente como por su cocina.

Nais   INTERNACIONAL $$
(plano p. 52; Diagonal 6 13-01, Oakland Mall, Zona 10; platos ppales. 60-100 GTQ; ⏰6.00-22.00) La comida no está mal, pero a los niños les encantará el enorme acuario que hace las veces de pared central de este restaurante, sobre todo cuando aparece el submarinista que echa de comer a los peces y pastinacas.

La Maison de France   FRANCESA $$
(plano p. 52; ☎2337-4029; 13ª Calle 7-98, Zona 10; platos ppales. 90-200 GTQ; ⏰12.00-22.30 lu-sa) Combina la cocina francesa y la guatemalteca con éxito; ofrece algunos platos franceses buenos (como los caracoles al ajillo, 60 GTQ), vinos de importación y música en directo los viernes.

Tamarindos   FUSIÓN $$$
(plano p. 52; ☎2360-2815; 11ª Calle 2-19, Zona 10; platos ppales. 130-210 GTQ; ⏰12.00-24.00; 🛜) Un chic restaurante italo-asiático con comida deliciosa a la que se imprime un toque guatemalteco. Ofrece una sugestiva variedad de ensaladas y platos sabrosos de inspiración tailandesa y japonesa. La decoración es elegante y el servicio rápido pero agradable.

Pecorino   ITALIANA $$$
(plano p. 52; ☎2360-3035; 11ª Calle 3-36, Zona 10; platos ppales. 120-250 GTQ; ⏰12.00-1.00 lu-sa, hasta 18.00 do; 🛜) Instalado en un bonito patio, está considerado el mejor restaurante italiano de la ciudad. La carta abarca una gran selección de entrantes, *pizzas*, pastas, carne y marisco.

✖ Zona 14

★**Ambia** FUSIÓN $$$
(www.fdg.com.gt; 10ª Av. 5-49, Zona 14; platos ppales. 150-300 GTQ; ⊙12.00-24.00 lu-sa) Como dan a entender los precios, este es uno de los restaurantes más encopetados de la ciudad, con una carta extensa y variada que incluye buenos platos de fusión y en la que predominan las influencias asiáticas. La presentación es fantástica y el ambiente extraordinario. En las noches de calor, es perfecto su patio-*lounge* al aire libre.

🍷 Dónde beber y vida nocturna

La Zona 1 cuenta con un puñado de sitios buenos donde tomar una copa, incluidos algunos locales de música latina y baile, todos a menos de media cuadra unos de otros al sur del Parque Central.

La Zona 10 tiene unas cuantas discotecas, pero muchas se han trasladado ahora más al sur, hasta las afueras. Las noches especiales se anuncian con octavillas repartidas por toda la ciudad.

Los Lirios CLUB
(plano p. 48; 7ª Av. 9-20, Zona 1; ⊙17.00-1.00 mi-sa) Con música latina en directo y baile casi todas las noches, lo frecuentan los mayores de 25 años.

El Gran Hotel PUB
(plano p. 48; 9ª Calle 7-64, Zona 1; ⊙18.00-1.00 ma-do) El reformado vestíbulo de este hotel clásico es uno de los bares más atractivos de la Zona 1. También posee una de las discotecas más seguras de la zona, donde se alternan la música latina y la electrónica.

Las Cien Puertas BAR
(plano p. 48; 9ª Calle 6-45, Pasaje Aycinena 8-44, Zona 1; ⊙12.00-1.00) Este pequeño bar a la última se ubica en un descuidado pasaje colonial del que se dice que tiene más de 100 puertas (de ahí el nombre) y a veces se cierra para actuaciones de bandas.

Kahlua CLUB
(plano p. 52; 15ª Calle esq. 1ª Av., Zona 10; desde 30 GTQ; ⊙19.00-1.00 ju-sa) Música electrónica y gente joven y animada.

☆ Ocio

Ciudad de Guatemala concentra casi la mitad de la población del país, así que no es de extrañar que la oferta de ocio sea abundante.

LOCALES LGBT

Solo hay un par de sitios dignos de mención para los hombres y muy poca cosa para las mujeres.

Black & White Lounge (plano p. 48; www.blackandwhitebar.com; 11ª Calle 2-54, Zona 1; ⊙19.00-1.00 mi-sa) Este veterano bar-discoteca gay ocupa una antigua casa particular cerca del centro.

Genetic (plano p. 48; Ruta 3 3-08, Zona 4; desde 30 GTQ; ⊙21.00-1.00 vi y sa) El antiguo Pandora's Box es el centro de la escena gay de Guatemala desde la década de 1970, aunque la clientela suele ser muy variada. Es uno de los mejores locales de la ciudad para oír música *dance* y *trance*. Tiene dos pistas de baile, un patio en la azotea y un ambiente relajado. Los viernes hay barra libre.

En los centros culturales hay conciertos y exposiciones, y casi todas las noches se ofrece música en directo en los bares que rodean el Parque Central, y la mayoría de los domingos en el propio parque.

Cine

Varios cines proyectan los éxitos de taquilla de Hollywood, a menudo en inglés con subtítulos en español (las películas para niños suelen doblarse). Los mejor situados son el **Cine Capitol Royal** (Centro Comercial Capitol; plano p. 48; ☑2251-8733; 6ª Av. 12-51, Zona 1) y **Cinépolis Oakland Mall** (plano p. 52; ☑2378-2300; www.cinepolis.com.gt; Diagonal 6 13-01, Zona 10). Las entradas cuestan unos 35 GTQ. El periódico *Prensa Libre* publica una cartelera.

Música en directo

★**La Bodeguita del Centro** MÚSICA EN DIRECTO
(plano p. 48; ☑2230-2976; 12ª Calle 3-55, Zona 1; ⊙21.00-1.00 ma-sa) La capital cuenta con una floreciente comunidad artística, y este local de ambiente bohemio es ideal para entrar en contacto con ella. De martes a sábado acoge actuaciones musicales en directo, normalmente a partir de las 21.00, además de lecturas de poesía, proyecciones de películas o debates.

Las paredes están llenas de carteles del Ché, Bob Marley, Lennon, Víctor Jara, Van Gogh y Pablo Neruda, entre otros. La entrada suele ser gratuita de martes a jueves, y los viernes y sábados por la noche se cobran 25-60 GTQ; se sirve comida y bebidas.

TrovaJazz   MÚSICA EN DIRECTO
(plano p. 48; 2267-9388; www.trovajazz.com; Vía 6 3-55, Zona 4) Ideal para escuchar *jazz, blues* y folk.

Teatro

La revista en inglés *Revue* (www.revuemag. com) trae detalles de la cartelera, aunque se centra principalmente en Antigua; lo normal es que haya algunos ejemplares en el hotel. Las revistas gratuitas en español se editan y dejan de publicarse con igual facilidad. Durante la redacción de esta guía, la que traía información más útil era *El Azar* (www.ela zarcultural.blogspot.com), que se consigue en los centros culturales de la ciudad.

Centro Cultural
Miguel Ángel Asturias   ARTES ESCÉNICAS
(plano p. 48; 2332-4041; 24ª Calle 3-81, Zona 1) Con programación cultural.

Centro Cultural de España   ARTES ESCÉNICAS
(plano p. 48; 2377-2200; www.cceguatemala.org; 6ª Av. 11-02, Zona 1; 9.00-19.00 ma-vi, 10.00-14.00 sa) Presenta una fantástica variedad de eventos, como música en directo, proyecciones de películas y exposiciones de arte, normalmente gratis.

De compras

Para *boutiques* de moda, aparatos electrónicos y otros artículos lo mejor son las grandes galerías comerciales, como el **Centro Comercial Los Próceres** (plano p. 52; www. proceres.com; 16ª Calle, Zona 10; 8.00-20.00) y **Oakland Mall** (plano p. 52; www.oaklandmall. com.gt; Diagonal 6 13-01, Zona 10; 8.00-20.00) en la 6ª Av. de la Zona 10 y alrededores. La 6ª Av. de la Zona 1 es divertida para curiosear en los escaparates; se diría que media ciudad se da cita aquí para visitar las tiendas, comer y pasear por la zona peatonal.

Sophos   LIBROS
(plano p. 48; 2419-7070; www.sophosenlinea. com; 4ª Av. 12-59, Plaza Fontabella, Zona 10; 10.00-21.00 lu-sa, hasta 19.00 do) Un lugar tranquilo para leer en la Zona Viva, con una buena selección de libros sobre Guatemala y los mayas –guías de Lonely Planet incluidas–, y mapas.

Mercado Central   MERCADO
(plano p. 52; 8ª Av. esq. 8ª Calle, Zona 1; 9.00-18.00 lu-sa, hasta 12.00 do) Antes del terremoto de 1976, en este mercado situado detrás de la catedral los vecinos compraban alimentos y otros productos de primera necesidad. Reconstruido tras el seísmo, alberga tiendas de telas, tallas de madera, objetos de metal, cerámica, artículos de piel y cestería, casi todas con precios aceptables.

Mercado de Artesanías   MERCADO
(plano p. 52; 2475-5915; 5ª Calle esq. 11ª Av., Zona 13; 9.30-18.00) Este mercado oficial próximo a los museos y el zoo vende telas, ropa y otros *souvenirs* sin el gentío del resto de los mercados.

Plaza El Amate   MERCADO
(plano p. 48; 18ª Calle esq. 4ª Av., Zona 1; 8.00-20.00) Con menos ajetreo que el mercado central, ofrece un batiburrillo de artículos de uso cotidiano, ropa, CD y DVD, junto con puestos de *souvenirs* y comida.

Orientación

Ciudad de Guatemala es bastante extensa, con el aeropuerto al sur, las dos terminales de autobuses principales al suroeste y noreste, la mayor parte de los lugares interesantes en la céntrica Zona 1, y los museos y hoteles caros en la 10, distantes unos de otros. Los taxis abundan y son baratos, lo que facilita los desplazamientos, y dos redes de autobuses relativamente seguras conectan los distintos sectores de la ciudad.

Información

ACCESO A INTERNET

La Zona 1 está repleta de cibercafés baratos. En el resto de la ciudad las tarifas suelen ser más altas, pero todavía quedan muchos sitios donde conectarse. Casi todos los hoteles, y muchos restaurantes y bares, ofrecen wifi; en caso de apuro, las cadenas como McDonalds, Burger King y Pollo Campero son muy socorridas.

ASISTENCIA MÉDICA

La ciudad cuenta con numerosos hospitales y clínicas privados. También hay centros públicos que ofrecen consulta médica gratuita, pero las esperas suelen ser largas. Para evitar las colas, se aconseja llegar antes de las 7.00.

Hospital Centro Médico (2279-4949; 6ª Av. 3-47, Zona 10; 24 h) Uno de los hospitales privados más recomendables.

Hospital General San Juan de Dios (2232-1187; 1ª Av. 10-50, Zona 1; 24 h) Uno de los mejores centros públicos de la ciudad.

CORREOS

DHL (plano p. 52; ☎2379-1111; www.dhl.com; 12ª Calle 5-12, Zona 10; ⏲8.00-19.30 lu-vi, hasta 12.00 sa) Mensajería.

Oficina principal de correos (plano p. 48; 7ª Av. 11-67, Zona 1; ⏲8.30-17.00 lu-vi, hasta 13.00 sa) En el enorme edificio del Palacio de Correos. También hay una pequeña oficina en el aeropuerto.

DINERO

Las estafas por copia de la tarjeta de crédito son muy comunes en Ciudad de Guatemala; vale más utilizar cajeros automáticos que dispongan de algún tipo de vigilancia, como los de las tiendas y los centros comerciales.

American Express (☎2331-7422; 12ª Calle 0-93, Centro Comercial Montufar, Zona 9; ⏲8.00-17.00 lu-vi, hasta 12.00 sa) Está en una oficina de Clark Tours.

Banco Agromercantil (7ª Av. 9-11, Zona 1; ⏲9.00-19.00 lu-vi, hasta 13.00 sa) Cambia dólares estadounidenses y euros (efectivo, no cheques de viaje).

Banrural (aeropuerto internacional La Aurora; ⏲6.00-20.00 lu-vi, hasta 18.00 sa y do) Cambia divisas en la planta de salidas del aeropuerto.

Cajeros Visa/MasterCard, zona 1 (18 Calle 6-85, Zona 1; ⏲8.00-22.00) Dentro del Paiz Supermarket.

Cajeros Visa/MasterCard, zona 10 (16ª Calle, Zona 10; ⏲10.00-20.00 lu-sa, hasta 19.00 do) En la galería comercial Los Próceres.

INFORMACIÓN TURÍSTICA

INGUAT (plano p. 48; ☎2421-2800; www.visitguatemala.com; 7ª Av. 1-17, Zona 4; ⏲8.00-16.00 lu-vi) La oficina principal del organismo de turismo de Guatemala; facilita más bien poco material, pero los empleados atienden de maravilla.

INGUAT (aeropuerto La Aurora) (☎2322-5055; ⏲6.00-21.00) En la sala de llegadas. Suele estar atendida cuando aterrizan vuelos; facilita información sobre viajes y llama para confirmar los horarios de los autobuses, entre otros servicios.

Instituto Geográfico Nacional (IGN; ☎2248-8100; www.ign.gob.gt; Av. Las Américas 5-76, Zona 13; ⏲9.00-17.00 lu-vi) Vende mapas, incluidos los topográficos a escala 1:50 000 y 1:250 000 de toda Guatemala.

Proatur (plano p. 48; ☎teléfono gratuito, 1500; 7ª Av. 1-17, Zona 4; ⏲24 h) Policía turística.

PELIGROS Y ADVERTENCIAS

- La delincuencia callejera, atracos a mano armada incluidos, ha aumentado en los últimos años; hay que actuar con la precaución habitual en cualquier gran ciudad.
- El centro de la ciudad es seguro al atardecer, siempre que uno se ciña a las calles transitadas y bien iluminadas; hay que mantenerse alerta, dejar los objetos de valor en el hotel y tomar taxis en cuanto oscurece.
- Los barrios acomodados de la ciudad –zonas 9, 10 y 14, p. ej.– son más seguros, pero se han dado casos de delitos contra los turistas.
- La Zona Viva, en la Zona 10, es vigilada de noche por patrullas policiales.
- Nunca hay que resistirse a un atracador.

TELÉFONO

Telgua/Claro (7ª Av. 12-39, Zona 1; ⏲9.00-18.00 lu-vi, hasta 13.00 sa) Locutorio telefónico.

URGENCIAS

Ciudad de Guatemala (y toda Guatemala) carece de prefijos de zona; hay que marcar el número tal y como se ve.

Información turística del INGUAT (☎2421-2854)

Policía turística (24 h; ☎1500)

ℹ Cómo llegar y salir

AVIÓN

El **aeropuerto internacional La Aurora** (plano p. 52; ☎2260-6257) de Ciudad de Guatemala es el mayor del país. Todos los vuelos internacionales a/desde Ciudad de Guatemala confluyen en él. El vestíbulo de llegadas posee un cajero automático que funciona intermitentemente, un mostrador de información turística que no siempre está atendido y agencias de cambio de moneda. Algunos viajeros se han quejado de los tipos que dan en la caseta de cambio del vestíbulo de llegadas y recomiendan la oficina de Banrural en el vestíbulo de salidas. En el vestíbulo de salidas hay también un cajero automático más fiable oculto tras la escalera que sube al entresuelo.

Cuando se preparaba esta guía, los únicos vuelos nacionales regulares del país eran los de **Avianca** (☎2470-8222; www.avianca.com) entre Ciudad de Guatemala y Flores, con salida desde la capital a las 6.00 y 18.40, y los de **TAG** (☎2380-9494; www.tag.com.gt), que salen a las 6.30 y 17.15. Podría ser que otros vuelos nacionales salieran de la terminal nacional, que está a 15 min en taxi de la internacional.

Los billetes a Flores cuestan unos 910/1825 GTQ ida/ida y vuelta con Avianca y 1065/1825 GTQ con TAG, pero algunas agencias de viajes, especialmente en Antigua, rebajan mucho estas tarifas.

Catorce aerolíneas vuelan directamente a Guatemala desde toda América y Europa.

AUTOBÚS

Desde Ciudad de Guatemala parten autobuses a todos los rincones del país, así como a México, Belice, Honduras, El Salvador y más allá. Casi todas las compañías cuentan con su propia terminal, algunas de las cuales se encuentran en la Zona 1. El Ayuntamiento ha iniciado una campaña para que las de largo recorrido se trasladen fuera del centro, por lo que conviene informarse en el INGUAT o en el hotel sobre la ubicación de las oficinas.

Casi todos los autobuses con destino a la costa del Pacífico salen de la terminal Centra-Sur, en la periferia sur de la ciudad. Las salidas al centro y este de Guatemala y El Petén se efectúan en su mayoría desde CentraNorte, en la parte nororiental de la ciudad. Los autobuses de 2ª clase (p. 64) que van al altiplano occidental parten de varias paradas en la 41ª Calle, entre la 6ª y 7ª Av. en la Zona 8.

Servicios internacionales

Las siguientes compañías ofrecen servicios de 1ª clase a destinos internacionales.

Hedman Alas (plano p. 52; ☑2362-5072; www.hedmanalas.com; 2ª Av. 8-73, Zona 10) Viaja a muchos destinos de Honduras.

King Quality & Comfort Lines (plano p. 52; ☑2501-1000; 4ª Av. 13-60, Zona 10) Llega a casi todas las capitales de América Central.

Línea Dorada (plano p. 48; ☑2415-8900; www.lineadorada.com.gt; 10ª Av. esq. 16ª Calle, Zona 1) Tiene un servicio a Tapachula, México.

Pullmantur (plano p. 52; ☑2495-7000; www.pullmantur.com; 1ª Av. 13-22, Holiday Inn, Zona 10) Cubre El Salvador y Honduras.

Tica Bus (☑2473-3737; www.ticabus.com; Calz Aguilar Batres 18-35, Zona 12) Da servicio a Centroamérica y México.

Transportes Galgos Inter (plano p. 48; ☑2232-3661; www.transgalgosintergt.com; 7ª Av. 19-44, Zona 1) Reserva conexiones con Tapachula, en México, y con EE UU. También va a El Salvador.

Servicios nacionales 'pullman'

Las siguientes compañías ofrecen servicios en autobuses *pullman* a destinos guatemaltecos.

ADN (plano p. 48; ☑2251-0610; www.adn-autobusesdelnorte.com; 8ª Av. 16-41, Zona 1) Flores y Quetzaltenango.

Fortaleza del Sur (☑2230-3390; CentraSur, Zona 12) A la costa del Pacífico.

Fuente del Norte (plano p. 48; ☑2251-3817; www.grupofuentedelnorte.com; 17ª Calle 8-46, Zona 1) Cubre todo el país.

Hedman Alas (p.62) Conexiones diarias entre Ciudad de Guatemala y Antigua.

Línea Dorada (p. 62) Autobuses de lujo a El Petén, Quetzaltenango, Huehuetenango, Río Dulce, etc.

Litegua (plano p. 48; ☑2220-8840; www.litegua.com; 15ª Calle 10-40, Zona 1) Cubre el este y Antigua.

SALIDA DE AUTOBUSES INTERNACIONALES DESDE CIUDAD DE GUATEMALA

DESTINO	COSTE (GTQ)	DURACIÓN (HORAS)	FRECUENCIA (DIARIA)	EMPRESA
San José, Costa Rica	700-880	40-63	2	Tica Bus
San Salvador, El Salvador	175-390	5	6	King Quality & Comfort Lines, Pullmantur, Tica Bus
Copán, Honduras	410-650	5	2	Hedman Alas
La Ceiba, Honduras	450-690	12	2	Hedman Alas
San Pedro Sula, Honduras	410-655	8	2	Hedman Alas
Tegucigalpa, Honduras	305-705	10-35	6	Hedman Alas, King Quality & Comfort Lines, Pullmantur, Tica Bus
Tapachula, México	175-230	5-7	4	Línea Dorada, Tica Bus, Transportes Galgos Inter
Managua, Nicaragua	465-625	16-35	2	King Quality & Comfort Lines, Tica Bus
Ciudad de Panamá, Panamá	1040-1350	76	2	Tica Bus

Los Halcones (☎2433-9180; Calzada Roosevelt 37-47, Zona 11) A Huehuetenango.

Monja Blanca (CentraNorte, Zona 18) A Cobán y puntos intermedios.

Rápidos del Sur (☎2232-7025; CentraSur, Zona 12) A la costa del Pacífico.

Rutas Orientales (☎2503-3100; CentraNorte, Zona 18) Cubre el este del país.

Transportes Álamo (☎2471-8646; 12ª Av. A 0-65, Zona 7) A Quetzaltenango.

Transportes Galgos (plano p. 48; ☎2253-4868; 7ª Av. 19-44, Zona 1) A Quetzaltenango y Retalhuleu.

Transportes Rebuli (plano p. 52; ☎2230-2748; 41ª Calle entre 6ª y 7ª Av., Zona 8) A Panajachel.

AUTOMÓVIL

Las principales compañías de alquiler tienen oficina en el aeropuerto La Aurora (vestíbulo de llegadas) y en las zonas 9 y 10.

Avis (aeropuerto) (☎2324-9000; www.avis.com; aeropuerto internacional La Aurora; ☻6.00-21.00)

Avis (centro) (☎2324-9000; www.avis.com; 6ª Calle 7-64, Zona 9; ☻8.00-18.00 lu-vi, hasta 12.00 sa)

Guatemala Rent a Car (aeropuerto) (☎2208-9000; www.guatemalarentacar.com; aeropuerto internacional La Aurora; ☻17.30-21.30)

Guatemala Rent a Car (centro) (☎2329-9020; www.guatemalarentacar.com; 12ª Calle 5-54, oficina 15, Zona 9; ☻8.00-18.00 lu-vi, hasta 13.00 sa)

Tabarini (aeropuerto) (☎2331-4755; www.tabarini.com; aeropuerto internacional La Aurora; ☻8.00-21.00)

Tabarini (centro) (☎2444-4200; www.tabarini.com; 2ª Calle A 7-30, Zona 10; ☻8.00-18.00 lu-vi, 9.00-13.00 sa)

Tally Renta Autos (aeropuerto) (☎2261-2526; www.tallyrentaautos.com; aeropuerto internacional La Aurora; ☻8.30-22.00)

Tally Renta Autos (centro) (☎2230-3783; www.tallyrentaautos.com; 7ª Av. 14-60, Zona 1; ☻8.30-18.30 lu-vi, 9.00-14.00 sa)

MICROBUSES DE ENLACE

Los servicios de enlace desde Ciudad de Guatemala a destinos solicitados, como Panajachel y Chichicastenango (por Antigua; ambos 260 GTQ aprox.) pueden contratarse en las agencias de viajes de Antigua. Las agencias con oficina en Quetzaltenango también poseen servicios a y desde Ciudad de Guatemala.

SALIDAS DE AUTOBUSES 'PULLMAN' NACIONALES DESDE CIUDAD DE GUATEMALA

DESTINO	COSTE (GTQ)	DURACIÓN (HORAS)	FRECUENCIA	EMPRESA
Antigua	75	1	4 diarios	Hedman Alas, Litegua
Chiquimula	60	3	cada ½ h, 4.30-18.00	Rutas Orientales
Cobán	60-75	5	cada hora, 4.00-17.00	Monja Blanca
El Carmen	90	7	cada hora, 4.00-17.00	Fortaleza del Sur
Esquipulas	60	5	cada ½ h, 4.30-18.00	Rutas Orientales
Flores y Santa Elena	140-160	8-10	6 diarios	ADN, Fuente del Norte, Línea Dorada
Huehuetenango	90-100	5	4 diarios	Línea Dorada, Los Halcones
Poptún	120-150	8	3 diarios	Línea Dorada
Puerto Barrios	80	5	cada ½ h, 3.45-19.00	Litegua
Quetzaltenango	80	4	10 diarios	Álamo, Línea Dorada, Transportes Galgos
Retalhuleu	85	3	5 diarios	Fuente del Norte
Río Dulce	70	5	cada ½ h, 6.00-16.30	Litegua

ⓘ Cómo desplazarse
A/DESDE EL AEROPUERTO

El **aeropuerto internacional La Aurora** de Ciudad de Guatemala está en la Zona 13, a 80 GTQ en taxi de la zona 1 y a 70 GTQ de la Zona 10. Si se llega muy entrada la noche una opción es quedarse en alguna de las pensiones cercanas al aeropuerto para estar más descansado al día siguiente.

Autobús Si se llega desde otras partes del país, lo más probable es que sea en autobús. Las estaciones de autobuses se hallan dispersas por toda la capital. Se vaya adonde se vaya, si el sitio queda a más de unas pocas cuadras lo aconsejable es tomar un taxi; circulan en abundancia (sobre todo por los alrededores de las estaciones) y siempre es más barato que ser víctima de un atraco yendo con la mochila.

AUTOBÚS Y MICROBÚS

Debido al aumento de la delincuencia en los autobuses urbanos de color rojo de Ciudad de Guatemala, los turistas solo los usan en caso de emergencia. Las principales excepciones son los autobuses TransMetro y TransUrbano, los más prácticos para llegar a las terminales de autobuses CentraSur y CentraNorte, respectivamente.

Para los aventureros, se detallan a continuación las rutas más convenientes del autobús rojo. Efectúan parada allí donde ven a un pasajero, pero lo mejor es pararlos en las esquinas y los semáforos; para ello basta con extender la mano. Deberían costar 1 GTQ por trayecto durante el día, pero por esta tarifa puede incluso cuadriplicarse durante las fiestas oficiales o a voluntad del conductor. El billete se abona a este o a su ayudante al subir. Evítense de noche.

Del aeropuerto a la Zona 1 (n° 82) Circula por las zonas 9 y 4.

De la Zona 1 al aeropuerto (n° 82) Circula por la 10ª Av. en la Zona 1 y por la 6ª Av. en las zonas 4 y 9.

De la Zona 1 a la 10 (n° 82 o 101) Circula por la 10ª Av., Zona 1, luego por la 6ª Av. y la ruta 6 en la Zona 4 y Av. La Reforma.

De la Zona 10 a la 1 (n° 82 o 101) Circula por la Av. La Reforma, luego por la 7ª Av. en la Zona 4 y la 9ª Av., Zona 1.

TransMetro

A principios del 2007, y como respuesta a la preocupación creciente por la congestión del tráfico y la inseguridad en los autobuses urbanos, Ciudad de Guatemala inauguró el servicio TransMetro (http://transmetro.muniguate. com). Los autobuses de TransMetro se diferencian de los viejos autobuses regulares de color rojo en que son de prepago (el conductor no

··

SERVICIOS DE AUTOBUSES DE 2ª CLASE 'PARRILLERAS'

DESTINO	COSTE (GTQ)	DURACIÓN (HORAS)	FRECUENCIA	SALIDAS
Amatitlán	8	30 min	cada 5 min, 7.00-20.45	CentraSur, Zona 12
Antigua	13	1	cada 5 min, 7.00-20.00	Calz Roosevelt entre 4ª y 5ª Av., Zona 7
Chichicastenango	30	3	cada hora, 5.00-18.00	Parada, Zona 8
Ciudad Pedro de Alvarado	55	2½	cada ½ h, 5.00-16.00	CentraSur, Zona 12
Esquintla	25	1	cada ½ h, 6.00-16.30	CentraSur, Zona 12
Huehuetenango	65	5	cada ½ h, 7.00-17.00	Parada, Zona 8
La Democracia	30	2	cada ½ h, 6.00-16.30	CentraSur, Zona 12
La Mesilla	100	8	cada hora, 8.00-16.00	Parada, Zona 8
Monterrico	45	3	3 diarios	CentraSur, Zona 12
Panajachel	40	3	cada ½ h, 7.00-17.00	Parada, Zona 8
Puerto San José	25	1	cada 15 min, 4.30-16.45	CentraSur, Zona 12
Salamá	50	3	cada ½ h, 5.00-17.00	17ª calle 11-32, Zona 1
San Pedro La Laguna	45	4	cada hora, 2.00-14.00	Parada, Zona 8
Santa Cruz del Quiché	45	4	cada hora, 5.00-17.00	Parada, Zona 8
Santiago Atitlán	45	4	cada ½ h, 4.00-17.00	Parada, Zona 8
Tecpán	20	2	cada 15 min, 5.30-19.00	Parada, Zona 8

lleva dinero, lo que reduce el riesgo de atracos), circulan por carriles reservados (así evitan los atascos), solo se detienen en paradas determinadas y son nuevos, cómodos y de color verde brillante.

Hoy existen dos rutas. Una conecta la plaza Barrios de la Zona 1 con la terminal de autobuses CentraSur, desde donde sale la mayoría de los autobuses que van a la costa del Pacífico; la otra va hacia el sur desde la plaza Barrios pasando por las zonas 9 y 10.

La delincuencia ha aumentado tanto en los autobuses regulares de color rojo que se desaconseja utilizarlos; pero los de TransMetro son seguros, rápidos y cómodos. Todos los trayectos cuestan 1 GTQ, tarifa que se paga con una moneda de 1 GTQ en la parada antes de subir al autobús.

TransUrbano

Una mejora más reciente introducida en el transporte en autobús es el **TransUrbano** (plano p. 52; www.transurbano.com.gt; Av. Reforma esq. 12ª Calle, Zona 10), una red mucho más amplia de autobuses que no son tan elegantes como los de TransMetro, pero sí igual de seguros, fiables y cómodos. Son más lentos porque no cuentan con un carril exclusivo, pero más seguros que los viejos autobuses rojos, porque para subir a ellos es necesario poseer una tarjeta magnética recargable (la tarjeta y el primer trayecto son gratis), que solo puede obtenerse mostrando el pasaporte o el documento de identidad guatemalteco. Las tarjetas recargables se consiguen en unas casetas especiales; las más prácticas están instaladas en la plaza Barrios de la Zona 1, la terminal de autobuses de Centra-Norte y la oficina del TransUrbano en la Zona 10, en la Av. La Reforma.

TAXI

Abundan en muchas zonas de la ciudad. Las tarifas son negociables; siempre hay que indicar el destino y acordar el precio antes de subir. De la Zona 1 a la Zona 10, o viceversa, los precios rondan los 50-70 GTQ. Si se desea pedir uno por teléfono, **Taxi Amarillo Express** (🖉1766) dispone de vehículos con taxímetro (5 GTQ/km aprox.), que a menudo resultan más baratos que otros, aunque los capitaleños (residentes en la capital) aseguran que todos los taxímetros están manipulados y que lo mejor es regatear.

CIUDAD DE GUATEMALA CÓMO DESPLAZARSE

Antigua

34685 HAB. / ALT. 1539 M

Los mejores restaurantes

➡ Cactus Grill (p. 82)

➡ Bistrot Cinq (p. 84)

➡ Zoola Antigua (p. 81)

➡ Mesón Panza Verde (p. 84)

Los mejores alojamientos

➡ El Hostal (p. 78)

➡ Earth Lodge (El Hato; p. 89)

➡ Posada del Ángel (p. 80)

➡ Quinta de las Flores (p. 81)

➡ Casa Santo Domingo (p. 81)

Por qué ir

Lugar de extraña belleza, gran relevancia histórica y cultura palpitante, Antigua sigue siendo un destino imprescindible en Guatemala. La antigua capital guatemalteca atesora un impresionante catálogo de reliquias coloniales en un entorno magnífico, donde paisajes urbanos con fachadas de color pastel se extienden a los pies de tres volcanes.

Gracias a las decenas de academias de español, Antigua atrae a gente de todo el mundo. Sin embargo, sigue siendo una intensa ciudad guatemalteca cuyas iglesias, plazas y mercados bullen de actividad. Fuera de la ciudad, las comunidades indígenas, los cafetales y los volcanes brindan múltiples atractivos para el visitante.

Tal vez el auténtico milagro de Antigua sea su resistencia. A pesar de los terremotos, las erupciones volcánicas, las inundaciones y el subsiguiente abandono, ha resurgido con más fuerza gracias al orgullo de sus habitantes.

Cuándo ir

Dotada de un clima primaveral durante todo el año, Antigua es un destino excelente en cualquier época. Casi siempre luce un sol generoso; de mediados de mayo a octubre, las temperaturas son algo más frescas y suele llover por la tarde.

El momento estelar de Antigua es la Semana Santa, con procesiones en las calles y los hoteles al completo. Otras fechas animadas son el Corpus Christi (may/jun) y el día de Todos los Santos (1 nov), con los típicos festines de fiambre (verduras encurtidas con embutidos y carnes) y la visita obligada al cementerio.

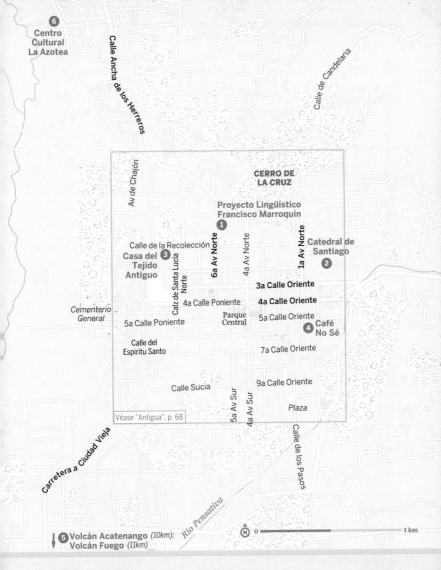

CERRO DE LA CRUZ

Centro Cultural La Azotea

Calle Ancha de los Herreros

Calle de Candelaria

Av de Chajón

Proyecto Lingüístico Francisco Marroquín

Calle de la Recolección

Casa del Tejido Antiguo

Calz de Santa Lucía Norte

6a Av Norte

4a Av Norte

1a Av Norte

Catedral de Santiago

3a Calle Oriente

4a Calle Poniente

4a Calle Oriente

Cementerio General

5a Calle Poniente

Parque Central

5a Calle Oriente

Café No Sé

Calle del Espíritu Santo

7a Calle Oriente

Calle Sucia

5a Av Sur

4a Av Sur

9a Calle Oriente

Plaza

Véase "Antigua", p. 68

Carretera a Ciudad Vieja

Calle de los Pasos

Río Pensativa

Ñ 0 ———————— 1 km

Volcán Acatenango *(10km)*;
Volcán Fuego *(11km)*

Imprescindible

❶ Contemplar los bloques y losas diseminados por la **catedral** (p. 71), que dan fe de la historia sísmica de Antigua.

❷ Admirar y comprar ropa maya tradicional en la **Casa del Tejido Antiguo** (p. 72), con su colección de huipiles (blusas bordadas) y cortes (enaguas largas y gruesas).

❸ Probar un mezcal clandestino en el **Café No Sé** (p. 84), un antro muy visitado por la colonia extranjera.

❹ Escalar el **Acatenango** (p. 75) para disfrutar de unas vistas apabullantes de sus volcanes gemelos, como el llameante Fuego.

❺ Probar el café volcánico en el **Centro Cultural La Azotea** (p. 89).

ANTIGUA

Antigua

▲N 0 ————— 200 m

El Hato
(5km)

Calle de los Duelos

San Lucas Sacatepéquez (17km);
Santiago Sacatepéquez (21km);
Sumpango (26km);
Ciudad de Guatemala (46km)

◎15

18 ●

1a Av Norte

Calle de Candelaria

✈6

CERRO DE
LA CRUZ

🏛4

Calle de las Ánimas

Alameda de Santa Rosa

2a Av Norte

2a Calle Oriente

✚7

3a Av Norte

✖60
56 ✖ 25 ✖
11 🏨 79 🏨

4a Av Norte

✚8

55 ✖

✖64

5a Av Norte

✖58

🏛13

◎1

69 ✖

73 🏨

✖59

Plaza

63 ✖

6a Av Norte

28 ●

22 ●

2a Calle Poniente

66 ✖

Calle Camposeco

🏨61

41 🏨

57 ✖ 36 🏨 29

19 ✖

1a Calle Poniente

7a Av Norte

38 🏨 35 🏨

45 🏛

26 ●

Av del Desengaño

Plaza

Calle Ancha de los Herreros

San Felipe (1km);
Hospital Nacional Pedro
de Bethancourt (1km)

Jocotenango (500m);
Chimaltenango (18km);
San Andrés Itzapa (25km)

49 🏨

🏨30

Calzada de Santa Lucía Norte

✚6

Av de Chalón

Calle de los Nazarenos

Calle Cruz de Piedra

Calle de la Recolección

🏛2

✈12

Av de la Recolección

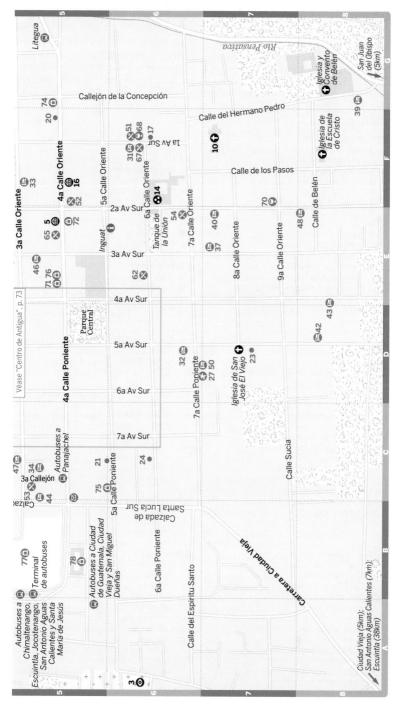

Litegua

74
20

Callejón de la Concepción

Calle del Hermano Pedro

51
68 17
31 1a Av Sur
67

10

4a Calle Oriente

3a Calle Oriente

33
16
52

5a Calle Oriente

Calle de los Pasos

65 **5**
72

2a Av Sur

6a Calle Oriente
14

Iglesia de
la Escuela
de Cristo

39

San Juan
del Obispo
(5km)

Iglesia y
Convento
de Belén

Río Pensativo

Inguat

Tanque de
la Unión
54

7a Calle Oriente

70

Calle de Belén

3a Av Sur

46
71 76

62

40
37

8a Calle Oriente

9a Calle Oriente

48

Véase "Centro de Antigua" p. 73

4a Av Sur

5a Av Sur

4a Calle Poniente

Parque
Central

6a Av Sur

7a Av Sur

32

43
42

27 50

Iglesia de San
José El Viejo

23

Autobuses a
Panajachel

47
34
3a Callejón

Calzad

53
44

21

75

24

Autobuses a Ciudad
Vieja y Ciudad
Guatemala, Ciudad
Vieja y San Miguel
Dueñas

5a Calle Poniente

7a Calle Poniente

Calzada de
Santa Lucía Sur

Autobuses a
Chimaltenango,
Escuintla, Jocotenango,
San Antonio Aguas
Calientes y Santa
María de Jesús

77

Terminal
de autobuses

78

6a Calle Poniente

Calle del Espíritu Santo

Carretera a Ciudad Vieja

Ciudad Vieja (5km);
San Antonio Aguas Calientes (7km);
Escuintla (38km)

3

⊙ Puntos de interés

Los ecos del pasado esplendor de Antigua resuenan por doquier, por lo que resulta agradable pasear en cualquier dirección. El Parque Central, rodeado de espléndidos edificios administrativos del período colonial, es excelente para empezar el recorrido. La ciudad se halla salpicada de conventos de órdenes religiosas, fundados durante el apogeo de Antigua y hoy en diversos estadios de decrepitud. Antaño gloriosos en su dorada magnificencia, estas iglesias y monasterios han padecido afrentas tanto de la naturaleza como de los hombres. Las reconstrucciones posteriores a los terremotos les confirieron paredes más gruesas, torres y campanarios más bajos e interiores desnudos. Sin embargo, al trasladar la capital a Ciudad de Guatemala, Antigua se quedó sin los recursos necesarios para mantener la riqueza de los templos, aunque siguen siendo impresionantes. Aparte de su interés arquitectónico, casi todos los conventos poseen tranquilos claustros y jardines, y algunos también museos, en particular el de Santo Domingo.

◉ Parque Central y alrededores

Palacio de los Capitanes
Generales
EDIFICIO HISTÓRICO

(plano p. 73; ☎7832-2868; www.centroculturalreal palacio.org.gt; 5ª Calle Poniente; ⊙9.00-16.30 mi-do) **GRATIS** Este palacio de 1549 albergó a los representantes reales de toda América Central, desde Chiapas a Costa Rica, hasta el traslado de la capital en 1776. La señorial fachada de doble arcada que da al flanco sur de la plaza es todo lo que queda del edificio original. Tras una completa reforma, el palacio es hoy un centro cultural.

Catedral de Santiago
CATEDRAL

(plano p. 73; 4ª Av. Norte esq. 5ª Calle Oriente; ruinas 8 GTQ; ⊙ruinas 9.00-17.00, iglesia 6.30-12.00 y 15.00-18.30 lu, ma, ju y vi, 8.00-12.00 y 15.00-19.00 sa, 5.30-13.00 y 15.00-19.30 do) La catedral de Antigua se empezó a construir en 1545, fue destruida por el terremoto de 1773 y se reconstruyó en parte a lo largo del s. XIX. Hoy día, la parroquia de San José ocupa la entrada del edificio original. Detrás de esta iglesia se hallan las **ruinas** del sector principal de la catedral, sin techo, a las que se accede desde la 5ª calle Oriente.

Las ruinas son cautivadoras, con grandes columnas bajo las arquerías de ladrillo y plantas brotando por las grietas de las paredes. Las reproducciones de las intricadas figuras y molduras de escayola entre los arcos resaltan con el fondo en ruinas. Detrás del altar mayor, unos escalones conducen a una antigua cripta, hoy capilla, con un Cristo ennegrecido por el humo.

Antiguo Colegio de
la Compañía de Jesús
EDIFICIO HISTÓRICO

(plano p. 73; ☎7932-3838; www.aecid-cf.org.gt; 6ª Av. Norte; ⊙9.00-18.00) **GRATIS** El convento y colegio de los jesuitas, fundado en 1626 y restaurado por completo, fue una pieza clave en la vida de Antigua hasta que se expulsó a la orden en 1767; seis años después, fue arrasado por el terremoto. Rescatado por el Gobierno español, el complejo ha renacido como el **Centro de Formación de la Cooperación Española**.

Las antiguas aulas y refectorios albergan hoy salas de conferencias, espacios para exposiciones, un café y una biblioteca. Los tres claustros han sido remozados con columnas de madera y balcones, lo que ha creado un marco perfecto para exposiciones de fotografías, conciertos, películas y festivales. Queda por reconstruir la iglesia de la Compañía de Jesús, cuya fachada se alza a la izquierda de la entrada principal del complejo.

Palacio del Ayuntamiento
EDIFICIO HISTÓRICO

(plano p. 73; 4ª Calle Poniente) Esta estructura de dos cuerpos por el lado norte del parque data del s. XVIII y hoy alberga, además de las dependencias municipales, el **Museo del Libro Antiguo** (plano p. 73; ☎7832-5511; 30 GTQ; ⊙9.00-16.00 ma-vi, 9.00-12.00 y 14.00-16.00 sa y do), que repasa los primeros tiempos de la imprenta en Guatemala. Los bancos de piedra bajo la arcada inferior son perfectos para observar a la gente.

◉ Al oeste del Parque Central

Iglesia y convento de Nuestra
Señora de la Merced
IGLESIA, MONASTERIO

(plano p. 68; ruinas del monasterio 15 GTQ; ⊙iglesia 6.00-12.00 y 15.00-20.00, ruinas 8.30-17.30) Esta llamativa mole amarilla, adornada con filigrana de escayola, se alza en el extremo norte de la 5ª Av. El edificio achaparrado de gruesos muros fue construido para resistir los terremotos y, al cabo de tres siglos, sigue en bastante buen estado. La iglesia es lo único que aún se utiliza; en ella comienza y termina una procesión con velas, campanadas y petardos la tarde del último jueves de mes.

Dentro de las ruinas del monasterio hay una fuente de 27 m de diámetro que, se dice, es la mayor de América Latina. Tiene forma de lirio de agua (símbolo de poder de los señores mayas), figura que se reproduce en el arco de entrada a la iglesia. Desde el 1er piso se domina una panorámica de la fuente y de la ciudad.

Iglesia y convento
de la Recolección
RUINAS

(plano p. 68; Av. de la Recolección; 40 GTQ; ⊙9.00-17.00) Un aire sereno invade las ruinas de este monasterio, algo apartado al oeste del centro. Erigido a principios del s. XVIII por los Récollets (rama francesa de la Orden franciscana), su iglesia fue en su día una de las más grandes de Antigua. El terremoto de 1773 derribó el edificio, del que hoy solo queda el magnífico portal.

Por detrás del monasterio yacen dispersos los enormes mampuestos que formaban los muros primitivos. El claustro colindante, trazado a escala igualmente monumental, ha sido despejado de escombros y, tras la corta vida del complejo como monasterio, ha servido como recinto ferial y piscina.

ANTIGUA

Casa del Tejido Antiguo MUSEO
(plano p. 68; ☑7832-3169; Calle de la Recolección 51; 15 GTQ; ☺9.00-17.00 lu-vi, 9.00-16.00 sa) Es, a un tiempo, museo, mercado y taller donde se exponen trajes regionales y se realizan demostraciones diarias de las técnicas del tejido de mecapal. La fundadora Alicia Pérez, indígena cachiquel, es una experta en el significado de los motivos que aparecen en los tocoyales (cintas de lana para adornar el cabello), *tzutes* (chales) y huipiles aquí expuestos. Se dan clases de telar.

Colegio de San Jerónimo RUINAS
(Real Aduana; plano p. 68; Calzada de Santa Lucía Norte esq. Calle de la Recolección; 40 GTQ; ☺9.00-17.00) Concluido en 1757, fue una escuela de los frailes mercedarios, pero como carecía de autorización real pasó a manos de Carlos III y, en 1765, se transformó en Casa de la Aduana; hoy es un lugar tranquilo, al aire libre casi por completo y en magnífico estado de conservación.

El bello claustro se abre en torno a una fuente octagonal y es un marco evocador para conciertos y otros actos culturales. Desde el piso superior hay fabulosos encuadres fotográficos del volcán Agua a través de los arcos de piedra.

Cementerio General CEMENTERIO
(plano p. 68; Calle San Bartolome Becerra; ☺7.00-12.00 y 14.00-18.00) El cementerio municipal de Antigua, al suroeste del mercado y de la terminal de autobuses, es un conglomerado de tumbas y mausoleos adornados con coronas, flores exóticas y otros signos de duelo. Proatur (p. 88) ofrece escolta para llegar a este lugar apartado.

◉ **Al este del Parque Central**

**Iglesia y convento
de Santo Domingo** MONASTERIO
(plano p. 68; ☑7820-1220; 3ª Calle Oriente 28; 42 GTQ; ☺9.00-18.00 lu-sa, 11.45-18.00 do) Fun-

dado por los frailes dominicos en 1542, llegó a ser el mayor y más rico monasterio de Antigua. Después de sufrir tres terremotos en el s. XVIII, fue saqueado para aprovechar sus materiales de construcción. En 1970 un arqueólogo norteamericano compró el yacimiento como residencia privada y realizó abundantes excavaciones antes de venderlo al hotel Casa Santo Domingo (p. 81).

En el yacimiento arqueológico se puede recorrer una "ruta cultural" que incluye la iglesia en ruinas, el claustro contiguo con una reproducción de la fuente original, talleres para fabricantes de velas y ceramistas y dos criptas subterráneas, una de las cuales, la **cripta del Calvario**, contiene un fresco de la Crucifixión fechado en 1683.

En la zona arqueológica hay seis museos, que pueden visitarse con una sola entrada. A esta ruta museística se accede por el hotel o por la ampliación de la Universidad de San Carlos en la 1ª Av. Norte. Empezando por el hotel, se sitúan:

El **Museo de la Platería,** que guarda piezas de orfebrería en plata, incensarios, candelabros y coronas. El **Museo Colonial** exhibe lienzos y tallas de madera de tema religioso de los ss. XVI al XVIII, y el **Museo Arqueológico,** que contiene objetos de cerámica y piedra del período clásico maya.

El **Museo de Arte Precolombino y Vidrio Moderno** muestra obras de arte moderno en vidrio y las piezas de cerámica prehispánica que les sirvieron de inspiración. El **Museo de Artes y Artesanías Populares de Sacatepéquez** ofrece exposiciones de artesanías tradicionales de la región de Antigua. En el **Museo de la Farmacia** puede verse una botica restaurada del s. XIX, procedente de Ciudad de Guatemala.

Una adición reciente al complejo conventual es un parque cultural en lo alto del cerro Santa Inés, 1 km al sureste. Además de vistas impresionantes de Antigua y el volcán Agua, **Santo Domingo del Cerro** cuenta con un museo dedicado a Efraín Recinos, cuyos murales y esculturas (una de ellas es su Volkswagen Escarabajo) adornan los jardines. Otro pequeño **museo** se centra en la visita del papa Juan Pablo a Guatemala en el 2002. Un servicio de enlace gratuito sale del hotel hacia Santo Domingo cada 15 min.

**La Antigua Galería
de Arte** GALERÍA
(plano p. 68; ☑7832-2124; www.laantiguagaleria. com; 4ª Calle Oriente 15; ☺10.00-19.00 lu-sa, 12.00-

Centro de Antigua

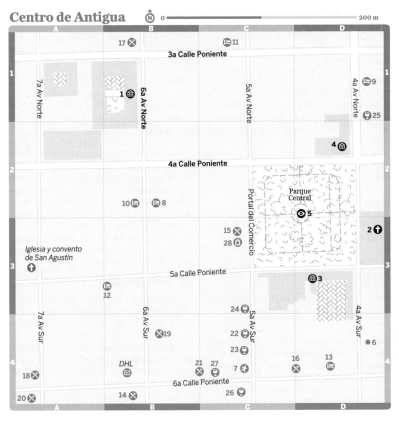

Centro de Antigua

18.00 do) GRATIS Con obras de más de 70 artistas, en su mayoría guatemaltecos, expuestas en las salas y el patio de una casona colonial, el principal museo de Antigua merece una visita detenida.

Iglesia de San Francisco
IGLESIA, MONASTERIO

(plano p. 68; ✆7882-4438; 7ª Calle Oriente esq. Calle de los Pasos; museo y monasterio adultos/niños 6/3 GTQ; ⊙9.00-17.30) En esta iglesia flota el espíritu del Hermano Pedro de San José de Betancur, un franciscano que fundó un hospital para los pobres en Antigua y se ganó la gratitud de las generaciones posteriores. En el lado sur están las ruinas del monasterio anexo, donde se distinguen frescos de vivos colores entre los escombros.

A la intercesión del Hermano Pedro aspiran todavía los enfermos que rezan con fervor junto a su tumba, en un pabellón ricamente decorado desde su canonización en el 2001; los devotos acceden por el jardín exterior. Un museo guarda restos de la iglesia y pertenencias del Santo Hermano en buen estado de conservación, mientras que el pasillo está cubierto de notas de agradecimiento por los milagros a él atribuidos.

Convento de Capuchinas
CONVENTO

(iglesia y convento de Nuestra Señora del Pilar de Zaragoza; plano p. 68; 2ª Av. Norte esq. 2ª Calle Oriente; adultos/estudiantes 40/20 GTQ ⊙9.00-17.00) Inaugurado en 1736 por religiosas de Madrid, fue abandonado debido a los graves daños sufridos durante el terremoto de 1773. Gracias a las reformas de las últimas décadas, es posible imaginarse cómo era la vida de aquellas monjas de clausura que gestionaban un orfanato y un hospital para mujeres.

Del elegante claustro destacan las robustas columnas y los altos pasillos abovedados, los lavaderos restaurados y los cuidados jardines. En la parte trasera está lo más peculiar del convento, una especie de torre con las celdas de 18 monjas dispuestas alrededor de un patio circular.

Iglesia y convento de Santa Clara
RUINAS

(plano p. 68; 2ª Av. Sur, entre 6ª y 7ª Calles Oriente; 40 GTQ; ⊙9.00-17.00) Fundado por unas monjas de Puebla (México), el convento de Santa Clara se inauguró en 1734, aunque cuatro décadas después fue destruido por el terremoto y quedó abandonado. Por suerte se conservan intactos algunos elementos de la estructura original, como la fachada de cantería de la iglesia, la arcada de nichos de la nave, que

servían de confesionarios, y una cilla subterránea donde se almacenaban las provisiones. Lo más fascinante es el claustro, con una fuente en el centro, aunque solo conserva los arcos superiores de uno de los lados.

Choco Museo
MUSEO

(plano p. 68; ✆7832-4520; www.chocomuseo.com; 4ª Calle Oriente 14; ⊙10.00-18.30 do-ju, 10.00-19.30 vi y sa; 🛈) GRATIS Los mayas descubrieron los usos culinarios del cacao, que más tarde se convertiría en moneda de cambio del Imperio azteca. Esta es una de las cosas que se aprenderá en esta exposición, muy adecuada para los niños y que forma parte de un proyecto que abarca todo el hemisferio. El museo organiza además talleres de elaboración de chocolate y circuitos por las plantaciones de cacao.

Una filial del museo en la 5ª Av. Norte, una cuadra al norte del Parque Central, incluye un bonito patio donde uno puede elaborar su propio chocolate maya.

🏃 Actividades

Antigua cuenta con varias agencias profesionales y veteranas que organizan actividades al aire libre muy diversas; lo mejor es pasarse por las oficinas para ver qué ofrecen.

Los que quieran moverse con un ritmo diferente pueden aprender a bailar en varios puntos de la ciudad. El **New Sensation Salsa Studio** (plano p. 68; ✆5033-0921; 7ª Av. Norte 78; 85 GTQ/h) ofrece clases personalizadas de salsa, merengue, bachata y chachachá.

Old Town Outfitters
DEPORTES DE AVENTURAS

(plano p. 73; ✆5399-0440; www.adventureguatemala.com; 5ª Av. Sur 12C) 🚲 Bicicleta de montaña, escalada en roca, kayak y senderismo son algunas de las actividades más enérgicas que oferta esta juiciosa empresa que emplea a guías de las comunidades locales; también alquila bicicletas de montaña de gran calidad (125/200 GTQ medio día/día completo).

Old Town Outfitters organiza caminatas de tres días por el altiplano occidental siguiendo las rutas comerciales de los mayas y excursiones guiadas de medio día en bicicleta de montaña (400 GTQ), con distintos grados de dificultad, por los cerros que rodean Antigua; su circuito Pedal & Paddle Tour de dos días (2075 GTQ/persona con 3 o más personas) incluye kayak y senderismo en el lago de Atitlán.

Ox Expeditions
DEPORTES DE AVENTURAS

(plano p. 68; ✆5801-4301; www.oxexpeditions. com; 7ª Calle Poniente 17) Ofrece escaladas dificultosas por la zona más actividades como

EL SANTO HERMANO PEDRO

El espíritu del Hermano Pedro, el cristiano más venerado de Antigua, sigue presente más de 300 años después de su muerte. La tumba del santo, situada dentro de la iglesia de San Francisco (p. 74), desborda de placas y exvotos dejados por los fieles en señal de gratitud por sus milagrosos poderes curativos. El único hospital público de Antigua, al sureste del Parque Central, lleva su nombre y continúa con su misión de dispensar servicios sanitarios a quienes no tienen medios para pagarlos.

Nacido en la isla canaria de Tenerife en 1627, Pedro de Betancur fue pastor hasta los 24 años, cuando zarpó rumbo a Guatemala para ayudar a los pobres, pese a que el arduo viaje también lo convirtió en uno de ellos. Pasaría más apuros al suspender sus estudios en el seminario franciscano de Antigua. Imperturbable, empezó a recoger mayas moribundos de las calles y a curarlos durante las plagas del s. XVII. Había encontrado su verdadera vocación; unos años después construyó un hospital dedicado a curar a indigentes, luego refugios para los sin techo y escuelas para estudiantes pobres. Con sus esfuerzos nació una nueva orden religiosa, los betlemitas, que asumieron su cometido tras su muerte en 1667. A día de hoy, riadas de devotos visitan la tumba del Hermano Pedro, un fenómeno que el Vaticano reconoció cuando el papa Juan Pablo II canonizó al buen fraile en el 2002 y lo convirtió en el único santo oficialmente autorizado del país.

parapente, surf y tirolina, y destina parte de sus beneficios a proyectos medioambientales locales.

Ravenscroft Riding Stables PASEOS A CABALLO (☎7830-6669; 2ª Av. Sur 3, San Juan del Obispo; principiantes/experimentados 190/230 GTQ/h) Esta empresa 3 km al sur de Antigua, en la carretera a Santa María de Jesús, ofrece equitación a la inglesa, con paseos de 2-3 h por las faldas del volcán Agua.

Ascensión a los volcanes

Los tres volcanes que dominan Antigua (**Agua, Acatenango** y **Fuego**) son desafíos muy tentadores. Conseguir aproximarse más o menos al Fuego dependerá de la actividad del volcán. En muchos sentidos, el Acatenango (3975 m), formado por dos picos y que ofrece vistas del Fuego, es la cima más emocionante. En cambio, si se quiere pisar un volcán en activo, muchos son los que optan por el **Pacaya** (2552 m), 25 km al sureste de Antigua (a 1½ h en coche).

Old Town Outfitters (p. 74) organiza subidas agotadoras por el volcán Acatenango que atraviesan cuatro ecosistemas hasta llegar a la cima (1070 GTQ) e incluyen almuerzo y transporte hasta la cabecera del sendero, en el pueblo de La Soledad. La expedición sale a las 5.00. Otra opción son las caminatas con pernoctación acampando por debajo del límite arbóreo y subida hasta la cumbre a la mañana siguiente (1300 GTQ/por persona con 2 personas).

La mayor parte de las agencias ofrecen excursiones diarias de 7 h al Pacaya por 90 GTQ (salidas de Antigua a las 6.00 y a las 14.00); no incluyen comida ni bebida, ni la entrada de 50 GTQ a la zona protegida del volcán. La empinada ascensión al hendido cono negro de este volcán activo dura unas 1½ h (por el camino se puede alquilar un caballo). Desde la cima se dominan magníficas vistas al noroeste hasta el volcán Agua y al noreste hasta el lago de Atitlán. La bajada es más rápida y se realiza deslizándose por la polvorienta ladera.

Las subidas al volcán Agua (3766 m) parten del pueblo de Santa María de Jesús (3,50 GTQ desde la terminal de autobuses de Antigua), en su vertiente nororiental. Se pueden contratar guías autorizados por el INGUAT (1 día/pernoctación 200/250 GTQ/persona, más 40 GTQ de la tasa por entrar al parque) en la oficina de turismo, junto al Parque Central de Santa María. Se ha denunciado un elevado número de atracos durante la subida al volcán; los guías recomiendan contratar escolta policial como precaución complementaria (300 GTQ).

☎ Cursos

Las decenas de escuelas de español que existen en Antigua atraen a estudiantes de todo el mundo, de ahí que la ciudad esté llena de extranjeros.

⭐ **Proyecto Lingüístico Francisco Marroquín** CURSOS DE IDIOMAS (plano p. 68; ☎7832-1422; www.spanishschoolplfm.com; 6ª Av. Norte 43) 🖉 La escuela de español más veterana de Antigua, fundada en 1969,

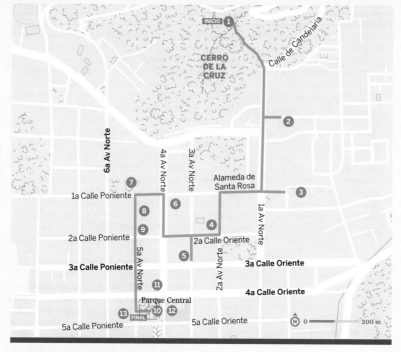

Circuito a pie
Esplendor en las ruinas

INICIO: CERRO DE LA CRUZ
FINAL CAFÉ CONDESA
DISTANCIA: 2,3 KM; 2½ H

Se sube en taxi al **1 cerro de la Cruz** (p. 78), al norte de la ciudad. Por detrás de la cruz de piedra se extiende Antigua, con el majestuoso volcán Agua como telón de fondo. Hay que bajar por las laderas boscosas siguiendo el camino de la izquierda. Al pie del cerro se tuerce a la derecha hasta llegar a las ruinas de la **2 iglesia de la Candelaria**, que vale la pena ver de cerca.

Después se camina una cuadra al sur hasta una placita y se dobla a la izquierda, bordeando una alta pared amarilla, para echar un vistazo al **3 templo de Santa Rosa de Lima**, una pequeña iglesia con fachada ricamente adornada. Se da la vuelta y se enfila hacia el este por la alameda de Santa Rosa, bordeada de jacarandás. Se toma la primera a la izquierda, por la 2ª Av. Norte y en la siguiente esquina a la derecha yacen las ruinas del **4 convento de Capuchinas** (p. 74). Se

toma a la derecha por la 2ª Calle Oriente. Al pasar por la 3ª Av. Norte, se mira a la izquierda para ver abajo la **5 iglesia del Carmen** y el vecino mercado de artesanías.

Se sigue otra cuadra hacia el oeste y se gira a la derecha por la 4ª Av. Norte. Cerca de la esquina siguiente, a la derecha, está el **6 convento de Santa Teresa**, que hasta época reciente fue una cárcel. Si se dobla a la izquierda por la 1ª calle Poniente, se verá el campanario de la **7 iglesia de Nuestra Señora de la Merced** (p. 71). Se tuerce a la izquierda por la 5ª Av. Norte, llena de sitios para turistas, como el centro de artesanía **8 Nim Po't** (p. 86). Se pasa luego bajo el **9 arco de Santa Catalina** (p. 86), resto del convento del s. XVII que se alzaba aquí (hoy un hotel de lujo y un B&B); el arco permitía que las monjas cruzaran la calle sin ser vistas.

Se continúa por la 5ª Av. Norte hasta el **10 Parque Central** (p. 71). Se sube al balcón del **11 Palacio del Ayuntamiento** (p. 71) para fotografiar la plaza y la **12 catedral de Santiago** (p. 71). Por último, se hace una parada en el **13 Café Condesa** (p. 82).

está administrada por una fundación sin ánimo de lucro con la finalidad de conservar las lenguas y la cultura indígenas, e imparte clases de quiché y cachiquel, entre otras lenguas mayas.

El Frijol Feliz CURSOS DE COCINA (plano p. 73; ☑7832-5274; www.frijolfeliz.com; 4ª Av. Sur 1; 3 h clase 350 GTQ) Cursos prácticos para cocinar platos guatemaltecos; los estudiantes eligen su propio menú.

⏏ Circuitos

Los guías autorizados por el INGUAT que se mueven por el Parque Central ofrecen circuitos a pie por la ciudad, con visitas a conventos, ruinas y museos, por unos 80 GTQ/persona. Las agencias de viajes de Antigua, como Atitrans (p. 86), ofrecen a diario paseos guiados similares. También se organizan excursiones a los pueblos y plantaciones de café cercanos.

Elizabeth Bell, especialista en la historia de Antigua, o sus socios, organizan rutas culturales a pie de 3 h por la ciudad (190 GTQ) los martes, miércoles, viernes y sábados por la mañana. Las reservas se efectúan a través de **Antigua Tours** (plano p. 68; ☑7832-5821; www. antiguatours.net; 3ª Calle Oriente 22; circuito incl. entrada museo 190 GTQ), en el Café Condesa cerca del Parque Central; los grupos se reúnen en la fuente del parque a la hora convenida. Merece la pena hacerse con un ejemplar del libro de Bell *Antigua Guatemala: la ciudad y su patrimonio,* con descripciones minuciosas de todos los monumentos y explicaciones amenas de la historia y fiestas de la ciudad. El grupo de Bell también propone excursiones a las localidades cercanas de San Antonio Aguas Calientes y San Andrés Itzapa para conocer los talleres de tejidos de la primera y los lugares sagrados mayas de la segunda.

La Antigua City Tour (plano p. 68; ☑7832-6151; www.antiguacitytour.com; 200 GTQ; ☺9.00-17.00) programa un circuito por la ciudad en un pequeño autobús que pasa por todos los lugares de interés, desde el cerro de la Cruz hasta el Parque Central.

De la Gente (☑5585-4450; www.dlgcoffee. org; circuito (min 2 personas) 200 GTQ/persona) ofrece circuitos por las plantaciones de café de San Miguel Escobar, un barrio de Ciudad Vieja, con cultivadores que efectúan demostraciones de las técnicas de cultivo, cosecha y procesado; al final, a los participantes se les explican los métodos tradicionales de tueste y comparten una taza con la familia. Los circuitos (3-5 h) salen a las 9.00 o 13.00 y deben reservarse al menos con un día de antelación.

Las agencias programan además circuitos a lugares más distantes, como Tikal, la zona de Cobán, Monterrico, Chichicastenango y el lago de Atitlán (con frecuencia estas únicamente salen de Ciudad de Guatemala). Las excursiones de dos días a Tikal, con vuelo desde la capital hasta Flores y regreso, cuestan desde unos 300 GTQ/persona. Los viajes de dos días por carretera a Copán salen por unos 1140 GTQ/persona y algunos incluyen Quiriguá y Río Dulce.

CATours (☑7832-9638; www.catours.co.uk; 6ª Calle Oriente 14; ☺9.00-17.00 ma-do) ofrece circuitos en motocicleta de dos días al lago de Atitlán o Monterrico desde 1435 GTQ.

☆ Fiestas y celebraciones

La época más emocionante en Antigua es la Semana Santa, cuando cientos de devotos vestidos con túnicas moradas cargan con sus veneradas imágenes durante las procesiones diarias que recuerdan el calvario de Jesús. Densas nubes de incienso envuelven los desfiles y las calles se cubren con elaboradas alfombras de aserrín de colores y pétalos de flores. Estas efímeras obras de arte se destruyen con el paso de cada procesión, pero cada mañana vuelven a recomponerse para la siguiente.

El fervor y el número de fieles alcanzan su culmen el Viernes Santo, cuando de madrugada sale una procesión desde La Merced (p. 71) y por la tarde otra desde la **Escuela de Cristo** (plano p. 68; Calle de los Pasos esq. Calle de Belén; ☺9.00-13.00 y 15.00-19.00 ju-ma); también puede montarse una recreación de la Crucifixión en el **Parque Central** (plano p. 73; entre 4ª Calle y 5ª Calle). Para este período hay que reservar el alojamiento con mucha antelación; si no, cabe optar por dormir en Ciudad de Guatemala u otra localidad y desplazarse durante las fiestas.

Las procesiones y otros actos suelen celebrarse todos los fines de semana de Cuaresma, los 40 días anteriores a la Semana Santa. La oficina de turismo de Antigua dispone del programa de los eventos y de todos los horarios.

⌷ Dónde dormir

Con unos 140 hoteles, posadas y albergues, Antigua dispone de una amplia variedad de alojamientos que se amoldan a los gustos y presupuestos de cualquier viajero. Algunos de los hoteles de precio medio brindan encanto colonial por un precio módico. Las tarifas que aquí se recogen corresponden a los viernes y sábados por la noche y suelen reducirse en torno a un 20% entre semana. Suele ser fácil encontrar habitación, excepto en Semana Santa, cuando se aconseja reservar lo antes posible y estar dispuesto a pagar el doble de la tarifa habitual.

★**Yellow House**　　　　ALBERGUE **$**

(plano p. 68; ☑7832-6646; yellowhouseantigua@ hotmail.com; 1ª Calle Poniente 24; dc incl. desayuno 70 GTQ, i/d sin baño incl. desayuno 110/200 GTQ; @) 🖉 Este albergue es una excelente opción económica: bien diseñado, comprometido con la ecología y muy acogedor. Posee habitaciones de distintos tamaños y estilos, camas cómodas, luces empotradas y ventanas con mosquitera. Los tres baños de la planta baja resultan escasos pero están limpios y el agua se calienta con energía solar. La terraza con plantas es ideal para disfrutar del abundante y saludable desayuno.

★**El Hostal**　　　　ALBERGUE **$**

(plano p. 68; ☑7832-0442; http://elhostalbnb. com/es; 1ª Av. Sur 8; dc incl. desayuno 90 GTQ, i/d/tr sin baño 200/270/360 GTQ; 🛜) Cerca del popular Café No Sé (p. 84), es un albergue económico y de ambiente cordial con ciertas dosis de elegancia colonial. En torno a un pequeño patio-café se reparten media docena de habitaciones privadas muy pulcras y dormitorios con camas sólidas o literas bien distribuidas, unos pocos muebles y paredes pintadas con creatividad. A esto se suma una cocina reluciente para uso de los huéspedes y buenas duchas calentadas con gas.

Tropicana Hostel　　　　ALBERGUE **$**

(plano p. 73; ☑7832-0462; www.tropicanahostel. com; 6ª Calle Poniente 2; dc 70 GTQ, h con/sin baño 300/200 GTQ; 🛜🏊) Nuevo referente de los albergues para fiesteros, el Tropicana está alcanzando un triunfo rotundo. Uno puede registrarse a la hora que le plazca y sumarse a los jóvenes de todo el mundo que se asolean en el bar junto a la piscina o se remojan en el *jacuzzi* con un fondo de ruinas. Los dormitorios son mixtos y tienen hasta 15 camas (en tres niveles de literas), todas con taquillas empotradas, cortinas separadoras y puertos para *smartphones*.

Zoola Antigua　　　　ALBERGUE **$**

(plano p. 68; ☑7832-0364; www.zoolaantigua.wix. com/zoola; 7ª Calle Poniente 15; dc/h incl. desayuno 70/180 GTQ; 🛜) La filial en Antigua del albergue del lago de Atitlán, regentado por israelíes, se ha instalado en un entorno colonial: los dormitorios, con escaso mobiliario, rodean un patio donde viajeros de todo el mundo se relajan y picotean saludables tentempiés de Oriente Próximo bajo un dosel con los colores del arco iris. Y para relajarse más todavía, ahora hay en la terraza de la azotea un bar espectacular con *jacuzzi*.

Hostal Antigua　　　　ALBERGUE **$**

(plano p. 68; ☑7832-8090; http://es.hostalantigua. com; 5ª Av. Sur 22; dc/d/c 70/295/340 GTQ; 🛜🏊) A cuadra y media del Parque Central, este discreto albergue antepone la limpieza y la comodidad a la juerga. Los dormitorios de 12 y 4 camas y las habitaciones privadas, con fornidas camas de madera y ventiladores cenitales, se alinean en un pasillo con muchas plantas. Arriba hay una terraza con cocina para los huéspedes y mesas azulejadas.

ANTIGUA PARA NIÑOS

Con autobuses de alegres colores circulando por las calles, velas con todo el espectro del arco iris ardiendo en las iglesias y volcanes gigantescos como trasfondo, Antigua posee una magia que atrae a los niños. En casi todos los complejos monásticos hay zonas parecidas a parques donde los críos pueden corretear entre muros en ruinas y fuentes. La tienda de artesanía Nim Po't (p. 86) está a rebosar de cometas y pequeñas réplicas de los autobuses que se ven por la calle, en tanto que en el mercado (p. 85) hay mucho nuevo que ver, oír y oler. En el Choco Museo (p. 74) puede uno crear sus propias invenciones con chocolate. El almuerzo en la Posada de Don Rodrigo (p. 83) es una fiesta con música de marimbas, y los sábados por la mañana se proyectan películas en el Centro de Formación de la Cooperación Española (p. 71). Por lo demás se puede subir con los niños al **cerro de la Cruz** (plano p. 68) para contemplar unas vistas cautivadoras de la ciudad y los volcanes que la rodean, contratar un paseo a caballo con Ravenscroft Riding Stables (p. 75) o quizá ir de excursión a Earth Lodge (p. 89), un lugar muy acogedor para los niños con un parque infantil, cabañas y muchos senderos.

Bigfoot Hostel
ALBERGUE **$**

(plano p. 73; ☎7832-0489; www.bigfoothostelanti
gua.com; 6ª Av. Norte; dc/d/tr/c 75/225/275/
325 GTQ; 🈺🛜) Recién renovado por una
agencia nicaragüense, este lugar siempre
está repleto como albergue y como bar. Los
dormitorios poseen camas de madera labrada
con cortinas para mayor intimidad y amplias
taquillas, y el edificio dispone de aire acondicionado. Los extras incluyen mesa de billar,
salón de TV, cafetería y el siempre esperado
periplo por los bares de los lunes.

Villa Esthela
ALBERGUE **$**

(plano p. 68; ☎7832-5162; www.hostelantigua.
com; 2ª Av. Sur 48, Casa A-3; dc/h 45/150 GTQ; 🛜)
Regentado por un holandés, este albergue
modesto pero concurrido está en una parte
tranquila de la ciudad a cinco cuadras del
Parque Central. La antigua casa, a la que se
llega por un callejón, ofrece un dormitorio
de seis camas en literas de metal y varias
habitaciones privadas que comparten baños
equipados con lo mínimo. Los viajeros, aquí
de presupuesto más bien ajustado, se reúnen
en el cuarto del TV o se relajan en la terraza.

Terrace Hostel
ALBERGUE **$**

(plano p. 68; ☎7832-3463; www.terracehostel.com;
3ª Calle Poniente 24; dc incl. desayuno 70 GTQ, h incl.
desayuno sin baño 200 GTQ; 🛜) La característica
principal de este agradable establecimiento
es la terraza de la azotea, un mirador fabu-
loso con vistas a los volcanes, y su Brahvas a
10 GTQ (*happy hour* desde las 12.00). Las habitaciones son bastante austeras pero están
cuidadas. No hay que perderse el recorrido de
bares que se inicia aquí los lunes a las 15.00.

Hotel Burkhard
HOTEL **$**

(plano p. 68; ☎7832-4316; hotelburkhard@hotmail.
com; 3ª Calle Oriente 19A; h 150 GTQ; 🛜) Pequeño
establecimiento con una docena de habitaciones de alegre decoración repartidas en
dos plantas.

Casa Jacaranda
ALBERGUE **$**

(plano p. 68; ☎7832-7589; 1ª Calle Poniente 37; dc
incl. desayuno 95 GTQ, i/d incl. desayuno sin baño
115/230 GTQ; @🛜) En este original albergue
(no es un centro de jolgorio), las habitaciones,
todas con baños compartidos, son sencillas
pero con un toque de gracia, al igual que
el salón de la entrada, con TV de plasma y
un mural a lo Klimt (con la salvedad de que
la figura femenina viste un huipil). De ser
posible, lo mejor es instalarse por detrás del
jacarandá, apartados del tráfico. Se sirve un
desayuno abundante.

Posada Los Búcaros
HOTEL-BOUTIQUE **$$**

(plano p. 68; ☎7832-2346; www.hotelbucaros.com;
7ª Av. Norte 94; i/d 300/400 GTQ; P🛜🈺) Al oes-
te de la Merced, en una zona tranquila de
calles adoquinadas, esta residencia reforma-
da con 150 años de existencia consigue un
feliz equilibrio entre el esplendor colonial
y la comodidad moderna. Las habitaciones,
con paredes en tonos pasteles y altos techos
con vigas de madera, se abren a tres patios
cuajados de plantas con búcaros empotrados
en las paredes.

Posada de San Carlos
ALBERGUE, HOTEL **$$**

(plano p. 73; ☎7832-4698; www.posadadesancar-
los.com; 5ª Calle Poniente 11; dc/h incl. desayuno
60/300 GTQ; 🛜🈺) La comodidad es lo que
más importa en esta posada moderna y con
espíritu internacionalista que ofrece habitaciones espaciosas en un corredor que da a
un patio con fuente. Tanto las habitaciones
privadas como el dormitorio con siete camas
exhiben empaque colonial, con camas y arcones de madera labrada, a lo que se añaden
los TV con pantalla LED. El café de la entrada
sirve sabrosas comidas naturales y se prestan
bicicletas con neumáticos anchos.

Posada Juma Ocag
HOTEL **$$**

(plano p. 68; ☎7832-3109; www.posadajumao-
cag.com; Calzada Santa Lucía Norte 13; i/d 150/
200 GTQ; 🛜) Las siete habitaciones cómodas
e impecables de Juma Ocag tienen colchones
de calidad y un ajuar tradicional que incluye
cabeceros de hierro forjado, armarios y espe-
jos fabricados en la casa. Los huéspedes pue-
den utilizar una pequeña y moderna cocina.
A pesar de su situación frente al mercado, la
posada sigue siendo tranquila –sobre todo las
habitaciones de la planta alta–, con un patio
y un jardincito muy cuidado. Solo se aceptan
reservas hechas en persona.

Casa Cristina
HOTEL-BOUTIQUE **$$**

(plano p. 68; ☎7832-0623; www.casa-cristina.com;
Callejón Camposeco 3A; i/d planta baja 190/230 GTQ,
i/d arriba 270/340 GTQ; 🛜) Este hotel, situado
en un agradable callejón cerca de La Merced,
solo tiene una docena de habitaciones, bastante compactas, pero todas pintorescas, con
colchas típicas y muebles de madera teñida.
La terraza de la azotea, llena de plantas, es
un plácido refugio.

Posada San Sebastián
PENSIÓN **$$**

(plano p. 68; ☎7832-2621; www.posadasansebas
tian.com; 3ª Av. Norte 4; i/d/tr 420/490/570 GTQ;
🛜) Carpintero, restaurador de antigüedades
y xilofonista ocasional, Luis Méndez Rodrí-

guez puede considerarse el artífice de esta mansión reformada. Cada una de las nueve habitaciones, todas distintas, revela su habilidad para encontrar y restaurar obras de arte y muebles. Los enormes baños con bañera son una ventaja, igual que la terraza de la azotea, el bonito patio ajardinado y el uso de una cocina.

Hotel Palacio Chico
HOTEL-BOUTIQUE **$$**

(Casa 1940; plano p. 68; ✍7832-3895; http://1940. palaciochico.com; 7ª Av. Norte 15; i/d/tr incl. desayuno 330/435/510 GTQ; ☎) Aunque tiran a pequeñas, las habitaciones de este elegante hotel están embellecidas con detalles de azulejos, camas con bastidores de hierro y pintura esponjada en las paredes. En el *spa* de la planta baja realizan pedicuras, aunque también puede optarse por tomar el sol en la terraza de arriba.

Hotel Posada San Pedro II
HOTEL **$$**

(plano p. 68; ✍7832-4122; www.posadasanpedro. net; 7ª Av. Norte 29; i/d/tr 270/345/380 GTQ; ℗) Ha sido restaurado con mucha atención por el detalle. Las habitaciones son amplias y bien amuebladas, y dan a dos frondosos patios con plantas colgantes.

Hotel Posada San Pedro
HOTEL **$$**

(plano p. 68; ✍7832-3594; www.posadasanpedro. net; 3ª Av. Sur 15; i/d/tr 230/300/345 GTQ) Las 10 habitaciones de San Pedro son inmaculadas y atractivas, están pintadas en tonos mostaza o chocolate, con baño de azulejos y televisión por cable. El ambiente distendido se completa con la cocina de libre acceso, los salones espaciosos y las dos terrazas con vistas.

Hotel la Casa
de Don Ismael
HOTEL **$$**

(plano p. 68; ✍7832-1932; www.casadonismael.com; 3ª Calle Poniente 6, Lotificación Cofiño 2º Callejón; i/d 165/250 GTQ, incl. desayuno 215/335 GTQ; ☎) Sencilla pensión escondida en una bocacalle y atendida por su amable propietario, que le da nombre. Siete habitaciones rústicas comparten tres baños con agua caliente, y hay una agradable terraza en la azotea.

Las Golondrinas
APARTAMENTOS **$$**

(plano p. 68; ✍7832-3343; aptslasgolondrinas@ gmail.com; 6ª Av. Norte 34; i/d 150/250 GTQ; ☎) Estos humildes apartamentos son una opción excelente para quienes se preparen las comidas. Distribuidos en torno a un tranquilo patio con árboles, todos cuentan con una terraza ideal para cenar al aire libre. Los regenta un viajero veterano que ha subido a

cientos de volcanes. Buenos descuentos para semanas y meses de estancia.

Hotel Santa Clara
HOTEL **$$**

(plano p. 68; ✍7832-0342; www.hotelsantaclaraan tigua.com; 2ª Av. Sur 20; i/d/tr 290/400/480 GTQ; ℗) Ubicado en una tranquila zona al sur del centro, cuenta con habitaciones antiguas pero muy bien restauradas, que dan a un pequeño patio, con camas de madera tallada y tragaluces en el techo. Al fondo hay dos pisos de habitaciones más nuevas y luminosas. Desde el último piso se entrevé la iglesia de San Francisco.

Hotel Posada La Merced
HOTEL **$$**

(plano p. 68; ✍7832-3197; www.posadalamerced antigua.com; 7ª Av. Norte 43; i/d desde 275/350 GTQ; ℗☺☎) La Merced esconde un interior moderno tras sus grandes puertas de madera. Las habitaciones traseras exhiben un poco más de estilo (y son más caras), con tejidos típicos y muebles coloniales. Con terraza en la azotea, cocina bien equipada para los huéspedes, café mañanero y personal muy atento.

Hotel Casa Rústica
HOTEL **$$**

(plano p. 73; ✍7832-3709; www.casarusticagt. com; 6ª Av. Norte 8; i/d 350/425 GTQ, sin baño 280/ 340 GTQ; ☻☎) Todo aquí parece estar en su sitio, desde la fuente con forma de nenúfar del patio hasta las mesas azulejadas de la terraza. Es además uno de los pocos hoteles de esta categoría que ofrece a los huéspedes libre acceso a la cocina, por no hablar de la mesa de billar y la sala de ocio. Las 14 habitaciones, decoradas con tejidos de la región, ocupan dos edificios.

★Posada del Ángel
HOTEL-BOUTIQUE **$$$**

(plano p. 68; ✍7832-0260; www.posadadelangel. com; 4ª Av. Sur 24A; h/ste desde 1480/2270 GTQ; ℗☎☎) Esta posada se convirtió en el establecimiento hotelero más famoso de Antigua cuando Bill Clinton durmió aquí en 1999. Tras una sencilla puerta de garaje se despliega un lujo incesante que se extiende a las cinco habitaciones y dos suites con lirios frescos, camas de cuatro postes y baldosas. Si alguien creía que era imposible encajar una piscina en un patio antigüeño, aquí se convencerá de lo contrario.

★Mesón Panza Verde
HOTEL-BOUTIQUE **$$$**

(plano p. 68; ✍7955-8282; www.panzaverde.com; 5ª Av. Sur 19; h/ste desde 765/1410 GTQ; ℗☻☎☎) Este aislado hotel, ubicado en un apacible recinto al sur del centro, quizá sea el más lujoso. Las tres habitaciones dobles y las nueve suites, dan a unas terrazas privadas entre jardines exuberantes llenos de orquídeas, helechos y bambús. Con un prestigioso restaurante (p. 84) y una galería de arte.

★ Casa Santo Domingo Hotel HOTEL $$$

(plano p. 68; ☑7820-1220; www.casasantodomingo.com.gt; 3ª Calle Oriente 28A; h desde 1425 GTQ; P@☎☀) ✎ Construido con espíritu innovador partiendo de los restos del inmenso monasterio de Santo Domingo, este hotel es el alojamiento más lujoso de Antigua. Sus 128 habitaciones y suites son de cinco estrellas. Conserva el esplendor colonial, con restos arqueológicos dispersos, y tiene una gran piscina, varios buenos restaurantes, tiendas y cinco museos. ¡Ni los dominicos vivieron tan bien!

El hotel facilita transporte de enlace gratuito con Santo Domingo del Cerro, en lo alto de una colina por el sur, un complejo con un buen restaurante, jardín con esculturas y vistas fantásticas.

★ Hotel Quinta de las Flores HOTEL $$$

(plano p. 68; ☑7832-3721; www.quintadelasflores.com; Calle del Hermano Pedro 6; i/d desde 495/595 GTQ, bungaló 1145 GTQ; P@☀) Más que un hotel, este complejo situado en el extremo sureste de la ciudad es una explosión de maravillas. Los senderos de guijarros serpentean entre estrelitzias, plazas adoquinadas, fuentes, una piscina de tamaño respetable y un restaurante al aire libre. Hay ocho lujosas habitaciones en el edificio principal, la mayoría con chimenea, más cinco "habitaciones ajardinadas" con sendas terrazas privadas.

También se ofrecen casitas de dos plantas con dos baños, cocina y cuarto de estar. Con descuentos para estancias de una semana.

Hotel El Mesón de María HOTEL HISTÓRICO $$$

(plano p. 73; ☑7832-6068; www.hotelmesondemaria.com; 3ª Calle Poniente 8; i/d incl. desayuno desde 790/975 GTQ; ☎) El esplendor de lo antiguo brilla en esta mansión colonial restaurada del centro, repleta de patios con vegetación exuberante y con lujosos salones. La decoración de las habitaciones varía, pero todas exhiben colchas suntuosas, cabeceros labrados, muebles rústicos y baños con hermosa azulejería. En la fabulosa terraza de la azotea se puede desayunar o tomar cócteles.

Hotel Casa del Parque HOTEL-BOUTIQUE $$$

(plano p. 73; ☑7832-0961; www.hotelcasadelparque.com; 4ª Av. Norte 5; i/d 745/900 GTQ; P☎☀) Uno de los primeros hoteles-*boutique* de Antigua fue este pequeño establecimiento próximo al parque donde se combinan la mirada personal de un diseñador con el encanto colonial. Cada habitación está distribuida y decorada de distinta manera, pero todas podrían aparecer en una postal: las del piso alto son espectaculares, con anchas vistas, baños lujosos y minibar; las de la planta baja, más baratas, carecen de las vistas pero dan más fácil acceso a la piscina, el *spa* y la sauna.

🍴 Dónde comer

Antigua es un festín para los glotones del mundo entero. A 10 min a pie del Parque Central se pueden saborear buenas y baratas especialidades italianas, belgas, francesas, tailandesas, indias, irlandesas, israelitas, alemanas, chinas, mexicanas y salvadoreñas.

Los sábados y domingos, delante del convento de La Merced (p. 71) se instalan mesas donde se sirven, entre otros tentempiés, sándwiches de ensalada de pollo, rellenitos, enchiladas, tamales y chuchitos acompañados de salsa picante, repollo encurtido y cuencos de atol blanco (bebida caliente a base de maíz). ¡La comida de toda la vida!

La mayor parte de los restaurantes formales de Antigua intentan cobrar una propina del 10% antes de presentar la cuenta. Debería aparecer detallada; en caso de duda, conviene preguntar.

★ Zoola Antigua ISRAELÍ $

(plano p. 68; www.zoolaantigua.wix.com/zoola; Calle de Santa Lucia 15; ensaladas 45 GTQ, sándwiches 35-50 GTQ; ☺8.00-22.00; ✎) El restaurante del albergue Zoola (p. 113) sirve comida israelí auténtica, como falafel, kebabs o *sabich:* un enrollado de humus, berenjena y ensalada. Los clientes se sientan en mesas bajas rodea-

---

ℹ️ VOLUNTARIADO

Escuelas de español de Antigua, como la Academia de Español Sevilla (plano p. 68; ☑7832-5101; www.sevillantigua.com; 1a Av. Sur 17C), Antigüeña Spanish Academy (plano p. 68; ☑5735-4638; www.spanishacademyantiguena.com; 1a Calle Poniente 10) y Cambio Spanish School (plano p. 68; ☑7832-8033; www.cambiospanishschool.com; 4ª Calle Oriente 28), ayudan a encontrar trabajo como voluntarios.

das de cojines. Las noches de los viernes hay bufé de ensaladas.

★ Restaurante Doña Luisa Xicotencatl
CAFÉ $

(plano p. 68; ☑7832-2578; 4ª Calle Oriente 12; sándwiches y platos ppales. de desayuno 20-45 GTQ; ⊘7.00-21.30) Con genuina personalidad autóctona, para variar, este café es el mejor sitio para disfrutar del típico ambiente de patio colonial mientras se desayuna o se toma algo ligero. La bollería procede de la panadería contigua; el pan de plátano sale calentito del horno sobre las 14.00 todos los días.

Samsara
VEGETARIANA $

(plano p. 73; ☑7832-2200; 6ª Calle Poniente 33; ensaladas 40-50 GTQ; ⊘7.00-21.00; ☑) En este pequeño café vegetariano los frescos ingredientes de cultivo ecológico se combinan con creatividad en sopas, ensaladas y bebidas, como el *smoothie* de col rizada, mantequilla de cacahuetes y aguacate. Para desayunar hay *porridge* de quinua o tortitas de plátano y semilla de amaranto, junto con café de émbolo y numerosas mezclas de tés. Si no molesta la música *new age* de fondo, el Samsara puede deparar verdadera emoción culinaria.

Y Tu Piña También
SÁNDWICHES $

(plano p. 68; www.ytupinatambien.com; 1ª Av. Sur 10B; sándwiches y ensaladas 40-50 GTQ; ⊘7.00-19.00; ☎☑) Cruce de caminos internacional, este café prepara comida sana y sofisticada para estudiantes extranjeros, con un tentador muestrario de sándwiches (con pan de trigo integral, de pita o *bagel)* y ensaladas. Como abre temprano, es además un buen sitio para desayunar, con tortillas, macedonias y tortitas de plátano, más un café excelente.

Tienda La Canche
GUATEMALTECA $

(plano p. 68; 6ª Av. Norte 42; menú almuerzo 25 GTQ; ⊘7.00-22.00) Esta casa de comidas por detrás de una pequeña tienda familiar solo tiene dos mesas. Aquí preparan a diario un par de platos tradicionales, como pepián de pollo (guiso de pollo con huisquil, un tubérculo parecido a la yuca), acompañados de gruesas tortillas. Al lado se sirven *frescos,* bebidas de frutas licuadas.

Café Condesa
CAFÉ $

(plano p. 73; ☑7832-0038; www.cafecondesa. com.gt; Portal del Comercio 4; pasteles y tartas 20-26 GTQ; ⊘7.00-20.00 do-ju, hasta 21.00 vi y sa) La bollería –tartas, pasteles, quiches, *scones* y pan de trigo integral– es el punto fuerte de este viejo y distinguido café que ocupa el patio de una casa del s. xvi junto a la plaza principal. El pantagruélico bufé de los domingos (78 GTQ; 9.00-13.00) es toda una institución en Antigua.

Fernando's Kaffee
CAFÉ $

(plano p. 68; ☑7832-6953; www.fernandoskaffee. com; 7ª Av. Norte esq. Callejón Camposeco; bollos de canela 10 GTQ, empanadas 40 GTQ; ⊘7.00-19.00 lu-sa, 12.00-19.00 do; ☎) Este acogedor café esquinero, frecuentado desde hace mucho por expertos cafeteros y chocolateros, también prepara una selección de pastas muy ricas, como los deliciosos bollos de canela. Pasada la barra hay un agradable patio, ideal para tomar el desayuno sin prisas.

Luna de Miel
CREPS $

(plano p. 68; ☑7882-4559; www.lunademielantigua. com; 6ª Av. Norte 40; creps 34-55 GTQ; ⊘10.00-21.30 lu y ma, 9.00-21.30 mi-do; ☎) Esta moderna crepería prepara batidos tropicales y decenas de creps diferentes; la versión chapina lleva aguacate, queso y tomates fritos. Y por si eso no bastara, la terraza de arriba es un sitio de lo más relajante para saborearlas.

Casa de las Mixtas
GUATEMALTECA $

(plano p. 68; 3ª Callejón; platos ppales. 20-30 GTQ; ⊘8.00-21.00 lu-sa) Este establecimiento familiar en una tranquila bocacalle frente al mercado es un buen sitio para comida guatemalteca sencilla y casera. Además del bocadillo que le da nombre (las *mixtas* son perritos calientes a la guatemalteca, envueltos en tortillas) también sirve desayunos variados. La clientela habitual se instala en la pequeña terraza de arriba.

Travel Menu
INTERNACIONAL $

(plano p. 73; ☑7832-2937; 6ª Calle Poniente 14; platos ppales. 40-50 GTQ; ⊘12.00-23.00; ☑) Este bar-restaurante renovado hace poco se enfoca a los viajeros con escaso presupuesto y sirve una selección de "grandes éxitos" internacionales (curris de verduras, hamburguesas de pescado, ensaladas) en un espacio amplio y relajante.

★ Cactus Grill
MEXICANA $$

(plano p. 73; ☑7832-2163; 6ª Calle Poniente 21; tacos 45 GTQ; ⊘12.00-22.00) Abierto por un mexicano, este pequeño y pintoresco local hace cajas sustanciosas con su comida mexicana auténtica, tanto tradicional como de la nueva ola, acompañada con salsas sensacionales y servida en cuencos de barro. Los tacos de pescado son altamente recomendables. Está en pleno meollo de la vida nocturna; se puede empezar la noche tomando una margarita con chile escarchado o un mezcal oaxaqueño de calidad.

El Viejo Café
CAFÉ **$$**

(plano p. 73; ☑7832-1576; www.elviejocafe.com; 3ª Calle Poniente 12; platos ppales. 50-95 GTQ; ☺7.00-21.00; ☎☻) Muy visitado tanto por turistas como por chapines (guatemaltecos), este café salpicado de antigüedades es ideal para desayunar. Después de elegir entre el surtido de cruasanes y cafés guatemaltecos, uno puede instalarse en un rinconcito junto a la ventana.

Hector's Bistro
FRANCESA **$$**

(plano p. 68; ☑7832-9867; 1ª Calle Poniente 9A; platos ppales. 70-175 GTQ; ☺12.00-22.00) Este salón pequeño e íntimo frente a la Merced solo tiene unas cuantas mesas, con la cocina por detrás de la barra. Héctor, natural de Ciudad de Guatemala, ha obtenido elogios por sus versiones del buey borgoñón, la pechuga de pato a la plancha y otras. No tiene rótulo, solo una pizarra con los platos del día y la quiche de la semana.

Café Mediterráneo
ITALIANA **$$**

(plano p. 73; ☑7882-7180; 6ª Calle Poniente 6A; platos ppales. 90-130 GTQ; ☺12.00-15.00 y 18.00-22.00 mi-lu) Aquí se encontrará la comida italiana más exquisita y auténtica de Antigua, amén de un servicio esmerado, en un espacio precioso con velas. Oriundo de Calabria, el chef Francesco presenta un tentador muestrario de ensaladas y pastas con ingredientes de temporada.

Como Como
BELGA **$$**

(plano p. 68; ☑5514-5014; 2ª Av. Sur 12; platos ppales. 100-150 GTQ; ☺12.00-15.00 y 18.00-22.00 ma-do) Las materias primas guatemaltecas se fusionan con recetas europeas en este bistró belga muy frecuentado por extranjeros. Las especialidades flamencas incluyen *waterzooi,* un cremoso guiso de pescado, y *filet american (steak tartar).* Se cena al aire libre en el patio iluminado con velas.

Origami
JAPONESA **$$**

(plano p. 68; ☑7882-4250; 6ª Calle Oriente 6; platos ppales. 50-65 GTQ; ☺12.00-15.00 y 18.00-21.00 lu-mi y vi, 18.00-21.00 sa, 12.00-16.00 do; ☑) En vez de esforzarse por ofrecer autenticidad, la pareja japonesa que regenta el Origami se limita a servir lo que prepararía en casa: el *donburi* de pollo, el curri rojo y la ensalada con *wasabi* (con productos 100% ecológicos) se cuentan entre los platos más demandados. Es un sitio acogedor, con varios salones y unas cuantas mesas en el patio. Hay que probar el *ginger ale* casero.

Angie Angie
ARGENTINA **$$**

(plano p. 68; ☑7832-3352; 1ª Av. Sur 11A; platos ppales. 65-95 GTQ; ☺12.00-23.00 mi-lu) A partes iguales restaurante sudamericano, galería de arte y centro social, es un sitio donde siempre vale la pena parar, aunque solo sea para quedarse un rato en el jardín trasero con abundante vegetación tropical. Además de empanadas, parrilladas y pastas caseras, ofrece al almuerzo un menú a buen precio. Hay fogón todas las noches y *blues* y *jazz* los fines de semana.

Epicure
DELI **$$**

(plano p. 68; ☑7832-5545; 3ª Av. Norte 11B; sándwiches 75-90 GTQ, platos ppales. 90-145 GTQ; ☺10.00-21.00 lu-sa, 10.00-19.00 do) Tienda gastronómica de estilo europeo donde es posible abastecerse de bocadillos antes de subir al volcán y comprar todo tipo de productos *gourmet.* Tiene un elegante comedor al aire libre bajo la pérgola del jardín trasero.

Quesos y Vino
ITALIANA **$$**

(plano p. 68; ☑7832-7785; 5ª Av. Norte 32A; *pizzas* 60-150 GTQ; ☺12.00-16.00 y 18.00-22.00 mi-lu) Restaurante de italianos, formado por tres edificios rústicos, con un encantador patio y una tienda gastronómica. La comida es sencilla y copiosa: sustanciosas sopas, bocadillos de pan casero, ensaladas y *pizzas* a la leña. Se entra por la 1ª Calle Poniente.

Posada de Don Rodrigo
GUATEMALTECA **$$**

(plano p. 68; ☑7832-0387; www.posadadonrodrigo. com; 5ª Av. Norte 17; platos ppales. 125-150 GTQ; ☺6.00-22.00) Las creps de marisco, los bistecs y las salchichas se presentan aquí con sutiles ribetes guatemaltecos; sin embargo, el verdadero reclamo es el marco: un precioso patio con mucho hierro forjado, flores y fuentes cantarinas, más marimbas y pintores que añaden tipismo.

La Cuevita de Los Urquizú
GUATEMALTECA **$$**

(plano p. 68; ☑7882-4532; 2ª Calle Oriente 9D; almuerzo combo 80 GTQ; ☺8.00-16.00 lu y ma, hasta 20.00 mi-do) Su principal atractivo es la abundante comida típica, que se mantiene caliente en las ollas de barro de la entrada. Si se toma pepián (pollo con verduras con salsa de sésamo y pipas de calabaza), *kaq'ik* (estofado picante de pavo), *jocón* (estofado verde de pollo o cerdo con verduras y hierbas) u otro plato típico nacional, se sirven dos acompañamientos.

Sabe Rico
DELI **$$**

(plano p. 73; ☑7832-0648; www.saberico.com.gt; 6ª Av. Sur 7; sándwiches y ensaladas 65-80 GTQ; ☺8.00-19.00 lu y mi, hasta 16.00 ma, hasta 21.00 ju-sa, 9.00-16.00 do) Esta pequeña *delicatessen* prepara sabrosas ensaladas y sándwiches con ingredientes del propio huerto de hierbas; también ofrece panes y *brownies* recién horneados, vinos de calidad y alimentos importados. Se puede comer en uno de los salones o aprovisionarse para un pícnic.

El Papaturro
SALVADOREÑA **$$**

(plano p. 68; ☑7832-0445; 2ª Calle Oriente 4; pupusas 30 GTQ, platos ppales. 70-85 GTQ; ☺12.00-22.00 ma-do) Este establecimiento acogedor regentado por salvadoreños sirve en un patio auténticas pupusas –tortillas gruesas rellenas de queso o chicharrones y con guarnición de *curtido* (col marinada)– y otros tentempiés del vecino sureño. El acompañamiento apropiado es la horchata guatemalteca: una bebida de cacao, hielo, canela, anacardo y otros ·ingredientes.

Fridas
MEXICANA **$$**

(plano p. 68; ☑7832-1296; 5ª Av. Norte 29; platos ppales. 75-140 GTQ; ☺12.00-24.00) Dedicado a Frida Kahlo, este bar siempre concurrido prepara pozole al estilo jalisciense, tacos de camarón y otros manjares mexicanos. Música en directo los jueves y viernes por la noche.

★Mesón Panza Verde
FUSIÓN **$$$**

(plano p. 68; ☑7832-2925; www.panzaverde.com; 5ª Av. Sur 19; platos ppales. 150-200 GTQ; ☺18.00-22.00 lu, 12.00-15.00 y 18.00-22.00 ma-do) El restaurante del selecto B&B Mesón Panza Verde (p. 84) ofrece una sublime cocina continental en un atractivo ambiente antigüeño. La carta presenta un sesgo ecléctico y global, y el chef, formado en Francia, pone énfasis en los pescados y mariscos y los ingredientes de cultivo ecológico. La música en directo (*jazz,* cubana) anima el cotarro de miércoles a sábados por la noche.

★Bistrot Cinq
FRANCESA **$$$**

(plano p. 68; ☑7832-5510; www.bistrotcinq.com; 4ª Calle Oriente 7; platos ppales. 135-175 GTQ; ☺12.00-22.30) Popular entre la colonia extranjera de edad madura, es una réplica fiel de su hermano parisino. Sirve energéticas ensaladas y entrantes clásicos, como trucha con almendras y *filet mignon*. En la pizarra se anotan los platos especiales de la noche. Se recomienda

acudir al *brunch* del domingo (de 12.00 a 17.00). Sirve absenta.

🍷 Dónde beber y vida nocturna

Hay una rica vida nocturna, sobre todo los viernes y sábados, cuando la gente llega a montones desde Ciudad de Guatemala para vivir la juerga antigüeña. Aparte de los locales de copas, la gente acude a los restaurantes Fridas (p. 84) y Bistrot Cinq (p. 84) por los cócteles tanto como por la cocina. Los cubalibres y los mojitos cuestan la mitad entre las 17.00 y las 20.00 en muchos bares.

Como introducción a los locales nocturnos de Antigua, lo mejor es unirse a la concurrencia en la peregrinación de bar en bar que empieza los lunes a las 15.00 en el Terrace Hostel (p. 79).

★Por Qué No?
PUB

(plano p. 68; ☑4324-5407; www.porquenocafe.com; 2ª Av. Sur esq. 9ª Calle Oriente; ☺18.00-22.00 lu-sa) Este café alternativo es un espacio de distribución vertical que ocupa un rincón estrechísimo de un edificio antiguo (hay que agarrarse a la soga para subir al nivel superior), con baratijas *vintage* colgando de las vigas y todas las superficies cubiertas con pintadas de la clientela. El ambiente es distendido y propicio a la conversación, y todas las noches el gentío llega hasta la calle.

El anfitrión, Carlos, es un as en la cocina, donde prepara todas las noches unas gambas deliciosas y platos de berenjenas, y las mezclas musicales son igual de espléndidas.

Ocelot Bar
PUB

(plano p. 73; ☑5658-9028; 4ª Av. Norte 3; ☺16.30-1.00) Esta taberna galesa junto al Parque Central parece un cuarto de estar grande, con sofás tan largos como los lienzos de pared, murales con estrellas de las letras y los deportes, y juegos de mesa, por no hablar del bar mejor abastecido de la ciudad. Es muy frecuentado por extranjeros residentes de edad madura, que lo abarrotan el lunes por la noche, cuando se organiza el *pub quiz*.

Ocelot forma parte de un complejo de ocio nocturno que consta por lo menos de otros tres bares, entre ellos el Vudú y el Bullseye.

Café No Sé
BAR

(plano p. 68; www.cafenose.com; 1ª Av. Sur 11C; ☺15.00-1.00) Modesto bar que es un punto de referencia entre jóvenes escritores en ciernes. También es el pilar de un animado panorama musical, pues casi todas las noches hay actuaciones en directo. Un salón anexo semiclandestino sirve su propia marca de mezcal, "contrabandeado" desde Oaxaca (mínimo dos tragos). Para entrar después de la hora de cierre basta con aporrear la puerta.

Reilly's en la Esquina PUB IRLANDÉS
(plano p. 73; ☎7832-6251; 6ª Calle Poniente 7; ⊙12.00-00.30) En el punto clave de la vida nocturna de Antigua, el nuevo y mejorado Reilly's se abarrota los fines de semana de guatemaltecos y norteamericanos. El enorme *pub* consta nada menos que de cuatro barras, y casi toda la animación se centra en el patio central. Entre semana la tranquilidad es mayor, y la mesa de billar, la comida de *pub* y la Guinness de grifo atraen a una clientela fiel.

Snug PUB
(plano p. 73; ☎5838-5390; 6ª Calle Poniente 14; ⊙12.00-23.00) A pesar de las apreturas, se pasan buenos ratos en este nuevo local muy frecuentado por extranjeros y con música en directo los domingos.

Monoloco PUB
(plano p. 73; ☎7832-4235; 5ª Av. Sur 6, Pasaje El Corregidor; ⊙11.00-00.45) Tan frecuentado por guatemaltecos los fines de semana como por los turistas en todo momento, El Monoloco sirve una acertada mezcla de comida internacional y platos locales, así como cerveza fría, en un ambiente relajado con decenas de TV que emiten deportes.

La Sin Ventura CLUB
(plano p. 73; 5ª Av. Sur 8; ⊙16.00-1.00 ma-vi, 12.00-1.00 sa, 12.00-20.00 do) La pista de baile más animada de la ciudad se abarrota de jóvenes guatemaltecos los fines de semana. Los DJ pinchan cumbia y reguetón casi todas las noches, y los martes suena salsa en directo.

Las Vibras de la Casbah CLUB
(plano p. 68; ☎3141-5311; www.lasvibrasantigua.com; 5ª Av. Norte 30; ⊙17.00-1.00 mi-sa) Casi todas las noches se monta una fiesta en esta discoteca dividida en dos niveles cerca del arco de Santa Catalina: muchos *selfies,* inhalaciones de vapor y música electrónica conforman el cuadro. Para tomarse un respiro se puede salir a la terraza.

Lucky Rabbit BAR
(plano p. 73; ☎7832-5099; 5ª Av. Sur 8; ⊙19.00-1.00 lu-sa) Antiguo cine, este espacio al que concurren muchos jóvenes guatemaltecos se ha transformado en un cuarto de juegos y sala de baile, aunque todavía se proyectan películas durante toda la noche.

☆ Ocio

El Centro de Formación de la Cooperación Española (p. 71) ofrece series temáticas de documentales o cine extranjero de autor los miércoles por la noche.

El Café No Sé, Angie Angie (p. 84), **Rainbow Café** (plano p. 73; ☎7832-1919; www.rainbowcafeantigua.com; 7ª Av. Sur 8; ⊙8.00-23.00) y el Mesón Panza Verde (p. 84) acogen actuaciones de música folk, *rock* y *jazz.*

🔒 De compras

Tejidos y artículos de cuero, trabajos en hierro, pinturas y joyas de jade son algunos de los productos que interesa buscar en las tiendas y mercados de Antigua. Para tejidos típicos, lo primero es pasarse por la Casa del Tejido Antiguo (p. 72) y echar después un vistazo en Nim Po't o los grandes mercados de artesanía cerca de la terminal de autobuses y al lado de la iglesia del Carmen.

Mercado MERCADO
(plano p. 68; Calzada de Santa Lucía Sur; ⊙6.00-18.00 lu, ju y sa, 7.00-18.00 ma, mi y vi, 7.00-13.00 do) El mercado de Antigua –caótico, pintoresco y siempre abarrotado– se extiende al norte de la 4ª Calle Poniente. Los mejores días son los oficiales de mercado –lunes, jueves y sobre todo sábados–, cuando los aldeanos de las cercanías exponen sus mercaderías al norte y oeste del edificio principal.

La Casa del Jade JOYERÍA
(plano p. 68; www.lacasadeljade.com; 4ª Calle Oriente 10; ⊙9.00-18.00) Algo más que una joyería, la Casa del Jade tiene un museo con decenas de piezas de jade prehispánicas y un taller abierto al público donde se puede admirar

---

LOCALES LGBT

La continua afluencia de extranjeros ha hecho germinar en Antigua un espíritu de cosmopolitismo y tolerancia que no se ve en otras ciudades guatemaltecas de tamaño similar. Y así, a pesar de la fuerte religiosidad subyacente, los gais y lesbianas encuentran aquí una especie de oasis, y la vida nocturna no posterga a nadie. En concreto, el restaurante Fridas (p. 84) acoge fiestas para gais con DJ el último sábado del mes (en la planta alta), y la discoteca Las Vibras de la Casbah (p. 85) monta espectáculos alternativos todas las semanas.

el trabajo de artesanos actuales. Está en la galería comercial Casa Antigua El Jaulón.

Nim Po't ARTESANÍA
(plano p. 68; ☑7832-2681; www.nimpotexport.com; 5ª Av. Norte 29; ☺9.00-21.00 do-ju, 9.00-22.00 vi y sa) Aquí se expone una enorme colección de vestimentas mayas, así como cientos de máscaras, tallas en madera, cometas, pinturas, imanes para neveras y estatuillas de Maximón. Los huipiles, cortes, fajas y otras prendas están clasificados por regiones, de modo que la visita resulta fascinante aunque no se compre nada.

Mercado del Carmen ARTESANÍA
(plano p. 68; 3ª Calle Oriente esq. 3ª Av. Norte; ☺9.00-18.00) Junto a las ruinas de la iglesia del Carmen, es un buen sitio para curiosear en busca de tejidos, cerámica y jade, sobre todo los fines de semana, cuando los puestos llegan hasta la 3ª Av. Norte.

Doña María Gordillo Dulces Típicos COMIDA
(plano p. 68; 4ª Calle Oriente 11; ☺10.00-18.00 lu-sa) Esta tienda está llena de dulces guatemaltecos tradicionales, como pastellitos de coco, dulce de leche y mazapán, y los antigüeños suelen hacer cola para comprarlos.

El Reino del Jade JOYERÍA
(plano p. 68; ☑7832-1593; 5ª Av. Norte 28; ☺9.00-18.30) Esta tienda cercana al arco de Santa Catalina se especializa en joyas de diseño con jade y otras gemas.

Librería La Casa del Conde LIBROS
(plano p. 73; ☑7832-3322; Portal del Comercio 4; ☺9.00-18.00) Con una sección excelente sobre historia y política de América Central, más guías de la naturaleza, literatura en español y títulos de Lonely Planet.

Mercado de artesanías ARTESANÍA
(plano p. 68; 4ª Calle Poniente; ☺9.00-18.00) Un cúmulo de labores de artesanía guatemalteca llena los estantes de este edificio en el extremo este de la ciudad, por debajo del mercado principal. Aunque la calidad no es la más alta, se vende una gran variedad de máscaras, mantas, joyas y otras piezas. No pasa nada por regatear.

Jade Maya JOYERÍA
(plano p. 68; www.jademaya.com; 4ª Calle Oriente 34; ☺9.00-18.00) Puesta en marcha por una pareja norteamericana que descubrió una cantera de jade en el valle del Motagua, esta tienda

consta de un taller de jade y un pequeño museo (entrada libre) con piezas prehispánicas.

Centro de Arte Popular ARTE
(plano p. 68; 4ª Calle Oriente 10; ☺9.30-18.30) En la Casa Antigua El Jaulón, una galería comercial instalada en un patio, esta tienda/museo exhibe pinturas al óleo, zutujiles, estatuillas de madera de cedro, máscaras y otras labores de artesanía. Las piezas están expuestas por temas para ilustrar las distintas facetas de la vida indígena.

La Bodegona ELECTRÓNICA
(plano p. 68; 5ª Calle Poniente 32; ☺7.00-20.00) La sección de la entrada de este supermercado tiene una tienda de teléfonos móviles con buena relación calidad-precio.

ℹ Orientación

El centro neurálgico de Antigua es el Parque Central (p. 77), desde donde pocos lugares de la ciudad quedan a más de 15 min andando. A los números de calles y avenidas se añaden puntos cardinales que indican si una dirección se sitúa al norte, sur, poniente (oeste) u oriente (este) del Parque Central.

Los tres volcanes sirven como prácticos puntos de referencia: el Agua está al sur y se ve desde casi toda la ciudad; el Fuego y el Acatenango se elevan al suroeste (el Acatenango es el más septentrional de ambos).

Otro útil punto de referencia en Antigua es el **arco de Santa Catalina** (plano p. 68; 5ª Av. Norte), en la 5ª Av. Norte, dos cuadras y media al norte del Parque Central, de camino a la iglesia de la Merced.

ℹ Información

ACCESO A INTERNET

Aparte de los abundantes y económicos cibercafés, hay wifi en restaurantes, cafés y muchos otros lugares, incluso en el Parque Central.
Funky Monkey (5ª Av. Sur 6, Pasaje El Corregidor; 12 GTQ/h; ☺8.00-0.30) Dentro del Monoloco.

AGENCIAS DE VIAJE

Atitrans (☑7832-3371; www.atitrans.net; 6ª Av. Sur 8; ☺8.00-21.00) Agencia multiservicios con transporte de enlace recomendado.
LAX Travel (☑7832-2674; laxantigua@hotmail.com; 6ª Av. Sur 12; ☺9.00-18.00 lu-vi, 9.00-17.00 sa) Se especializa en vuelos internacionales.
Onvisa Travel Agency (☑5226-3441; onvisatravel@hotmail.com; 6ª Calle Poniente 40)

Transporte de enlace a Copán, el lago de Atitlán y otros puntos.

Rainbow Travel Center (☑7931-7878; www. rainbowtravelcenter.com; 7ª Av. Sur 8; ⊙9.00-18.00 lu-vi, 9.00-17.00 sa) Especializado en billetes de avión para estudiantes y profesores.

ASISTENCIA MÉDICA

Farmacia Cruz Verde Ivori (☑7832-8318; 7ª Av. Norte; ⊙24 h)

Hospital Nacional Pedro de Bethancourt (☑7831-1319; ⊙24 h) Hospital público en San Felipe, 2 km al norte del centro, con servicio de urgencias.

Hospital Privado Hermano Pedro (☑7832-1190; www.hospitalhermanopedro.net; Av. de la Recolección 4; ⊙24 h) Con servicio de urgencias 24 h; acepta seguros médicos extranjeros.

CORREOS

DHL (plano p. 73; ☑2339-8400; 6ª Calle Poniente 16; ⊙8.00-18.00 lu-vi, 8.00-12.00 sa) Con servicio de puerta a puerta.

Oficina de correos (plano p. 68; 4ª Calle Poniente esq. Calzada de Santa Lucía; ⊙8.30-17.30 lu-vi, 9.00-13.00 sa) Frente al mercado.

DINERO

Banco Agromercantil (4ª calle Poniente 8; ⊙9.00-19.00 lu-vi, hasta 17.00 sa y do) Cambia dólares estadounidenses y euros (en efectivo o cheques de viaje). También posee una agencia de Western Union.

Banco Industrial (5ª Av. Sur 4; ⊙9.00-19.00 lu-vi, hasta 13.00 sa) Tiene un cajero automático de confianza y cambia dólares estadounidenses. Hay otro cajero automático BI céntrico en el Café Barista, en la esquina noroeste del Parque Central.

Citibank (4ª Calle Oriente esq. 4ª Av. Norte; ⊙9.00-16.30 lu-vi, 9.30-13.00 sa) Cambia dólares estadounidenses y euros.

Cajero automático Visa y MasterCard (Portal del Comercio) Delante del Parque Central.

HORARIO COMERCIAL

Por la afluencia continuada de visitantes, los horarios comerciales de Antigua se mantienen casi fijos todo el año.

Bancos 9.00-18.00 lu-vi, 9.00-13.00 sa

Bares y discotecas Últimas horas de la tarde-1.00, aunque algunos abren más temprano; las discotecas suelen cerrar los domingos y algunas los lunes.

Cafés 7.00-19.00, algunos hasta 22.00

Restaurantes 12.00-22.00 o 23.00, algunos cierran 15.00-18.00

Tiendas 9.00-18.00 lu-vi, 9.00-17.00 sa; muchas abren también domingo.

INFORMACIÓN TURÍSTICA

INGUAT (plano p. 68; ☑7832-0787; info-antigua@inguat.gob.gt; 5ª Calle Oriente 11; ⊙8.00-16.00 lu-vi, 9.00-17.00 sa y do) La oficina de turismo dispone de planos gratuitos de la ciudad, información sobre autobuses y un servicio atento.

MEDIOS DE COMUNICACIÓN

La *Revue Magazine* (www.revuemag.com), con sede en Antigua, lleva casi un 90% de publicidad pero ofrece información sobre actos culturales. Se encuentra por todas partes. La *Cuadra* (www.lacuadraonline.com), que publica el Café No Sé (p. 84), adopta un enfoque gringo-bohemio, que mezcla política con comentarios irrespetuosos. En el café hay ejemplares.

AUTOBUSES DESDE ANTIGUA

DESTINO	TARIFA	DURACIÓN	FRECUENCIA	EMPRESA
Chimaltenango	5 GTQ	30 min	cada 10 min	
Ciudad Vieja	3 GTQ	15 min	cada 15 min	Se toma un autobús a San Miguel Dueñas.
Escuintla	8 GTQ	1 h	cada 20 min	
Ciudad de Guatemala	10 GTQ	1 h	cada 15 min de 7.00 a 20.00	Un servicio *pullman* (45 GTQ; 9.30 y 16.00) de **Litegua** (☑7832-9850; www.litegua.com; 4ª Calle Oriente 48) sale además de su oficina en el extremo este de la ciudad.
Panajachel	36 GTQ	2½ h	1 autobús diario a 7.00	Servicio de Transportes Rebulli, con salida desde la Panadería Colombia de la 4ª Calle Poniente, media cuadra al este del mercado.
San Antonio Aguas Calientes	4 GTQ	20 min	cada 10 min	

PELIGROS Y ADVERTENCIAS

➡ En general, Antigua es segura para ir a pie, pero se producen esporádicos atracos callejeros, así que es mejor no bajar la guardia. Este riesgo se duplica cuando cierran los bares a la 1.00; pasadas las 22.00 lo más aconsejable es tomar un taxi para volver al alojamiento.

➡ Los carteristas actúan en el ajetreado mercado, especialmente los días de paga (a mediados y finales de mes). En diciembre (paga extra) se producen nuevas oleadas de robos.

➡ Algunas de las rutas de senderismo más apartadas han sido escenario de atracos, aunque el refuerzo de las patrullas policiales ha reducido el riesgo de ser víctima de estos delitos. Si se tiene previsto salir a caminar por cuenta propia, hay que informarse con Proatur sobre cómo está la situación.

TELÉFONO

Casi todos los cibercafés ofrecen tarifas reducidas en las llamadas internacionales, aunque utilizar Skype puede resultar aún más barato. Si se planea pasar un tiempo en la ciudad, se puede adquirir un teléfono móvil del país, p. ej., en La Bodegona.

URGENCIAS

Proatur (☑5578-9835; operacionesproatur@ inguat.gob.gt; 6ª calle Poniente Final; ⊘24 h) La útil agencia de asistencia al turista tiene su sede en la zona oeste, tres cuadras al sur del mercado. Si el viajero es víctima de un delito, le acompañan a la policía nacional y le prestan ayuda con los trámites. Si se avisa con antelación, ofrecen un servicio de escolta a los vehículos que se dirijan a carreteras potencialmente peligrosas.

Ambulancia	☑128
Bomberos	☑123
Policía	☑120
Policía turística	☑1500 o ☑2421-2810

❶ Cómo llegar y desplazarse

AUTOMÓVIL Y MOTOCICLETA

Para aparcar en Antigua hay que tener un marbete (cédula) colgado del retrovisor, que se compra a los policías de tráfico por 10 GTQ. No llevarlo puede acarrear una multa.

Si se prevé conducir por una carretera donde se hayan denunciado secuestros (como la que va a Panajachel pasando por Patzún), se puede solicitar escolta a Proatur enviando un correo electrónico con al menos 72 h de antelación; lo único que se paga son los gastos del escolta.

FUERA DE RUTA

CONOCER MÁS DE ANTIGUA

Mientras que Antigua en sí es un territorio de lo más trillado por todas partes, en los alrededores hay varios pueblos que merecen ser explorados:

Santa María de Jesús A los pies del volcán Agua, tiene un importante mercado los domingos.

San Juan del Obispo Con una espectacular iglesia colonial y vistas panorámicas de Antigua.

San Felipe Pueblo de artesanos cuyas piezas de jade, plata y cerámica son de las mejores de la zona.

Pastores Centro del trabajo en cuero, donde se podrán comprar botas de vaquero y látigos artesanales.

CATours (p. 77) Alquila escúteres y ofrece circuitos en motocicleta de uno a siete días desde 800 GQT.

Guatemala Renta Autos (☑2329-9030; www. guatemalarentacar.com; 4ª Av. Norte 6; alquiler por día desde 260 GTQ; ⊘8.00-18.00 lu-vi, hasta 15.00 sa)

Tabarini (☑7832-8107; www.tabarini.com; 6ª Av. Sur 22; alquiler por día desde 300 GTQ; ⊘8.00-18.00)

AUTOBÚS

Los autobuses (plano p. 68; 5ª Calle Poniente esq. Av. de la Recolección) de Ciudad de Guatemala, Ciudad Vieja y San Miguel Dueñas llegan y salen de una calle al sur del mercado, frente al mercado de artesanías.

Los autobuses (plano p. 68; Av. de la Recolección) a Chimaltenango, Escuintla, San Antonio Aguas Calientes y Santa María de Jesús salen de un solar por detrás del edificio principal del mercado. Si se quiere ir a los pueblos de los alrededores, hay que salir a primera hora de la mañana y regresar a media tarde, pues los servicios se reducen notablemente a medida que se acerca la noche.

Para llegar a localidades de montaña como Chichicastenango, Quetzaltenango, Huehuetenango o Panajachel hay que tomar uno de los frecuentes autobuses a Chimaltenango, que circulan por la Interamericana, y luego cambiar a otro que continúe la ruta. Es fácil hacer las conexiones porque mucha gente se ofrece a ayudar en cuanto uno se baja de un autobús y busca otro, pero hay que mantenerse alerta.

Muchas agencias de viajes y empresas de microbuses turísticos suelen ofrecer traslados en microbús a lugares donde van los turistas, como Ciudad de Guatemala y su aeropuerto, Panajachel y Chichicastenango. Cuestan más que los autobuses, pero son más cómodos y prácticos, ya que el servicio es puerta a puerta. Estos son algunos precios habituales para un billete de ida: Chichicastenango (115 GTQ), Cobán (250 GTQ), Copán (Honduras; 270 GTQ), Ciudad de Guatemala (80 GTQ), Monterrico (115 GTQ), Panajachel (115 GTQ) y Quetzaltenango (195 GTQ).

Conviene confirmar las horas de salida con las compañías que prestan el servicio de enlace y averiguar si se exige un mínimo de pasajeros.

TAXI Y 'TUK-TUK'

Los taxis esperan donde paran los autobuses de Ciudad de Guatemala y por el lado este del Parque Central. Una carrera en taxi dentro de la ciudad cuesta 25-30 GTQ. Los *tuk-tuks* cuestan 5-10 GTQ. Recuérdese que los *tuk-tuks* no pueden circular por el centro de la ciudad, así que habrá que caminar unas cuadras para dar con alguno, y también que no circulan después de las 20.00.

ALREDEDORES DE ANTIGUA

Jocotenango

Esta ciudad al noroeste de Antigua permite conocer una versión menos inhibida y menos autorizada por la Unesco, en comparación con Antigua, de la vida guatemalteca. Ajena al tráfico de la calle principal se alza desde hace siglos la **iglesia,** con fachada de color melocotón adornada con columnas barrocas y ricos estucados por detrás de unos jardines y una majestuosa ceiba. Jocotenango es famosa por las procesiones de Cuaresma y por ser la ciudad natal de Ricardo Arjona, estrella del pop latinoamericano.

Aunque los alojamientos escasean, la ciudad es casi un barrio de Antigua, donde hay numerosos hoteles y albergues.

Se puede tomar un café sobresaliente en la plantación del **Centro Cultural La Azotea** (⊠7831-1120; www.azoteaestate.com; Calle del Cementerio Final; adultos/niños 50/30 GTQ; ☺8.30-17.00 lu-vi, 8.30-15.00 sa), que es el atractivo principal de Jocotenango; en cuanto a vida nocturna, es mejor la cercana Antigua.

Cualquier autobús que vaya de Antigua a Chimaltenango puede dejar delante de la iglesia (3 GTQ, 5 min); o bien se puede tomar un *tuk-tuk* (5 GTQ).

El Hato

★**Earth Lodge**   CABAÑAS **$**

(⊠5664-0713; www.earthlodgeguatemala.com; dc 55 GTQ, i/d cabañas desde 230/310 GTQ, sin baño 130/200 GTQ; ☎️🖥️) 🖉 En lo alto de los cerros que presiden Jocotenango, esta propiedad de 16 ha ocupa un plantación de aguacates en explotación, y las vistas del valle de Panchoy y los volcanes son verdaderamente cautivadoras. Puesto en marcha y regentado por una afable pareja norteamericana, este refugio ecológico ofrece mucho que hacer: senderismo, observación de aves, sesiones de yoga, *chuj* (sauna maya) o, sencillamente, tumbarse en una hamaca.

Es posible alojarse en unas confortables cabañas alpinas, un dormitorio con ocho camas o un par de fabulosas casas de árbol. Sirven comida vegetariana nutritiva y sabrosa, con predominio del aguacate en época de cosecha (ene y jul).

Una parte de los beneficios se destina a comprar suministros para la escuela del pueblo, donde los huéspedes pueden ejercer el voluntariado.

La mejor manera de llegar hasta allí es llamar al menos un día antes para preguntar si pueden pasar a recoger al viajero en Antigua (30 GTQ/persona, mín. 2). Otra posibilidad es tomar un autobús con destino a El Hato, que sale desde detrás del mercado de Antigua al menos seis veces al día los lunes, jueves y sábados, y con menos frecuencia el resto de la semana. Desde allí hay que caminar 25 min cuesta abajo; cualquiera del pueblo puede indicar cómo llegar: basta con preguntar por "los gringos".

Ciudad Vieja y alrededores

Está 7 km al suroeste de Antigua por la carretera de Escuintla, cerca del yacimiento de la primera capital de la Capitanía General de Guatemala. Fundada en 1527, desapareció 14 años después bajo una riada de agua contenida en el cráter del volcán Agua. La localidad se inundó con toneladas de roca y barro, y solo quedaron las ruinas de la iglesia de la Concepción.

MERECE LA PENA

SAN ANTONIO AGUAS CALIENTES

Es una aldea tranquila, rodeada por laderas volcánicas cultivadas y famosa por sus tejidos. En el interior del **mercado de artesanías,** junto al Ayuntamiento, las mujeres trabajan con los telares de cintura, y en el piso superior se exponen trajes típicos de todo el país. Un huipil de ceremonia, bordado por ambos lados, puede llegar a costar 2800 GTQ.

El actual emplazamiento de la antigua capital está al este de **San Miguel Escobar.** Ciudad Vieja fue poblada por los supervivientes de la riada. La bonita iglesia de la plaza principal presenta una impresionante fachada de estuco, aunque es casi dos siglos más moderna de lo que anuncia la placa situada junto a la puerta.

Una buena manera de visitar la zona es en bicicleta. Saliendo de Antigua hay que tomar la carretera a Ciudad Vieja, al este del mercado. Son 4 km de recorrido por una vía bastante transitada. En Ciudad Vieja hay que recorrer la 4ª Calle Poniente atravesando la zona colonial restaurada. Al volver a la carretera principal se debe girar a la izquierda y, al llegar al cementerio, torcer a la derecha siguiendo las señales a San Miguel Dueñas. De camino, se pasa por un puentecito. Se gira a la derecha y luego otra vez en la señal a San Antonio Aguas Calientes. Esta carretera, casi toda sin asfaltar, serpentea entre fincas cafeteras, aldeas y campos de hortalizas durante 5 km. Al llegar a San Antonio, se debe torcer a la derecha en el lavadero municipal hasta llegar a la plaza principal. Al salir del pueblo hay que pasar por el lado izquierdo de la iglesia para tomar la 2ª calle, a la izquierda. Desde allí, la subida es dura pero, al final, las vistas del pueblo quitan el hipo. Pasada la plantación cafetera Finca Los Nietos se llega a la carretera RN-14, donde hay que torcer a la izquierda, seguir 2 km y tomar la segunda a la derecha, un camino de tierra que conduce de vuelta a la carretera que va de Ciudad Vieja a Antigua, donde con un giro a la izquierda se vuelve a la ciudad.

🏃 Actividades

Niños de Guatemala　　　CIRCUITO CULTURAL
(📞7832-8033; www.ninosdeguatemala.org; circuitos 200-250 GTQ; ⊗ma y ju) La ONG Niños de Guatemala, que tiene a su cargo tres escuelas para niños necesitados en la ciudad y alrededores, organiza circuitos alternativos por Ciudad Vieja que consiguen llegar al meollo de la comunidad. Un circuito de medio día, todos los jueves por la mañana, recorre las zonas más pobres de la ciudad y se detiene después en dos de sus industrias principales: arreglar parrilleras y fabricar ataúdes.

En otro circuito de los martes por la mañana, los participantes visitan un taller de ebanistería en el barrio periférico de San Lorenzo el Cubo y aprenden a hacer muñecos quitapenas. Los precios incluyen transporte, guía y un tentempié.

Valhalla Experimental Station　　　CIRCUITO
(📞7831-5799; www.exvalhalla.net; ⊗8.00-16.30) 🌿 Entre San Antonio Aguas Calientes y Ciudad Vieja, cerca del pueblo de San Miguel Dueñas, se encuentra esta plantación de macadamia donde se cultivan 300 especies de las famosas nueces. Se puede visitar y probar las nueces y los aceites y cosméticos que se elaboran con ellas. Hay que probar las tortitas de macadamia, que se sirven en un café al aire libre en medio del follaje tropical.

🛏 Dónde dormir

Hotel Santa Valentina　　　HOTEL **$$**
(📞7831-5044; 2ª Av. 0-01, Zona 3; i/d 200/250 GTQ; 🅿) El mejor alojamiento de Ciudad Vieja ofrece habitaciones con baño y TV, más un desayuno abundante en el café del hotel.

San Cristóbal El Alto

Tres kilómetros al sur de Antigua, por la carretera a Santa María de Jesús, San Cristóbal El Alto se asienta unos 300 m por encima de su pueblo hermano junto al desvío, una posición que depara vistas soberbias del valle Panchoy. Las laderas arboladas se hallan surcadas por senderos, y los miembros de la comunidad pueden hacer de guías. El pueblo es también un centro productor de ebanistería, cerámica y textiles, que se exponen en la plaza los domingos.

⊙ Puntos de interés y actividades

Cerro San Cristóbal　　　JARDINES
(📞5941-8415; www.restcerrosancristobal.com; ⊗circuitos lu-vi con reserva) 🌿 GRATIS Encaramada a una ladera por encima del valle de Panchoy, esta granja de cultivo ecológico está repleta de pequeños placeres. Se ofrecen cir-

cuitos por un jardín de plantas medicinales, huertos con verduras de cultivo ecológico y un invernadero de orquídeas. También se realizan demostraciones de tejedoras en un telar movido por una bicicleta y se visita un altar consagrado a Maximón y una sauna tradicional (300 GTQ).

Cooperativa COSENDER   EXCURSIONISMO
(☎5560-5081; 140 GTQ/persona) Esta cooperativa de guías organiza caminatas de medio día que suben desde San Cristóbal El Alto para internarse en los cerros y bajan después a un desfiladero de carácter sagrado para la comunidad.

🛏 Dónde dormir y comer

Casa Xicayá   PENSIÓN $
(☎5560-5081; veronicaxicayortega@yahoo.es; Calle Principal 41 Oriente; h incl. desayuno 160 GTQ/persona) El único hospedaje de San Cristóbal El Alto, dos cuadras al este de la plaza principal, disfruta de un emplazamiento tranquilo en unos terrenos plantados con aguacateros y nísperos. Hay dos opciones de alojamiento, ambas con baño: las tres habitaciones de la planta alta, con vistas al volcán, y una cabaña con nueve camas en el bosque. La tarifa incluye un copioso desayuno con frijoles, plátanos y tortillas.

**Restaurant Cerro
San Cristóbal**   VEGETARIANA $
(☎5941-8145; www.restcerrosancristobal.com; Calle Principal 5; platos ppales. 35-50 GTQ; ⊘8.00-17.30 lu-ju, 8.00-20.00 vi-do) Aspirante a máxima estrella de la *slow food* en la zona de Antigua, este restaurante pone en la mesa sus propios productos de cultivo ecológico. Las gigantescas ensaladas vienen colmadas de aguacates, berros, verduras y hierbas. También se prepara tilapia de sus propios estanques. La cena se sirve en una terraza con vistas fantásticas del valle de Panchoy.

❶ Cómo llegar y salir

Los transportes de enlace con Cerro San Cristóbal, a 1 km por debajo del centro del pueblo, salen de la tienda de artesanía Nim Po't (p. 86) en Antigua entre 8.00 y 18.00 a diario (10 GTQ, 15 min).

San Juan Comalapa

Esta localidad de artesanos, colgada de la ladera de un pronunciado barranco está 16 km al norte de Chimaltenango y es famosa por su tradición de pinturas populares primitivas. A su emplazamiento hace referencia el nombre del pueblo en cachiquel: Chixot, "al borde de una sartén". Aunque pobre y algo descuidada, vale la pena visitar Comalapa porque ilustra sobre la realidad de la vida actual de los cachiqueles y su reflejo en el arte, sobre todo los días de mercado (ma, vi y sa).

Comalapa se dio a conocer en la década de 1950 cuando Andrés Curruchich (1891-1969), natural del pueblo, ganó fama por sus pinturas primitivistas sobre la vida, las ceremonias y las leyendas del lugar, que acabaron expuestas en ciudades tan lejanas como San Francisco, Dallas y Detroit. Considerado el padre de la pintura "primitivista" guatemalteca, a Curruchich se le concedió la prestigiosa Orden del Quetzal.

Comalapa es conocida también porque allí nació Rafael Álvarez Ovalle, compositor del himno nacional de Guatemala.

En 1976 un violento terremoto sembró la devastación en Comalapa y se cobró la vida de 3500 de sus habitantes. El **templo de San Juan Bautista**, la iglesia más antigua del pueblo y superviviente de cuatro seísmos anteriores, casi se vino abajo, pero fue reconstruida después. Un ciclo de murales que cubren las paredes de la vía de acceso por el sur –con 184 m pasa por ser el mural más largo del país– representa escenas del terremoto y otros acontecimientos. Pintados por estudiantes en el 2002, los paneles aluden a los orígenes de la cultura maya e imaginan su futuro.

En la calle principal se puede visitar la casa donde nació Curruchich, cuya hija y nieta guían a los visitantes e informan sobre el artista. Su legado perdura en otros comalapeños que empezaron a pintar en un estilo primitivo similar, con resultados que pueden verse en la **Galería de Arte Gabriel** (☎7849-8168; 0 Av. 2-88; ⊘9.00-17.00) GRATIS y el **Museo de Arte Maya** (☎5068-4047; 3ª Calle 0-74, Zona 1; ⊘8.00-16.00 lu-sa, 10.30-16.00 do); este último expone además hallazgos arqueológicos y fotografías antiguas.

🛏 Dónde dormir y comer

Hotel Pixcayá   HOTEL $
(☎7849-8260; 0 Av. 1-82; i/d con baño 70/140 GTQ, sin baño 40/80 GTQ; ℗) Si se quiere hacer noche en Comalapa, el mejor sitio es el Pixcayá, una cuadra al sur de la iglesia, con habitaciones de tres categorías, sencillas pero cuidadas, en torno a un patio cuajado de plantas.

ANTIGUA SAN JUAN COMALAPA

El Rinkoncito Chapín GUATEMALTECA **$**
(0 Av. 251; platos ppales. 25-50 GTQ; ⊙7.00-21.00)
El mejor sitio para comer es este establecimiento acogedor de la calle principal, con mesas de troncos y una hermosa panorámica de los cerros circundantes desde la ventana trasera. Su especialidad son las carnes y pescados a la brasa, regados con vinos españoles.

❶ Cómo llegar y salir

Al pueblo llegan autobuses (8 GTQ, 45 min, cada ½ h) desde Chimaltenango; los microbuses y *picops* salen cuando se llenan.

Santiago Sacatepéquez y Sumpango

El Día de Todos los Santos (1 de noviembre) es famoso en Guatemala porque las familias visitan los cementerios para arreglar las tumbas de los seres queridos con motivos florales, pero los lugareños añaden otra rareza a este ritual porque también es la época de la **Feria del Barrilete Gigante**. Las fiestas más importantes se celebran en Santiago Sacatepéquez y en Sumpango, 20 y 25 km al norte de Antigua, respectivamente. Las gigantescas cometas empiezan a fabricarse semanas antes del evento. Se elaboran con tejido de papel sobre un armazón de madera o bambú, con cuerdas de arrastre tan gruesas como un brazo, y casi todas superan los 13 m de ancho; están decoradas con intricados y coloridos dibujos que combinan la cosmología maya con la iconografía popular. En Santiago sobrevuelan el cementerio y, según algunos, se comunican con los espíritus de los muertos. Los niños hacen volar sus pequeñas cometas en el cementerio mismo, entre las tumbas. Junto al camposanto se instalan puestos ambulantes de comida y chucherías.

En Sumpango, la fiesta tiene un aire más formal y se maneja mejor al gentío. Las cometas se disponen en un extremo del campo de fútbol y las gradas en el otro. Los jueces las valoran según el tamaño, el color, el dibujo, la originalidad y el vuelo. La diversión consiste, en parte, en ver a la gente que sale corriendo cuando una de las cometas gigantes cae en picado.

Varias agencias de viajes ofrecen excursiones de un día desde Antigua a Santiago Sacatepéquez el 1 de noviembre (aprox. 200 GTQ/persona, incl. almuerzo y guía), aunque se puede llegar fácilmente tomando cualquier autobús que se dirija a Ciudad de Guatemala y bajándose en el cruce de Santiago (4 GTQ, 20 min); desde allí se toma uno de los muchos autobuses que recorren los últimos kilómetros (2,50 GTQ, 15 min). La manera más rápida de llegar a Sumpango es tomar un autobús a Chimaltenango (5 GTQ, 30 min) y retroceder hasta Sumpango (3 GTQ, 15 min); de esta manera se evita toda la congestión del tráfico que se dirige a Santiago.

El altiplano

Los mejores restaurantes

➡ Restaurante Hana (p. 104)

➡ Café El Artesano (p. 116)

➡ Café Sabor Cruceño (p. 120)

➡ Allala (p. 118)

➡ Mayan Inn (p. 123)

Los mejores alojamientos

➡ La Fortuna (p. 120)

➡ Mayan Inn (p. 123)

➡ Hacienda Mil Amores (p. 134)

➡ La Casa del Mundo (p. 119)

➡ Posada Rural Finca Chaculá (p. 161)

Por qué ir

El altiplano, la región más espectacular de Guatemala, se extiende desde Antigua a la frontera mexicana. Aquí es donde son más fuertes los valores y costumbres tradicionales: los dialectos mayas se hablan más que el español, y en la región habita más de una docena de grupos étnicos, cada uno con su lengua y vestimenta propias. Donde quizá se manifiesta más esta diversidad es en los mercados semanales de Chichicastenango y San Francisco El Alto. Las tradiciones indígenas se mezclan con las españolas, y es común ver rituales mayas delante de las iglesias coloniales e incluso dentro.

Muchos viajeros pasan una temporada en el lago de Atitlán, rodeado de volcanes. Al oeste del lago se halla la segunda ciudad del país, Quetzaltenango, y al norte, los montes Cuchumatanes, donde la vida indígena sigue su propio ritmo entre fantásticos paisajes; es la tierra prometida de los senderistas.

Cuándo ir

Es más adecuado practicar senderismo en el Triángulo Ixil y escalar el volcán Santa María de noviembre a abril, cuando los senderos son menos fangosos y la visibilidad, mejor. No hay que perderse la fiesta anual de Quetzaltenango (finales de septiembre o principios de octubre), las ceremonias de la quema del diablo en Chichicastenango (principios de diciembre), ni el peregrinaje al santo Maximón, en Santiago Atitlán (Semana Santa). Se recomienda estar en Todos Santos Cuchumatán el 1 de noviembre, cuando esta apacible ciudad alberga una celebración sin tabúes con bulliciosas carreras de caballos y los hombres danzan al son de la marimba.

Imprescindible

① Sobrevolar, bucear o relajarse en el **lago de Atitlán** (p. 95).

② Buscar huipiles (blusas bordadas) y otros tejidos mayas en los mercados indígenas de **Chichicastenango** (p. 121)

y **San Francisco El Alto** (p. 150).

③ Ascender por volcanes en **Quetzaltenango** (p. 134) y sus alrededores.

④ Contemplar impresionantes paisajes y conocer cómo se vive en los

pueblos del Triángulo Ixil en **Nebaj** (p. 129).

⑤ Mezclarse con los mayas en **Todos Santos Cuchumatán** (p. 157), **San Mateo Ixtatán** (p. 160) y otros pueblos remotos.

ⓘ Cómo desplazarse

El transporte público entre las ciudades y pueblos del altiplano es fácil y barato, los alojamientos abundantes, y la gente casi siempre amable y servicial, lo que facilita los desplazamientos.

La serpenteante Interamericana (A1), que discurre a lo largo de 345 km por las cadenas montañosas entre Ciudad de Guatemala y la frontera mexicana en La Mesilla, pasa cerca de los puntos más importantes de la región; hay muchos autobuses que la recorren a todas horas y a diario. Hay dos cruces clave para cambiar de autobús: Los Encuentros para ir a Panajachel y Chichicastenango, y Cuatro Caminos para ir a Quetzaltenango y Huehuetenango. En caso de no encontrar un autobús al destino deseado, se puede tomar uno a cúalquiera de estos dos lugares. Los transbordos suelen ser sencillos, sin largas horas de espera, y la gente ayuda a los viajeros a encontrar el autobús adecuado.

Es más fácil viajar por la mañana y, para ir a lugares pequeños, los días de mercado. Por la tarde los autobuses pueden ser más escasos. En los lugares menos frecuentados se viaja más en *picops* (camionetas) que en autobuses.

Los microbuses o *busitos* –furgonetas grandes que salen en cuanto están llenas– son el transporte dominante en las carreteras del altiplano, como las de Santa Cruz del Quiché a Nebaj o las de Chichicastenango a Los Encuentros. Los vecinos los usan mucho por su comodidad y porque no son mucho más caros que los autobuses.

Los turoperadores gestionan microbuses directos entre los destinos destacados dentro y fuera la región. Son rápidos, cómodos y más caros que los autobuses.

LAGO DE ATITLÁN

El viajero y cronista del s. XIX John L. Stephens lo describió como "el espectáculo más espléndido que he contemplado", y había viajado lo suyo. Hoy en día, incluso los viajeros más experimentados se maravillan ante este espectacular entorno. Los pescadores navegan por su superficie aguamarina en rústicas embarcaciones, mientras las indígenas, ataviadas con sus vestidos multicolores, hacen la colada en la orilla, en la que florecen los árboles. Unas fértiles colinas salpican el paisaje y por encima se alzan los volcanes, impregnando la zona de una misteriosa belleza. Con razón muchos forasteros se han establecido aquí.

Aunque las explosiones volcánicas se han producido durante millones de años, el paisaje actual se formó con la masiva erupción que tuvo lugar hace 85000 años, conocida como los Chocoyos, que arrojó ceniza hasta EE UU y Panamá. La cantidad de magma expulsado hizo que la superficie se hundiera y formara una enorme y redondeada hondonada que se llenó de agua y originó el lago. Algunos volcanes más pequeños se elevaron en las aguas meridionales del lago miles de años después: San Pedro (3020 m sobre el nivel del mar) hace 60000 años, seguido de Atitlán (3537 m) y Tolimán (3158 m). En la actualidad, el lago se extiende 8 km de norte a sur y 18 km de este a oeste, y tiene una profundidad de unos 300 m, aunque el nivel del agua ha aumentado desde el 2009.

Alrededor del 900 a.C., cuando la civilización maya del altiplano entró en decadencia, la región fue poblada por dos grupos, el cachiquel y el zutujil, que habían emigrado de Tula, la capital tolteca, en México. Los zutujiles se instalaron en Chuitinamit, frente a lo que hoy es Santiago Atitlán, mientras que los cachiqueles ocuparon la orilla norte del lago; una distribución demográfica que persiste hoy en día. Cuando los españoles llegaron en 1524, los zutujiles habían ampliado sus dominios y ocupado la mayor parte de la orilla del lago. Pedro de Alvarado aprovechó esta situación y se alió con los cachiqueles contra sus rivales, los zutujiles, a los que derrotaron en una sangrienta batalla en Tzanajuyú. Más tarde, los cachiqueles se rebelaron contra los españoles y fueron sometidos en 1531.

Hoy, el mayor pueblo del lago es Panajachel, o "Gringotenango", como a veces lo apodan despectivamente, y para la mayoría de los visitantes es el punto de partida para explorar el Atitlán. Al sur, Santiago Atitlán, en la punta meridional, posee la mayor presencia de indígenas entre los pueblos importantes del lago. En la parte superior de la orilla occidental, San Pedro La Laguna es famoso por sus fiestas contraculturales. En el norte, San Marcos La Laguna es un refugio para los adeptos a la Nueva Era, y Santa Cruz La Laguna y Jaibalito, cerca de Panajachel, son dos de los lugares más idílicos y pintorescos del lago.

Queda a 3 h en autobús hacia el oeste desde Ciudad de Guatemala o de Antigua. En la carretera se forma como un pueblo en el cruce de Los Encuentros, formado por multitud de personas que cambian de autobús. Desde el cruce de La Cuchilla, 2 km más al oeste por la Interamericana, una carretera desciende 12 km hacia el oeste, hasta Sololá, y después otros sinuosos 8 km hasta Panajachel. Se aconseja sentarse en el lado derecho del autobús para disfrutar de las vistas del lago y de los volcanes que lo rodean.

Sololá

30155 HAB. / ALT. 1978 M

Mucho antes de la llegada de los españoles, el pueblo cachiquel de Sololá era importante por su situación en las rutas comerciales entre la tierra caliente (la vertiente del Pacífico) y la tierra fría (el altiplano). El **mercado** de Sololá (☻ma y vi) es uno de los más animados del altiplano.

Se está construyendo un nuevo mercado delante de la catedral, pero entretanto el Mercado Mayoreo, 10 cuadras al norte (cuesta arriba) de la plaza central, alberga los puestos dos veces por semana, martes y viernes. Es entonces cuando el edificio y sus aledaños explotan de color con los atuendos de la gente venida de los pueblos de los contornos. Carnes, verduras, frutas y utensilios domésticos se colocan cuidadosamente en todo el espacio disponible y numerosos compradores se arraciman frente a los vendedores. En algunos puestos se venden los hilos de colores con que se confeccionan las vestimentas tradicionales que se ven en derredor.

Los domingos por la mañana, los miembros de las tradicionales cofradías desfilan con gran solemnidad hasta la catedral.

☉ Puntos de interés

Museo de Sololá MUSEO
(10 GTQ; ☻9.00-18.00 lu-vi, 8.00-17.00 do) En lo alto de la torre del reloj, frente al ayuntamiento, este museo está dedicado a exposiciones fotográficas y al mecanismo del propio reloj, de construcción suiza, aunque lo que más impresiona son las vistas de la ladera hasta el lago de Atitlán.

🛏 Dónde dormir y comer

Hotel Cacique Ralón HOTEL $$
(☎7762-4657; www.hotelcaciqueralon.webnode.es; 4ª Calle 6-43; i/d/tr 150/250/375 GTQ; ℗) El mejor alojamiento de Sololá es este tranquilo hotel a mitad de camino entre el mercado y la plaza central. Las habitaciones están decoradas con sencillez, y varias terrazas rodean un jardín con aves del paraíso (estrelitzias), un aguacatero y un pequeño café.

Comedor Eben Ezer GUATEMALTECA $
(6 Av.; menú almuerzo 20 GTQ; ☻7.00-18.30) En este sencillo comedor en los bajos del ayuntamiento, lugar de reunión de la comunidad cachiquel, se sirven raciones contundentes de comida casera como caldo de res y carne guisada, con guarnición abundante de arroz y verduras.

🛍 De compras

Mercado de artesanías ARTESANÍA
(6 Av.) En la planta alta del ayuntamiento se encuentra este pequeño pero excelente mercado donde se exponen bonitos huipiles, abalorios, bolsos y otras labores de artesanía de una cooperativa formada por 30 grupos indígenas del departamento de Sololá.

Panajachel

10238 HAB. / ALT. 1584 M

El asentamiento más activo y urbanizado del lago, conocido como "Pana" en casi todo el país, ha crecido sin orden ni concierto. Cuando se pasea por su calle principal, Santander, una cuadra atestada de cibercafés, agencias de viajes, vendedores de artesanía y bulliciosos bares, esquivando ruidosos *tuk-tuk* a todas horas, parece disparatado el haber supuesto que era un paraíso perdido.

Sin embargo, un paseo hasta la orilla del lago evidencia por qué atrae a tantos visitantes. Aparte del asombroso panorama volcánico, sus excelentes conexiones de transporte, numerosos alojamientos, variedad de restaurantes y animada vida nocturna la convierten en el destino favorito de los guatemaltecos durante los fines de semana.

En sus polvorientas calles se mezclan diferentes culturas. Los ladinos (pueblo indígena de ascendencia europea) y los gringos controlan la industria turística. Los cachiqueles y zutujiles de los pueblos circundantes vienen a vender su artesanía a los turistas, que llegan en autobús y se quedan unas horas o hacen noche. Esta mezcla caracteriza a Pana como una curiosa encrucijada cosmopolita en unas inmediaciones, por otro lado, aisladas y rústicas. Aunque para experimentar verdaderamente la belleza del lago, la mayoría de los viajeros decide continuar adelante nada más llegar.

☉ Puntos de interés

Reserva Natural Atitlán PARQUE
(☎7762-2565; www.atitlanreserva.com; adultos/niños 50/25 GTQ; ☻8.00-17.00) Antigua planta-

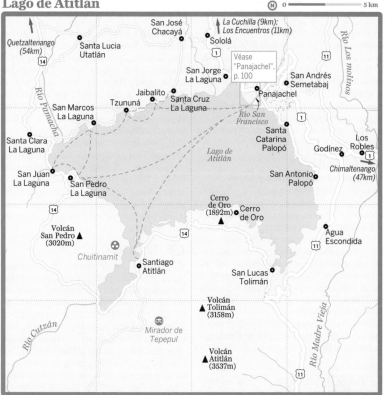

ción de café repoblada de vegetación natural, esta reserva dista 200 m del Hotel Atitlán, en la periferia norte de la ciudad. Supone una buena excursión a pie o en bicicleta. El sendero principal, que puede recorrerse en 1 h, discurre por puentes colgantes y llega a una cascada y a una plataforma desde la que se contempla a los monos araña.

También es normal ver pizotes (coatíes), parientes del mapache, con hocicos alargados y colas largas, erguidas y peludas. La reserva incluye un mariposario y un jardín de hierbas, un centro de interpretación, una pequeña plantación de café y un aviario. Si se buscan emociones más fuertes hay varias tirolinas sobre cañones y bosques, la más larga de casi 1 km. Para estancias prolongadas, cuenta con algunas excelentes habitaciones con terraza y un *camping*.

Casa Cakchiquel CENTRO ARTÍSTICO
(☎7762-0969; Calle 14 de Febrero; ☺7.00-20.00) El epicentro cultural de Pana nació como uno de los primeros hoteles a orillas del lago, construido por una condesa sueca; hoy acoge una emisora de radio, un restaurante japonés y una galería con fotografías y postales del Atitlán en épocas pretéritas, cuando los vapores lo surcaban.

En la época dorada de la década de 1950, ilustres huéspedes como Ingrid Bergman, Aldous Huxley y Ernesto *Che* Guevara se reunían para charlar en torno a la chimenea.

La Galería GALERÍA
(☎7762-2432; panagaleria@hotmail.com; Calle Rancho Grande; ☺9.00-12.00 y 14.00-18.00 mi-lu) GRATIS Rebosante de obras de pintores y escultores guatemaltecos, esta galería funciona como espacio expositivo y centro cultural, con conferencias, proyecciones y conciertos ocasionales. Fundada en 1971 por Nan Cuz, un pintor guatemalteco indígena que residió en Alemania durante la II Guerra Mundial, expone varios paisajes que le granjearon a

Cuz el reconocimiento del mundo artístico europeo.

Museo Lacustre Atitlán
MUSEO

(Calle Santander; 35 GTQ; ☺8.00-18.00) Ubicado en el Hotel Posada de Don Rodrigo, muestra la historia de la región de Atitlán y de las erupciones volcánicas que crearon su paisaje, además de una colección de objetos antiguos recuperados del lago. Una sala por debajo de la galería principal se centra en Samabaj, un antiguo centro ceremonial descubierto en el fondo del lago cerca de Cerro de Oro.

🏃 Actividades

Ciclismo, excursionismo y kayak

El lago de Atitlán es un paraíso para el ciclismo y el excursionismo, que se practica en colinas y valles. Antes de adentrarse en sus senderos y durante la excursión, conviene informarse sobre la seguridad en Proatur (p. 106). La subida al volcán con numerosos turoperadores de la ciudad ronda los 700 GTQ/persona, que incluyen transporte en lancha, un taxi hasta la cabecera del sendero, tasa de entrada y guía. Se pueden alquilar kayaks en **Diversiones Acuáticas Balam** (☎5514-8512; playa pública; 25 GTQ/h), en un cobertizo entre el embarcadero de Santiago y la playa pública.

Roger's Tours
CICLISMO

(☎7762-6060; www.rogerstours.com; Calle Santander; alquiler de bicicletas h/día 35/170 GTQ) Alquila bicicletas de montaña y organiza diversos circuitos (460 GTQ/persona incl. casco, guía y almuerzo). En uno de los circuitos se va en lancha de Panajachel a Tzununá, se continúa en bicicleta hacia el oeste por un camino de tierra hasta San Marcos La Laguna y por carretera hasta San Pedro La Laguna, y por último se regresa a Pana en lancha.

Otro circuito conduce a los pueblos del lado oriental del lago.

Parapente

En su libro de viajes *Más allá del golfo de México,* de 1934, Aldous Huxley describió el lago de Atitlán como "algo demasiado bueno", lo que podría aplicarse a la experiencia de sobrevolarlo en parapente para disfrutar a vista de pájaro de su ondulante extensión y de los pueblos que descienden desde las verdes colinas hasta sus orillas. El lago se ha convertido en un imán para los entusiastas del parapente y varios turoperadores ofrecen vuelos biplaza, donde el pasajero va sentado en una silla de tela sujeta al arnés del piloto,

para que pueda hacer fotos y disfrutar del panorama.

RealWorld Paragliding
PARACAIDISMO

(☎5634-5699; www.realworldparagliding.jimdo.com; Calle Santander, Centro Comercial San Rafael; vuelos tándem 700 GTQ) Acreditado por la Asociación de Ala Delta y Parapente de EE UU, Christian Behrenz es un guía afable y paciente que ha realizado más de 2500 vuelos en tándem. Si el viento es favorable, se despega de la cima de Santa Catarina Palopó y se aterriza en Panajachel. Los vuelos duran de 20 min a 1 h, según el viento y las preferencias del pasajero.

En condiciones óptimas se logra volar hasta a 700 m de altura (2300 m sobre el nivel del mar). Cerca de los riscos también se pueden hacer acrobacias aprovechando los fuertes vientos que elevan el parapente como una ola.

👉 Circuitos

Si se anda escaso de tiempo, un circuito en barco por el lago parando en varios pueblos puede ser interesante. Las lanchas salen del muelle de la plaza pública a diario a las 8.30 y 9.30 para realizar circuitos a San Pedro, San Juan y Santiago Atitlán, con paradas de 1-2 h en cada población; ambos circuitos regresan a las 15.30 y cuestan 100 GTQ/persona. El circuito de las 8.30 incluye también San Marcos La Laguna. Las agencias de viajes ofrecen circuitos más largos que pueden incluir demostraciones de tejedoras, visitas al santuario de Maximón en Santiago, etc.

Oxlajuj B'atz' (p. 106) ofrece circuitos de un día por Panajachel y otras ciudades lacustres (340 GTQ/persona, incl. almuerzo) con visitas a cooperativas de tejedoras.

Posada Los Encuentros
CIRCUITO

(☎7762-2093; www.losencuentros.com; Callejón Chotzar 0-41) Ofrece circuitos didácticos de media jornada y un día completo por las localidades lacustres, centrándose en temas como la medicina maya, las pinturas al óleo de los zutujiles y el cultivo de café ecológico. El guía, Richard Morgan, residente en la zona desde hace mucho tiempo, es un experto en historia y cultura maya. También ofrece excursiones y ascensiones a volcanes.

🎊 Fiestas y celebraciones

Día de la Independencia
DEPORTES

El 14 de septiembre, víspera del **Día de la Independencia,** unos atletas con antorchas corren maratones por todo el país, pero esta tradición se celebra con especial fervor en Panajachel, donde se originó en 1957. A primera hora de la mañana, escolares de distintos pueblos llegan en autobuses para visitar el lago; a mediodía, cada grupo de niños recoge una antorcha y regresa corriendo a casa. Sin embargo, el acontecimiento principal es la maratón de Ciudad de Guatemala a Panajachel. Los corredores llegan a la plaza principal de Pana a medianoche, precedidos por multitudes vitoreantes, marimbas y fuegos artificiales.

Festival de San Francisco de Asís FERIA
Se celebra el 4 de octubre en Panajachel con copiosas bebidas y fuegos artificiales.

🛏 Dónde dormir

Los viajeros de escaso presupuesto se alegrarán de la profusión de hospedajes familiares. Son sencillos, a veces con dos camas pequeñas, una mesa y una bombilla por habitación, pero baratos. Los más caros ofrecen grandes descuentos para estancias prolongadas.

Los alojamientos de precio medio son los más concurridos en fin de semana. De domingo a jueves se aplican descuentos, lo mismo que para las estancias superiores a cuatro días. Muchos establecimientos inflan las tarifas en julio, agosto, Semana Santa y las fiestas de Navidad y Año Nuevo.

Hospedaje El Viajero HOTEL $
(☏7762-0128; www.hospedajeelviajero.com; final de la Av. Santander; i/d/tr 100/180/240 GTQ; 🐕) Ubicado al final de un corto callejón de la parte baja de la calle Santander, es silencioso y tranquilo, y está cerca de todo. No es lujoso, pero las habitaciones son amplias y luminosas, y en los balcones hay espacio para sentarse. La cocina es de uso común y el agua potable, gratis.

Villa Lupita HOTEL $
(☏5054-2447; Callejón Don Tino; i/d 75/150 GTQ, i/d sin baño 50/100 GTQ) Establecimiento familiar con magnífica relación calidad-precio para estar situado en el centro, frente a una plaza por debajo de la iglesia pero apartado de la calle más turística. Las habitaciones, sencillas pero cuidadas, rodean un patio con mosaicos lleno de flores.

Mario's Rooms HOTEL $
(☏7762-2370; www.mariosroomsatitlan.com; Calle Santander; i/d incl. desayuno 150/230 GTQ; @) Sus habitaciones, entre las mejores de rango económico, son muy limpias y están dispuestas

en dos plantas que dan a un jardín frondoso. Se halla en pleno meollo, pero es muy discreto y su personal, servicial.

Hospedaje Sueño Real HOTEL $
(☏7762-0608; hotelsuenorealpana@hotmail.com; Calle Ramos; i/d desde 150/180 GTQ; Ⓟ@🐕) Mejor que la mayoría de los alojamientos baratos de esta calle, tiene habitaciones de alegre decoración –aunque tiran a pequeñas– con TV y ventilador; las mejores son las triples de la planta alta, que dan a una terraza con plantas y vistas al lago.

Hospedaje Casa Linda PENSIÓN $
(☏7762-0386; Callejón El Capulín; h 180 GTQ, i/d/tr sin baño 80/160/180 GTQ) Las habitaciones pequeñas pero impecables de este hospedaje tranquilo regentado por una familia rodean un jardín exuberante. Las de la planta alta reciben una agradable brisa, y los balcones vienen de perlas para una siesta. Pregúntese a Basilio, el amable propietario, cuándo vuelve a tocar la marimba.

Hotel Larry's Place HOTEL $
(☏7762-0767; www.hotellarrysplace.com; Calle 14 de Febrero; h 150 GTQ; Ⓟ) Apartado de la carretera tras un muro de vegetación, ofrece habitaciones de buen tamaño en un entorno bucólico. Los muebles y otros enseres demuestran buen gusto, los techos son altos y los balcones se agradecen. No hay TV ni internet, ni falta que hace.

Hotel Jere HOTEL $
(☏7762-2781; www.jerehotel.com; Calle Rancho Grande; i/d/tr 100/125/180 GTQ; Ⓟ@) Estas habitaciones con paredes enladrilladas se alegran con textiles tradicionales y algunas se prolongan en balcones soleados. Aquí mismo se pueden reservar autobuses de enlace, contratar circuitos por el lago y alquilar bicicletas.

Hotel Posada Viñas del Lago HOTEL $
(☏7762-0389; braulio.pana@hotmail.com; playa pública; i/d/tr 85/150/200 GTQ; Ⓟ@🐕) A unos pasos del lago y con colores chillones, lo regenta una familia numerosa cachiquel que hace su vida a la vista de todos. Los colchones hundidos y los cortes de agua son comunes, pero las vistas del lago merecen la pena, sobre todo las de las habitaciones 21, 22 y 23.

Hospedaje García HOTEL $
(☏7762-2187; Calle 14 de Febrero; i/d 130/160 GTQ, i/d sin baño 70/130 GTQ; Ⓟ🐕) Situado en una bocacalle de Santander, es un establecimiento

Panajachel

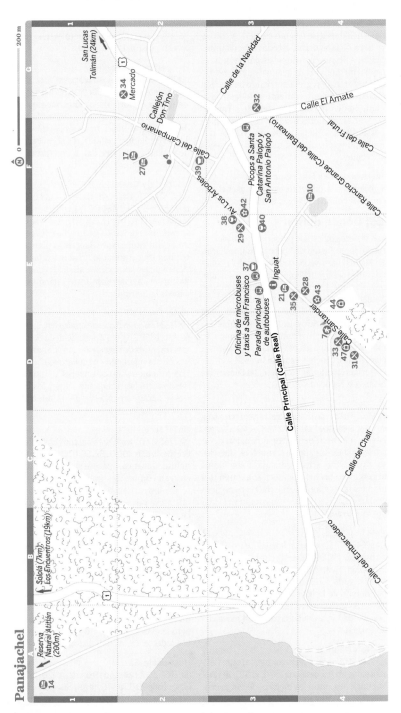

Reserva
Natural Atitlán
(200m)

Sololá (7km);
Los Encuentros (19km)

San Lucas
Tolimán (24km)

34
Mercado

Callejón
Don Tino

Calle de la Navidad

32

Calle El Amate

Calle del Campanario

17

27

4

39

38

29

42

40

AV Los Árboles

Picops a Santa
Catarina Palopó y
San Antonio Palopó

Calle Rancho Grande (Calle del Balneario)

Calle del Frutal

10

Oficina de microbuses
y taxis a San Francisco

Parada principal
de autobuses

37

Inguat

21

35

28

43

44

7

33

47

31

Calle Santander

Calle Principal (Calle Real)

Calle del Chalí

Calle del Embarcadero

14

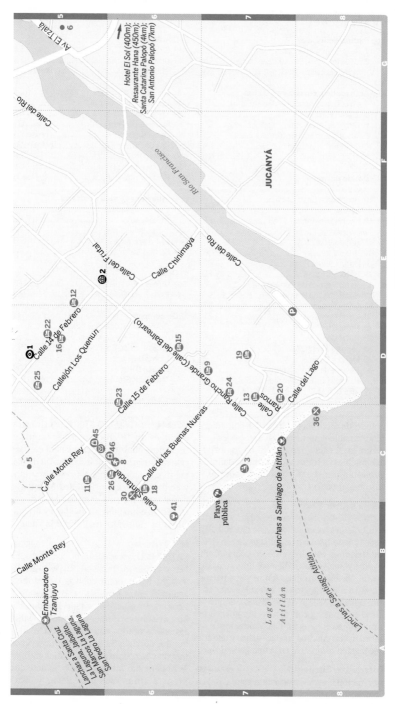

Hotel El Sol (400m);
Resaurante Hana (450m);
Santa Catarina Palopó (4km);
San Antonio Palopó (7km)

JUCANYÁ

Río San Francisco

Calle del Río

Calle del Río

Calle Chinimaya

Calle del Tríal

1

Calle 14 de Febrero

22
12

25

16

Callejón Los Quenun

2

Calle 15 de Febrero

23

15

Calle Rancho Grande (Calle del Balneario)

9

24

13

Calle
Ramos

19

20

Calle del Lago

36

P

5

Calle Monte Rey

45

46

8

26

11

18

Calle de las Buenas Nuevas

30

41

Calle Santander

Calle Monte Rey

3

Playa
pública

Lanchas a Santiago de Atitlán

Embarcadero
Tzanjuyú

Lanchas a Santa Cruz
La Laguna, Jaibalito,
La Laguna, La Laguna
San Pedro La Laguna

Lago de
Atitlán

Lanchas a Santiago Atitlán

6

AV El Tzalá

Panajachel

grande, de distribución irregular, con un gerente amable y numerosas habitaciones que varían en forma y tamaño. Si no importan los muebles deteriorados, algunas del piso alto están muy bien, con baños enormes y balcones al patio.

Jenna's River B&B B&B **$$**
(☏5458-1984; www.jennasriverbedandbreakfast.com; Calle Rancho; i/d incl. desayuno 350/500 GTQ; ❄@☎) Este B&B cerca del lago ofrece siete habitaciones con diferente decoración, un estudio y una yurta tradicional iluminada de noche por las estrelllas. Jenna y sus perros agasajan a los viajeros en su exuberante jardín, cenador y salón de desayunos, donde la mesa está puesta con pan recién horneado y mermeladas caseras. Las habitaciones se adornan con cuadros, antigüedades y textiles que pueden comprarse en la tienda de al lado.

Posada Los Encuentros CABAÑA **$$**
(☏7762-1603; www.losencuentros.com; Callejón Chotzar 0-41; i/d incl. desayuno 300/335 GTQ,

i/d con cocina 380/420 GTQ; @☎) Cruzando el río, es un "B&B ecocultural" con siete acogedoras habitaciones, piscina con agua caliente de origen volcánico, jardín de plantas medicinales, terraza para tomar el sol y centro de *fitness*. Richard Morgan, su propietario, disfruta compartiendo su enciclopédico conocimiento del lago y organiza circuitos culturales (p. 98) por la zona.

Hotel Utz-Jay HOTEL **$$**
(☏7762-0217; www.hotelutzjay.com; Calle 15 de Febrero 2-50; i/d/tr desde 225/360/495 GTQ; ℗@☎) Estas ocho casitas de adobe se asientan entre jardines rebosantes de heliconias, trompetillas y helechos donde se han avistado 46 especies de aves. Habitaciones decoradas con telas tradicionales y bonitos porches. Sirven buenos desayunos y hay un *chuj* (sauna maya tradicional).

El personal busca transporte de enlace, prepara almuerzos para llevar y lava la ropa.

Posada de los Volcanes   HOTEL $$

(☎7762-0244; www.posadadelosvolcanes.com; Calle Santander 5-51; i/d incl. desayuno desde 380/460 GTQ) Compartiendo la propiedad con su propia agencia de viajes, este alojamiento de estilo chalé dispone de bonitas habitaciones con paneles de pino. Las de la 4ª planta tienen una terraza particular, ideal para relajarse con un cóctel contemplando el lago.

Hotel Montana   HOTEL $$

(☎7762-0326; atitlanhotelmontana@hotmail.com; Callejón Don Tino; i/d 175/275 GTQ; P) En una calle estrecha próxima a la iglesia, es un hotel a la antigua con preciosos balcones con plantas y abombadas barandillas de forja. Las habitaciones de la planta alta gozan de vistas a la montaña.

Hotel Posada K'amol B'ey   HOTEL $$

(☎7762-0215; hotelkamolbey@yahoo.com; Final Calle Ramos; h/bungalós 5 personas 150/550 GTQ; P🅿) Al final de una fila de hoteles que sube de la playa pública, el "rey de la carretera" es el más pulcro y tranquilo, y todo en él funciona. Consta de dos plantas de espaciosas habitaciones con buenas camas que dan a un césped recortado donde revolotean los colibríes. Al fondo hay tres bungalós de dos habitaciones y cocina.

Hotel El Sol   HOTEL $$

(☎7762-6090; www.hotelelsolpanajachel.com; Carretera a Santa Catarina Palopó; dc/i/d/tr 60/160/210/260 GTQ; P🅿) En la carretera a Santa Catarina, a unos 15 min a pie o una rápida carrera en *tuk-tuk* desde Pana, este moderno hotel es un trozo de Japón. Natural de Hiroshima, el propietario, Kazuomi, y su familia ofrecen bicicletas gratuitas, cocina para huéspedes y un *jacuzzi* alimentado por fuentes termales. Dispone de un dormitorio de ocho camas y cinco habitaciones.

Hotel Utz Rajil   HOTEL $$

(☎7762-0303; www.hotelutzrajil.webs.com; Calle 14 de Febrero; i/d/tr 125/200/275 GTQ; 🅿) Moderno hotel de tres plantas y 13 habitaciones amplias y limpias y muebles de calidad. El Utz Rajil ('mejor oferta' en cachiquel) dispone de balcones para hacer fotos a la bulliciosa calle, aunque no es posible dormir hasta pasadas las 6.00.

Hotel Primavera   HOTEL $$

(☎7762-2052; www.primaveraatitlan.com; Calle Santander; h 300 GTQ; 🅿) Este hotel de propiedad noruega próximo a la intersección principal de Pana no defrauda. Diez habitaciones grandes con jardineras, iluminación suave y bonitas telas dan a un elegante patio enmaderado, lo que crea un ambiente relajante. Chez Alex, el restaurante de la planta baja, sirve fuagrás, caracoles *und Wienerschnitzel* en un espacio de aire europeo.

Hotel Atitlán   HOTEL PATRIMONIO $$$

(☎7762-1441; www.hotelatitlan.com; Finca San Buenaventura; h incl. desayuno desde 1450 GTQ; P@🅿🛜) Cafetal durante gran parte del s. xx, esta hacienda se convirtió en el hotel más encantador de Pana en la década de 1970. A orillas del lago y 1,5 km al noroeste del centro urbano, es un laberinto con aire colonial rodeado de cuidados jardines tropicales.

Las 60 habitaciones tienen balcones al lago y están decoradas con imaginería religiosa, tallas de madera y hierro forjado. Un restaurante, un bar y una piscina en la orilla con magníficas vistas al volcán logran que el viajero nunca salga de la propiedad.

Casa Texel   HOTEL $$$

(☎7762-2076; www.casatexel.com; calle Rancho Grande; i/d/tr incl. desayuno 445/843/1134 GTQ; P🛜) Este hotel novísimo a una cuadra del lago es un lugar semilujoso con la dosis justa de indigenismo (*texel* designa en cachiquel a la esposa de un líder religioso). Las habitaciones, dispuestas en tres niveles, bordean balcones de ladrillo con terraza en un extremo. La decoración es moderna, con colchas de colores, bonitas baldosas y fotografías antiguas.

Hotel Posada de Don Rodrigo   HOTEL $$$

(☎7832-9858; www.posadadedonrodrigo.com; Calle Santander; d/ste desde 1225/1400 GTQ; P🏊) A orillas del lago, cuenta con deliciosas instalaciones: pistas de *squash*, piscina con tobogán, un par de saunas y un museo. Las habitaciones amplias de estilo colonial dan al jardín. El desayuno se sirve en la terraza con fabulosas vistas al lago.

✖ Dónde comer

Cerca del extremo sur de la calle del Lago, hay un conjunto de restaurantes con techos de paja junto a la orilla; todos sirven mojarra (95 GTQ) y perca negra (140 GTQ) del lago, con jóvenes flacos con pajarita anotando las comandas. El restaurante El Atitlán, último por la izquierda, es el que ofrece más calidad y variedad.

Otra opción económica son los puestos de tacos y pollo frito que proliferan en la calle Santander todas las tardes y noches. Se recomienda **Humo en Tus Ojos**, de acertado nombre, el último de los cercanos al cruce de las calles Principal con Santander, donde come la policía.

Para comprar alimentos, Despensa Familiar (p. 105) está en el extremo norte de la calle El Amate.

Chero's Bar
SALVADOREÑA $

(Av. Los Árboles; pupusas 10 GTQ; ☺12.30-1.00 masa) Situado en la zona de marcha nocturna, lo animam los clientes que beben cerveza en sencillas mesas de madera mientras por la calle pasan zumbando los *tuk-tuks*. Los camareros salvadoreños reparten pupusas solas o rellenas de cosas como güicoy (una variedad de zapallo) o chipilín (planta herbácea parecida a la espinaca) y servidas con la col encurtida y la salsa de costumbre.

Fuentes de Vida
GUATEMALTECA $

(mercado; almuerzo 20 GTQ; ☺7.30-16.00) Es el mayor de los puestos de comida por detrás del mercado, cerca de los vendedores de carne de cerdo, y ofrece a diario media docena de menús, todos acompañados con frijoles, tortillas y una incendiaria salsa de guindillas secas.

Deli Jasmín
ORGÁNICA $

(☏7762-2585; Calle Santander; productos 25-45 GTQ; ☺7.00-18.00 mi-lu; ✑) Tranquilo restaurante al aire libre que ofrece comida y bebida sana con suave música clásica de fondo. Sirve desayunos todo el día y se puede comprar pan integral o de pita, *hummus* o *chutney* de mango para llevar.

Café Loco
CAFÉ $

(Calle Santander; ☺9.00-20.00 ma-do, 15.00-20.00 lu) Este café regentado por coreanos les encanta a los viajeros que se agolpan en la larga barra. Los jóvenes camareros despachan una increíble variedad de cafés de máquina, desde el "Nube Marrón" (un exprés corto con un poco de leche y espuma) hasta el "Habana Blues", con azúcar moreno sobre los posos de un exprés.

★Restaurante Hana
JAPONESA $$

(☏4298-1415; www.restaurantehana.com; Calle 14 de Febrero; platos ppales. 65-85 GTQ; ☺12.00-21.00 ma-do) Con una cocina japonesa auténtica, se halla escondido en el patio de la Casa Cakchiquel (p. 97), adornado con plantas colgantes y fotografías de la antigua Pana. Además de clásicos como *nigiri sushi, sashimi* y tempura, la chef Mihoko sirve *uramaki* (*maki* del revés"), *donburi* y fideos *udon* fríos tal y como se preparan en su Japón natal.

Mister Jon's
NORTEAMERICANA $$

(☏4710-8697; www.mister-jon.com; Calle Santander; desayuno 35-50 GTQ; ☺7.00-22.00 ma-do; ☎) Aquí abundan las ofertas de un típico *diner* norteamericano, como tortitas, unas tortillas fantásticas con *hash browns* o *country cookies* al lado, y llenado continuo y gratuito de la taza de café (del mejor de Guatemala); pero no se trata de un gueto para gringos: a los chapines (guatemaltecos) que han estado en EE UU también les gusta.

Guajimbo's
ASADOR $$

(☏7762-0063; Calle Santander; platos ppales. 60-95 GTQ; ☺7.30-21.30 vi-mi) Asador uruguayo con generosas raciones de bistec, salchicha y pollo con verduras, ensalada, pan de ajo y arroz o papas hervidas. Los vegetarianos pueden escoger los kebabs de tofu. Nadie se queda con hambre.

El Patio
GUATEMALTECA $$

(☏7762-2041; Plaza Los Patios, Calle Santander; platos ppales. 38-60 GTQ; ☺7.00-21.30) Muy popular entre los residentes para almorzar, su terraza es un buen lugar de reunión. Se aconseja ir los lunes, día en el que todo el mundo pide caldo de res, servido con guarnición.

Deli Llama de Fuego
ORGÁNICA $$

(☏7762-2586; Calle Santander; productos 40-55 GTQ; ☺7.00-21.00 ju-ma) Gran surtido de platos y bebidas sanas; un refugio de alimentos naturales en torno a un árbol conocido como "llama de fuego".

Restaurante El Atitlán
PESCADO $$

(Calle del Lago; perca 140 GTQ; ☺7.00-21.00) Último de un rosario de restaurantes con techo de paja a orillas del lago, es el que ofrece más calidad y variedad. Su baza principal, aparte de su ubicación privilegiada, son los pescados del lago, con la mojarra y la lubina negra a la cabeza.

Las Chinitas
ASIÁTICA $$

(Calle Santander, Plaza Los Patios; platos ppales. 45-60 GTQ; ☺8.00-22.00; ✑) Regentado por indonesios, propone una carta panasiática –*miso,* ensalada singapureña, salteados y *jiaozi*–, así como un cambiante menú del día con tofu y setas *shiitake*. Se cena bajo la cúpula al aire libre del Centro Comercial El Patio.

Chez Alex
EUROPEA $$$

(☏7762-0172; www.primaveraatitlan.com; Calle Santander, Hotel Primavera; platos ppales. 135-160 GTQ; ☺12.00-22.00) La cocina del restaurante del Hotel Primavera es de las mejores de Pana, con una notoria influencia europea. Después de los mejillones con salsa de vino blanco o el *Schnitzel* con camembert, nada mejor que relajarse con un habano.

Despensa Familiar SUPERMERCADO
(Calle El Amate) Supermercado grande y bien surtido donde se puede comprar todo lo necesario para prepararse la comida.

⬤ Dónde beber y vida nocturna

La pequeña Zona Viva (zona de fiesta) de Panajachel se centra en la Av. Los Árboles.

★ Crossroads Café CAFÉ
(📞5292-8439; www.crossroadscafepana.com; Calle del Campanario 0-27; ⊗9.00-13.00 y 14.30-18.00 ma-sa) Mike Roberts, nativo de la zona de la bahía de San Francisco, ha hecho de Panajachel una tierra de paso para los aficionados al café. Cuando no está tostando granos de café o trabajando en su local del centro del pueblo, Mike pasa el tiempo recorriendo el altiplano en busca de cafés de pequeñas plantaciones para añadirlos a su lista, en la que ahora descuellan el potente Acatenango Eighth Wonder y el suave Huehue Organic.

La Palapa PUB
(Calle Principal; ⊗9.00-1.00) Como denota el nombre, este centro de la juerga se extiende bajo un techo de *palapa* (en realidad dos) que crea ambiente playero. Aquí vienen muchos voluntarios de las fuerzas de paz y otros norteamericanos, pero en la barbacoa de los sábados por la tarde se abarrota de todo tipo de gente. El albergue a la vuelta de la esquina les vendrá de perlas a quienes no se hayan buscado una cama (61 GTQ/persona). Las diversiones incluyen música en directo los viernes y sábados por la noche, concursos y deportes por la televisión.

Café La Parada CAFÉ
(Centro Comercial El Dorado; ⊗6.00-19.00; 🛜) Al lado mismo de la parada principal del autobús, a este acogedor café vienen muchos viajeros guatemaltecos atraídos por su excelente café granizado y wifi gratuito.

Chapiteau CLUB
(📞7762-2056; Av. Los Árboles; ⊗19.00-1.00 mi-sa) Este disco-bar de luz estroboscópica es el bastión de la Zona Viva de Plana. Obsérvese la marquesina fantasmal antes de cruzar el umbral.

Sunset Café BAR
(Calle Santander esq. Calle del Lago; ⊗11.00-23.00) Este *lounge* al aire libre al final de la calle Santander es el mejor para disfrutar de ocasos mágicos con los volcanes de fondo. En temporada alta hay música en directo de viernes a domingos por la noche.

☆ Ocio

Circus Bar MÚSICA EN DIRECTO
(📞7762-2056; Av. Los Árboles; ⊗12.00-24.00) Tras sus puertas de batientes, tiene ambiente de cabaré, con música en directo todas las noches de 19.30 a 22.30. Flamenco, folk o marimba complementan a la perfección su agradable ambiente, al igual que su considerable lista de licores de importación, cócteles a 10 GTQ y buenas *pizzas*.

Pana Rock Café MÚSICA EN DIRECTO
(📞7762-2194; Calle Santander 1-74) Como un Hard Rock junto al lago, animado *pub* con bandas eléctricas todas las noches desde las 21.00. Muy frecuentado por la juventud de Ciudad de Guatemala, que pasa la noche bebiendo un *cubetazo* (cubo de cerveza) o dos.

🔒 De compras

Algunos viajeros prefieren ir de compras a Pana en lugar de al célebre mercado de Chichicastenango (p. 121) porque el ambiente es más tranquilo. La calle Santander está llena de puestos, tiendas y complejos comerciales que venden, entre otras cosas, ropa tradicional maya, jade, boinas rastafaris con rastas incorporadas, coloridas mantas, artículos de cuero y tallas de madera. También se puede ir al edificio del mercado tradicional, en el centro, muy concurrido los domingos, cuando los vendedores ambulantes con trajes indígenas ocupan cada metro cuadrado.

La Señora de Cancuén ROPA
(📞7762-2602; Calle Santander; ⊗9.30-19.00) Expone las innovadoras prendas y joyas de la diseñadora guatemalteca Ana Kayax, manufacturadas por tejedoras y artesanos de todo el país. Hay una historia detrás de cada artículo.

Libros del Lago LIBROS
(Calle Santander; ⊗10.00-18.30) Libros excelentes sobre Guatemala, los mayas y Mesoamérica, así como mapas.

The Book Store LIBROS
(Calle Santander, Centro Comercial El Patio; ⊗9.00-18.00) Selección ecléctica de ficción y no

ficción. Regentado por un gringo culto que también tiene libros para préstamo.

Oxlajuj B'atz' ARTESANÍA
(Trece Hilos; ☏7762-2921; www.oxlajujbatz.org.gt; Plaza Hotel Real Santander; ☉10.00-18.00) Tienda de comercio justo que apoya a una ONG para la emancipación de las mujeres indígenas y vende alfombras con tintes naturales, bolsos, productos tejidos a mano y joyas de cuentas.

Comerciales de Artesanías Típicas Tinamit Maya ARTESANÍA
(☉7.00-19.00) Vale la pena curiosear en los puestos de este vasto mercado de artesanía con una extraordinaria variedad de bolsos, ropa, mantas, cinturones y hamacas. En el extremo de la calle Santander que da al lago hay más casetas.

Orientación

Casi todos los autobuses paran en el cruce de las calles Principal con Santander, la carretera principal al lago, una sinfín de alojamientos y demás negocios turísticos. La Calle Principal continúa de 400 a 500 m hacia el noroeste, hasta el centro urbano, donde se hallan el mercado (más concurrido en domingos y jueves), la iglesia, el ayuntamiento y algunos alojamientos y restaurantes.

ℹ Información

ACCESO A INTERNET

MayaNet (Calle Santander, Centro Comercial El Patio)

AGENCIAS DE VIAJE

Atitrans (☏7762-0146; www.atitranspana jachel.com; Calle Santander; ☉8.00-20.00) Viajes, circuitos y servicios de enlace.

Eternal Spring (☏7762-6043; eternal spring_conexiones@hotmail.com; Calle Santander) Servicios directos a San Cristóbal de Las Casas, México.

Magic Travel (☏7762-0755; www.magictravel. com.gt; Calle Santander, Edificio Rincón Sai) Circuitos interesantes. Servicios de enlace con San Cristóbal de Las Casas todos los días a las 6.30.

ASISTENCIA MÉDICA

Pana Medic (☏4892-3499; drzulmashalom@ hotmail.com; Calle Principal 0-72) Clínica privada.

CORREOS

DHL (Calle Santander, Edificio Rincón Sai) Servicio de mensajería.

Oficina de correos (Calle Santander esq. y calle 15 de Febrero)

RealWorld Export (☏7762-0543; Calle Santander, Centro Comercial San Rafael) Para envíos de más de 100 kg, esta agencia de confianza ofrece tarifas competitivas.

DINERO

Banco de América Central (Calle Santander, Centro Comercial San Rafael; ☉9.00-17.00 lu-vi, 9.00-13.00 sa) Cajero automático fiable; anticipos de efectivo con cargo a Visa, American Express y MasterCard.

Banco Industrial (Calle Santander, Comercial Los Pinos; ☉9.00-16.00 lu-vi, 9.00-13.00 sa) Cajero automático Visa/MasterCard.

INFORMACIÓN TURÍSTICA

INGUAT (☏2421-2953; info-pana@inguat.gob. gt; Calle Principal 1-47; ☉9.00-17.00) Enfrente de la parada principal de autobuses, en la Calle Principal 50 m al oeste de la calle Santander.

URGENCIAS

Proatur (Programa de Asistencia al Turista; ☏5874-9450; proatur.solola@gmail.com; Calle Rancho Grande; ☉9.00-17.00)

ℹ Cómo llegar y salir

BARCO

Los barcos de pasajeros a Santiago Atitlán (35 min) zarpan de la playa pública al final de la calle Rancho Grande; el resto utiliza el embarcadero Tzanjuyú, al final de la calle del Embarcadero. Las lanchas cubiertas recorren con frecuencia el lago por la izquierda, con servicios locales y de enlace a San Pedro La Laguna. Los servicios locales paran en Santa Cruz La Laguna (15 min), Jaibalito, Tzununá, San Marcos La Laguna (30 min), San Juan La Laguna y San Pedro La Laguna (45 min). La primera lancha a San Pedro sale a las 7.00, la última sobre las 19.30.

El trayecto de ida a San Pedro, Santiago o San Lucas cuesta 25 GTQ (menos para los residentes). También se pueden alquilar lanchas en la playa pública o el embarcadero Tzanjuyú: cuestan unos 400 GTQ a San Pedro La Laguna.

MICROBÚS DE ENLACE

Los microbuses o *busitos* para turistas tardan la mitad de tiempo que los autobuses, por un precio bastante más elevado. Se pueden reservar en varias agencias de viajes de la calle Santander. La **oficina de microbuses y taxis San Francisco** (☏7762-0556; mitafsa_56@hotmail. com; Calle Principal) cerca de la parada principal de autobuses vende también plazas para los microbuses de enlace.

AUTOBUSES DESDE PANAJACHEL

La parada principal de autobuses de Panajachel está en la confluencia de las calles Santander y Principal, al oeste del Centro Comercial El Dorado. Las salidas –horas aproximadas y sujetas a cambios– son las siguientes:

DESTINO	PRECIO	DURACIÓN	FRECUENCIA	ALTERNATIVA
Antigua	45 GTQ	2½ h	Un autobús directo de Transportes Rebuli sale a la 1.00 de lunes a sábados.	Tómese un autobús a Ciudad de Guatemala y cámbiese en Chimaltenango.
Chichicastenango	20 GTQ	1½ h	Cinco autobuses salen entre 6.45 y 18.00 a diario.	Tómese cualquier autobús que vaya a Los Encuentros (por Sololá) y cámbiese allí.
Ciudad Tecún Umán (frontera con México)				Por la ruta del Pacífico (por Mazatenango) tómese un autobús a Cocales y cámbiese allí; por la ruta del altiplano, se hace transbordo en Quetzaltenango.
Ciudad de Guatemala	35 GTQ	3½ h	Cinco salidas diarias de 4.30 a 15.00 de Transportes Rebuli.	Tómese un autobús a Los Encuentros (por Sololá) y cámbiese allí.
Huehuetenango		3½ h		Tómese un autobús a Los Encuentros (por Sololá) y después espérese un autobús que vaya a Huehue o La Mesilla. O tómese uno que se dirija a Quetzaltenango, bájese en Cuatro Caminos y cámbiese de autobús allí. Desde estos cruces hay autobuses al menos cada hora.
Los Encuentros	5,50 GTQ	40 min		Tómese uno de los frecuentes autobuses a Sololá, desde donde salen autobuses hacia Los Encuentros cada 10 min hasta las 18.00.
Quetzaltenango	25 GTQ	2½ h	Cuatro autobuses diarios con la primera salida a las 5.00 y la última a las a las 13.00	Tómese un autobús a Los Encuentros (por Sololá) y cámbiese allí.
Sololá	3 GTQ	15 min	Cada 10 min de 7.00 a 19.00.	

Estos son los precios habituales de un billete de ida para los destinos siguientes: Antigua (95 GTQ), Chichicastenango (ida/vuelta ju y do; 95 GTQ), Ciudad de Guatemala (175 GTQ), San Cristóbal de Las Casas, México (280 GTQ) y Quetzaltenango (150 GTQ).

Alrededores de Panajachel

Al sureste de Pana, a 5 y 10 km respectivamente por una serpenteante carretera, se encuentran las aldeas de Santa Catarina Palopó y San Antonio Palopó (Palopó es el nombre, mezcla de español y cachiquel, de un tipo de higuera que crece allí). Comparadas con la cercana Pana, parecen maravillosamente recónditas, con estrechas calles adoquinadas y casas de adobe con techo de paja u hojalata. Muchos lugareños, hombres y mujeres, realizan sus actividades cotidianas vestidos con el traje tradicional, y hay buenos sitios donde encontrar los luminiscentes tejidos color ín-

EL ALTIPLANO ALREDEDORES DE PANAJACHEL

digo que se ven por todo el lago de Atitlán. También hay un sorprendente puñado de alojamientos de precio medio y alto.

Santa Catarina Palopó

4976 HAB. / ALT. 1585 M

Los fines de semana y festivos, los vendedores de textiles bordean el camino que lleva hasta el lago y se cuelgan llamativas telas en las fachadas de madera de las tiendas.

🛏 Dónde dormir

Villa Santa Catarina HOTEL $$$
(☎7762-1291; www.villasdeguatemala.com; i/d/ ste 790/935/1400 GTQ; ⓟ@☀) En marcado contraste con la humildad del entorno se levanta este dechado de lujo con un fino restaurante y una piscina orlada de palmeras y jardines. Las 38 habitaciones sencillas y espaciosas cuentan con preciosas colchas de tela y paredes frescas de adobe. Las habitaciones nº 23 a 27 (en parte) y las dos suites miran al volcán San Pedro, en la otra orilla del lago.

ℹ Cómo llegar y salir

Las *picops* a Santa Catarina salen más o menos cada ½ h de la calle El Amate en Panajachel, cerca de su intersección con la Calle Principal (3 GTQ, 20 min); la última que regresa a Pana sale sobre las 18.00.

San Antonio Palopó

4035 HAB. / ALT. 1773 M

Es un pueblo remoto y pintoresco en una loma, donde familias enteras cuidan sus campos aterrazados vestidas con trajes tradicionales: las mujeres con huipiles (túnicas bordadas) a rayas de color índigo, cortes (faldas largas) azul oscuro y brillantes diademas; los hombres con faldas de lana tradicionales. En lo alto, una iglesia blanca constituye el centro de la actividad. Unos 150 m calle abajo, a la derecha, la Tienda Candelaria alberga una cooperativa de tejedoras que fabrican chales, huipiles y tocoyales (cintas para el cabello) en telares y los venden a un precio justo.

🛏 Dónde dormir

⭐**Hotel Terrazas del Lago** HOTEL $$
(☎7762-0157; www.hotelterrazasdellago.com; i/d/ tr 180/240/310 GTQ; ⓟ☀) En este retiro mágico y de precio asequible, 15 habitaciones con muros de piedra ascienden por la loma con terracitas y hamacas. Se sirven comi-

das buenas y económicas (50-80 GTQ) en el porche del lago, con vistas directas al volcán Tolimán.

ℹ Cómo llegar y salir

Las *picops* a San Antonio salen más o menos cada ½ h de la calle El Amate en Panajachel, cerca de su intersección con la Calle Principal (5 GTQ, 30 min); la última para regresar a Pana parte de San Antonio sobre las 18.00.

San Lucas Tolimán

12 675 HAB. / ALT. 1591 M

Queda más allá de San Antonio Palopó, pero por una carretera más alta, y es más bullicioso y con más comercios que la mayoría de las poblaciones del lago. Al pie del impresionante volcán Tolimán, es un pueblo productor de café y punto de transporte en la ruta entre la Interamericana y la carretera al Pacífico. Los domingos, martes y viernes son días de mercado. En vez de estar en la plaza central como es típico, la **parroquia de San Lucas,** del s. XVI, se halla en la calle que conduce al lago. La parroquia, asistida por misioneros católicos de Minnesota y voluntarios de Norteamérica y Europa, ha participado en la redistribución de los cafetales, la creación de una cooperativa de café de comercio justo y la fundación de un centro de mujeres, una clínica y un programa de reforestación. Para visitar la cooperativa e informarse sobre el voluntariado debe contactarse con la **oficina parroquial** (☎7722-0112; www.sanlucasmission.org).

🛏 Dónde dormir

Hotel Don Pedro HOTEL $
(☎7722-0028; Final de Calle Principal; i/d/tr 60/130/190 GTQ; ⓟ☀) Este hotel a orillas del lago está construido enteramente con piedra y toscas vigas de madera. La inacabada construcción evoca una posada medieval, lo mismo que el tranquilo restaurante-bar (comidas 45-80 GTQ).

Hotel Tolimán HOTEL $$$
(☎7722-0033; www.hoteltoliman.com; Final de Calle Principal; i/d incl. desayuno desde 520/ 640 GTQ; ⓟ☀☀) Discreto hotel instalado donde hubo una planta procesadora de café, con 20 habitaciones y suites de estilo colonial en torno a un amate. Un restaurante con terraza se asoma a una piscina con agua de manantial en unos terrenos ajardinados que bajan hasta el lago.

ⓘ Cómo llegar y salir

Desde Panajachel hay que tomar cualquier autobús que se dirija a Cocales, bajarse en Santa Alicia y recorrer 1 km hasta la ciudad a pie o en *tuk-tuk*.

Santiago Atitlán

28 665 HAB. / ALT. 1606 M

Al otro lado del lago desde Panajachel, en una ensenada entre los volcanes Tolimán y San Pedro, se encuentra Santiago Atitlán, el mayor municipio del lago, con una marcada identidad indígena. Muchos atitecos (como se llama a sus naturales) se enorgullecen de vivir a la manera tradicional de los zutujiles. Las mujeres llevan faldas y huipiles bordados con flores y aves de colores, mientras que los hombres siguen vistiendo pantalones a rayas. Las cofradías mantienen las tradiciones y rituales sincréticos del catolicismo maya. La ciudad registra una intensa actividad artesanal; la construcción de barcas es aquí una industria, y las hileras de cayucos (canoas) jalonan la orilla del lago. Los mejores días para ir son los viernes y domingos, principales días de mercado, aunque puede visitarse en cualquier momento.

Es el más anodino de los pueblos del lago y en él habita Maximón, que se traslada ceremoniosamente a su nuevo hogar el 8 de mayo (después de Semana Santa). El resto del año, Maximón reside en la casa de un cuidador, a la que llevan ofrendas. Cambia de casa cada año pero, si se pregunta, es fácil de encontrar.

Los zutujiles llevaban generaciones en esta zona cuando llegaron los españoles y su centro de ceremonias se encontraba en Chuitinamit, al otro lado de la ensenada. Santiago fue fundado por franciscanos en 1547 como parte de la estrategia colonial para unir a la población indígena. En la década de 1980, las guerrillas estaban muy presentes en la zona, a lo que el ejército guatemalteco respondía asesinando y secuestrando a cientos de aldeanos.

⦿ Puntos de interés

**Asociación Cojolya
de Tejedoras Mayas** MUSEO
(☑7721-7268; www.cojolya.org; Calle Real, Comercial Las Máscaras, 2º piso; donativo previo; ☉9.00-17.00 lu-vi, 9.00-14.00 sa) Este pequeño museo está dedicado al telar de cintura. La colección ilustra la historia de esta labor y el proceso que va desde el teñido y urdimbre de los hilos de algodón hasta la labor terminada. Además, se ofrecen demostraciones diarias de las técnicas, y se pueden comprar textiles en una pequeña tienda.

**Iglesia parroquial
Santiago Apóstol** IGLESIA
Los franciscanos construyeron esta maravilla a mediados del s. XVI. Una placa conmemorativa nada más entrar a la derecha recuerda al padre Stanley Francis Rother, un sacerdote misionero de Oklahoma. El padre Rother, venerado por el pueblo, fue asesinado por la ultraderecha en la casa parroquial contigua en 1981; su dormitorio sigue abierto a los visitantes.

Las tallas de santos lucen ropa nueva confeccionada cada año por mujeres atitecas. Los tres retablos coloniales de la entrada fueron renovados entre 1976 y 1981 por los hermanos Diego Chávez Petzey y Nicolás Chávez Sojuel y simbolizan los tres volcanes de Santiago, protectores de la ciudad. La visión europea tradicional de los cielos del retablo central fue modificada ligeramente en virtud de la representación maya de una montaña sagrada con dos cofrades ascendiendo a una cueva santa.

Parque de Paz MONUMENTO
Durante la guerra civil, Santiago se convirtió en el primer pueblo del país que consiguió expulsar al ejército, después de la masacre de 13 habitantes el 2 de diciembre de 1990. El escenario de esta matanza, donde estaban acampados los soldados, es hoy el Parque de Paz, más o menos 1 km al sur del Parque Central por la carretera que va a San Pedro La Laguna.

Parque Central PLAZA
Da cobijo a un monumento de piedra que conmemora a Concepción Ramírez, cuyo rostro aparece en las monedas de 25 centavos, y un estanque con una versión en relieve del lago.

🏃 Actividades

En los alrededores de Santiago pueden hacerse varias excursiones de un día muy gratificantes. La más atractiva es la que lleva a los tres volcanes Tolimán, Atitlán y San Pedro. Se recomienda preguntar por las condiciones de seguridad antes de acometer la ascensión. Conviene ir con un guía; la Posada de Santiago ofrece guías fiables. La ascensión al volcán con guía cuesta unos 425 GTQ para grupos de dos a cinco personas.

IXIMCHÉ

Los restos de la capital cachiquel del s. xv quedan unos 15 km al este del lago de Atitlán. Los palacios y templos descubiertos son de tamaño modesto, pero se ubican en un paraje sereno, parecido a un parque. Iximché sigue siendo un centro ceremonial muy importante para los peregrinos indígenas, que acuden para realizar rituales mágicos y queman aguardiente, parafina o ramas frente a las pirámides para protegerse de las enfermedades o derrotar a los enemigos.

Kikab el Grande, líder de los cachiqueles, trasladó allí su capital en 1463 desde su anterior ubicación junto a Gumarcaaj, la fortaleza maya de los quichés. En ese tiempo, los cachiqueles estaban en guerra con los quichés y el nuevo emplazamiento, un promontorio llano rodeado de barrancos, era una defensa natural muy útil.

Los españoles, que llegaron en 1524, establecieron allí su primer cuartel general en Guatemala y se aliaron con los cachiqueles contra sus enemigos quichés. Sin embargo, sus exigencias de oro y otros botines pronto truncaron el pacto con los cachiqueles, que fueron derrotados en una posterior guerra de guerrillas.

Al entrar en el **yacimiento arqueológico** (50 GTQ; 8.00-16.00), se puede visitar el pequeño museo (cerrado los lunes) situado a la derecha, antes de seguir hasta las cuatro plazas ceremoniales, rodeadas de templos de hasta 10 m de alto y canchas de juego de pelota. Algunas estructuras se han desenterrado y unas pocas muestran su enlucido original.

Se llega a las ruinas desde la ciudad de Tecpán, a la salida de la Interamericana. Los autobuses que viajan hacia el este desde el cruce de La Cuchilla pueden dejar al viajero en el desvío, que dista 1 km a pie (o, con suerte, a un corto viaje en autobús urbano) del centro. Los microbuses "Ruinas" al yacimiento (5 GTQ, 10 min) salen de cerca de la plaza central de Tecpán cada 15 min hasta las 16.00. El último de vuelta sale del yacimiento a las 16.30.

Desafío menos colosal que los volcanes vecinos, el **Cerro de Oro** (1892 m) brinda magníficas vistas y alberga varios yacimientos ceremoniales mayas. Queda 8 km al noroeste, a medio camino entre Santiago y San Lucas Tolimán.

Milpas Tours organiza circuitos fascinantes por Santiago Atitlán y alrededores: pueden llevar a la comunidad zutujil de Chuk Muk, en las faldas del volcán Tolimán, con un yacimiento arqueológico sin excavar; mostrar el santuario temporal consagrado al santo Maximón, venerado en la ciudad (170 GTQ), o visitar los talleres de tejedoras, pintores y escultores y chefs.

Otro destino que merece la pena es el **mirador de Tepepul**, unos 4 km al sur de Santiago, cerca del punto donde termina la ensenada (4-5 h ida y vuelta, 225 GTQ/persona). La caminata atraviesa selva nubosa poblada por periquitos, paujiles, vencejos, zanates marismeños y tucanes esmeralda, y llega hasta un mirador con vistas a la costa.

Chuitinamit, la capital zutujil prehispánica, está cruzando la ensenada desde Santiago. En el yacimiento arqueológico de la cima hay petroglifos grabados y tallas en madera más recientes. Desde el muelle queda a 20 min andando hasta la cima, que ofrece buenas vistas de Santiago. Milpas Tours organiza un circuito que cruza la ensenada en cayuco y sube por el sendero que lleva hasta el yacimiento.

Circuitos

Dolores Ratzan Pablo CIRCUITO CULTURAL
(5730-4570; dolores_ratzan@yahoo.com) Esta mujer zutujil explica las maravillas de los partos y curaciones mayas, indica ejemplos de sincretismo maya-católico en la iglesia y las cofradías, y describe los incidentes que condujeron a la matanza del Parque de Paz en 1990. Los circuitos suelen durar 2 h y cuestan 300 GTQ por persona.

Milpas Tours CIRCUITO CULTURAL
(5450-2381; milpastours@yahoo.es) El guía Miguel Pablo Sicay, autorizado por el INGUAT, es un amable atiteco que se pone al frente de varios circuitos fascinantes por Santiago Atitlán y sus alrededores: sube hasta el mirador de Rey Tepepul (225 GTQ), cerca del punto donde termina la ensenada; enseña el santuario temporal consagrado al santo Maximón (170 GTQ); o traslada a bordo de un cayuco hasta la antigua capital zutujil de Chutinamit.

🛏 Dónde dormir

Hotel Ratzán   HOTEL **$**
(☎7721-7840; www.hotelyposadaratzan.blogspot.nl; Calle Principal; i/d 100/200 GTQ; ☎) Este hotel económico próximo al centro es de gestión familiar, y tiene vigas vistas y baños grandes y modernos. Solo tres de las cinco habitaciones tienen ventanas al exterior, pero como el hotel queda cerca de la iglesia evangélica, donde se ofician ruidosos servicios nocturnos, quizá sea una ventaja.

Posada de Santiago   CABAÑA **$$**
(☎7721-7366; www.posadadesantiago.com; i/d 235/400 GTQ, chalets i/d/tr 500/615/690 GTQ, ste desde 765 GTQ; P@⑤☎≋) Con el justo equilibrio entre encanto rústico y lujo, esta posada de propiedad norteamericana es un refugio magnífico. Siete casitas y cinco suites, todas con chimeneas, porches, hamacas y labores de artesanía, se asientan entre vastos jardines. Al otro lado de la calle, junto al lago, hay un resort con piscina y bar. El restaurante sirve comida deliciosa y natural, además de café de cosecha y tueste propios. La posada queda a 1,5 km del embarcadero municipal; hay que tomar un *tuk-tuk* (10 GTQ) o alquilar una lancha hasta su propio embarcadero.

Hotel La Estrella   HOTEL **$$**
(☎7721-7814; Calle Campo; i/d/tr 175/300/425 GTQ; P☎) Caminando un poco hacia el norte desde el muelle del ferri por la carretera a San Lucas se llega a este hotel de excelente relación calidad-precio con habitaciones modernas y cómodas con bonitas vigas vistas y colchas tejidas en la zona. La nº 13, pegada a la azotea, goza de las mejores vistas al volcán San Pedro.

Hotel Bambú   CABAÑA **$$$**
(☎7721-7332; www.ecobambu.com; Carretera San Lucas Tolimán km 16; i/d/tr incl. desayuno 535/690/765 GTQ; P☎≋) ✐ Local ecológico regentado por un amable español, con 10 espaciosas habitaciones que se hallan repartidas en un terreno agreste, en edifícios con techo de hierba o bambú, con mobiliario de ciprés y suelos de baldosas de color terroso. Un camino de guijarros lleva a la piscina, en medio de un paraje sereno y selvático. Dista 600 m del muelle; si se llega en barco, hay que desembarcar en el muelle del hotel.

🍴 Dónde comer y beber

Comedor Santa Rita   GUATEMALTECA **$**
(Calle de Santa Rita 88; almuerzo 25-30 GTQ; ☺7.00-21.00 lu-vi) La versión más reciente de un comedor abierto desde hace generaciones es un buen sitio para probar especialidades mayas como pulique (guiso de res con verduras en un caldo espesado con maíz o pan) y patín (pasta de tomate con patín, un pececillo del lago de Atitlán), servidas con tortillas. Antes lo regentaba Hélida Esther Cabrera, etnógrafa residente en Santiago; la chef actual es su nieta. Está media cuadra al este del Parque Central.

Restaurant El Gran Sol   GUATEMALTECA **$$**
(☎4271-4642; Cantón Tzanjuyú; platos ppales. 55 GTQ; ☺8.00-19.00 lu-sa) A una cuadra del muelle a mano izquierda, este restaurante familiar está muy bien para desayunar, almorzar o picar algo, con una cocina flamante y una terraza sobre un cruce muy ruidoso. A Thelma y su clan les encanta cocinar; vale la pena probar sus sopas, tortitas o quesadillas (con queso casero).

Café Quila's   PUB
(☺17.00-22.00 mi-do) Lugar de reunión para ver deportes en el TV o jugar al *ping-pong*. Algunas de las mejores hamburguesas (20-30 GTQ) del lago se sirven en el acogedor salón de la entrada o el patio trasero con un mural de Santiago. Subiendo desde el muelle hay que tomar la primera a la derecha.

🔒 De compras

Tejidos coloridos, animales de madera, joyas de cuentas, cinturones de piel y cuadros se realizan y se venden en la calle que lleva al muelle. Para bolsos, ropa y complementos con motivos zutujiles se recomienda la Asociación Cojolya de Tejedoras Mayas (p. 109), cuya tienda exhibe artículos diseñados por la norteamericana Candis E. Krummel, fundadora de esta asociación.

ℹ Información

G&T Continental (☺8.30-17.00 lu-vi, 9.00-13.00 sa) Hay un cajero automático de 5B en G&T Continental, por el lado sur del Parque Central.
Nuevo Hospitalito Atitlán (☎7721-7683; www.hospitalitoatitlan.org; Canton Ch'utch'aj) En la salida hacia San Lucas Tolimán, es un hospital moderno, con clínica de urgencias las 24 h, que dispensa asistencia principalmente a la comunidad maya.

San Pedro La Laguna

10150 HAB. / ALT. 1592 M

Se extiende por una península al pie del volcán San Pedro y es una de las poblaciones más visitadas del lago, debido, en parte, a sus alojamientos de precio razonable y su ambiente, así como a su espectacular enclave. Los viajeros suelen quedarse una temporada, atraídos por (no siempre en este orden) la bebida, los malabaristas con fuego, los tambores africanos, las clases de pintura, las excursiones al volcán y la posibilidad de relajarse en piscinas de agua caliente y tumbarse en una hamaca.

Mientras que todas estas actividades se realizan junto al lago, en el monte San Pedro se lleva un ritmo de vida más tradicional. Vestidos con trajes típicos, los pedranos (como llaman a sus habitantes), predominantemente indígenas, se reúnen en los alrededores del mercado, recogen café en las laderas del volcán y lo ponen a secar en amplias plataformas al inicio de la estación seca.

🧭 Puntos de interés

Galería de Arte Tz'utujil   GALERÍA
(☺15.00-18.00) GRATIS En el centro, frente a la iglesia principal, exhibe trabajos de artistas locales contemporáneos en exposiciones que cambian cada mes.

Museo Tz'unun 'Ya   MUSEO
(7ª Av.; 35 GTQ; ☺8.00-12.00 y 14.00-17.00 lu-vi) Se centra en la historia de los zutujiles y los rasgos geológicos de la región, con una película sobre la formación del lago y una galería de fotografías coloreadas del antiguo San Pedro. Como extra se identifica e interpreta el *nahual* (personalidad animal) del visitante según su fecha de nacimiento.

🏃 Actividades

El volcán San Pedro, que se alza imponente junto al pueblo casi pide ser escalado por todo espíritu aventurero. Es el más accesible de los tres volcanes y, como está catalogado como parque ecológico municipal, la policía turística suele patrullarlo.

Otra caminata habitual es la que sube por la montaña conocida como **Nariz del Indio**, cuya silueta semeja el perfil de un antiguo dignatario maya. **Asoantur** (☎4379-4545; asoantur@gmail.com; 4ª Av. A 3-60; ☺7.00-19.00), una asociación integrada por 16 guías de la comunidad local autorizados por el INGUAT, organiza expediciones al pico por 100 GTQ/persona. También ofrece circuitos culturales por San Pedro y los cafetales cercanos, recorridos a caballo y alquiler de kayak, bicicletas y motocicletas. Tiene su sede en una cabaña del camino que sube desde el muelle hacia Pana.

Para alquilar kayaks (10 GTQ/h) hay que doblar a la derecha desde el muelle de Pana; pregúntese en la peluquería Natalí.

Geo Travel   EXCURSIONISMO
(☎3168-8625; GeoTravelGuatemala@gmail.com) Estos circuitos dirigidos por un experto geólogo se centran en el medio natural. Uno de ellos sube antes del amanecer al Rostro Maya (200 GTQ/ persona), desde donde se contemplan ocho volcanes, y el geólogo Matt Purvis explica cómo acabaron alineados y la formación del lago de Atitlán.

Matt dirige también excursiones con pernoctación a Santiaguito, Fuego y Pacaya (todos volcanes activos) que cuestan 700 GTQ/persona.

Café Chuasinayi   NATACIÓN
(☎7721-8381; adultos/niños 10/5 GTQ; ☺7.00-17.00 do-vi) La piscina del *camping*-café Chuasinayi es un lugar de reunión internacional, sobre todo los domingos, cuando un personaje conocido como Smokin' Joe asa costillas a la barbacoa. Si se viene de Santiago hay que tomar la primera desviación a la derecha y recorrer unos 100 m.

Solar Pools   SPA
(7ª Av. 2-22) Después de un día caminando o en bicicleta, ya es hora de darse un remojón en una de estas piscinas con agua de manantial (40 GTQ/persona), cerca de la curva del camino entre los dos embarcaderos. Debe reservarse con antelación para que la piscina esté caliente al llegar.

🛏 Dónde dormir

En muchos alojamientos de San Pedro se pueden negociar las tarifas para estancias más largas y en temporada baja. También es posible alquilar una habitación o una casa completa; hay que preguntar.

🛏 Cerca del muelle de Pana

Hotel Mansión del Lago   HOTEL **$**
(☎7721-8124; www.hotelmansiondellago.com; 3ª Vía y 4ª Av., Zona 2; i/d 75/150 GTQ) Si lo que se busca es solo un sitio donde soltar los bártulos, este enorme hotel con forma de L queda por encima del muelle de Pana. Las impolutas habitaciones están decoradas con motivos de nubes o palomas, y sus anchos balcones con mecedoras miran a la Nariz del Indio.

Hotel Gran Sueño   HOTEL **$**
(☎7721-8110; 8ª Calle 4-40, Zona 2; i/d 75/150 GTQ; ☎) Aunque no está en la parte más bonita de

San Pedro, una vez pasada la entrada y la escalera de caracol se llega a unas habitaciones alegres y luminosas con pintorescos motivos decorativos, camas cómodas y baños de curioso diseño. Las nº 9 y 11 tienen fantásticas vistas al lago. Desde el muelle de Pana, está unas cuadras a la izquierda del primer cruce.

Mr Mullet's Hostel   ALBERGUE $
(☎4419-0566; www.mrmullets.com; dc 60 GTQ, h con/sin baño 140/95 GTQ; 🛜) Ha corrido la voz sobre el éxito del albergue fiestero más nuevo de San Pedro, con frecuencia a rebosar de juerguistas que se amontonan en los dormitorios de cuatro camas (cada una con taquilla grande y cargador para dispositivos móviles) y habitaciones privadas a modo de celdas repartidas en dos niveles o abarrotan el patio/bar de atrás, que cierra a las 23.00 para los que de verdad quieren dormir.

Desde el muelle de Pana hay que caminar 5 min hacia la izquierda y buscar al hombre con el salmonete.

Hostel Fe   ALBERGUE $
(☎3486-7027; www.hostelfe.com; dc/h 70/200 GTQ) Este nuevo albergue ocupa un enorme bloque de hormigón 100 m al sur del muelle de Pana y es un destino preferente para jóvenes de todo el mundo, tanto por su marchoso café junto al lago y el contiguo bar-terraza (con tobogán) como por las habitaciones y dormitorios, escasos de muebles y con puertas de acero. Los pedranos mantienen impecables los baños y terrazas.

Entre los embarcaderos

Zoola   ALBERGUE $
(☎5847-4857; dc 50 GTQ, h con/sin baño 160/130 GTQ; 🏊) Relajado y regentado por israelíes, es idóneo para dormir después de un festín en el restaurante medioriental contiguo (p. 114). Se llega bajando por un largo paseo selvático frente al Museo Tz'unun Ya'. Detrás del café-sala *chill out*, se extienden los bajos dormitorios de adobe hasta el lago, donde una piscina cubierta congrega las fiestas nocturnas. Estancia mínima de dos noches.

Hotel Sak'cari El Amanecer   HOTEL $$
(☎7721-8096; www.hotel-sakcari.com; 7ª Av. 2-12, Zona 2; i/d/tr 275/305/385 GTQ; 🅿🛜🏊) 🌿 Más o menos en mitad de los dos muelles, el Sak'cari ('amanecer' en zutujil), con vocación ecologista, ofrece 20 habitaciones limpias con paneles de madera; las de atrás son las mejores (y las más caras), con grandes balcones

al lago más allá de un césped ajardinado perfecto para mecerse en una hamaca. Los huéspedes más activos pueden tomar prestado un kayak y navegar por el lago.

Hotel Mikaso   HOTEL $$
(☎7721-8232; www.mikasohotel.com; 4ª Callejón A-88; dc/i/d/tr 80/150/250/300 GTQ; 🛜) A orillas del lago, sus habitaciones con muebles de madera labrada y ventiladores cenitales rodean un jardín poblado de estrelitzias; unas cuantas tienen patios privados. El bar-restaurante de la azotea ofrece vistas magníficas al lago, y el porche-salón dispone de *jacuzzi* y billar.

✗ Dónde comer

Café La Puerta   CAFÉ $
(☎4050-0500; 7ª Av. 2-20; desayuno 30-40 GTQ; ⏱7.00-17.00; 🍴) Es atractivo para comer en plan sano y natural. Aquí se puede desayunar granola casera, pan integral, una deliciosa mermelada de frambuesas y batidos de aguacate, todo servido por amabilísimas camareras con huipiles. Los platos tradicionales guatemaltecos fusionados con influencias asiáticas son lo más reseñable de la carta del almuerzo.

Shanti Shanti   ISRAELÍ $
(8ª Calle 3-93; platos ppales. 20-30 GTQ; ⏱7.00-23.00; 🍴) Con mesas en terrazas que caen en cascada hasta el lago, es agradable para probar bar comida clásica de Oriente Próximo como *falafel, baba ghanouj* y *hummus,* así como sopas sustanciosas.

Idea Connection   CAFÉ $$
(*panini* y pastas 30-50 GTQ; ⏱7.00-17.00; 🛜) Sin duda, uno puede conectarse a internet en los ordenadores de este cibercafé de la calle de los gringos; pero el lugar resulta más atractivo todavía como panadería y café ajardinado. Regentado por el milanés Massimo, es un verdadero oasis de sombra con cruasanes fresquísimos, rollos de canela y *muffins,* además de unos *smoothies* fantásticos.

🍷 Dónde beber y vida nocturna

Mientras muchos pedranos pasan la noche entonando oraciones en congregaciones evangélicas, los viajeros suelen rondar el ambiente festivo de San Pedro.

D'Juice Girls   ZUMOS
(⏱7.00-23.00) Las D'Juice Girls son unas jóvenes zutujiles que hablan hebreo y exprimen

PINTURA ZUTUJIL AL ÓLEO

Se trata de un tipo de pintura con un característico estilo primitivista en el que abundan las escenas de la vida rural, tradiciones locales y paisajes de vivos colores. Procede principalmente de Santiago Atitlán, San Pedro La Laguna y San Juan La Laguna, poblaciones situadas a orillas del lago de Atitlán.

Esta inconfundible forma de expresión maya se transmite a través de generaciones de la misma familia y los artistas más importantes comparten apellidos. En San Pedro La Laguna, destaca el de González. Según la leyenda, el arte zutujil nació cuando Rafael González y González se fijó en un tinte que se había mezclado con la savia de un árbol; hizo un pincel con su pelo y pintó un tipo de cuadros que siguen siendo muy populares. Su nieto Pedro Rafael González Chavajay, y Mariano González Chavajay, primo de este, son los principales exponentes contemporáneos del estilo zutujil. El artista Emilio González Morales fue el primero en mostrar escenas rurales desde arriba (a vista de pájaro) o desde abajo (a vista de hormiga).

El abuelo de los pintores de Santiago fue Juan Sisay; su éxito en una exposición de arte internacional en 1969 fue el detonante de la proliferación de pintores que desarrollan este estilo. En varios estudios del pueblo se puede aprender a pintar en este estilo.

Entre las figuras más destacadas de San Juan se cuentan Antonio Vásquez Yojcom y su esposa Juana Mendoza Cholotío, cuyas pinturas se exponen en la **Galería Xocomeel,** subiendo desde el muelle principal.

Artistas de las tres comunidades experimentan con nuevas formas, al tiempo que siguen explorando los temas culturales mayas.

Para profundizar en el tema se aconseja realizar el circuito "Artistas y artesanos mayas", organizado por la Posada Los Encuentros (p. 102) de Panajachel, o visitar la web Arte Maya Zutujil (www.artemaya.com).

las frutas tropicales de Guatemala para sacar unos combinados muy nutritivos, como el zumo de zanahoria, jengibre y remolacha. Se llega caminando 5 min al este desde el muelle de Pana.

Café Las Cristalinas CAFÉ
(☉7.00-21.00; ☎) Local con techo de paja en el camino que va del centro del pueblo al muelle de Pana, ideal para saborear una taza de café cultivado en las laderas cercanas y tostado *in situ*. No hay que olvidarse de probar su excelente pan de plátano. También funciona como cibercafé.

Zoola LOUNGE
(☉11.00-24.00; ☎) Puntero en la escena internacional de San Pedro, los viajeros se sientan en cojines en torno a mesas bajas para saborear platos de Oriente Próximo, bailan con Manu, matan el tiempo con juegos de mesa y se relajan. Para buenas sesiones de DJ hay que seguir el camino de adoquines hasta el bar con piscina junto al lago.

Alegre Pub PUB
(8ª Calle 4-10; ☉9.00-1.00) Algunas noches son más alegres que otras en este veterano *pub* en la esquina siguiente al muelle de Pana,

pero sigue siendo un "bebedero" clásico para la gente de San Pedro. En el jardín de la azotea se puede jugar al billar con los pedranos (según las reglas zutujiles).

🛍 De compras

Grupo Ecológico Teixchel ROPA
(☑5932-0000; berta_nc@yahoo.com; ☉8.30-12.00 y 14.00-18.00) Este colectivo de mujeres zutujiles vende tejidos de comercio justo y ofrece clases de telar por 30 GTQ/h (materiales aparte). Está a unos 150 m cuesta arriba del muelle de Pana hacia el centro urbano.

Tony's Bookstore LIBROS
Librería de segunda mano regentada por un holandés y con una buena selección de títulos de ficción. Está al principio del camino que lleva al Hotel Mikaso, unos 100 m al norte por el camino que sale de la calle del muelle de Santiago.

ℹ Orientación

San Pedro tiene dos muelles, a 1 km de distancia el uno del otro. El de la parte sureste se utiliza para los barcos que van y vienen a Santiago Atitlán; el de la parte noroeste conecta con Panajachel. Desde ambos salen calles que convergen, fuera del mercado, en el centro del pueblo, a unos cientos de metros cuesta arriba. La mayoría de las actividades turísticas se desarrollan en la parte baja del municipio, al lado de los dos muelles. Para salir de la parte baja del muelle hacia Panajachel, se tuerce a la izquierda en el primer cruce. Se sigue por este camino unos 200 m hasta llegar a una tienda llamada La Estrellita y luego se toma el camino a la derecha. Poco después, el camino tuerce a la izquierda, pasa por el Museo Tz'unun'Ya y vuelve a torcer a la izquierda hasta una zona repleta de bares y restaurantes. Desde el muelle de Santiago, se tuerce a la derecha justo antes del Hotel Villasol.

ℹ️ Información

Banrural (⊘8.30-17.00 lu-vi, 9.00-13.00 sa) Ubicado dos cuadras al este del mercado, en el centro del pueblo, cambia dólares estadounidenses y euros; tiene un cajero automático.

Clínica Los Volcanes (☏7823-7656; www.clinicalosvolcanes.com) Clínica privada, con servicios médicos y dentales, que acepta seguros médicos extranjeros. Está cerca del muelle de Pana.

ℹ️ Cómo llegar y salir

Aquí llegan y salen los barcos de pasajeros que conectan con Panajachel y Santiago Atitlán. Los barcos de San Pedro a Santiago (25 GTQ, 25 min) zarpan cada hora de 6.00 a 16.00. Los de San Pedro a Panajachel (25 GTQ) zarpan cada ½ h más o menos, de 6.00 a 17.00. Algunos son directos; otros hacen escala en San Juan, San Marcos (10 GTQ) y Jaibalito/Santa Cruz (20 GTQ).

San Pedro conecta por carreteras asfaltadas con Santiago Atitlán (aunque el tramo está plagado de bandidos) y con la Interamericana en el km 148 (unos 20 km al oeste de Los Encuentros) en este segundo viaje las vistas al lago son espectaculares. Una bifurcación asfaltada de la carretera de San Pedro-Interamericana recorre la orilla noroeste del lago, de Santa Clara a San Marcos La Laguna.

Siete autobuses salen hacia Quetzaltenango (35 GTQ, 3 h) desde la iglesia católica de San Pedro, en el centro del pueblo, entre 4.45 y 13.30 de lunes a sábados; tres autobuses salen los domingos, entre ellos los *pullman* de las 8.30 y 13.30.

San Juan La Laguna

5868 HAB. / ALT. 1605 M

En una loma sobre una hermosa bahía, 2 km al este de San Pedro, este apacible pueblo ha escapado de muchos de los excesos de sus vecinos, y muchos viajeros prefieren su tranquilidad para experimentar la vida indígena. San Juan es especial; los zutujiles se enorgullecen de ello en sus tradiciones artesanas –sobre todo la pintura y el telar– y han creado una infraestructura turística propia para destacarlas.

Que todo marche bien quizá se deba en parte al espíritu de comunidad: cultivadores de café, pescadores, agricultores ecológicos, tintoreros y viudas son algunos de los grupos que han formado aquí cooperativas.

Paseando por el pueblo se aprecian varios murales que representan aspectos de la vida de San Juan y su leyenda.

🧭 Circuitos

Asociación de Guías de Ecoturismo Rupalaj K'istalin CIRCUITO (☏5623-7351; www.sanjuanlalaguna.org; ⊘8.00-17.00) Ofrece un interesante circuito por lo más destacable de San Juan con guías nativos (110 GTQ/persona). La visita incluye dos cooperativas de tejedoras que usan tintes de plantas autóctonas, y un estudio/galería de arte con pinturas primitivistas zutujiles como plato fuerte. La oficina está 300 m loma arriba desde el muelle.

Otros circuitos incluyen excursiones con pescadores locales en cayucos rústicos para aprender las técnicas tradicionales de pesca, y una demostración de la recolección de los juncos usados como material para los petates que dan fama al pueblo.

La asociación dispone de guías para excursiones a pie a San Marcos La Laguna (200 GTQ/persona) con regreso en lancha, así como rutas de senderismo a Rupalaj K'istalin (175 GTQ/persona), la montaña que descuella sobre San Juan, lugar de rituales religiosos mayas.

🛏️ Dónde dormir y comer

Mayachik' LODGE $ (☏4218-4675; www.mayachik.com; dc/bungalós 50/150 GTQ; 🅿️📶) 🍴 Este ecoresort de propiedad europea al suroeste del pueblo está bien integrado en su entorno. Entre los alojamientos, todos de construcción tradicional con retretes de compostaje y duchas calentadas con energía solar, hay un bungaló circular, un dormitorio con ocho camas y, en lo alto de la loma, una casa grande de adobe con tres habitaciones. En una cocina se preparan comidas vegetarianas y se sirve café cultivado en la propiedad.

CRECIDA DEL ATITLÁN

En San Juan La Laguna hay una galería de arte medio sumergida, cuya planta superior está abandonada. En Tzununá solo se ve el tejado de lo que era un refugio donde se esperaban los barcos, y en Panajachel la playa pública quedó borrada del mapa. Se han construido nuevos muelles en todos los núcleos de población del lago, y en Santa Cruz una pasarela de tablas ha reemplazado el sendero de la orilla, hoy sumergido. Puede parecer obra de un *tsunami* u otro desastre similar, pero lo cierto es que el nivel del lago crece, unos 5 m desde el 2009, y se traga casas y negocios, en general de forasteros. Estos residentes foráneos están aprendiendo a la fuerza por qué los pueblos se construyeron muy por encima del lago; la caprichosa conducta de las aguas está muy enraizada en la memoria colectiva de la comunidad. Los más ancianos de Atitlán conocen las crecidas y bajadas cíclicas de las agua del lago, un fenómeno que ya constataron en el s. XVI los conquistadores españoles. El nivel del agua ha sido muy superior en el pasado y, sin duda, volverá a bajar, pero ahora solo se habla de su tendencia a crecer y hay varias teorías al respecto. Algunos lo atribuyen a la deforestación de las laderas junto al lago, lo que causa la erosión del suelo. Cuando la tormenta tropical Agatha sacudió la zona en el 2010, quizá arrojó muchos de estos sedimentos al lago y obstruyó las grietas de la cuenca que permitían el drenaje natural. Una teoría más seria atribuye el fenómeno a los orígenes volcánicos del lago: la actividad sísmica calienta el suelo bajo el lecho lacustre y forma una especie de bolsa subterránea que se expande hasta que aparecen respiraderos. Esta expansión periódica provoca la crecida.

Los huéspedes pueden utilizar el temascal, una formidable estructura de piedra, con vapores de hierbas aromáticas. Se pueden desempeñar trabajos de voluntariado.

Hotel Pa Muelle   HOTEL $
(☑4141-0820; hotelpamuelle@turbonett.com; camino al muelle; i/d 100/175 GTQ) El emplazamiento es delicioso, con habitaciones azules a lo largo de una extensión de césped por encima del lago. Por arriba se le ha añadido un *lounge* lleno de plantas, que ofrece vistas aún más fantásticas. Está casi en lo alto de la colina, según se sube desde el muelle.

★ Uxlabil Eco Hotel   HOTEL $$
(☑5990-6016; www.uxlabil.com; N-14 km 175; i/d incl. desayuno 351/444 GTQ) Se asienta en una pequeña plantación de café por el extremo sur de la bahía de San Juan. Construida por artesanos del lugar con materiales naturales, esta estructura de cuatro niveles se fusiona con los jardines de la ladera, poblados por más de 80 especies de aves. Todas las habitaciones dan al lago y poseen terrazas magníficas que miran de frente al Rostro Maya.

El restaurante sirve comida y café ecológicos. Si se viene en lancha se puede pedir que dejen en el muelle; si se viene del pueblo hay que bajar a pie hasta el lago y seguir el camino que bordea la orilla.

Alma de Colores   VEGETARIANA $
(☑4261-2646; www.almadecolores.org; menú almuerzo 25 GTQ; ⊙8.00-17.00 lu-vi) Pan, *pizza* y *focaccia* se hornean en este agradable café-panadería al aire libre en la salida hacia San Pablo, y al almuerzo se ofrecen a diario dos menús con verduras de una granja de cultivo ecológico. Lo regenta una ONG italiana dentro de un programa para integrar en el mercado laboral a jóvenes con discapacidades.

Café El Artesano   EUROPEA $$
(☑4555-4773; salida a Guatemala; tabla de quesos 80 GTQ; ⊙12.00-16.00 lu-vi) Lo mejor es traerse a un grupo de amigos y echar la tarde en este restaurante sin igual. Los quesos de calidad (25 variedades, todos elaborados en Guatemala y curados en la casa), carnes ahumadas y panes artesanos se sirven en un bonito cenador con enredaderas elegidas por el dueño, un joven de origen suizo. Imprescindible reservar.

❶ Cómo llegar y salir

Para llegar a San Juan hay que pedir a cualquier barco procedente de Pana o San Pedro que deje en el muelle. Por tierra el pueblo está a 15 min en *picop* o *tuk-tuk* (10 GTQ) de San Pedro.

San Marcos La Laguna

2585 HAB. / ALT. 1580 M

El que es, sin duda, el pueblo más bonito del lago, lleva una doble vida. Su mayoritaria comunidad maya vive en la parte más alta, mientras que los foráneos y visitantes ocupan una zona selvática cercana a la orilla, con caminos que serpentean entre plataneros, cafetos y aguacatales. Ambas convergen bajo el enorme árbol de matapalo de la plaza central.

San Marcos se ha convertido en un imán para viajeros de todo el mundo que creen que el lugar posee una energía espiritual propicia para la meditación, las terapias holísticas, masaje, *reiki* y otras actividades espirituales. Sea cual sea la afición de uno, es ideal para relajarse y huir del ajetreo diario por un tiempo. El lago de Atitlán es hermoso y limpio en esta parte y se puede nadar frente a las rocas. Los barcos hacen escala en el muelle central, bajo la Posada Schumann. El sendero que conduce desde aquí al centro del pueblo y otro paralelo, unos 100 m al oeste, son los ejes principales de los visitantes.

San Marcos es una curiosa mezcla de culturas –cristianos evangélicos, sedicentes chamanes, agricultores cachiqueles y artistas visionarios– sobre un fondo de increíble belleza natural. Alguien debería hacer una película sobre este pueblo.

Puntos de interés y actividades

Cerro Tzankujil
PARQUE

(15 GTQ; 8.00-18.00) Esta reserva natural está en un cerro sagrado al oeste del pueblo de San Marcos. Senderos de guijarros en buen estado llevan a las zonas de nado con refugios en la orilla y una plataforma de buceo. Las aguas son cristalinas. El sendero principal se bifurca para ascender a un altar maya en la cima, y un ramal más bajo llega a un mirador del volcán.

Se pueden alquilar kayaks junto a la entrada (20 GTQ/h, hasta las 11.00).

Yoga Forest
YOGA

(3301-1835; www.theyogaforest.org) En los cerros al norte del pueblo, entre bosques exuberantes, este es un lugar maravilloso y retirado para aprender y practicar la sanación chamánica y otras artes esotéricas, con una magnífica plataforma de yoga construida en la ladera. Un café prepara comida vegetariana y se ofrece alojamiento en cabañas de adobe compartidas con techos de paja y vistas al lago.

Se ofrecen clases de yoga y cursos de permacultura, además de talleres de técnicas como masaje tailandés; consúltese el programa en la web. Si solo se quiere echar un vistazo, es posible inscribirse en un circuito por el bosque todos los jueves a las 10.00 (50 GTQ).

East-West Center
MEDITACIÓN

(3102-4666) Masajes de tejido profundo (250 GTQ/h), reflexología, acupuntura y flores de Bach son algunas de las terapias holísticas que aquí se ofrecen, junto con talleres sobre lecturas del *I-Ching,* remedios con hierbas y otras materias. Está cerca del final del sendero principal que viene del muelle.

Centro de Meditación Las Pirámides del Ka
MEDITACIÓN

(5205-7302; www.laspiramidesdelka.com) Este centro de meditación junto al lago, que lleva abierto más de dos décadas, da fama a San Marcos La Laguna. Muchas estructuras de la propiedad son piramidales y se orientan a los cuatro puntos cardinales, entre ellas los dos templos donde se celebran las sesiones. Con cada luna llena empieza un curso de desarrollo personal de un mes de duración que consta de tres sesiones diarias (700 US$).

Asimismo, hay un curso solar de tres meses que empieza cada equinoccio y termina en el siguiente solsticio (el curso lunar es requisito previo). Cualquier persona puede venir tan solo para practicar la meditación o asistir a las sesiones de hatha yoga (7.00-8.00, 50 GTQ). A los participantes se les ofrece alojamiento, que incluye el uso de la sauna y acceso a la biblioteca esotérica. El centro cuenta también con un restaurante y un jardín de hierbas medicinales donde se puede pasear.

Dónde dormir

No hay indicaciones en la calle, pero muchos alojamientos han instalado coloridas señales que indican la dirección a seguir.

Circles
ALBERGUE $

(3327-8961; www.circles-cafe.com; dc/h sin baño 75/150 GTQ) Casi al final del camino que sube del muelle se encuentra este café-albergue de ambiente distendido que proporciona lo imprescindible: buen café exprés y un sitio cómodo donde dormir. En la planta alta hay dos habitaciones privadas y un dormitorio con cortinas en cada litera. Una terraza *chillout* da a un jardín con cojines.

Hotel La Paz   ALBERGUE **$**
(📞5061-5316; www.lakeatitlanlapaz.com; dc/h/bungalós GTQ60/150/250) 🏊 En el sendero superior que une los dos caminos principales, sus jardines albergan bungalós de tradicional bajareque (pared con cañas de bambú y barro) y techos de paja. El restaurante vegetariano, la sauna tradicional maya, las clases de español y las sesiones matutinas de yoga contribuyen a su atmósfera holística.

★ **Hotel Jinava Bay**   CENTRO VACACIONAL **$$**
(📞5299-3311; www.hoteljinava.com; h con/sin baño 350/250 GTQ; P🛜) Los caminos empedrados serpentean por jardines floridos, cafetos y palmeras y muchos colibríes en este hotel que se extiende a orillas del lago 300 m al oeste del pueblo. Los bungalós se escalonan por la ladera, con vistas subyugantes de la bahía, aunque los mejores son los de abajo, con muros de piedra y camas de maderas nobles tropicales. No se admiten niños.

La recepción queda abajo del todo, junto al restaurante a orillas del lago, así que lo mejor es llegar en lancha.

Dragon Hotel   HOTEL-BOUTIQUE **$$**
(www.eldragonhotel.com; i/d 340/565 GTQ, i/d sin baño 215/380 GTQ; 🛜) Una obra en curso: eso es este hotel a orillas del lago, obra de un artista norteamericano y que bien podría ser el más disparatado de los alojamientos de San Marcos. Las muestras de exuberancia artística se manifiestan por doquier, desde el comedor con esferas colgantes hasta la terraza-bar con la serpiente emblema de la casa. Pero no se ha descuidado el lujo: las habitaciones disponen de TV de plasma, camas en alto y terrazas privadas.

La cocina es igual de inspirada, con una tarta de limas de los cayos de Florida que ha entrado en la leyenda. Para dar con el sitio hay que desviarse hacia el este desde el sendero principal una vez pasado el Restaurante Fé y seguir hasta un campo de fútbol; después, búsquese el monstruo cornudo a la derecha.

Lush   HOTEL **$$$**
(www.lushatitlan.com; h semana/mes desde 1720/4200 GTQ, ste desde 4580/9920 GTQ; 🛜) 🏊 Este hotel ecochic parece brotar de la roca de la ladera, con cristal reciclado, plástico y otros materiales de desecho ensamblados con ingenio como materiales de construcción. Cada una de sus siete suites y tres habitaciones es una creación única, con muebles fabricados a mano y ventanas con vidrieras,

y casi todas se prolongan en balcones privados con vistas al lago o el jardín. Destinado sobre todo para estancias largas, se incluyen también cocinas.

Hay además unas cuantas habitaciones económicas para viajeros sin reserva. Desde el muelle, se tardan 6 min a pie hacia la izquierda (oeste) por el camino del lago.

🍴 Dónde comer

Allala   JAPONESA **$**
(📞5166-8638; platos ppales. 35-45 GTQ; ⏱15.00-21.00 ju-ma; 🍴) Pequeña cabaña ubicada junto al arroyo, al este del pueblo. Seiko, su propietario japonés, prepara ricas sopas de *miso*, *sushi* vegetariano y tempura, y el vino de ciruela es divino. Todo ello rematado con un postre de tarta de queso. El servicio puede ser lento, pero la original decoración entretiene.

Moonfish   COMIDA SANA **$**
(sándwiches y burritos 30 GTQ; ⏱7.30-20.00 mi-lu; 🛜🍴) En la vía principal que discurre al este de la plaza, aquí se prepara comida al gusto de los *hippies*, que incluye sándwiches de *tempeh*, revueltos de tofu y un *falafel* muy logrado con ingredientes del jardín. El tablón de anuncios informa sobre retiros de yoga.

Restaurante Fé   INTERNACIONAL **$$**
(platos ppales. 55-80 GTQ; ⏱7.30-22.00; 🛜) Fé, más o menos a la mitad del camino principal, ofrece comida informal con velas en un agradable salón al aire libre con un árbol en medio. Merece la pena probar las pastas, los curris y el pescado frito, y la sopa *mulligatawny* es excelente. Buen sitio.

Blind Lemon's   HAMBURGUESERÍA **$$**
(www.blindlemons.com; platos ppales. 55-70 GTQ; ⏱12.00-22.00; 🛜) El delta del Misisipí se traslada a Atitlán en esta mansión de estilo colonial con *jam sessions* de *blues* semanales a cargo del propietario, Carlos, y sus invitados. El menú se compone de platos de pollo, pescado asado estilo cajún, *pizzas,* hamburguesas y otras comidas gringas. Está en la parte superior del sendero occidental.

ℹ️ Cómo llegar y salir

El último barco fiable a Santa Cruz La Laguna y Panajachel sale sobre las 17.00.

Una carretera de grava sale hacia el este desde San Marcos a Tzununá y otra asfaltada en dirección oeste hasta San Pablo y Santa Clara, donde confluye con la carretera que va de la Interamericana a San Pedro. Entre San Marcos y

San Pedro se puede viajar en *picop* con un transbordo en San Pablo.

Jaibalito

750 HAB. / ALT. 1562 M

Esta aldea cachiquel solo es accesible en barco (trayecto de 20 min en lancha de Panajachel o San Pedro, 20 GTQ), o a pie por una senda montañosa desde Santa Cruz La Laguna, 4 km al este (45 min). La caminata por el oeste hasta San Marcos (6 km) es igual de pintoresca. Hay varios lugares para alojarse, todos buenos.

🛏 Dónde dormir y comer

Posada Jaibalito   ALBERGUE $

(☑5192-4334; dc/i/d 35/70/95 GTQ; 🕾) Opción económica subiendo desde el muelle a la izquierda. Su propietario, alemán, ofrece un precio muy interesante, con dormitorio y algunas habitaciones privadas en un jardín bordeado por cafetos. También dispone de casitas para estancias prolongadas. En la cafetería sirven auténticas salchichas alemanas y *goulash* (24 GTQ), con chupitos de ron Zacapa (15 GTQ).

★ La Casa del Mundo
Hotel y Café   HOTEL $$$

(☑5218-5332; www.lacasadelmundo.com; h con/sin baño 585/315 GTQ) En un apartado acantilado frente a los volcanes se halla uno de los hoteles más espectaculares de Guatemala. Cuenta con unos suntuosos jardines, acceso al lago para nadar desde terrazas de estilo mediterráneo y un *jacuzzi* de agua calentada con leña y con vistas al lago. Las mejores habitaciones parecen flotar sobre el agua, porque no se ve la tierra de abajo. Todas están equipadas con camas confortables, tejidos guatemaltecos y flores frescas. Conviene reservar.

El restaurante prepara una rica cena de cuatro platos (85-95 GTQ) servida al estilo familiar. Se pueden alquilar kayaks (50 GTQ/h) para remar por el lago.

Club Ven Acá   FUSIÓN $$

(☑5122-6047; www.clubvenaca.com; menú del día 150 GTQ) En el mismo muelle, es moderno y ofrece un menú variado de temporada, además de una exitosa *happy hour* con mojitos de albahaca morada. Los huevos Benedict del *brunch* del domingo son excelentes y económicos. Sus huéspedes suelen relajarse en el *jacuzzi*.

Santa Cruz La Laguna

6000 HAB. / ALT. 1833 M

Con la típica naturaleza dual de los pueblos de Atitlán, Santa Cruz consta de un paraje acuático –donde se puede practicar submarinismo– y de un pueblo cachiquel, a unos 600 m subiendo del muelle. Por la carretera empedrada que sube hasta el pueblo es habitual ver a los aldeanos cargando sacos de aguacates o leña. La inaccesibilidad del lugar –solo se puede llegar en barco o a pie– puede que haya impedido su desarrollo, pero también protege su agreste belleza.

🏃 Actividades

ATI Divers   SUBMARINISMO, BUCEO

(☑5706-4117; www.atidivers.com) El lago de Atitlán es uno de los pocos lugares del mundo donde es posible bucear en altura sin usar traje. Este grupo organiza excursiones de buceo desde Santa Cruz. Ofrece un curso de cuatro días de submarinismo en aguas abiertas con certificación PADI (1915 GTQ), un curso PADI de buceo en altura e inmersiones de recreo. Tiene su base en el hotel La Iguana Perdida.

El lago rellena un cono volcánico derruido con curiosas formaciones geológicas y vida acuática, como peces cíclidos, que desovan cerca de una falla activa donde el agua caliente sale al lago. Bucear en altura comporta sus propios desafíos, se necesita mayor control sobre la flotabilidad y la visibilidad es reducida. Durante la estación de lluvias el agua se enturbia, así que el mejor momento para bucear es entre octubre y mayo.

Los Elementos
Adventure Center   KAYAK

(☑5359-8328; www.kayakguatemala.com; circuito 2 días 1250 GTQ) Ofrece alquiler de kayaks y excursiones de varios días por el lago. Los circuitos de dos días que combinan remo y caminata incluyen una visita a Santa Catarina Palopó, con kayak por la orilla norte del lago y caminata por el antiguo sendero maya que atraviesa Tzununá y Jaibalito. El precio incluye comidas y una noche de alojamiento.

Su oficina está a 10 min por el camino del lago, al oeste de La Iguana Perdida.

🛏 Dónde dormir y comer

Hotel Isla Verde   BUNGALÓ $$

(☑5760-2648; www.islaverdeatitlan.com; i/d 375/420 GTQ, i/d sin baño 285/330 GTQ; 🕾) 🐾 Este hotel elegante y respetuoso con el medio aprovecha al máximo su espectacular ubicación. Un mosaico de piedra a modo de camino serpentea a través de una exuberante vegetación hasta las nueve cabañas de la ladera (seis con baño); cuanto más se sube, más espectaculares son las vistas. Las sencillas habitaciones están finamente decoradas con cuadros y elementos reciclados. Los baños son chic al estilo selvático, y la energía solar suministra agua y electricidad.

Un restaurante con terraza sirve comida *slow food*, y hay un pabellón para meditar y bailar. Queda 10 min al oeste del muelle por el camino del lago.

La Iguana Perdida   CABAÑA $$
(☎5706-4117; www.laiguanaperdida.com; dc 45 GTQ, h desde 270 GTQ, i/d sin baño 95/125 GTQ; @🛜) Es el primer establecimiento que se ve según se llega al muelle, un buen sitio para alojarse, disfrutar de las vistas del lago, conocer a otros viajeros, bucear, alquilar un kayak o sudar en la sauna. No hay que perderse la noche de travestismo del sábado y las barbacoas con fuego y música.

Gestionado sobre todo por gringos alternativos (a menudo requieren voluntarios), dispone de varias habitaciones, tanto primitivas (dormitorios sin electricidad en una cabaña con forma de barraca) como lujosas (estructura de adobe con muebles elegantes y balcones privados). Las comidas son de tipo familiar; una cena de tres platos cuesta 60 GTQ.

⭐ **La Fortuna**   BUNGALÓ $$$
(☎5203-1033; www.lafortunaatitlan.com; bungalós desde 600 GTQ) 🍃 Tan lujoso como agreste y remoto, este lugar de retiro con espíritu ecologista está en Patzisotz, una apartada bahía al este de Santa Cruz que rodea un paredón rocoso. Sus cuatro cabañas con techo de paja, construidas en madera de conacaste con influencias asiáticas, tienen porches, terraza con vistas al lago, camas con mosquiteros y baños al aire libre con duchas de efecto lluvia.

La antigua plantación de café es creación de los propietarios norteamericanos, Kat y Steve; él es un antiguo guía y chef que prepara comidas deliciosas con ingredientes del propio huerto. Las comidas se llevan a la cabaña o se sirven en el comedor-club, precedido por un *jacuzzi* con fuego de leña. Las lanchas dejan al viajero en el muelle (10 GTQ desde Santa Cruz).

Café Sabor Cruceño   GUATEMALTECA $
(platos ppales. 35-40 GTQ; ⏱8.00-15.00 lu-sa) Este innovador comedor es atendido por estudiantes que están aprendiendo a preparar platos guatemaltecos tradicionales adaptados al turismo internacional. La comida cachiquel como el *subanik* (salsa de tomate de semillas molidas y chiles acompañada de tamalitos) se prepara con hierbas y verduras de cultivo local y se sirve en el comedor con vistas a la bahía.

Está en el centro de formación del CECAP, en el extremo de abajo de la plaza central de Santa Cruz.

❶ Cómo llegar y salir

Santa Cruz está a 15 min en lancha de Panajachel (15 GTQ) o 25 min desde San Pedro (20 GTQ). La última lancha para regresar a Pana pasa sobre las 17.15.

Tzununá

2000 HAB. / ALT. 1571 M

Si existe un lugar con mucho futuro en el lago de Atitlán, quizá sea Tzununá, 2 km al este de San Marcos por una carretera asfaltada. A pesar de las recientes incursiones gringas, este pueblo 99% cachiquel ('colibrí del agua') conserva una fuerte personalidad indígena en un bello entorno, con ríos que corren todo el año desde las laderas de las montañas. Mujeres con huipiles escarlatas transitan por las veredas entre cafetales, plataneras, aguacatales y jocotes. Mientras los extranjeros se dirigen a San Pedro para divertirse o a San Marcos para meditar, los pocos que vienen aquí están interesados en la agricultura sostenible, que pueden estudiar en un proyecto llamado **Atitlán Organics** (☎4681-4697; www.atitlanorganics.com).

Los dos alojamientos de Tzununá, a orillas del lago, preparan comidas para sus huéspedes.

🛏 Dónde dormir

Maya Moon Lodge   CABAÑA $$
(☎5533-2433; www.mayamoonlodgeatitlan.com; dc 75 GTQ, h desde 300 GTQ; 🛜) Este lugar retirado un poco al oeste del muelle principal consta de cabañas grandes amuebladas con sencillez y situadas a distintas alturas de una ladera con abundante vegetación, todas con hamacas en los balcones, de cara al lago. El *lodge* se impregna del carácter paciente y generoso de sus propietarios ingleses. Un café a orillas del lago sirve comidas con verduras cultivadas ecológicamente en el propio huerto.

Lomas de Tzununá CENTRO VACACIONAL **$$$**
(☎5201-8272; www.lomasdetzununa.com; i/d/
tr incl. desayuno 670/750/845 GTQ; @🛜🖂) 🅟
Encaramado sobre un cantil en el extremo
oriental de la bahía y con vistas pasmosas,
este centro semilujoso dispone de cabañas de
madera de ciprés y un restaurante con bal-
cón. Desde el muelle principal se puede llegar
en *tuk-tuk* subiendo por una tortuosa pista
a través del bosque; también se puede venir
en lancha, si se está dispuesto a soportar la
vertiginosa subida.

El *spa* del hotel ofrece masajes, terapias
con flores de Bach y *reiki*.

❶ Cómo llegar y salir

Las lanchas regulares que surcan el lago entre
Panajachel (20 GTQ) y San Pedro (15 GTQ) paran
en Tzununá; la última para regresar pasa sobre
las 17.15. También se puede llegar andando
desde San Marcos La Laguna por una carretera
de grava.

QUICHÉ

La carretera al departamento de Quiché sale
de la Interamericana en Los Encuentros y
serpentea hacia el norte a través de pinares y
maizales. Es la tierra natal del pueblo quiché,
aunque otros grupos también conforman el
tejido de esta región habitada por diversas
culturas, en especial los ixiles del este de los
montes Cuchumatanes. La mayoría de los
visitantes que acuden a este olvidado rincón
del país van de excursión al famoso merca-
do de Chichicastenango, aunque el de Santa
Cruz del Quiché, la capital, en el norte del
departamento, es igual de cautivador, y una
zona menos conocida. En sus afueras se ha-
llan las misteriosas ruinas de Gumarcaaj, la
última capital de los quichés. Los más aven-
tureros prosiguen hacia el norte hasta Nebaj,
corazón del culturalmente vibrante Triángulo
Ixil, que ofrece incontables rutas para hacer
excursiones.

Chichicastenango

148 855 HAB. / ALT. 2172 M
Rodeada de valles y montañas, Chichicaste-
nango puede parecer aislada en el tiempo y el
espacio del resto de Guatemala. Cuando sus
estrechas y adoquinadas čalles y sus tejados
se ven envueltos en niebla es realmente mági-
ca. La multitud de vendedores de artesanía y

grupos de turistas que acuden a los inmensos
mercados de los jueves y domingos le apor-
tan un ambiente más mundano y comercial,
pero Chichi, tal como se la conoce popular-
mente, conserva su misterio. Los masheños
(naturales de Chichicastenango) son famosos
por su fidelidad a las creencias y ceremonias
precristianas, y las cofradías llevan en pro-
cesión a sus santos alrededor de la iglesia de
Santo Tomás.

En tiempos llamada Chaviar, Chichi fue
un importante centro comercial cachiquel
mucho antes de la conquista española. En el
s. xv, este grupo se enfrentó a los quichés (que
vivían en Gumarcaaj, 20 km al norte) y se
vieron obligados a trasladar su asentamiento
a Iximché, que podía defenderse mejor. Cuan-
do en 1524 los españoles conquistaron Gu-
marcaaj, muchos de sus habitantes huyeron
a Chaviar, a la que bautizaron como Chugüilá
('sobre las ortigas') y Tziguan Tinamit ('rodea-
da de cañones'), unos nombres que siguen
utilizando los quichés mayas, aunque todo
el mundo la llama Chichicastenango, nombre
que recibió de los aliados mexicanos de los
españoles.

Hoy, Chichi posee dos instituciones reli-
giosas y gubernamentales. Por un lado, la
Iglesia católica y la República de Guatemala
designan los sacerdotes y funcionarios, y por
el otro, el pueblo indígena elige sus propios
funcionarios civiles y religiosos para que se
ocupen de los asuntos locales, con un concejo
municipal y un alcalde distintos, y un juzga-
do que atiende los casos en los que solo hay
indígenas involucrados.

◉ Puntos de interés

Merece la pena ver con detenimiento el mu-
ral del ayuntamiento, en la parte este de la
plaza principal. Está dedicado a las víctimas
de la guerra civil y narra el suceso utilizando
simbología del *Popol Vuh*.

Los guías autorizados del Inguat, vestidos
con chaquetas beis, ofrecen paseos culturales
por Chichi y Pascual Abaj.

Mercado MERCADO
(Plaza Principal; ⊘ju y do) Algunos aldeanos aún
van andando durante horas con sus produc-
tos a cuestas hasta el mercado de Chichi, uno
de los mayores de Guatemala. Los jueves y
domingos exponen sus verduras, trozos de
cal (que se muelen y mezclan con agua para
reblandecer el maíz seco), arneses hechos
a mano y otras mercancías, a la espera de
clientes.

Antaño, los vendedores montaban sus puestos con ramas y los cubrían con sábanas los días de mercado, pero lo que hoy cubre la plaza es un mar de techos de hojalata.

En la actualidad, los puestos de artesanía orientados al turismo que venden máscaras, tejidos, alfarería y similares ocupan gran parte de la plaza y las calles que discurren hacia el norte. Los productos destinados a satisfacer las necesidades de los aldeanos –comida, jabón, ropa, materiales de costura, juguetes– se agrupan en el extremo septentrional de la plaza y en el Centro Comercial Santo Tomás, en la parte norte, cuya azotea brinda fotos irresistibles del trajín comercial.

Iglesia de Santo Tomás
IGLESIA

(5ª Av.) La iglesia de la parte este de la plaza principal data de 1540 y a menudo es escenario de rituales más mayas que católicos. Dentro, el suelo de la nave puede albergar ofrendas de maíz, flores y botellas de licor envueltas en hojas de panocha; se disponen velas con dibujos específicos en plataformas bajas de piedra.

Los escalones de la puerta se utilizan para llevar a cabo las ceremonias que tenían lugar en los grandes tramos de escaleras de las pirámides mayas. Durante gran parte del día (en especial los domingos), se quema incienso de resina de copal, mientras los líderes espirituales indígenas, llamados *chuchkajaues* (madres-padres), balancean los incensarios (normalmente latas con agujeros) y canturrean palabras mágicas que ensalzan los tiempos del antiguo calendario maya y honran a los ancestros. Las velas y ofrendas recuerdan a esos antepasados, muchos de los cuales están enterrados bajo el pavimento del templo, al igual que los reyes mayas lo estaban bajo las pirámides. No se permite tomar fotografías.

Galería Pop-Wuj
GALERÍA

(☏4629-9327; www.galeriapopwuj.wix.com/galeria popwuj; Casa 2-27, Calle Pascual Habaj) GRATIS Al bajar la cuesta de camino al santuario de Pascual Abaj, se podría hacer un alto en esta interesante galería. Fundada como institución artístico-cultural para los niños de la ciudad con el apoyo de Project Guggenheim, alberga una pequeña pero extraordinaria colección de óleos de los hermanos Juan y Miguel Cortez y sus alumnos. Se dan clases de quiché.

Pascual Abaj
SANTUARIO

En un cerro al sur de la ciudad, Pascual Abaj ('piedra de sacrificio') es un altar al dios maya de la tierra Huyup Tak'ah ('llanura montañosa'). En un claro, un ídolo de piedra yace en medio de un círculo de cruces de piedra tosca. Con cientos, quizá miles, de años de antigüedad, ha sufrido numerosas vejaciones por parte de los forasteros, pero los vecinos siguen reverenciándolo.

Los *chuchkajaues* acuden a menudo para hacer ofrendas de incienso, comida, cigarrillos, flores, aguardiente e incluso sacrificar algún pollo para agradecer y esperar que la tierra siga siendo fértil. La zona está cubierta con antiguas ofrendas. A los fieles no les importa que los vean haciendo sus ritos, pero conviene pedirles permiso para fotografiarlos. A veces preguntan si el visitante quiere hacer una ofrenda.

Incluso si no se celebra ningún rito, se puede ver el ídolo y disfrutar de un paseo por la colina tapizada de pinos. Para llegar desde la plaza principal, hay que bajar por la 5ª Av., torcer a la derecha en la 9ª calle y seguir hacia abajo. Al final, hay que girar a la izquierda por un sendero y subir hasta las *morerías* (talleres de máscaras ceremoniales) señalizadas; la de la derecha es un museo de cultura local. Al salir por la parte de atrás, se sigue el camino hacia arriba a través de una arboleda hasta la cima.

Capilla del Calvario
IGLESIA

(4ª Av.) Por el lado de poniente de la plaza, esta iglesia encalada es parecida en su forma a la de Santo Tomás, pero más pequeña. Continuamente se celebran ceremonias delante del templo, donde los fieles rodean una hoguera de fragante copal mientras en el interior se colocan velas sobre losas ennegrecidas.

Museo Arqueológico Regional
MUSEO

(5ª Av. 4-47; 5 GTQ; ⊙8.00-12.30 y 14.00-16.30 ma, mi, vi y sa, 8.00-16.00 ju, 8.00-14.00 do) El museo arqueológico de Chichi alberga la colección de Hugo Rossbach, un alemán que ofició de cura católico hasta su muerte en 1944. Incluye algunos hermosos collares y figurillas de jade, junto con máscaras ceremoniales, puntas de lanza de obsidiana, incensarios, estatuillas y metates (muelas para el maíz). Una segunda sala alberga una galería de retratos de los jefes de las cofradías.

⭐ Fiestas y celebraciones

Fiesta de Santo Tomás
CULTURAL

(⊙dic) La celebración del patrono de la ciudad empieza el 5 de diciembre con un desfile inaugural y culmina el día 21 con la danza del palo volador, en la que dos hombres suben por una escalera hasta lo alto del palo (el tronco de un pino) y, amarrados con un lazo a un cuadro giratorio, se lanzan al vacío girando velozmente y haciendo piruetas en su descenso. Es un ritual prehispánico.

Quema del Diablo CULTURAL
(⊙dic 7) En esta fiesta los vecinos queman su basura en las calles, prenden fuego a una efigie del diablo y llevan en procesión una imagen de la Virgen María hasta la iglesia de Santo Tomás. Hay profusión de incienso y velas, una orquesta de marimbas y fuegos artificiales que obligan a los espectadores a buscar refugio.

**Fiesta de la Inmaculada
Concepción** CULTURAL
(⊙dic 8) No hay que perderse la danza de gigantes y cabezudos a primera hora de la mañana en la plaza.

🛏 Dónde dormir

Para garantizar la reserva de una habitación la noche previa al mercado del jueves y el domingo, conviene llamar o llegar temprano un día antes.

Hotel Girón HOTEL $
(☎5601-0692; hotelgiron@gmail.com; 6ª Calle 4-52; i/d/tr 85/145/180 GTQ; P@) La decoración no será premiada, pero este establecimiento de estilo motel una cuadra al norte de la plaza es funcional y da sensación de seguridad. Se llega por un callejón con puestos de venta ambulante, así que queda un poco apartado del barullo del centro.

Hotel Mashito HOTEL $
(☎5168-7178; 8ª Calle 1-72; i/d 70/140 GTQ, i/d sin baño 40/80 GTQ) En la calle que lleva al cementerio, es un hotel de gestión familiar construido en torno a un patio lleno de flores. Aunque un poco deteriorado, resulta alegre, con pintura verde en el enladrillado de la fachada y mantas de *patchwork*. Las habitaciones con paneles de madera del piso alto (con baño compartido) se hallan en mejor estado.

Chalet House PENSIÓN $$
(☎5842-2100; www.chalethotelchichicastenango. com; 3ª Calle C 7-44; h incl. desayuno 240 GTQ) En una tranquila zona residencial al norte del centro, es como un edificio de apartamentos, aunque la terraza de la azotea es un exótico incentivo. Las sencillas habitaciones

tienen colchas gruesas típicas y duchas que funcionan con energía solar; hay una cocina de uso común. Manuel, el extrovertido dueño, sabe mucho sobre la ciudad.

También se ofrece servicio de enlace hasta Los Encuentros, con conexiones con Antigua y Cobán.

Posada El Arco PENSIÓN $$
(☎3469-1590; 4ª Calle 4-36; i/d/tr 225/244/ 305 GTQ) 🍃 Cerca del arco Gucumatz, esta posada acogedora y alimentada con energía solar es uno de los alojamientos más originales de Chichi. Las nueve habitaciones tienen carácter propio, telas mayas, doseles coloniales y chimenea. Las habitaciones nº 3, 4, 6 y 7 dan al tranquilo jardín trasero y, por el norte, miran a las montañas. Pedro, el propietario, es hombre muy leído al que le gusta conversar. Se recomienda reservar.

Mayan Inn HOTEL $$$
(☎2412-4753; www.mayaninn.com.gt; 8ª Calle A 1-91; ⊙i/d/tr 878/1122/1239 GTQ) Fundado en 1932, hoy engloba varias casas coloniales restauradas, a ambos lados de la 8ª calle, con patios llenos de flora tropical y paredes decoradas con tejidos indígenas. Las habitaciones poseen una decoración exclusiva, con armarios tallados y chimeneas. Las del lado sur tienen las mejores vistas. La cocina del **restaurante** (☎2412-4753; 8ª Calle A 1-91; platos ppales. 70-125 GTQ; ⊙7.00-22.00) es de las mejores de Chichi.

🍴 Dónde comer

Cuando no hay grupos de turistas, muchos restaurantes quedan vacíos, y sus jóvenes camareros, mano sobre mano. La verdadera actividad tiene lugar en la plaza principal, donde unas atentas abuelitas sirven sopa de pollo, estofado de ternera, tamales y chiles rellenos de unas cazuelas enormes, mientras sus hijas y nietas atienden a una multitud de gente del campo, sentada en largas mesas cubiertas con hules. Al menos cuatro vendedores se colocan en la fuente central, donde los chuchitos y el chocolate cuestan desde 10 GTQ. Los tamales están rellenos de arroz rociado con salsa. En otros puestos se pueden comer tajadas de sandía y papaya. En las tardes sin mercado preparan enchiladas y pupusas delante de la catedral, servidas con atole de plátano, una bebida caliente de plátano a la canela.

LAS COFRADÍAS

La vida religiosa de Chichicastenango se centra en las hermandades tradicionales conocidas como cofradías. Ser miembro de una de ellas es un honroso deber cívico y ser elegido líder, el mayor honor. Los líderes deben organizar banquetes y pagar las festividades de la cofradía durante su mandato. A pesar de que resulta caro, un cofrade acepta el cargo con alegría, aunque eso suponga endeudarse.

Las 14 cofradías de Chichi tienen un santo patrón; el más importante es santo Tomás, patrón de la localidad. Las cofradías salen en procesión hasta la iglesia el domingo posterior al día de su santo, con los cofrades vistiendo el atuendo que corresponde a su rango. Al frente va una cruz de guía coronada por un crucifijo de plata o un sol con las insignias del patrono de la cofradía. A veces un tambor, una flauta o una trompeta acompañan la procesión, así como fuegos artificiales.

Durante las fiestas religiosas más importantes las imágenes de los santos salen en procesión y unos danzantes, ricamente ataviados y con máscaras de madera, representan leyendas de los antiguos mayas y de la conquista española. Durante el resto del año, todos esos objetos se guardan en almacenes-talleres llamados *morerías;* dos de las más importantes se encuentran al comienzo del camino que lleva al santuario maya Pascual Abaj (p. 122).

Comedor Típico GUATEMALTECA **$**
(4ª Av. 4-23; platos 20 GTQ) Muy popular entre los masheños, es de los pocos comedores de la ciudad que no se enfocan a los turistas y prepara sopa de pata de vaca y otros platos sustanciosos.

Casa San Juan GUATEMALTECA **$$**
(☑7756-2086; 6ª Av. 7-30; platos ppales. 60 GTQ; ☉10.00-21.30 ma-do) Es uno de los restaurantes con más estilo de San Juan y ocupa una bonita casa colonial junto a Santo Tomás, con velas iluminando varios salones. Preparan desde hamburguesas y sándwiches hasta platos tradicionales como los chiles rellenos acompañados de sabrosa salsa.

🛍 De compras

Ut'z Bat'z ARTESANÍA
(8ª Calle 3-14; ☉13.00-17.00 mi, 10.00-17.00 ju, sa y do) Esta tienda de comercio justo por la esquina suroccidental de la plaza expone los trabajos de una cooperativa local integrada por 30 tejedoras, como bufandas, chales, tapetes, bolsos y cojines.

ℹ Información

ASISTENCIA MÉDICA

Hospital El Buen Samaritano (☑7756-1163; 6ª Calle 3-60) Con clínica de urgencias las 24 h.

DINERO

Los bancos de Chichi abren en domingo.
Banco Industrial (6ª Calle 6-05) Cajero Visa/MasterCard.
Cajero Visa/MasterCard (5ª Av. esq. 6ª Calle)

INFORMACIÓN TURÍSTICA

INGUAT (☑5966-1162; info-quiche@inguat. gob.gt; 7ª Av. 7-14; ☉8.00-16.00 do-ju) Guías autorizados para circuitos culturales por la ciudad y Pascual Abaj.

PELIGROS Y ADVERTENCIAS

"¡Hola, amigo!", es el reclamo recurrente del sinfín de vendedores ambulantes que dependen del turismo para ganarse la vida; puede ser cansino, pero conviene ser educado. Es mejor no hacer caso de quienes ofrecen ayuda para buscar hotel; no es difícil encontrar alojamiento por cuenta propia.

Chichi está plagada de coches y humos de los tubos de escape. Hay que vigilar a los autobuses cuando toman las curvas.

Cómo llegar y salir

Los autobuses que van hacia el sur, a Panajachel, Quetzaltenango y otros destinos a los que se llega desde la Interamericana, llegan y salen de la 5ª calle esquina con la 5ª Av., una cuadra más arriba del arco Gucumatz. Viniendo del sur, hay que subir a la 7ª Av., donde se apean los pasajeros dos cuadras al este de la plaza central.

La agencia de viajes **Maya Chichi Van** (☑5007-2051; mayachichivan@yahoo.es; 6ª Calle 6-45) ofrece transporte de enlace a Ciudad de Guatemala (125 GTQ), Antigua (90 GTQ) y Panajachel (55 GTQ) los jueves y domingos a las 14.00, más servicios a San Cristóbal de las Casas, en México, todos los días a las 7.00. En la mayoría de los casos se necesitan al menos cinco pasajeros. La agencia organiza además

Chichicastenango

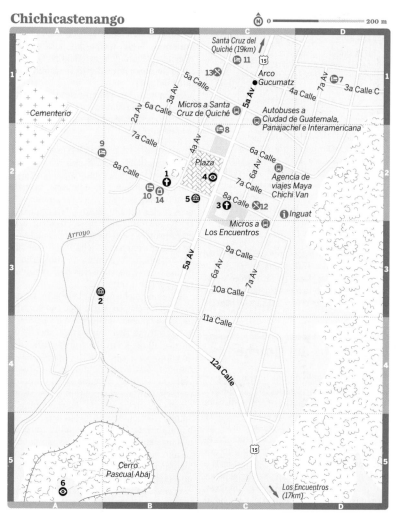

Santa Cruz del Quiché (19km)

Los Encuentros (17km)

Chichicastenango

◉ Puntos de interés
1 Capilla del Calvario B2
2 Galería Pop-Wuj A3
3 Iglesia de Santo Tomás C2
4 Mercado C2
5 Museo Arqueológico Regional B2
6 Pascual Abaj A5

🛏 Dónde dormir
7 Chalet House D1
8 Hotel Girón C2

9 Hotel Mashito A2
10 Mayan Inn B2
11 Posada El Arco C1

✖ Dónde comer
12 Casa San Juan C2
13 Comedor Típico C1
Mayan Inn .... (véase 10)

🔒 De compras
14 Ut'z Bat'z B2

LITIGIO TELEFÓNICO

Debido a una larga disputa por la propiedad de un terreno entre la comunidad indígena y Telgua, Chichicastenango ha estado sin líneas telefónicas terrestres durante los dos últimos años. El propietario de Telgua, el magnate mexicano Carlos Slim, sostiene que adquirió el solar de detrás de la catedral donde se encuentran las antenas de telefonía, mientras que una de las cofradías de Chichi insiste en que les pertenece a ellos, y el caso lleva por lo menos tres años empantanado en los tribunales. El resultado ha sido el auge espectacular de las compañías de telefonía móvil, una de las cuales, cómo no, es también de Slim.

circuitos a Gumarcaaj cerca de Santa Cruz del Quiché, Nebaj y otros lugares.

El hotel Chalet House (p. 123) ofrece servicios de enlace fiables a Los Encuentros, donde se puede conectar con Antigua, el lago de Atitlán y Quetzaltenango.

Santa Cruz del Quiché

102 782 HAB. / ALT. 1979 M

Sin el gran mercado de Chichicastenango y el turismo que atrae, Santa Cruz del Quiché, también llamada El Quiché o Quiché, disfruta de un tipo de vida rural más auténtica y libre de la competitividad por lucrarse con los turistas. Situada 19 km al norte de Chichi, es la capital del departamento de Quiché y atrae a variedad de personas en viaje de negocios o por asuntos administrativos. Los principales días de mercado son el jueves y el domingo, jornadas en que se incrementa la actividad local. La mayoría de los viajeros acude para visitar Gumarcaaj, las ruinas de la antigua capital quiché, o para cambiar de autobús de camino al norte.

La mejor época para estar aquí es a mediados de agosto, durante las **Fiestas Elenas** (☉med ago), una semana de celebraciones y exhibición de tradiciones indígenas que culmina con el Convite Femenino, cuando las mujeres de El Quiché se ponen máscaras y bailan al son de la marimba.

◉ Puntos de interés

Casi todos los puntos de interés están a pocas cuadras de la plaza tripartita, normalmente un hervidero de actividad. La plaza más alta está flanqueada al este por la Gobernación (sede del gobierno departamental), la del medio por la catedral y el ayuntamiento, y la de abajo por el gran salón de actos, ante el cual se alza una estatua del guerrero quiché Tecún Umán con ademán fiero, hoy lamentablemente engullida por los tenderetes del mercadillo. El mercado principal ocupa varios edificios al este de la plaza.

Gumarcaaj YACIMIENTO ARQUEOLÓGICO
(Q'um'arkaj, Utatlán; 30 GTQ; ☉8.00-16.00) Las ruinas de la antigua capital maya quiché de Gumarcaaj siguen siendo un lugar sagrado para los mayas, y los rituales contemporáneos suelen celebrarse aquí. Los arqueólogos han identificado más de 80 estructuras en 12 grupos, pero hasta ahora las labores de restauración han sido limitadas. Las ruinas se hallan a la sombra de altos árboles de hoja perenne, rodeadas de barrancos. Hay que llevar linterna.

El reino quiché fue fundado a finales del período posclásico (hacia el s. XIV) por una mezcla de pueblos indígenas e invasores de la zona fronteriza Tabasco-Campeche de México. El rey Ku'ucumatz fue el fundador de Gumarcaaj, que por su posición naturalmente fortificada dominaba un extenso valle y conquistó muchos asentamientos vecinos. Durante el largo reinado de su sucesor Quikab [1425-1475], el reino quiché amplió sus fronteras a Huehuetenango, Nebaj, Rabinal y la vertiente del Pacífico. Al mismo tiempo, los cachiqueles, un pueblo vasallo que en tiempos había luchado con los quichés, se rebelaron y establecieron una capital independiente en Iximché.

Cuando Pedro de Alvarado y los conquistadores españoles llegaron a Guatemala en 1524, los quichés, gobernados por su rey Tecún Umán, lideraron la resistencia. En la decisiva batalla cercana a Quetzaltenango del 12 de febrero de 1524, Alvarado y Tecún sostuvieron un combate a muerte en el que sobrevivió Alvarado. Los derrotados quichés lo invitaron a visitar Gumarcaaj. Receloso, Alvarado pidió ayuda a las tropas auxiliares mexicanas y a los cachiqueles, enemigos de los quichés, y juntos capturaron a los líderes quichés, los quemaron vivos en la plaza de Gumarcaaj y después destruyeron la ciudad.

El museo de la entrada orienta a los visitantes. La estructura más alta de las que circundan la plaza principal, el **templo de Tohil** (un dios celeste), está ennegrecida por el humo y contiene un nicho en el que los oficiantes contemporáneos hacen ofrendas a los dioses mayas. Al lado, el campo de juego de pelota, con forma de L, ha sido muy restaurado.

Colina abajo, a la derecha de la plaza se abre la entrada a un largo túnel conocido como "la cueva". Dice la leyenda que los quichés lo excavaron como refugio para sus mujeres e hijos en previsión de la llegada de Alvarado y que más tarde se enterró a una princesa quiché en uno de sus pozos. Reverenciada como lugar en el que murieron los reyes quiché, la cueva es sagrada para los mayas del altiplano; para ellos es un lugar para rezar, encender velas y hacer ofrendas y sacrificios de pollos.

Si hay alguien en la entrada se debe pedir permiso para entrar. El interior del largo túnel (unos 100 m) está ennegrecido por el humo y el incienso, y sembrado de velas y pétalos de flores. Es preciso utilizar linterna y vigilar dónde se pisa, pues existen varios túneles y al menos en uno de ellos, a la derecha, casi al final, hay un profundo y oscuro pozo.

Las ruinas de Gumarcaaj están 3 km al oeste de El Quiché. Los microbuses grises con el letrero "Ruinas" salen de enfrente de la catedral de Santa Cruz cada 20 min (1 GTQ). El último de vuelta es a las 18.50.

🛏 Dónde dormir

La zona hotelera principal es la 1ª Av. (zona 5) al norte de la terminal de autobuses, con al menos cinco hoteles en dos cuadras, y en la 9ª calle se encuentran más hoteles.

Para comer barato lo mejor son las parrillas del mercado y sus alrededores.

Hotel Rey K'iche   HOTEL $
(☏7755-0827; 8ª Calle 0-39, Zona 5; i/d 100/180 GTQ; @🕾) Situado entre la estación de autobuses y la plaza, es una opción excelente, con cuidadas habitaciones de paredes de ladrillo en torno a un patio interior tranquilo, con personal amable. El agua corriente es gratuita y una cafetería aceptable sirve desayunos y cenas en la planta superior. En conjunto, es el mejor sitio donde quedarse.

Posada Santa Cecilia   HOTEL $
(☏5180-1194; 1ª Av. esq. 6ª Calle; i/d 125/190 GTQ) Al sur de la caótica plaza principal, esta moderna posada ocupa el nivel superior de un pequeño centro comercial. Aunque su puñado de confortables habitaciones tiene camas firmes y bonitos edredones, la propiedad está descuidada y soporta el ruido constante del tráfico y los tubos de escapes durante el horario laboral.

El Sitio Hotel   HOTEL $$
(☏7755-3656; elsitiohotel@gmail.com; 9ª Calle 0-41, Zona 5; i/d/tr 175/300/400 GTQ; 🅿🕾) Visto desde fuera, este hotel de negocios, dos cuadras

EL ALTIPLANO SANTA CRUZ DEL QUICHÉ

AUTOBUSES DESDE CHICHICASTENANGO

DESTINO	PRECIO	DURACIÓN	FRECUENCIA	ALTERNATIVA
Antigua	25 GTQ	3½ h		Tómese cualquier autobús que vaya a Ciudad de Guatemala y cámbiese en Chimaltenango.
Ciudad de Guatemala	30 GTQ	2½ h	Cada 30 min de 3.00 a 17.00.	
Los Encuentros	6 GTQ	30 min	Frecuentes.	Los microbuses salen desde el exterior del edificio de Telgua en la 7ª Av.
Panajachel	20 GTQ	2 h		Tómese un microbús a Los Encuentros y cámbiese allí.
Quetzaltenango	20 GTQ	2 h	Cada ½ h hasta las 15.00.	Tómese un autobús a Los Encuentros y cámbiese allí.
Santa Cruz del Quiché	6 GTQ	40 min	Autobuses frecuentes con salida desde la 5ª calle por el lado oeste de la 5ª Av. entre 7.00 y 20.00.	

al norte de la terminal de autobuses, parece una iglesia evangélica moderna. Aunque bastante aséptico y con un vestíbulo tenebroso, las habitaciones son modernas, cuidadas y con elementos decorativos locales.

Café San Miguel PANADERÍA $
(☑7755-1488; 2 Av. 4-42; sándwiches 12 GTQ; ☺8.00-20.00; ☏) Frente a la catedral, esta pequeña panadería-café es un popular lugar de reunión, con buen café y productos recién hechos. A los *muffins* aquí los llaman cubos; las tostadas y champurradas son galletas; y el pan dormido es un pan dulce con huevos y otros ingredientes, típico de Semana Santa.

Restaurant El Chalet ASADOR $$
(☑7755-0618; 1ª Calle 2-39, Zona 5; platos ppales. 60-70 GTQ; ☺7.00-21.00) Su especialidad son las carnes a la parrilla con salsas caseras. Se puede hacer una comida ligera con las raciones del tamaño de una tortilla. La cena se sirve bajo una pérgola al lado de un jardín. Forma parte de un elegante hotel y centro de congresos unas cuantas cuadras al este de la torre del reloj.

Uspantán

41892 HAB.

Casi todos los viajeros pasan de largo por Uspantán en ruta hacia Cobán. Aunque el viaje por los montes Cuchumatanes es motivo suficiente para venir, Uspantán, una ciudad de gente amable a medio camino entre Huehuetenango y Cobán por la carretera 7W, ofrece algunos atractivos propios.

Su enclave es asombroso, un valle fértil al pie de verdes y boscosas montañas, cubiertas todas las tardes por un manto de nubes. Las mujeres visten holgados huipiles de encaje de brillante color naranja o rosa.

Fundado por los mayas uspantecos alrededor del s. VI, en un principio se llamó Tz'unun Kaab', 'hogar de los colibríes'. La severa represión que sufrió durante el conflicto armado de la década de 1980 forjó a la dirigente indígena y Premio Nobel de la Paz Rigoberta Menchú en la aldea de Laj Chimel, a 5 h de camino a través de las montañas; algunos uspantecos se quejan de que no haya regresado a su localidad natal. Se cultiva cardamomo, en las cercanas laderas se crían cerdos y ovejas, y la extracción de grava es su principal industria.

Para contemplar una amplia perspectiva lo mejor es subir a pie al cerro Xoqoneb', un centro ceremonial maya 1,5 km al este de la ciudad. La señalización escasea; la asociación de turismo **ACAT** (ACAT; ☑7951-8027; amalia. urizar@yahoo.com) proporciona un guía.

🛏 Dónde dormir y comer

Hotel Don Gabriel HOTEL $
(☑7951-8540; hoteldongabriel@yahoo.es; 7ª Av. 6-22; i/d/tr 75/150/210 GTQ; ☏☏) Excelente relación calidad-precio en la esquina del parque central, con muchas colchas gruesas para el frío nocturno. Las habitaciones de la última planta son las mejores, porque dan a una terraza estilo Gaudí con floridas pérgolas y

AUTOBUSES DESDE EL QUICHÉ

El Quiché es el punto de partida para llegar a los lugares más apartados del norte del departamento de Quiché, que se extiende hasta la frontera mexicana. La estación principal de autobuses, un solar polvoriento en la zona 5, queda cuatro cuadras al sur y dos cuadras al este de la plaza.

DESTINO	PRECIO	DURACIÓN	FRECUENCIA
Chichicastenango	6 GTQ	40 min	Autobuses frecuentes desde la 5ª calle esq. 2ª Av., frente al Café San Miguel.
Ciudad de Guatemala	35 GTQ	3 h	Cada 10 min de 3.00 a 17.00.
Huehuetenango	25 GTQ	2 h	Microbuses que salen desde el lado sur del solar cada ½ h de 5.00 a 18.00.
Nebaj	20 GTQ	2 h	Cada ½ h de 6.00 a 19.00.
Sacapulas	12 GTQ	1 h	Microbuses con salida desde la 1ª Av., junto al extremo noreste de la plaza principal, cada ½ h hasta las 19.30.
Uspantán	30 GTQ	2-2½ h	Microbuses frecuentes con salida desde el lado oeste del solar de 5.30 a 19.00.

EL PALO VOLADOR

Unos de los rituales prehispánicos más espectaculares que siguen vigentes hoy en día es el del palo volador. Este ritual, que se remonta al período posclásico, consiste en la instalación del tronco de un árbol de más de 30 m en la plaza del pueblo. Un hombre se sienta en lo alto a tocar la flauta y dirigir la ceremonia. Cuatro hombres voladores, o ángeles (el número cuatro simboliza los puntos cardinales de una brújula), saltan al vacío desde el tronco atados con cuerdas y llegan girando al suelo.

Si todo sale según lo previsto, los cuatro voladores darán 13 vueltas al palo, de lo que resulta el número 52, que corresponde al número de años de la rueda calendárica maya. En algunos lugares solo saltan dos voladores, que simbolizan a Hun Hunahpu y Ixbalanque, los hechiceros gemelos del *Popul Vuh,* que descendieron al inframundo para combatir a los señores de la oscuridad.

La tradición ha cambiado algo desde sus orígenes: el palo ya no es llevado sin tocar el suelo, y los trajes de los voladores son más llamativos con los años e incorporan elementos que no son tradicionales, como espejos cosidos a las telas. El palo volador se practica en todo México, sobre todo en Puebla y Veracruz, pero es cada vez menos común en Guatemala. La mejor oportunidad para verlo es durante las fiestas de Chichicastenango (21 de diciembre), Cubulco (25 de julio) y el vecino Joyabaj (15 de agosto), en el departamento de Quiché.

EL ALTIPLANO NEBAJ

fabulosas vistas a las montañas. Abajo, el pequeño y limpio restaurante sirve el desayuno a partir de las 7.00.

Hotel Posada Doña Leonor HOTEL $
(☎7951-8041; calutis54@hotmail.com; 6ª Calle 4-25, Zona 1; i/d/tr 80/160/240 GTQ; P🅿️🛜) Este hotel bien cuidado una cuadra al este de la plaza dispone de 21 habitaciones en torno a un patio con un jacarandá y un cobertizo donde se cocina el desayuno y la cena. Camas firmes, pintura reciente y baños impecables con alcachofas eléctricas.

Comedor Yeimy GUATEMALTECA $
(7ª Calle; comidas 20 GTQ; ⊗7.30-20.00) Limpísimo, con manteles color plata y varios salones. Los platos caseros de pollo, bistec o huevos están muy bien presentados y se sirven con un cuenco de zanahorias y cebollas encurtidas. Está una cuadra al sur y una cuadra y media al este de la plaza.

❶ Cómo llegar y salir

Los microbuses a Quiché (30 GTQ, 2½ h), a través de Sacapulas, salen cuando se llenan de la terminal de autobuses de Uspantán, en la 6ª calle, tres cuadras al oeste del Parque Central, hasta las 19.00. Para Cobán (30 GTQ, 3 h), los microbuses salen cada hora de 4.00 a 15.30; un tramo de 35 km del recorrido discurre por una peligrosa carretera sin asfaltar. Para Nebaj hay un par de microbuses directos (procedentes de Cobán), o bien se puede tomar un microbús hasta Sacapulas, donde hay conexiones frecuentes con el Triángulo Ixil.

Nebaj

18 484 HAB. / ALT. 2000 M

En un remoto pliegue de los montes Cuchumatanes, al norte de Sacapulas, se encuentra el Triángulo Ixil, una zona de 2300 km² que abarca los pueblos de Santa María Nebaj, San Juan Cotzal y San Gaspar Chajul, además de decenas de apartados pueblos y aldeas. El pueblo ixil que lo habita, a pesar de haber sido uno de los que más sufrió los efectos de la guerra civil guatemalteca, se aferra orgulloso a sus tradiciones y habla la lengua ixil. Las mujeres nebaj son célebres por sus hermosas trenzas violetas, verdes y amarillas, los cortes escarlata, los huipiles y los rebozos (chales) con motivos animales.

Vivir en esta inmensidad montañosa ha sido siempre una bendición y una maldición. A los invasores españoles les resultó difícil de conquistar y, cuando lo consiguieron, la asolaron. Durante la guerra civil abundaron las masacres y desapariciones, y se destruyeron más de dos docenas de pueblos. Según los cálculos de grupos religiosos y organizaciones pro derechos humanos, entre 1978 y 1983 el ejército asesinó o desplazó a 25 000 ixiles (de una población de 85 000) como parte de la campaña para suprimir la actividad guerrillera. Algunos lugareños relatan espantosas experiencias personales.

Los habitantes del Triángulo Ixil están llevando a cabo un heroico esfuerzo para forjarse un nuevo futuro, con la ayuda de organizaciones para el desarrollo y ONG, a cuyos trabajadores es fácil encontrar durante la visita.

👁 Puntos de interés

Una cuadra al este del Parque Principal se halla el mercado; los días de más actividad son jueves y domingo. La calzada 15 de Septiembre discurre hacia el noroeste desde la plaza hasta convertirse en la carretera a Cotzal y Chajul.

Centro Cultural Kumool   MUSEO
(5ª Av. 1-32; 20 GTQ; ⏲9.00-12.00 y 13.00-18.00 lu-vi, 8.00-13.00 sa) En el edificio de Radio Ixil, es un pequeño museo con un fondo principalmente de objetos de cerámica, hallados en la región ixil y ordenados por períodos históricos. Cabe

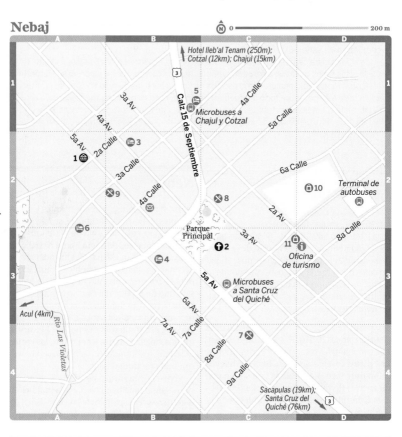

LAJ CHIMEL

Famoso por ser el lugar donde vio la luz la ganadora del Premio Nobel de la Paz Rigoberta Menchú, **Laj Chimel** (☑5729-7610; circuito 190 GTQ/persona, mín 2 personas) ofrece circuitos por el pueblo y sus alrededores, así como alojamientos sencillos. Los guías quichés organizan paseos relajados por senderos bien acondicionados a través de la selva nubosa, señalan las aves y otra fauna, con parada en un mirador con imponentes vistas a los Cuchumatanes.

Por el camino se aprende sobre plantas medicinales, el cultivo de la milpa (terreno plantado de maíz) y las atrocidades que se cometieron aquí durante la guerra civil. El circuito incluye el almuerzo en una casa.

Los *picops* que salen de la terminal de autobuses de Uspantán llevan hasta la laguna Danta (20 GTQ), a 1 h andando de Laj Chimel. Lo mejor es viajar por la mañana y pasar la noche en un albergue gestionado por la comunidad (50 GTQ/persona). Se ofrecen comidas sencillas. El pueblo no tiene más electricidad que la que dan unos paneles solares.

destacar un hacha ceremonial con un mango de cráneo y una urna funeraria gigante con el rostro de un jaguar, además de varios jarrones policromados bien conservados.

Iglesia de Nebaj IGLESIA
Esta iglesia formidable domina la zona sur del Parque Principal. En su interior, a la izquierda de la entrada, hay un monumento dedicado a Juan José Gerardi, sacerdote progresista que siendo obispo de Quiché fue testigo de la magnitud de los abusos contra los derechos humanos que se cometieron en la zona y que fue asesinado al poco de publicar un informe sobre esas atrocidades. Varios cientos de cruces alrededor del monumento recuerdan a los habitantes de Nebaj asesinados en una masacre a comienzos de la década de 1980.

Circuitos

Guías Ixiles EXCURSIONISMO
(☑5847-4747; www.nebaj.com; 3ª Calle, edificio El Descanso Bldg, Zona 1; ⊗8.00-12.30 y 14.00-17.00) Ofrece caminatas de medio día a Las Cataratas (55 GTQ/persona más 25 GTQ por cada persona más), una sucesión de cascadas al norte de la ciudad, o por sus alrededores con visitas a los lugares sagrados de los "costumbristas", como se denomina a las personas que continúan practicando ritos mayas no cristianos. También organiza excursiones de tres días por los Cuchumatanes hasta Todos Santos Cuchumatán.

Fiestas y celebraciones

El festival anual de Nebaj coincide con el Día de la Asunción y dura 10 días a mediados de agosto.

Dónde dormir y comer

Hotel Turansa HOTEL $
(☑4144-7609; 5ª Calle esq. 6ª Av.; i/d desde 85/150 GTQ; ℗☎) Hotel acogedor y céntrico –a solo una cuadra del Parque Principal– con habitaciones de tamaño respetable con camas grandes y cómodas y TV de pantalla plana; las triples del piso alto dan a una soleada terraza. Lo malo es el pertinaz ruido del exterior.

Media Luna Medio Sol ALBERGUE $
(☑5749-7450; www.nebaj.com/medialuna.html; 3ª Calle 6-25; dc 35 GTQ, h 45 GTQ/persona; ☎) El albergue de Nebaj queda a la vuelta de la esquina de la empresa matriz, El Descanso (p. 132), que es donde hay que registrarse. Dos dormitorios con seis camas y unas cuantas habitaciones privadas con colchones delgados comparten retretes y duchas limpios. Se puede utilizar la cocina, aunque las instalaciones son mínimas.

★**Hotel Santa María** HOTEL $$
(☑4212-7927; www.hotelsantamarianebaj.com; 4ª Av. esq. 2ª Calle; i/d 150/200 GTQ; ℗☎) Colchas violetas tejidas a mano, cabeceras de madera tallada y demás artesanías ixiles decoran las inmaculadas habitaciones en esta propiedad bien conservada, tres cuadras al noroeste de la plaza principal.

Hotel Villa Nebaj HOTEL $$
(☑7756-0005; www.hotelvillanebaj.com; Calzada 15 de Septiembre 2-37; i/d 150/225 GTQ; ℗☎) Tras la historiada fachada hay un hotel moderno y limpio, con un patio provisto de fuentes y elaborados cuadros de nebajenses con festivos atuendos. Las habitaciones, distribuidas en tres niveles tienen colchas de alegres co-

lores, cabeceros labrados y duchas con agua muy caliente.

Comedor El Si'm GUATEMALTECA $
(3ª Av.; desayuno 30 GTQ; ☺7.00-21.00) Este comedor por debajo del nivel de la calle es magnífico para un desayuno sustancioso servido con un cuenco extra de *mosh* (papilla de avena) y galletas recién horneadas, y además rellenan la taza de café. Suele llenarse de lugareños a las 8.00.

El Descanso CAFÉ $
(☎5847-4747; www.nebaj.com; 3ª Calle, Zona 1; platos ppales. 28-35 GTQ; ☺6.30-21.30) Acogedor restaurante con bar y *lounge* y el ambiente más alternativo de Nebaj. Sirve una selección de tentempiés, ensaladas y sopas.

Asados El Pasabien ASADOR $
(5ª Av. esq. 9ª Calle; platos ppales. 35-45 GTQ; ☺12.00-15.00 y 18.00-22.30) Res, pollo y gambas a la plancha servidos con abundantes patatas cortadas por la mitad, ensalada y salsas caseras. Bueno y popular.

 De compras

Mercado de artesanías ARTESANÍA
(7ª Calle esq. 2ª Av., Zona 1; ☺8.00-18.00) Los numerosos puestos ofrecen rebozos, cintas (con pompones, con las que se trenzan el pelo las mujeres ixiles) y huipiles bien confeccionados, que pueden costar de 300 a 5000 GTQ, según su calidad.

ℹ Información

Banrural (☺8.00-16.30 lu-vi, 7.00-11.00 sa) Cambia cheques de viaje.

Oficina de correos (5ª Av. 4-37) Una cuadra al noroeste del parque.

Oficina de turismo (☎3072-4224; 7ª Calle esq. 2ª Av., Zona 1; ☺8.00-18.00 lu-sa, 8.00-12.00 do) En el mercado de artesanías.

ℹ Cómo llegar y salir

La terminal de autobuses está bajando el mercado. Los microbuses a Santa Cruz del Quiché, a través de Sacapulas, salen cada ½ h, de 4.00 a 17.00 (20 GTQ, 2 h), desde detrás de la iglesia, en la esquina de la 5ª Av. y la 7ª calle. Para ir en dirección oeste hasta Huehuetenango o por el este hasta Uspantán y Cobán hay que cambiar en Sacapulas.

Los microbuses a Chajul (7 GTQ, 45 min) salen cada 20 min, más o menos, hasta las 18.00 de delante del Hotel Villa Nebaj, en la calzada 15 de Septiembre.

TRAJES TRADICIONALES MAYAS

Todo el que visite el altiplano disfrutará con los hermosos trajes indígenas. Los estilos, dibujos y colores utilizados en cada pueblo, en origen creados por los colonizadores españoles para distinguirlos, son únicos y cada prenda es la creación exclusiva de su tejedora, con sutiles diferencias.

Los elementos básicos del vestido tradicional son el tocoyal (tocado), el huipil (blusa), corte o refajo (falda), calzones, *tzut* o *kaperraj* (pañuelo), paz (cinturón) o faja y *caïtes* o *xajáp* (sandalias).

Los tocados de las mujeres son vistosas cintas de hasta varios metros de largo, que se enrollan en la cabeza y se decoran con borlas, pompones y adornos de plata.

Las mujeres llevan huipiles. Aunque ahora se utilizan algunas telas confeccionadas a máquina, muchos huipiles siguen confeccionándose a mano. Las blusas blancas se tejen en telares de cintura y después se decoran con aplicaciones, bordados y motivos habituales de las tejedoras del pueblo. Muchos de esos motivos son símbolos tradicionales. No cabe duda de que todos los motivos tenían inicialmente un significado religioso o histórico que hoy se ha perdido.

Los cortes son piezas de tela de 7 a 10 m de largo que se enrollan al cuerpo. Tradicionalmente, las jóvenes los llevan por encima de la rodilla, las mujeres casadas por la rodilla y las ancianas por debajo de la rodilla, aunque el estilo puede cambiar según la región.

Tanto los hombres como las mujeres llevan fajas, largas tiras de tejido hecho en telar de cintura, enrolladas a modo de cinturones. A veces se pliegan hacia arriba, para que sirvan de bolsillos.

Los *tzutes* (para hombres) o *kaperraj* (para mujeres) son los pañuelos para todo tipo de uso que lleva la gente y que se utilizan para cubrir la cabeza, sujetar a los niños, como sacos, para cubrir las cestas y como chales. También hay chales para las mujeres llamados *perraj*.

La terminal principal de autobuses, por detrás del mercado, da servicio sobre todo a pueblos apartados como Tzalbal, Vicalama y Palop; un autobús con salida a las 2.00 llega hasta Ciudad de Guatemala (50 GTQ, 5½ h) por Chichicastenango.

Chajul

53 089 HAB.

Una carretera bien asfaltada serpentea hacia el oeste por laderas tapizadas de pinos hasta Chajul, un pueblo pobre pero muy tradicional, donde se siguen practicando antiquísimas costumbres. Las mujeres pasean del brazo, con cortes color granate, pendientes hechos con monedas de plata y huipiles de vivos colores azul o violeta y dibujos geométricos. En sus calles de tierra, las estructuras de adobe con techos de tejas, apuntalados con pilares de madera tallada, se intercalan entre parcelas de maíz y calabaza. Los días de mercado son los martes y viernes.

⊙ Puntos de interés

Museo Maya Ixil   MUSEO
(☏4586-8238; centroculturalmayaixil08@gmail.com; 20 GTQ; ☺8.00-18.00) Los instrumentos musicales, utensilios de piedra, armas, atuendos indígenas y piezas arqueológicas que abarrotan esta humilde casa de adobe han sido cuidadosamente seleccionados por un historiador local, junto con pruebas de la resistencia de Chajul durante el conflicto armado de la década de 1980. Desde el Parque Central hay que doblar a la izquierda en el banco y después a la derecha cuesta arriba. Si no hay nadie, pregúntese en el Banrural.

⌕ Circuitos

Limitless Horizons Ixil   CIRCUITO CULTURAL
(☏5332-6264; www.limitlesshorizonsixil.org) Esta ONG californiana trabaja para mejorar la educación de los niños de la zona y ofrece los llamados "viajes de compromiso con la comunidad" (11 140 GTQ): excursiones de 10 días en los que se visitan casas de familias del lugar, se aprende a tejer en el telar de cintura, se habla la lengua ixil, se explora el altiplano y se colabora en proyectos de servicios a la comunidad.

🛏 Dónde dormir y comer

Posada Vetz K'aol   CABAÑA $
(☏5784-8802; dc/h 65/75 GTQ/persona) Esta posada en un manchón de bosque es un an-

tiguo establo construido al estilo autóctono, con columnas de madera labrada a lo largo de una arcada. Casi todas las habitaciones están forradas con tablas de pino y cuentan con cuatro o cinco literas; hay una doble con baño propio. La acogedora sala de estar tiene una gran chimenea y una cafetera.

A 10 min andando del centro de Chajul, por un camino que se desvía de la carretera desde Nabaj, es propiedad de una cooperativa de cultivadores de café que ofrece circuitos de medio día con visitas a apicultores y a un cerro sagrado (50 GTQ/persona). El anfitrión, Eduardo, se ofrece a recoger al viajero en el pueblo y acompañarlo al hotel.

Comedor Sarai   GUATEMALTECA $
(menú almuerzo 15 GTQ; ☺7.00-21.00) Los chajulenses vienen a almorzar a este humilde comedor contiguo a la farmacia. El único o los dos platos del menú suelen consistir en pollo o carne de res y se sirven en toscas mesas de madera cubiertas de hule.

❶ Cómo llegar y salir

Desde Nebaj, los microbuses a Chajul (7 GTQ, 45 min) salen más o menos cada 20 min hasta las 18.00 desde el exterior del Hotel Villa Nebaj, en la calzada 15 de Septiembre; el último para regresar a Nebaj sale sobre las 17.00.

Acul

Situado 4 km al oeste de Nebaj, Acul fue fundado como primer polo de desarrollo en 1983. Considerados como "aldeas estratégicas", estos asentamientos se construyeron para que el ejército evitara el contacto de sus habitantes con la guerrilla. Tras la guerra civil, algunas personas regresaron a sus antiguos hogares pero otras se quedaron. A horcajadas del bucólico valle del río Azul, el pueblo conserva un aire de sencillez, con tiendas y salas de oración evangélicas a ambos lados de una ancha calle de tierra. Hoy, sus actividades principales son el tejido, la ganadería y la construcción de telares.

Al norte de Acul hay un par de granjas dedicadas a la elaboración de queso. Las fundaron dos hermanos inmigrantes apellidados Azzari, que procedían de los Alpes italianos y emigraron a Guatemala en la década de 1930, y quizá eligieron el valle de Acul debido a su aspecto alpino. El mayor, José, fue un famoso luchador de lucha libre que terminó muriendo en el *ring*.

Ambas granjas son un excelente alojamiento. La primera que se encuentra, la **Hacienda Mil Amores** (☎5704-4817; itaazzari.33@hotmail.com; h 185 GTQ/persona), ofrece cuatro cabañas en una ladera y sirve un almuerzo sensacional (55 GTQ, previa reserva). Al otro lado, la más humilde **Hacienda San Antonio** (☎5702-1907; www.quesochancol.com; h 155 GTQ/persona) tiene media docena de aseadas habitaciones con suelos de madera, algunas con agua caliente en los baños, y prepara comidas (55 GTQ).

Los microbuses circulan por la carretera asfaltada entre Nebaj y Acul cada ½ h, o bien se puede ir caminando con Guías Ixiles (p. 131), con sede en Nebaj, y regresar en autobús.

ALTIPLANO OCCIDENTAL

Los montañosos departamentos de Quetzaltenango, Totonicapán y Huehuetenango reciben por lo general menos turistas, pero con sus paisajes espectaculares y su vigorosa cultura indígena fascinan al visitante. Los lugares más destacados de cualquier visita incluyen Quetzaltenango, la segunda ciudad de Guatemala en tamaño, con muchos voluntarios de ONG; el bonito y cercano pueblo de Zunil, con sus fuentes de agua termal volcánica; la ascensión a los volcanes de los alrededores de Quetzaltenango; y el remoto enclave montañoso de Todos Santos Cuchumatán, al norte de Huehuetenango, con una intensa cultura tradicional y excelente oferta de excursiones.

Quetzaltenango

152 743 HAB. / ALT. 2367 M

Podría ser la ciudad guatemalteca perfecta, ni muy grande ni muy pequeña, con suficientes extranjeros como para mantener su buena selección de hoteles y restaurantes, pero no tantos como para perder su identidad. En el centro se percibe la acostumbrada estratificación guatemalteca; cuando se fueron los españoles, llegaron los alemanes y su arquitectura otorga a la zona una sensación más sombría e incluso gótica.

Es una ciudad extensa, como su nombre, a la que sus habitantes llaman Xela, una abreviación del nombre quiché original, Xelajú, pero para los estándares guatemaltecos es ordenada, limpia y segura. Suele atraer a un tipo de viajeros más serios, personas que participan en la gran oferta de proyectos de voluntariado.

También es una buena base para acometer una serie de excursiones espectaculares por los alrededores, como la ascensión a la cumbre del volcán Tajumulco (el punto más alto de América Central) y la excursión de tres días al lago de Atitlán, por nombrar algunas.

Quetzaltenango quedó bajo el domino de los quiché de Gumarcaaj cuando estos iniciaron su gran expansión en el s. XIV. Antes había sido un pueblo mam. En sus cercanías fue derrotado el líder quiché Tecún Umán por el conquistador español Pedro de Alvarado en 1524.

La ciudad prosperó con el auge cafetero de fines del s. XIX, cuando los comisionistas abrieron almacenes y los propietarios de fincas venían a comprar provisiones. Los interesados en la decadencia urbana sabrán apreciar las numerosas construcciones de aquella época que siguen en pie sin haber sido restauradas. Aquel apogeo llegó a su fin cuando en 1902 un terremoto y una erupción del volcán Santa María causaron una destrucción masiva. A pesar de todo, la ubicación de la ciudad en el cruce de las carreteras de la vertiente del Pacífico, México y Ciudad de Guatemala le garantizó cierto grado de prosperidad. Hoy vuelve a florecer el comercio, ya sea indígena, extranjero o ladino.

◉ Puntos de interés

Centro Intercultural
de Quetzaltenango CENTRO CULTURAL
(plano p. 138; 4ª Calle y 19 Av., Zona 3) GRATIS La estación de trenes de Quetzaltenango, 1 km al este del Templo de Minerva por la 4ª calle, permaneció en desuso durante años hasta que la municipalidad la convirtió en este centro que hoy alberga escuelas de arte y danza y tres interesantes museos.

El Museo Ixkik está dedicado al telar maya y los atuendos tradicionales, mientras que en el Museo de Arte se exponen unas 400 pinturas de los principales artistas de vanguardia guatemaltecos, como Efraín Recinos, Juan Antonio Franco y el paisajista José Luis Álvarez. El Museo del Ferrocarril de los Altos se centra en la ambiciosa línea ferroviaria que unía Quetzaltenango con la costa del Pacífico, pero solo funcionó de 1930 a 1933.

Museo de Arte MUSEO
(plano p. 138; 4ª Calle y 19 Av., Zona 3; donativo previo; ⏱9.00-13.00 y 15.00-19.00) Aquí se expone una interesante aunque caótica colección de

unas 400 pinturas de los principales vanguardistas de Guatemala, como Efraín Recinos, Jorge Mazariegos y el paisajista José Luis Álvarez. En lugar destacado figuran los fantásticos lienzos de Rodrigo Díaz, que es también el conservador.

Museo Ixkik' MUSEO

(plano p. 138; ☎5653-5585; 4ª Calle y 19 Av., Zona 3; donativo previo 35 GTQ; ☺9.00-17.00 lu-vi) Está dedicado a los tejidos mayas, con atuendos tradicionales ordenados por regiones. La directora, Raquel García, es experta en los símbolos del atuendo indígena y aporta interesantes comentarios.

Parque Centroamérica PLAZA

(plano p. 142) La mayoría de los puntos de interés de Xela se concentran en la amplia plaza principal y alrededor de ella. Su versión original, proyectada por el arquitecto italiano Alberto Porta a finales del s. xix, abarcaba dos plazas separadas, que se unieron en la renovación llevada a cabo en la década de 1930 para darle su actual forma ovalada. El monumento más destacado del parque es una rotonda de columnas jónicas dedicada el compositor Rafael Álvarez Ovalle.

En el centro de la plaza hay un pilar dedicado a Justo Rufino Barrios, el presidente decimonónico cuyas "reformas" transfirieron tierras de los campesinos mayas a propietarios de cafetales.

Templo de Minerva MONUMENTO

(plano p. 138) GRATIS Este templo, erigido por el dictador Estrada Cabrera para honrar a la diosa romana de la sabiduría y para que sirviera de inspiración a la educación nacional, surge por sorpresa en una isla en medio del tráfico congestionado de la 4ª calle. A pesar del contraste, viene al pelo para refugiarse durante un aguacero.

Catedral CATEDRAL

(plano p. 142) La fachada ricamente labrada de la iglesia del Espíritu Santo señala el emplazamiento de la construcción primigenia de 1532, pulverizada por los terremotos de 1853 y 1902. La moderna Catedral Metropolitana de su parte posterior se acabó de construir en la década de 1990.

Parque Zoológico Minerva ZOOLÓGICO

(plano p. 138; ☎7763-5637; Av. Las Américas 0-50, Zona 3; adultos/niños menores 12 años 2 GTQ/gratis; ☺9.00-16.00 ma-do) Unos 2 km al noroeste del Parque Centroamérica se encuentra este zoo y parque municipal con monos araña, coyotes, tortugas, zorros grises y numerosas aves tropicales, más unas cuantas atracciones para niños. La entrada está doblando una esquina desde el Templo de Minerva.

Museo del Ferrocarril de los Altos MUSEO

(plano p. 138; 4ª Calle y 19 Av., Zona 3; 6 GTQ; ☺9:30-13.00 y 15.00-18.00) El museo muestra el ambicioso proyecto ferroviario que conectaba Quetzaltenango con la costa del Pacífico, pero que solo funcionó tres años, de 1930 a 1933. A pesar de su lamentable abandono, aún hay mucho que ver.

Museo de Historia Natural MUSEO

(plano p. 142; ☎7761-6427; 7ª Calle; 6 GTQ; ☺8.00-12.00 y 14.00-18.00 lu-vi, 9.00-17.00 sa y do) Expone una mezcolanza de objetos mayas, fotografías antiguas, monedas, cachivaches y animales disecados. Lo más interesante es quizá la sección dedicada a la revolución liberal en la política centroamericana y el

---

LOS MURALES OCULTOS DE CHAJUL

Cuando renovaba la cocina de su antigua casa en Chajul, Lucas Ariscona hizo un descubrimiento memorable. Al quitar varias capas de yeso, aparecieron una serie de murales que posiblemente no habían visto la luz en siglos. Las pinturas, que cubrían varias paredes de la casa, describen una procesión de españoles y mayas. Pese al serio deterioro de los colores por la exposición súbita a los elementos después de llevar ocultos tanto tiempo, se puede percibir una figura vestida a la europea tocando un tambor para otro personaje en traje ceremonial maya, así como un oficiante con capa que lleva un corazón humano en la mano. A pesar de los esfuerzos de Ariscona por preservar los murales, sus recursos son limitados y en el entorno lleno de humos de una típica casa chajul, este raro testimonio de un encuentro entre europeos y mayas afronta un deterioro inevitable.

Otras cuatro casas de la comunidad esconden pinturas antiguas bajo el revoque, algunas con un rico simbolismo maya. Para localizar y visitar estas obras de arte, pregúntese en el Museo Maya Ixil (p. 133). Se pide un pequeño donativo.

estado de Los Altos, del que Quetzaltenango fue en su día capital.

Actividades

En Xela pueden hacerse muchas excursiones y ascensiones apasionantes. El **volcán Tajumulco** (4220 m), 50 km al noroeste, es el punto más alto de América Central y supone un estimulante viaje de un largo día desde la ciudad o de dos días con una noche de acampada en la montaña. Incluye 5 h de ascensión desde el punto de partida, Tuhichan (2½ h en autobús desde Xela).

Si se sale pronto, el **volcán Santa María** (3772 m), que se eleva majestuoso al sur de la ciudad, y el activo **volcán Santiaguito** (2488 m), en la ladera suroeste de Santa María, pueden alcanzarse en dos largas mañanas desde Xela, aunque el duro y resbaladizo sendero solo está recomendado para senderistas experimentados. La excursión empieza en el pueblo de Llanos del Pinal, 5 km al sur de Xela (5 GTQ en autobús), desde el que hay 4 o 5 h hasta la cima del Santa María. Acercarse demasiado al Santiaguito es peligroso, así que la gente suele contemplarlo desde un punto a 1½ h de Llanos del Pinal.

Highland Partners VOLUNTARIADO
(plano p. 138; ☎7761-6408; www.highlandpartners.org; 5ª Av. y 6ª Calle 6-17, Zona 1) Esta organización aspira a facilitar la emancipación de las mujeres en cinco comunidades mayas próximas a Quetzaltenango ayudando a su independencia económica. Los interesados pueden apuntarse a uno de sus circuitos Maya Viva para conocer de primera mano cómo se vive en estos pueblos, o ir más lejos e implicarse en proyectos especiales como construir estufas de combustión eficiente, trasplantar árboles o enseñar arte a los escolares.

En Xela, Highland Partners regenta Pixan (p. 145), donde se venden textiles confeccionados por mujeres mayas.

Los Vahos NATACIÓN
(10 GTQ; ⏰8.00-18.00) Caminando un corto trecho al sur de Xela se llega a los baños de vapor conocidos como Los Vahos. Estas saunas naturales no son más que dos oscuras salas de piedra tras cortinas de plástico; de vez en cuando se tapan los conductos con hojas de eucalipto. Están a 2 km andando cuesta arriba, con buenas vistas de la ciudad.

Cursos

Cursos de idiomas

Las muchas escuelas de idiomas de Quetzaltenango atraen a estudiantes de todo el mundo. A diferencia de Antigua, no se llenan de extranjeros, aunque el panorama social en torno a los estudiantes de idiomas y trabajadores voluntarios es cada vez mayor.

En general, las escuelas brindan la oportunidad de involucrarse en programas de acción social en colaboración con mayas quichés. El precio semanal normal es de 920/1000 GTQ por 4/5 h de clase al día, de lunes a viernes. A eso se añaden 325 GTQ por habitación en casa de una familia. Algunas escuelas cobran hasta un 20% más por la matrícula de junio a agosto, y muchas exigen tasas de matrícula no reembolsables. Asimismo, ofrecen desde películas e internet gratis hasta clases de baile, cocina y conferencias sobre política y cultura guatemalteca.

Proyecto Lingüístico Quetzalteco de Español CURSOS DE IDIOMAS
(plano p. 138; ☎7763-1061; https://www.facebook.com/PLQEspanol; 5ª Calle 2-40, Zona 1) Instituto de gestión colectiva con conciencia política que también dirige la **Escuela de la Montaña,** un programa de aprendizaje de lenguas de inscripción limitada en una zona rural cerca de la ciudad de Colomba. Hay cursos de quiché.

El Quetzal Spanish School CURSOS DE IDIOMAS
(plano p. 138; ☎7761-2784; www.elquetzalspanish.com; 7ª Calle 4-24, Zona 1) Una de las pocas empresas de la ciudad regentadas por indígenas, con mucha oferta de actividades.

El Portal Spanish School CURSOS DE IDIOMAS
(plano p. 138; ☎7761-5275; www.spanishschoolelportal.com; 9º Callejón A 11-49, Zona 1) Pequeño, entusiasta y de ambiente solidario. Los beneficios se destinan a becas para hijos de madres solteras.

Inepas CURSOS DE IDIOMA
(Instituto de Español y Participación en Ayuda Social; plano p. 142; ☎7765-1308; www.inepas.org; 15ª Av. 4-59) Los problemas sociales de Guatemala se entrelazan con las clases de español en esta ONG reconocida por la Unesco que fomenta la educación en comunidades rurales, y los alumnos pueden participar en diversos proyectos. El instituto ofrece una selección de alojamientos baratos y estancias en casas particulares.

Centro de Estudios
de Español Pop Wuj
CURSOS DE IDIOMAS

(plano p. 138; ☑7761-8286; www.pop-wuj.org; 1ª Calle 17-72, Zona 1) Los beneficios se destinan a proyectos de desarrollo en pueblos cercanos, con la participación voluntaria de los estudiantes.

Celas Maya
CURSOS DE IDIOMAS

(plano p. 142; ☑7765-8205; www.celasmaya.edu.gt; 6ª Calle 14-55, Zona 1) Activo y profesional, con una buena biblioteca y un cibercafé. Enseñanza oficial y centro examinador de DELE (Diploma de Español como Lengua Extranjera). También tienen cursos de quiché y programa de voluntariado.

Otros cursos

Bakanos Dance
Studio
DANZA

(plano p. 142; ☑5651-4474; 15 Av. 3-51; clase grupo/individual 35/125 GTQ) Para aprender o mejorar los movimientos de salsa, merengue, bachata y cumbia.

Trama Textiles
TALLER TEXTIL

(plano p. 142; www.tramatextiles.org; 3ª Calle 10-56, Zona 1) Tienda de comercio justo que representa a 17 cooperativas de tejedoras de cinco regiones de Guatemala y ofrece además clases de telar de cintura: desde una sencilla demostración de la técnica (35 GTQ) hasta un curso de 20 h en el que los alumnos tejen y bordan un tapete (650 GTQ).

Circuitos

★ Guate Guides
CIRCUITOS

(☑5195-7734; www.guateguides.com) Pequeña agencia que ofrece circuitos a los volcanes, pueblos y reservas naturales de la zona que se distinguen por la calidad del equipo y la enjundia de los comentarios. Los guías Marvín y Martín, expertos en senderismo y ciclismo respectivamente, están acreditados en primeros auxilios y situaciones de supervivencia.

Entre las excursiones más interesantes cabe mencionar las de medio día en bicicleta a San Andrés Xequl por el valle del río Samalá (260 GTQ), la subida a los volcanes Santa María y Tacaná, y los circuitos fotográficos a la reserva de quetzales cerca de San Marcos (1 día/pernoctación 390/700 GTQ).

Altiplano's Tour Operator
CIRCUITO

(plano p. 142; ☑7766-9614; www.altiplanos.com.gt; 6ª Calle 7-55, Zona 1; circuitos ½ día 250-350 GTQ/persona) Interesantes circuitos de media jornada a pueblos y mercados indígenas, iglesias colonia-

les y cafetales en los alrededores de Xela, además de servicios de enlace de toda confianza.

Maya Viva
CIRCUITO

(plano p. 138; ☑7761-6408; www.highlandpartners.org; 5ª Av. esq. 6ª Calle 6-17, Zona 1) Este programa de turismo comunitario lo organiza Highland Partners, un grupo que busca la emancipación de las campesinas mayas. Los visitantes experimentan la vida en una de las cinco comunidades rurales cercanas a Quetzaltenango y aprenden sus costumbres, tradiciones y actividades diarias.

Quetzaltrekkers
CIRCUITO

(plano p. 138; ☑7765-5895; www.quetzaltrekkers.com; Diagonal 12 8-37, Zona 1) Casi todos los guías de esta singular agencia son voluntarios extranjeros (los senderistas con experiencia pueden engrosar sus filas). Con sede en el hotel Casa Argentina, da apoyo financiero y logístico a varios proyectos sociales.

Las caminatas de un día a las Fuentes Georginas y al volcán Santa María, las excursiones de tres días al lago de Atitlán (750 GTQ/persona) y las caminatas de seis días desde Nebaj hasta Todos Santos Cuchumatán (1300 GTQ) son semanales; véase el calendario para las fechas de salida programadas. También se ofrecen expediciones de escalada en roca a La Muela, un lugar de peregrinación en el valle de Almolonga donde las columnas de roca emergen de un campo de lava.

Adrenalina Tours
CIRCUITO

(plano p. 142; ☑7761-4509; www.adrenalinatours.com; 13 Av. y 4ª Calle, Pasaje Enríquez) Excursiones por la zona de Xela, entre ellas a la Laguna de Chicabal (270 GTQ), Fuentes Georginas (115 GTQ) y la reserva natural El Aprisco, más itinerarios de una semana centrados en la cosmogonía maya y los atractivos naturales de Guatemala (desde 7250 GTQ/persona). Guías con certificación del INGUAT.

Tranvía de los Altos
CIRCUITO

(plano p. 142; ☑5752-8369; www.tranviadelosaltos.com) Este seudotranvía realiza varios circuitos por la ciudad, acompañados con comentarios y efectos sonoros. Los circuitos de 2 h empiezan a las 11.00 y 15.00 (50 GTQ/persona), con salida desde la Casa No'j (p. 145) por el lado sur del Parque Central.

★ Fiestas y celebraciones

Xela Music Festival
MÚSICA

Este festival organizado por el Instituto de Cultura Francesa suele celebrarse en noviem-

Quetzaltenango

N 0 — 500 m

San Martín Sacatepéquez (20km)

Salcajá (5km);
Cuatro Caminos e
Interamericana (9km);
San Andrés Xecul (11km);
San Francisco El Alto (13km);
Totonicapán (20km);
Momostenango (24km)

Zunil (vía
Cantel, 14km)

Río Seco

6a Av

3a Av

4a Av

7a Calle

13a Calle

2

Calle Cirilo Flores

Parada de autobuses
de larga recorrido

7a Av (Calzada Independencia)

Av El Cenizal

Diagonal 2

2a Av

3a Av

4a Av

5a Av

6a Av

10

5a Calle

Diagonal 3

8

13

7

Av Jesus Castillo

Parque
Centroamérica

8a Calle

9a Calle

10a Calle

11a Calle

6

3a Av

8a Av

9a Av

13a Av

Véase "Centro de Quetzaltenango", p. 142

ZONA 1

1a Calle

2a Calle

3a Calle

4a Calle

12a Av

12

14a Av

13a Av

12a Av

Línea
Dorada

Estadio
Mario
Camposeco

1a Calle

1a Calle

14a Av

15a Av

16a Av

17a Av

18a Av

19a Av

20a Av

21a Av

22a Av

23a Av

24a Av

Autobuses a San Martín
Sacatepéquez
(Chile Verde)

Transportes
Álamo

ZONA 3

Parque
Benito
Juárez

5 Transportes
Galgos

11

18a Av

1a Calle

Parque El
Calvario

Cementerio

Diagonal 8

Diagonal 11

Diagonal 14

Calle Rodolfo Robles

Diagonal 12

Diagonal 13

9

8a Calle

7a Calle

6a Calle

5a Calle

4a Calle

3a Calle

9a Calle

4a Calle

3a Calle

1a Calle

6a Calle

1

Terminal
Minerva

Complejo
deportivo

3

4

Microbuses al
centro de la ciudad

Quetzaltenango

bre, con músicos locales que tocan en cinco o seis escenarios del centro.

Feria de la Virgen del Rosario CULTURAL
(Feria Centroamericana de Independencia) Celebrada a finales de septiembre o comienzos de octubre, es la gran fiesta anual de Xela. Los estudiantes tapizan con vistosas alfombras las calles de la ciudad, los taxistas disparan petardos y ululan las sirenas de los coches de bomberos. Los vecinos esperan con impaciencia la instalación del parque de atracciones dentro de la ciudad y se organizan diferentes espectáculos en distintos puntos, incluido el concurso de bandas de música en el Parque Centroamérica. También se celebra un concurso literario internacional en español.

🛏 Dónde dormir

Con una afluencia continua de voluntarios extranjeros y estudiantes de español, Xela cuenta con una amplia oferta de alojamientos para estancias largas. Algunas pensiones ofrecen apartamentos amueblados, y casi todos los institutos de idiomas conciertan estancias en casas particulares. Véase la sección de anuncios por palabras de *XelaWho*.

Casa Seibel ALBERGUE $
(plano p. 142; ☎7765-2130; www.casaseibel.com; 9ª Av. 8-10; dc/h 50/110 GTQ; 🖥) Incorporada con acierto a una casa antigua, la recién abierta Casa Seibel es acogedora y confortable. Distribuidos en derredor de dos patios llenos de plantas, sus dormitorios y habitaciones privadas (comparten dos baños, uno de ellos con bañera) lucen bonitos suelos de madera y techos pintados, y conservan algunos muebles de la casa primitiva, con muchos estantes y espacio en los armarios. Los huéspedes pueden conocerse en la cocina compartida y el salón de TV.

Hotel Kiktem-Ja HOTEL $
(plano p. 142; ☎7761-4304; www.hotelkiktem-ja.com; 13ª Av. 7-18, Zona 1; i/d/tr 135/180/230 GTQ; 🅿) Ocupa una casa centenaria del centro con suelos entablados, arcos de piedra y columnas de madera en galerías con plantas. Sus habitaciones son espaciosas, chimeneas y baños alicatados.

★Casa Renaissance HOTEL $
(plano p. 142; ☎3121-6315; www.casarenaissance.com; 9ª Calle 11-26, Zona 1; h con/sin baño 160/125 GTQ; 🖥) Esta mansión colonial ha renacido como casa de huéspedes con cinco habitaciones enormes bellamente restauradas (dos con baño privado) a lo largo de un patio. Regentada por holandeses, su ambiente es distendido y los huéspedes pueden sacar bebidas del refrigerador, prepararse las comidas en la cocina o ver los vídeos de una amplia colección. Las tarifas se reducen para estancias semanales.

Casa Nativos ALBERGUE $
(plano p. 142; ☎7765-4723; www.casanativos.com; Pasaje Enríquez, 13ª Calle, Zona 1; dc 40 GTQ, d sin baño 125 GTQ; 🖥) Integrado en un centro cultural que ocupa la parte trasera del Pasaje Enríquez, este albergue regentado por europeos y guatemaltecos ofrece habitaciones sencillas pero renovadas con elegancia y algunas tienen balcones. Para estancias largas se ofrece un apartamento de dos dormitorios que incluye el uso de cocina compartida.

Hostel Nim Sut ALBERGUE $
(plano p. 142; ☎7761-3083; www.hostelnimsutquetzaltenango.weebly.com; 4ª Calle 9-42, Zona 1; dc 45 GTQ, i/d 100/170 GTQ, i/d sin baño 85/130 GTQ; 🖥) Este restaurado vestigio del período colonial muy bien situado una cuadra al este

del Parque Centroamérica dispone de muchas habitaciones grandes con camas sencillas y limpios suelos de parqué, algunas bastante más luminosas que otras (la nº 5 es la mejor). La terraza, desde donde en ocasiones se divisan los penachos de humo del Santiaguito, es un buen sitio para saborear un exprés del café de la planta baja.

Guest House El Puente ALBERGUE $
(plano p. 142; ☎7761-4342; celasmaya@gmail.com; 15ª Av. 6-75, Zona 1; i/d/tr 75/150/225 GTQ) Las tres habitaciones, restauradas de arriba abajo y todas con baño, rodean un jardín grande y cuidado. Vinculado a la escuela Celas Maya (p. 137), el albergue suele estar ocupado por estudiantes de español que se congregan en la cocina amplia y bien equipada.

Black Cat Hostel ALBERGUE $
(plano p. 142; ☎7761-2091; 13ª Av. 3-33; dc incl. desayuno 70 GTQ, h 175 GTQ; ☎) Buen alojamiento

si se quiere conocer a otros viajeros. Dispone de un soleado patio, bar-restaurante y salón con TV. Las habitaciones, de escaso mobiliario, tienen bonitos suelos de madera.

Casa Argentina ALBERGUE $
(plano p. 138; ☎7763-2320; casargentina.xela@gmail.com; Diagonal 12 8-37, Zona 1; dc 30 GTQ, i/d 60/100 GTQ; ☎) En esta vasta y laberíntica pensión al oeste del centro, muy visitada por gente que viaja con los quetzales contados, lo mejor es olvidarse del dormitorio, muy abarrotado, y optar por las habitaciones privadas, un poco más caras. Lo regenta una familia numerosa que se desvive por complacer a sus huéspedes.

Hostal Casa Doña Mercedes HOTEL-BOUTIQUE $$
(plano p. 142; ☎7765-4687; www.hostalcasadonamercedes.com.gt; 6ª Calle 13-42; i/d 184/290 GTQ, i/d sin baño 90/184 GTQ; ☎) Dos cua-

VOLUNTARIADO EN XELA

La zona de Quetzaltenango cuenta con abundantes organizaciones sin ánimo de lucro que trabajan en proyectos sociales en pueblos quichés necesitados de voluntariado. Los trabajos voluntarios abarcan desde diseño de sitios web para organizaciones indígenas hasta trabajo en refugios de animales. El voluntariado puede ser parcial, durante una semana o dos, mientras se hace otra cosa, pero también se puede vivir y trabajar en un pueblo indígena durante un año. Algunas escuelas se crean para generar fondos destinados a proyectos sociales y pueden ayudar a los estudiantes a participar en su tiempo libre. Se valoran los conocimientos en medicina, enfermería, enseñanza, experiencia con jóvenes y ordenadores, pero hay trabajo para todo el que quiera colaborar. Los voluntarios normalmente pagan sus gastos y se comprometen con un proyecto por un tiempo mínimo especificado. Tres meses es la duración habitual para trabajos a tiempo completo, aunque el mínimo puede oscilar entre una semana y un año.

EntreMundos (plano p. 142; ☎7761-2179; www.entremundos.org; 6ª Calle 7-31, Zona 1; ☉14.00-16.00 lu-ju) es una organización sin ánimo de lucro que trabaja con ONG y grupos comunitarios y ofrece talleres de desarrollo de aptitudes y clases de informática a trabajadores de ONG locales. Su web recoge detalles de 100 proyectos en toda Guatemala que buscan voluntarios, y su revista bimensual gratuita trae artículos sobre desarrollo social y derechos humanos, así como opciones para ejercer el voluntariado. EntreMundos pide un donativo de 25 GTQ a los visitantes interesados en su servicio de consulta.

Estas son algunas de las ofertas de voluntariado de EntreMundos:

Amigo Fiel Proyecto por los derechos de los animales con un refugio que se centra en la rehabilitación de perros callejeros.

Proyecto Chico Méndes Reforestación en un pueblo a las afueras de Xela.

FUNDABIEM Fundación que proporciona asistencia social y médica a personas con discapacidades físicas y mentales; mínimo dos semanas.

La Red Kuchub'al Organización de comercio justo que trabaja con más de 20 organizaciones comunitarias; mínimo dos semanas.

Do Guatemala (plano p. 142; ☎4899-3614; www.do-guatemala.com; 14 Av. 3-06), con sede en Quetzaltenango, organiza excursiones personalizadas que combinan viaje y voluntariado; además busca colocación a voluntarios en todo el país y orienta a la llegada.

dras al oeste del Parque Centroamérica se encuentra este hostal tranquilo y con excelente relación calidad-precio. Las pulcras habitaciones no carecen de cierta prestancia colonial, con suelos de madera pulida, cabeceros de mimbre y mucho espacio para moverse. Cocina bien equipada para uso de los huéspedes.

Hostal 7 Orejas   ALBERGUE $$

(plano p. 138; ☎7768-3218; www.7orejas.com; 2ª Calle 16-92, Zona 1; dc/i/d/tr 75/170/305/ 365 GTQ; P@) Un volcán cercano presta su nombre a este hostal con la cordialidad y el cuidado escrupuloso como lemas, situado en una calle tranquila al noroeste del centro. La construcción seudocolonial posee habitaciones espaciosas con olor a fresco al costado de un jardín, todas con tres camas *queen-size* y arcones labrados. El desayuno (30 GTQ) se sirve en la fantástica terraza de la azotea.

Casa San Bartolomé   B&B $$

(plano p. 138; ☎7761-9511; www.casasanbartolo me.com; 2ª Av. 7-17, Zona 1; i/d/tr 215/300/ 375 GTQ; P) En manos de la misma familia durante generaciones, esta vivienda antigua y con mucha personalidad ha sido convertida en un acogedor B&B de seis habitaciones. Los huéspedes pueden prepararse la comida en una cocina compartida y tomar el té en la preciosa terraza de arriba. Está situado en un barrio agradable y tranquilo 15 min andando al este del parque.

Hotel Casa Mañen   HOTEL $$

(plano p. 142; ☎7765-0786; www.comeseeit.com; 9ª Av. 4-11, Zona 1; i/d desde 375/470 GTQ) La que fuera residencia en la ciudad de los magnates cafeteros durante todo el s. XIX fue cuidadosamente rehabilitada por una pareja norteamericana en la década de 1980 y convertida en el hotel actual, con habitaciones equipadas al estilo tradicional, jardines y una buena terraza-bar. A los muebles les vendría bien un remozado, y al personal un poco de formación, pero esto son fruslerías.

Hotel Modelo   HOTEL $$

(plano p. 142; ☎7761-2529; www.hotelmode lo1892.com; 14ª Av. A 2-31, Zona 1; h desde 500 GTQ; P@) A pocas cuadras del Teatro Municipal y de estilo colonial, ofrece 19 habitaciones con suelos de madera, camas firmes y baños espaciosos, a lo largo de bonitos patios con arreglos florales de temporada. Sólida opción de precio medio.

Hotel Pensión Bonifaz   HOTEL $$$

(plano p. 142; ☎7723-1100; www.pensionbonifaz. com.gt; 4ª Calle 10-50, Zona 1; i/d/tr 625/740/ 850 GTQ; P@) El hotel más antiguo y magnífico de Xela despunta sobre el Parque Centroamérica. Sus habitaciones están distribuidas en los tres pisos superiores; las del 2º rodean un frondoso patio colonial donde se sirve el desayuno. Aunque la decoración no es tan fabulosa como podía esperarse, su opulento bar lo compensa.

✖ Dónde comer

Quetzaltenango cuenta con una buena selección de locales en los que se puede comer por todos los precios. Los más baratos son los puestos de la parte baja del mercado central, que sirven tentempiés y platos principales por 10 GTQ o menos. Un sitio muy concurrido es **Doña Cristy** (plano p. 142; ⏱7.00-19.00), que sirve atol de elote (bebida caliente de maíz), empanadas y chuchitos (tamales pequeños con remolacha y queso rallado).

★ Café Canela   GUATEMALTECA $

(plano p. 142; ☎7761-6654; 6ª Calle 15-16; menú almuerzo 20 GTQ; ⏱7.00-15.00 lu-vi;) Un buen sitio para desayunar y almorzar entre semana es este café regentado por Martha, conocida como *La Nicaragüense*, con instalaciones sencillas, un soleado patio y ambiente alternativo. Aquí se encontrarán variaciones imaginativas sobre el imprescindible menú del día (20 GTQ), ensaladas bien aliñadas y sabrosas sopas. Al almuerzo se puede elegir entre tres menús, uno vegano.

Café Nativos   CAFÉ $

(plano p. 142; ☎7765-4723; 13ª Calle; desayuno 25-30 GTQ; ⏱10.00-22.00) Integrado en un albergue y centro cultural del pasaje Enríquez, es un lugar atrayente con buena comida natural, café exprés, tostadas francesas para desayunar, *falafel* y tofu en mole. Una fabulosa terraza, con la barra en el borde, mira directamente al edificio del antiguo Banco Gutiérrez –una maravilla *art déco*– y al cascarón quemado del Café Baviera.

La Chatia Artesano   PANADERÍA $

(plano p. 142; ☎7765-0031; 7ª Calle 15-20; sándwiches 30-40 GTQ; ⏱6.30-21.00) Buen sitio para aprovisionarse antes de subir al volcán, esta panadería artesanal prepara sándwiches integrales (tofu, *tempeh*, berenjena, queso), excelentes galletas y *muesli*.

EL ALTIPLANO QUETZALTENANGO

Centro de Quetzaltenango

42 ⭐

41 ⭐

14a Av

1a Calle

ZONA 1

38 ⭐

2a Calle

15 Av A

15a Av

14a Av A

22

3a Calle

9

28

30 ⭐ 7

45

29

14

13a Av

4a Calle

11

Microbuses al terminal Minerva

5a Calle

15

25

26 5 ⊙ **4**

37 32

14a Av

27

8

6a Calle

18

31

Parada de taxis

⊙ **3**

39 ⭐

Puente Los Chocoyos

7a Calle

40 ⭐

13

35

1

21 33

Inguat ⓘ 🏛 **2**

7a Calle

44

8a Calle

11a Av

43

Diagonal 13

15a Av

13a Av

12a Av

10a Calle

16 24

36

11a Calle

Autobuses a Almolonga y Zunil

11a Calle

EL ALTIPLANO

Centro de Quetzaltenango

Aj de Lunas
GUATEMALTECA $

(plano p. 142; ☎7761-0097; 9ª Calle 11-16; almuerzo combos 25 GTQ; ⏰8.00-21.00 lu-sa; ☎🍴) Este comedor recién subido de categoría es apropiado para saborear cocina casera quetzalteca, con platos del día como jocón y caldo de patas (sopa de pata de res) servidos con una pila de tortillas y platitos con limones y minúsculos chiles. Hay platos vegetarianos.

★ Sabor de la India
INDIA $$

(plano p. 142; ☎7765-2555; 15ª Av. 3-64; platos ppales. 50-70 GTQ; ⏰12.00-22.00 ma-do; ☎🍴) Un natural de Kerala sirve aquí comida auténtica del sur de la India en raciones enormes; son muy recomendables los *thalis:* bandejas de verduras al curri, pollo o carne de res. Muy visitada por grupos de norteamericanos, la antigua casa con paredes de piedra es el marco propicio para comer sin prisas.

Sabe Delis
CREPS $$

(plano p. 142; ☎7761-2635; 14ª Av. A 3-38; creps 35-50 GTQ; ☎) Las creps y las *pizzas* hechas en horno de leña son los reclamos principales de este restaurante de cierto nivel que prepara además sabrosas ensaladas. Muy visitado tanto por extranjeros como por chapines (guatemaltecos).

Panorama
EUROPEA $$

(plano p. 138; ☎7765-8580; www.restaurantepanorama.com; 13ª Av. A, D16-44; *fondue* 80 GTQ; ⏰12.00-24.00) A un paseo de 10 min cerro arriba, en el extremo sur de la ciudad, sus vistas justifican el nombre de este romántico lugar, ideal para una velada especial. Las *fondues* y las *raclettes* de queso fundido son la especialidad de la casa, propiedad de un suizo.

Royal Paris
FRANCESA $$

(plano p. 142; ☎7761-1942; www.royalparis-quetzaltenango.blogspot.nl; 14ª Av. A 3-06; ensaladas 60 GTQ; ⏰12.00-22.00 ma-do; ☎) Si está supervisado por el propio cónsul francés es que es auténtico, y sus caracoles, su camembert al horno y sus medallones de carne rozan la calidad parisina. Compruébese los especiales de noche indicados en la pizarra. La deliciosa terraza y la música folk y de *jazz* en directo las noches de miércoles, viernes y sábados intensifican su agradable ambiente.

🍺 Dónde beber
⚓ y vida nocturna

El café desempeña un importante papel en la economía de Xela, donde abundan los locales para tomar una taza.

La Zona Viva de Xela gira en torno al Teatro Municipal, con discotecas y clubes en las calles 1ª y 2ª y la 14ª Av.

★ Café La Luna
CAFÉ

(plano p. 142; ☎7761-4354; 8ª Av. 4-11; ⏰11.00-21.00 lu-vi, 16.00-21.00 sa; ☎) Para los aficionados al chocolate esto es como un santuario. Hecho en el mismo local, el chocolate es de una suavidad aterciopelada y se sirve en diversas bebidas; el capuchino con chocolate es prodigioso.

★ Salón Tecún
PUB

(plano p. 142; Pasaje Enríquez; ⏰9.30-0.30) Por el lado del elegante Pasaje Enríquez que desemboca en la plaza, animado de día y de noche con una sana mezcla de guatemaltecos y extranjeros que trasiegan una cerveza Cabro, el Tecún se proclama el bar más veterano del país, en activo desde 1935. Además sirve buenas *pizzas* y comida de *pub*. Imprescindible.

Café El Cuartito
CAFÉ

(plano p. 142; http://elcuartitocafe.com; 13ª Av. 7-09; ⏰8.00-23.00; ☎) Este café con decoración pintoresca es un punto de referencia para los viajeros y estudiantes de español. Sirve una buena selección de tentempiés vegetarianos, infusiones y café orgánico en cualquiera de sus variantes, además de creativos cócteles, como mojitos de frambuesa. Música en directo muchas noches.

Café Armonía
CAFÉ

(plano p. 142; ☎7765-3509; www.cafearmonia.com; 13ª Av. 5-48; ⏰7.30-20.15 lu-sa) Este sencillo local es el punto principal de venta en Xela de los pequeños plantadores de las principales regiones cafeteras de Guate, como Acatenango, Huehuetenango, Atitlán y San Marcos, cuyos cafés se cultivan a más altitud y son por tanto más ácidos que los de Quetzaltenango. Herbert, uno de los hábiles *baristas* (especialistas en cafés) de la casa, se crió en una finca cafetera y es un experto tostador.

King & Queen
PUB

(plano p. 142; 7ª Calle 13-27; ⏰18.00-1.00) Este pequeño *pub* se abarrota con una clientela variopinta. Ya sea una banda tocando en la esquina (miércoles y viernes) o un caldeado juego de trivial (martes), las figuras de la baraja de la pared lo aguantan todo.

Café El Balcón
del Enríquez
CAFÉ

(plano p. 142; 12ª Av. 4-40, Pasaje Enríquez; ⏰8.00-22.00) Animado café en el piso superior del

Pasaje Enríquez, con barras especialmente diseñadas con vistas al Parque Centroamérica, ideal para tomar un exprés por la mañana o un cóctel por la tarde.

Pool & Beer   PUB
(plano p. 142; 12ª Av. 10-21; ☺19.30-1.00 ju-sa) Las mesas de billar están gastadas y los tacos torcidos, pero este club destartalado sigue siendo un lugar acogedor y al margen de modas y tendencias. Más entrada la noche, las pinturas fluorescentes incendian una pista de baile trepidante.

☆ Ocio

Cuando se pone el sol refresca, así que no es buena idea sentarse en el Parque Centroamérica para disfrutar de una balsámica brisa, pues no la hay. Sin embargo, sí que es un lugar agradable para dar un paseo por la noche.

La escena musical es especialmente fuerte en Xela. Muchos de los restaurantes, cafés y bares de la ciudad hacen doblete como locales para actuaciones, entre ellos el Royal Paris y El Cuartito. Se puede consultar la programación en *XelaWho* o www.xelawho.com.

Teatro Municipal   TEATRO
(plano p. 142; ☎7761-2218; 14ª Av. y 1ª Calle) El espléndido teatro neoclásico de Quetzaltenango, al norte del centro, es el principal escenario para obras de teatro, conciertos y danza. En una historiada galería de dos niveles se distribuyen los palcos para las familias pudientes.

Casa No'j   ARTES ESCÉNICAS
(plano p. 142; ☎7761-4400; www.centroculturalcasanoj.blogspot.com; 7ª Calle 12-12, Zona 1; ☺8.00-18.00 lu-vi) Muy cerca de la esquina suroeste del parque, el antiguo convento betlemita, del s. XIX, es hoy el centro cultural más importante de Xela. Además de exposiciones de fotografía y pintura, aquí se celebran desde recitales de poesía hasta conciertos de marimba y congresos de arqueología, y en ocasiones recibe a artistas y literatos de prestigio internacional. Los festivales de comida regional tienen lugar los domingos. Para información sobre sus actividades, véase su blog.

Bari   MÚSICA EN DIRECTO
(plano p. 142; 1ª Calle 14-31; ☺20.00-1.00 mi-sa) Es uno de los locales nocturnos situados frente al Teatro Municipal y acoge con regularidad actuaciones de trova, *rock* y pop.

Teatro Roma   TEATRO
(plano p. 142; ☎3010-0100; 14ª Av. A-34) Acoge principalmente espectáculos de crítica política en clave de humor, con algún que otro programa de danza.

Blue Angel Video Café   CINE
(plano p. 142; 7ª Calle 15-79, Zona 1) Posee una extensa videoteca de películas comerciales y de autor que pueden verse si así se solicita, y además sirve comidas vegetarianas, infusiones y chocolate caliente.

🔒 De compras

Pixan   ARTESANÍA
(plano p. 138; ☎7761-6408; 5ª Av. 6-17; ☺9.00-17.00 lu-vi) El punto de venta de la AMA (Asociación de Mujeres del Altiplano) vende tejidos y prendas de calidad confeccionados por tejedoras mayas en colaboración con diseñadores de Londres, Nueva York y otras ciudades.

Pasaje Enríquez   CENTRO COMERCIAL
(plano p. 142; entre calles 4ª y 5ª) Por el lado oeste del parque, el Pasaje Enríquez es una imponente galería comercial inspirada en una construcción similar de Florencia y con diversas agencias de viajes, institutos de idiomas, café y un bar muy visitado.

Mercado central   MERCADO
(plano p. 142) El mercado central de Xela comprende tres pisos de puestos de artesanías y recuerdos a precios razonables. Hay que regatear.

Mercado La Democracia   MERCADO
(1ª Calle, Zona 3) Unas 10 cuadras al norte del Parque Centroamérica, en la zona 3, vende comida, ropa y otros artículos de primera necesidad para gente de ciudad y de campo.

Vrisa Books   LIBROS
(plano p. 142; 15ª Av. 3-64) Librería de segunda mano con más de 4000 títulos en inglés y compraventa de libros usados.

North & South Bookstore   LIBROS
(plano p. 142; ☎7761-7900; 12ª Av. 3-43, Zona 1; ☺8.00-20.00 lu-sa) Amplia selección de libros sobre Latinoamérica, política, poesía e historia, así como muchas guías de viaje nuevas y usadas. Y por si fuera poco, *bagels* y café.

ℹ Orientación

El centro de Xela es el ovalado Parque Centroamérica, adornado con monumentos neoclásicos, rodeado por los edificios más importantes de la ciudad. La mayoría de alojamientos se hallan a pocas cuadras de esta plaza.

AUTOBUSES DESDE QUETZALTENANGO

DESTINO	PRECIO	DURACIÓN	FRECUENCIA	ALTERNATIVA
Almolonga	3 GTQ	10 min	Cada 15 min, 6.00-22.00.	Autobuses con salida desde la **estación Shell** (p. 147) en la 9ª Av. esq. calle 10ª.
Antigua				Tómese cualquier autobús que vaya a Ciudad de Guatemala por la Interamericana y cámbiese en Chimaltenango.
Chichicastenango	25 GTQ	2½ h	Cada 30 min, 8.00-17.00.	Tómese un autobús que vaya a Ciudad de Guatemala y cámbiese en Los Encuentros.
Ciudad Tecún Umán (frontera mexicana)	40 GTQ	3 h	Autobuses directos cada hora.	Tómese un autobús a Coatepeque (cada 15 min, 4.00-17.45) y cámbiese para Ciudad Tecún Umán.
El Carmen/Talismán (frontera mexicana)				Tómese un autobús a San Marcos (10 GTQ, 2 h, cada 15 min), después otro a Malacatán (15 GTQ, 1 h), donde hay taxis colectivos (5 GTQ) a El Carmen.
Ciudad de Guatemala	35 GTQ	3½ h	Cada 15 min, 2.00-17.00.	Las compañías de 1ª clase que operan entre Quetzaltenango y Ciudad de Guatemala tienen sus propias terminales.
Huehuetenango	20 GTQ	2 h	Cada 15 min, 4.00-18.30.	Tómese un autobús a Cuatro Caminos, y allí un *pullman* de Los Halcones y Velásquez.
La Mesilla (frontera mexicana)	40 GTQ	4 h	4 autobuses, 7.00-14.15.	Tómese un autobús a Huehuetenango y cámbiese allí.
Momostenango	7 GTQ	1½ h	Cada 15 min, 6.00-19.00.	
Panajachel	30 GTQ	2 h	5 autobuses, 10.00-17.00.	
Retalhuleu	13 GTQ	1 h	Cada 10 min, 5.00-19.30.	
San Andrés Xequl	8 GTQ	30 min	Cada ½ h, 6.00-15.00.	
San Pedro La Laguna	25 GTQ	3 h	6 autobuses, 11.30-17.30.	
Zunil	5 GTQ	25 min	Cada 15 min, 6.00-22.00.	Los autobuses que salen de la estación Shell en la 9ª Av. esq. 10ª calle.

La principal estación de autobuses es la terminal Minerva, en las afueras hacia el oeste, junto a uno de los mercados más importantes.

ℹ️ Información

ACCESO A INTERNET

El wifi está en cafés y alojamientos. El instituto de idiomas Celas Maya (p. 137) regenta uno de los contados cibercafés que sobreviven.

AGENCIAS DE VIAJES

Además de caminatas y circuitos, Altiplano's Tour Operator (p. 137) ofrece custodia de equipaje, alquiler de bicicletas y reservas en hoteles.

ASISTENCIA MÉDICA

Hospital Privado Quetzaltenango (☎7774-4700; www.hospitalprivadoquetzaltenango.com; Calle Rodolfo Robles 23-51; ⊗24 h)
Hospital San Rafael (☎7761-4381; 9ª Calle 10-

41, Zona 1; ⊙24 h) Acepta pólizas de aseguradoras extranjeras.

CORREOS

Oficina principal de correos (plano p. 142; 4ª Calle 15-07, Zona 1)

DINERO

Banco Industrial (4 Calle 11-38, Zona 1; ⊙9.00-18.00 lu-vi, 9.00-13.00 sa), por el lado norte del Parque Centroamérica, cambia dólares y euros y anticipa efectivo con cargo a tarjetas Visa. Hay un cajero automático de 5B en el edificio Rivera, al norte de la municipalidad.

INFORMACIÓN TURÍSTICA

El **INGUAT** (plano p. 142; ☑7761-4931; www.vivexela.visitguatemala.com; 7ª Calle 11-35, Zona 1; ⊙9.00-17.00 lu-vi, 9.00-13.00 sa) está en el extremo sur del Parque Centroamérica.

Dispone de numerosos planos y mapas que pueden encontrarse en cibercafés y hoteles. En general son folletos publicitarios, pero los mejores, como *Xelamap*, incluyen información útil.

MEDIOS DE COMUNICACIÓN

EntreMundos (p. 140) publica una revista bimensual con mucha información sobre política y programas de voluntariado en la región.

'XelaWho' (www.xelawho.com) Autoproclamada la revista líder en el campo de la cultura y la vida nocturna de Quetzaltenango, esta publicación mensual ofrece un listado de los eventos culturales de la ciudad y opiniones sobre la vida en Guatemala.

URGENCIAS

Bomberos ☑7761-2002
Cruz Roja ☑7761-2746
Policía Nacional ☑7761-0042
Proatur ☑1500 o 2421-2810

WEBS

Xela Pages (www.xelapages.com) Abundante información sobre Xela y puntos de interés cercanos, con un foro de discusión útil.

❶ Cómo llegar y salir

AUTOBÚS

Todos los autobuses de 2ª clase, a menos que se indique lo contrario, salen de la **terminal Minerva** (plano p. 138; 7ª Calle, Zona 3), un espacio polvoriento y abarrotado en la parte oeste de la ciudad. Las compañías de 1ª clase que dan servicio entre Quetzaltenango y Ciudad de Guatemala tienen terminales propias.

Al entrar o salir de la ciudad, los autobuses con destino a Salcajá, Cuatro Caminos, San Francisco El Alto y Totonicapán tienen **parada** (plano p. 138) al este del centro en la rotonda de la calzada Independencia, donde se levanta el **monumento a la Marimba** (plano p. 138). Si se desciende allí al entrar en Xela se ahorran los 10 a 15 min que tarda el autobús en cruzar la ciudad hasta la terminal Minerva.

Los servicios suelen ser menos frecuentes los domingos.

Terminales de autobuses de 1ª clase

Línea Dorada (plano p. 138; ☑7767-5198; www.lineadorada.com.gt; 5ª Calle 12-44, Zona 3)

Transportes Galgos (plano p. 138; ☑7761-2248; Calle Rodolfo Robles 17-43, Zona 1)

Transportes Álamo (plano p. 138; ☑7767-4582; 14ª Av. 5-15, Zona 3)

AUTOMÓVIL Y MOTOCICLETA

Tabarini (☑7763-0418; www.tabarini.com; 9ª Calle 9-21, Zona 1) alquila coches por unos 300 GTQ/día.

MICROBUSES DE ENLACE

Muchas agencias de viaje de Xela, entre ellas Altiplano's (p. 137), cuentan con microbuses de enlace a destinos como Antigua (195 GTQ), Chichicastenango (195 GTQ), Panajachel (160 GTQ) y San Cristóbal de Las Casas, México (240 GTQ).

Alrededores de Quetzaltenango

El hermoso paisaje volcánico de los alrededores de Xela invita a emocionantes excursiones de un día. Para muchas personas, los propios volcanes plantean un desafío irresistible. Uno puede regalarse la vista y el alma con la agreste iglesia de San Andrés Xequl, visitar las riberas ceremoniales de la laguna Chicabal y sumergirse en las idílicas aguas termales de Fuentes Georginas, o simplemente subir a un autobús y explorar los innumerables pueblos repartidos por esta parte del altiplano. En los días de mercado se puede observar en acción a los lugareños: los domingos y miércoles en Momostenango, los lunes en Zunil, los martes y sábados en Totonicapán y los viernes en San Francisco El Alto.

Zunil

12 356 HAB. / ALT. 2262 M

Bonito pueblo con mercado, que se extiende por un exuberante valle enmarcado por empinadas colinas y dominado por un imponente volcán, con una iglesia colonial blanca que reluce por encima de los tejados de teja roja de sus casas bajas. Cuando se desciende desde Quetzaltenango, la carretera atraviesa un río y 1 km más adelante entra en la plaza de Zunil.

Fundado en 1529, es un típico pueblo guatemalteco del altiplano donde se practica la agricultura tradicional indígena. Las parcelas de cultivo, delimitadas con grandes piedras, se riegan con canales de los que los agricultores sacan agua con una especie de pala para regar las plantas. Las gentes del lugar lavan la ropa junto al puente del río, en pozas de agua caliente que nacen de las rocas.

◉ Puntos de interés

Zunil cuenta con una **iglesia** asombrosa; su historiada fachada, con ocho pares de columnas salomónicas, tiene su réplica en el ornamentado y atractivo altar de plata. Los martes, jueves y sábados, la plaza de enfrente reluce con los huipiles de rayas moradas y los cortes de ricos dibujos de las mujeres mayas quiché que compran y venden.

A media cuadra cuesta abajo de la plaza de la iglesia, la **Cooperativa Santa Ana** (◔8.00-18.00 lu-vi, 8.00-13.00 sa) está formada por más de 600 tejedoras. Aquí se venden sus chalecos, chaquetas y huipiles tradicionales (desde 400 GTQ). Uno puede probárselos y comentar las técnicas de confección con las tejedoras cuando están trabajando en los telares.

Se recomienda visitar la imagen de San Simón, nombre dado a la venerada deidad no cristiana conocida en otros lugares como Maximón. Su efigie, recostada en una silla, se lleva todos los años a una casa distinta durante la **festividad de San Simón**, que se celebra el 28 de octubre. Todos los vecinos saben dónde se encuentra.

🛏 Dónde dormir

Hotel Las Cumbres   HOTEL **$$**
(☑5399-0029; www.lascumbres.com.gt; Carretera al Pacífico, km 210,5; i/d incl. desayuno 345/400 GTQ, i/d con sauna 485/555 GTQ; P) Ubicado 500 m al sur de Zunil, parece un pueblo colonial en medio de un paisaje volcánico, donde la tierra escupe fumarolas. El hotel está construido en lo alto de estas fumarolas naturales y sus 20 habitaciones están equipadas con sauna y/o *jacuzzi* de aguas termales.

El recomendable restaurante (platos principales 50-80 GTQ) sirve verduras de su huerta, y tiene cancha de *squash*, gimnasio

y tienda de artesanía. La sauna (30 GTQ/h, de 7.00 a 19.00), unas modernas instalaciones con paneles de pino, y el *spa*, que ofrece masajes y tratamientos faciales, están abiertos al público. Cualquier autobús a Retalhuleu o Mazatenango puede parar en la entrada (5 GTQ).

❶ Cómo llegar y salir

Los autobuses (5 GTQ) salen de la gasolinera de Shell en la esquina de la 9ª Av. con la 10ª calle cada 15 min de 6.00 a 22.00. Los de vuelta salen de la carretera principal junto al puente.

Fuentes Georginas

Las **Fuentes Georginas** (☑4766-7066; info@ fuentesgeorginas.com; 50 GTQ; ◔9.00-18.00) son un balneario termal natural a 8 km cuesta arriba de Zunil y deben su nombre a la esposa del "dictador benévolo" Jorge Ubico, que solía tomar posesión de las instalaciones los fines de semana para su uso personal. Unas fuentes termales sulfurosas alimentan cuatro piscinas de distintas temperaturas, enmarcadas por un empinado y alto muro tapizado de enredaderas tropicales, helechos y flores. A pesar de este escenario tropical, las corrientes de aire de las montañas lo mantienen deliciosamente frío durante el día. Junto a las piscinas hay un camino de 500 m que merece la pena recorrer para ver aves y orquídeas. Las toallas pueden alquilarse (10 GTQ más depósito), pero hay que llevar bañador. Las taquillas cuestan 5 GTQ. El huracán Agatha arrasó las instalaciones balnearias en el 2010. Por fortuna, han sido reconstruidas por completo, aunque algunos tramos de la carretera siguen seriamente dañados.

Hay senderos que conducen al **volcán Zunil** (15 km, 3 h ida) y al **volcán Santo Tomás** (25 km, 5 h ida). Vale la pena contratar guías para ambas excursiones (información en el restaurante).

Descendiendo un poco por el valle desde las pozas se verán nueve casitas rústicas (160 GTQ/persona) pero acogedoras, todas con *jacuzzi* y ducha fría, barbacoa y una chimenea para combatir el frío de la montaña (se facilita leña y fósforos). Su precio incluye el acceso a las piscinas día y noche (en horario nocturno las normas se relajan).

Junto al **bar-restaurante** (comidas 70-85 GTQ; ◔8.00-19.00), que sirve unos estupendos bistecs a la parrilla, salchichas y papas, hay tres mesas cubiertas para hacer pícnic, con parrillas para cocinar.

El transporte de enlace con las Fuentes Georginas (120 GTQ ida y vuelta, entrada incl.) es un servicio que ofrecen a diario casi todas las agencias de Xela, entre ellas Altiplano's (p. 137), con salida a las 9.00 y 14.30 y regreso a Xela a las 12.00 y 18.30, respectivamente.

San Andrés Xequl

Unos kilómetros después de Salcajá, la carretera de Quetzaltenango deja atrás el cruce de la Morería, donde se bifurca al oeste, hacia San Andrés Xequl. Tras 3 km cuesta arriba por ese ramal empiezan a verse auténticas cascadas multicolores de hebras de hilo manufacturado y puesto a secar en los tejados; en ese momento se sabe que se ha llegado a San Andrés Xequl. Rodeado por unas fértiles colinas, este pequeño pueblo posee la más extraña y sorprendente **iglesia** que pueda imaginarse. Santos multicolores, flores y parras luchan por el espacio con los ángeles que revolotean por las cornisas y un par de jaguares que rascan la columna más alta de una fachada amarilla. Los remates de los campanarios salen de una carpa de circo.

En el interior, una alfombra de velas ilumina las imágenes de un Cristo sangrante. Sobre el altar, la inscripción "Pescador de hombres" está escrita con neones azules, en referencia al santo patrón de la ciudad.

La **oficina de turismo** (☎4778-4851; ⊙9.00-17.00) comunal, a la izquierda de la iglesia, se hace eco de la fachada juguetona. Puede organizar una visita guiada a la ciudad para conocer bordadoras de huipiles, tintoreros y veleros, y visitar después **El Calvario**, la capilla de color amarillo en lo alto del cerro, donde siguen celebrándose ceremonias mayas con ofrendas que se queman en el altar de tres cruces; las vistas panorámicas del valle son magníficas. La oficina de turismo gestiona también circuitos a los pueblos vecinos.

El viernes es el día grande de mercado. Durante la fiesta anual, el 30 de noviembre, actúan funámbulos.

No hay en el pueblo restaurantes en sentido estricto, pero se puede llenar el estómago por poco dinero en los comedores de las inmediaciones del mercado.

Para llegar, se puede tomar cualquier autobús hacia el norte desde Xela, bajarse en la gasolinera de Esso, en el cruce de Morería, y tomar una camioneta o caminar 3 km cuesta arriba. Los autobuses de regreso a Xela se alinean en un extremo de la plaza y hacen ese recorrido hasta las 17.00.

Totonicapán

134 373 / ALT. 2476 M

San Miguel Totonicapán es famoso por sus artesanos: zapateros, tejedoras, hojalateros, ceramistas, curtidores y carpinteros hacen y venden sus productos aquí. Los martes y sábados son días de mercado; está destinado a los vecinos, no a turistas, y cierra al mediodía.

El viaje desde Cuatro Caminos se hace por un valle alfombrado de pinos. Desde la estación de autobuses de Totonicapán hay que caminar 600 m cuesta arriba por la 3ª calle para llegar a las plazas principales gemelas, o bien se puede tomar un *tuk-tuk*. En la plaza de abajo se erige una **estatua de Atanasio Tzul**, cabecilla de la rebelión indígena que estalló aquí en 1820, mientras que en la de arriba, conocida como Parque San Miguel, se encuentran la **iglesia colonial** y el neoclásico **teatro municipal**.

🐾 Actividades

Sendero Ecológico El Aprisco EXCURSIONISMO (☎5355-0280; 25 GTQ; ⊙8.00-17.00) Esta reserva ecológica administrada por la comunidad se halla al noreste de Totonicapán y abarca unas 13 ha de bosque maduro con senderos bien señalizados. Aquí medra el pinabete (un árbol en peligro de extinción) y habitan 29 aves endémicas, entre ellas el colibrí amatistino y el quetzalillo. Para pernoctar hay cabañas de adobe con chimeneas, literas y colchones de paja, y se preparan comidas.

El Aprisco queda a 5 km de Toto por la carretera que va a Santa Cruz del Quiché; los microbuses con destino a El Quiché pueden dejarlo a uno en la entrada en unos 20 min. Como alternativa, Altiplano's (p. 137), en Xela, organiza expediciones para observar las aves de la reserva con salida a primera hora de la mañana.

☞ Circuitos

Aventura Maya K'iche' CIRCUITO (☎5696-2207; www.aventuramayakiche.org; circuito 615 GTQ) Este programa explica a los visitantes la artesanía tradicional y otros aspectos de la vida en Toto. Un circuito cultural de un día incluye visitas a talleres de telar y cerámica, un poco de turismo por los puntos de interés y un almuerzo típico con concierto de marimba y exhibiciones de bailes (hay que reservar al menos cinco días antes).

✳ Fiestas y celebraciones

**Feria Titular de
San Miguel Arcángel** RELIGIOSA
(☉24-30 sep) Del 14 al 30 de septiembre, con
el 29 como día grande.

Aparición de San Miguel Arcángel RELIGIOSA
(☉8 may) Fuegos artificiales y bailes tradicionales.

🛏 Dónde dormir

Aventura Maya K'iche' organiza estancias
con familias que incluyen desayuno y cena
(grupos de 2/3/4 personas 385/345/310 GTQ
por persona).

Aventura Maya K'iche' ofrece la posibilidad de un almuerzo típico en una casa particular amenizado con un concierto de marimba (hay que avisar con 48 h de antelación).

Hospedaje Paco Centro HOTEL $
(☎7766-2810; 3ª Calle 8-18, Zona 2; i/d 65/120 GTQ,
i/d sin baño 40/70 GTQ) Casi escondido en un
centro comercial a un par de cuadras de la
plaza de abajo, este hospedaje atendido con
cierto desabrimiento tiene habitaciones de
tres a cinco camas con pocos muebles y mantenimiento deficiente. Hay que desechar las
que dan a la calle.

Restaurante Bonanza GUATEMALTECA $$
(☎7766-1064; 7ª Calle 7-17, Zona 4; platos ppales. 45-
60 GTQ; ☉7.00-21.00; 🖥) El restaurante más
convencional de Totonicapán sirve carne y
tortillas, con camareros de pajarita que reparten copiosas raciones de bistec de res, pollo,
pescado y marisco.

ℹ Cómo llegar y salir

Los autobuses con el rótulo "Toto" salen de
Quetzaltenango cada 10 min (1 h) durante todo
el día desde la rotonda de la calzada Independencia (pasan por Cuatro Caminos). El último
autobús directo a Quetzaltenango sale de Toto
a las 18.30.

San Francisco El Alto

33 240 HAB. / ALT. 2582 M

En lo alto de una colina con vistas a Quetzaltenango (a 17 km), San Francisco el Alto
monta un **mercado** los viernes que está
considerado como el mayor y más auténtico
del país. La amplia plaza frente a la iglesia
del s. XVII se llena de productos. Los puestos
abarrotan las calles adyacentes y el tráfico es
tan intenso que se ha establecido un sistema
especial de calles de una sola dirección para
evitar los atascos.

El pueblo al completo es como el barrio de
la moda de Guatemala y todos y cada uno de
sus rincones están llenos de vendedores de
jerséis, calcetines, mantas, vaqueros, bufandas y muchos otros artículos. Los escaparates,
cubiertos hasta el techo con kilómetros de
tela, despliegan los rollos de tejido hasta la
calle.

Hacia media mañana, cuando el cielo se
despeja, desde el tejado de la **iglesia** se dominan vistas panorámicas. El portero deja subir
a cambio de una pequeña propina. Al subir
se pueden ver los seis recargados retablos
dorados y los restos de lo que fueron unos
coloridos frescos.

La **Fiesta de San Francisco de Asís**, la
principal de la localidad, se celebra a partir
del 4 de octubre con bailes tradicionales.

Algunos puestos del mercado venden buenos chuchitos, chiles rellenos y otras comidas.

El **Banco Reformador** (2ª Calle 3-23; ☉9.00-
16.00 lu-vi, 9.00-13.00 sa) tiene un cajero automático Visa.

🛏 Dónde dormir

Hotel Real Plaza HOTEL $
(☎7738-4110; 3ª Av. 2-22, Zona 1; i/d 75/150 GTQ, i/d
sin baño 35/70 GTQ) Las vistas del valle que se
contemplan desde este hotel alcanzan hasta
el volcán Santa María. Sus habitaciones son
espaciosas y cuentan con balcones y duchas
de agua caliente. Los jueves por la noche
suele llenarse.

ℹ Cómo llegar y salir

Los autobuses a San Francisco, con servicios
frecuentes todo el día, salen de Quetzaltenango
desde la rotonda de la calzada Independencia,
pasando por Cuatro Caminos (5 GTQ, 40 min).
Si se llega en día de mercado, hay que apearse
en la 4ª Av., en la cima del cerro, y caminar hacia
la iglesia.

Momostenango

128 728 HAB. / ALT. 2259 M

Más allá de San Francisco El Alto, a 26 km de
Quetzaltenango, este pueblo asentado en un
bonito valle de montaña, al que se llega por
una carretera bordeada de pinos, es conocido
por sus chamarras, unas gruesas mantas de
lana, además de sus ponchos y otras prendas
de lana. Los mejores días para comprarlas
son los miércoles y domingos, principales
días de mercado.

También es famoso por su seguimiento del antiguo calendario maya y su observancia de los ritos tradicionales. Sus cinco altares principales son el escenario de ceremonias que se llevan a cabo en señaladas fechas celestes, como el solsticio de verano; el equinoccio de primavera, el comienzo del año solar maya, conocido como Mam, que se celebra a finales de febrero; y el Wajshakib' B'atz, el comienzo del año *tzolkin* de 260 días. Si permiten al visitante presenciar esta ceremonia, debe tratar tanto a los participantes como a los altares con el debido respeto.

Unos cuantos comedores sirven comidas baratas que quitan el hambre, en tanto que el restaurante del Otoño Hotel es de más categoría.

Circuitos

Takiliben May Wajshakib Batz CIRCUITO
(📞7736-5537; wajshakibbaztz13@yahoo.es; 3ª Av. A 6-85, Zona 3) Es una misión maya dedicada al estudio y la enseñanza de la cultura y las tradiciones sagradas mayas. Su director, Rigoberto Itzep Chanchavac, es un *chuchkajau* (sacerdote maya) responsable de informar a la comunidad de los días señalados del calendario maya. Sus talleres de medio día o día completo se centran en las tradiciones que suelen permanecer ocultas a los forasteros.

La misión organiza un circuito por Momostenango, con una visita al cerro sagrado de Paclom y las termas rituales de Payashú (100 GTQ, incluida la estancia en una familia).

Fiestas y celebraciones

Wajshakib B´atz ('ocho hebras'), que marca el comienzo del calendario ritual *tzolkin,* está considerado como el día más sagrado del ciclo anual maya, en el que se ordenan los guardianes de los días. Durante la ceremonia, normalmente celebrada en la cima de la colina sagrada Paclom (a la que se llega desde el final de la 5ª calle), se entrega a los aspirantes a sacerdotes una bolsa sagrada con semillas y cristales, que utilizarán para sus adivinaciones basadas en el calendario ritual, y después danzan alrededor del fuego sujetando la bolsa. Como el festival se celebra al final de un ciclo de 260 días, la fecha varía de año a año. Para más información sobre el día de la celebración, contáctese con Takiliben May.

Dónde dormir

Otoño Hotel HOTEL $
(📞7736-5078; gruvial.m@gmail.com; 3ª Av. A 1-48, Zona 2; h 100 GTQ/persona; 🅿🀫) El hotel más

elegante de Momostenango tiene 14 habitaciones modernas con suelos de azulejos y baños enormes. Algunas disponen de balcones o ventanales con vistas a las colinas. El restaurante del hotel sirve comidas.

🛈 Información

BAC Reformador (1ª Av. 1-13, Zona 1; ⏰9.00-17.00 lu-vi, 8.00-12.00 sa y do) Cambia cheques de viaje y tiene un cajero 5B.

🛈 Cómo llegar y salir

Se pueden tomar autobuses a Momostenango desde la terminal Minerva de Quetzaltenango (7 GTQ, 1½ h) o desde San Francisco El Alto (45 min). Hay autobuses cada 15 min y el último de vuelta a Quetzaltenango suele salir de Momostenango a las 16.30.

Laguna Chicabal

Mágica laguna al abrigo del cráter del volcán Chicabal (2712 m), en el límite de un bosque nuboso. Punto de encuentro cósmico para los mayas mames y quichés, es un lugar sagrado y un semillero de ceremonias. Hay altares mayas en cada uno de los cuatro puntos cardinales de sus arenosas costas, y mayas y fieles vienen de muy lejos para realizar ceremonias y hacer ofrendas. Cuarenta días después del Domingo de Resurrección se observa el 13 Q'anil, cuando los campesinos devotos acuden a rezar para que llueva. Observando el nivel de la laguna y si las raíces de los árboles están sumergidas, son capaces de determinar si plantar o no. Como el lago y el terreno poseen un significado ceremonial, se pide a campistas y excursionistas que sean muy respetuosos.

Para conferirle aún un mayor misterio, un velo de niebla baila sobre el agua y muestra y oculta su plácido contorno. Los observadores de aves pueden localizar quetzales, pavones de cuerno y reinitas rosadas.

Desde el **centro de visitantes** (📞4957-5983; 25 GTQ; ⏰7.00-15.00), un sendero sube otros 3 km cerro arriba hasta la laguna. A los dos tercios del ascenso se llega a una bifurcación; por la derecha se va a la laguna y, por la izquierda, a un mirador; después, se bajan 615 pronunciados peldaños hasta el extremo del lago. Conviene salir temprano para tener mayor visibilidad.

Dónde dormir y comer

Se ofrecen buenos alojamientos en el centro de visitantes, administrado por la comunidad

MÁS LUGARES PARA EXPLORAR EN QUETZALTENANGO

Los extensos espacios abiertos y paisajes montañosos de los alrededores de Xela ofrecen infinitas opciones para ser visitados y explorados por cuenta propia. Los pequeños pueblos que salpican el valle aseguran que no se tendrán problemas a la hora de informarse de cómo llegar a los destinos, y la relativa seguridad de la zona implica que el mayor peligro al que uno puede enfrentarse es a un perro ladrador (se aconseja llevar un bastón). Algunos de los lugares que pueden visitarse son:

Mirador Santiaguito Para ver de cerca los volcanes que entran en erupción, como un reloj, cada 20 min.

Campos de lava Cercanos al monte Candelaria, son un buen lugar para ir de merienda o tomar el sol.

Cascada San Cristóbal Entre Xela y San Francisco, impresiona más durante la estación húmeda.

Las Mojadas La excursión a este bonito pueblo dedicado a la floricultura sale desde Llanos del Pinal y pasa por el volcán Santiaguito. Se puede volver en autobús.

mam, entre ellos un par de bungalós hexagonales con cuatro literas cada uno (50 GTQ/persona) que comparten baños con agua fría y una cabaña de troncos de dos alturas con baño privado (doble 75 GTQ/persona).

Si se prevé hacer noche, es necesario traer la comida: no hay restaurante y la tienda solo vende productos de primera necesidad.

❶ Cómo llegar y salir

El acceso a la laguna Chicabal se realiza a través de la comunidad de **Toj Mech,** al suroeste del municipio de San Martín Sacatepéquez (también conocido como Chile Verde), en la carretera de Colomba. Los microbuses de Xela (5 GTQ) salen cada 20 min, de lunes a sábado, de la 15ª Av. y la 6ª calle en la zona 3 y dejan en el aparcamiento de Toj Mech. Desde aquí Juan, un tipo muy jovial, puede llevar en su camioneta por la empinada carretera hasta el centro de visitantes del parque (75 GTQ, 15 min).

Huehuetenango

111108 HAB. / ALT. 1909 M

Parada habitual en el viaje a/de México, o como base de incursiones más profundas en los montes Cuchumatanes, Huehuetenango ofrece pocos encantos propios, aunque algunos apreciarán su carácter hospitalario y desaliñado. Por suerte, "Huehue" tiene muchos restaurantes y alojamientos, además de un paisaje impactante.

Huehuetenango fue una región mam hasta que ese grupo étnico fue expulsado en el s. xv cuando los quichés empezaron a expandirse desde su capital Gumarcaaj, cercana a la actual Santa Cruz del Quiché. Sin embargo, la debilidad del gobierno quiché pronto abocó a la guerra civil, que asoló el altiplano y brindó la esperanza de independencia a los mames. Conflicto que seguía sin resolverse en 1525 cuando Gonzalo de Alvarado, hermano de Pedro, llegó para conquistar Zaculeu, la capital mam, para la Corona española.

◉ Puntos de interés

El bullicioso mercado indígena se llena a diario de comerciantes de los pueblos vecinos. De hecho, es el único sitio de esta ciudad donde se ven trajes tradicionales, pues muchos ciudadanos son ladinos que visten con ropa moderna.

Zaculeu   YACIMIENTO ARQUEOLÓGICO

(50 GTQ; ⊙8.00-16.00) Vestigio de la capital mam, el yacimiento arqueológico de Zaculeu ('tierra blanca' en mam) fue restaurado por la United Fruit Company en la década de 1940, lo que dejó sus pirámides, campos de juego de pelota y plataformas ceremoniales cubiertos por una gruesa capa de yeso grisáceo. Aunque no es muy auténtico, la obra simula mejor que otras una apariencia de centro religioso activo.

Con barrancos por tres de sus lados, este centro religioso del período posclásico ocupa una posición estratégica que vino muy bien a los mames que lo habitaban. Zaculeu cayó al fin en 1525 cuando Gonzalo de Alvarado, con la ayuda de fuerzas tlaxcaltecas y quichés, le puso sitio durante dos meses hasta que el hambre acabó venciendo a los mames.

SALCAJÁ

Al entrar en Salcajá, a 7 km de Xela, se pasa por el **monumento** a una figura heroica: el emigrante a EE UU sin documentación. Pero aparte de esta peculiaridad, Salcajá posee otras cualidades especiales y exclusivas.

La **iglesia de San Jacinto,** dos cuadras al oeste de la calle principal en la 3ª calle, data de 1524 y fue el primer templo cristiano de América Central. También se la conoce como Concepción la Conquistadora, en referencia a Pedro de Alvarado, católico ferviente que conquistó el territorio. Esta construcción pequeña y achaparrada parece muy austera desde fuera, pero alberga pinturas originales y un bonito retablo de madera pintada.

Salcajá es famoso por sus textiles tradicionales de estilo *ikat,* notables por los hilos atados y teñidos a mano que se entrelazan en un telar siguiendo el diseño. Las tiendas que venden rollos de esta tela se ven por doquier, y por lo general es posible visitar los talleres antes de comprar.

Sin embargo, el municipio es conocido sobre todo porque produce dos bebidas alcohólicas que los salcajenses consideran elixires mágicos. El caldo de frutas es como una sangría con más graduación, una mezcla de nances (frutillas), manzanas, duraznos y peras con una fermentación de unos seis meses; se puede comprar por quintos de litro por unos 30 GTQ después de ver el proceso de producción. El rompope es una bebida potente muy distinta, a base de ron, yemas de huevo, azúcar y especias. Ambas están a la venta en muchas licorerías pequeñas de Salcajá, pero se recomienda la del simpático José Daniel Sandoval Santizo, una cuadra al este de la carretera principal, en la 4ª calle.

Su pequeño museo expone, entre otras cosas, calaveras y objetos funerarios hallados en una tumba bajo la Estructura 1, la de mayor tamaño del yacimiento.

Zaculeu se ubica 4 km al oeste de la plaza principal de Huehuetenango. Los autobuses (2,50 GTQ, 15 min) salen cada 30 min más o menos de 7.30 a 18.00, de enfrente de la **escuela** que hay en la esquina de la 2ª calle con la 7ª Av. Un taxi desde el centro cuesta 30 GTQ ida; 1 h es más que suficiente para ver las ruinas y el museo.

Parque Central   PLAZA

La plaza central, sombreada por ficus cilíndricos, se rodea de imponentes edificios, como la **municipalidad** (ayuntamiento, con una concha acústica en la planta superior) y la **iglesia** neoclásica. Para disfrutar de una vista de pájaro de los alrededores, se puede consultar el pequeño mapa en relieve del departamento de Huehuetenango, que muestra las altitudes, grupos lingüísticos y población de las distintas divisiones municipales.

🛏 Dónde dormir

Hotel San Luis de la Sierra   HOTEL **$**
(☎7764-9217; hsanluis@gmail.com; 2ª Calle 7-00; i/d 135/190 GTQ; P🐾) Las habitaciones son sencillas y más bien pequeñas, y el hotel se mantiene ajeno a todo el barullo de fuera; sin embargo, lo verdaderamente atractivo es la

gran plantación de café que hay detrás, con caminos para pasear.

Hotel Sucot   HOTEL **$**
(☎7764-2511; Terminal de autobuses; i/d 80/140 GTQ, i/d sin baño 50/80 GTQ; P🐾) Para los viajeros que solo precisan un sitio donde dormir entre autobús y autobús, este es el menos malo del puñado de hoteles junto a la terminal. Las camas son pasables, las duchas funcionales, el personal jovial y hay un café (¡y salón de actos!). Es el penúltimo hotel a la derecha.

Hotel Mary   HOTEL **$**
(☎7764-1618; 2ª Calle 3-52; i/d 80/130 GTQ; P) Este viejo hotel con solera tiene un café en la planta baja y un mapa útil de la provincia en el vestíbulo. Aunque de mobiliario apagado, sus habitaciones son cómodas, con amplios baños de azulejos. Al menos una –la 310– tiene balcón.

Hotel Zaculeu   HOTEL **$$**
(☎7764-1086; www.hotelzaculeu.com; 5ª Av. 1-14; i/d/tr 125/250/330 GTQ; P@🐾) Este veterano tiene mucho carácter y, pese a sus años, sigue siendo fantástico. Las habitaciones de la "sección nueva" (de hace solo 20 años) son un poco más caras, pero más grandes y estilosas. El amplio patio, con plantas y pájaros, invita a relajarse, al igual que su excelente bar.

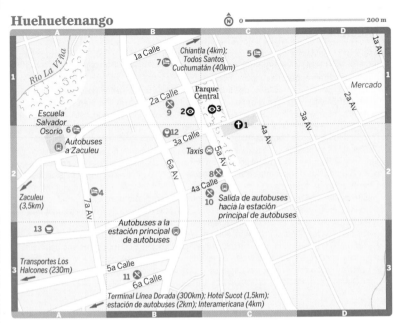

Hotel Casa Blanca HOTEL $$

(📞7769-0777; 7ª Av. 3-41; i/d 220/280 GTQ; 🅿🛜) Helechos colgantes y arbustos esculpidos adornan el patio, rodeado de habitaciones modernas y espaciosas, con techos abovedados de pino y duchas de agua caliente. El restaurante del patio trasero sirve almuerzos con una buena relación calidad-precio

(22 GTQ) y el desayuno tipo bufé de los domingos merece la pena (40 GTQ).

🍴 Dónde comer y beber

★ La Tinaja GUATEMALTECA $

(📞7764-1513; 4ª Calle 6-51; menú 25 GTQ; ⏲12.00-22.00) Tanto centro cultural como café, la casa del historiador y *gourmand* Rolando Gutiérrez posee una interesante biblioteca y una colección de relojes antiguos, radios y las tinajas que le dan nombre, todo expuesto en acogedores salones. Aparte de quesadillas y tamales (servidos con sal de San Mateo Ixtatán), hay tentempiés típicos como *sangüichitos* (sándwiches al estilo de Huehue) y rellenitos.

Cafetería Las Palmeras GUATEMALTECA $

(4ª Calle 5-10; platos ppales. 27-50 GTQ; ⏲7.00-20.30; 🛜) Muy popular, tiene una planta superior con vistas al Parque Central, donde corre la brisa. El caldo de pollo criollo (27 GTQ) es único, repleto de pollo, huisquil y maíz. Los sábados ofrece sabrosos tamales.

La Fonda de Don Juan PIZZERÍA $$

(2ª Calle 5-35; *pizzas* 45-75 GTQ; ⏲24 h) Lugar para los noctámbulos y madrugadores de Huehue, que sirve una variada comida guatemalteca e internacional, incluidas *pizzas* a buen precio.

AUTOBUSES DESDE HUEHUETENANGO

La terminal de autobuses se encuentra en la zona 4, unos 2 km al suroeste del Parque Central por la 6ª calle. Varias empresas realizan las mismas rutas, aunque no hay información coherente al respecto. Los microbuses salen del extremo sur de la estación. Hay otra parada de los microbuses a Cobán y Barillas, vía Soloma y San Mateo Ixtatán, en la gasolinera de El Calvario, en la esquina de la 1ª Av. con la 1ª calle, cuatro cuadras al noreste del Parque Central.

DESTINO	PRECIO	DURACIÓN (H)	FRECUENCIA	ALTERNATIVA
Antigua				Tómese un autobús con destino a Ciudad de Guatemala y cámbiese en Chimaltenango.
Barillas	50 GTQ	6	Microbuses cada 30 min, 2.00-16.30.	
Cobán	40 GTQ	7	Microbús a las 13.00 lu-sa desde la gasolinera de El Calvario.	
Gracias a Dios (frontera mexicana)	50 GTQ	5	Cada hora, 3.00-13.00 de La Chiantlequita.	
Ciudad de Guatemala	60 GTQ	5	5 *pullman* de Velázquez Plus 5.30-14.30.	Dos compañías operan con autobuses *pullman* desde sus propias terminales: **Transportes Los Halcones** (☎7765-7985; 10ª Av. 9-12, Zona 1) sale 7 veces al día, 1.00-15.30 (65 GTQ), con servicios *deluxe* (75 GTQ) a las 7.00, 22.30 y 2.00; **Línea Dorada** (☎7768-1566; www.lineadorada.com.gt; 8ª Calle 8-70, Zona 1) sale a las 23.00 (110 GTQ).
La Mesilla	20 GTQ	2	Cada 15 min, 3.00-19.00 con Transportes Los Verdes.	
Nebaj				Tómese un autobús a Sacapulas, donde hay conexiones frecuentes con Nebaj.
Panajachel				Tómese un autobús a Ciudad de Guatemala y cámbiese en Los Encuentros.
Quetzaltenango	20 GTQ	2	Cada 15 min, 15.30-19.00.	
Sacapulas	20 GTQ	2	Microbuses frecuentes, 5.30-17.30.	Vía Aguacatán
Santa Cruz del Quiché	25 GTQ	2	Microbuses frecuentes, 5.00-17.00.	
Soloma	25 GTQ	3	Microbuses cada hora, 4.30-14.30 desde la gasolinera de El Calvario.	
Todos Santos Cuchumatán	20 GTQ	2	Cada 30 min, 3.00-15.00 desde la gasolinera de El Calvario.	

EL ALTIPLANO HUEHUETENANGO

Restaurante Lekaf INTERNACIONAL **$$**
(☑7764-3202; 6ª Calle 6-40; platos ppales. 50-
100 GTQ; ☻10.00-23.00) Moderno y espacioso
comedor con un variado menú que incluye
sándwiches, *pizzas* y marisco. La música
en directo (marimbas, folk) atrae a una ani-
mada clientela todas las noches de 19.00
a 22.00.

Café Museo CAFÉ
(☑7764-1101; 4ª Calle 7-40; ☻7.00-21.30 lu-sa,
14.00-21.30 do; 🛜) Este "museo" sirve uno
de los mejores cafés de Huehue, que ya es
decir mucho. Además de prepararlo bien,
informa sobre este fascinante grano tan
trascendente para la historia del país. En
los diversos salones y el precioso patio se
respira el aroma a café día y noche.
Además de examinar los artículos antiguos
sobre el procesamiento del café y algunos
diagramas que muestran sus técnicas de
producción, se pueden tostar los granos
que se vayan a comprar. El propietario,
Manrique López, hijo de un pequeño pro-
ductor de Barillas, organiza además circui-
tos por la plantación durante la cosecha
(ene-abr).

Café D'Carlo BAR
(☑7764-2204; 6ª Av. 2-59) Frente al Royal Park
Hotel, este *lounge* al aire libre en una 2ª
planta tiene un ambiente acogedor y re-
lajado y una terraza-bar que da a la calle,
un buen sitio para picotear algo y beber
un cubo de Gallos bien fría. Los sábados y
domingos actúan cantautores más o menos
a partir de las 21.00.

ⓘ Información

El centro urbano está 4 km al noreste de la
Interamericana, y la estación de autobuses, en
la carretera que une uno y otra, equidistante a
unos 2 km de ambos.
El **Banco Industrial** (6ª Av. 1-26), una cuadra
al oeste de la plaza principal, tiene un cajero
fiable.

ⓘ Cómo desplazarse

Los autobuses urbanos circulan entre la esta-
ción de autobuses y el centro desde las 5.00
hasta aprox. las 19.30. Al llegar a Huehue hay
que salir por el lado este de la estación a través
del hueco entre las oficinas de Transportes
Fortaleza y El Cóndor; después se cruza por un
pequeño mercado cubierto y luego por el edifi-
cio principal del mercado hasta la calle siguien-

te, desde donde los autobuses con el rótulo
"Centro" salen cada pocos minutos (2 GTQ).
Para volver a la estación de autobuses desde
el centro hay que tomar los autobuses frente al
Hotel La Sexta.

Alrededores de Huehuetenango

Pocos viajeros visitan el montañoso extre-
mo noroeste de Guatemala, a excepción
de Todos Santos Cuchumatán. Los pocos
que se aventuran son una novedad para
los habitantes mayas. En estos lugares, la
paciencia y el tacto allanan el terreno. Pa-
sadas las tierras cafeteras de la zona Huista
(Santa Ana y San Antonio), el bajo extremo
noroccidental del departamento está corta-
do por ríos y salpicado de cenotes (pozos
circulares de cráteres calizos).

Chiantla

7737 HAB. / ALT. 1463 M

Antes de subir a los montes Cuchumatanes
se llega a este pueblo, antigua sede de la
municipalidad y, hoy prácticamente un su-
burbio de Huehuetenango. Su iglesia guar-
da la imagen de la **Virgen del Rosario,** una
estatua de plata donada por el propietario
de una mina local. Se cree que la Virgen
posee poderes curativos, por lo que la gente
acude desde todo el país en busca de su in-
tercesión. La fecha principal de peregrinaje
es el 2 de febrero, día en el que el pueblo se
llena de orantes y enfermos.

La iglesia también posee unos interesan-
tes **murales** pintados en la década de 1950,
con escenas de lugareños mayas que viven
milagrosas experiencias mientras trabajan
en las minas de plata.

A 4 km de Chiantla, el **mirador Juan
Diéguez Olaverri** domina Huehuetenango
desde un punto elevado de los Cuchuma-
tanes. En un día despejado ofrece buenas
vistas de toda la región y de muchos volca-
nes. En una placa puede leerse el poema *A
los Cuchumatanes,* escrito por el hombre
que da nombre al mirador. Los niños de la
localidad lo recitan por una propina.

Cualquier autobús a Todos Santos, Solo-
ma y Barillas pasa por Chiantla y el desvío
hacia el mirador.

Chancol

El rancho **Unicornio Azul** (☑5205-9328; www.unicornioazul.com; i/d/tr incl. desayuno 300/480/600 GTQ), de propiedad franco-guatemalteca, está en Chancol, unos 25 km por carretera al noreste de Huehuetenango, y ofrece paseos a caballo en los Cuchumatanes por senderos solo utilizados por los habitantes de la zona, con acampada al aire libre o estancia en alojamientos rurales. Funciona a su vez como posada rural, con 10 sencillas y cómodas habitaciones en la casa de la finca o en un edificio aparte.

Los paseos pueden durar desde 1 h (incl. en el precio de la habitación) hasta dos o tres días (2400/3700 GTQ/persona, mín. 4 jinetes). Entre sus opciones hay una excursión de dos días a la **laguna Magdalena**, de aguas color turquesa, al abrigo de las montañas y rodeada de enormes rocas y antiguos árboles nudosos. También se proponen excursiones de un día (690 GTQ) para los que prefieran dormir en la posada. Estos paseos solo se ofrecen durante la estación seca (nov-abr), preferiblemente a jinetes con experiencia. La guía de todos los circuitos es Pauline Décamps, miembro de la Federación Hípica Francesa, que cuida con mimo a los 14 robustos caballos guardados en estos establos.

❶ Cómo llegar y salir

Para llegar a Chancol hay que tomar cualquier autobús a Todos Santos o Barillas y bajar en La Capellanía; los propietarios de Unicornio Azul se encargan de recoger a los viajeros (45 GTQ).

Chiabal

En lo alto de los montes Cuchumatanes, 17 km al este de Todos Santos, en una meseta rocosa a 3400 m de altura, salpicada de maguey y ovejas, Chiabal da la bienvenida a los visitantes que quieran experimentar la vida rural en una pequeña **comunidad mam** (☑5381-0540; esteban.matias@hotmail.com). La gente del pueblo ofrece alojamiento sencillo y prepara sustanciosas comidas típicas. Un sendero interpretativo de 2,5 km construido por la comunidad conduce a la Piedra Cuache, una roca de forma extraña en un punto de observación a 3666 m. Los guías llevan a diversos parajes del Parque Regional Municipal de Todos Santos

Cuchumatán, de 18 000 ha, entre ellos la cumbre de La Torre. También se puede participar en actividades comunitarias como pastorear llamas, tejer huipiles y plantar patatas mientras se va conociendo a la población.

Los aldeanos ofrecen alojamiento en cuatro casas de la zona a quienes visiten la comunidad mam (130 GTQ por 3 comidas y una noche de estancia).

Salen microbuses directos a Chiabal (10 GTQ) desde la gasolinera de El Calvario, en la esquina de la 1ª Av. con la 1ª calle de Huehuetenango. También se puede tomar un autobús a Todos Santos y bajar en Chiabal, 4 km al oeste del desvío de la carretera de Huehue a Barillas.

Todos Santos Cuchumatán

2980 HAB. / ALT. 2470 M

Allá por las cumbres del altiplano, la comunidad de Todos Santos se cobija al pie de un profundo valle, bordeada por laderas arboladas. Después de subir 1½ h desde Huehuetenango, el autobús deja la carretera Huehue-Soloma para enfilar una estrecha carretera asfaltada que bordea barrancos vertiginosos y entra en el pueblo más o menos 1 h después.

Sus habitantes visten en su mayoría el traje tradicional y, por raro que parezca, el masculino es el más vistoso. Los hombres llevan pantalones de rayas rojas y blancas, pequeños sombreros de paja con cintas azules, chaquetas de rayas multicolores y gruesos cuellos tejidos. El sábado es el principal día de mercado, aunque hay otro más pequeño los miércoles.

Las razones para visitarlo incluyen buenos paseos por las colinas y la oportunidad de conocer una comunidad tradicional muy unida y, a la vez, amistosa. Todos Santos Cuchumatán sufrió lo indecible durante la guerra civil guatemalteca, en la que, según algunas estimaciones, unos 2000 habitantes de la zona fueron asesinados. Sigue siendo un municipio pobre en el que, para complementar los ingresos generados por la agricultura de subsistencia, las familias emigran a principios de año para trabajar por mejores sueldos en plantaciones de café, azúcar y algodón en la vertiente del Pacífico. Sin embargo, en la actualidad, trabajar en EE UU es una alternativa más lucrativa para algunos todosanteros, como demuestra el número de nuevas construcciones del valle generadas por el envío de remesas de emigrantes, por no mencionar la incorporación de elementos urbanos en el traje tradicional.

Si se va durante la estación de las lluvias (de mediados de mayo a noviembre), hay que llevar ropa de abrigo, ya que es un lugar frío, en especial por la noche.

Puntos de interés

Museo Balam   MUSEO
(5 GTQ; ◷8.00-18.00) Se ubica en una casa de dos plantas, en una bocacalle situada una cuadra el este de la plaza. Su colección de trajes, máscaras, utensilios de cocina tradicionales, hallazgos arqueológicos e instrumentos musicales cobra vida cuando Fortunato, su creador y líder de la comunidad, se encuentra allí para procurar información sobre ella.

Tuj K'man Txun   MONUMENTO
Este recinto ceremonial, 500 m calle arriba junto a la plaza central, consta de dos cruces de madera sobre un altar de piedra destinado todavía hoy a ofrendas mayas. Las cruces conmemoran los acontecimientos de agosto de 1982, cuando el ejército ejecutó a cientos de supuestos colaboradores de la guerrilla y prendió fuego a muchas casas.

Actividades

Parque Regional
Todos Santos Cuchumatán   EXCURSIONISMO
La sección de la sierra de los Cuchumatanes que corre al norte y este de Todos Santos brinda fantásticas oportunidades para practicar el senderismo por un bosque lluvioso montano subtropical, casi todo el tiempo por encima de los 3700 m. Entre las especies vegetales únicas que medran en estas cumbres se encuentra la conífera conocida como huitó. Uno de los destinos más espectaculares es La Torre (3837 m), el pico no volcánico más alto de Centroamérica.

Las Cuevas   EXCURSIONISMO
El paseo a Las Cuevas, una cueva sagrada que aún se usa para los rituales mayas, sale de La Maceta, un árbol que crece de la roca situada junto al campo de fútbol, a 15 min en autobús por la carretera de Huehue desde Todos Santos (5 GTQ).

Circuitos

Red de Turismo Natural
y Cultural de Huehuetenango EXCURSIONISMO
(☎4051-5597; robjerbautista@yahoo.es; excursiones desde 250 GTQ) El representante local de estos guías con vocación ecologista que trabajan en todo el departamento es Roberto Jerónimo Bautista, que encabeza caminatas a la aislada comunidad de San Juan Atitán, donde las mujeres visten deslumbrantes huipiles, en unas 6 h, con regreso a Todos Santos en autobús. El sendero asciende a través de bosque maduro hasta cumbres cuyas vistas alcanzan la frontera mexicana.

Roberto organiza también caminatas de tres días a Nebaj (desde 700 GTQ/persona, mín. 2) que incluyen comida y alojamiento en viviendas de la comunidad.

Mam Trekking   EXCURSIONISMO
(☎5206-0916; rigoguiadeturismo@yahoo.com; excursiones desde 100 GTQ) El todosantero Rigoberto Pablo Cruz, gran conocedor de estos parajes, guía caminatas por todo el Parque Regional Todos Santos Cuchumatán, entre ellas una ascensión al pico de La Torre seguida por una bajada a La Maceta, y otra caminata a Tzunul, una comunidad donde los hombres tejen los cortes de las mujeres en un telar y las mujeres tejen a mano los cuellos de las camisas de los hombres.

Mam ofrece además la oportunidad de relajarse en un *chuj* maya tradicional, algo que se agradece por el clima frío de Todos Santos. Un *chuj* es un pequeño edificio de adobe con tablas de madera en la entrada. Un fuego de leña arde en una chimenea de piedra y el agua es rociada por las piedras para que despida vapor.

Rigo encabeza además caminatas de tres y cuatro días a Nebaj (desde 700 GTQ/persona, mín. 2).

Dónde dormir y comer

Para tratarse de un lugar tan pequeño, llama la atención la variedad de alojamientos buenos y baratos de Todos Santos, tres de ellos cerca de la plaza principal.

En el centro hay un par de comedores sencillos con buena cocina casera. Para un poco más de variedad se puede acudir al comedor del hotel Casa Familiar.

EL DÍA DE TODOS LOS SANTOS

Todos Santos Cuchumatán es célebre por sus coloridas carreras de caballos, un evento que se celebra sin tabúes el 1 de noviembre (el Día de Todos los Santos). Es la culminación de una semana de festividades y una noche entera de bailes varoniles con marimbas y aguardiente, la víspera de las carreras. Más que una competición, para los todosanteros es una oportunidad de cabalgar lo más rápido posible mientras se emborrachan a lo largo del día (con un descanso para almorzar). La celebración genuinamente indígena atrae a las gentes de las comunidades vecinas, que se apostan en la hierba de una ladera junto a la pista de arena o en las azoteas de enfrente para contemplar a los jinetes que corren con sus mejores galas tradicionales. Todos Santos, por lo demás, es el único lugar de Guatemala donde no se celebra el Día de Todos los Santos el 1 de noviembre, dado que este día se reserva para festejar la autonomía en la provincia de Huehuetenango. La visita tradicional al cementerio se pospone al día siguiente, cuando decoran las tumbas y tocan marimbas a los dolientes, a medida que llegan para presentar sus respetos.

Tourist Hotel   HOTEL **$**
(☑4491-0220; h con/sin baño 75/50 GTQ) Este hotel en una parte más tranquila del pueblo está bastante limpio y bien cuidado, con duchas de agua caliente, colchones de calidad y muchas mantas (sintéticas) para el frío nocturno. Unos 200 m al este de la plaza principal hay que doblar a la izquierda cuesta abajo en una tienda llamada La Todosanterita para encontrar esta solitaria construcción de hormigón de color rosa.

Hotel Casa Familiar   HOTEL **$**
(☑5737-0112; hotelyrestaurante_casafamiliar@yahoo.com; i/d 100/150 GTQ, i/d sin baño 60/90 GTQ) La alegría preside la gestión de este hotel cerca de la plaza principal con suelos de maderas duras, colchas de tejidos tradicionales, buenas duchas con agua caliente y terrazas privadas. Las habitaciones de más reciente construcción del nivel superior poseen menos personalidad, con baldosas y muebles baratos. En el café de la planta baja se puede desayunar un cuenco de *mosh* (papilla de avena) o pan de plátano recién horneado.

Los huéspedes pueden hacer uso de un *chuj* (sauna maya) por 30 GTQ/persona.

Hotelito Todos Santos   HOTEL **$**
(☑3030-6950; i/d 75/150 GTQ, i/d sin baño 45/90 GTQ) Al sur de la plaza, por una bocacalle que sale hacia la izquierda, este favorito de los mochileros ofrece habitaciones pequeñas y austeras pero bien limpiadas, con suelos de baldosas y camas firmes. La nº 15, una de las cuatro con baño privado de la torre, brinda vistas magníficas del valle. Su café informal es famoso por sus tortitas.

Comedor Katy   GUATEMALTECA **$**
(comidas 20 GTQ; ◷7.30-20.00) Mujeres en traje tradicional atienden grandes ollas burbujeantes sobre brasas en este comedor rústico, encima de la plaza central. Dispone de mesas en una terraza que da al mercado.

Comedor Evelín   GUATEMALTECA **$**
(comidas 15 GTQ; ◷7.00-21.00) La carta de este comedor a menudo muy concurrido está garabateada en un tablón de poliestireno. Al almuerzo se sirve comida tradicional como pepián de pollo (pollo en salsa de semilla de calabaza) y caldo de res. Está 100 m al este de la plaza, torciendo cuesta arriba por la librería.

ℹ Información

La calle principal de Todos Santos tiene una longitud de 500 m. En el extremo oeste están la iglesia y el mercado, y la plaza central se eleva sobre el nivel de la calle, en el extremo sur.

La tienda de tejidos Grupo de Mujeres, en el hotel Casa Familiar (p. 159), funciona como centro de información.

Banrural (Plaza Central) cambia dólares estadounidenses y tiene un cajero 5B.

ℹ Cómo llegar y salir

Los autobuses salen de la calle principal entre la plaza y la iglesia. Unos 10 autobuses diarios parten hacia Huehuetenango (20 GTQ, 2 h) entre 4.30 y 14.00. Los microbuses que llegan hasta Tres Caminos (el cruce con la carretera

Huehue-Barillas) salen durante todo el día en cuanto se llenan. Dos autobuses diarios van a Jacaltenango, por el noroeste. Un autobús de Huisteca sale hacia La Mesilla a las 5.00.

Soloma y alrededores

Al norte del desvío a Todos Santos, la carretera asfaltada serpentea entre dos riscos envueltos en niebla y un barranco cortado a pico. De entre la niebla emergen un par de grandes dedos de granito, conocidos como **Piedras de Captzín.**

Poco después se llega a **San Juan Ixcoy,** donde las mujeres visten huipiles blancos tradicionales con bordados en el cuello, que les llegan hasta los tobillos.

Soloma, en un valle 70 km al norte de Huehuetenango, se extiende hasta las colinas; es uno de los municipios más grandes de los Cuchumatanes. Los mayas de aquí hablan kanjobal. La prosperidad de Soloma puede atribuirse a los emigrantes que realizan todos los años un arduo viaje para trabajar en EE UU. Los domingos, día de mercado, el pueblo se inunda de gentes de las aldeas circundantes. El **Hotel Don Chico** (☎7780-6087; 4ª Av. 3-65, Soloma; i/d/tr 90/180/270 GTQ; **P** @W), frente a la enorme iglesia católica con cúpula dorada, es el alojamiento más confortable.

Desde Soloma la carretera atraviesa un cañón de espeso arbolado y sube después a la ciudad de **Santa Eulalia,** que da más sensación de lejanía y apego a las tradiciones. Es un lugar en el que puede hacer mucho frío, una zona de cría de ganado ovino donde se ve a los pastores con *capixays* (ponchos cortos de lana). La ciudad es famosa porque aquí se fabrican algunas de las mejores marimbas del país, como proclama un pequeño monumento delante del ayuntamiento; los hormigos de la zona proporcionan la madera para los teclados. Se está construyendo una nueva versión gótica de la iglesia de Santa Eulalia, con motivos florales en su fachada de cemento y una inscripción maya dedicada a la madre de la patrona. Un sitio aceptable donde alojarse es el **Hotel Del Coronado** (☎5734-5850; Santa Eulalia; i/d 60/120 GTQ, i/d con baño 45/90 GTQ), una extraña construcción moderna con habitaciones luminosas e impecables y vistas maravillosas de las laderas circunvecinas.

Desde Santa Eulalia, la accidentada carretera sigue su ascenso entre pastizales y algún que otro pinar –sentado a la izquierda, el viajero puede contemplar todo el camino a México– y al cabo de 30 km llega a **San Mateo Ixtatán,** el sitio más lógico para descansar de camino a la laguna Lachuá desde Huehue. Encaramado en un promontorio y con los dentados picos de los Cuchumatanes difuminándose entre las nubes, el pueblo se extiende de forma natural por las verdes laderas (la niebla puede descender temprano e impedir la visibilidad a primeras horas de la tarde). Sus pintorescas casas, dotadas de verandas con columnas y dibujos en las puertas, bordean unas calles en su mayoría sin tráfico. Las mujeres de este pequeño pueblo chuj visten huipiles de encaje con motivos florales concéntricos bordados en el escote. Su iglesia posee un encanto primitivo. Una achaparrada fachada esconde un austero interior con toscos motivos frutales pintados en las columnas. Su encanto principal es un humeante altar frente al atrio, que atestigua la influencia maya, incluso dentro de un templo cristiano.

El **Hotel Magdalena** (☎5336-2823; dfpa85@icloud.com; San Mateo Ixtatán; i/d 65/130 GTQ; ☎) es con diferencia el mejor alojamiento del municipio, donde el agua sale hirviendo de las duchas (eso sí: primero hay que preguntar si está encendido el calentador). Desde la plaza hay que subir y tomar la primera calle de la derecha; su edificio amarillo está junto al Banco Agromercantil. Por encima del desvío, **Los Picones al Chaz Chaz** (San Mateo Ixtatán; comidas 25 GTQ; ☎6.00-20.00) es un sitio fantástico donde por la mañana se pueden comer tamales frescos con salsas deliciosas, así como tacos y burritos.

Los autobuses que van a Barillas desde Huehuetenango paran en Soloma, Santa Eulalia y San Mateo.

Barillas

75 000 HAB. / ALT. 1450 M

Cuando se sale de San Mateo, la carretera desciende y la temperatura se torna algo más agradable. Al cabo de 28 km, se llega a Barillas, una próspera población donde se cultiva café entre una atmósfera de llanura.

🛏 Dónde dormir y comer

Hotel Villa Virginia HOTEL **$**
(☎7780-2236; 3ª Calle esq. 3 Av.; h 80 GTQ/persona; 🅿🛜) El alojamiento más cómodo de Barillas está en la misma plaza, con camas aceptables sobre limpios suelos de baldosas, pero hay que pedir una habitación lejos de la calle. Enfrente hay un par de cafés muy concurridos.

Restaurant El Café CAFÉ **$**
(3ª Calle 2-40; platos ppales. 30-40 GTQ; ◷6.30-21.30; 🛜) Este restaurante limpio y animado cerca de la plaza principal no destaca por su originalidad, pero prepara unos huevos a la ranchera de concurso, servidos con muchos frijoles y tortillas.

❶ Cómo llegar y salir

Los conductores de *tuk-tuks* trasladan desde la terminal de autobuses hasta el centro (10 GTQ, 7 min).

Si se sigue hasta Cobán o El Petén conviene salir temprano. Los microbuses a Playa Grande (50 GTQ, 3½ h) salen cada hora de 3.00 a 15.00 desde el semáforo junto al mercado nº 1, en el centro de la ciudad. La carretera atraviesa las remotas aldeas y bosques de la región de Ixcán, discurriendo durante gran parte del trayecto por zonas altas con vistas a la lejanía; empieza alternando grava compactada con una tortuosa superficie de roca, y después confluye en Mayalán con la sección recién terminada de la Transversal del Norte, tras lo cual la conducción se acelera multiplicada por diez.

Yalambojoch y Laguna Brava

En una zona más baja y con más vegetación entre los Cuchumatanes y la frontera mexicana, el extremo noroeste del departamento de Huehuetenango posee una cultura propia donde se habla el awakateko. Unos 20 km al este del puesto fronterizo de Gracias a Dios se halla el poblado de Yalambojoch. La mayoría de sus habitantes huyeron durante el conflicto de la década de 1980 y regresaron hace poco tiempo para rehacer sus vidas.

Una ONG europea ha contribuido a la recuperación de la comunidad de Yalambojoch construyendo pozos, casas y una escuela y centro cultural, **Niwan Nha** (☎5068-4163; per@cnl.nu), donde las muchachas indígenas aprenden a tejer huipiles.

Uno de los principales atractivos para los visitantes es la Laguna Brava (también conocida como laguna Yolnajab), 6,5 km al norte, una extensión de las lagunas mexicanas de Montebello. En sus cristalinas aguas, a las que se llega tras un descenso de 2 h a pie o a caballo desde Yalambojoch, se puede nadar (la mejor temporada es de marzo a junio). Hay que pagar una entrada de 25 GTQ y los guías cobran 75 GTQ por llevar hasta allí, más 75 GTQ diarios por los caballos.

Al este de Yalambojoch, una serie de **pirámides mayas** intactas del s. x se yergue cerca del emplazamiento donde solía estar el pueblo de San Francisco, célebre por sufrir una de las matanzas más atroces de la guerra civil, durante la arrasadora incursión terrestre de Rios Montt.

Al oeste de Yalambojoch, hacia el puesto fronterizo de Gracias a Dios, sale la desviación a la Finca La Trinidad, donde una carretera asfaltada conduce hacia el sur de la Interamericana. Unos 5 km al sur del cruce con Finca La Trinidad está el desvío a la **Posada Rural Finca Chaculá** (☎5780-4855; www.turismochacula.com; i/d/tr incl. desayuno 270/420/525 GTQ), una iniciativa de turismo comunitario puesta en marcha por retornados de cinco grupos étnicos que se refugiaron en México durante la guerra civil. La finca, de 37 km², cuenta con una pequeña laguna, algunos yacimientos arqueológicos mayas, una cascada y abundantes bosques. La antigua casa de la hacienda tiene tres cómodas habitaciones con duchas de agua caliente y sirve comidas. Sus guías, con título expedido por el INGUAT, organizan excursiones a la Laguna Brava (laguna Yolnajab) y Hoyo Cimarrón, un enorme cráter casi redondo junto a la frontera mexicana.

🛏 Dónde dormir y comer

Se sirven buenas comidas caseras en la Finca Chaculá (véase arriba), un proyecto de turismo comunitario.

Hospedaje Niwan Nha BUNGALÓ **$**
(per@cnl.nu; dc 50 GTQ, bungalós 100 GTQ/persona) Alojamiento en unas cuantas cabañas cómodas y un dormitorio grande y bien cuidado. Los huéspedes tienen acceso a una cocina bien equipada; también pueden comer en un par de comedores por unos 20 GTQ.

La Mesilla

Si se sale temprano de Huehuetenango, cruzar la frontera para seguir a San Cristóbal de las Casas (México) no suele ser un problema. Desde la terminal de autobuses hay que caminar más o menos 1 h para llegar al puesto de inmigración guatemalteco. La inmigración mexicana está en Ciudad Cuauhtémoc, 4 km al oeste de la frontera; un taxi cobra 10 MXN por la carrera. Unos 30 m más allá de la inmigración mexicana se encontrarán los autobuses de TAOSA que van a Comitán (50 MXN, cada ½ h), desde donde se puede conectar con San Cristóbal (55 MXN, 2¾ h) por una carretera que actualmente está en obras.

En la franja de La Mesilla que lleva al puesto fronterizo hay varios servicios, como una comisaría de policía, una oficina de correos y un banco. Los cambistas ofrecen aquí tipos poco ventajosos, pero como no hay ningún banco a uno y otro lado de la frontera son la única opción. Para cambiar dólares lo mejor es acudir a un banco en Huehue o Xela.

Si uno se queda atascado en la frontera, hay un par de sitios sencillos donde pasar la noche.

❶ Cómo llegar y salir

Al llegar a Guatemala por La Mesilla, hay *parrilleras* que salen a Huehuetenango (20 GTQ, 2 h) cada 20 min hasta las 18.00, así como transporte a Quetzaltenango (40 GTQ). Además, a las 20.00 sale un *pullman* de Dorada hacia Ciudad de Guatemala (180 GTQ, 8 h) a las 20.00.

Vertiente del Pacífico

Los mejores restaurantes

➡ Taberna El Pelícano (p. 181)

➡ Cafetería La Luna (p. 169)

➡ Max Café (p. 167)

➡ Robert's (p. 175)

Los mejores alojamientos

➡ Takalik Maya Lodge (p. 171)

➡ Driftwood Surfer (p. 176)

➡ Hotel Pez de Oro (p. 180)

➡ Hotel Casa y Campo (p. 168)

➡ Finca Santa Elena (p. 174)

Por qué ir

Separadas del altiplano por una cadena de volcanes, las planicies que discurren hasta el Pacífico son conocidas como "la Costa". Es una región sofocante, de clima a veces húmedo y a veces seco, provista de un rico suelo ideal para el cultivo del café, las semillas de palma aceitera y la caña de azúcar.

Desde el punto de vista arqueológico, las principales atracciones son Takalik Abaj y las esculturas de las civilizaciones preolmecas de los alrededores de Santa Lucía Cotzumalguapa.

La cultura es abrumadoramente ladina (de raíces indígena y europea) y las principales poblaciones son de corte humilde, salpicadas de casas bajas, algunas con tejado de paja.

El turismo costero de Guatemala no está desarrollado. Monterrico es el único verdadero competidor, ayudado por una reserva natural que procura resguardo tanto a los manglares como a sus habitantes. Sipacate se está abriendo hueco como destino de surf, aunque los expertos encuentran mayor diversión en México o El Salvador.

Cuándo ir

En la costa el calor es ineludible, aunque las temperaturas se soportan mejor de noviembre a marzo. Las playas se abarrotan los fines de semana y, en lugares como Monterrico, el precio de los alojamientos a menudo se duplica. Los guatemaltecos sienten predilección por la playa como destino para sus vacaciones principales (Semana Santa y Navidad), por lo que conviene reservar los alojamientos en torno a esas fechas. El surf en el Pacífico es fantástico en cualquier época del año, aunque las mejores olas suelen darse al final de la temporada de huracanes, de finales de octubre a noviembre.

Talismán

Tapachula

El Carmen

Malacatán

San Marcos

San Pedro
Sacatepéquez

San Francisco
El Alto

Cuatro Caminos

Totonicapán

MÉXICO

Salcajá

San Juan
Ostuncalco

Quetzaltenango

San Martín
Sacatepéquez

Volcán
Santa
María
(3772m)

Zunil

Ciudad
Tecún
Umán

Río Naranjo

Coatepeque

Ciudad
Hidalgo

Carretera al Pacífico

Vuelo
Extremo

Volcán
San Pedro
(3020m)

Takalik
Maya
Lodge

Parque Arqueológico
Takalik Abaj

Parque Acuático
Xocomil y
Parque de Diversiones
Xetulul

El Asintal

Ocós

Retalhuleu

Cuyotenango

Mazatenango

Tilapita

Carretera al Pacífico

Río Samalá

Champerico

La Máquina

Río

Tulate

Chiquistepeque

OCÉANO
PACÍFICO

Nueva
Venecia

Tecojate

N 0 _____ 40 km

Imprescindible

1 Tilapita (p. 166) Escapar
absolutamente de todo en este
pueblo con un solo hotel.

**2 Parque Arqueológico
Takalik Abaj** (p. 170)
Investigar la conexión
histórica entre los olmecas y
los mayas en este yacimiento
arqueológico cubierto de
hierba.

**3 Biotopo Monterrico-
Hawaii** (p. 178) Observar la
fauna entre el canal
y las lagunas rodeadas
de manglares.

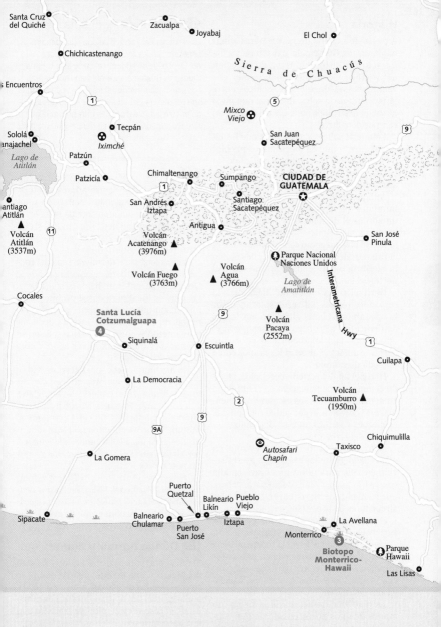

④ Santa Lucía Cotzumalguapa (p. 172) Estudiar las enormes y misteriosas cabezas talladas por los pipiles, que no guardan relación con los mayas.

⑤ Parques de atracciones (p. 169) Mojarse en el Parque Acuático Xocomil y marearse en el Parque de Diversiones Xetulul, ambos cerca de Retalhuleu.

Historia

A pesar de ser una de las primeras zonas habitadas de Guatemala, existen pocos datos sobre la historia antigua de la región del Pacífico. Se cree que hay numerosos yacimientos arqueológicos ocultos entre la espesura de la selva, mientras que otros han sido destruidos para dar paso a nuevos campos de cultivo.

Lo que se sabe con certeza es que los olmecas fueron uno de los primeros pueblos en establecerse en la zona, seguidos de los ocós y los iztapas, cuyas culturas florecieron alrededor del 1500 a.C.

Aunque estas culturas eran mucho más humildes que las del norte, desarrollaron un alto nivel de sofisticación en la talla de piedras y la cerámica. También se cree que la región costera actuó como conducto para el trasvase de los avances culturales (como la escritura o el calendario maya) entre el norte y el sur.

Entre el 400 y el 900 d.C. llegaron a la región los pipiles, tal vez desplazados por la inestabilidad en el altiplano mexicano. Se dedicaron al cultivo del cacao, con el que elaboraban una bebida de chocolate bastante amarga y usaban los granos como moneda de cambio.

Hacia el fin del período posclásico, cuando el aumento de población en el altiplano guatemalteco provocaba escasez de alimentos, empezaron a llegar indígenas quiché, cachiquel y zutujil, que se disputaban el control del territorio.

Pedro de Alvarado, el primer español en pisar suelo guatemalteco, llegó a esta región en 1524 para librar una breve batalla contra los quichés antes de prepararse para una contienda de mayor envergadura en los alrededores de la actual Quetzaltenango.

De esta época datan varios proyectos agrícolas (principalmente cultivos de añil y cacao), pero no fue hasta la independencia cuando la región se convirtió en uno de los principales productores agrícolas del país, con plantaciones de café, plátanos, caucho y caña de azúcar.

La distribución actual de la tierra, en manos de unos pocos terratenientes y un gran número de campesinos sin tierra que trabajan en sus explotaciones, es la herencia directa de los primeros años de independencia. El resultado se puede observar al viajar por la región: grandes mansiones y opulentas comunidades cerradas, rodeadas de precarias chozas.

❶ Cómo llegar y desplazarse

La vertiente del Pacífico dispone de buenas conexiones por carretera con México por el norte, con El Salvador por el sur, y con Antigua, Ciudad de Guatemala y el altiplano occidental. Los principales nudos del transporte en autobús son Escuintla y Retalhuleu; si se viene de cualquier otro punto del país, es muy probable que se pase por una de estas ciudades, y tal vez deba cambiarse de autobús.

Tilapita

Pequeña localidad de pescadores al sur de la frontera mexicana, ideal para pasar unos días de playa en un ambiente de relax total. Solo dispone de un hotel (de calidad) y está a años luz del ambiente caótico y sucio de otros pueblos costeros de la zona.

En una lengua de tierra separada del continente por un estuario se halla el pueblo de Ocós, solo accesible en barco desde Tilapa. La zona es ideal para darse un buen chapuzón, aunque, como sucede en todas las playas de esta región, la resaca puede ser muy intensa y no hay socorristas. Si no se es un experto nadador, no es aconsejable alejarse de la orilla.

No hay aquí mucho que hacer (de eso se trata), pero los pescadores ofrecen **circuitos en lancha** por el estuario, los manglares y la colindante **Reserva Natural El Manchón** cobrando 150-300 GTQ por lancha. Aunque los avistamientos no están garantizados, la fauna isleña comprende iguanas, cocodrilos, garzas blancas, garcetas y martín pescadores.

De regreso, el **Tortugario Tilapita,** frente al Hotel Pacífico del Mar, lucha por conservar la población local de tortugas marinas y agradece cualquier tipo de ayuda si se desea colaborar como voluntarios.

🛏 Dónde dormir y comer

El único sitio para comer es el Hotel Pacífico del Mar, con una enorme *palapa* donde se sirven comidas deliciosas (aprox. 60 GTQ), por lo general las capturas del día. Los camarones, el pescado y el caldo de mariscos son una apuesta segura.

Hotel Pacífico del Mar   HOTEL **$**
(☑5914-1524; www.playatilapa.com; i/d 75/100 GTQ; ❄) No es lujoso, pero ofrece habitaciones limpias y de tamaño aceptable. La piscina, también de buen tamaño, es una ventaja añadida porque aquí pega de firme el calor.

ℹ️ Cómo llegar y salir

Desde Tecún Umán, si hay suerte puede encontrarse un microbús directo (15 GTQ, 45 min) a Tilapa; en caso contrario, hay que subir a cualquiera que salga de la localidad, bajar en la salida a Tilapa y esperar otro que lleve hasta allí. Una opción más pintoresca es tomar un autobús a Ocós (15 GTQ, 30 min) y allí una lancha (unos 40 GTQ, 45 min) a Tilapita. Viniendo en dirección contraria hay autobuses directos desde Coatepeque a Tilapa (15 GTQ, 1½ h). Al llegar a Tilapa, hay que girar a la izquierda por una bocacalle y seguir recto hasta el muelle, donde hay varias lanchas atracadas. El trayecto de 10 min hasta Tilapita cuesta 10 GTQ por persona en una lancha compartida; también se puede alquilar una lancha privada por 4 US$ e indicarle al lanchero que se dirija directamente al hotel (aunque puede de que se lo imagine).

Los *pullman* que cubren el trayecto entre Ciudad de Guatemala y Tecún Umán suelen parar en Tilapa. Quienes se dirijan a la capital (70 GTQ, 4 h) o a algún punto intermedio, deberán preguntar en la zona para averiguar a qué hora sale el siguiente servicio.

Coatepeque

58 300 HAB.

Situada en una colina rodeada de plantaciones de café, es una ciudad ruidosa y caótica, pero con un peso importante en el comercio regional. También es una importante parada en la ruta del tráfico de drogas y armas entre México y Colombia, con mayor actividad de bandas que ninguna otra población fuera de Ciudad de Guatemala. Los turistas jamás son el objetivo, y rara vez se ven atrapados en el fuego cruzado, si bien hay que extremar las precauciones.

Si uno se encuentra en la zona para visitar las ruinas de Takalik Abaj, es mejor que utilice Retalhuleu como base. Pero en Coatepeque hay un par de hoteles aceptables en el centro (relativamente tranquilo).

Maya Expeditions (p. 54) organiza expediciones de *rafting* en el cercano río Naranjo.

🛏️ Dónde dormir y comer

Hotel Baechli HOTEL $

(☎7775-1483; 6ª Calle 5-45, Zona 1; i/d 85/105 GTQ; 🅿️) Habitaciones sencillas y con ventilador en un sitio céntrico.

Hotel Europa HOTEL $

(☎7775-1396; 6ª Calle 4-01, Zona 1; h 120 GTQ/persona) Fresco y tranquilo, más a la vieja usanza. Las habitaciones delanteras tienen balcón a la plaza, pero suelen ser ruidosas de día.

Max Café CAFÉ $$

(4ª Calle 3-52, Zona 1; platos ppales. 40-80 GTQ; ⊙7.00-21.00 lu-sa, hasta 13.00 do) Con cierto aire moderno, sirve un buen surtido de ensaladas y sándwiches, unos cuantos platos principales aceptables y el mejor café del lugar.

ℹ️ Cómo llegar y salir

Coatepeque es un importante centro de transportes de la región del Pacífico, por lo que ofrece buenas conexiones. La terminal de autobuses está 2 km al norte del centro, pero la mayoría de los servicios paran en el centro. Hay salidas a El Carmen (30 GTQ, 2 h), Tecún Umán (30 GTQ, 2 h), Quetzaltenango (35 GTQ, 2½ h), Tilapa (15 GTQ, 1½ h) y Retalhuleu (15 GTQ, 1 h), entre otros destinos. Varias compañías de *pullman* tienen parada aquí en la ruta entre Ciudad de Guatemala y Tecún Umán. Los autobuses paran en la calle situada una manzana al este de la terminal; el trayecto de 4 h hasta Ciudad de Guatemala cuesta 70 GTQ.

Retalhuleu

34 300 HAB.

Al llegar a la estación de autobuses de Retalhuleu (o simplemente Reu), se sufre una desilusión. El barrio de la estación, de ambiente sórdido, está lleno de destartaladas cantinas de madera y de vendedores ambulantes.

El centro de la ciudad, a solo cinco cuadras de la estación de autobuses, es como un mundo aparte: una plaza señorial erizada de palmeras entre edificios antiguos de noble estampa. Incluso la policía contribuye al embellecimiento de la zona colocando plantas frente a la comisaría.

Muchos de los que visitan Retalhuleu lo hacen por su proximidad a Tahalik Abaj, pero merece la pena acercarse a un par de estupendos parques de atracciones situados en las cercanías.

⊙ Puntos de interés

Museo de Arqueología y Etnología MUSEO

(6ª Av. 5-68; 15 GTQ; ⊙8.30-17.00 lu-vi) Pequeño museo con una colección de reliquias arqueológicas. En la planta superior hay fotografías antiguas y un mural que muestra la ubicación

Retalhuleu

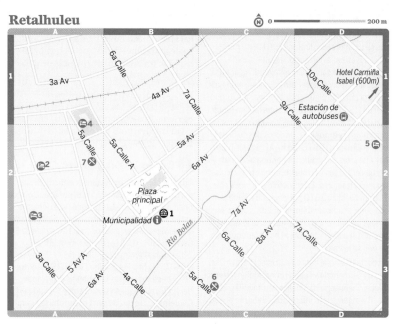

de los 33 yacimientos del departamento de Retalhuleu.

🛏 Dónde dormir

En la carretera al Pacífico hay varios hoteles que por su diseño, con bungalós, piscinas y restaurantes, podrían calificarse de "moteles tropicales" y que resultan prácticos si se tiene coche o se puede conseguir un autobús que deje allí mismo. En el centro hay también algunos alojamientos que no están mal.

Hotel Casa y Campo   HOTEL **$$**
(☎7771-3289; 3ª Calle 4-73, Zona 1; i/d 160/300 GTQ; 🅿✳🛜) Habitaciones confortables, muy a cuenta, a un par de cuadras de la plaza. Suele llenarse rápido, por lo que conviene reservar.

Hotel Carmiña Isabel   HOTEL **$$**
(☎7771-7832; Calzada Las Palmas 2-71, Zona 2; i/d 180/300 GTQ; 🅿✳🖨) La Calzada Las Palmas era la mejor zona para vivir en Reu, como testimonian sus mansiones señoriales. Este hotel es un buen ejemplo: las habitaciones no son muy grandes, pero los jardines y la zona de la piscina tienen mucho encanto.

Hostal Casa Santa María   HOTEL **$$**
(☎7771-6136; 4ª Calle 4-23, Zona 1; i/d desde 180/280 GTQ; ✳🛜🖨) Es uno de los alojamientos con más carácter y ofrece ocho frescas y espaciosas habitaciones de decoración exigua pero estilosa. Hay una pequeña piscina en el patio.

La Estancia   HOTEL **$$**
(☎7771-3053; 10ª Calle 8-50, Zona 1; i/d 120/240 GTQ; 🅿✳🖨) Alojamiento bueno, de precio razonable y gestionado por una familia, con habitaciones sencillas y limpias a un par de cuadras de la parada de autobuses.

Hotel Posada de Don José   HOTEL **$$**
(☎7771-0180; www.posadadedonjose.com; 5ª Calle 3-67, Zona 1; h desde 440 GTQ; 🅿✳🛜🖨) De estilo

colonial, construido alrededor de una enorme piscina, ofrece habitaciones espaciosas y cómodas, aunque dada la lenta remodelación en curso, conviene ver varias antes de decidirse.

Dónde comer

En Reu abundan las pizzerías, sobre todo en la 5ª Av., al norte de la plaza. Los comedores de la Posada de Don José (p. 168) y el **Hotel Astor** (✆7771-2559; 5ª Calle 4-60, Zona 1; platos ppales. 60-120 GTQ; ⊗7.30-23.00) son más refinados.

Cafetería La Luna   GUATEMALTECA **$**
(8ª Av. esq. 5ª Calle, Zona 1; platos ppales. 35-75 GTQ; ⊗8.00-22.00) A una cuadra de la plaza, no ha perdido popularidad gracias a sus comidas sencillas pero reparadoras en un ambiente sin pretensiones.

ℹ Orientación

El centro de la ciudad queda 4 km al este de la carretera al Pacífico, por la calzada Las Palmas, un bulevar bordeado de palmeras. La **parada principal de autobuses** (10ª Calle, Zona 1) está al noreste de la plaza. Para encontrar la plaza, basta con encaminarse hacia las torres de la iglesia.

ℹ Información

No hay una oficina de turismo, pero se puede obtener información en la **municipalidad** (ayuntamiento; 6ª Av., Zona 1), frente al muro oriental de la iglesia.

Banco Agromercantil (5ª Av., Zona 1) Cambia dólares estadounidenses y cheques de viaje y tiene un cajero automático MasterCard.

Banco Industrial (6ª Calle esq. 5ª Av., Zona 1) Cambia dólares estadounidenses y cheques de viaje y tiene un cajero automático Visa.

ℹ Cómo llegar y salir

Casi todos los autobuses que recorren la carretera al Pacífico tienen parada en Reu. Los taxis compartidos (9 GTQ) son los mejores para llegar a El Asintal, vía Takalik Abaj. Hay que buscar las camionetas que llevan "Asintal" pintado en el parabrisas, en los alrededores de la parada de autobuses y la plaza.

Casi todos los autobuses hacen dos paradas en la ciudad: en la **terminal principal** (5ª Av., Zona 5) y en una estación de autobuses más pequeña.

Alrededores de Retalhuleu

Parque Acuático Xocomil y Parque de Diversiones Xetulul

Si se viaja con niños, o el niño que uno lleva dentro pugna por salir, lo mejor es dirigirse a uno de estos enormes parques de atracciones pegados uno al otro en la carretera a Quetzaltenango, unos 12 km al norte de Retalhuleu.

Tanto Xocomil como Xetulul dependen del Irtra (Instituto de Recreación de los Trabajadores de la Empresa Privada de Guatemala), que administra varios parques recreativos de todo el país para trabajadores y sus familias. Juntos, estos dos parques constituyen la atracción turística más popular de Guatemala, con más de un millón de visitantes al año.

⊙ Puntos de interés

**Parque de Diversiones
Xetulul**   PARQUE DE ATRACCIONES
(✆7722-9450; www.irtra.org.gt; Carretera CITO, km 180,5; adultos/niños 100/50 GTQ; ⊗10.00-17.00 vi-do) Es un parque con atracciones de primer nivel para todas las edades. Las zonas temáticas incluyen reproducciones de las pirámides de Tikal, edificios históricos guatemaltecos y edificios famosos de ciudades europeas. Un brazalete para todas las atracciones cuesta 50 GTQ además de la entrada.

AUTOBUSES DE RETALHULEU

DESTINO	PRECIO (GTQ)	DURACIÓN (H)	FRECUENCIA
Champerico	15	1	cada pocos min, 6.00-19.00
Ciudad de Guatemala	50-95	3	cada 15 min, 2.00-20.30
Quetzaltenango	20	1	cada 30 min, 4.00-18.00
Santa Lucía Cotzumalguapa	30	2	cada 15 min, 2.00-20.30
Tecún Umán (frontera mexicana)	20	1½	cada 20 min, 5.00-22.00

Parque Acuático
Xocomil   PARQUE DE ATRACCIONES
([📞]7772-9400; www.irtra.org.gt; Carretera CITO, km 180,5; adultos/niños 100/50 GTQ; ☺9.00-17.00 judo) Este parque acuático de marcada temática guatemalteca ofrece diversiones para todas las edades (los menores de 5 años deben llevar flotador; se puede traer o alquilarlo por 20 GTQ). Entre los 14 toboganes, dos piscinas para nadar y otras dos de olas hay recreaciones de monumentos mayas de Tikal, Copán y Quiriguá. Los visitantes pueden surcar un río a través de cañones flanqueados por templos antiguos y máscaras mayas. Desde el recinto se divisan tres volcanes: el Santiaguito, el Zunil y el Santa María.

🛏 Dónde dormir

IRTRA Hostales   HOTEL **$$**
([📞]7722-9100; www.irtra.org.gt; Carretera CITO, km 180; h con ventilador/aire acondicionado desde 400/440 GTQ; [P]❄☸) Entre jardines tropicales con piscinas, *spa,* varios campos deportivos y quizá el minigolf más impresionante del país, es el mejor alojamiento en kilómetros a la redonda. El complejo consta de siete edificios principales, cada uno decorado en un estilo diferente –colonial, mediterráneo, polinesio, indonesio, tailandés, africano, maya–, pero las habitaciones son todas espaciosas, modernas y confortables.

Cuando más tranquilo está es de domingo a miércoles; las noches de jueves a sábados (cuando abre el parque) suele llenarse y los precios suben notablemente.

ℹ Cómo llegar y salir

Cualquier autobús que vaya de Retalhuleu hacia Quetzaltenango deja en Xocomil, Xetulul o el IRTRA Hostales (8 GTQ, 30 min).

Vuelo Extremo

Una de las tirolinas con mejor relación calidad-precio del país, **Vuelo Extremo** ([📞]5908-8193; www.vueloextremo.com; carretera a Retalhuleu, km 198; 3/4/11 cables 75/100/150 GTQ; ☺6.00-18.00) está situada casi exactamente a mitad de camino entre Retalhuleu y Quetzaltenango. Empieza y termina con un recorrido de 300 m a 29 m de altura y después sigue un circuito zigzagueando montaña abajo por el otro lado.

Para quienes no quieran emociones tan fuertes, hay agradables rutas para pasear (25 GTQ), que cruzan puentes tibetanos y pasan por cascadas.

Parque Arqueológico Takalik Abaj

Unos 25 km al noroeste de Retalhuleu se halla el Parque Arqueológico Takalik Abaj, un fascinante yacimiento en un terreno hoy ocupado por plantaciones de café, caucho y caña de azúcar. Takalik Abaj fue un importante centro comercial a finales de la era preclásica, antes del año 250, y demuestra el vínculo de los mayas con los olmecas, la primera civilización de Mesoamérica, que floreció entre los años 1200 y 600 a.C. en la costa meridional del golfo de México, pero su expansión fue tal que en Takalik Abaj se han encontrado numerosas esculturas de estilo olmeca.

La ciudad, que mantenía estrechos vínculos con Kaminaljuyú (en la actual Ciudad de Guatemala), fue saqueada hacia el 300 d.C, y a sus grandes monumentos, sobre todo los de estilo maya, los decapitaron. Algunos monumentos fueron reconstruidos después del año 600 y el complejo ha permanecido como un importante centro religioso para los mayas del altiplano, que hoy celebran allí ceremonias de forma regular.

🔴 Puntos de interés

Parque Arqueológico
Takalik Abaj   YACIMIENTO ARQUEOLÓGICO
(www.takalikabajpark.com; 50 GTQ; ☺7.00-17.00) Este yacimiento arqueológico de 6,5 km^2 se extiende por nueve terrazas naturales. El recinto comprende montículos con templos, canchas de juego de pelota y escalinatas pavimentadas con guijarros, junto con numerosas esculturas en piedra que incluyen figuras de animales y criaturas acuáticas (algunas en un curioso estilo de vasijas panzudas conocido como barrigón), versiones en miniatura de las típicas cabezas colosales olmecas y monumentos de estilo maya temprano que representan ceremonias religiosas con personajes ricamente engalanados.

Las excavaciones siguen su curso fuera del núcleo llamado Grupo Central (terraplén n.º 2), donde se encuentran las construcciones ceremoniales y civiles más importantes. A finales del 2005 se descubrieron varios baños y suelos multicolores. El edificio más grande y alto del complejo es la Estructura 5, una pirámide de 16 m de altura y 115 m de lado situada en la explanada n.º 3, sobre la n.º 2. Se cree que la explanada n.º 2 podría haber sido uno de los lados de una cancha de pelota. Los expertos opinan que la Estructura 7, al este de la Estructura 5, fue en su día un observatorio.

🛏 Dónde dormir

★ Takalik Maya Lodge　　HOTEL $$

(☎2334-7693; www.takalik.com; alquería/bungalós do-mi 330/490 GTQ, ju-sa 400/590 GTQ) Instalado en una granja, 2 km más allá de la entrada a Takalik Abaj (en lo alto de una gran sección aún sin excavar), es el alojamiento más confortable de la zona. Es posible alojarse en la antigua alquería o en casas de "estilo maya" de nueva construcción en medio del bosque.

Véase la web para ofertas especiales, que incluyen alojamiento, comida y circuitos por las plantaciones de café, macadamia y caucho, así como excursiones guiadas a caballo por las cascadas de la finca y el yacimiento. Cualquier *picop* desde El Asintal que pase por Takalik Abaj puede dejar en la entrada.

ℹ Cómo llegar y salir

Para llegar a Takalik Abaj en transporte público hay que tomar un taxi compartido en Retalhuleu con destino a El Asintal (9 GTQ, 30 min), 12 km al noroeste de Reu y 5 km al norte de la carretera al Pacífico. Con menor frecuencia, los autobuses parten cada ½ h de 6.00 a 18.00 de una estación situada en la 5ª Av. A, 800 m al suroeste de la plaza principal de Reu. En El Asintal hay *picops* que cubren el trayecto hasta Takalik Abaj (5 GTQ), a 4 km por una carretera asfaltada. Un guía voluntario se encarga de mostrar el lugar; se aconseja premiar el servicio con unos 20 GTQ por persona. También se puede visitar Takalik Abaj en circuitos desde Quetzaltenango.

Champerico

8700 HAB.

Construido como punto de embarque del café durante el *boom* del s. XIX, este pueblo situado 38 km al suroeste de Retalhuleu es un lugar sórdido, bochornoso y destartalado que recibe pocos visitantes. Sin embargo, su playa se puede visitar fácilmente en una excursión de un día desde Quetzaltenango, por lo que suele llenarse de estudiantes ávidos de sol. Hay que evitar la fuerte resaca y mantenerse en la parte central de la playa; fuera de estos límites, uno se expone a ser asaltado por alguno de los desesperados moradores de las chabolas de los extremos de la playa. Se han dado casos de robos a mano armada con violencia contra turistas.

🛏 Dónde dormir y comer

Gran parte de los visitantes solo van a pasar el día, pero en la zona hay varios hoteles. Casi todos los alojamientos están diseminados por la playa o situados una o dos cuadras hacia el interior. Recuérdese que todos los hoteles son muy sencillos.

Hotel Maza　　HOTEL $$

(☎7773-7180; i/d 180/270 GTQ; ❄) Con habitaciones grandes y limpias frente a la playa, el Maza es una buena elección.

7 Mares　　PESCADO $

(platos ppales. desde 40 GTQ; ◷8.00-19.00) Piscina a la sombra, un comedor con muchas plantas y una terraza en la planta alta con buena brisa y buenas vistas. Los pescados y mariscos, deliciosos.

ℹ Cómo llegar y salir

Un servicio regular de autobuses conecta Champerico con otras localidades de la vertiente del Pacífico, Quetzaltenango y Ciudad de Guatemala. La parada de autobuses queda a dos cuadras de la playa, en la calle por la que se sale del pueblo. Los últimos autobuses de regreso a Quetzaltenango salen sobre las 18.00, y algo más tarde hacia Retalhuleu.

Tulate

Tulate es un pueblo playero todavía desconocido para el grueso de los viajeros. Lo fantástico de esta playa es que, a diferencia de otras de esta costa, el agua gana profundidad poco a poco, por lo que es un sitio magnífico para nadar o para pasar un rato divertido. Las olas rara vez alcanzan la altura necesaria para hacer surf, pero los aficionados pueden practicarlo en cualquier momento durante todo el año. Para ir a la playa hay que tomar una lancha (5 GTQ) que cruza el estuario. Al llegar al otro lado se deben recorrer 500 m por la única calle asfaltada hasta la arena.

🛏 Dónde dormir y comer

De los tres hoteles de Tulate dignos de mencionar, el Villa Victoria, en la calle principal, es el más fácil de encontrar. Si uno se dirige hacia el Paraíso o el Iguana, se puede ahorrar la larga caminata por la playa aguantando calor si toma, nada más bajar de la lancha, el camino a mano izquierda que bordea el río. Si no apetece caminar, una lancha hasta el Paraíso/Iguana cuesta 60/130 GTQ.

Todos los hoteles tienen restaurante, pero los mejores para comer, y con más ambiente, son los chiringuitos de la playa, donde una buena comida a base de pescado y marisco fresco cuesta desde unos 40 GTQ.

Playa Paraíso
BUNGALÓS **$$**

(☏7872-1191; bungalós 420 GTQ; ☒) Bajando hacia la playa, a mano izquierda desde la calle principal, a 1 km se halla este cómodo aunque algo destartalado alojamiento a base de bungalós con dos camas de matrimonio, sala de estar y balcón. Hay hamacas colgadas por todo el recinto y un restaurante que sirve buenas comidas (aunque algo caras) a toda hora. Los fines de semana suele estar muy concurrido, pero los días laborables es un remanso de paz.

Villa Victoria
HOTEL **$$**

(☏7763-1139; www.turicentrosvillavictoria.com; h con ventilador/aire acondicionado 150/290 GTQ; ✳☒) Propuesta razonable situada en la calle principal, entre el embarcadero y la playa. Las habitaciones, frescas y sencillas, disponen de dos camas de matrimonio. El hotel hace las veces de centro turístico, al que los niños acuden para disfrutar de su piscina con tobogán; los fines de semana suena la música a tope desde muy temprano.

Hotel La Iguana
BUNGALÓS **$$**

(☏2478-3135; iguanabungalows@yahoo.com; bungalós entre semana/fin de semana 350/400 GTQ; ☒) Dispone de habitaciones agradables aunque algo austeras, con una cama de matrimonio y una litera en cada una. Está a un buen trecho del centro, pero el restaurante sirve comidas sencillas (40 GTQ) y los bungalós disponen de cocina.

❶ Cómo llegar y salir

A Tulate llegan autobuses directos desde Mazatenango (40 GTQ, 2 h). Si se viene del oeste, resulta tentador bajarse en Cuyotenango y esperar allí un autobús para no tener que volver atrás; el problema es que los autobuses suelen salir de Mazatenango cuando están llenos, por lo que quizá haya que viajar de pie.

Santa Lucía Cotzumalguapa

49 480 HAB.

Aunque goza de un clima benigno, Santa Lucía Cotzumalguapa es una ciudad más bien anodina. Sin embargo, la región es una parada importante para todos los interesados en la arqueología. En los campos y fincas cerca-

nas se erigen grandes cabezas de piedra, con caras grotescas y bellos relieves, talladas por el pueblo pipil, que habitó estas tierras entre los años 500 y 700.

Al recorrer la zona quizá se tenga ocasión de ver una finca azucarera en explotación.

Los naturales de esta región descienden de los pipiles, una antigua cultura vinculada lingüística y culturalmente con los pueblos de lengua náhuatl del centro de México. A principios de la época clásica, los pipiles que moraban en esta zona cultivaban cacao, el dinero de la época. Estaban obsesionados con el juego de pelota y con los ritos y misterios relacionados con la muerte. A diferencia del estilo florido y casi romántico de los mayas, el arte pipil era frío, grotesco y duro, pero de bella factura. No se sabe con certeza cuándo se instalaron en la región ni de dónde procedían, pero hay expertos que ven alguna relación con los pueblos de la costa del golfo de México, pues compartían la afición por el juego de pelota.

◉ Puntos de interés

Hay tres puntos de interés principales, todos en las afueras: el yacimiento arqueológico de El Baúl, 4,5 km al norte; el Museo El Baúl, 2,75 km más al norte, situado en la finca homónima; y el Museo Cultura Cotzumalguapa, en un desvío de la autopista, unos 2 km al noreste de Santa Lucía.

Los taxistas concentrados en la plaza principal ofrecen un circuito a los tres lugares por unos 300 GTQ, sin demasiado regateo. En esta zona calurosa y húmeda es casi imprescindible recorrer parte del trayecto en automóvil.

Museo El Baúl
MUSEO

(☉8.00-16.00 lu-vi, hasta 12.00 sa) GRATIS Este museo del yacimiento de El Baúl, a unos 2,75 km a pie o 5 km en vehículo, consiste en un valioso conjunto al aire libre de tallas pipiles en piedra procedentes de los campos de caña de azúcar de la Finca El Baúl. Un gran jaguar de piedra custodia la entrada.

Además pueden verse cuatro seres humanos o monos con los brazos cruzados sobre el pecho; una cabeza con los ojos en blanco que recuerda a la del yacimiento de la colina; varias tallas en forma de calavera; y una estela en la parte posterior donde se representa a un personaje con un tocado en forma de animal, sobre otra figura ataviada de la misma forma y tumbada en el suelo (parecen el ganador y el vencido en el juego de pelota).

Santa Lucía Cotzumalguapa

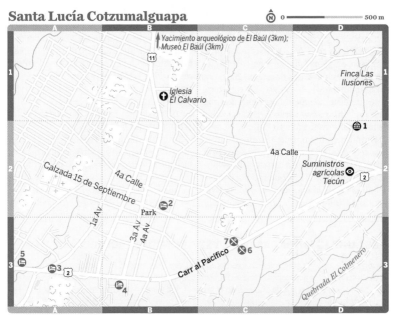

N ↑ 0 ━━━━━ 500 m

Santa Lucía Cotzumalguapa

Para llegar, quienes viajen en dos o cuatro ruedas han de salir de la ciudad en dirección norte, siguiendo la carretera que pasa junto a la iglesia de **El Calvario.** Desde la bifurcación, justo pasada la iglesia, hay que continuar 2,7 km hasta una intersección que aparece después de cruzar un puente; tómese entonces el camino de la izquierda y sígase la carretera asfaltada durante 3 km hasta llegar a la casa de la Finca El Baúl. Por esta carretera pasan varios autobuses. Si se llega a pie, se puede ir desde el yacimiento de El Baúl hasta la intersección con la carretera asfaltada. Allí hay que cruzar la carretera y seguir por el camino de tierra. Al poco rato se llega a la carretera asfaltada que conduce a la plantación y, una vez en ella, se tuerce a la derecha.

Cerca de la casa de la plantación (a 6 km de la plaza principal de Santa Lucía) se cruza un puente en una curva. Luego, se sigue cuesta arriba hasta alcanzar la entrada, a la izquierda, señalizada como "Ingenio El Baúl. Bienvenidos". Hay que indicar a los vigilantes que se desea visitar el museo, al que se llega tras dejar atrás la refinería de azúcar a la derecha.

Museo Cultura Cotzumalguapa MUSEO
(30 GTQ; ⊙8.00-13.00 y 14.30-16.30 lu-vi, 8.00-13.00 sa) Este museo se halla en la plantación de caña de azúcar de la Finca Las Ilusiones y alberga una colección de esculturas descubiertas en los alrededores. Lo más probable es que el vigilante lo enseñe, y además hay algún material explicativo.

La muestra incluye una reconstrucción de un altar de sacrificios con las piedras originales, así como fotografías de algunas estelas que fueron enviadas al Dahlem Museum de Berlín en 1880. La pieza más impresionante, el Monumento 21, es una reproducción en fibra de vidrio de una piedra que sigue en su ubicación original en los campos de la Finca Bilbao (que forma parte de las plantaciones de Las Ilusiones). En la piedra se representa lo que podría ser un chamán sosteniendo una especie de marioneta a la izquierda, un jugador de pelota con un cuchillo en el centro y un rey o sacerdote sosteniendo algo parecido a un corazón, a la derecha. Frente al museo, en plena calle, se pueden admirar dos reproducciones: una de esta piedra y otra del Monumento 19. A lo largo de la carretera, antes de llegar al puente que conduce a la casa de la finca, hay varias reproducciones de las esculturas del Museo El Baúl.

Para dar con el museo hay que recorrer más o menos 1,5 km hacia el este desde el centro de la ciudad por la carretera al Pacífico (ctra. 2), se dobla a la izquierda poco antes del almacén de la empresa de **suministros agrícolas Tecún** y se recorren unos 400 m hacia el norte.

El Baúl YACIMIENTO ARQUEOLÓGICO

Con dos grandes piedras talladas, este yacimiento arqueológico posee el atractivo adicional de ser un lugar de culto pagano para las gentes del lugar. Los mayas lo visitan con regularidad, sobre todo los fines de semana, y presentan ofrendas, encienden fuegos y velas y sacrifican pollos; no les importan las visitas, y a cambio de una pequeña aportación quizá posen para que los fotografíen con los ídolos.

De las dos piedras, la grotesca cabeza grande medio enterrada es la más impresionante: luce un tocado complejo, nariz con forma de pico y ojos "ciegos" con grandes bolsas debajo. La cabeza está manchada de cera de las velas, chorretones de licor y otras bebidas, y el humo y las cenizas del incienso quemado,

ESTANCIAS EN FINCAS DE LA VERTIENTE DEL PACÍFICO

Con tantas fincas (granjas) en las zonas rurales, era solo cuestión de tiempo que el agroturismo empezara a consolidarse en Guatemala. Se trata de un turismo de bajo impacto; a menudo el viajero puede alojarse en la propia finca y los circuitos suelen consistir en paseos por la hacienda. Para muchas de las fincas que ofrecen circuitos y alojamiento, la agricultura sigue siendo su principal fuente de ingresos, de ahí que, quienes prevean hospedarse en una de ellas, tengan que avisar de la fecha de llegada con unos días de antelación.

Aldea Loma Linda (⌚5724-6035; h por persona sin baño voluntarios/visitantes 30/60 GTQ) Pueblecito en las faldas meridionales del volcán Santa María. Se pueden dar paseos magníficos (60-80 GTQ, aprox. 3 h) por la campiña circundante, poblada por unas 280 especies de aves (incluido el quetzal) todo el año. Los alojamientos son sencillos pero cómodos y las comidas (25 GTQ) se hacen con las familias. Los voluntarios pueden trabajar en el huerto comunitario de cultivo ecológico, la granja de gusanos o la conservación del bosque. Los autobuses a Loma Linda (10 GTQ, 2 h) salen de Retalhuleu a las 12.00, 12.30, 13.30 y 15.00.

Finca Santa Elena (⌚7772-5294; www.fincasantaelena.com; Carretera a Quetzaltenango, km 187; h por persona sin baño 150-180 GTQ; 🌐) Junto a la carretera principal, es una de las fincas más accesibles de la región. Los huéspedes se alojan en la casa de labranza, una preciosa construcción de madera, y casi todas las habitaciones brindan vistas magníficas. Las comidas, preparadas en la casa, cuestan unos 70 GTQ. Los circuitos (60-85 GTQ/persona) son muy didácticos: uno explica el proceso de producción de café y otro se interna en el bosque pasando por ríos, cascadas, bambusales y un paraje poblado por miles de mariposas. Para llegar, hay que tomar cualquier autobús entre Quetzaltenango y Retalhuleu y pedir al conductor que pare en la entrada a Palmarcito (km 187). Se accede a la finca subiendo la carretera de cemento, 400 m a la derecha.

Reserva El Patrocinio (⌚7771-4393; www.reservapatrocinio.com; parcelas/i/d 150/510/830 GTQ) Esta granja en activo de 140 Ha –con plantaciones de café, macadamia y rambután, entre otras– ha sido convertida en una reserva natural privada. Se ofrece alojamiento en una casa elegante y moderna en la ladera de un cerro, con vistas al valle. El precio del hospedaje incluye todas las comidas y actividades. Se pueden dar muchos paseos, y hay tirolinas (120 GTQ), circuitos explicativos por las plantaciones (25-50 GTQ, más por la observación de aves) y un restaurante aceptable (comidas 60-120 GTQ) con vistas panorámicas. La reserva queda a 14 km de la carretera, unos 18 km al norte de Retalhuleu; hay que informarse sobre el transporte en el momento de reservar.

todo ello forma parte del culto. La gente lleva más de 1400 años viniendo aquí.

La otra piedra es una talla en relieve de una figura con un vistoso tocado, probablemente un dios del fuego, rodeado de motivos circulares que quizá sean glifos de fechas.

Para llegar hasta aquí hay que salir de la ciudad hacia el norte por la carretera que pasa por la iglesia El Calvario. Desde la intersección, nada más pasar la iglesia, se recorren 2,7 km hasta una bifurcación después de un puente; la bifurcación está indicada por la entrada a la urbanización Ciudad España (señalizada desde el centro). Los autobuses que van a la Finca El Baúl pasan por este letrero. En la bifurcación se dobla a la derecha, pasando por la Colonia Maya, también a mano derecha. Después de recorrer 1,5 km desde el letrero de Los Tarros, un camino de tierra cruza la carretera; al llegar a este punto hay que torcer a la derecha, entre dos postes de hormigón. Al frente se verá ahora un montículo coronado por tres árboles grandes: es el yacimiento. Pasados unos 250 m se dobla a la derecha entre otros dos postes de hormigón idénticos y se sigue por este camino, rodeando por delante el montículo, hasta que termina unos 150 m más adelante. Después se enfila el sendero que sube al montículo, que es en realidad una gran plataforma con un templo en ruinas que no ha sido restaurado.

🛌 Dónde dormir

Los mejores hoteles están a la entrada de la ciudad. No se pierde uno gran cosa por alojarse aquí, en las afueras.

Hotel Internacional　　　　　　　HOTEL $
(☎7882-5504; Calle los Mormones; i/d 130/180 GTQ; 🅿❄) En una pequeña pista que sale de la carretera al Pacífico, es el mejor hotel económico, de habitaciones grandes y limpias con ventilador, ducha de agua fría y TV. El aire acondicionado cuesta 70 GTQ extras.

Hospedaje Reforma　　　　　　　HOTEL $
(☎7882-1731; 4ª Av. 4-71; i/d 80/160 GTQ) Tiene tres cosas a su favor: es barato, céntrico y su patio está decorado con cabezas de jabalí disecadas. Y si se siente predilección por dormir en pequeñas celdas de hormigón oscuras y sofocantes, habrá que añadir una cuarta.

Hotel Santiaguito　　　　　　HOTEL $$
(☎7882-5435; www.hotelsantiaguito.com; Carretera al Pacífico, km 90,4; i/d 330/435 GTQ; 🅿❄🛜) Situado en la autopista, en el extremo occidental de Santa Lucía, luce un ambiente bastante sofisticado tratándose de la costa del Pacífico. Dispone de tres espaciosos patios arbolados y de una piscina (abierta al público por 20 GTQ). Las habitaciones, grandes y con enormes camas, están dispuestas alrededor de un frondoso patio-aparcamiento. Su restaurante sirve buenas hamburguesas con queso y comidas algo caras (30-80 GTQ).

Hotel El Camino　　　　　　HOTEL $$
(☎7882-5316; Carretera al Pacífico, km 90,5; i/d 180/300 GTQ; 🅿❄🛜) Las habitaciones de este hotel son tan enormes y con tan pocos muebles, salvo los colgadores de ropa y los escritorios, que se podría jugar un partido de fútbol.

🍴 Dónde comer

El Hotel Internacional y El Camino cuentan con restaurantes anexos (platos principales 30-50 GTQ y 50-100 GTQ, respectivamente).

Robert's　　　　　　　　ASADOR $$
(carretera al Pacífico, km 89; platos ppales. 60-180 GTQ; ⏲11.00-22.00) Tal vez sea el sitio más agradable de la ciudad para comer, con mesas al aire libre.

Beer House　　　　　HAMBURGUESERÍA $$
(carretera al Pacífico, km 89; platos ppales. 50-100 GTQ; ⏲13.00-23.00) Ofrece sabrosas hamburguesas y comidas aceptables.

ℹ️ Cómo llegar y salir

Puesto que actualmente la autopista 2 circunvala Santa Lucía, muchos de los autobuses que circulan por ella no entran en la ciudad. Si se llega desde el este, es probable que el viajero tenga que cambiar de autobús en Escuintla (12 GTQ, 30 min). Llegando desde el oeste, quizá el transbordo deba hacerse en Mazatenango (20 GTQ, 1¼ h). En Cocales, 23 km al oeste de Santa Lucía, una carretera procedente del lago de Atitlán converge con la autopista 2, lo que ofrece una ruta de acceso al altiplano. Ocho autobuses diarios unen Cocales y Panajachel (30 GTQ, 2½ h, 70 km, 6.00 a 14.00 aprox.). Conviene informarse acerca de la situación actual, ya que se tiene constancia de robos acaecidos en el pasado en este tramo de carretera.

La Democracia
17 500 HAB.

En La Democracia, anodino municipio de la vertiente del Pacífico situado 10 km al sur de Siquinalá, hace calor de día y de noche, en la estación lluviosa y en la seca. Durante el período posclásico tardío (300 a.C.-250 d.C.), esta zona, al igual que Takalik Abajop por el noroeste, albergó una cultura con influencias del sur de México. Al entrar a la ciudad desde la carretera hay que seguir los letreros al museo regional, ubicado en la plaza, donde también hay un cajero automático de 5B.

◉ Puntos de interés

En el yacimiento arqueológico de Monte Alto, en las afueras de La Democracia, se han descubierto enormes cabezas de basalto y esculturas de aspecto barrigudo. Las cabezas parecen toscas copias de las colosales cabezas talladas por los olmecas en la costa meridional del golfo de México varios siglos antes.

Hoy, estas grandes cabezas olmecoides se hallan en la plaza principal, renovada hace poco, colocadas en pedestales cubiertos e iluminadas de noche. Para llegar al museo hay que entrar a la ciudad desde la autopista y seguir los letreros.

Museo Regional
de Arqueología   MUSEO
(☎7880-3650; 30 GTQ; ⊙8.30-13.00 y 14.00-16.30 ma-sa) Enfrente de la plaza, junto a la iglesia y el modesto Palacio Municipal, se ubica este pequeño y moderno museo que alberga varios hallazgos fascinantes. La pieza más destacable es una máscara de jade. Pequeñas estatuillas, yugos utilizados en el juego de pelota, relieves tallados y otros objetos conforman esta pequeña pero importante colección.

🛏 Dónde dormir y comer

Guest House Paxil de Cayala   PENSIÓN **$**
(☎7880-3129; i/d sin baño 60/120 GTQ) A media manzana de la plaza, esta casa de huéspedes es el único alojamiento del pueblo; ofrece habitaciones grandes y correctas con mosquiteras.

Burger Chops   COMIDA RÁPIDA **$**
(platos ppales. 25-45 GTQ; ⊙8.00-21.00) Situado junto a la plaza, es lo más parecido a un restaurante en toda la ciudad.

❶ Cómo llegar y salir

La compañía Chatía Gomerana opera autobuses cada ½ h de 6.00 a 16.30 entre la terminal CentraSur de Ciudad de Guatemala y La Democracia (25 GTQ, 2 h), con parada en Escuintla. Desde Santa Lucía Cotzumalguapa hay que tomar un autobús hasta Siquinalá y allí cambiar de vehículo.

Sipacate

La capital del surf de Guatemala, con olas de una altura media de 1,8 m, las mejores entre diciembre y abril se encuentra a 1½ h por la carretera de Santa Lucía Cotzumalguapa. Sipacate está separado de la playa por el canal de Chiquimulilla.

🛏 Dónde dormir y comer

En la playa, extrañamente sin explotar, solo se levantan unos pocos hoteles, que son además los mejores sitios para comer, con pescado y marisco fresquísimo.

★**Driftwood Surfer**   ALBERGUE **$**
(☎3036-6891; www.driftwoodsurfer.com; dc/d 65/295 GTQ; ❋☄) Los dormitorios con aire acondicionado de este nuevo albergue para surfistas situado en primera línea de playa son un magnífico reclamo, lo mismo que el bar de la piscina. Clases de surf y alquiler de tablas.

El Paredón   BUNGALÓS **$**
(☎4994-1842; www.paredonsurf.com; dc 85 GTQ, i/d desde 270/360 GTQ) Una pareja de surfistas guatemaltecos regenta este *camping* pequeño, barato y rústico al este del pueblo. Se alquilan tablas y kayaks, y se ofrecen clases de surf y buenas comidas sencillas (50-80 GTQ). Hay que reservar con antelación. Para llegar, tómese el autobús diario desde Puerto San José (salidas 13.00 lu-vi, 20 GTQ) o un *tuk-tuk/picop* al embarcadero de El Escondite desde Sipacate y, a continuación, una lancha (20 GTQ ida) a El Paredón.

Rancho Carillo   BUNGALÓS **$$$**
(☎5517-1069; www.marmaya.com; h/6 personas bungalós 550/1200 GTQ; ❋☄☄) Frente a Sipacate, al otro lado del canal, esta finca queda a un corto trayecto en lancha (10 GTQ ida y vuelta) del pueblo. El único problema para dormir aquí es el ruido que producen las olas. Si se llama con antelación, se suele conseguir un buen precio; entre semana se ofrece un descuento del 25%. Se alquilan tablas de surf.

❶ Cómo llegar y salir

Los autobuses que vienen de la terminal CentraSur de Ciudad de Guatemala (40 GTQ, 3½ h) pasan cada 2 h por La Democracia de camino a Sipacate. Si se viene de Antigua, la manera más fácil de llegar es el transporte de enlace (los billetes se venden en todas las agencias de viajes de la ciudad), que cuesta unos 100 GTQ.

VERTIENTE DEL PACÍFICO

Escuintla

116 000 HAB.

Rodeada de una rica y densa vegetación, esta ciudad debería ser un idílico destino tropical donde la gente descansara en sus hamacas y preparara deliciosas comidas con las abundantes frutas y verduras exóticas que ofrece la tierra. Pero una bochornosa urbe industrial de gran importancia económica pero escaso interés para el viajero (excepto si debe tomar algún autobús a otros puntos del país). Los bancos están situados por los alrededores de la plaza. Hay un cajero automático en la **Farmacia Herdez** (13ª Calle esq. 4ª Av.; ⏲7.00-22.00), a una cuadra cuesta arriba desde la terminal de autobuses.

🛏 Dónde dormir y comer

Hay restaurantes sencillos en la calle principal y los aledaños de la terminal de autobuses. Si se busca algo con un poco más de categoría hay que dirigirse a **Jacobo's** (4ª Av. 14-62; platos ppales. 30-50 GTQ; ⏲11.00-22.00), que ofrece comida china correcta en un establecimiento limpio y tranquilo.

Hotel Costa Sur   HOTEL **$**
(☎7888-1819; 12ª Calle 4-13; i/d con ventilador 90/120 GTQ, i/d con aire acondicionado 130/150 GTQ; ❄) Semiesquina a la calle principal, ofrece habitaciones aceptables con TV y ventilador.

Hotel Sarita   HOTEL **$$**
(☎7888-1959; Av. Centro América 15-32; i/d 340/380 GTQ; ❄🛜🏊) Uno de los mejores hoteles de la ciudad, con una piscina grande y un buen restaurante.

ℹ Cómo llegar y salir

Todos los autobuses que parten de la terminal pasan por la 1ª Av., pero para conseguir un asiento, lo mejor es dirigirse a la estación principal de autobuses, junto a la 4ª Av., al sur de la ciudad. En la entrada de la estación hay una gasolinera Scott 77. Si el destino es Monterrico y no se encuentra ningún autobús directo, se puede tomar uno que vaya a Puerto San José o Iztapa y conectar allí.

Algunos autobuses que llegan por la carretera al Pacífico dejan al viajero al norte de la ciudad, lo que implica una larga y agotadora caminata hasta el caótico centro urbano, donde está la estación principal de autobuses.

Autosafari Chapín

Ubicado 25 km al sureste de Escuintla, el **Autosafari Chapín** (☎2222-5858; www.autosafarichapin.com; ctra. a Taxisco, km 87,5; adultos/niños 60/50 GTGTQ; ⏲9.30-17.00 ma-do) es un parque que desarrolla un proyecto de conservación de fauna que se ha forjado un gran prestigio por su sensibilidad y su éxito en la reproducción de especies en cautividad. Algunas son endémicas de Guatemala, como el ciervo de cola blanca, el tapir o el guacamayo, pero también se pueden admirar otras, como leones, rinocerontes o leopardos. Dispone de restaurante y piscina, por lo que es interesante si se viaja con niños.

Es más divertido si se visita con coche propio, pero si no es el caso, el precio de la entrada incluye un recorrido de 20 min en microbús. Varias empresas de autobuses llegan hasta aquí (20 GTQ, 1½ h) desde la terminal CentraSur de Ciudad de Guatemala; salen cada 10 min, de 4.30 a 17.30.

Iztapa

6100 HAB.

Unos 12 km al este de Puerto San José, Iztapa fue el primer puerto que se creó en la vertiente guatemalteca del Pacífico, utilizado por el propio Pedro de Alvarado en el s. XVI. Cuando en 1853 se construyó Puerto San José, Iztapa perdió su condición de puerto de la capital y cayó en un letargo del que aún no ha despertado.

No hay mucho que hacer en este pueblo. Si no se va a ir de pesca, lo mejor es cruzar el río en lancha hasta la barra de arena del otro lado, donde baten las olas y una hilera de restaurantes con techo de *palapa* ofrecen comida y cerveza.

🏃 Actividades

La localidad se ha convertido en los últimos años en uno de los principales destinos del mundo para practicar la pesca de altura. En sus aguas se han superado numerosos récords mundiales, y los aficionados pueden pescar marlines, tiburones y atunes, entre otras especies. La mejor época para la pesca del pez vela es de noviembre a junio. **Buena Vista Fishing** (☎7880-4203; www.buenavistasportfishing.com) y **Fishing International** (☎teléfono gratuito en EE UU y Canadá 800-950-4242; www.fishinginternational.com) organizan desde EE UU excursiones para practicar la pesca de altura en Iztapa. También es posible contratar al propietario de alguna embarcación para ir de pesca, aunque a menudo carecen del equipo necesario y se niegan a devolver las presas al mar una vez pescadas. Suelen congregarse a orillas del río María Linda; se aconseja regatear. Es probable que los atunes se hallen fuera del alcance de las embarcaciones locales, ya que habitan en aguas 17 km mar adentro.

🛏 Dónde dormir y comer

El pueblo cuenta con un par de hoteles, pero no es destino apropiado para unas vacaciones playeras. En la calle principal y los aledaños del mercado se pueden encontrar pequeños comedores (restaurantes baratos).

Sol y Playa Tropical   HOTEL **$$**
(☑7881-4365; 1ª Calle 5-48; i/d 230/300 GTQ; ❄☀) Habitaciones aceptables con ventilador y baño, repartidas en dos pisos alrededor de una piscina que monopoliza el patio central. El aire acondicionado cuesta 50 GTQ más.

❶ Cómo llegar y salir

La ventaja de Iztapa es que se puede tomar un autobús directo desde Ciudad de Guatemala (30 GTQ, 1½ h). Parten cada ½ h de 5.00 a 18.00, con una pequeña parada en Escuintla y Puerto San José. El último entre Iztapa y la capital parte sobre las 17.00.

La mayoría de la gente pasa por aquí de camino a Monterrico. Quienes viajen por carretera deberán seguir las señales hacia el este hasta llegar a un puente nuevo (15 GTQ ida) que conecta con Pueblo Viejo.

Monterrico

En la costa en torno a Monterrico, el estilo de vida es muy distinto que en el resto del país. La vida aquí rezuma sabor y calor tropical, con construcciones rústicas de tablillas con techos de *palapa* y formidables volcanes tierra adentro. El pueblo recibe cada vez más extranjeros que hacen una escapada playera desde Antigua o Ciudad de Guatemala. Entre semana está relativamente tranquilo, pero los fines de semana y festivos la invaden familias guatemaltecas.

Es una localidad costera con algunos hoteles económicos en primera línea de mar, una gran reserva de fauna y dos centros dedicados a la reproducción y la reintroducción en el medio natural de tortugas marinas y caimanes. La playa es impresionante, con violentas olas que rompen contra la negra arena volcánica. El oleaje en la arena indica que las corrientes son muy fuertes; se sabe de víctimas mortales, por lo que hay que bañarse con precaución. Detrás del pueblo se extiende una vasta red de manglares y canales que forman parte del canal de Chiquimulilla, de 180 km de largo.

◉ Puntos de interés

Biotopo
Monterrico-Hawaii   RESERVA NATURAL
Esta reserva administrada por el Cecon (Centro de Estudios Conservacionistas de la Universidad de San Carlos) constituye la principal atracción de Monterrico. Es una reserva natural de 20 km de longitud, formada por manglares pantanosos costeros donde habitan numerosas especies de aves y animales acuáticos; las más famosas son las tortugas laúd y lora, dos especies en peligro de extinción que desovan en la playa por toda la costa. Los manglares forman una red de 25 lagunas interconectadas por varios canales.

Los circuitos en barco por la reserva, a través de pantanos y lagunas, duran entre 1½ y 2 h y cuestan 75 GTQ por persona (50 GTQ por cada persona extra). Se aconseja visitarla al amanecer, cuando hay mayores opciones de ver a las distintas especies. Conviene llevar prismáticos para observar las aves; los mejores meses son enero y febrero. Los lugareños suelen acercarse a los turistas por la calle (algunos con convincentes acreditaciones) para ofrecerles circuitos por la reserva, pero si uno quiere apoyar realmente al Tortugario (donde cuentan con los guías más expertos) se recomienda contratar el circuito directamente en el Tortugario Monterrico.

Algunos viajeros desaconsejan el uso de lanchas a motor, ya que suelen ahuyentar a los animales; lo mejor son las barcas de remos. Si se dispone del tiempo, se recomienda contratar un circuito en barca por el canal.

Parque Hawaii   RESERVA NATURAL
(☑4743-4655; www.arcasguatemala.com; ☻8.00-17.00) Situada 8 km al este de Monterrico yendo por la playa, esta reserva natural administrada por Arcas (Asociación de Rescate y Conservación de Vida Silvestre) desarrolla un programa de cría de tortugas, caimanes e iguanas; es independiente del colindante Biotopo Monterrico-Hawaii, pero con el mismo ideario conservacionista. El voluntariado trabaja durante todo el año, aunque la

VERTIENTE DEL PACÍFICO

temporada de puesta se extiende de junio a noviembre, con especial actividad en agosto y septiembre.

Los voluntarios pagan 1330 GTQ semanales por la comida y el alojamiento en la propia reserva. Más o menos por el mismo precio se ofrece alojamiento con familias de la zona. Entre las labores de voluntariado se incluyen: comprobación y mantenimiento de los criaderos, reforestación de manglares, construcciones básicas y recogida de datos. Visítese su web para más detalles sobre los programas disponibles. La recogida de los huevos suele realizarse por la noche. Está bastante alejado de Monterrico, pero suele haber otros voluntarios para compartir las tareas y se pueden realizar actividades como excursiones en kayak, circuitos por el lugar o sesiones de pesca en el mar y en los manglares.

Un servicio de autobuses (5 GTQ, 30 min) que parte del embarcadero de Monterrico cada 2 h durante la semana y cada hora los fines de semana cubre el accidentado trayecto hasta la reserva. También realizan la ruta varias *picops* a 35 GTQ por persona.

Tortugario Monterrico   RESERVA NATURAL
(50 GTQ; ☺ 7.00-17.00) También gestionado por el Cecon, para encontrarlo hay que ir playa abajo desde el final de la calle y luego recorrer una cuadra hacia el interior de la localidad. Aquí se crían varias especies de animales en peligro de extinción, como las tortugas laúd, golfina y verde, el caimán y la iguana.

Hay un interesante sendero interpretativo y un pequeño museo con criaturas en formol. El personal ofrece excursiones por la laguna y caminatas nocturnas (50 GTQ) de agosto a diciembre para buscar huevos de tortuga y acepta voluntarios. Todos los días de septiembre a enero, a la puesta del sol, se sueltan crías de tortuga en la playa delante del tortugario. Se puede "comprar" una tortuga y liberarla a cambio de un donativo de 10 GTQ. Con independencia de lo que hagan los demás, se ruega no utilizar cámaras con *flash* ni linternas.

Circuitos

Productos Mundiales   CIRCUITO EN BARCO
(☏ 2366-1026; www.productos-mundiales.com) Esta compañía ofrece circuitos de observación de fauna marina (6 h, desde 1775 GTQ/

PESCA PARA TODOS LOS GUSTOS

A una distancia de entre 5 y 40 millas de la costa de Iztapa, es probable que un aficionado a la pesca deportiva acabe capturando un pez espada. Esta zona es conocida como uno de los principales destinos del mundo de esta especialidad: la costa cuenta con potentes corrientes en remolino, y los científicos que las han estudiado han llegado a la conclusión de que podría tratarse del mayor lugar de cría de peces vela del Pacífico.

La media diaria de capturas de pez espada es de 15 a 20 durante todo el año. En temporada alta (de octubre a mayo), aumenta hasta los 40 ejemplares. Guatemala protege a la población de peces espada mediante una ley que obliga al pescador a devolver su captura al mar. Otras especies se pueden pescar libremente, como la dorada o el atún; si el visitante pesca uno, puede quedárselo. Quienes deseen recibir clases de pesca o busquen un paquete que incluya alojamiento y pesca, deben visitar www.greatsailfishing.com.

Se puede pescar todo el año, pero los mejores meses son: pez dorado (may-oct); gallo (jun-sep); marlín (sep-dic); atún (sep-ene); lubina (oct); y pez vela (oct-may).

Como sucede en muchas otras partes del mundo, la sobreexplotación pesquera es un problema en Guatemala. Los responsables principales son los pescadores a gran escala, que utilizan redes de arrastre. Otro problema, sobre todo en el caso de especies de agua dulce y gambas, es el uso de pesticidas en la agricultura. Muchos de estos componentes se vierten en los ríos, lo cual diezma la fauna y daña los frágiles ecosistemas de los manglares.

Se calcula que la vertiente guatemalteca del Pacífico ha perdido más del 90% de sus bosques de manglares. Sirven de criadero para muchas especies de peces y crustáceos, y los árboles mantienen la calidad del agua y evitan la erosión. También son una fuente de alimento e ingresos para las comunidades locales. Sin embargo, en toda la vertiente del Pacífico se está imponiendo la cría de gambas en piscifactorías. En la última década, estas industrias han ocupado el 5% de los manglares que se conservan en el mundo.

persona), con salida desde la Marina Pez Vela en el cercano Puerto Quetzal. Durante todo el año, el viajero tiene la posibilidad de avistar calderones, delfines, tortugas golfinas y laúd, mantas gigantes y tiburones ballena. De diciembre a mayo pueden verse también ballenas jorobadas y cachalotes. Es esencial reservar (5 días antes mediante ingreso en cuenta bancaria); véase la web para más información. Para llegar a la marina se toma cualquier autobús con destino a Ciudad de Guatemala (12 GTQ, 1 h) hasta Puerto Quetzal y después un taxi o *tuk-tuk*.

🛏 Dónde dormir

Para ahorrarse una caminata por la playa soportando el calor hay que tomar la última calle que sale a la izquierda o la derecha de la calle principal antes de llegar a la playa. Muchos hoteles ofrecen descuentos para estancias de tres o más noches. Es aconsejable reservar para los fines de semana. Entre semana hay más margen para regatear.

🛏 A la izquierda de la calle principal

Johnny's Place   HOTEL $
(☎5812-0409; www.johnnysplacehotel.com; dc 45 GTQ, h sin baño 145 GTQ, h con aire acondicionado desde 320 GTQ, bungalós 550-1200 GTQ; ▣❄🏊) Muy fácil de encontrar, aunque no sea del gusto de todos, este complejo, uno de los más grandes de Monterrico, es el primero que aparece al torcer a la izquierda al llegar a la playa. De ambiente agradable, atrae a mochileros y familias.

Cada dos bungalós comparten una barbacoa y una pequeña piscina; hay otra mayor para todos los huéspedes. Las habitaciones más económicas no derrochan *glamour,* pero tienen ventiladores y ventanas con mosquiteros. Pagando algo más, se obtienen mayores lujos. Desde el bar-restaurante se divisa el mar y es un popular punto de encuentro; la comida no destaca, pero tiene una oferta variada y se sirven imaginativos licuados (combinados de fruta fresca) y otras bebidas refrescantes.

Brisas del Mar   HOTEL $
(☎5517-1142; h por persona con ventilador/aire acondicionado 120/180 GTQ; ▣❄🏊) A una cuadra de la playa y muy visitado, ofrece habitaciones de buen tamaño, un comedor en la 2ª planta con magníficas vistas al mar y una piscina grande.

★**Hotel Pez de Oro**   BUNGALÓS $$
(☎2368-3684; www.pezdeoro.com; i/d 400/500 GTQ; ▣🏊) Es pintoresco, con pequeñas y cómodas cabañas y bungalós esparcidos por un frondoso recinto. Las habitaciones están decoradas con buen gusto y disponen de un gran ventilador. En el restaurante, con vistas al mar, sirven cocina italiana y platos de marisco.

**Dos Mundos
Pacific Resort**   CENTRO VACACIONAL $$$
(☎7823-0820; www.hotelsdosmundos.com/monterrico; bungalós desde 930 GTGTQ; ▣❄🏊🏊) El complejo más grande de Monterrico dispone de jardines bien cuidados, dos piscinas y un restaurante junto al mar. Los bungalós, espaciosos, sencillos y elegantes, disponen de amplios balcones.

🛏 A la derecha de la calle principal

Hotel El Delfín   HOTEL $
(☎4661-9255; www.hotel-el-delfin.com; dc 40 GTQ, i/d desde 125/200 GTQ, i/d sin baño 50/100 GTQ; 🏊🏊) Este hotel modesto pero enorme ha ido mejorando con los años. Las habitaciones son grandes y están bien decoradas, pero algunos fines de semana hay que soportar ruido.

Café del Sol   HOTEL $$
(☎5810-0821; www.cafe-del-sol.com; i/d con ventilador desde 205/305 GTQ, h con aire acondicionado desde 560 GTQ; ▣❄🏊🏊) Situadas bajo un único techo de paja, las habitaciones económicas decepcionan un poco si se comparan con el resto del hotel; las estándar del nuevo anexo, cruzando la carretera, están mejor por ser más amplias y disfrutar de piscina en el recinto. La carta del restaurante ofrece platos originales y se puede comer en la terraza o en la *palapa*.

Hotel Atelie del Mar   HOTEL $$$
(☎5752-5528; www.hotelateliedelmar.com; i/d con ventilador incl. desayuno 500/660 GTQ; ▣❄🏊🏊) Es uno de los hoteles más formales, con encantadores jardines y hermosas habitaciones, espaciosas a la par que sencillas, y la mejor piscina de estos contornos, junto con la carta más extensa y una galería de arte.

🍴 Dónde comer

En la calle principal hay numerosas marisquerías. Las mejores propuestas económicas son los dos sencillos comedores sin nombre, situados en la última carretera a la derecha antes de la playa, donde se puede paladear un suculento plato de camarones al ajillo, tortillas de arroz, patatas fritas y ensalada por 50 GTQ.

Casi todos los hoteles tienen restaurantes que sirven las capturas del día.

⭐**Taberna El Pelícano**   ITALIANA, PESCADO **$$**
(platos ppales. 60-150 GTQ; ☺12.00-14.00 y 18.00-22.00 mi-do) Es el mejor restaurante local, con la carta más extensa y los platos más suculentos, como *risotto* de marisco (80 GTQ), *carpaccio* de ternera (75 GTQ) y varios platos a base de camarones jumbo (140 GTQ).

🍷 Dónde beber y vida nocturna

Playa Club   CLUB
(☺8.00-1.00) Situado en el Johnny's Place (p. 180), se caldea los fines de semana con *reggaeton, house* y bebidas que mantienen a la clientela en movimiento.

Las Mañanitas   BAR
(☺12.00-hasta tarde) En la playa, al final de la calle principal, este pequeño bar es lo que realmente le faltaba a Monterrico: muchas hamacas frente a la playa, gran oferta de bebidas y discreta música de fondo.

ℹ️ Orientación e información

Al llegar al embarcadero de La Avellana hay que recorrer 1 km hasta llegar a la playa y los hoteles y en el trayecto se cruza Monterrico. Se camina en línea recta desde el embarcadero y después se dobla a la izquierda. Las *picops* (5 GTQ) aguardan la llegada de los barcos y lanchas de servicio regular.

Si se viene en autobús desde Pueblo Viejo hay que caminar unos 300 m por la calle principal desde la parada hacia la playa.

Banrural, semiesquina a la calle principal en la carretera al parque Hawaii, cambia efectivo y quizá cheques de viaje. Hay un cajero automático en el Supermercado Monterrico.

ℹ️ Cómo llegar y salir

Hay dos rutas para llegar a Monterrico. Desde Ciudad de Guatemala o Antigua, lo más lógico es tomar un autobús que vaya directamente por el nuevo puente de Pueblo Viejo. La otra opción es dirigirse a La Avellana, donde hay lanchas y ferris de automóviles con destino a Monterrico. La compañía Cubanita ofrece varios autobuses directos a/desde Ciudad de Guatemala (45 GTQ, 4 h, 124 km). Otra alternativa para llegar a La

Avellana es cambiar de autobús en Taxisco, en la autopista 2. Un servicio de autobuses cubre el trayecto entre Ciudad de Guatemala y Taxisco (40 GTQ, 3½ h) cada ½ h de 5.00 a 16.00; en el trayecto entre Taxisco y La Avellana (10 GTQ, 40 min) parten cada hora de 7.00 a 18.00, aunque los taxistas suelen decir a los visitantes que han perdido el último autobús, independientemente de la hora a la que se llegue. Un taxi entre Taxisco y La Avellana cuesta unos 80 GTQ.

Desde La Avellana hay que tomar una lancha o un ferri hasta Monterrico. El trayecto de ½ h por el canal de Chiquimulilla en lancha colectiva cuesta 5 GTQ por pasajero. El servicio empieza a las 4.30 y parten cada ½ o 2 h hasta el atardecer. También se puede pagar un poco más y contratar una embarcación privada. El ferri cuesta 100 GTQ por vehículo.

También hay autobuses de enlace a Monterrico; el más fiable sale desde el exterior del Proyecto Lingüístico Monterrico a las 13.00 y 16.00 (80/160 GTQ a Antigua/Ciudad de Guatemala), donde se pueden reservar los billetes y preguntar por otros destinos. Contáctese con cualquier agencia de viajes para conseguir transporte a Monterrico desde Ciudad de Guatemala o Antigua.

Alrededores de Monterrico

Isleta de Gaia

Al este de Monterrico, cerca de Las Lisas, se encuentra el secreto mejor guardado de la costa pacífica de Guatemala: un hotel-bungaló construido sobre una larga isla de arena y que toma su nombre de la diosa griega de la Tierra. Con el Pacífico a un lado y los manglares por el otro, este pequeño y acogedor **resort** (☎7885-0044; www.isleta-de-gaia.com; 2/4 personas bungaló 600/1050 GTQ; @🖥🛜🏊) 🐾 de propiedad francesa y espíritu ecológico está construido con materiales naturales.

Dispone de 12 bungalós, de uno o dos niveles, con vistas al mar, la laguna o la piscina; todos tienen cómodas camas, ventilador, baño, balcón y hamaca. La decoración es de inspiración mexicana y costarricense. En el restaurante con vistas al mar (platos principales 70-150 GTQ) sirven cocina italiana, española y francesa con una especial atención a los frutos del mar. Se pueden alquilar tablas de *bodyboard* y kayaks, además de un barco para expediciones de pesca. Las reservas para este pequeño paraíso deben realizarse por correo electrónico con cuatro días de antelación. Se ofrece un servicio de lanzaderas a/desde Ciudad de Guatemala y Antigua. Desde Monterrico no hay ninguna carretera costera hacia el este más allá del parque Hawaii, por lo que hay que volver atrás hasta Taxisco y tomar la carretera al Pacífico durante 35 km para llegar al desvío de Las Lisas, desde donde restan otros 20 km hasta Las Lisas, donde se toma el barco (100 GTQ) a Isleta de Gaia.

Chiquimulilla y frontera con El Salvador

Los surfistas que se encuentran en esta parte de Guatemala suelen dirigirse a La Libertad, en El Salvador. Muchos viajeros van directamente de Escuintla o Taxisco a Chiquimulilla, para seguir después hasta la localidad fronteriza de Ciudad Pedro de Alvarado/La Hachadura. Desde allí, hay que recorrer unos 110 km de costa hasta La Libertad.

Si uno necesita pasar la noche en la frontera antes de cruzarla puede dirigirse al agradable pueblo ganadero de Chiquimulilla (15 100 hab.), 12 km al este de Taxisco. No ofrece demasiadas actividades, pero es un buen lugar para detenerse. La nueva terminal de autobuses está en las afueras, pero los *tuk-tuk* llevan a cualquier lugar por 4 GTQ.

🛏 Dónde dormir y comer

Casi todos los hoteles de esta región, excepto los más baratos, suelen tener piscina. Los mosquitos pueden suponer un problema; hay que comprobar si las ventanas cierran bien o (esto es preferible) si se cubren con mosquiteros.

En La Hachadura, la parte salvadoreña, hay un par de hospedajes aceptables, pero no se recomiendan los hostales de Ciudad Pedro de Alvarado, en el lado guatemalteco.

La carne de vacuno es parte importante de la dieta en esta región, aunque suele ofrecerse algún pescado y marisco. Con la excepción de los restaurantes de los hoteles, los sitios donde comer tienden a lo informal.

Hotel San Carlos　　　　　　HOTEL **$**
(📞7885-0817; 2ª Calle, Zona 2; i/d 120/180 GTQ; 🅿🛜) A pocas cuadras de la terminal de autobuses, este hotel regentado por una familia ofrece habitaciones correctas y un restaurante.

❶ Cómo llegar y salir

A Chiquimulilla y la frontera con El Salvador llegan autobuses de Ciudad de Guatemala y los que circulan por la carretera al Pacífico.

Desde Taxisco salen autobuses hacia la frontera cada 15 min hasta las 17.00.

La otra opción para llegar a El Salvador es dirigirse al norte desde Chiquimulilla y tomar un autobús local que pasa por Cuilapa rumbo a la frontera, en Valle Nuevo/Las Chinamas, viajando tierra adentro antes de torcer hacia el sur hasta La Libertad.

Cuilapa
25 400 HAB.

Rodeada de plantaciones de cítricos y café, la capital del departamento de Santa Rosa no tiene demasiado interés, pero la zona es conocida por las tallas de madera, la cerámica y los artículos de piel.

La mayoría de los visitantes que llegan a esta localidad se dirigen a la frontera con El Salvador, pero en las afueras hay un par de volcanes de fácil ascensión, que ofrecen excelentes vistas.

Los hoteles de Cuilapa son muy modestos. Lo mejor es alojarse en la cercana Chiquimulilla o en puntos más lejanos y plantearse la visita como una excursión de un día. En la zona del mercado y la terminal de autobuses hay comedores humildes.

◉ Puntos de interés

Tecuamburro　　　　　　VOLCÁN
El complejo volcánico de Tecuamburro abarca varios picos, incluidos el cerro de Miraflores (1950 m), el cerro la Soledad (1850 m) y el cerro Peña Blanca (1850 m). Tachonado de pequeñas fumarolas de las que emana vapor y azufre, este último brinda el ascenso más interesante, aunque sus tupidas pendientes no permiten disfrutar de las vistas hasta casi la cima. Un servicio regular de autobuses y microbuses (15 GTQ, 1½ h) une Cuilapa con Tecuamburro. Desde ahí, la ascensión a Peña Blanca dura 2-3 h (14 km).

Volcán Cruz Quemada　　　　　　VOLCÁN
Este volcán apagado se alza a 1700 m, con el pueblecito de Santa María Ixhuatán en su base. Los cafetales se extienden por sus faldas hasta un tercio de su altura. Desde la cima, tomada por numerosas antenas de televisión, se domina la costa, el cerro de la Consulta y el cercano complejo volcáni-

co de Tecuamburro. Desde Santa María, la ascensión a la cima es sencilla y dura 3 h.

El recorrido, de 12 km, se puede realizar por cuenta propia preguntando de vez en cuando a los paisanos. Otra opción es contratar un guía en Santa María; se puede preguntar en la parada de taxis o en la plaza principal. Para llegar a Santa María hay que tomar un microbús (8 GTQ, 25 min) en Cuilapa.

Cómo llegar y salir

Cuilapa está comunicada con Ciudad de Guatemala por una buena carretera. Los autobuses (30 GTQ, 2½ h) salen de la terminal de Centra-Sur en la capital.

Desde la terminal de autobuses de Cuilapa salen microbuses hacia el paso fronterizo con El Salvador en Valle Nuevo.

Lago de Amatitlán

Tranquilo lago bordeado por un amenazante volcán, solo 25 km al sur de la capital, por lo que es ideal para una excursión de un día. Tras años de abandono, ha sido adecentado gracias en gran medida a los grupos comunitarios locales, que han querido reconvertirlo en una atracción turística. Los fines de semana suele llenarse de capitalinos con ganas de cruzar sus aguas en barcas de remos (el agua está demasiado contaminada para bañarse); muchos de ellos disponen de segundas residencias en la zona.

Puntos de interés y actividades

Los circuitos en barcos compartidos/privados cuestan 10/80 GTQ. Alquilar un bote de remos cuesta desde 30 GTQ/h.

Teleférico TELEFÉRICO
(adultos/niños ida y vuelta 20/10 GTQ; ☺9.00-17.00 vi-do) Cuando funciona, este teleférico pasa sobre la orilla del lago y sube por la ladera. El trayecto dura ½ h y ofrece impresionantes vistas.

Dónde dormir y comer

Hay unos cuantos hoteles pasables por la orilla del lago y otros más en el pueblo, pero la mayoría de los viajeros vienen aquí en una excursión de un día.

Varios comedores a orillas del lago ofrecen pescado frito, tacos y platos básicos. Si se busca algo un poco más refinado hay que seguir los indicadores cuesta arriba hasta llegar, a la derecha, a **La Rocarena** (platos ppales. 50-120 GTQ; ☺8.00-21.00), con una carta aceptable, bonitos jardines, buenas vistas y un par de piscinas con agua templada.

Cómo llegar y salir

El lago de Amatitlán está en una salida de la autopista 9 (entre Escuintla y Ciudad de Guatemala). Si se llega desde Ciudad de Guatemala (1 h, 10 GTQ) solo hay que pedir al conductor del autobús que pare en el teleférico. El lago está a 500 m del desvío. Si se llega desde Escuintla o se quiere volver a Ciudad de Guatemala, los autobuses paran en la calle principal, situada a 1 km de distancia. El trayecto se puede realizar a pie en 10-15 min, ya que los taxis escasean.

VERTIENTE DEL PACÍFICO CUÁNDO IR

Centro y este de Guatemala

Los mejores restaurantes

➡ Xkape Koba'n (p. 192)

➡ La Abadia (p. 192)

➡ Restaurante Buga Mama (p. 230)

➡ Sundog Café (p. 221)

➡ Restaurante Safari (p. 225)

Los mejores alojamientos

➡ Hotel Restaurant Ram Tzul (p. 188)

➡ Hotel La Posada (p. 191)

➡ Utopia (p. 197)

➡ Finca Tatín (p. 232)

Por qué ir

Esta región, que se extiende desde los bosques de tierras bajas de El Petén hasta los secos trópicos del valle del río Motagua, y desde el extremo del altiplano occidental hasta el mar Caribe, es la más variada de Guatemala.

La carretera al Atlántico (ctra. 9) avanza en dirección este hasta el mar desde Ciudad de Guatemala, pasando por los desvíos a las ruinas de Copán (Honduras), por Quiriguá, con sus impresionantes estelas, y por el río Dulce, lugar de descanso habitual de los marineros que navegan por el Caribe y antesala del Refugio de Vida Silvestre Bocas del Polochic. Durante la visita a esta parte del país vale la pena viajar por el río Dulce hasta Lívingston, morada de los garífunas.

El norte de la región es exuberante y montañoso y se cultiva café. Los riscos calizos que rodean Cobán atraen a espeleólogos de todo el mundo, y las pozas y cascadas de Semuc Champey ocupan lugares de honor en la lista de las maravillas naturales de Guatemala.

Cuándo ir

La vastedad de esta región –más o menos una cuarta parte de la Guatemala continental– explica su variedad climática. En los meses más frescos, de noviembre a febrero, no conviene ir a Cobán y a Alta Verapaz porque en muchos de sus lugares de interés hace demasiado frío para nadar. Merece la pena incluir en el calendario el Día Nacional Garífuna, que se celebra en Lívigston a finales de noviembre, y también el festival Rabin Ajau de Cobán en julio.

Los observadores de aves que aspiren a ver al pájaro nacional de Guatemala, el quetzal, tendrán más suerte durante su período de cría, de marzo a junio. Los precios del alojamiento se mantienen relativamente estables todo el año, a excepción de Navidad y Semana Santa.

ALTA Y BAJA VERAPAZ

Antes de la conquista española, los montañosos departamentos de Baja Verapaz y Alta Verapaz estaban poblados por los mayas rabinales, famosos por su belicosidad y por sus victorias despiadadas. Lucharon contra los poderosos mayas quichés durante siglos pero jamás fueron sojuzgados.

A los conquistadores también les costó trabajo derrotarlos. Fue Fray Bartolomé de Las Casas quien convenció a la Corona española de que ante el fracaso de la guerra era preferible intentar la paz. Armado con un edicto que prohibía la entrada de los soldados españoles en la región durante cinco años, el fraile y sus hermanos desempeñaron su misión religiosa y lograron convertir a los mayas rabinales, que rebautizaron su tierra como Verapaz, hoy dividida en Baja Verapaz, con capital en Salamá, y Alta Verapaz, cuya capital es Cobán. Los mayas rabinales se han mantenido muy fieles a las antiguas costumbres de su raza, y hay muchos pueblos curiosos que visitar en esta parte de Guatemala, entre ellos el propio Rabinal.

Salamá y alrededores

Ni demasiado fría ni demasiado calurosa, la zona que rodea Salamá sirve como carta de presentación del clima de Baja Verapaz y posee muchos lugares de interés, tanto poscoloniales como indígenas.

Salamá es famosa por su iglesia de rica decoración y su mercado dominical. En el vecino pueblo de San Jerónimo puede verse un pintoresco ingenio azucarero convertido en museo y un impresionante acueducto de piedra.

Salamá señala también el punto de partida de una ruta que conduce por carreteras secundarias hasta Ciudad de Guatemala pasando por Rabinal, cuya fiesta anual de San Pedro (19-25 ene) es una mezcla cautivadora de costumbres precolombinas y católicas en las que perdura la tradición del palo volador. Tanto Rabinal como Cubulco cuentan con pensiones sencillas pero correctas.

Desde allí hay 100 km en dirección sur hasta Ciudad de Guatemala, pasando por el desvío a Mixco Viejo, uno de los yacimientos mayas menos visitados y más espectaculares del país. La antigua capital de los pocomames se encajona entre profundos barrancos, con una sola salida y una sola entrada; los pocomames reforzaron las defensas de la ciudad ciñéndola con unas formidables murallas de piedra. Pedro de Alvarado y sus soldados tardaron más de un mes en conquistarla, y cuando por fin lo lograron arrasaron con furia esta ciudad en cuyo período de esplendor se cree que llegaron a vivir cerca de 10 000 personas. Aquí hay varios templos y dos canchas de juego de pelota.

👉 Circuitos

EcoVerapaz   CIRCUITOS

(☎5722-9095; ecoverapaz@hotmail.com; 8ª Av. 7-12, Zona 1, Salamá; circuito 1 día 400 GTQ/persona) Instalada en la tienda Imprenta Mi Terruño, una cuadra al oeste de la plaza en la carretera a La Cumbre, sus naturalistas ofrecen interesantes circuitos por Baja Verapaz que incluyen espeleología, observación de aves, senderismo, paseos a caballo y excursiones para ver orquídeas.

🛏 Dónde dormir y comer

Hotel Real Legendario   HOTEL $

(☎7940-0501; www.hotelreallegendario.com; 8ª Av. 3-57, Salamá; i/d 160/180 GTQ; 🅿🛜) Reconocible por los bambúes del aparcamiento, este hotel tres cuadras al este de la plaza ofrece habitaciones limpias y seguras con ventilador, agua caliente en los baños y televisión por cable.

Posada de Don Maco   HOTEL $

(☎7940-0083; 3ª Calle 8-26, Salamá; i/d 120/160 GTQ; 🅿) Hotel limpio y familiar con habitaciones sencillas pero amplias, con ventilador y buenos baños. En el patio hay una colección de jaulas con ardillas.

Antojitos Zacapanecos   COMIDA RÁPIDA $

(6ª Calle esq. 8ª Av. Salamá; platos ppales. 25 GTQ; ⊘10.00-21.00) Si se busca algo un poco diferente en comida rápida, pruébese las enormes tortillas de harina con carne de cerdo, pollo o res de este local; y mejor todavía es pedirlas para llevar y tomarlas en la plaza en plan pícnic.

ℹ Cómo llegar y salir

De la terminal de autobuses del centro de Salamá salen servicios frecuentes hacia Cobán (30 GTQ, 1½-2 h), Ciudad de Guatemala (40-55 GTQ, 3 h) y los pueblos vecinos.

Salto de Chaliscó

A la que proclaman la catarata (20 GTQ) más alta de América Central se llega recorriendo 12 km por una pista de tierra desde un desvío

Imprescindible

① Nadar en las aguas turquesa de **Semuc Champey** (p. 196).

② Bajar a las **grutas de Lanquín** (p. 195).

③ Admirar las impresionantes tallas de **Copán** y **Quiriguá** (p. 209).

④ Relajarse en las **Copán Ruinas** (p. 214), cuya belleza rivaliza con la de Antigua.

⑤ Alojarse en **Las Conchas** (p. 201), donde aguardan cascadas, caminatas por la

BELICE

13

Punta
Gorda

**MAR
CARIBE**

N 0   40 km

*Bahía de
Amatique*

Área de Protección
Especial Punta de
Manabique

Modesto
Méndez
(Cadenas)

Lagunita
Creek

Finca Tatin

6 **Lívingston**

Biotopo Chocón
Machacas

*Río
Dulce*

Estero
Lagarto

*Golfo de
Honduras*

Hotelito Perdido

Omoa

Casa Perico

El Golfete

Puerto
Barrios

Río Dulce

Cuyamelito

El Castillo de San Felipe

*Hotel
Backpacker's*

Santo Tomás
de Castilla

Cuyamel
Tegucigalpita

El Boquerón

Entre
Ríos

Corinto

Hotel Kangaroo

El Estor

La Ruidosa

San Pedro
Sula

*Lago de
Izabal*

Morales

Mariscos

Río Motagua

4

Chapin Abajo

Río Chamelecón

Mínas

Quiriguá

3

9

Los Amates

**Carretera
al Atlántico**

Río Ullúa

La Entrada

Santa
Barbara

*Lago de
Yojoa*

*Agua
Caliente*

11

**Copán
Ruinas**

El Florido

4

Santa Rita
de Copán

HONDURAS

3

Copán

Camotán

Santa Rosa
de Copán

Volcán de
Quetzaltepeque
(1900m)

Esquipulas

Agua
Caliente

4

Parque Nacional
Montecristo-El Trifinio

Nueva
Ocotepeque

El Poy

EL SALVADOR

jungla y circuitos por
los pueblos.

6 Beber con los garífunas
en la ciudad caribeña de
Lívingston (p. 226).

7 Contemplar la belleza
natural de zonas protegidas
poco visitadas como el **Parque
Nacional Laguna Lachuá**
(p. 194) y el **Refugio Bocas
del Polochic** (p. 223).

en la ctra. 14 a Cobán. El salto, de 130 m de altura y rodeado de bosque nuboso, se despeña con toda su fuerza sobre todo cuando ha llovido. Otra cascada, el **Lomo de Macho,** se halla a 8 km de distancia; la caminata es agradable, pero también se puede alquilar un caballo en el centro de visitantes de la ciudad, a unos 5 km de la cascada.

Los autobuses a Chaliscó salen cada ½ h desde Salamá (17 GTQ, 1½ h), pasando por La Cumbre Santa Elena (10 GTQ, 45 min) en la ctra. 14.

Biotopo del Quetzal

Por la ctra. 14, pasados 34 km del desvío a Salamá desde La Cumbre, se extiende el Biotopo Mario Dary Rivera, una reserva natural comúnmente conocida como **Biotopo del Quetzal** (CA 14, km 161; 40 GTQ; ☉7.00-16.00), al este del pueblo de Purulhá.

Hace falta bastante suerte para ver a un pájaro tan raro y tímido como el quetzal, aunque hay más posibilidades de marzo a junio. Aun así, vale la pena hacer un alto para disfrutar explorando este ecosistema de bosque nuboso alto que constituye el exuberante hábitat natural del quetzal, por si se llega a ver uno. Las primeras horas de la mañana o las últimas de la tarde son los mejores momentos para buscarlos; en realidad donde más abundan es en los jardines de los hoteles cercanos.

La reserva dispone de un centro de visitantes, una pequeña tienda de bebidas y tentempiés, y un *camping* y zona para barbacoas. Las normas sobre acampada cambian de vez en cuando; lo mejor es ponerse en contacto con el **Cecon** (Centro de Estudios Conservacionistas de la Universidad de San Carlos; plano p. 52; www.cecon.usac.edu.gt; Av. La Reforma 0-63, Zona 10, Ciudad de Guatemala), que administra este y otros biotopos.

Dos **rutas ecológicas** excelentes y bien cuidadas serpentean por la reserva: el **sendero Los Helechos** (1800 m) y el **sendero Los Musgos** (3600 m). Al caminar entre la espesura, pisando el fértil y esponjoso mantillo de musgo, se ven muchas variedades de epífitas (plantas aéreas), que medran en el ambiente húmedo de la reserva. En lo más profundo del bosque se alza el Xiu Gua Li Che (árbol del Abuelo), con unos 450 años, que germinó por la época en que los españoles combatían a los mayas rabinales en estas montañas.

🛏 Dónde dormir y comer

Ranchitos del Quetzal HOTEL **$**
(☎4130-9456; www.ranchitosdelquetzal.com; CA 14, km 160,5; h desde 100 GTQ/persona; P) En un espacio ganado a la jungla sobre una ladera a 200 m de la entrada al Biotopo del Quetzal, este hotel tiene habitaciones sencillas de buen tamaño con duchas de agua solo tibia en el edificio de madera, más antiguo, y de agua caliente en el de hormigón, más nuevo. Se sirven comidas sencillas de precio razonable (platos principales desde 30 GTQ), sin que falten platos vegetarianos.

★**Hotel Restaurant Ram Tzul** HOTEL **$$**
(☎5908-4066; www.ramtzul.com; CA 14, km 158; i/d 290/425 GTQ; P🛜) Quizá sea el hotel más bonito de las Verapaces, con un restaurante-cuarto de estar en una construcción alta con

---

EN BUSCA DEL QUETZAL

El quetzal, que dio nombre a la moneda de Guatemala, era sagrado para los mayas; con sus plumas se adornaba la serpiente Quetzalcóatl, y darle muerte se castigaba con la pena capital. En época moderna no ha gozado de tanta protección, y por la caza (sobre todo por la larga cola esmeralda de los machos) y la pérdida de su hábitat hoy es una rareza en Guatemala; hay muchas más posibilidades de verlos en Costa Rica o Panamá.

Sin embargo, el mejor sitio para buscar un quetzal en Guatemala son las selvas nubosas de la Alta Verapaz, sobre todo en las inmediaciones del Biotopo del Quetzal, y principalmente en los aguacatales y frutales, que son el alimento preferido del quetzal (junto con insectos, caracoles, ranas y lagartos). Pero hay que mirar de cerca: el plumaje verde del quetzal es mate a menos que le dé directamente la luz del sol, lo que le proporciona un camuflaje perfecto, y suele permanecer inmóvil durante horas.

Las hembras ponen dos huevos al año, de marzo a junio, que es la mejor época para buscarlos, pues las plumas de la cola de las hembras alcanzan hasta 75 cm de largo. Y hay que aguzar el oído para escuchar su canto, un grito agudo y un silbido grave: "*kiiu-kiiu*".

techo de paja, fogones y mucho ambiente. El tono rústico se hace extensivo a las habitaciones, espaciosas y decoradas con elegancia. La propiedad incluye cascadas y pozas.

ℹ️ Cómo llegar y salir

Cualquier autobús que vaya o vuelva de Ciudad de Guatemala puede dejar en la entrada del parque. En dirección contraria lo mejor es parar un autobús o microbús para ir hasta El Rancho y cambiar allí para enlazar con el destino siguiente.

Cobán

68 900 HAB. / ALT. 1320 M

Sin grandes atractivos en sí misma pero excelente como trampolín para explorar las maravillas naturales de Alta Verapaz, Cobán es una ciudad próspera con un aire alegre y optimista. Los visitantes que repitan se asombrarán de lo mucho que ha prosperado y el buen gusto demostrado en su desarrollo.

La ciudad fue en su día el centro de Tezulutlán (Tierra de Guerra), bastión de los mayas rabinales.

En el s. XIX, cuando los inmigrantes alemanes aquí establecidos fundaron enormes fincas de café y cardamomo, Cobán adquirió el aspecto de una ciudad de montaña alemana. El período de dominación cultural y económica alemana terminó durante la II Guerra Mundial, cuando EE UU convenció al Gobierno guatemalteco de que deportara a los poderosos propietarios de fincas, muchos de los cuales apoyaron activamente a los nazis.

◉ Puntos de interés

Orquigonia   JARDINES
(✆4740-2224; www.orquigonia.com; CA 14, km 206; 40 GTQ; ◷7.00-16.00) Los amantes de las orquídeas, e incluso los curiosos, deberían apuntarse al instructivo circuito guiado por esta reserva de orquídeas junto a la carretera que va a Cobán. El circuito (1½-2 h) repasa la historia del coleccionismo de orquídeas, mientras se recorre un sendero del bosque. La propiedad dispone de pequeñas cabañas donde se puede dormir por 350 GTQ/noche.

Para llegar se toma cualquier autobús que se dirija a Tontem desde Cobán y se baja al ver el letrero, unos 200 m por la pista de tierra que sale de la ctra. 14.

Parque Nacional
Las Victorias   PARQUE
(3ª Calle, Zona 1; 15 GTQ; ◷8.00-16.00, senderos 9.00-15.00) Este parque de 82 Ha en plena ciudad tiene estanques, zonas para barbacoas y pícnic, parques infantiles, un mirador y kilómetros de senderos. La **entrada** está cerca de la esquina de la 9ª Av. con la 3ª calle. Casi todos los senderos están muy aislados, por lo que quizá sea preferible caminar en grupo. Se permite acampar.

Templo El Calvario   IGLESIA
(3ª Calle, Zona 1) Se contempla una bonita vista de la ciudad desde esta iglesia que se levanta al final de una larga escalera en el extremo norte de la 7ª Av. Los indígenas dejan ofrendas en altares al aire libre y cruces en la entrada. No conviene quedarse por aquí después de las 16.00 porque se han denunciado atracos en la zona.

La **ermita de Santo Domingo de Guzmán,** consagrada al patrono de Cobán, está 15 km al oeste del pie de la escalera que sube a El Calvario.

Mercado Terminal   MERCADO
Es siempre un buen sitio para dar un paseo, aunque no se vaya a comprar.

🖐 Circuitos

Cooperativa Chicoj   CAFETAL
(✆5524-1831; www.coffeetourchicoj.com; circuitos 60 GTQ) A 15 min de la ciudad en autobús, esta cooperativa ofrece circuitos de 2 km (45 min) por su cafetal, con una parada a mitad de camino para montar en tirolina y, al final, tomar una taza de café cultivado y tostado en la finca.

Los turoperadores de Cobán ofrecen este circuito por 160 GTQ, pero en la parada próxima a la comisaría de policía de la 1ª calle se puede tomar un autobús que va directamente al pueblo de Chicoj.

Misterio Verde   CIRCUITO
(✆7952-1047; 2ª Calle 14-36, Zona 1; ◷8.30-17.30) Funciona como agencia de reservas de varias iniciativas turísticas comunitarias de la zona, como los bosques nubosos de Chicacnab (cerca de Cobán) y la pluviselva subtropical de Rocjá Pomtilá (cerca de la laguna Lachuá). Los participantes se alojan en pueblos con una familia maya quiché. Por 350-450 GTQ se ofrece un guía, dos noches de alojamiento y cuatro comidas.

Los guías que dirigen las caminatas a los lugares de interés son padres de familia,

Cobán

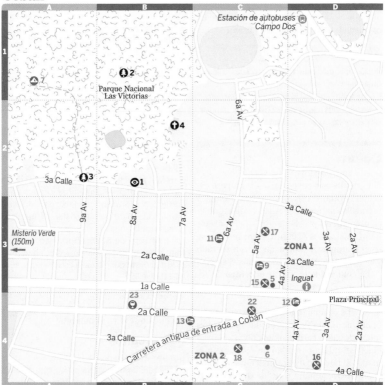

que así se ganan la vida de manera sostenible. Es necesario reservar al menos con un día de antelación. La agencia alquila botas, sacos de dormir y prismáticos a precios razonables; y avisando un mes antes, también ofrece plataformas para observar quetzales.

Finca Santa Margarita CAFETAL
(📞7952-1586; 3ª Calle 4-12, Zona 2; circuitos 40 GTQ; ⏱circuito guiados 8.30-11.00 y 14.00-16.00 lu-vi, 8.30-11.00 sa) Esta plantación de café en medio de Cobán ofrece unos circuitos guiados excelentes. Desde el cultivo hasta el tueste y la exportación, el circuito de 45 min explica todo lo que hay que saber sobre el café. Al final, a los participantes se les invita a una taza y pueden comprar granos recién tostados.

Aventuras Turísticas CIRCUITO
(📞7951-2008; www.aventurasturisticas.com; 1ª Calle 4-25, Zona 1) Circuitos a la laguna La-

chuá, las grutas de Lanquín, Rey Marcos y el Parque Nacional Cuevas de Candelaria, así como a Semuc Champey, Tikal, Ceibal y cualquier otro sitio al que se quiera ir, con itinerarios al gusto del cliente.

✨ Fiestas y celebraciones

El festival de tradiciones indígenas más espectacular de Guatemala, el **Rabin Ajau**, con el baile del Paabanc, tiene lugar en Cobán a finales de julio o la primera semana de agosto. La **exposición nacional de orquídeas** se celebra aquí en diciembre.

🛏 Dónde dormir

Al elegir habitación en Cobán conviene averiguar si las duchas tienen agua caliente, porque en esta zona suele salir fría.

Casa Luna ALBERGUE **$**
(📞7951-3528; www.cobantravels.com/casaluna; 5ª Av. 2-28, Zona 1; dc/i/d sin baño 50/60/120 GTQ;

CENTRO Y ESTE DE GUATEMALA ALTA Y BAJA VERAPAZ

N 0 — 200 m

San Pedro Carchá (6km)

6a Calle

Transportes Martínez Cobán

Minibuses a Lanquín

5a Calle

ZONA 4

Diagonal 1

4a Calle

3a Calle

Monja Blanca

San Pedro Carchá (6km)

2a Calle

Autobuses a San Pedro Carchá

1a Calle

Catedral

2a Calle

Mercado central

3a Calle

ZONA 3

San Juan Chamelco (8km)

@⊜) Habitaciones modernas bien decoradas en torno a un bonito patio, dormitorios con taquillas, baños compartidos impecables y ambiente tranquilo.

Camping CAMPING **$**
(Parque Nacional Las Victorias; parcela 50 GTQ/persona) Se puede acampar dentro de la ciudad en el Parque Nacional Las Victorias, con agua y WC, pero sin duchas.

Hotel La Paz HOTEL **$**
(☏7952-1358; 6ª Av. 2-19, Zona 1; i/d 55/80 GTQ; ℗) Este hotel económico, limpio, alegre y con muchas flores, una cuadra y media al norte y dos cuadras al oeste de la plaza, sale muy a cuenta y tiene una buena cafetería al lado.

★Hotel La Posada HOTEL **$$**
(☏7952-1495; http://laposadacoban.com.gt; 1ª Calle 4-12, Zona 2; i/d 450/490 GTQ) Casi en la plaza, este hotel de estilo colonial es el mejor de Cobán, aunque las habitaciones que dan a la calle sufren el ruido del tráfico. Los soportales, con mecedoras y hamacas, están cuajados de flores tropicales. Las habitaciones son un poco austeras, pero con bonitos muebles antiguos y chimeneas.

Hotel Central HOTEL **$$**
(☏7952-1442; 1ª Calle 1-79, Zona 1; i/d 140/200 GTQ; ℗⊜) Las habitaciones de buen tamaño y las mesas al aire libre lo convierten en una opción aceptable. Las habitaciones traseras están mejor ventiladas y brindan vistas de la ciudad.

Pensión Monja Blanca HOTEL **$$**
(☏7952-1712; 2ª Calle 6-30, Zona 2; i/d 185/250 GTQ, i/d sin baño 135/175 GTQ; ℗) Un sitio apacible pese a estar en la transitada 2ª calle. Después de atravesar dos patios se llega a un exuberante jardín poblado de frutales e hibiscos en torno al cual se distribuyen unas

habitaciones impecables con dos buenas camas individuales y televisión por cable. Por su situación céntrica y ambiente tranquilo, es además un buen sitio para mujeres que viajen solas.

Posada de Don Antonio HOTEL $$
(☎7951-1792; 5ª Av. 1-51, Zona 4; i/d 270/490 GTQ; 🅿❄🌐) Esta posada de dos plantas es uno de los alojamientos con mejor relación calidad-precio de la ciudad. Las habitaciones son espaciosas, con dos (¡y hasta tres!) camas de matrimonio, techos altos y cuidados detalles. El desayuno (30-50 GTQ) servido en el frondoso patio es ideal para empezar el día.

Casa Duranta HOTEL $$
(☎7951-4716; www.casaduranta.com; 3ª Calle 4-46, Zona 3; i/d 310/420 GTQ; 🅿🌐) Algunas habitaciones de este hotel restaurado con esmero son de excelente relación calidad-precio, mientras que en otras falta sitio habida cuenta de lo que cuestan; mejor echar un vistazo antes.

✖ Dónde comer

Muchos hoteles de Cobán tienen restaurante. Por la noche las camionetas de comida (verdaderas cocinas sobre ruedas) aparcadas en torno a la plaza ofrecen algunas de las cenas más baratas de la ciudad. Como ocurre siempre en estos casos, hay que ir a la que tenga más cobaneros manducando.

★ Xkape Koba'n GUATEMALTECA $
(2ª Calle 5-13, Zona 2; tentempiés/platos ppales. 25/50 GTQ; ◷10.00-19.00) 🍃 Un sitio perfecto para tomarse un respiro o echar la tarde. Este pequeño y bonito café de ambiente algo bohemio tiene un exuberante jardín trasero e interesantes platos de inspiración indígena en la reducida carta. Las tartas son caseras, el café delicioso, y se venden atractivas labores de artesanía.

★ La Abadía FUSIÓN $$
(1ª Calle esq. 4ª Av. Zona 3; platos ppales. 90-160 GTQ; ◷18.00-22.00 lu-sa) El panorama gastronómico de Cobán ha mejorado mucho con los años, y este restaurante es una interesante incorporación a la oferta. El marco es refinado a la vez que tranquilo, la carta ofrece una estupenda selección de platos locales, internacionales y de fusión, y la carta de vinos también es bastante buena.

La Casa del Monje ASADOR $$
(4ª Av. 2-16, Zona 3; platos ppales. 60-150 GTQ; ◷6.30-23.00; ☎) El mejor asador de Cobán

ocupa una bella mansión del período colonial a pocas cuadras de la plaza. Si no apetecen pesados cortes de carne, se pueden pedir platos del país como *cack'ik* (guiso de pavo).

Casa Chavez INTERNACIONAL $$
(1ª Calle 4-25, Zona 1; platos ppales. 50-100 GTQ; ◷8.00-20.30; ☎) Instalado en una bonita casa antigua, ofrece una carta amplia pero poco inspirada; con todo, está en un sitio magnífico, y el desayuno que se sirve detrás, con vistas al jardín y las montañas, es difícil de superar.

Kardamomuss FUSIÓN $$
(3ª Calle 5-34, Zona 2; platos ppales. 60-130 GTQ; ◷8.00-21.00; ☎) La carta más amplia de la ciudad es la de este elegante restaurante nuevo a pocas cuadras de la plaza. Anuncia comida "de fusión" y presenta logradas versiones de platos indios, chinos e italianos, con el cardamomo cultivado en la zona como principal ingrediente.

El Bistro INTERNACIONAL $$
(4ª Calle 3-11, Zona 2; platos ppales. 80-150 GTQ; ◷6.30-22.00) Este restaurante en el hotel Casa D'Acuña ofrece auténticos platos italianos y de otros países en un sugestivo oasis de tranquilidad con música clásica de fondo. Además de unos platos principales cargados de proteínas, hay variedad de pastas (40-65 GTQ), ensaladas, panes caseros, tartas y postres de primera.

El Peñascal GUATEMALTECA $$
(5ª Av. 2-61; platos ppales. 70-150 GTQ; ◷11.30-21.00) Quizá el mejor restaurante de Cobán fuera de los hoteles, con muchas especialidades regionales, platos clásicos guatemaltecos, bandejas de carne, pescados y mariscos, y tentempiés, todo en un entorno tranquilo y de categoría.

Supermercado SUPERMERCADO
(◷9.00-21.00 lu-sa, hasta 19.00 do) Junto a la plaza.

🍷 Dónde beber y vida nocturna

Bohemios CLUB
(8ª Av. esq. 2ª Calle, Zona 2; 15-30 GTQ; ◷ju-sa) Lo más parecido a una megadisco que se puede encontrar en la ciudad, con palcos y camareros de pajarita.

❶ Orientación

Casi todos los autobuses dejan en la terminal conocida como **Campo Dos** (Campo Norte), al norte de la ciudad; desde allí se puede llegar a la plaza caminando (15 min, 2 km) o en taxi (15 GTQ).

ℹ️ Información

Banco G&T (1ª Calle) Con cajero automático MasterCard.
Banco Industrial (1ª Calle esq. 7ª Av. Zona 1) Con cajero automático Visa.
INGUAT (📞4210-9992; 1ª Calle 3-13, Zona 1; ⏰8.00-16.00 lu-sa, 9.00-13.00 do) Más útil que otras oficinas del INGUAT.
Lavandería Econo Express (7ª Av. 2-32, Zona 1; ⏰7.00-19.00 lu-sa) Las lavanderías escasean en Cobán; aquí se puede lavar y secar una carga por 50 GTQ.
Comisaría de policía (📞7952-1225)
Oficina de correos (2ª Av. esq. 3ª Calle, Zona 3) Una cuadra al sureste de la plaza.

ℹ️ Cómo llegar y salir

La carretera que enlaza Cobán con Ciudad de Guatemala y la ctra. 9 es la vía de comunicación más transitada entre Cobán y el mundo exterior. La carretera que va hacia el norte hasta Sayaxché y Flores pasando por Chisec está hoy toda asfaltada. Las carreteras que van por el oeste hasta Huehuetenango y por el noreste hasta Fray Bartolomé de Las Casas y Poptún están en su mayoría sin asfaltar y aún tiene algo de aventura conducir por ellas (la segunda se estaba asfaltando cuando se preparaba esta guía). Compruébense siempre los horarios de salida de los autobuses, sobre todo para destinos con menor frecuencia de servicios.

Los autobuses salen de varios puntos de la ciudad, entre ellos la terminal Campo Dos (p. 192). En muchas rutas los microbuses sustituyen o complementan a las *parrilleras* (antiguos autobuses escolares de EE UU). Recuérdese que en la carretera a Uspantán y Nebaj son frecuentes los desprendimientos; hay que informarse de la situación antes de partir.

Estos son los destinos que no tienen servicio desde la terminal Campo Dos:

Cahabón (30 GTQ; 4½ h) Los mismos autobuses que van a Lanquín.
Ciudad de Guatemala (60-70 GTQ; 4-5 h) **Transportes Monja Blanca** (📞7951-3571; 2ª Calle 3-77, Zona 4) tiene autobuses a Ciudad de Guatemala cada 30 min de 2.00 a 6.00, y después cada hora hasta las 16.00.
Lanquín (30 GTQ; 2½-3 h) **Transportes Martínez Cobán** (6ª Calle 2-4, Zona 4) tiene muchas salidas a lo largo del día. Los **microbuses a Lanquín** (5ª Calle esq. 3ª Av. Zona 4) salen también de 7.00 a 16.00 y

algunos continúan hasta Semuc Champey; no obstante, conviene comprobar estos horarios porque pueden cambiar sin previo aviso.
San Pedro Carchá (5 GTQ; 20 min; cada 10 min) Los autobuses salen de 6.00 a 19.00 desde el aparcamiento delante de la terminal de Monja Blanca.

AUTOBUSES DESDE LA TERMINAL CAMPO DOS

DESTINO	PRECIO (GTQ)	DURACIÓN
Biotopo del Quetzal	15	1¼ h
Chisec	25	2 h
Fray Bartolomé de Las Casas	50	4 h
Nebaj	75	5½-7 h
Playa Grande, para la laguna Lachuá	60	3 h
Raxruhá	35	2½-3 h
Salamá	30	1½ h
Sayaxché	75	4 h
Tactic	10	40 min
Uspantán	40	4½ h

AUTOMÓVIL

Cobán cuenta con un par de agencias de alquiler de coches. Siempre hay que reservar. Si se quiere ir a las grutas de Lanquín o Semuc Champey, hará falta un vehículo todoterreno. La agencia más fiable de la ciudad es **Inque Renta Autos** (📞7952-1994; inque83@hotmail.com; 3ª Av. 1-18, Zona 4).

San Cristóbal Verapaz

Por toda la región que rodea Cobán hay muchos pueblos donde se puede conocer la cultura maya tradicional en algunas de sus manifestaciones más puras. Uno de estos sitios es San Cristóbal Verapaz, un pueblo pocomchí junto al lago Chicoj, 19 km al oeste de Cobán. Durante la **Semana Santa** los artistas del lugar elaboran vistosas alfombras de serrín coloreado y pétalos de flores que solo se comparan con las de Antigua.

En San Cristóbal está también el Centro Comunitario Educativo Pokomchi (Cecep), dedicado a preservar las costumbres pocomchíes tanto tradicionales como modernas. El Cecep fundó el **Museo Katinamit** (Calle del

PARQUE NACIONAL LAGUNA LACHUÁ

Este **parque nacional** (☎4084-1706; entrada adultos/niños 50/25 GTQ, parcelas adultos/niños 30/15 GTQ, litera con mosquitera 80/40 GTQ, alquiler de tienda 20 GTQ) es famoso por la laguna (220 m de profundidad) de límpidas aguas turquesa y redondez perfecta. Hasta época reciente, los viajeros apenas visitaban esta joya de Guatemala porque había sido una zona muy violenta durante la guerra civil y la carretera se encontraba en un estado lamentable. Ahora no tarda en llenarse de gente los fines de semana y festivos, y si se piensa venir esos días es buena idea llamar y reservar un espacio.

Ya no se alquilan canoas para recorrer el lago, pero hay unos 4 km de senderos que sí se pueden explorar. Los visitantes que pernocten pueden utilizar las instalaciones para cocinar, pero hay que venir provistos de comida y bebida (no se vende comida en el parque). Solo hay una ducha.

Se ha construido un rústico barracón a orillas del lago, pero si uno no quiere quedarse en el parque hay hoteles y restaurantes en la cercana Playa Grande. Además se ha puesto en marcha un proyecto de turismo comunitario en **Rocjá Pomtilá** (☎5381-1970; rocapon@yahoo.com; h por 2 noches, incl. guía y 4 comidas 350-450 GTQ) por el extremo este del parque; contáctese directamente con la comunidad o con Misterio Verde (p. 189) para organizarlo todo.

Gracias a la nueva carretera se puede llegar a la entrada del parque en autobús desde Cobán en poco más de 2 h (70 GTQ). Hay que tomar desde Cobán un autobús a Playa Grande (Cantabal) que pase por Chisec y pedirle al conductor que pare en la entrada del parque, desde donde quedan 2 km a pie hasta el lago. Desde Playa Grande salen autobuses y *picops* hacia Barillas (70 GTQ, 5 h), primera parada en la ruta de regreso a Huehuetenango, en el altiplano occidental. Los turoperadores de Cobán ofrecen excursiones de dos días y una noche.

Calvario 0-33, Zona 3; 10 GTQ; ⊘8.00-17.00 lu-sa, 9.00-12.00 sa), que recrea una típica casa pocomchí. Esta organización ofrece también opciones de voluntariado y turismo étnico, y gestiona el **Aj Chi Cho Language Center** (incl. cursos estancia 1300 GTQ/semana), donde se enseña pocomchí. **El Portón Real** (☎7950-4604; oscar_capriel@hotmail.com; 4ª Av. 1-44, Zona 1; i/d 80/130 GTQ) es un hotel regentado por los pocomchíes a unas pocas cuadras del museo y la escuela.

San Pedro Carchá

En el pueblo de San Pedro Carchá, 6 km al este de Cobán de camino a Lanquín, está el **balneario Las Islas** (15 GTQ; ⊘7.00-16.00), alimentado por el río Cahabón, que desciende entre rocas hasta verter a una piscina natural perfecta para bañarse. Está a 5-10 min andando desde la parada del autobús de Carchá; cualquiera puede indicar el camino.

Entre Cobán y Carchá circulan autobuses con frecuencia (8 GTQ; 20 min).

Grutas Rey Marcos

Cerca de la **aldea Chajaneb**, 12 km al este de Cobán, se encuentran las **grutas Rey Marcos** (☎7951-2756; 30 GTQ; ⊘8.00-17.00), en el **balneario Cecilinda** (10 GTQ; ⊘8.00-17.00), que es un sitio fantástico para ir a nadar o a caminar por senderos de montaña. Las cuevas penetran más de 1 km en la tierra, aunque normalmente no se recorren hasta el final. Un río atraviesa las cuevas (en un punto determinado es preciso vadearlo), donde pueden verse impresionantes estalactitas y estalagmitas. El precio de la entrada incluye lámparas, cascos y botas de goma. Según la leyenda, todos los deseos formulados en las cuevas se harán realidad.

Para llegar se toma un autobús o una *picop* (5 GTQ, 15 min) desde San Juan Chamelco en dirección a Chamil y se le pide al conductor que pare en el desvío; desde allí hay 1 km hasta la entrada de las cuevas. Otra opción es tomar un taxi desde Cobán (120 GTQ).

Lanquín

Uno de los mejores sitios adonde se puede ir de excursión desde Cobán es el bonito pueblo de Lanquín, 61 km al este. La gente viene por dos motivos: para explorar el maravilloso sistema de cuevas a las afueras del pueblo y para utilizarlo como trampolín para la visita a las pozas de Semuc Champey.

◉ Puntos de interés

Grutas de Lanquín   CUEVA

(35 GTQ; ⊙8.00-18.00) Estas cuevas quedan más o menos 1 km al noroeste del pueblo y penetran varios kilómetros en el subsuelo; ahora hay una oficina de venta de billetes. La primera cueva está iluminada, pero en cualquier caso hay que llevar una linterna potente; también hará falta calzado con buen agarre porque dentro es fácil resbalar por la humedad y los excrementos de los murciélagos.

Aunque en los primeros centenares de metros se ha colocado una pasarela e iluminación eléctrica, casi todo este sistema cavernario se encuentra intacto. A menos que se sea un espeleólogo con experiencia, no conviene adentrarse demasiado en las cuevas, que todavía no han sido exploradas en toda su extensión, y mucho menos cartografiadas.

Además de caprichosas estalactitas, casi todas con nombres de animales, las cuevas se hallan atestadas de murciélagos. Conviene que la visita coincida con la puesta del sol, cuando cientos de ellos salen volando de la cueva en formaciones tan tupidas que oscurecen el cielo; para contemplar una fascinante exhibición de su capacidad para orientarse, lo mejor es sentarse en la entrada. Recuérdese que los murciélagos son extremadamente sensibles a la luz y que, por tentador que resulte, fotografiarlos con *flash* puede desorientarlos y, en algunos casos, cegarlos.

El río corre desde la cueva en torrentes limpios, frescos y deliciosos; se puede nadar en algunos puntos de agua más templada cerca de la orilla.

🏃 Actividades

Maya Expeditions (p. 54), en Ciudad de Guatemala, ofrece emocionantes expediciones de *rafting* de uno a cinco días por el río Cahabón.

ADETES   RAFTING

(☎5069-3518; www.guaterafting.com) Esta excelente iniciativa de turismo comunitario con sede en Aldea Saquijá, a 12 km de Lanquín, ofrece excursiones de *rafting* por el río Cahabón guiadas por miembros de la comunidad con buena formación. Los precios oscilan de 266 a 1216 GTQ/persona por una excursión de 2-5 h. Para llegar a la sede central hay que tomar cualquier autobús que salga de Lanquín hacia Cahabón.

🛏 Dónde dormir

Hay unos cuantos hoteles pasables en el pueblo propiamente dicho, pero para vivir plenamente la experiencia lo mejor es instalarse a orillas del río. En la oferta de alojamientos dominan los albergues para mochileros, pero están surgiendo algunos establecimientos más refinados.

Zephyr Lodge   ALBERGUE $

(☎5168-2441; www.zephyrlodgelanquin.com; dc 50 GTQ, h 150-250 GTQ; ⊛) El albergue más animado de Lanquín es todo elegancia: habitaciones magníficas con vistas espectaculares, dormitorios aceptables y zonas agradables para pasar un rato, como el gran bar-restaurante con techo de paja. El río queda a 5 min andando colina abajo.

Rabin Itzam   HOTEL $

(☎7983-0076; i/d 170/220 GTQ, i/d sin baño 70/120 GTQ) Hotel del centro, sin lujos y económico. Las camas se hunden un poco, pero las habitaciones de la planta alta que dan a la fachada (sin baño) ofrecen buenas vistas del valle.

El Retiro Lodge   BUNGALÓ $

(☎4638-3008; www.elretirolanquin.com; dc 50 GTQ, h con/sin baño desde 200/150 GTQ; 🅿⊛) Fantásticamente bien situado a unos 500 m carretera abajo desde Rabin Itzam. Los dormitorios solo tienen cuatro camas. La decoración emplea con acierto azulejos, conchas, sartas de cuentas y telas de la zona. Las cabañas con techo de paja miran a un río ancho y hermoso. Nadar no entraña peligro y, si se es un nadador avezado, se puede practicar el *tubing*.

Viñas Hotel   HOTEL $$

(☎4800-0061; h con/sin baño 310/275 GTQ; ✳⊛⊠) En las afueras del pueblo, yendo hacia Semuc Champey, es el mejor hotel de estos contornos que ofrece todos los servicios. Las habitaciones no son elegantes, pero tienen aire acondicionado, y hay una piscina grande con verdes montañas al fondo. Por su maravillosa posición en una ladera, brinda vistas fantásticas desde sus múltiples balcones.

El Muro   ALBERGUE $$

(☎4904-0671; www.elmurolanquin.net; dc 50 GTQ, h 150-250 GTQ; ⊛) El mejor alojamiento con diferencia del pueblo propiamente dicho: un albergue-bar con habitaciones compartidas y privadas de buen tamaño, la mayoría con baño anexo y todas con balcones a las montañas o al jardín.

✗ Dónde comer

Se come bastante bien en Lanquín; hay algunos comedores (restaurantes baratos) buenos en el pueblo y casi todos los hoteles ofrecen menús aceptables para paladares extranjeros.

Restaurante Champey GUATEMALTECA **$**
(platos ppales. 30-60 GTQ; ⊗8.00-23.00) Este restaurante al aire libre a mitad de camino entre el pueblo y El Retiro sirve generosos platos de filetes, huevos y arroz, y por las noches reina el bullicio y corre la cerveza.

❶ Información

El Banrural de la plaza principal de Lanquín cambia dólares estadounidenses y cheques de viajes, pero durante la preparación de esta guía no tenía cajero automático.

❶ Cómo llegar y salir

Los circuitos con pernoctación a las grutas de Lanquín (p. 195) y Semuc Champey que se ofrecen en Cobán por 400 GTQ/persona son la forma más sencilla de visitar estos lugares, pero tampoco resulta complicado organizarlo uno mismo. Desde Cobán, los circuitos tardan unas 2 h en llegar a Lanquín; el precio incluye un almuerzo precocinado.

Los autobuses que circulan varias veces al día entre Cobán y Lanquín continúan hasta Cahabón. Hay ocho autobuses a Cobán (35 GTQ, 3 h) entre 6.00 y 17.30. Los servicios de enlace con Semuc Champey (25 GTQ ida) salen a las 9.30 (hay que reservar en el hotel), y las *picops* (20 GTQ), a media cuadra de la plaza principal, salen cuando se llenan.

Si ha llovido mucho y se va a conducir, hará falta un vehículo todoterreno. La carretera que va de San Pedro Carchá a El Pajal, donde se efectúa el desvío a Lanquín, está asfaltada, pero no así los 11 km desde El Pajal a Lanquín. Desde Lanquín se puede llegar a Flores en 14-15 h pasando por El Pajal, Sebol, Raxrujá y Sayaxché. La carretera que va de El Pajal a Sebol la estaban asfaltando cuando se redactó esta guía. También se puede ir desde Lanquín a Sebol y Fray Bartolomé de Las Casas y continuar hasta Poptún.

Hay una carretera que conduce a Río Dulce, pero está en gran parte sin asfaltar y se anega cuando llueve. Los horarios del transporte en esta ruta son, como poco, flexibles; hay que informarse sobre la situación. El servicio de enlace (180 GTQ, 6 h) que recorre a diario esta carretera es el medio de transporte más fiable y cómodo; se puede reservar plaza en cualquier hotel.

Semuc Champey y alrededores

Once kilómetros al sur de Lanquín, por una carretera con baches donde se conduce con lentitud, está **Semuc Champey** (50 GTQ; ⊗8.00-18.00), famoso por su puente natural de piedra caliza de 300 m de largo. En lo alto, hay una sucesión escalonada de pozas con fresca agua de río buenas para nadar. El agua procede del río Cahabón, que en el subsuelo, por debajo del puente, corre con mucho más caudal. Aunque es un poco difícil llegar a este lugar paradisíaco, la belleza del entorno y la perfección de las pozas, con colores que van de turquesa al esmeralda, compensan el esfuerzo. Muchos lo consideran el rincón más bonito de toda Guatemala.

Si se visita el paraje en un circuito, algunos guías hacen bajar por una escalera de cuerda desde la poza inferior hasta el río, que brota de las rocas. A mucha gente le encanta, aunque entraña cierto peligro.

◉ Puntos de interés

Cuevas de K'anba CUEVA
(75 GTQ; ⊗9.00-15.00, circuitos 9.00, 10.00, 13.00, 14.30 y 15.00) Más o menos 1 km antes de Semuc Champey, antes de llegar al gran puente que salva el río, se verá a mano derecha el desvío que conduce a estas cuevas, que para muchos son más interesantes que las grutas de Lanquín (p. 195). Conviene llevar una linterna para el circuito de 2 h si no se quiere tropezar a la luz de las velas.

Media hora de *tubing* en el río cuesta 10 GTQ más. Algunos viajeros han informado de que en estos circuitos por las cuevas se admite más gente de lo debido. Si se puede, lo mejor es apuntarse al circuito de las 9.00, antes de que lleguen los grupos.

🛏 Dónde dormir y comer

El restaurante del aparcamiento sirve comidas pasables (como *cack'ik*, guiso de pavo; 50 GTQ), pero queda lejos de las cuevas; es mucho mejor llevarse la comida.

Camping CAMPING **$**
(parcela 50 GTQ/tienda) Se puede acampar en Semuc Champey, pero la tienda solo puede montarse en las zonas más altas, porque las riadas son frecuentes. También es peligroso dejar objetos sin vigilar, pues podrían robarlos. El lugar cuenta ahora con servicio de seguridad las 24 h, pero los objetos de valor deben llevarse encima.

★ Utopía ALBERGUE $$

(☏3135-8329; www.utopiaecohotel.com; parcela 30 GTQ/persona, hamaca/dc 35/65 GTQ, h con/sin baño 425/165 GTQ; ☎) Aquí, sobre una ladera con vistas al pueblecito de Semil, a 3 km de Semuc Champey, se ofrecen todas las modalidades de alojamiento imaginables, desde cabañas de lujo a orillas del río hasta parcelas de acampada. El bar-restaurante sirve comidas vegetarianas de estilo familiar y brinda vistas fantásticas del valle, y el tramo del río en que se asienta es idílico.

El desvío a Semil está 2 km antes de Semuc Champey, más o menos a 1 km del hotel; para conseguir transporte gratuito hay que llamar desde Lanquín o bien pasarse por la oficina del hotel, en el cruce, que es adonde llega el autobús.

El Portal ALBERGUE $$

(☏4091-7878; www.elportaldechampey.com; dc 60 GTQ, h con/sin baño 300/185 GTQ; [P]☎) A unos 100 m de la entrada a Semuc Champey, es el sitio más cómodo para llegar a Semuc; solo hay suministro eléctrico por el día (con generador), pero las amplias cabañas de madera construidas en la ladera que desciende hasta el río son con diferencia los mejores alojamientos de la zona. Se ofrecen comidas y circuitos.

❶ Cómo llegar y salir

Si apetece caminar, la excursión de 2½ h desde Lanquín es bastante agradable y pasa por una campiña exuberante donde se contemplan escenas sencillas de la vida rural. Desde la plaza de Lanquín salen *picops* hasta Semuc Champey; las posibilidades de tomarlas aumentan a primera hora de la mañana y los días de mercado: domingos, lunes y jueves. Lo normal es pagar 15-30 GTQ. Todos los hoteles y albergues de Lanquín ofrecen también servicios de enlace.

Chisec y alrededores

35 000 HAB.

La ciudad de Chisec, 66 km al norte de Cobán, se está convirtiendo en el trampolín para llegar a varios destinos emocionantes. Esto se debe al asfaltado de la carretera que va de Cobán a Sayaxché y Flores, que pasa por aquí, y a algunos programas de turismo comunitario admirables que pretenden contribuir al desarrollo de esta región olvidada durante mucho tiempo, cuya población está formada casi toda por mayas quichés. La mejor fuente de información sobre estos programas es la oficina de **Puerta al Mundo Maya** (☏5978-1465; www.puertamundomaya.com.gt; lote 135, Barrio El Centro), que organiza unos cuantos.

◉ Puntos de interés

Cuevas de B'ombi'l Pek CUEVA

(140 GTQ; ⊙8.00-16.00) Estas cuevas pintadas, 3 km al norte de Chisec, fueron descubiertas en el 2001; aún no han sido cartografiadas por completo, pero algunos afirman que se comunican con las cuevas del Parque Nacional Cuevas de Candelaria. La oficina del guía, gestionada por la comunidad, está junto a la carretera; tras pagar la entrada, el guía encabezará la caminata de 3 km entre maizales hasta la cueva.

El circuito completo dura unas 4 h. La caverna primera y principal es la que más impresiona por su tamaño (50 m de altura); se entra bajando en rápel o por una resbaladiza "escalera de jungla"), pero una cueva secundaria de tan solo 1 m de ancho exhibe pinturas de monos y jaguares. También se puede practicar *tubing* por el río (70 GTQ) con salida desde la oficina del guía.

Cualquier autobús que se dirija al norte desde Chisec puede dejar al viajero en la oficina del guía.

Lagunas de Sepalau AIRE LIBRE

(200 GTQ; ⊙8.00-17.00) Estas lagunas rodeadas de bosque virgen quedan 8 km al oeste de Chisec y han sido incluidas en un proyecto de turismo comunitario puesto en marcha por la gente del pueblo. Los circuitos incluyen caminatas y paseos en botes de remos, sin que tampoco falte la omnipresente tirolina. Esta zona posee una rica fauna que comprende jaguares, tapires, iguanas, tucanes y monos aulladores.

De las tres lagunas, la más espectacular es la tercera del circuito, Q'ekija, orlada por empinadas paredes de espesa jungla. Las dos primeras lagunas se secan de febrero a junio.

Desde la plaza de Chisec salen *picops* hacia el pueblo de Sepalau Cataltzul durante todo el día, y además suele haber un autobús (10 GTQ, 45 min) a las 10.30. Al llegar al pueblo se paga la entrada y un guía encabeza la caminata de 3 km hasta la primera laguna.

☐ Dónde dormir

Chisec no es muy turístico, pero en la plaza hay un hotel sencillo y otro más en la carretera.

Hotel Nopales HOTEL $

(☏5514-0624; Parque Central; i/d 80/140 GTQ; ☎) Habitaciones que sorprenden por su gran tamaño (con ese típico olor a humedad de los hoteles baratos) dispuestas en torno a un patio dominado por una piscina siempre vacía, a menos que haya llovido.

**Hotel La Estancia
de la Virgen** HOTEL **$$**
(☑5514-7444; www.hotelestanciadelavirgen.com; Calle Principal; i/d con ventilador 100/160 GTQ, i/d con aire acondicionado 150/200 GTQ; P❋@❀❄) El mejor hotel de Chisec, en la calle principal por la salida norte de la ciudad, tiene habitaciones pulcras, un restaurante y una piscina con toboganes.

✖ Dónde comer

Aparte de los comedores (casas de comidas baratas) de la carretera y el restaurante del Hotel La Estancia de la Virgen, Chisec solo cuenta en realidad con un restaurante, y bastante bueno: el **Restaurante Bonapek** (Parque Central; platos ppales. 40-60 GTQ; ◎8.00-21.00).

❶ Cómo llegar y salir

Los autobuses a Cobán (25 GTQ, 2 h) salen de Chisec ocho veces al día, de 3.00 a 14.00. Los autobuses o microbuses que van a San Antonio y Raxrujá (1 h) salen cada hora, de 6.00 a 16.00; algunos continúan hasta Fray Bartolomé de Las Casas. También circulan microbuses regulares a Playa Grande (2 h), para ir al Parque Nacional Laguna Lachuá. Algunos microbuses y autobuses que cubren la ruta Cobán-Sayaxché pasan por Chisec.

Raxruhá

35 000 HAB.

La pequeña y tranquila ciudad de Raxruhá, en un cruce de caminos, sirve como base para explorar Cancuén y Cuevas de Candelaria.

▬ Dónde dormir

En la ciudad hay dos hoteles, distantes entre sí unos 500 m, en la carretera de acceso; no cabe esperar lujos.

Hotel Cancuén HOTEL **$**
(☑5764-0478; www.cuevaslosnacimientos.com; i/d 100/140 GTQ, sin baño 35/70 GTQ; P❋) El mejor hotel de la ciudad es un establecimiento familiar situado en las afueras, a 2 min andando del centro. Las habitaciones son limpias, con bonita decoración (el aire acondicionado cuesta 50 GTQ extra), y hay un pequeño comedor en el propio recinto. A

los huéspedes les facilitan información útil para visitar Cancuén.

Se pueden concertar circuitos de senderismo y *tubing* (150 GTQ/persona, 4-6 h) por la cercana cueva Los Nacimientos, el punto más septentrional del complejo de Candelaria.

Hotel El Amigo HOTEL **$**
(☑5872-4136; h 70 GTQ/persona; P❋❄) Habitaciones limpias, más o menos grandes, en torno a un gran aparcamiento. Tiene muchas posibilidades, pero se encuentra en un estado lamentable; puede que a día de hoy las cosas hayan mejorado.

✖ Dónde comer

Los dos hoteles de la ciudad sirven comidas sencillas, y además hay comedores con buena relación calidad-precio por la zona del mercado y la terminal de autobuses. El mejor sitio para comer se encuentra a trasmano, unos cuantos kilómetros al oeste de la ciudad, en la carretera a las Cuevas de Candelaria. La breve carta de inspiración gala de **El Bistrot Francés** (☑5352-9276; www.candelarialodge. com; km 318; platos ppales. 70-120 GTQ, i/d desde 220/350 GTQ; ◎7.00-20.00) ofrece una aceptable variedad, y vale la pena fijarse en el plato del día. También tienen habitaciones y bungalós comodísimos. Cualquier autobús que se dirija a Chisec puede dejar aquí.

❶ Información

Banrural, en la intersección principal, cambia efectivo pero no cheques de viaje. Los cajeros automáticos más cercanos están en Chisec y Fray Bartolomé.

❶ Cómo llegar y salir

Las *picops* y algún que otro autobús que van a La Unión (para llegar a Cancuén; 15 GTQ, 1 h) salen de la parada, una cuadra cuesta arriba. Hay al menos cinco salidas diarias a Sayaxché (35 GTQ, 2½ h) y Cobán (35 GTQ, 2 h) desde Raxruhá.

Alrededores de Raxruhá

Parque Nacional Cuevas de Candelaria

Al oeste de Raxruhá, este sistema de cuevas de 22 km de largo excavado por una sección subterránea del río Candelaria alcanza proporciones monstruosas: la cámara principal mide 30 m de alto y 200 m de ancho, y sus estalagmitas hasta 30 m de alto. La luz que entra por las aberturas naturales del techo crea mágicos reflejos.

Los mayas quichés utilizaron estas cuevas, y pueden verse algunas plataformas y escaleras excavadas en la piedra. El complejo **El Mico** (www.cuevasdecandelaria.com; km 316,5; circuito en flotador/a pie 60/80 GTQ; ☺9.00-17.00) es quizá el más accesible y el más espectacular de los circuitos por las cuevas.

Un par de kilómetros al oeste, en la misma carretera, está el desvío a la **comunidad Mucbilha'** (km 315; circuito en flotador o a pie 80 GTQ; ☺8.00-16.00). Hay que recorrer 2 km por una pista de tierra para llegar al aparcamiento, y después otro kilómetro hasta el centro de visitantes, donde se puede atravesar la **cueva del Venado Seco** practicando *tubing* o a pie.

Cerca de allí pueden visitarse otras dos en **cuevas de Candelaria Camposanto** (km 309,5; circuito en flotador o a pie 80 GTQ; ☺8.00-16.00).

Las agencias regentadas por la comunidad ofrecen circuitos al complejo de cuevas por sus varias entradas. Todo este sistema de ríos y cuevas subterráneos se puede explorar a pie, descendiendo como los espeleólogos o practicando *tubing* en unos dos días, pero hace falta un guía. Los precios dependen del tamaño del grupo, pero lo más probable es pagar un promedio de 3200 GTQ/persona, sin incluir la comida. Para más detalles contáctese con Maya Expeditions (p. 541).

En la tienda, junto a la carretera, pueden contratarse guías para la corta caminata hasta las cuevas de Candelaria Camposanto. Avisando con un par de días de antelación, se puede asistir a una ceremonia maya (35 GTQ/persona). Para más información sobre Mucbilha' y Candelaria Camposanto, contáctese con Puerta al Mundo Maya en Chisec.

🛏 Dónde dormir y comer

**Complejo Cultural
de Candelaria**   HOTEL **$$**
(☎4035-0566; www.cuevasdecandelaria.com; km 316,5; i/d desde 350/500 GTQ) El mejor sitio para comer en kilómetros a la redonda. Ofrece cabañas comodísimas y elegantemente decoradas, con comidas de influencia francesa incluidas en el precio. Se pueden conseguir algunas cabañas algo más baratas sin baño.

❶ Cómo llegar y salir

Cualquier autobús que circule entre Chisec y Raxruhá puede dejar en El Mico, la comunidad Mucbilha o las cuevas de Candelaria Camposanto.

Cancuén

Este vasto **yacimiento maya** (80 GTQ; ☺8.00-16.00) fue noticia al ser "descubierto" en el 2000, aunque ya lo había sido allá por 1907. Las excavaciones siguen su curso, pero se calcula que Cancuén podría rivalizar en tamaño con Tikal (p. 255).

La importancia de Cancuén radica en su posición geográfica y estratégica. Los jeroglíficos atestiguan alianzas con Calakmul (México) y Tikal, y su relativa proximidad al altiplano occidental le habría dado acceso a la pirita y la obsidiana, preciados minerales de los mayas. Sin duda, aquí trabajaron artesanos, pues se han descubierto sus cadáveres ataviados con ricas vestiduras. También han salido a la luz varios talleres, uno de ellos con una pieza de jade de 17 kg.

Se cree que Cancuén fue más un centro comercial que religioso, a juzgar por la ausencia de los templos y pirámides habituales, en cuyo lugar se erige un palacio con más de 150 estancias en torno a 11 patios. Las tallas son impresionantes, sobre todo en el palacio, pero también en las canchas de juego de pelota y los dos altares excavados hasta ahora. Hace falta más o menos 1 h para ver las secciones principales del yacimiento, excavadas parcialmente, y 1-2 h más para el resto.

Se puede acampar aquí y comer en el comedor, pero habrá que contactar unos días antes con la oficina de turismo comunitario Puerta al Mundo Maya (p. 541) en Chisec.

Las agencias de Cobán organizan excursiones de un día a Cancuén. Para llegar por cuenta propia hay que tomar una *picop* (salidas cada hora) desde Raxruhá hasta La Unión (15 GTQ, 40 min), donde se puede alquilar una lancha (200-350 GTQ ida y vuelta para 1-16 personas) para ir al yacimiento. También se puede contratar un guía (100-200 GTQ, según el tamaño del grupo) para recorrer los 4 km desde La Unión hasta el yacimiento, lo que en la estación de las lluvias resulta complicado por el barro. Si se va a pie o en lancha se paga en la pequeña tienda donde para el autobús; el embarcadero queda a 1 km. La tasa de entrada se paga en el yacimiento al llegar. La última camioneta a Raxruhá sale de La Unión a las 15.00.

Fray Bartolomé de Las Casas
9200 HAB.
Este pueblo que muchos llaman Fray a secas es un lugar de paso en la ruta de regreso entre la zona de Cobán/Lanquín y Poptún, en la

carretera Río Dulce-Flores (ctra. 13). Esta ruta se halla salpicada de aldeas mayas tradicionales donde solo los patriarcas hablan español, lo que brinda una oportunidad espléndida para apartarse del "sendero gringo" y penetrar en el corazón de Guatemala.

El tamaño de Fray, considerable teniendo en cuenta que queda en el quinto pino, no debe llamar a engaño: aquí el partido de fútbol es el gran acontecimiento de la semana, las gallinas deambulan por las calles y la siesta se toma muy en serio.

El pueblo se halla bastante diseminado, con la plaza –donde está la *Municipalidad*– y casi todas las instalaciones y servicios turísticos en un extremo y el mercado y la terminal de autobuses en el otro; se tarda unos 10 min en ir andando de una punta a otra. Si se viene de Cobán, lo mejor es bajarse en la plaza central.

🛏 Dónde dormir y comer

A la hora de comer, las opciones son limitadas. Se puede ir al comedor Jireh y al restaurante Doris, en la calle principal, o bien pedir un filete (con tortillas y frijoles, 20 GTQ) en los asaderos que se abren por la noche en esa misma calle.

Hotel La Cabaña   HOTEL $
(☎7952-0352; 2ª Calle 1-92, Zona 3; h con/sin baño 80/60 GTQ/persona) El mejor alojamiento del pueblo, acogedor y a dos cuadras de la calle principal, cerca de la glorieta triangular. Cualquiera puede indicar cómo llegar.

ℹ Información

Banrural, cerca de la plaza, cambia dólares estadounidenses y cheques de viaje y tiene un cajero automático.

ℹ Cómo llegar y salir

Al menos dos autobuses diarios salen de la plaza hacia Poptún (40 GTQ, 5 h). Los autobuses a Cobán salen cada hora entre 4.00 y 16.00; algunos pasan por Chisec (50 GTQ, 3½ h) y otros toman la ruta más lenta que pasa por San Pedro Carchá.

EL ORIENTE

Viajando hacia el este desde Ciudad de Guatemala se llega a los extensos valles que los guatemaltecos conocen como el Oriente, un paisaje seco e inhóspito de laderas cubiertas de raquíticos matorrales. Aquí se cría gente dura, y los sombreros vaqueros, botas, y armas

al costado que llevan muchos hombres de la región encajan bien en estos parajes agrestes.

Muchos viajeros pasan de largo camino de Copán, en Honduras, o del pueblo de Esquipulas, destino de peregrinación. Más al este, el paisaje se vuelve mucho más tropical, con tenderetes de frutas junto a la carretera. Si se dispone de tiempo, una rápida excursión a las ruinas de Quiriguá merece mucho la pena.

Río Hondo

10 500 HAB.

En Río Hondo, 50 km al este del cruce de El Rancho y a 130 km de Ciudad de Guatemala, se desgaja hacia el sur, desde la carretera al Atlántico (ctra. 9), la ctra. 10 que va a Chiquimula. Más allá de Chiquimula están los desvíos a Copán, al otro lado de la frontera con Honduras; a Esquipulas y después a Nueva Ocotepeque (Honduras); y al remoto paso fronterizo entre Guatemala y El Salvador de Anguiatú, 12 km al norte de Metapán (El Salvador).

La ciudad de Río Hondo queda al noreste del cruce. Los alojamientos de aquí escriben indistintamente sus direcciones como Río Hondo, Santa Cruz Río Hondo o Santa Cruz Teculután. Nueve kilómetros al oeste del cruce hay varios moteles atractivos en la ctra. 9. En coche se tarda 1 h de aquí a Quiriguá, ½ h a Chiquimula y 1½ h a Esquipulas.

🏃 Actividades

Valle Dorado   PARQUE ACUÁTICO
(☎7943-6666; www.hotelvalledorado.com; CA 9, km 149; adultos/niños 100/60 GTQ; ◷9.00-17.00 mi-do) Se encuentra cerca de Río Hondo, 14 km más allá del cruce con la ctra. 10, y es un gran parque acuático y centro turístico. Tiene piscinas gigantescas, toboganes y otras atracciones. Para ofertas y reservas véase la web.

Si el lugar ha gustado, es posible alojarse aquí mismo en habitaciones amplias y cómodas (550 GTQ).

**Parque Acuático
Longarone**   PARQUE ACUÁTICO
(CA 9, km 126,5; adultos/niños 70/50 GTQ; ◷9.00-17.00 vi-do) En Río Hondo, con enormes toboganes, un río artificial y otras diversiones.

LAS CONCHAS

Desde Fray se puede visitar **Las Conchas** (50 GTQ), una sucesión de pozas y cascadas en el río Chiyú, a juicio de algunos mejores que las de Semuc Champey (p. 196). Las pozas alcanzan hasta 8 m de profundidad y 20 m de ancho y están comunicadas por espectaculares cascadas, pero no son de color turquesa como las de Semuc.

Es posible alojarse junto a las pozas en el rústico pero encantador **Oasis Chiyú** (☎4826-5247; www.naturetoursguatemala.com; parcela 75 GTQ/persona, i/d sin baño 160/240 GTQ) –hay que reservar con mucho tiempo– o en el cercano Chahal en la limpia y confortable **Villa Santa Elena** (☎5000-9246; Ruta 5, km 365; parcela 25 GTQ/persona, i/d 170/230 GTQ; P✳@☎), regentada por una familia.

Tanto Oasis Chiyú como Villa Santa Elena cuentan con restaurante. Si solo se va a pasar por allí sin reservar habitación, esta última es más probable que esté abierta; es necesario reservar con antelación si se tiene previsto comer en el Oasis.

Desde Fray salen microbuses regulares (15 GTQ, 1 h) hacia Chahal cuando se llenan. Desde allí hay que cambiar de autobús para ir a Las Conchas (10 GTQ, 1 h). Si se viaja con vehículo propio, se debe buscar el letrero señalizado a Las Conchas, 15 km al este de Chahal. Si se viene por el sur desde El Petén hay que bajarse en Modesto Méndez (conocido aquí como Cadenas), tomar un microbús con destino a Chahal hasta Sejux y caminar o esperar otro microbús para recorrer los 3 km que faltan hasta Las Conchas. Se venga de donde se venga, las conexiones son más sencillas por la mañana y se reducen mucho a última hora de la tarde.

🛏 Dónde dormir y comer

Por uno u otro motivo, Río Hondo es un destino vacacional que gusta mucho a la gente de Ciudad de Guatemala. Por ello se encuentran algunos hoteles buenos, aunque algo caros, en la mayoría de los casos con piscina que los clientes externos pueden utilizar por unos 20 GTQ/persona.

Todos los hoteles tienen restaurante, y además hay un par de pequeños asaderos en la calle principal, junto con numerosos puestos de fruta.

Hotel El Atlántico HOTEL $$
(☎7933-0598; CA 9, km 126,5; i/d 280/400 GTQ; P✳@☎≋) El hotel con mejor aspecto de la ciudad posee muebles de madera oscura y bungalós de tamaño respetable. La parte de la piscina es tranquila, con algunas zonas a la sombra.

Hotel Nuevo Pasabién HOTEL $$
(☎7933-0606; CA 9, Km 126,5; i/d con ventilador 120/250 GTQ, i/d con aire acondicionado 250/400 GTQ; P✳@≋) Por el lado norte de la carretera, es una buena opción para las familias; los críos disfrutarán en las tres piscinas con toda clase de toboganes.

Hotel Longarone HOTEL $$$
(☎7933-0488; CA 9, km 126,5; i/d desde 430/620 GTQ; P✳@☎≋) Anexo al Parque Acuático Longarone (p. 200), con bonitos jardines, parques infantiles y un restaurante italiano que sorprende por su calidad. Las habitaciones son cómodas pero algo anticuadas.

ℹ Cómo llegar y salir

Los autobuses que viajan en dirección este-oeste por la carretera al Atlántico pasan con frecuencia por Río Hondo. Si se viaja desde Honduras hacia el este, recuérdese que el desvío a Ciudad de Guatemala queda al oeste de la ciudad; hay que pedirle al conductor que deje en la ciudad porque es mucho mejor para esperar el transporte y seguir viaje.

Chiquimula

55 400 HAB.

Treinta y dos kilómetros al sur de Río Hondo por la ctra. 10, Chiquimula es un importante mercado de abastos para todo el este de Guatemala, pero para los viajeros no es un destino en sí mismo sino un lugar de tránsito, quizá para las fabulosas ruinas mayas de Copán en Honduras, pasando la frontera desde El Florido. También se pueden hacer interesantes viajes entre Chiquimula y Jalapa, 78 km al oeste. Entre otras cosas, Chiquimula es famosa por su clima sofocante y sus pasables hoteles económicos, un par de ellos con piscina.

HUESOS VIEJOS

Muchos de los que hoy se dedican a excavar en Guatemala son arqueólogos o compañías mineras. Pero se les ha unido otro grupo que escarba pacientemente en la tierra en busca de tesoros: los paleontólogos.

Aunque no se sabe con certeza si los dinosaurios habitaron en la actual Guatemala, las pruebas demuestran que sí lo hicieron grandes mamíferos prehistóricos como armadillos gigantes, perezosos de 3 m de alto, mamuts y tigres con dientes de sable. Al migrar hacia el sur desde América del Norte descubrieron que no podían llegar más allá de la actual Guatemala; en aquellos tiempos el continente terminaba en el norte de Nicaragua, y transcurrieron 10 millones de años antes de que se juntaran América Central y América del Sur, creando más o menos los continentes actuales.

De las diversas teorías que intentan explicar la desaparición de los dinosaurios y otros grandes mamíferos prehistóricos, la más comúnmente aceptada es que hace 60 millones de años un inmenso meteorito impactó en la península de Yucatán y provocó un cambio climático en todo el planeta.

En Guatemala, el grueso de las pruebas fósiles y óseas se han descubierto en el extremo suroriental del país, pero los restos de perezoso gigante y mastodonte aparecieron en la actual Ciudad de Guatemala. El paleontólogo Roberto Woolfolk Saravia, fundador del **Museo de Paleontología, Arqueología y Geología** (Ctra. 10, Estanzuela; ⊕8.00-17.00 lu-vi) GRATIS, afirma haber reunido más de 5000 fragmentos y esqueletos, y dice que hay mucho más, pero la escasez de fondos impide sacarlos a la luz.

Incluso si solo se tiene un interés moderado en la vida prehistórica, vale la pena desviarse para visitar el museo; ha sido remodelado hace poco y expone restos de mastodontes, perezosos gigantes, un caballo prehistórico de 50 cm y dos molares de un mamut.

🛏 Dónde dormir

Desde la plaza central se puede ir andando a varios hoteles buenos.

Hotel Posada Don Adán
HOTEL $

(📞7942-3924; 8ª Av. 4-30, Zona 1; i/d 120/180 GTQ; P❋) La mejor elección en esta franja de precios: habitaciones pulcras con TV, ventilador, aire acondicionado y camas buenas y firmes. La puerta se cierra a las 22.00.

Hotel Hernández
HOTEL $

(📞7942-0708; 3ª Calle 7-41, Zona 1; i/d con ventilador 90/140 GTQ, i/d con aire acondicionado 150/220 GTQ, i/d sin baño 60/100 GTQ; P❋🛜🏊) Es difícil superar al Hernández, muy visitado desde hace años y que aún marcha viento en popa: céntrico, con habitaciones espaciosas y una piscina de buen tamaño.

Hostal Casa Vieja
HOTEL $$

(📞7942-7971; www.hostalcasaviejachiquimula.com; 8ª Av. 1-60, Zona 2; i/d/ste 200/400/500 GTQ; ❋🛜) A un corto trecho del centro, es tal vez el mejor hotel de la ciudad. Las habitaciones tiran a pequeñas, pero están decoradas con finura, y los jardines son preciosos. Todo el lugar irradia un sosiego que se echa en falta en el resto de la ciudad.

Hostal María Teresa
HOTEL $$

(📞7942-0177; 6ª Calle 6-21, Zona 1; i/d 200/380 GTQ; P❋🛜) Distribuido en torno a un maravilloso patio colonial con galerías anchas y umbrosas, las habitaciones individuales son algo pequeñas, pero las dobles tienen dimensiones generosas y el hotel dispone de todas las comodidades: televisión por cable, duchas calientes y aire acondicionado.

Posada Perla de Oriente
HOTEL $$

(📞7942-0014; 2ª Calle 11-50, Zona 1; i/d con ventilador 140/250 GTQ, i/d con aire acondicionado 170/300 GTQ; P❋🛜🏊) Muy tranquilo dada su proximidad a la terminal de autobuses y con una de las mejores relaciones calidad-precio de la ciudad. Las habitaciones son grandes y austeras, pero los jardines son apacibles y la gran piscina es una ventaja.

🍴 Dónde comer

Hay una ristra de comedores (restaurantes baratos) en la 8ª Av. por detrás del mercado. Por la noche se instalan vendedores de tentempiés y carritos de tacos en la 7ª Av. frente a la plaza.

Corner Coffee
CAFÉ $

(6ª Calle 6-70, Zona 1; bagels 30 GTQ, desayuno 30-40 GTQ; ⊕7.00-22.00 lu-sa, 15.00-22.00 do) Un

AUTOBUSES DESDE CHIQUIMULA

DESTINO	PRECIO (GTQ)	DURACIÓN	FRECUENCIA
Anguiatú, frontera con El Salvador	20	1 h	sale cuando se llena de 5.00 a 17.30
El Florido, frontera con Honduras	28	1½ h	sale cuando se llena de 5.30 a 16.30
Esquipulas	25	45 min	cada 20 min, 5.00-21.00
Flores	120	7-8 h	2 diarios
Ciudad de Guatemala	60	3 h	cada 30 min, 3.00-15.30
Ipala	10	1½ h	cada hora, 5.00-19.00
Puerto Barrios	50	4½ h	cada 30 min, 15.30-16.00
Quiriguá	35	2 h	cada 30 min, 15.30-16.00
Río Hondo	18	35 min	cada 15 min, 5.00-18.00

oasis con aire acondicionado en el bonito parque Calvario que sirve los mejores sándwiches, hamburguesas y *bagels* de la ciudad.

Charli's   INTERNACIONAL **$$**
(7ª Av. 5-55, Zona 1; platos ppales. 60-120 GTQ; ☺8.00-21.00) La "buena mesa" (¡con manteles!) de Chiquimula, con una extensa carta que recoge pasta, *pizza*, pescados, mariscos y bistecs, con servicio amable y aire acondicionado.

Parillada de Calero   ASADOR **$$**
(7ª Av. 4-83, Zona 1; desayuno desde 40 GTQ, platos ppales. 60-110 GTQ; ☺8.00-22.00) Este local al aire libre sirve los cortes de carne a la brasa más jugosos de la ciudad, y también es un punto clave para desayunar: el "Desayuno Tropical" (tortitas colmadas de fruta fresca) es muy apetecible en este clima.

❶ Orientación

Aunque hace mucho calor, es fácil moverse a pie por Chiquimula.

❶ Información

Banco G&T (7ª Av. 4-75, Zona 1; ☺9.00-20.00 lu-vi, 10.00-14.00 sa) Media cuadra al sur de la plaza. Cambia dólares estadounidenses y cheques de viaje, y anticipa efectivo con cargo a tarjetas Visa y MasterCard.

Oficina de correos (10ª Av.; ☺9.00-16.00 lu-vi, hasta 13.00 sa) Entre la 1ª y 2ª calle.

Telgua (3ª Calle) Con muchos teléfonos de tarjeta; está bajando desde el parque Ismael Cerna.

❶ Cómo llegar y salir

Varias compañías explotan autobuses y microbuses con salida y llegada desde la zona de la estación de autobuses, entre la 1ª y 2ª calle. **Litegua** (☎7942-2064; www.litegua.com; 1ª Calle, entre 10ª Av. y 11ª Av.), con autobuses a El Florido (el paso fronterizo de camino a Copán), dispone de una estación de autobuses propia media cuadra al norte. Para ir al paso fronterizo hondureño de Agua Caliente hay que tomar un microbús hasta Esquipulas y cambiar allí. Si se viaja hacia Jalapa habrá que ir a Capala y transbordar. Para Río Dulce se toma un autobús con destino a Flores o Puerto Barrios hasta el cruce de La Ruidosa y se cambia allí. Yendo hacia Esquipulas conviene sentarse a la izquierda para contemplar las mejores vistas de la basílica que alberga el Cristo Negro.

Ipala

Como es habitual en muchas poblaciones del Oriente, Ipala es calurosa y polvorienta y ofrece poco de interés para el viajero medio. Si no se ha llegado aquí para ver el volcán de Ipala, es probable que uno se haya perdido.

El **volcán de Ipala** (10 GTQ) es notable por el bellísimo lago de aguas claras que forma su cráter, con un perímetro de casi 1 km y recostado por debajo de la cima a 1493 m. La espectacular caminata hasta la cumbre asciende desde 800 hasta 1650 m en unas 2 h, aunque se puede llegar en coche hasta la mitad del recorrido. A orillas del lago hay senderos, un centro de visitantes y un *camping*.

De los contados alojamientos del centro de Ipala, el **Hotel Peña** (☎7942-8064; 2ª Calle 2-26; i/d 70/100 GTQ; ⓟ) viene a ser el mejor, aunque tal vez valga la pena caminar 10 min hasta el **Hotel Dorado** (☎7942-8334; Barrio El

ℹ CÓMO LLEGAR A EL SALVADOR

Entre Chiquimula y Esquipulas (a 35 km de Chiquimula y 14 de Esquipulas), el cruce de Padre Miguel es el desvío a Anguiatú, en la frontera con El Salvador, que dista 19 km (30 min). Los microbuses que vienen de Chiquimula, Quetzaltepeque y Esquipulas pasan con frecuencia.

La frontera de Anguiatú está abierta las 24 h, pero lo mejor es cruzarla de día. Por aquí circulan muchos camiones. Desde el otro lado de la frontera salen autobuses cada hora hacia la capital, San Salvador, pasando por Metapán y Santa Ana.

Rostro; i/d con ventilador 120/140 GTQ, h con aire acondicionado 180 GTQ; ⓟ🅰🅦), que ofrece habitaciones nuevas y más o menos modernas en la carretera a Agua Blanca.

En torno a la plaza hay locales de comida rápida y puestos de churrasco (carne asada). En una categoría un poco más alta se sitúa el **Restaurante El Original** (2ª Av.; platos ppales. 50-80 GTQ; ⊙11.30-21.00 lu-sa).

Hay bancos con cajeros automáticos en torno a la plaza.

Para llegar se toma un autobús desde Chiquimula (10 GTQ, 1½ h) o Jalapa (2 h) hasta Ipala y se transborda a un microbús que vaya a Agua Blanca (8 GTQ, cada 15 min). La cabecera del sendero está en El Sauce antes de Agua Blanca; hay que buscar el cartel azul del INGUAT. Con suerte se podría ir en *picop* hasta la Aldea Chigüiton, donde termina el camino, a 2 km de la carretera que discurre hacia el sur desde Ipala. También se puede alquilar un caballo en Chigüiton. Los autobuses paran a una cuadra de la plaza de Ipala. Además de con Chiquimula y Jalapa, hay conexiones con Ciudad de Guatemala (60 GTQ, 3 h).

Quetzaltepeque

El bullicioso pueblecito de Quetzaltepeque, entre Chiquimula y Esquipulas, posee muy poco interés para el visitante, a excepción del cercano volcán del mismo nombre.

◉ Puntos de interés

Volcán de Quetzaltepeque   VOLCÁN
Unos 10 km al este del pueblo de Quetzaltepeque, este volcán alcanza los 1900 m de altura. La dura caminata hasta la cumbre discurre por un espeso pinar subtropical y el sendero se difumina a trechos, pero casi todo el recorrido se puede efectuar en coche. Desde la cima se contempla un magnífico panorama de los cercanos volcanes Ipala y Suchitán y los campos circundantes.

Por el estado del sendero y algunos problemas de seguridad, es necesario un guía para emprender esta caminata; lo mejor es preguntar en la **municipalidad de Quetzaltepeque** (ayuntamiento; ☎7944-0258; ⊙8.00-16.00 lu-sa) para ponerse en contacto con un guía del lugar.

🛏 Dónde dormir y comer

En torno a la plaza se verán comedores (restaurantes baratos) y pequeños restaurantes.

Hotel El Gringo   HOTEL **$**
(☎7944-0186; 3ª Av. 2-25, Zona 2; h 60 GTQ/persona) Muy acogedor y muy sencillo, con habitaciones amplias y luminosas y camas sospechosas. Quizá sea preferible alojarse en Chiquimula o Esquipulas.

ℹ Cómo llegar y salir

Los autobuses que circulan entre Chiquimula (12 GTQ, 30 min) y Esquipulas (10 GTQ, 20 min) pasan por Quetzaltepeque.

Esquipulas

27 400 HAB.

Desde Chiquimula, la ctra. 10 va hacia el sur y se interna en las montañas, donde hace un poco más de fresco. Tras 1 h de recorrido por bonitos parajes, la carretera desciende hasta un valle cercado por montañas, donde se asienta Esquipulas. En mitad de la bajada, más o menos a 1 km del centro de la ciudad, hay un mirador con buenas vistas. El motivo para viajar a Esquipulas se hace evidente nada más ver el lugar, dominado por una gran basílica que se eleva sobre la ciudad, con toda su blancura refulgiendo al sol. La vista apenas ha cambiado en los 150 años transcurridos desde que el explorador John L. Stephens la describiera en su libro *Viaje a Yucatán* (1841).

Historia

Esquipulas quizá fuera un lugar de peregrinación ya antes de la conquista española. Refiere la leyenda que la ciudad adopta su nombre del caudillo maya que gobernaba esta región cuando llegaron los españoles y que los recibió en son de paz.

JALAPA

Jalapa es una ciudad pequeña y acogedora 78 km al oeste de Chiquimula, y la ruta entre ambas localidades es impresionante: cañones desbordantes de bananos se alternan con valles envueltos en la niebla.

Desde Jalapa se podría hacer una excursión de un día al **Parque Ecoturístico Cascadas de Tatasirire** (☏5202-4150; www.cascadasdetatasirire.com; 100 GTQ; ⊗8.00-17.00), una hermosa reserva natural con cascadas y senderos a la salida de la ciudad. Se puede acampar allí mismo o alojarse en un rústico *ecolodge*.

Dónde dormir

Jalapa posee quizá los alojamientos con mejor relación calidad-precio del país; es una pena que no haya más cosas que hacer por la zona.

Hotel Recinos (☏7922-2580; 2ª Calle 0-80, Zona 2; i/d 70/150 GTQ) Si solo se está de paso, este hotel barato, en el lado oeste de la terminal y el mercado, es una opción aceptable. Las limpias habitaciones con ventilador salen muy a cuenta, aunque cuando meten dos camas falta sitio.

Posada de Don José Antonio (☏7922-5751; Av. Chipilapa A 0-64, Zona 2; i/d 180/250 GTQ; ℗@⊛) Decoradas con detalles coloniales, sus habitaciones son grandes, lo mismo que los baños. Con bonitas zonas donde sentarse, un sombreado patio y un restaurante.

Dónde comer

Las opciones son limitadas; paseando por la calle principal se pone uno al corriente. También hay que buscar en la zona del mercado, donde se halla **Florencia** (Av. Chipilapa 1-72, Zona 1; platos ppales. 40-80 GTQ; ⊗7.00-21.00), extrañamente fuera de lugar pero muy acogedor.

Cómo llegar y salir

A pesar de existir una nueva terminal en el extremo sur de la ciudad, casi todos los autobuses siguen utilizando la caótica zona del mercado-terminal, a una cuadra de la calle principal. Hay autobuses regulares a Chiquimula (28 GTQ, 1½ h) y Ciudad de Guatemala (*pullman*/2ª clase, 35/28 GTQ). Para Esquipulas es necesario cambiar en Chiquimula.

Al llegar los misioneros se construyó aquí una iglesia, y en 1595 se colocó tras el altar mayor una imagen conocida como el Cristo Negro. Ante el aumento de peregrinos, se consagró una enorme iglesia nueva en 1758, y desde entonces la ciudad ha vivido del comercio derivado de las peregrinaciones.

⊙ Puntos de interés y actividades

Basílica de Esquipulas BASÍLICA
(11ª Calle) A esta formidable mole de piedra que ha resistido a los terremotos durante casi 250 años se llega atravesando un pequeño parque y subiendo por una ancha escalinata. La impresionante fachada y las torres se iluminan con focos por la noche.

En el interior, los fieles se acercan al pequeño Cristo Negro con devoción, en muchos casos de rodillas. Cuando se agolpan los peregrinos hay que entrar a la iglesia por un lado para ver de cerca el famoso santuario; si uno se mueve con rapidez, quizá pueda echarle un vistazo antes de verse empujado hacia delante por el gentío. Los domingos, festividades religiosas y, sobre todo, durante la **fiesta del Cristo de Esquipulas** (15 ene), la iglesia se abarrota de fieles, pero entre semana quizá se pueda ver casi a solas, lo que resulta muy gratificante. Curiosear entre los objetos religiosos que ofrecen multitud de vendedores en torno a la basílica es una actividad muy entretenida. Al salir de la iglesia, se baja la escalera que atraviesa el parque y se tuerce a la derecha hasta llegado: repárese en los puestos que venden sombreros de paja decorados con flores artificiales y el nombre "Esquipulas". Los conductores de *parrilleras* de todo el país acostumbran a colgarlos en los espejos retrovisores.

Centro Turístico
Cueva de las Minas CUEVA
(25 GTQ; ⊗8.00-16.00) Consta de una cueva de 50 m de profundidad (hay que llevar linterna), zonas cubiertas de hierba para pícnic y el río El Milagro, adonde viene la gente para

darse un chapuzón y decir que es milagroso. La cueva y el río quedan a ½ km de la entrada, situada por detrás del cementerio de la basílica, 300 m al sur del desvío a la ciudad desde la carretera a Honduras. Se pueden tomar refrigerios.

Parque Chatún   PARQUE DE ATRACCIONES
(☏7873-0909; www.parquechatun.com; adultos/niños incl. almuerzo 80/70 GTQ; ☺9.00-18.00 ma-sa) Si se viaja con niños (y si no también), este parque a 3 km de la ciudad con piscinas, pared de escalada, *campings,* zoológico infantil, tirolina y minisalto con goma elástica alivia todo el tinglado religioso. El precio de la entrada incluye todas las atracciones excepto la tirolina.

Si no se dispone de vehículo, hay que buscar el microbús que recorre la ciudad o encargar en el hotel que lo pidan; el trayecto hasta el parque cuesta 5 GTQ.

🛏 Dónde dormir

En Esquipulas abundan los alojamientos. Todos los hoteles de la ciudad se llenan los días festivos y durante la fiesta del Cristo de Esquipulas (15 ene); los fines de semana también se registra gran afluencia de visitantes y los precios suben notablemente. Las tarifas aquí consignadas corresponden a los fines de semana. Entre semana, y con exclusión de la fiesta del Cristo, se aplican descuentos. Para habitaciones baratas hay que buscar en las calles al norte de la basílica.

Hotel Portal de la Fe   HOTEL $$
(☏7943-4261; 11 Calle 1-70, Zona 1; i/d 280/500 GTQ; ▣✳@🛜🌊) Uno de los contados hoteles de la ciudad con verdadera clase. Las habitaciones subterráneas son tristonas, pero en la planta alta la situación mejora mucho.

Hotel Mahanaim   HOTEL $$
(☏7943-1131; 10ª Calle 1-85, Zona 1; h 380 GTQ; ▣✳@🛜🌊) Ocupa tres plantas en torno a un patio cubierto. Las habitaciones son cómodas pero insulsas, y no saldría tan a cuenta de no ser por la gran piscina cubierta de atrás.

Hotel Monte Cristo   HOTEL $$
(☏7943-1453; 3ª Av. 9-12, Zona 1; i/d 200/280 GTQ, i/d sin baño 90/120 GTQ; ▣) Habitaciones de buen tamaño con unos pocos muebles y duchas con agua muy caliente. No permiten ocupar las habitaciones de la planta alta hasta que se llenan las del piso bajo.

EL CRISTO NEGRO

Visitado cada año por más de un millón de peregrinos de México, América Central, EE UU y más lejos, el Cristo Negro de Esquipulas es uno de los máximos atractivos turísticos de Guatemala.

Los mitos rodean el color de la talla. Durante mucho tiempo se creyó que los españoles que la encargaron en 1594 pidieron un Cristo con un tono de piel parecido al de los chortíes de Esquipulas, ya que así serían más fáciles de convertir. Sin embargo, los estudios han demostrado que está tallado en una madera clara, quizá cedro. Algunos dicen que se volvió negro misteriosamente de la noche a la mañana; otros que se oscureció debido al contacto humano y al incienso quemado en la iglesia a lo largo de los siglos.

El Cristo Negro despertó la atención general por primera vez cuando el arzobispo de Guatemala se recuperó milagrosamente de una enfermedad crónica después de visitar Esquipulas en 1737, y la ciudad recibió un sano impulso publicitario cuando la visitó el papa Juan Pablo II en 1996.

Pero la popularidad de la imagen se explica también por el sincretismo entre creencias precristianas y cristianas. Cuando llegaron los españoles, los pueblos indígenas de toda América no tardaron en descubrir que les causaba menos perjuicio aparentar que aceptaban la nueva religión, pero conservando al tiempo sus creencias ancestrales y dando nuevos nombres a los antiguos dioses. En la cultura maya, el negro era el color de los guerreros y se asociaba con la magia, la muerte, la violencia y el sacrificio. En consecuencia, el Cristo Negro puede verse como un Cristo guerrero vencedor de la muerte.

Existen dos copias autorizadas del Cristo Negro de Esquipulas en EE UU: la de Nueva York ha terminado por representar los sufrimientos y penalidades de la comunidad latinoamericana, mientras que la de Los Ángeles (introducida en el país de contrabando, al parecer con la ayuda de funcionarios sobornados) ha adquirido un significado especial para los inmigrantes sin documentación.

Hotel Vistana al Señor · HOTEL $$

(☏7943-4294; hotelvistana@gmail.com; 1ª Av. 'B'
1-42; i/d 280/360 GTQ; 🛜) La mejor opción de
alojamiento, y con diferencia, en esta franja
de precios son estas habitaciones pequeñas
y coquetas al sur del mercado. En la planta
alta hay un bonito balcón con buenas vistas.

Hotel La Favorita · HOTEL $$

(☏7943-1175; 2ª Av. 10-15, Zona 1; h 220 GTQ, i/d
sin baño 70/120 GTQ; 🅿) Muy económico. Las
habitaciones sin baño son algo deprimentes,
pero las que lo tienen están bastante bien.

Hotel Legendario · HOTEL $$$

(☏7943-1824; 3ª Av. esq. 9ª Calle, Zona 1; h 950 GTQ;
🅿❄@🛜🏊) El más elegante del centro destaca
por sus instalaciones y servicios, que incluyen
una piscina para los niños. Las habitaciones
son correctas: bastante grandes, con camas
nuevas, ventanales a un herboso patio y las
comodidades que cabe esperar por el precio.

🍴 Dónde comer

Los restaurantes son algo más caros aquí que
en otras partes de Guatemala. Los de precio
económico se apiñan en el extremo norte del
parque, donde los hambrientos peregrinos los
encuentran con facilidad.

Restaurante Calle Real · GUATEMALTECA $

(3ª Av.; platos ppales. 40-80 GTQ; ◷8.00-22.00) Comidas baratas para peregrinos: carta extensa,
tubos fluorescentes y TV ruidoso.

La Rotonda · COMIDA RÁPIDA $$

(11ª Calle; platos ppales. 60-100 GTQ; ◷8.00-22.00)
Frente a la estación de autobuses de Rutas
Orientales. Es un edificio de planta circular
con sillas dispuestas en torno a una gran barra al aire libre sombreada por un toldo. Es
acogedor, limpio y con mucho donde elegir,
incluidas *pizzas,* pastas y hamburguesas.

City Grill · ASADOR $$

(2ª Av. esq. 10ª Calle, Zona 1; platos ppales. 50-
140 GTQ; ◷8.00-22.00) La mejor churrasque-
ría de la ciudad, con algunos de los mejores
cortes de carne en kilómetros a la redonda,
sirve además pescados y mariscos aceptables
y platos de pasta; también merece la pena
echar un vistazo a las *pizzas.*

Restaurant El Ángel · CHINA $$

(☏7943-1372; 11ª Calle esq. 2ª Av., Zona 1; platos ppales. 50-70 GTQ; ◷11.00-22.30) Este restaurante
chino de la calle principal sirve los platos habituales, más bistecs y una buena variedad de
licuados. Reparto a domicilio.

ℹ Información

Banco Internacional (3ª Av. 8-87, Zona 1;
◷8.00-16.00 lu-vi, 9.00-13.00 sa) Cambia
efectivo y cheques de viajes, anticipa efectivo
con cargo a Visa y MasterCard, es agente de
American Express en la ciudad y tiene un cajero
automático Visa.

Oficina de correos (6ª Av. 2-15) Unas 10 cuadras al norte del centro.

Telgua (5ª Av. esq. 9ª Calle, Zona 1) Muchos
teléfonos de tarjeta.

ℹ Cómo llegar y salir

Los autobuses a Ciudad de Guatemala (60 GTQ,
4 h) llegan y salen cada hora de 1.30 a 16.30
desde la **estación de autobuses de Rutas
Orientales** (☏7943-1366; 11ª Calle esq. 1ª Av.,
Zona 1), cerca de la entrada a la ciudad.

Los microbuses a Agua Caliente (frontera
hondureña; 25 GTQ, 30 min) llegan y salen
desde el otro lado de la calle cada ½ h de 5.00 a
17.00; los taxis también esperan aquí y cobran lo
mismo que los microbuses una vez que se llenan
con cinco pasajeros.

Los microbuses a Chiquimula (20 GTQ,
45 min, cada 15 min) salen del extremo este de
la 11ª calle.

Transportes Guerra (5ª Av. esq. 10ª Calle,
Zona 1) va a Anguiatú (frontera con El Salvador;
20 GTQ, 1 h, cada 30 min).

Tres autobuses salen a diario hacia Flores/
Santa Elena (130 GTQ, 8 h) desde la oficina de
Transportes María Elena (☏7943-0957;
11 Calle 0-54, Zona 1) y pasan por Quiriguá
(50 GTQ, 2 h), Río Dulce (75 GTQ, 4 h) y Poptún
(100 GTQ, 6 h).

Quiriguá

4800 HAB.

El yacimiento arqueológico de Quiriguá
queda a solo 50 km en línea recta de Copán,
pero por la orografía del terreno, la frontera
internacional y el estado de las carreteras al
término del viaje se habrán recorrido 175 km.
Quiriguá es famoso por sus estelas talladas:
gigantescos monolitos de arenisca marrón
que se alzan a 10,5 m de altura, como cen-
tinelas del pasado, en un parque tropical
tranquilo y bien cuidado.

Desde el cruce de Río Hondo hay 67 km
por la ctra. 9 hasta el pueblo de Los Amates,
con un par de hoteles, un restaurante, tenderetes de comida, un banco y una pequeña
estación de autobuses. El pueblo de Quiriguá queda 1,5 km al este de Los Amates, y el

Quiriguá

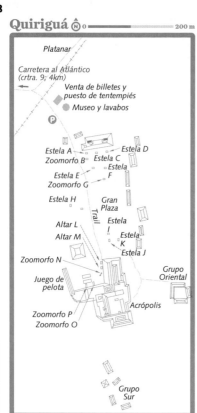

0   200 m

Platanar

Carretera al Atlántico
(crtra. 9; 4km)

Venta de billetes y
puesto de tentempiés

Museo y lavabos

Estela A
Zoomorfo B
Estela C
Estela D
Estela E
Estela F
Zoomorfo G
Estela H
Gran Plaza
Altar L
Estela I
Altar M
Estela K
Estela J
Zoomorfo N
Juego de pelota
Acrópolis
Zoomorfo P
Zoomorfo O
Grupo Oriental
Trail
Grupo Sur

desvío a las ruinas 1,5 km más al este. La carretera de acceso discurre 3,4 km hacia el sur a través de platanares.

Historia

La historia de Quiriguá corre paralela a la de Copán, de la que dependió durante buena parte del período clásico. De los tres yacimientos de esta zona, solo el actual parque arqueológico tiene interés.

El emplazamiento de Quiriguá se prestaba a tallar estelas gigantescas. Los lechos de arenisca marrón del cercano río Motagua tenían superficies de fractura apropiadas para cortar bloques grandes. Aunque deleznable al cortarse por primera vez, la arenisca adquiría dureza al secarse al aire. Con los expertos artesanos de Cobán cerca para orientarlos, los canteros de Quiriguá estaban listos para alcanzar la grandeza: lo único que necesitaban era un dirigente

que los inspirara... y que pagara el tallado de las estelas.

Ese dirigente fue K'ak' Tiliw Chan Yo'at (Cauac Cielo; [725-784]), que decidió que Quiriguá ya no debería estar sometida a Copán. En guerra con su antiguo soberano, Cauac Cielo hizo prisionero a Uaxaclahun Ubak K'awil (Rey Dieciocho Conejo) de Copán en el 737 y después lo mandó decapitar. Independiente al fin, Cielo Cauac puso a trabajar a sus canteros, que en los 38 años siguientes tallaron estelas y zoomorfos gigantescos a mayor gloria de su soberano.

El hijo de Cielo Cauac, Cielo Xul [784-800], perdió el trono a manos de un usurpador, Cielo de Jade. Este último gran rey de Quiriguá continuó la fiebre constructora de Cielo Cauac y reconstruyó la acrópolis de Quiriguá a escala más monumental.

Quiriguá permaneció ignorada por los europeos hasta que el explorador y diplomático John L. Stephens llegó en 1840. Impresionado por sus monumentos, lamentó el desinterés del mundo por ellos en su libro *Viaje a Yucatán* (1841).

Stephens intentó comprar la ciudad en ruinas para llevarse las estelas a Nueva York, pero el propietario, el Sr. Payés, entendió que Stephens, por su condición de diplomático, estaba negociando en representación del Gobierno de EE UU, que era quien pagaría. Payés pidió un precio desorbitado y el trato nunca se cerró.

Alfred P. Maudslay llevó a cabo excavaciones entre 1881 y 1894. A principios del s. xx, todas las tierras que circundaban Quiriguá fueron vendidas a la compañía estadounidense United Fruit Company y convertidas en plantaciones bananeras; la compañía ya no existe, pero los plátanos y Quiriguá perduran. La restauración del yacimiento fue emprendida por la Universidad de Pensilvania en la década de 1930. En 1981, la Unesco declaró las ruinas Patrimonio Mundial, uno de los tres con que cuenta Guatemala (los otros son Tikal y Antigua).

⊙ Puntos de interés

El yacimiento arqueológico, semejante a un parque, tiene cerca de la entrada una tienda que vende refrescos y tentempiés, pero es mejor llevarse la comida. Pasada la entrada, un pequeño **museo** exhibe paneles informativos y una maqueta que reconstruye el yacimiento (en buena parte sin excavar) en su época de esplendor.

Yacimiento arqueológico de Quiriguá

YACIMIENTO ARQUEOLÓGICO

(80 GTQ; ⊘8.00-16.30) A pesar del calor pegajoso y (a veces) los fastidiosos mosquitos, Quiriguá es un lugar maravilloso. Las gigantescas estelas de la Gran Plaza se encuentran mucho más deterioradas que las de Copán y, para impedir que el deterioro vaya a más, todas han sido cubiertas con techos de paja. Los techos proyectan sombras que dificultan el examen de las tallas a corta distancia y hacen casi imposible sacar una buena fotografía, pero eso no impide que el visitante se quede pasmado.

Siete de las estelas, denominadas A, C, D, E, F, H y J, fueron construidas durante el reinado de Cauac Cielo y llevan tallada su imagen. La E, la más grande de las estelas mayas conocidas, se alza a unos 8 m de altura y su base está enterrada otros 3 m; pesa casi 60 000 kg. Repárese en los complejos tocados, las barbas de algunas figuras (una rareza en el arte y la vida de los mayas), los cetros en las manos de los reyes y las inscripciones jeroglíficas a los lados de la estela.

Por el otro lado de la plaza se extiende la acrópolis, mucho menos impresionante que la de Copán. En su base pueden verse varios zoomorfos: bloques de piedra labrada que representan criaturas reales y fabulosas. Ranas, tortugas, jaguares y serpientes eran los motivos preferidos. Los zoomorfos impresionan menos que las formidables estelas, pero por su valor artístico, imaginación y significación mitológica son obras soberbias.

🍴 Dónde dormir y comer

Hotel y Restaurante Royal   HOTEL $

(☑7947-3639; i/d 140/200 GTQ; 🅿) De los alojamientos económicos del pueblo, esta es por mucho la opción más aconsejable, con habitaciones limpias y espaciosas y un restaurante donde se sirven comidas sencillas que sacian el apetito (40-60 GTQ). Los precios son negociables.

❶ Cómo llegar y desplazarse

Los autobuses que cubren las líneas Ciudad de Guatemala-Puerto Barrios, Ciudad de Guatemala-Flores, Esquipulas-Flores y Chiquimula-Flores dejan y recogen aquí. Si se quiere ir al hotel hay que bajarse en la pasarela de Quiriguá (el paso elevado para peatones). Si se le pide al conductor, puede parar también en el desvío al yacimiento.

Desde la carretera hay 3,4 km hasta el yacimiento arqueológico –10 GTQ en *tuk-tuk* (taxi de tres ruedas)–, pero si no pasa ninguno no hay problema: el paseo (sin equipaje) a través de las plantaciones de banana resulta agradable.

Quienes se hospeden en el pueblo de Quiriguá y vayan a ir andando hasta el yacimiento o Los Amates pueden atajar tomando por la vía férrea que va desde el pueblo a través de las plantaciones de banana y cruza después la carretera de acceso, muy cerca de la entrada al yacimiento. Un *tuk-tuk* desde el pueblo de Quiriguá hasta el yacimiento debería costar unos 20 GTQ.

Por la carretera principal pasan autobuses frecuentes a Río Dulce (35 GTQ, 2 h), Chiquimula (30 GTQ, 2 h) y Puerto Barrios.

COPÁN (HONDURAS)

Yacimiento de Copán

Una de las civilizaciones mayas más importantes vivió, prosperó y sucumbió misteriosamente en torno al yacimiento arqueológico de Copán, inscrito en la lista del Patrimonio Mundial de la Unesco. Durante el período clásico (250-900 d.C.), la ciudad de Copán dominaba culturalmente la región. La arquitectura no es tan majestuosa como la de Tikal, al otro lado de la frontera, pero la ciudad produjo notables esculturas y jeroglíficos, y hoy el yacimiento se puede disfrutar con frecuencia casi a solas, lo que lo hace aún más cautivador.

A las ruinas se llega dando un agradable paseo de 1 km desde Copán. Cerca de la entrada hay un centro de visitantes, un excelente museo de esculturas y una tienda de regalos. Los guías de la **Asociación de Guías Copán** (☑2651-4018; guiascopan@yahoo.com) conocen a fondo su oficio, así que contratarlos es una inversión que merece la pena.

La *Historia escrita en piedra: una guía del Parque Arqueológico de las Ruinas de Copán,* de William L. Fash y Ricardo Agurcia Fasquelle, se suele conseguir en el yacimiento. El libro *Visión del pasado maya* de William L. Fash y Ricardo Agurcia Fasquelle presenta una visión global de Copán.

Historia

Período precolombino

El valle de Copán lleva habitado desde al menos el 1200 a.C., como evidencia la datación de la cerámica allí descubierta. Copán debió

CENTRO Y ESTE DE GUATEMALA YACIMIENTO DE COPÁN

de registrar una importante actividad comercial desde los primeros tiempos, pues algunas tumbas con acentuada influencia olmeca se remontan al 900-600 a.C.

En el s. v d.C. gobernó en Copán una familia encabezada por un misterioso rey llamado Mah K'ina Yax K'uk' Mo' (Gran Sol Señor Quetzal Guacamayo), quien reinó del 426 al 435 d.C. Las pruebas arqueológicas indican que fue un gran chamán a quien los reyes posteriores veneraron como el fundador semidivino de la ciudad. La dinastía mantuvo el poder durante todo el período clásico (250-900 d.C.), época de esplendor de Copán.

Se sabe poco de los reyes posteriores que gobernaron antes del 628 d.C.; solo se han podido descifrar algunos de sus nombres: Estera Cabeza, el segundo rey (sin relación con Cama Cabeza); Cu Ix, el cuarto rey; Nenúfar Jaguar, el séptimo; Luna Jaguar, el décimo; y Butz' Chan, el undécimo.

Entre los soberanos más ilustres de Copán se contó Humo Imix (Humo Jaguar; [628-695]), el duodécimo rey. Humo Imix convirtió Copán en una potencia militar y económica de primer orden en la región. Es posible que se apoderara del cercano principado de Quiriguá, pues una de las famosas estelas de ese yacimiento lleva grabados su nombre y efigie. Cuando murió en el 695, la población de Copán había crecido notablemente.

A Humo Imix le sucedió Uaxaclahun Ubak K'awil (Dieciocho Conejo; [695-738]), el decimotercer rey, que tomó las riendas del poder y emprendió nuevas campañas militares. En una guerra librada contra el rey Cauac Cielo, su vecino de Quiriguá, Dieciocho Conejo fue capturado y decapitado. Le sucedió K'ak' Jo-

plaj Chan K'awiil (Humo Mono; [738-749]), el decimocuarto soberano, cuyo breve reinado apenas dejó huellas en Copán. El hijo de Humo Mono, K'ak' Yipyaj Chan K'awiil (Humo Concha; [749-763]), fue sin embargo uno de los más grandes constructores de Cobán: encargó el monumento más famoso e importante de la ciudad, la Escalinata de los Jeroglíficos, que inmortaliza las gestas de la dinastía desde su fundación hasta el 755, cuando fue inaugurada la escalinata. Es la inscripción más larga jamás descubierta en tierras mayas.

Yax Pasaj Chan Yopaat (Alborada o Primer Amanecer; [763-820]; también conocido como Yax Pac, Yax Pasaj Chan Yoaat y Yax Pasah), sucesor de Humo Concha y decimosexto rey, continuó el ornato de Copán. El ocupante final del trono, U Cit Tok', se convirtió en soberano en el 822, pero no se sabe cuándo murió.

Hasta fecha reciente, el colapso de la civilización de Copán había sido un misterio; hoy los arqueólogos han empezado a conjeturar que en las postrimerías del período de esplendor de Copán la población creció a un ritmo sin precedentes, agotando los recursos agrícolas. Al final, Copán dejó de ser autosuficiente y tuvo que traer comida de otras regiones. El núcleo urbano se expandió hacia las fértiles tierras del centro del valle, y las zonas de uso agrícola y residencial debieron ocupar las empinadas laderas que lo rodean. Extensas zonas fueron deforestadas, lo que ocasionó una erosión masiva que diezmó aún más la producción de alimentos y provocó inundaciones durante las estaciones lluviosas. Este daño medioambiental de antaño

Zona de Copán

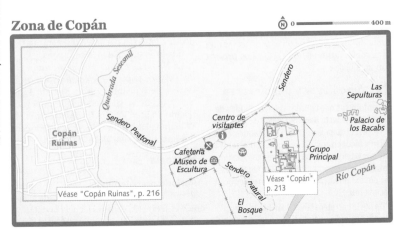

no difiere demasiado de lo que ocurre hoy: una tendencia que se funde con la creencia maya de que la vida es cíclica y la historia se repite. Los esqueletos de personas que murieron durante los últimos años de Copán presentan pruebas palmarias de malnutrición y enfermedades infecciosas, y también de que murieron jóvenes.

El valle de Copán no fue abandonado de la noche a la mañana; quizá los agricultores continuaron viviendo en aquel valle ecológicamente devastado durante quizá otros 100 o 200 años. Pero hacia el año 1200 incluso los agricultores se habían marchado, y la ciudad real de Copán fue invadida por la jungla.

Descubrimiento europeo

El primer europeo conocido que vio las ruinas fue un representante del rey español Felipe II, Diego García de Palacios, que vivía en Guatemala y viajó por la región. El 8 de marzo de 1576 le escribió una carta al monarca hablándole de las ruinas que había encontrado. En aquel tiempo solo vivían allí unas cinco familias, que ignoraban la historia de las ruinas. Pasaron casi tres siglos antes de que otro español, el coronel Juan Galindo, visitara las ruinas y trazara el primer mapa del lugar.

Fue la relación de Galindo lo que animó a John L. Stephens y Frederick Catherwood a visitar Copán durante su viaje por América Central en 1839. Cuando Stephens publicó en 1841 el libro *Viaje a Yucatán,* ilustrado por Catherwood, el mundo conoció por primera vez la existencia de las ruinas.

Copán hoy

La historia de Copán continúa saliendo a la luz. En los 27 km^2 que rodean el Grupo Principal se han descubierto los restos de 3450 estructuras, casi todas en un radio aprox. de ½ km. En una zona más amplia se han detectado 4509 estructuras en 1420 puntos repartidos en una superficie de 135 km^2 en derredor de las ruinas. Tales descubrimientos indican que durante el apogeo de esta civilización, hacia fines del s. VIII d.C., el valle de Copán contaba más de 27 500 habitantes, una cifra que no volvió a alcanzar hasta la década de 1980.

Además de escudriñar la zona que rodea el Grupo Principal, los arqueólogos siguen realizando descubrimientos en el Grupo Principal propiamente dicho, donde se han identificado cinco fases constructivas; la última, datada entre el 650 y el 820 d.C., es lo que se ve hoy. Pero bajo las ruinas yacen sepultadas otras capas, que se están explo-

rando a través de túneles subterráneos. Así es como se descubrió el templo Rosalila, del que hoy se expone una réplica en el Museo de Escultura. Por debajo de Rosalila hay otro templo anterior, Margarita, y por debajo de este Hunal, que contiene la tumba del fundador de la dinastía, Yax K'uk' Mo' (Gran Sol Señor Quetzal Guacamayo). Dos de los túneles de excavación, incluido el de Rosalila, están abiertos al público, aunque es necesario pagar una segunda entrada para acceder a ellos.

◉ Puntos de interés

Grupo Principal

El Grupo Principal de ruinas queda unos 400 m más allá del centro de visitantes; hay que atravesar un césped, franquear la puerta de una verja y bajar por una umbrosa avenida arbolada. Las ruinas, donde reside una colonia de guacamayos, han sido numeradas para facilitar su identificación, y un camino bien señalizado circunda el yacimiento.

El **centro de visitantes,** en la entrada, alberga el despacho de billetes y una exposición sobre el yacimiento y su excavación. Cerca hay una **cafetería** y **tiendas de 'souvenirs' y artesanía,** más una zona para pícnic en el camino que conduce al Grupo Principal.

Conviene visitar el yacimiento con un guía, que explica las ruinas y hace que cobren vida. Los guías trabajan para la Asociación de Guías Copán (p. 209) y cobran 660 HNL por grupos de hasta cinco personas; están en la entrada del aparcamiento. Estos precios corresponden al yacimiento principal; los guías para los túneles, Las Sepulturas y el Museo de Escultura cobran 200-300 HNL adicionales por cada lugar.

Estelas de la Gran Plaza

El camino conduce a la **Gran Plaza** (Plaza de las Estelas) y a las enormes estelas ricamente labradas que representan a los gobernantes de Copán. Casi todas las estelas más valiosas datan del 613-738 d.C., y todas parecen conservar la pintura original; en la Estela C quedan trazas de pintura roja. Muchas estelas tenían bóvedas encima o al lado donde se celebraban sacrificios y ofrendas.

Gran parte de las de la Gran Plaza representan al rey Dieciocho Conejo, entre ellas las estelas A, B, C, D, F, H y 4. La más hermosa de la Gran Plaza es quizá la **Estela A** (731 d.C.); la original se ha trasladado al interior del Museo de Escultura, y la que se ve fuera, como muchas del yacimiento, es una reproducción. Cerca, y casi iguales en belleza, se emplazan la **Estela 4** (731 d.C.); la **Estela B** (731 d. C.), que representa a Dieciocho Conejo subiendo al trono; y la **Estela C** (782 d.C.), precedida por un altar con forma de tortuga y con figuras a ambos lados. La **Estela E** (614 d.C.), erigida sobre la Estructura 1 por el lado oeste de la Gran Plaza, es de las más antiguas.

Por el extremo norte de la Gran Plaza, en la base de la Estructura 2, la **Estela D** (736 d.C.) también representa al rey Dieciocho Conejo. Por detrás presenta dos columnas con jeroglíficos, y en su base hay un altar con representaciones terroríficas de Chac, el dios de la lluvia. Delante del altar está la **tumba del Dr. John Owen**, un arqueólogo de la expedición del Peabody Museum de Harvard que murió durante las excavaciones en 1893.

Por el lado este de la plaza, la **Estela F** (721 d.C.) muestra un diseño más poético que las otras estelas del yacimiento: las túnicas de la figura principal parecen flotar en el aire hasta el otro lado de la piedra, donde hay glifos. El **Altar G** (800 d.C.), con dos cabezas gemelas de serpiente, es uno de los monumentos excavados más recientemente de Copán. La **Estela H** (730 d.C.) quizá representa a una reina o princesa y no a un rey. La **Estela I** (692 d.C.), en la estructura por el lado oriental de la plaza, corresponde a una persona enmascarada. La **Estela J** (702 d.C.), más al este, se asemeja a las estelas de Quiriguá en que se halla cubierta de glifos, no de figuras antropomorfas.

Juego de pelota

Por el sur de la Gran Plaza, al otro lado de lo que se conoce como Plaza Central, se extiende la cancha del juego de pelota (731 d.C.), la segunda más grande de América Central. La que ahora se ve es la tercera que existió en el yacimiento; las dos canchas más pequeñas quedaron sepultadas por esta construcción. Repárese en las cabezas de guacamayos talladas en lo alto de los muros en talud. El marcador central de la cancha es obra del rey Dieciocho Conejo.

Escalinata de los Jeroglíficos

Al sur del juego de pelota se alza el monumento más famoso de Copán: la Escalinata de los Jeroglíficos (743 d.C.), obra del rey Humo Concha, hoy protegida de los elementos por un techo de lona. Los 63 peldaños narran en varios miles de glifos la historia de la realeza de Copán y están bordeados por rampas inscritas con otros relieves y glifos. La historia que se cuenta en los peldaños aún no se ha podido descifrar por completo porque la escalinata estaba parcialmente en ruinas, con las piedras mezcladas; pero los arqueólogos están utilizando técnicas de escaneado en 3D para crear una versión digitalizada de la original, con la esperanza de que algún día pueda leerse en su integridad.

En la base de la Escalinata de los Jeroglíficos está la **Estela M** (756 d.C.), con una figura (probablemente el rey Humo Concha) vestida con un manto de plumas; los glifos narran el eclipse solar de aquel año. El altar delantero muestra una serpiente emplumada con una cabeza humana saliendo de sus fauces.

Junto a la escalinata, un túnel conduce a la **tumba de un noble**, un escriba real que tal vez fuera hijo del rey Humo Imix. La tumba, descubierta en junio de 1989, contenía un tesoro de cerámica pintada y objetos de jade que hoy se exponen en museos hondureños.

Acrópolis

La escalera al sur de la Escalinata de los Jeroglíficos sube hasta el **Templo de las Inscripciones**. En lo alto de la escalinata las paredes están talladas con grupos de jeroglíficos. Por el lado sur del templo de las Inscripciones está el **patio occidental,** y por el este, el **patio oriental,** también llamado **patio de Los Jaguares**. En el patio occidental, el **Altar Q** (776 d.C.) es una de las esculturas más famosas del yacimiento; el original se conserva en el Museo de Escultura. Por sus lados, tallados con espléndidos relieves, están representados los 16 grandes reyes de Copán hasta Yax Pasaj Chan Yopaat, que levantó el monumento. Por detrás del altar hay una cámara para sacrificios en la que los arqueólogos descubrieron los huesos de 15 jaguares y varios guacamayos quizá sacrificados en honor de Yax Pasaj Chan Yopaat y sus antepasados.

Este conjunto de templos conocido como la Acrópolis era el corazón espiritual y político del yacimiento, reservado para la realeza y los nobles: un lugar donde se celebraban ceremonias y se enterraba a los reyes.

El patio oriental contiene también la **tumba** de Yax Pasaj Chan Yopaat bajo la Estructura 18; lamentablemente, fue descubierta y saqueada mucho antes de que llegaran los arqueólogos. Los dos patios, el oriental y el occidental, encierran fascinantes estelas y tallas de cabezas antropomorfas y zoomorfas. Para ver el relieve de la talla más rica hay que subir por la Estructura 22 desde el lado norte del patio

Copán

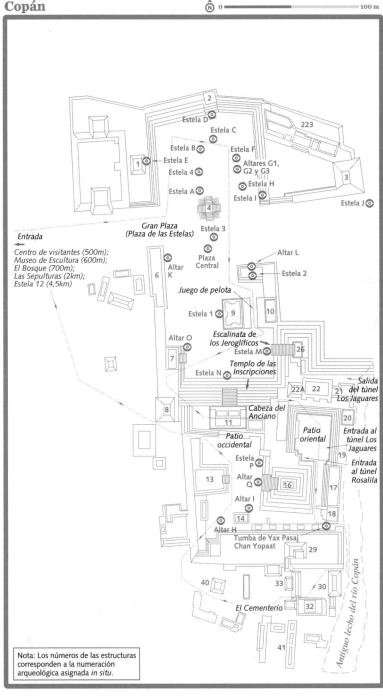

Entrada

Centro de visitantes (500m);
Museo de Escultura (600m);
El Bosque (700m);
Las Sepulturas (2km);
Estela 12 (4,5km)

Estela D
Estela C
Estela B
Estela F
Estela E
Altares G1,
G2 y G3,
Estela 4
Estela A
Estela H
Estela I
Estela J
Gran Plaza
(Plaza de las Estelas)
Estela 3
Plaza
Central
Altar
K
Altar L
Estela 2
Juego de pelota
Estela 1
Escalinata de
los Jeroglíficos
Altar O
Estela M
Templo de las
Inscripciones
Estela N
Salida
del túnel
Los Jaguares
Cabeza del
Anciano
Patio
oriental
Entrada al
túnel Los
Jaguares
Patio
occidental
Estela
P
Entrada
al túnel
Rosalila
Altar
Q
Altar I
Altar H
Tumba de Yax Pasaj
Chan Yopaat
El Cementerío
Antiguo lecho del río Copán

Nota: Los números de las estructuras
corresponden a la numeración
arqueológica asignada *in situ*.

oriental; este era el **Templo de Meditación,** restaurado en época reciente.

Túnel Rosalila y túnel Los Jaguares

En 1999 los arqueólogos abrieron el **túnel Rosalila y el túnel Los Jaguares** (330 HNL), que permiten a los visitantes contemplar estructuras preexistentes bajo las construcciones de la superficie. El primer túnel, **Rosalila,** es muy corto y solo admite un número reducido de visitantes a la vez. El famoso **templo Rosalila** se expone solo parcialmente detrás de un grueso cristal. El otro túnel, Los Jaguares, que corre a lo largo de los cimientos del templo 22, medía en un principio 700 m, pero al cerrarse una sección se ha quedado en unos 80 m. Este túnel sale al exterior del yacimiento principal, así que es necesario rodear la base y la parte trasera del yacimiento principal para volver a entrar. Por fascinante que sea, no se justifica el coste adicional de la entrada.

Museo de Escultura

Si Tikal es famoso por sus altos templos-pirámide y Palenque por sus paneles de piedra caliza con relieves, Copán es único en el mundo por sus esculturas. Algunos de los ejemplos más notables se exponen en este impresionante **museo** (Museo de Escultura; 154 HNL). La sola entrada al museo es ya toda una experiencia: se atraviesa la boca de una serpiente y se recorren las sinuosas entrañas de la bestia antes de salir de repente a un mundo fantástico de esculturas y luz.

La joya del museo es una réplica a escala natural del **templo Rosalila,** que fue descubierto casi en perfecto estado por los arqueólogos en 1989 a través de un túnel excavado en la Estructura 16, el edificio central de la Acrópolis. Rosalila, inaugurado en el 571 d.C. por el 10º gobernante de Copán, Luna Jaguar, al parecer revestía un carácter tan sagrado que cuando se construyó encima la Estructura 16, Rosalila se dejó intacto. El primigenio templo Rosalila ocupa el corazón de la Estructura 16.

El Bosque y Las Sepulturas

Las excavaciones llevadas a cabo en El Bosque y Las Sepulturas han arrojado luz sobre la vida cotidiana de los mayas en Copán durante su época dorada. Las Sepulturas, antes comunicadas con la Gran Plaza por una pasarela, fueron quizá la zona residencial de los nobles ricos y poderosos. Un enorme y lujoso conjunto residencial pudo haber albergado a unas 250 personas en 40 o 50 edificios distribuidos en torno a 11 patios. La estructura principal, llamada **Palacio de los Bacabs** (Palacio de los Funcionarios), tenía muros exteriores tallados con las figuras de tamaño natural de 10 hombres con tocados de plumas; dentro había un enorme banco con jeroglíficos. Para llegar a Las Sepulturas hay que volver a la carretera principal, doblar a la derecha y otra vez a la derecha al llegar al letrero (a 2 km de la Gran Plaza).

La caminata para llegar a **El Bosque** es el verdadero motivo para visitarlo, pues queda apartado de las ruinas principales. Está a 5 km (1 h de camino) por un sendero bien cuidado que recorre un espeso bosque poblado de aves, aunque el yacimiento en sí carece de interés salvo por una pequeña cancha de juego de pelota. Con todo, caminar a solas durante 1 h por las calzadas de una antigua ciudad maya es toda una experiencia. Para llegar a El Bosque hay que torcer a la derecha en la cabaña donde se sella la entrada. Es importante rociarse con repelente de insectos.

Copán Ruinas

10 000 HAB.

La ciudad de Copán Ruinas, llamada con frecuencia Copán a secas, es bonita, con pavimento de adoquines y edificios de adobe blancos con tejados rojos. Es también uno de los lugares de Honduras con más encanto y más dirigidos a los viajeros, con una población acogedora y magníficos hoteles y restaurantes. Mucha gente viene solo para ver las famosas ruinas mayas de sus cercanías, pero los numerosos lugares de interés de la ciudad y sus alrededores son motivo suficiente para quedarse.

◉ Puntos de interés

Macaw Mountain
Bird Park   ZOOLÓGICO
(☑2651-4245; www.macawmountain.org; 220 HNL; ◷9.00-17.00) 🖉 A unos 2,5 km de Copán Ruinas, esta extensa reserva privada intenta salvar a los guacamayos de América Central. Hay muchos por aquí, que junto con tucanes, momotos, loros, martín pescadores y orioles revolotean en espaciosas jaulas. En el Centro de Encuentro, los pájaros vuelan y se posan en los hombros o las manos del visitante, que puede fotografiarse con ellos.

Si desagrada ver pájaros enjaulados, recuérdese que casi todos han sido donados al parque por dueños que ya no los querían o confiscados a contrabandistas. Es un sitio precioso para pasear, con muchos senderos que recorren el exuberante bosque y van a dar a miradores y pozas; también hay un café-restaurante en la propiedad. El billete de entrada es válido durante tres días. Para llegar se toma un mototaxi (vehículo de tres ruedas), que cuesta 20 HNL por persona.

Memorias Frágiles GALERÍA
(✆2651-3900; Palacio Municipal, Parque Central; ☺8.00-17.00 lu-vi) GRATIS Esta fascinante exposición, obsequio del Peabody Museum de Boston, presenta una colección de curiosas fotografías que narran con detalle las primeras expediciones arqueológicas a Copán a principios del s. xx. Muchas de ellas resultaron esenciales en los trabajos de restauración posteriores, pues mostraban el yacimiento tal y como era décadas atrás y ofrecían pistas sobre la colocación de las piedras con inscripciones jeroglíficas.

Está instalada en el **Palacio Municipal,** pasada la segunda puerta a mano izquierda según se entra (quizá haya que pedir la llave).

Museo Digital de Copán MUSEO
(Parque Central; 66 HNL; ☺8.00-16.00) Este museo inaugurado a finales del 2015 fue un regalo de Japón al pueblo de Copán y contiene interesantes fotografías antiguas de la ciudad; pero el motivo principal para visitarlo es el recorrido virtual por el yacimiento, que se ofrece todos los días a las 10.00 y 15.00.

Museo de Arqueología Maya MUSEO
(✆2651-4437; Parque Central; 66 HNL; ☺9.00-21.00) Está algo anticuado, pero aun así merece la pena visitarlo. Las colecciones comprenden cerámica, fragmentos de los altares y cimientos de las ruinas mayas, una sección sobre el uso de los calendarios por los mayas y la recreación de la tumba de una chamana.

👉 Circuitos

En Copán Ruinas es posible contratar numerosos circuitos, promocionados por las agencias locales. Se puede practicar la espeleología, descender por un río sobre un neumático, visitar una aldea maya y aprender a hacer tortillas o fabricar cerámica, zambullirse en pozas o internarse en parajes remotos de Honduras.

Los circuitos de observación de aves gozan de mucha popularidad en la zona de Copán; se dice que hay más quetzales en el bosque nuboso que rodea Copán que en toda Guatemala, donde es ave nacional. Un guía recomendable

para esta actividad es **Alexander Alvarado** (✆9751-1680; alexander.alvarado469@gmail.com).

Cualquier turoperador de la ciudad y la mayoría de los hoteles pueden organizar paseos a caballo, ya sea visitas a las ruinas o excursiones más largas, como las de 3-5 h con salida desde el Café ViaVia (p. 216), en las que se visitan las fuentes termales, la Hacienda San Lucas, Los Sapos y la aldea chortí de La Pintada.

Basecamp Tours CIRCUITOS
(✆2651-4695; https://basecampcopan.wordpress.com; Calle de la Plaza) Esta agencia instalada en el Café ViaVia (p. 216) ofrece gran variedad de circuitos de aventura por la zona, tanto a pie (220-440 HNL) como a caballo (330 HNL, 3 h). Su circuito de 2 h a pie "Copán Alternativo" (220 HNL), muy recomendado, indaga en la vida real de muchos hondureños.

Yaragua Tours CIRCUITOS
(✆2651-4147; www.yaragua.com; Calle de la Plaza esq. Av. Copán) Además de caminatas, paseos a caballo, excursiones al lago de Yojoa e incluso salidas a cuevas cercanas, ofrece circuitos guiados por el yacimiento arqueológico de Copán (770 HNL/persona) y un circuito de un día completo por una plantación de café, con visita a un parque arqueológico, que incluye el almuerzo (1650 HNL/persona). Pregúntese por Samuel, un guía muy respetado y serio.

🛏 Dónde dormir

Hostel Iguana Azul ALBERGUE $
(✆2651-4620; www.iguanaazulcopan.com; Calle Rosalila; dc/i/d 175/350/400 HNL; 🛜) Esta casa de estilo colonial tiene ocho cómodas literas en dos dormitorios y un baño compartido con agua caliente, más tres habitaciones privadas donde caben dos personas y un bonito jardín trasero. En la zona común, con una biblioteca, hay mucha información sobre viajes. Hay una nevera pero no cocina. Es elegancia mochilera en su más alta expresión: incluso la limpieza de la habitación va incluida en el precio.

★Hotel Mary HOTEL $
(✆2651-4673; www.comedormary.com; Av. Sesesmiles; i/d 600/700 HNL) De lo mejor de la ciudad: habitaciones coquetas pintadas con vivos colores y muy cuidadas, agua caliente, ventiladores cenitales, bonitas colchas tradicionales y además un agradable jardín.

Hotel & Hostal Berakah ALBERGUE $
(✆9951-4288, 2651-4771; www.hotelberakahcopan.hostel.com; Av. Copán; dc/d/tw incl. desayuno

Copán Ruinas

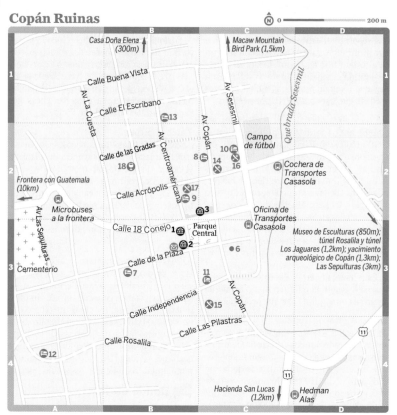

180/400/440 HNL) Uno de los pocos albergues de verdad de Copán Ruinas, muy bien acondicionado para los mochileros, con variedad de habitaciones y baños limpios y modernos. En los dormitorios falta un poco de espacio pero salen muy a cuenta, y la casa de al lado funciona como anexo del hotel con una cocina bien equipada, mesa de billar y más dormitorios.

Café ViaVia HOTEL **$**
(☎2651-4652; www.viaviacafe.com/en/copan/hotel; Calle de la Plaza; i/d/c desde 220/330/440 HNL; 🛜)
Pequeño hotel de estilo europeo regentado por belgas que ofrece cinco habitaciones impecables con agua caliente en los baños, escritorios y unas camas magníficas. Hay también hamacas, un jardincito y espacio suficiente para relajarse. Es magnífico para recabar información turística, y tiene además una galería de arte y un animado bar que –hay que decirlo– puede resultar ruidoso.

Casa Doña Elena PENSIÓN **$$**
(☎2651-4029; www.casadonaelena.com; Av. Centroamérica; i/d/tr 484/792/1100 HNL; ✴🛜)
Esta pensión familiar en lo alto de un cerro brinda vistas sensacionales de la ciudad y el valle, y sus siete habitaciones comparten un bonito jardín. Las habitaciones son sencillas pero amplias y limpias, con ventiladores (el aire acondicionado cuesta 220 HNL más por día) y TV. Está a 10 min del centro, subiendo a pie por una dura cuesta.

Hotel La Posada HOTEL **$$**
(☎2651-4059; www.laposadacopan.com; Av. Centroamérica; i/d incl. desayuno 575/800 HNL; 🛜)
Con buena relación calidad-precio, tranquilo y confortable, La Posada queda a solo media cuadra de la plaza. Sus 19 habitaciones repartidas en torno a dos patios llenos de vegetación son cómodas y limpias, con agua caliente en los baños, ventilador y TV.

Copán Ruinas

⊙ Puntos de interés

⊙ Actividades y circuitos

⊙ Dónde dormir

⊗ Dónde comer

⊙ Dónde beber y vida nocturna

★ **La Casa de Café** B&B $$$

(☎2651-4620; www.casadecafecopan.com; Calle Rosalila; i/d incl. desayuno 1250/1520 HNL; ❋🏠) Sus habitaciones se adornan con puertas de madera labrada y máscaras guatemaltecas. El entorno es subyugante, y desde el césped, mientras se toma un desayuno delicioso y abundante, se contemplan las brumas de la mañana levantándose a lo lejos sobre las montañas guatemaltecas. El dueño norteamericano, Howard, es una mina de información, y los huéspedes se sienten como sus invitados.

La Casa de Café regenta un café excelente que abre todo el día, y además ofrece alojamiento de alto nivel en dos casas al otro lado de la calle (2000-2600 HNL/noche, tarifas negociables para estancias más largas).

Hotel Yat B'alam HOTEL-BOUTIQUE $$$

(☎2651-4338; www.yatbalam.com; Calle Independencia; i/d/tr desde 1700/1950/2200 HNL; 🅿❋🏠) Cuatro habitaciones bonitas y espaciosas con todas las comodidades de costumbre, así como minibar y reproductor de DVD (el hotel presta películas). La decoración mezcla con acierto elementos coloniales e indígenas.

Terramaya HOTEL-BOUTIQUE $$$

(☎2651-4623; www.terramayacopan.com; Av. Centroamérica; i/d incl. desayuno desde 2090/2350 HNL; ❋🏠) A medio camino entre B&B y hotel-*boutique*, este recién llegado cómodo y con clase ofrece seis habitaciones bien decoradas, un bonito patio trasero ajardinado y una terraza con luz de velas y vistas a las montañas envueltas en la bruma. Dos habitaciones de la planta alta se prolongan en balcones asomados a las ruinas y las montañas.

✗ Dónde comer

Café ViaVia INTERNACIONAL $$

(www.viavia.world/es/america/copan; Calle de la Plaza; desayuno 60-80 HNL, platos ppales. 80-180 HNL; ⊘7.00-22.00; 🏠✍) Fantástico restaurante que sirve desayunos, almuerzos y cenas en un ambiente acogedor, con mesas que miran a la calle y una réplica del Altar Q de la acrópolis del yacimiento de Copán por detrás de la barra. El café de cultivo ecológico es excelente; el pan, casero, y siempre se ofrece una acertada selección de platos vegetarianos y a base de carne.

Asados Copán ASADOR $$

(Calle Acrópolis esq. Av. Copán; platos ppales. 100-200 HNL; ⊘8.00-22.00) Este gran asador al aire libre, con uno de los mejores marcos de la ciudad, es muy visitado por turistas y copanecos. La carta es sencilla pero lograda: platos de vacuno y pollo asados a la perfección.

Casa Ixchel CAFÉ $$

(Av. Sesesmiles; platos ppales. 100-200 HNL; ⊘8.00-18.00; 🏠) Los amantes del café son recibidos con calidez y el sostén de la carta es el café *arabica* de Casa Ixchel cultivado en la zona. Por detrás hay un bonito patio para comer y beber a la luz del sol, y se ofrece una carta de tipo *brunch* para desayunos sabrosos y almuerzo ligeros.

Comedor Mary COMEDOR $$

(Hotel Mary, Av. Sesesmiles; platos ppales. 115-250 HNL; ⊘7.00-21.00; 🏠) Este espacio encantador consta de un jardín para comer al aire libre y un comedor lleno de muebles de madera oscura donde se sirven unas pupusas excelentes y se redefine el concepto de comida típica (se recomienda el lomito de res a la plancha). Servicio amabilísimo y ambiente de categoría.

★ **Café San Rafael** CAFÉ, DELI **$$$**
(Av. Centroamérica; comidas 150-335 HNL; ☺11.00-23.00 ma-sa, 8.00-18.00 do y lu; 🛜) Sirve café de cultivo ecológico procedente de la finca del mismo nombre, aunque en el ámbito local es famoso sobre todo por los quesos que aquí se elaboran (tablas 120-500 HNL). Los desayunos (180 HNL) son un copioso festín, mientras que los sándwiches calientes (vale la pena probar el de carne y provolone) son una opción perfecta para almorzar. Todo el sitio es una maravilla, con servicio atento y vistas a un cuidado césped.

El Rincón Colombiano COLOMBIANA **$$$**
(Calle Acrópolis; platos ppales. 150-300 HNL; ☺10.30-22.00 ma-do; 🛜) La terraza de la azotea de este restaurante es perfecta para un almuerzo ligero (140 HNL) o una cena evocadora con bombillas de colores. Los platos incluyen ajiaco (sopa de pollo típica de Bogotá) y albóndigas en salsa napolitana de cerveza, aunque la palma se la lleva el solomito de res: medallones de vacuno en salsa de queso holandés con verduras salteadas.

🍷 Dónde beber y vida nocturna

Por la nutrida presencia de viajeros, la ciudad tiene cierta vida nocturna, sobre todo los fines de semana, pero con poco movimiento después de las 23.00 (esto sigue siendo la Honduras rural).

★ **Sol de Copán** BAR, FÁBRICA DE CERVEZA
(Av. Mirador; platos ppales. 130-180 HNL; ☺14.00-22.00 ma-sa; 🛜) Fantástica cervecería artesanal de propiedad alemana instalada en un gran sótano. El dueño, Thomas, es simpático y muy atento, y se ocupa de que sus clientes no tengan vacías las jarras de *pilsner* o *lager*. Se sirven deliciosas salchichas alemanas, y algunas noches se ofrece también música en directo. Con suerte, quizá Thomas enseñe algunas de sus cubas de fermentación en la parte de atrás. Además se ofrecen *baleadas* (tortillas rellenas de frijoles; 65-90 HDL).

ℹ️ Orientación

A las calles de esta ciudad solo les pusieron nombres en época reciente, pero poca gente los utiliza; casi todos saben en qué calle está su casa o negocio, pero para lo demás se utilizan puntos de referencia. Las calles no tienen numeración.

ℹ️ Información

CORREOS

Oficina de correos (Calle de la Plaza; ☺8.00-12.00 y 13.00-17.00 lu-sa) A pocas puertas de la plaza.

DINERO

Se pueden cambiar dólares estadounidenses en la mayoría de los bancos, pero por el momento solo es posible cambiar quetzales guatemaltecos en el mercado negro. Los bancos siguientes tienen cajeros automáticos que aceptan tarjetas extranjeras:

BAC (Parque Central; ☺9.00-17.00 lu-vi, hasta 12.00 sa) Cambia dólares y tiene un cajero automático las 24 h.

BAC/Bamer (Parque Central; ☺8.00-17.00 lu-vi, 8.30-13.00 sa) Con un cajero automático que acepta Visa y MasterCard.

Banco Atlántida (Calle Independencia esq. Av. Copán) Cambia dólares y tiene un cajero automático.

Banco Credomatic (Calle de la Plaza) En la plaza.

Banco de Occidente (Calle 18 Conejo esq. Av. Copán) En la plaza; cambia dólares y anticipa efectivo con cargo a Visa y MasterCard.

ℹ️ Cómo llegar y salir

En el 2015 se inauguró un aeropuerto, pero durante la redacción de esta guía solo recibía algún que otro vuelo chárter.

Los autobuses de **Casasola** (📞2651-4078; Av. Sesesmiles) operan desde una **estación de autobuses** (📞2651-4078) al aire libre en la entrada de la ciudad y cubren destinos como San Pedro Sula (140 HNL, 3 h, 5 diarios) y Santa Rosa de Copán (100 HNL, 3 h, cada hora), desde donde se puede conectar fácilmente con Tegucigalpa.

Los microbuses a/desde la **frontera guatemalteca** (20 HNL, 20 min, cada 20 min) salen entre 6.00 y 17.00 desde cerca del cementerio, al final de la calle Dieciocho Conejo. Por el lado guatemalteco, los autobuses a Esquipulas y Chiquimula salen con regularidad de la frontera sobre las 17.00.

Basecamp Tours (p. 215) y Hotel Berakah (p. 215) ofrecen autobuses de enlace entre Copán Ruinas y Antigua (550 HNL, 6 h) pasando por Ciudad de Guatemala (550 HNL, 5 h). También hay transporte de enlace con El Salvador, con paradas en Santa Ana (640 HNL, 4½ h) y

San Salvador (880 HNL, 5 h), más un servicio a Managua en Nicaragua (2200 HNL, 12 h) y otro a La Ceiba (880 HNL, 6 h). Se puede reservar a través de Basecamp u otras agencias de viajes.

Hedman Alas (☑2651-4037; km 62 Carretera a San Lucas) dispone de una terminal moderna al sur de la ciudad, donde se puede tomar un autobús de 1ª clase a San Pedro Sula (395 HNL, 3 h) a diario a la 1.00 (y también a las 14.00 sa, do y lu).

Alrededores de Copán Ruinas

Las tupidas montañas que rodean Copán Ruinas encierran lugares interesantes que merece la pena visitar durante la estancia en la ciudad. El acceso desde Copán Ruinas es sencillo y barato si se utilizan los mototaxis.

🏇 Actividades

Finca El Cisne   PASEOS A CABALLO
(☑2651-4695; www.fincaelcisne.com; circuito a caballo incl. alojamiento, 3 comidas y baños termales desde 1800 HNL) Visitar esta propiedad a 24 km de Copán Ruinas es más una experiencia agroecológica que un circuito. Fundada en la década de 1920 y todavía en explotación, la finca se dedica principalmente a la cría de ganado y al cultivo del café. Los paquetes de un día completo y con pernoctación incluyen paseos a caballo por los bosques y circuitos por las plantaciones de café y cardamomo y las plantas de procesado.

Si se viene entre febrero y octubre se puede ayudar con la cosecha. Se ofrece alojamiento en cinco habitaciones sencillas y rústicas en las antiguas dependencias de los braceros, que incluyen comidas y la visita a unas fuentes termales próximas. Los circuitos pueden contratarse en su oficina, instalada en el Café ViaVia (p. 216).

Luna Jaguar Spa Resort   SPA
(www.lunajaguarsparesort.com; 250 HNL; ⏱8.00-17.00) Ubicado a orillas del río, enfrente mismo de las fuentes termales, este balneario de día ofrece 13 "estaciones de tratamiento" (*jacuzzis,* baños termales de hierbas, etc.) dispersas por las laderas del cerro y comunicadas por caminos empedrados.

La jungla apenas se ha tocado y las reproducciones de esculturas mayas motean el paisaje. El agua de los *jacuzzis* y los baños termales viene directamente del manantial volcánico. Es un lugar precioso e impresionante que merece la pena visitar aunque uno no sea aficionado a los balnearios.

Aguas Termales   AGUAS TERMALES
(250 HNL; ⏱10.00-22.00) Estas fuentes termales quedan 24 km al norte de Copán Ruinas, a 1 h en coche atravesando fértiles montañas y cafetales. Hay un par de piscinas artificiales, o bien puede uno sentarse en el río, donde el agua hirviente de los manantiales se mezcla con la fría del río. Por la noche hay que ponerse ropa de abrigo.

El Café ViaVia (p. 216) facilita el transporte hasta aquí, lo mismo que la propia oficina del balneario en Copán Ruinas, en el Hotel Patty (calle Acrópolis).

🛏 Dónde dormir

⭐**Hacienda San Lucas**   HOTEL HISTÓRICO $$$
(☑2651-4495; www.haciendasanlucas.com; i/d/tr incl. desayuno 2860/3300/3960 HNL; 🕿) 🅿
Este lugar mágico unos 3 km al sur de la ciudad brinda anchas vistas desde sus deliciosos jardines. Lo que aquí se ofrece es una experiencia más bien rústica, de modo que a pesar de los precios no cabe esperar lujos. Las habitaciones, llenas de artesanía de la zona, tienen suelos de piedra, tejados de terracota y muebles de madera, y el restaurante de la hacienda es soberbio. El **yacimiento arqueológico Los Sapos** está en la propiedad.

COSTA DEL CARIBE

Esta es una Guatemala muy diferente: un paisaje exuberante y tórrido moteado de palmeras y habitado por extranjeros aficionados a la navegación a vela (en torno a Río Dulce y Puerto Barrios) y por uno de los grupos étnicos menos conocidos del país: los garífunas (en los alrededores de Lívingston).

Un descenso en barco por el río Dulce es casi obligatorio para todo aquel que visite la región, y muchos visitantes creen que merece la pena desviarse para pasar unos días en Lívingston. Los amantes de la naturaleza, por su parte, no querrán perderse los vastos humedales de Bocas del Polochic y Punta de Manabique.

Lago de Izabal

El lago más grande de Guatemala, al norte de la ctra. 9, empieza a ocupar un lugar en la agenda de los viajeros. Muchos se quedan en el pueblo de Río Dulce, junto al puente largo y alto donde la ctra. 13, en su avance por el norte hacia Flores y Tikal, cruza el río Dulce, que nace en el extremo oriental del lago.

Aguas abajo, el hermoso río se ensancha en un lago llamado El Golfete, antes de verter al Caribe en Lívingston. Las excursiones por el río son ineludibles en toda visita a la parte oriental de Guatemala. Si se busca ambiente lacustre pero sin la congestión del río Dulce, hay que dirigirse a Chapín Abajo, al norte de Mariscos, o a El Estor, cerca del extremo oeste de lago, dos lugares que brindan acceso a la rica fauna del humedal de Bocas del Polochic. En esta zona quedan muchos parajes por explorar, así que no hay que ponerse límites.

Río Dulce

5200 HAB.

A este pueblo en el extremo oriental del lago de Izabal lo siguen llamado Fronteras: un vestigio de los tiempos en que solo se podía cruzar el río en transbordador y este era el último enclave de civilización antes del largo y dificultoso viaje a El Petén.

Los tiempos han cambiado. Un puente enorme salva hoy el río y las carreteras de la región de El Petén se cuentan entre las mejores del país. El grueso del turismo lo integran los aficionados a la navegación a vela; la Guardia Costera de EE UU dice que este es el lugar más seguro del Caribe occidental para los barcos durante la estación de los huracanes. El resto de los extranjeros que pasan por aquí van o vuelven de la espectacular excursión por el río hasta Lívingston.

Circuitos

En cualquiera de los puertos deportivos se puede averiguar qué veleros ofrecen circuitos.

Aventuras Vacacionales NAVEGACIÓN A VELA
(7873-9221; www.sailing-diving-guatemala.com) Esta agencia organiza divertidas excursiones de siete días desde Río Dulce hasta los arrecifes e islas de Belice (desde 3200 GTQ) y excursiones de cuatro días al lago Izabal (desde 1250 GTQ). La oficina está en Antigua, pero también se puede contactar con ellos en Río Dulce. Las excursiones a Belice y el lago se ofrecen en días alternos.

Dónde dormir

Muchos establecimientos hoteleros de Río Dulce se comunican por radio, pero a todos ellos se les puede llamar por teléfono; si es necesario, el bar del Bruno's se pondrá en contacto por radio con el lugar donde uno haya decidido alojarse.

En el río

A las afueras del pueblo hay varios alojamientos a orillas del río, que es el mejor sitio, y si se les llama por radio o por teléfono vendrán a recoger. Entre ellos, la **Mansión del Río** (7930-5020; www.mansiondelrio.com.gt; h 1000 GTQ) ofrece alojamiento de estilo resort, con todo incluido, a los que quieran desconectar y dejarse mimar un poco.

Hotel Kangaroo HOTEL $
(5748-1893; www.hotelkangaroo.com; dc 60 GTQ, h 160-200 GTQ, cabañas 250 GTQ; @) A orillas del río La Colocha, frente al castillo de San Felipe, este bonito y sencillo hotel de propiedad australiano-mexicana se sustenta sobre pilotes en los manglares. La sugestiva carta de su restaurante (platos principales 50-100 GTQ) presenta algunos platos clásicos australianos y tal vez la mejor comida mexicana que se puede encontrar fuera de México.

El hotel está construido en madera, con techos de paja, y los vanos de las ventanas se cubren con mosquiteros: no se verá ni una sola hoja de cristal.

La fauna es especialmente abundante en estos contornos poblados de reinitas azuladas, pelícanos, iguanas de 2 m y tortugas. El hotel cuenta además con un bar-restaurante. Las bebidas tomadas en la terraza con vistas al río son una manera magnífica de empezar, terminar o dejar pasar el día. Si se les llama desde Río Dulce o San Felipe, vendrán a recoger gratis aunque solo se tenga intención de almorzar.

Hacienda Tijax HOTEL $$
(7930-5505; www.tijax.com; i/d desde 334/372 GTQ, i/d sin baño 160/220 GTQ; P) Esta hacienda de 498 ha a 2 h en lancha del Bruno's, cruzando la ensenada, es un sitio muy especial donde quedarse. Las actividades incluyen paseos a caballo, senderismo, observación de aves y circuitos por la plantación de caucho y la reserva natural privada. Los huéspedes se alojan en preciosas cabañas comunicadas por pasarelas; las más caras disponen de cocina y están bien acondicionadas para familias.

Casi todas las cabañas dan al río, y se cuenta con una zona de piscina-bar muy relajante. Se llega (vienen a recoger) en lancha o por una carretera que se desvía de la carretera principal más o menos 1 km al norte del pueblo.

El Tortugal BUNGALÓ $$
(7742-8847; www.tortugal.com; h sin baño 300 GTQ, bungalós desde 400 GTQ;) Los bunga-

lós de mejor aspecto a orillas del río, a 5 min en lancha del pueblo en dirección este; hay muchas hamacas, el agua de las duchas sale caliente de verdad y los huéspedes pueden utilizar gratis los kayaks.

Casa Perico ALBERGUE **$$**
(☏7930-5666; www.casa-perico.com; dc 60 GTQ, i/d sin baño desde 95/140 GTQ, cabañas 220 GTQ; @🛜) Uno de los alojamientos más sencillos de la zona, en una caleta a unos 300 m del río principal. Las cabañas, bien construidas, están unidas por paseos entarimados. Se ofrecen circuitos por el río y una excelente cena tipo bufé (90 GTQ), aunque también se puede pedir a la carta (50-80 GTQ). La única cabaña con baño debe reservarse con tiempo.

En el pueblo

Hotel Vista al Río HOTEL **$**
(☏7930-5665; dc 40 GTQ, h con/sin baño 180/120 GTQ; ❄🛜) Por debajo del puente, al sur del Bruno's, este hotel y puerto deportivo ofrece habitaciones amplias e impecables, las más caras con vistas al río. El restaurante (platos principales 60-100 GTQ) sirve jugosos bistecs, cocina sureña y copiosos desayunos.

Bruno's HOTEL **$$**
(☏7930-5721; www.brunoshotel.com; camping 35 GTQ/persona, dc 60 GTQ, i 110-250 GTQ, d 140-350 GTQ; 🅿❄🛜🏊) Un camino baja desde el extremo nororiental del puente hasta este hotel ribereño adonde ponen proa los navegantes a vela que necesitan hollar un poco de tierra. Los dormitorios son limpios y espaciosos, y las habitaciones del edificio, de las más cómodas del pueblo, con aire acondicionado y balcones al río. Está bien adaptado para las familias, con habitaciones donde caben hasta seis personas.

✖ Dónde comer

Casi todos los hoteles del pueblo tienen restaurante. Bruno's sirve buenos desayunos y comidas al gusto norteamericano, y cuenta además con un bar. Hacienda Tijax es un sitio muy frecuentado a la hora del almuerzo; si se les llama vienen a recoger.

★Sundog Café INTERNACIONAL **$**
(sándwiches 30 GTQ, comidas desde 50 GTQ; ☉12.00-21.00) Bajando por un callejón frente a la oficina de la compañía de autobuses Litegua (hay que recorrer 200 m por la calle principal desde el final del puente), este bar-restaurante ribereño al aire libre prepara estupendos sándwiches de pan casero y ofrece

una buena selección de platos vegetarianos, sabrosas *pizzas* hechas en horno de leña y zumos frescos. Es también un buen sitio donde recabar información no sesgada de la zona.

ℹ Orientación

El visitante deberá bajarse del autobús en el lado norte del puente; de lo contrario habrá que atravesar a pie, pasando calor, el puente más largo de América Central: 3,5 km.

El embarcadero principal está ahora bajo el puente, en la calle principal frente al Bruno's; se ve enseguida la callecita que baja hasta allí.

ℹ Información

El periódico local en línea **Chisme Vindicator** (www.riodulcechisme.com) trae abundante información sobre Río Dulce.

Los bancos del pueblo, todos en la calle principal, cambian efectivo y cheques de viaje. **Banco Industrial** (☉9.00-17.00) tiene un cajero automático Visa, y además hay un cajero automático Visa/MasterCard en el supermercado Despensa Familiar, también en la calle principal.

ℹ Cómo llegar y salir

BARCO

Por el Río Dulce (desde el embarcadero nuevo) bajan lanchas compartidas (ida/ida y vuelta 150/250 GTQ/persona) hasta Lívingston, por lo general en cuanto se llenan con 8-10 personas. El paseo es tan bonito que casi se convierte en un "circuito", con varias paradas por el camino. Las lanchas suelen salir de 9.00 hasta aprox. las 14.00, con servicios regulares a las 9.30 y 13.30. Casi todos en el pueblo pueden procurar transporte en lancha a Lívingston y otros lugares, pero cobran más.

AUTOBÚS

Las oficinas de las compañías de autobuses Fuente del Norte y Litegua están situadas una frente a otra por el lado norte del puente.

Desde las 9.30, a diario, siete autobuses de Fuente del Norte van hacia el norte por una carretera asfaltada hasta Poptún (40 GTQ, 2 h) y Flores (75 GTQ, 4 h); con buenas conexiones se puede llegar a Tikal en 7 h. También hay servicios a San Salvador (El Salvador; 140 GTQ) y San Pedro Sula (Honduras; 150 GTQ), ambos con salida a las 10.00.

Al menos 11 autobuses de Fuente del Norte y Litegua van a diario a Ciudad de Guatemala (70 GTQ, 6 h). Línea Dorada tiene autobuses de

1ª clase que salen a las 13.00 hacia Ciudad de Guatemala (140 GTQ) y a las 15.00 hacia Flores (140 GTQ); con estos servicios el viaje se acorta hasta 1 h.

Los microbuses salen en cuanto se llenan hacia Puerto Barrios (30 GTQ, 2 h) desde cerca de la oficina de Fuente del Norte, en la calle principal.

El servicio de enlace diario con Lanquín (180 GTQ, 5 h) sale del Sundog Café (p. 221) a las 13.30.

Los microbuses a El Estor (20 GTQ, 1½ h, cada hora 7.00-18.00) salen desde el desvío a San Felipe y El Estor, en mitad del pueblo.

Castillo de San Felipe

El **castillo de San Felipe de Lara** (25 GTQ; ☉8.00-17.00), unos 3 km al oeste del pueblo de Río Dulce, fue construido en 1652 para impedir los ataques de los piratas que asolaban los pueblos y rutas comerciales de Izabal. Aunque el castillo contuvo un poco a los bucaneros, una fuerza pirática lo tomó e incendió en 1686. A finales del siglo siguiente, los piratas habían desaparecido del Caribe, y los poderosos muros de la fortaleza se convirtieron en prisión. Por último, la fortaleza fue abandonada y quedó en ruinas. La actual fue reconstruida en 1959.

El castillo, integrado en un parque nacional, goza hoy de protección y es una de las principales atracciones turísticas del lago de Izabal. También hay unos jardines, zonas para barbacoas y pícnic, y se puede nadar en el lago. Durante la **Feria de San Felipe** (30 abr-4 may) se anima extraordinariamente.

🛏 Dónde dormir y comer

El pequeño pueblo que rodea el castillo cuenta con hoteles muy buenos, y en la calle que baja hasta la entrada del castillo hay unos cuantos sitios donde comer. Además, todos los hoteles del pueblo tienen restaurante.

Hotel Don Humberto   HOTEL $
(☎7930-5051; i/d 60/100 GTQ; P) Cerca del castillo, ofrece habitaciones sencillas con camas grandes y mosquiteros; lujos no hay, pero apaña para dormir una noche gastando poco.

Viñas del Lago   HOTEL $$
(☎7930-5053; i/d 200/300 GTQ; P✳@🛜🏊) Cerca del Hotel Don Humberto pero mucho más elegante, con 18 habitaciones espaciosas; las que dan por detrás tienen buenas vistas. Amplios jardines y un restaurante (platos principales. 50-100 GTQ) con vistas al lago de Izabal.

Hotel Monte Verde   HOTEL $$
(☎4953-0840; hotelrestaurantemv@gmail.com; i/d con ventilador 120/180 GTQ, i/d con aire acondicionado 230/300 GTQ; P✳🏊) Uno de los hoteles que salen más a cuenta en kilómetros a la redonda: habitaciones de tamaño generoso, una enorme piscina en un jardín y un bar-restaurante.

ℹ Cómo llegar y salir

San Felipe está a orillas del lago, 3 km al oeste de Río Dulce. Para ir de un pueblo a otro se puede dar un bonito paseo de 45 min o tomar un monovolumen (15 GTQ, cada 30 min); en Río Dulce paran en la esquina de la carretera principal con la que va a El Estor; en San Felipe paran delante del Hotel Don Humberto, en la entrada del castillo.

Las lanchas que vienen de Lívingston dejan en San Felipe a quien lo pida. Los circuitos por el río Dulce suelen llegar hasta el castillo, lo que permite visitarlo, o bien se puede venir desde Río Dulce en una lancha privada.

Finca El Paraíso

Por el lado norte del lago, entre Río Dulce y El Estor, la **Finca El Paraíso** (☎7949-7122; entrada 10 GTQ) es un destino magnífico para una excursión de un día desde cualquiera de los dos pueblos. La propiedad comprende una bellísima cascada en la jungla donde una ancha lámina de agua caliente salta a 12 m de altura y vierte a una poza límpida y profunda. Uno puede bañarse en el agua caliente, nadar en la poza o colocarse bajo un promontorio saliente y disfrutar de una sauna al estilo de la jungla.

Para llegar a la cascada hay que dirigirse hacia el norte (dejando atrás el lago) desde el lugar donde para el autobús; aquí se paga la entrada y después hay que caminar unos 2 km hasta la cascada. Para llegar a los hoteles hay que recorrer unos 3 km hacia el sur (en dirección al lago).

🛏 Dónde dormir y comer

Los dos sitios donde alojarse están juntos a orillas del lago: uno se halla en los jardines de la **Finca El Paraíso** (☎7949-7122; con ventilador/aire acondicionado 220/300 GTQ) y el otro, al lado, son las modestas y pequeñas cabañas del **Brisas del Lago** (☎7958-0309; cabaña 120 GTQ/persona).

Ambos tienen restaurante. No hay donde comer en la cascada, aunque a veces funciona un comedor en la entrada, junto a la carretera.

❶ Cómo llegar y salir

La finca está en la ruta del autobús Río Dulce-El Estor, más o menos a 1 h (12 GTQ) de Río Dulce y a 30 min (10 GTQ) de El Estor. El último autobús en cada dirección pasa sobre las 16.30-17.30.

El Estor

21100 HAB.

El principal núcleo de población de la orilla norte del lago de Izabal es El Estor, una pequeña ciudad acogedora y soñolienta, emplazada en un lugar precioso, desde donde resulta fácil ir a Bocas del Polochic, una reserva natural con gran biodiversidad por el lado oeste del lago. La ciudad es también escala en una posible ruta entre Río Dulce y Lanquín.

🛏 Dónde dormir y comer

Aquí no hay hoteles de categoría, pero sí alojamientos lo bastante buenos para el corto tiempo que probablemente se estará.

Aparte del Restaurante Típico Chaabil, la mejor zona para comer son los alrededores del Parque Central.

Restaurante Típico Chaabil HOTEL $
(☑7949-7272; 3ª Calle; i/d 150/250 GTQ; 🅿) Aunque se les va un poco la mano en lo del ambiente de cabaña, sus habitaciones, en el extremo oeste de la calle, son las que salen más a cuenta; conviene pedir una que esté en la planta alta, con mucha luz y buenas vistas. El restaurante, en una preciosa terraza junto al lago, prepara comidas deliciosas, como el tapado (caldo garífuna de mariscos con leche de coco).

El agua es cristalina y se puede nadar desde el embarcadero del hotel.

Hotel Villela HOTEL $
(☑7949-7214; 6ª Av. 2-06; i/d 80/120 GTQ) Las habitaciones son menos atractivas que el césped y los árboles en torno a los cuales se reparten, algunas son más amplias y luminosas que otras, y todas tienen ventilador y aire acondicionado.

Hotel Vista al Lago HOTEL $$
(☑7949-7205; 6ª Av. 1-13; i/d 180/250 GTQ) En un edificio histórico a orillas del lago, este hotel tiene mucha clase, aunque las habitaciones son bastante vulgares. Desde el balcón de la planta alta se contemplan vistas soberbias.

Restaurante del Lago INTERNACIONAL $$
(platos ppales. 50-100 GTQ; ⊘8.00-20.00) La carta más extensa de la ciudad, brisa refrescante y vistas del lago.

Café Portal CAFÉ $$
(5ª Av. 2-65; platos ppales. 40-60 GTQ; ⊘7.00-21.00) Gran variedad de comidas con algunos platos vegetarianos.

❶ Información

Banrural (3ª Calle esq. 6ª Av.; ⊘8.30-17.00 lu-vi, 9.00-13.00 sa) Cambia dólares estadounidenses y cheques de viaje de Amex y tiene un cajero automático.

Café Portal Información, circuitos y transporte.

Fundación Defensores de la Naturaleza (☑7949-7130; www.defensores.org.gt; 5ª Av. esq. 2ª Calle) Administra el Refugio de Vida Silvestre Bocas del Polochic y la Reserva de la Biosfera Sierra de las Minas, entre otras instituciones.

❶ Cómo llegar y salir

A El Estor se llega fácilmente desde Río Dulce. La carretera que discurre al oeste desde El Estor, pasando por Panzós y Tucurú, hasta Tactic, al sur de Cobán, tiempo atrás tenía mala fama por los asaltos y atracos que se cometían, sobre todo en los alrededores de Tucurú; hay que informarse de cómo está la situación. La carretera es también propensa a las inundaciones durante la estación de las lluvias: otro motivo más para preguntar. Se puede llegar a Lanquín tomando el camión que sale desde el Parque Central de El Estor a las 10.30 hacia Cahabón (50 GTQ, 4-5 h), y después un autobús o *picop* de Cahabón a Lanquín el mismo día. El viaje en dirección contraria obliga ahora a salir a horas intempestivas y hacer noche en Cahabón.

Refugio Bocas del Polochic y Reserva de la Biosfera Sierra de las Minas

El Refugio de Vida Silvestre Bocas del Polochic abarca el delta del río Polochic, que aporta casi toda el agua del lago de Izabal. La visita brinda la posibilidad de observar aves y monos aulladores. La reserva cobija más de 300 especies de aves –las épocas de migración, de septiembre a octubre y de abril a mayo, son fantásticas– y muchas clases de mariposas y peces. También es posible ver caimanes y, con mucha suerte, avistar un manatí. Se pueden contratar guías con lancha en el Café Portal de El Estor. La reserva depende de la Fundación Defensores de la Naturaleza, cuya **estación científica Selempim** (*camping/*dc por persona 20/60 GTQ), situada al sur en la Reserva de la Biosfera Sierra de las

Minas, está abierta para visitas ecoturísticas; para más información y reservas, contáctese con la oficina de la fundación en El Estor.

Para explorar las reservas se pueden utilizar gratuitamente las canoas, apuntarse a un circuito en barco (250-400 GTQ) o caminar por los tres senderos bien señalizados.

Hay dos opciones de alojamiento: una rústica cabaña de madera y paja o la acampada. No hay restaurante, pero se puede traer la comida y utilizar la cocina de la estación científica.

❶ Cómo llegar y salir

Se puede llegar a la estación en un servicio de lancha con salida desde El Estor a las 12.00 los lunes, miércoles y sábados (60 GTQ ida y vuelta, 1¼ h cada trayecto) o con un flete especial (600 GTQ por lancha hasta 12 personas).

Puerto Barrios

86 400 HAB.

El país se torna más exuberante, tropical y húmedo conforme se viaja al este desde el cruce de La Ruidosa hacia Puerto Barrios. Las ciudades portuarias siempre han tenido fama de ser algo canallas, y por partida doble las que funcionan como fronteras internacionales. Puerto Barrios da cierta sensación de sordidez; para los visitantes extranjeros sirve principalmente como trampolín del viaje en barco a Punta Gorda (Belice) o Lívingston, y lo más probable es que uno no se quede mucho tiempo.

◉ Puntos de interés

El Muñecón PUNTO DE INTERÉS
(Intersección 8ª Av., 14ª Calle y Calzada Justo Rufino Barrios) Esta estatua de un trabajador portuario es un monumento de referencia en la ciudad.

Catedral CATEDRAL
(8ª Av.) Quizá una de las menos visitadas del país.

🛏 Dónde dormir

Como lugar de paso para una noche, Puerto Barrios cuenta con varios hoteles aceptables pero vulgares.

Hotel Ensenada HOTEL $
(☑7948-0861; hotelensenadapuertobarrios@hotmail.com; 4ª Av. entre Calles 10 y 11; i/d 150/200 GTQ; P❄) Habitaciones pequeñas y aseadas con buenos baños y camas pasables. Conviene pedirlas en la planta alta, refrescada por la brisa.

Hotel Europa HOTEL $
(☑7948-1292; 3ª Av. entre Calles 11ª y 12ª; i/d con ventilador 80/130 GTQ, i/d con aire acondicionado 130/170 GTQ; P❄🛈) El mejor hotel barato de la zona portuaria, a solo una cuadra y media del muelle municipal, está atendido por una simpática familia y ofrece habitaciones limpias con TV en torno a un patio donde se aparca.

Hotel Lee HOTEL $
(☑7948-0685; 5ª Av. entre Calles 9ª y 10ª; i/d con ventilador 80/120 GTQ, d con aire acondicionado

---

MANATÍES

Durante la exploración del Nuevo Mundo, los informes sobre avistamiento de sirenas eran habituales. El 9 de enero de 1493, Colón escribía en su diario de a bordo: "El día pasado, cuando el Almirante iba al río del oro dijo que vio tres sirenas que salieron bien alto de la mar...". Hoy se acepta con carácter casi general que lo que los marineros vieron fueron en realidad manatíes, que, junto con los dugongos, pertenecen al orden *Sirenia*.

Lejanamente emparentados con los elefantes, estos enormes mamíferos vegetarianos (el manatí más grande conocido pesaba 1775 kg, y los recién nacidos rondan los 30 kg) parecen destinados a convertirse en especies en peligro de extinción. Eran cazados ya en tiempo de los mayas: con sus huesos se hacían joyas, y su carne (llamada *bucán*) era valiosa por sus propiedades reconstituyentes. Se cree que los bucaneros (los primeros piratas del Caribe) eran llamados así porque se sustentaban casi exclusivamente de *bucán*.

Algunos científicos sostienen que los manatíes fueron en otro tiempo criaturas sociables que nadaban en manadas y se acercaban a los humanos, pero que debido a los cazadores han evolucionado hasta convertirse en las criaturas tímidas que son hoy. Se necesita muchísima suerte para ver uno en estado salvaje: son huidizos; en distancias cortas alcanzan hasta 30 km/h, y pueden permanecer sumergidos hasta 20 min. En Guatemala, es en las Bocas del Polochic (p. 223) o Punta de Manabique (p. 226) donde hay más posibilidades de verlos. ¡Buena suerte!

180 GTQ ; ✲) Familiar y acogedor, cerca de las terminales de autobuses, es un típico hotel económico de Puerto Barrios, con habitaciones sencillas y pasablemente limpias. El balconcito se refresca con la brisa.

Puerto Bello
HOTEL **$$**

(✆7948-0525; 8ª Av. entre Calles 18 y 19; i/d 230/350 GTQ; ℗✲🐾📶🛏) Con diferencia el hotel con mejor pinta de la ciudad, con el único inconveniente de que está un poco a trasmano. Las habitaciones son espaciosas y modernas, y la zona del jardín y la piscina es un goce todo el año

Hotel del Norte
HOTEL **$$**

(✆7948-2116; 7ª Calle; i/d con ventilador 100/180 GTQ, i/d con aire acondicionado 180/300 GTQ; ℗✲@📶🛏) Vasto edificio de madera, típicamente tropical y con mosquiteros en los pasillos, este centenario hotel es algo único. Su armazón combada y con la pátina de la intemperie trae evocaciones históricas. La habitación debe elegirse con cuidado: algunas son poco más que cajas de madera, otras brindan magníficas vistas del océano y reciben frescas brisas.

Las habitaciones con aire acondicionado están en el edificio nuevo, con menos personalidad, pero aun así salen muy a cuenta. Hay una piscina junto al mar.

Hotel El Reformador
HOTEL **$$**

(✆7948-0533; reformador@intelnet.net.gt; esq. 7ª Av. y 16ª Calle; i/d con ventilador 130/200 GTQ, i/d con aire acondicionado 200/280 GTQ; ℗✲📶) Como un oasis lejos del calor y bullicio de las calles, ofrece habitaciones grandes en torno a patios cuajados de vegetación; las que tienen aire acondicionado dan a anchas galerías interiores. Hay un restaurante (comidas 60-90 GTQ).

✖ Dónde comer

El panorama gastronómico de Puerto Barrios sorprende por su variedad, y muchos restaurantes quedan cerca de los alojamientos.

Kaffa
CAFÉ **$**

(8ª Av. entre Calles 7ª y 8ª; sándwiches y desayuno 40-60 GTQ; ⏰8.30-22.00) ¿Un café a la última en Puerto Barrios? ¿Y por qué no? Ya veremos lo que dura. La comida es regular, pero el café y la terraza con vistas al parque son excelentes.

Restaurante
Morano Calabro
MEDITERRÁNEA **$$**

(11ª Calle entre 7ª y 8ª Av.; platos ppales. 80-160 GTQ; ⏰11.00-22.00 lu-sa) Comida italiana muy buena (las *pizzas* son las que se llevan la palma,

pero también las pastas merecen una mención) más una interesante selección de tapas. La guinda es la magnífica carta de vinos españoles y sudamericanos.

★ Restaurante Safari
PESCADO **$$**

(✆7948-0563; esq. 1ª Calle y 5ª Av.; marisco 70-150 GTQ; ⏰10.00-21.00) El restaurante más agradable de la ciudad está en una plataforma al aire libre con techo de paja, a orillas del mar y aprox. 1 km al norte del centro. Tanto a los porteños como a los visitantes les encanta venir aquí a comer y disfrutar de la brisa del mar. Excelentes pescados y mariscos, además de la especialidad de la casa: tapado, ese riquísimo caldo garífuna.

Los platos de pollo y ternera son menos caros que los pescados y mariscos. Casi todas las noches hay música en directo. Si el Safari está lleno, el vecino Cangrejo Azul ofrece más o menos lo mismo en un ambiente más distendido.

La Habana Vieja
CUBANA **$$**

(13ª Calle entre Av. 6ª y Av. 7ª; platos ppales. 50-100 GTQ; ⏰11.00-13.00) Buena y variada selección de platos clásicos cubanos, incluida ropa vieja (carne de res cocida y deshebrada, frita con tomate y otros ingredientes), y algunos sándwiches sin complicaciones, más un buen bar por si apetece una copa tranquila.

ℹ Orientación

Por la amplitud de su trazado urbano es necesario adentrarse en Puerto Barrios, ya sea a pie o en coche, para ir de un sitio a otro. Por ejemplo: desde las terminales de autobuses, junto al mercado en el centro de la ciudad, hay 800 m hasta el muelle municipal al final de la 12ª calle, desde donde salen los barcos de pasajeros. Muy pocos negocios utilizan los números de las calles; la mayoría se limitan a indicar en qué calle y entre qué transversales se encuentran.

ℹ Información

Banco Industrial (7ª Av.; ⏰9.00-17.00 lu-vi, 9.00-13.00 sa) Cambia dólares estadounidenses y cheques de viaje, y tiene un cajero automático.

Oficina de inmigración (12ª Calle esq. 3ª Av.; ⏰24 h) A una cuadra del muelle municipal. Aquí se sella la entrada o la salida si se llega o se sale hacia Belice. Si se sale por mar hay que pagar un impuesto de salida de 80 GTQ. Quien se dirija a Honduras puede obtener el sello de salida en otra oficina de inmigración situada en la carretera que llega hasta la frontera.

Comisaría de policía (✆7948-2639; 9ª Calle)

CÓMO LLEGAR A HONDURAS

Los microbuses salen hacia la frontera hondureña (30 GTQ, 1¼ h), cada 20 min de 5.00 a 17.00, desde el exterior del mercado de Puerto Barrios, y paran de camino en el puesto de inmigración de Guatemala, donde quizá haya que pagar 10 GTQ para sellar la salida. Las formalidades para entrar en Honduras cuestan unos 60 HNL.

Oficina de correos (6ª Calle esq. 6ª Av.; ☺9.00-16.00 lu-vi, hasta 13.00 sa)

Cómo llegar y salir

BARCO

Los barcos zarpan del muelle municipal, al final de la 12ª calle.

Las lanchas de servicio regular salen hacia Lívingston (45 GTQ, 30 min, 5 diarias) entre 6.30 y 17.00. Los billetes deben comprarse lo más temprano posible (no se puede reservar antes del día de salida): el espacio es limitado y a veces se agotan las plazas.

Fuera del horario regular, las lanchas salen en cuanto se llenan con seis personas, que deben pagar 50 GTQ cada una.

Casi todo el tráfico de pasajeros desde Lívingston hasta Puerto Barrios se registra por la mañana, con regreso por la tarde. Desde Lívingston, la última oportunidad del día quizá sea la lancha de las 17.00, especialmente en temporada baja, cuando son menos los viajeros que van y vuelven.

También salen lanchas tres veces al día desde el muelle municipal hacia Punta Gorda, en Belice (220 GTQ, 1 h). El servicio de las 10.00 llega a tiempo para tomar el autobús de mediodía desde Punta Gorda a Belice. Los billetes se venden en el muelle. Antes de embarcar es necesario además sellar la salida en la cercana oficina de inmigración (p. 225) y pagar los 80 GTQ del impuesto de salida.

Si se quiere dejar un coche en Puerto Barrios mientras se visita Lívingston durante un día o dos, hay muchos parqueos (aparcamientos) por la zona del muelle que cobran unos 30 GTQ por 24 h. Muchos hoteles ofrecen también este servicio.

AUTOBÚS Y MICROBÚS

Los **microbuses a Chiquimula** (50 GTQ, 4½ h), y también los que pasan por Quiriguá, salen

cada ½ h de 3.00 a 15.00 desde la esquina de la 6ª Av. y la calle 9ª. Los microbuses a Río Dulce (25 GTQ, 2 h) salen desde el mismo punto.

Transportes Litegua (☏7948-1172; 6ª Av. esq. 9ª Calle) sale con frecuencia hacia Ciudad de Guatemala (65-100 GTQ, 5-6 h), pasando por Quiriguá y Río Hondo. Los servicios directos evitan un desvío de ½ h a Morales.

Punta de Manabique

El promontorio de Punta de Manabique, que separa la bahía de Manabique del mar abierto, junto con la costa y el interior por el sureste hasta la frontera hondureña, abarca un enorme humedal fascinante por su ecología y está escasamente poblado. El acceso al **Área de Protección Especial Punta de Manabique** no es barato, pero recompensa con playas caribeñas vírgenes, excursiones en lancha por los manglares, lagunas y vías navegables, observación de aves con gente de la zona y avistamiento de cocodrilos y, posiblemente, manatíes.

Dónde dormir y comer

Ecoalbergue   PENSIÓN **$**
(☏5303-9822; www.turismocomunitarioguatemala. com/estero_lagarto.html; Estero Lagarto; por persona tiendas/h 25/50 GTQ) Regentado por la comunidad en el pueblecito de Estero Lagarto, ofrece alojamientos sencillos pero confortables junto a la playa y comidas deliciosas (30-60 GTQ), principalmente de pescado y marisco.

Cómo llegar y salir

Para concertar la visita hay que ponerse en contacto –una semana antes si es posible– con **Estero Lagarto Community Tourism** (☏5303-9822; www.turismocomunitarioguatemala.com/estero_lagarto.html).

Lívingston

26 300 HAB.

A diferencia del resto de Guatemala, esta ciudad en gran parte garífuna es fascinante en sí misma, pero además posee como atractivos un par de buenas playas y su emplazamiento al final del viaje fluvial desde Río Dulce.

Sin conexiones por carretera (de momento) con el resto del país (en garífuna la ciudad se llama Buga –"boca"– por su posición en la desembocadura del río), el transporte en barco es bastante bueno, como cabe suponer, y se puede llegar a Belice, los cayos y Puerto Barrios sin apenas complicaciones.

Los garífunas de Guatemala, Honduras, Nicaragua y el sur de Belice remontan sus raíces a la isla caribeña de San Vicente, donde los esclavos africanos que naufragaban se mezclaron con los indígenas caribes en el s. XVII. Los británicos necesitaron mucho tiempo y muchas luchas para cimentar el poder colonial en San Vicente, y cuando por fin lo consiguieron en 1796, decidieron deportar a los garífunas supervivientes. Casi todos ellos terminaron, después de pasar hambre en la isla de Roatán frente a Honduras, en la ciudad costera hondureña de Trujillo, desde donde se fueron extendiendo por el litoral caribeño. Su principal núcleo de población en Guatemala es Lívingston, pero también viven unos pocos miles en Puerto Barrios y otros lugares. El garífuna es una peculiar mezcla de lenguas caribeñas y africanas con un poco de francés. Otros habitantes de Lívingston son los quichés (con comunidad propia 1 km río arriba desde el muelle principal), los *ladinos* (mestizos de indígenas y europeos) y los viajeros extranjeros.

⊙ Puntos de interés

Las playas de Lívingston decepcionan porque en casi todas partes las construcciones o la vegetación llegan hasta el mar. Las playas que existen suelen estar contaminadas; sin embargo, hay playas mejores unos kilómetros al noroeste. A playa Quehueche, cerca de la desembocadura del río Quehueche, se llega en taxi (30 GTQ) en unos 10 min. La mejor playa de la zona es **Playa Blanca** (15 GTQ), a unos 12 km de Lívingston; es de propiedad privada y se necesita una lancha para llegar.

Los Siete Altares   CASCADA

(25 GTQ) Unos 5 km (1½ h a pie) al noroeste de Lívingston, a orillas de la bahía de Amatique, Los Siete Altares consiste en una sucesión de cascadas y pozas de agua dulce; es un destino agradable para un paseo por la playa y un buen sitio para ir de pícnic y nadar.

Hay que seguir la orilla hacia el norte hasta la desembocadura del río, caminar por la playa hasta confluir con el camino que se interna en el bosque (aprox. 30 min) y tomarlo hasta llegar a las cascadas. A Los Siete Altares llegan excursiones en lancha, pero a pie se disfruta más de la belleza de estos parajes y se puede conocer a los garífunas durante el trayecto. Más o menos a mitad de camino, una vez pasado el puente de cuerdas, está el Hotel Salvador Gaviota (p. 229), que sirve comida aceptable, cerveza bien fría y refrescos, además de ofrecer alojamiento.

Rasta Mesa   CENTRO CULTURAL

(☑4459-6106; Barrio Nevago; ☺10.00-14.00 y 19.00-22.00) Acogedor, aquí se pueden recibir clases de cocina garífuna (60 GTQ/persona) o tan solo un masaje (desde 150 GTQ); también es posible ejercer el voluntariado.

⛵ Circuitos

Unas cuantas agencias de Lívingston ofrecen circuitos para conocer las maravillas naturales de la zona. **Exotic Travel** (☑7947-0133; www.bluecaribbeanbay.com; Calle Principal, Restaurante Bahía Azul) y **Happy Fish Travel** (☑7947-0661; www.happyfishtravel.com; Calle Principal, Restaurante Happy Fish) son dos agencias que funcionan bien. Happy Fish merece elogios por su apoyo a iniciativas de turismo comunitario y su buena disposición para compartir información sobre las visitas sin guía a muchos lugares de interés de la zona.

La popular combinación de circuito ecológico y excursión por la jungla (70 GTQ) empieza con un paseo por la ciudad, sube después por el oeste a un mirador y sigue hasta el río Quehueche, donde se emprende una excursión en canoa de ½ h río abajo hasta playa Quehueche; después se atraviesa la jungla a pie hasta Los Siete Altares, se queda uno allí un rato y por último se regresa andando por la playa a Lívingston. Es una manera magnífica de ver la zona, y los amables guías ayudan a conocer mejor a los garífunas que allí viven.

El circuito de Playa Blanca va primero en lancha hasta Los Siete Altares y después continúa hasta Playa Blanca –la mejor playa de la zona– para quedarse allí durante 2 o 3 h. Para esta excursión se necesita un mínimo de dos personas y cuesta 100 GTQ/persona.

Happy Fish ofrece una excursión de ida y vuelta en barca (220 GTQ) por el tramo del río Grande que atraviesa el cañón (la parte más interesante y pintoresca), lo que deja más tiempo para disfrutar de los senderos, la observación de aves y otras actividades que el "circuito" que se realiza en las lanchas públicas. Esta agencia organiza también circuitos a **Cueva del Tigre,** un proyecto de turismo comunitario a 8 km de Lívingston (180 GTQ el circuito, o indican cómo llegar por cuenta propia) y ofrece transporte a Lagunita Creek (p. 232), otra iniciativa turística gestionada por la comunidad.

También son muy solicitadas las excursiones de un día o con noche en los Cayos Sapodillas (o Zapotillas), frente a la costa meridional de Belice, un sitio ideal para el

Lívingston

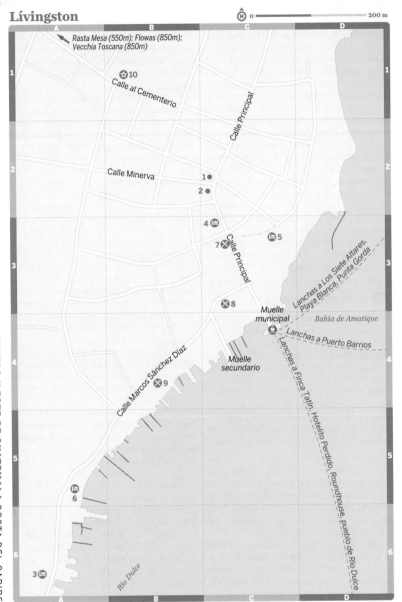

buceo con tubo (500/1200 GTQ por 1/2 días). Se necesita un mínimo de ocho personas, y las tasas de entrada a los parques nacionales (160 GTQ en total) se cobran aparte.

Circuitos a Río Dulce

Los turoperadores de la ciudad ofrecen excursiones de un día por el río Dulce hasta el pueblo de Río Dulce (salidas 9.30 y 14.30), lo mismo que hacen la mayoría de los marinos en el muelle de Lívingston. Muchos viajeros

Lívingston

utilizan estos circuitos como transporte de ida a Río Dulce, pagando 150/250 GTQ por el viaje de ida/ida y vuelta. Es un bonito recorrido a través de la jungla, con varias paradas por el camino.

Si bien no hay que perderse un paseo en lancha por el río Dulce, si se viene de Ciudad de Guatemala o Puerto Barrios es mejor tomar un barco desde Puerto Barrios hasta Lívingston y hacer el circuito al regreso.

Poco después de salir de Lívingston se pasa por el río Tatín a la derecha y luego quizá se para en un **museo de artes indígenas** montado por la Asociación Ak' Tenamit (p. 230), una ONG que trabaja para mejorar las condiciones de vida de los quichés de la zona. El río penetra en un cañón llamado **La Cueva de la Vaca,** con un tupido follaje selvático en sus paredes y el griterío de las aves tropicales flotando en el aire húmedo. Por detrás está **La Pintada,** una escarpadura cubierta de grafitos. Más adelante, el agua sulfurosa de una **fuente termal** brota con fuerza de la base de la roca, lo que permite darse un chapuzón. El río se ensancha en **El Golfete,** una masa de agua que preludia la extensión aún más vasta del lago de Izabal, río arriba.

Por la orilla norte de El Golfete, el **Biotopo Chocón Machacas** es una reserva de 72 km² creada dentro del Parque Nacional Río Dulce para proteger el bello paisaje fluvial, los valiosos bosques, los manglares y la fauna que los habita, con criaturas tan raras como el tapir y, sobre todo, el manatí. Una red de "senderos de agua" (rutas en lancha por varias lagunas de la jungla) permite ver otras formas de vida animal y vegetal de la reserva. Aquí es posible

alojarse en Q'ana Itz'am (p. 232), un refugio de gestión comunitaria en Lagunita Salvador, pero habrá que buscar transporte.

Las lanchas quizá visiten las **islas de Pájaros,** un par de islas en medio de El Golfete donde viven miles de aves acuáticas. Desde El Golfete se continúa río arriba, pasando cada vez por más villas caras y cobertizos para botes, hasta el pueblo de Río Dulce, donde el altísimo puente de la ctra. 13 cruza el río y llega hasta el castillo de San Felipe, en el lago de Izabal.

Esta excursión también puede hacerse saliendo de Río Dulce.

✖ Fiestas y celebraciones

Durante la **Semana Santa** Lívingston se abarrota de gente con ganas de juerga. El **Día Nacional Garífuna** (⊘26 nov) se celebra con diversos actos culturales.

🛏 Dónde dormir

En Lívingston los precios se elevan al máximo de julio a diciembre; fuera de estos meses muchos establecimientos de precio medio y alto reducen sus tarifas a la mitad.

Casa de la Iguana　　　　　ALBERGUE **$**
(☑7947-0064; www.casadelaiguana.com; Calle Marcos Sánchez Díaz; hamacas/dc 25/50 GTQ, cabañas con/sin baño 160/120 GTQ; 🐾) A 5 min del muelle principal, este albergue fiestero ofrece cabañas de madera de buena relación calidad-precio, limpias y con decoración sencilla. La *happy hour* es una juerga con música y se puede acampar o dormir en una hamaca.

Flowas　　　　　　　　　BUNGALÓ **$**
(☑7947-0376; infoflowas@gmail.com; h 120 GTQ/persona) Este pequeño enclave para mochileros ofrece cabañas rústicas de madera y bambú en la 2ª planta (a veces llega la brisa) en primera línea de playa. El ambiente es relajado, y hay comida buena y barata. Un taxi (15 GTQ desde el muelle) deja a 150 m de la entrada.

Hotel Salvador Gaviota　　　BUNGALÓ **$**
(☑7947-0874; www.hotelsalvadorgaviota.com; Playa Quehueche; h por persona con/sin baño 160/80 GTQ; @) Habitaciones sencillas de madera y bambú a unos 200 m de una playa pasablemente limpia. Los excursionistas que van y vienen de Los Siete Altares (p. 227) paran aquí a comer (50-100 GTQ) y beber; salvo a ellos, es posible que no se vea a nadie más. Está a 500 m del puente giratorio donde termina la carretera; un taxi cobra unos 25 GTQ.

Vecchia Toscana HOTEL **$$**
(☑7947-0884; http://livingston-vecchiatosca
na.com; Barrio Paris; i/d desde 341/488 GTQ;
❄@🌐🏊) Las habitaciones de este hotel re-
gentado por unos italianos en la playa son de
las mejores de la ciudad. Muy variadas, llegan
hasta apartamentos donde caben bien ocho
personas. Los jardines y zonas comunes es-
tán inmaculados, y a la entrada hay un buen
restaurante italiano con vistas al mar. Un taxi
desde el muelle ronda los 20 GTQ.

Hotel Ríos Tropicales HOTEL **$$**
(☑5755-7571; Calle Principal; i/d 180/230 GTQ, i/d
sin baño desde 70/150 GTQ; 🌐) Este hotel dispone de habitaciones grandes y con buenos
mosquiteros que dan a un patio central con
hamacas y espacio para relajarse; las que no
tienen baño son más amplias, pero las otras
están mejor decoradas.

Posada El Delfín HOTEL **$$$**
(☑7947-0976; www.posadaeldelfin.com; Calle Mar-
cos Sánchez Díaz; i/d desde 580/740 GTQ; ❄🌐🏊)
Construcción grande y moderna, con habita-
ciones impecables de tamaño aceptable y una
magnífica piscina asomada al río. Las habita-
ciones no tienen vistas: el restaurante de la 2ª
planta, muy recomendable, las acapara todas.

Hotel Villa Caribe HOTEL **$$$**
(☑7947-0072; www.hotelvillacaribeguatemala.com;
Calle Principal; i/d/bungalós 790/930/1400 GTQ;
❄@🌐🏊) Con 45 habitaciones, es una lujosa
anomalía entre los típicos alojamientos ca-
ribeños de Lívingston, de ambiente relajado
y precio bajo. Moderno pero aun así de espíritu caribeño, sus numerosas instalaciones
y servicios incluyen un jardín tropical y una
gran piscina con bar al lado. Las habitaciones, con baños modernos, se refrescan con
ventiladores; los balconcitos dan al jardín y
la desembocadura del río. Los bungalós disponen de aire acondicionado.

🍴 Dónde comer

La comida en Lívingston resulta relativamente
cara porque casi toda (salvo el pescado y los
cocos) debe traerse en barco. Aquí hay buen
pescado y marisco y algunos sabores infrecuen-
tes en Guatemala, como el coco y el curri. El tapado, un suculento guiso de pescado, camarón,
marisco y leche de coco, es la deliciosa especialidad local. También se prepara una potente
bebida cortando la parte superior de un coco
verde y echándole dentro una generosa dosis
de ron; estos coco locos son un éxito.

La calle principal está jalonada de restaurantes al aire libre.

Restaurante Gaby GUATEMALTECA **$**
(Calle Marcos Sánchez Díaz; platos ppales. 40-
80 GTQ; ⏱8.00-21.00) Para probar comida
buena y honrada en un ambiente humilde;
sirven langosta, tapado, arroz con frijoles y
ricos desayunos a precios ventajosos. Las te-
lenovelas son gratis.

Antojitos Yoli's PANADERÍA **$**
(Calle Principal; productos horneados 15-30 GTQ;
⏱8.00-17.00) La mejor bollería; son muy recomendables el pan de coco y la tarta de piña.

⭐**Restaurante Buga Mama** PESCADO **$$**
(Calle Marcos Sánchez Díaz; platos ppales. 70-
120 GTQ; ⏱12.00-22.00; 🌐) De los restaurantes
de la ciudad, este es el que goza de mejor
emplazamiento, y sus beneficios se destinan
a la **Asociación Ak' Tenamit** (☑5908-3392;
www.aktenamit.org), una ONG que desarrolla
varios proyectos en la zona. La carta recoge
una amplia oferta de pescados y mariscos,
pasta casera, curris y otros platos, como un
tapado buenísimo (120 GTQ).

Muchos camareros se están formando en
un programa de turismo comunitario soste-
nible, así que el servicio puede ser deficiente,
pero se les puede perdonar.

Happy Fish PESCADO **$$**
(Calle Principal; platos ppales. 50-120 GTQ; ⏱7.00-
22.00; 🌐) Este bullicioso restaurante de la calle principal está siempre repleto de turistas
y gente del país, lo que mantiene la comida
fresca y el servicio diligente. Sirven el inex-
cusable tapado, junto con una amplia oferta
de buenos platos.

🍷 Dónde beber y vida nocturna

Los bebedores con espíritu de aventura deberían probar el *guífiti*, un brebaje de ron
o aguardiente con una mezcla de hierbas al
que se le atribuyen propiedades medicinales.
Un puñado de bares playeros situados a la
izquierda del final de la calle principal atraen
por las noches a viajeros y naturales (después
de las 22.00 o 23.00); esta parte de la ciudad está muy oscura, así que hay que tener
cuidado. Como los bares quedan a menos de
5 min unos de otros, es conveniente darse
una vuelta para palpar el ambiente. La música va desde *punta* (un baile tradicional garífuna) hasta salsa, merengue y electrónica.
El ambiente se caldea el viernes, pero la gran

noche de parranda es la del sábado, con frecuencia hasta las 5.00 o 6.00.

La *happy hour* es casi una institución en la calle principal, y todos los restaurantes se apuntan. Una de las mejores es la de Casa de la Iguana (p. 229).

☆ Ocio

Con frecuencia una banda ambulante ameniza las cenas en la calle principal con unas cuantas canciones; si los músicos tocan bien, hay que dejarles algún dinero. Varios sitios de la ciudad ofrecen música garífuna en directo, aunque con horarios impredecibles.

Si se cena en el Hotel Villa Caribe se puede disfrutar de un espectáculo garífuna todas las noches a las 19.00.

Café-Bar Ubafu MÚSICA EN DIRECTO
(Calle al Cementerio; ☻18.00-hasta tarde) Es quizá el mejor sitio de la ciudad para disfrutar de la vida nocturna; ofrece música y baile todas las noches, pero cuando más se anima es los fines de semana.

❶ Orientación

Después de ½ h ya se sabe dónde queda todo. Aunque las calles tienen nombre, nadie los utiliza.

❶ Información

Lívingston tiene su lado oscuro y es teatro de operaciones de unos cuantos estafadores; hay que observar las precauciones de costumbre. Conviene utilizar repelente de mosquitos y utilizar el sentido común, sobre todo si se va a la jungla; los mosquitos pueden transmitir la malaria y el dengue.

Para saber más sobre Lívingston, véase su web comunitaria (www.livingston.com.gt).

Banrural (Calle Principal; ☻9.00-17.00 lu-vi, 9.00-13.00 sa) Cambia dólares estadounidenses y cheques de viaje. Tiene un cajero automático.

Oficina de inmigración (Calle Principal; ☻6.00-19.00) Expide sellos de entrada y salida a los viajeros que llegan o van directamente a Belice u Honduras, cobrando 80 GTQ por los de salida. Fuera del horario de oficina, se puede llamar a la puerta a cualquier hora para ser atendido.

❶ Cómo llegar y salir

A Lívingston llegan con frecuencia las lanchas que bajan de Río Dulce, aguas arriba, y las que cruzan la bahía desde Puerto Barrios. También arriban barcos procedentes de Honduras y Belice.

Happy Fish (p. 227) y Exotic Travel (p. 227) ofrecen transporte combinado de lancha y autobús para enlazar con La Ceiba (el punto de partida más barato para ir a las Islas de la Bahía, en Honduras) por unos 550 GTQ/persona para un mínimo de cuatro personas. Si se sale de Lívingston a las 6.00 o antes se llega a La Ceiba a tiempo para tomar el barco a las islas, así que

---

EL RITMO DE LOS GARÍFUNAS

Lívingston es el centro de la comunidad garífuna de Guatemala, y el viajero no tardará mucho en oír su peculiar música. Una banda garífuna suele constar de tres tambores (el *primera* toca la parte del bajo, los otros dos llevan la melodía), maraca, un caparazón de tortuga (se hace sonar como un cencerro) y una caracola (soplada como una flauta).

Las letras suelen cantarse en garífuna (idioma con influencias de arahuaco, el francés y lenguas de África occidental), pero a veces se componen en español. La mayoría de las canciones abordan asuntos de la vida cotidiana: la época para la siembra, las cosechas, historias del pueblo, honrar a los muertos e historias de hijos malos que se convierten en buenos. A veces solo cantan la belleza del pueblo.

La música garífuna tradicional ha dado origen a una increíble variedad de estilos musicales, como *punta rock, jugujugu, calachumba, jajankanu, chumba, saranda, sambé* y *parranda.*

El *punta rock* es la adaptación más difundida de los ritmos garífunas tradicionales, y se puede escuchar *punta* en casi todas las discotecas de América Central. El frenético baile que lo acompaña (también llamado *punta*) sigue el ritmo de la percusión. El pie izquierdo gira hacia atrás y adelante mientras el derecho da golpecitos marcando el ritmo. Acaso por casualidad, este movimiento provoca un fuerte meneo de las caderas, lo que ha llevado a algunos observadores a señalar la naturaleza sexual del baile.

Los interesados en aprender más sobre la cultura garífuna o en recibir clases de percusión deben acercarse a Rasta Mesa (p. 227).

es una excursión de un día casi imposible de hacer en plan independiente.

Además, desde el muelle público sale todos los días a las 7.00 un barco que va directamente a Punta Gorda, en Belice (250 GTQ, 1½ h), donde conecta con un autobús a Placencia y Ciudad de Belice. El barco espera la llegada de este autobús desde Placencia antes de regresar a Lívingston desde Punta Gorda sobre las 10.30.

Si se va a viajar en uno de estos servicios internacionales hay que sellar la salida en la oficina de inmigración de Lívingston el día antes.

Alrededores de Lívingston

Las lanchas que viajan entre Río Dulce y Lívingston (o viceversa) dejan en el Hotelito Perdido, la Finca Tatín o la Roundhouse; estos tres establecimientos se encargan también de recoger a sus huéspedes, por lo que cobran unos 40 GTQ/persona desde Lívingston y más desde Puerto Barrios o Río Dulce.

🛏 Dónde dormir

⭐ Finca Tatín   BUNGALÓ $
(☎4148-3332; www.fincatatin.com; dc/i/d 60/180/200 GTQ, i/d sin baño 80/130 GTQ; 🛜) 🖉 Este rústico y maravilloso B&B en la confluencia de los ríos Dulce y Tatín, a unos 10 km de Lívingston, es un lugar magnífico para vivir la experiencia del bosque. Se ofrecen caminatas guiadas y excursiones en kayak de 4 h, en ocasiones con visita a pueblos quekchíes de la zona. El alojamiento son originales cabañas de madera con techo de paja diseminadas por la jungla y cabañas nuevas con balcones al río.

Senderos, cascadas y afluentes del río Dulce pueden explorarse en los cayucos (embarcaciones de pesca indígenas) para uso de los huéspedes (80 GTQ/día), y se ofrecen caminatas guiadas nocturnas por la jungla y circuitos a las cuevas, sitios donde se puede nadar y remojarse en una sauna natural. Desde aquí se llega andando a Lívingston en aprox. 1 h, o bien se puede tomar un kayak y alguien de Finca Tatín vendrá a recoger.

Roundhouse   ALBERGUE $
(☎4294-9730; www.roundhouseguatemala.com; dc/d sin baño 50/110 GTQ; @🛜) 🖉 Este albergue de tamaño medio a 20 min en lancha de Lívingston, es uno de los mejores del río. Dispone de cuatro habitaciones privadas y un dormitorio con seis camas.

Organiza circuitos de buceo con tubo y navegación a vela, y el pontón de 8,5 m se utiliza para cruceros por el río.

Hotelito Perdido   HOTEL $$
(☎5725-1576; www.hotelitoperdido.com; dc 60 GTQ, i/d bungalós 200/250 GTQ, i/d sin baño 150/200 GTQ) 🖉 Este bonito escondite queda a 5 min en lancha de Finca Tatín. El ambiente es una maravilla: acogedor y relajado. El hotel funciona con energía solar y está construido para causar un impacto mínimo en su entorno natural.

Los bungalós de dos plantas son fantásticos: sencillos pero bien decorados, con el dormitorio en el nivel superior y un pequeño cuarto de estar en el piso bajo. Es un sitio pequeño e íntimo, así que conviene reservar con tiempo. Desde aquí se puede uno apuntar a muchas de las actividades de Finca Tatín.

Q'ana Itz'am   CABAÑA $$
(☎5992-1853; www.lagunitasalvador.com; h con/sin baño 200/70 GTQ, bungalós 400 GTQ) 🖉 A medio camino entre Lívingston y Río Dulce, en la pequeña comunidad quekchí de Lagunita Salvador, este proyecto de turismo comunitario ofrece alojamiento austero en cabañas de madera conectadas por pasarelas. Aquí hay mucho que hacer: observar aves, caminar por la jungla, remar en kayak y probar la deliciosa cocina tradicional quekchí.

Hay danzas tradicionales por encargo, y los circuitos por el pueblo ayudan a comprender mejor el modo de vida en este curioso rincón del mundo. Es imprescindible reservar, y se consigue transporte gratuito desde Lívingston y Río Dulce.

Lagunita Creek   RESERVA $$
(☎4113-0103; dc/h 100/400 GTQ) Viajando al norte desde Lívingston se llega al río Sarstun, que marca la frontera entre Belice y Guatemala. A 10 km aguas arriba se asienta la pequeña comunidad de Lagunita Creek, donde un programa de turismo comunitario ofrece alojamiento sin lujos en un *ecolodge*. Aquí sirven comidas sencillas (50-70 GTQ), o bien se pueden traer los víveres y cocinar uno mismo.

El precio lleva incluido el uso de kayaks para explorar las aguas turquesa del río y realizar circuitos guiados para observar aves y conocer el medio. El transporte no es complicado pero sí puede salir caro: la única

El Petén

Los mejores restaurantes

➡ Las Orquídeas (p. 255)

➡ Terrazzo (p. 247)

➡ Posada & Restaurante Campamento El Chiclero (p. 263)

➡ Las Mesitas (p. 247)

➡ Finca Ixobel (p. 240)

Los mejores alojamientos

➡ Finca Ixobel (p. 240)

➡ Ni'tun Ecolodge (p. 252)

➡ Chiminos Island Lodge (p. 240)

➡ Estación Biológica Las Guacamayas (p. 267)

➡ Alice Guesthouse (p. 254)

Por qué ir

Vasto, escasamente poblado y envuelto por la selva, el departamento de mayor tamaño y más septentrional de Guatemala es un destino con muchas posibilidades de exploración. Bien sea por los misterios mayas del período clásico, la prodigalidad de la jungla o para solazarse junto a un lago, todo se le ofrece aquí en abundancia. La profundidad a la que se ahonde en el legado maya dependerá de la disposición a embarrarse los pies. Los templos de Tikal se pueden visitar en circuitos desde casi cualquier punto del país; en cambio, yacimientos más remotos como El Mirador y Piedras Negras, precisan días de planificación y otros tantos de incursión por la selva. La Reserva de Biosfera Maya comprende casi todo el tercio norte de El Petén, y junto con las de México y Belice forman un parque plurinacional de más de 30 000 km².

Cuándo ir

Para realizar caminatas por la selva a yacimientos arqueológicos, la mejor época es de finales de febrero a mayo, pues el entorno se encuentra más seco y menos cenagoso, aunque el calor y la humedad aumentan hacia finales de mayo. Las lluvias comienzan en junio y con ellas aparecen los mosquitos; hay que llevar ropa impermeable, repelente y una mosquitera (si se va a dormir en una hamaca). Septiembre y octubre corresponden a la nada alentadora época de huracanes y tormentas, cuyas lluvias se prolongan hasta noviembre. Una buena época es de diciembre a febrero, con temperaturas frescas durante la noche y la mañana.

Imprescindible

1 Observar el techo selvático desde el altísimo Templo IV de **Tikal** (p. 255).

2 Atravesar la selva en una caminata hasta la vasta y apenas excavada ciudad maya de **El Mirador** (p. 267).

3 Despertar con el aullido de los monos en la **laguna Petexbatún** (p. 240).

4 Embarcarse en un crucero nocturno para ver cocodrilos y guacamayos en la **Estación Biológica Las Guacamayas** (p. 266).

5 Holgazanear a orillas de un lago con un cóctel en la pintoresca localidad insular de **Flores** (p. 242).

6 Admirar la puesta del sol sobre el lago de Petén Itzá desde un embarcadero privado en **El Remate** (p. 252).

7 Compartir el pan con otros viajeros en el retiro rural de la **Finca Ixobel** (p. 240).

8 Descender el **río La Pasión** hasta **Ceibal** (p. 238), unas remotas ruinas ribereñas con elaboradas estelas grabadas de antiguos gobernantes mayas.

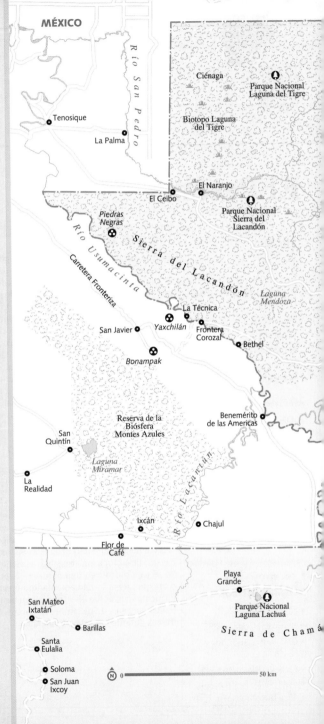

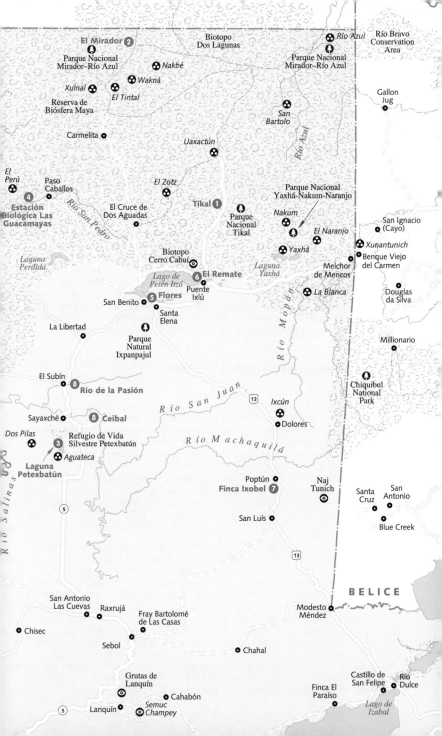

El Mirador ②

Biotopo
Dos Lagunas

Río Azul

Río Bravo
Conservation
Area

Parque Nacional
Mirador–Río Azul

Nakbé

Parque Nacional
Mirador–Río Azul

Gallon
Jug

Xulnal

Wakná

El Tintal

Reserva de
Biósfera Maya

San
Bartolo

Carmelita

Uaxactún

Río Azul

El Perú

Paso
Caballos

El Zotz

Estación
Biológica Las
Guacamayas ④

Río San Pedro

El Cruce de
Dos Aguadas

Tikal ①

Parque Nacional
Yaxhá-Nakum-Naranjo

Nakum

San Ignacio
(Cayo)

Parque
Nacional
Tikal

El Naranjo

Laguna
Perdida

Biotopo
Cerro Cahuí

Yaxhá

Xunantunich

Benque Viejo
del Carmen

Lago de Petén Itzá

El Remate ⑥

Laguna
Yaxhá

Melchor
de Mencos

Douglas
da Silva

Flores ⑤

San Benito

Santa
Elena

Puente
Ixlú

La Blanca

Río Mopán

La Libertad

Parque
Natural
Ixpanpajul

Millonario

El Subín

Río San Juan

Río de la Pasión ⑧

Ixcún

13

Chiquibul
National
Park

Sayaxché

Ceibal ⑧

Río Machaquilá

Dolores

Dos Pilas

Refugio de Vida
Silvestre Petexbatún ③

Aguateca

Laguna
Petexbatún

Poptún

Naj
Tunich

Finca Ixobel ⑦

Santa
Cruz

San
Antonio

5

San Luís

Blue Creek

13

BELICE

San Antonio
Las Cuevas

Raxrujá

Fray Bartolomé
de Las Casas

Modesto
Méndez

Chisec

Sebol

Chahal

Grutas de
Lanquín

Castillo de
San Felipe

Río
Dulce

Finca El
Paraíso

5

Lanquín

Cahabón

Semuc
Champey

Lago de
Izabal

Historia

El departamento de El Petén, a menudo considerado la cuna de la civilización maya, ha estado aislado del resto de la actual Guatemala a lo largo de la historia, una situación que no ha cambiado hasta hace muy poco. Seguramente los principales núcleos mayas de la zona (Tikal y El Mirador) tenían más contacto con las colonias vecinas de Belice y México que con las del sur.

La llegada de los españoles supuso pocos cambios en este aspecto. Los itzaes, habitantes de la isla de Flores y famosos por su ferocidad, sumada a la selva impenetrable y la fauna salvaje de El Petén, mantuvieron alejados a los conquistadores hasta 1697, unos 150 años después de la conquista del resto del país.

La isla de Flores fue una colonia penal hasta que se fundó una pequeña localidad con el fin de agilizar el comercio del chicle, la madera noble, la caña de azúcar y el caucho plantados en la región.

El gran cambio se produjo en 1970, cuando el Gobierno guatemalteco vio la oportunidad de convertir Tikal en un destino turístico y empezó a crear una red de carreteras adecuada.

Con el *boom* demográfico, sobre todo gracias a los incentivos estatales para que los granjeros se trasladaran allí, la población de El Petén pasó de 15 000 habitantes a la increíble cifra de 660 000 en apenas cinco décadas.

Sin embargo, llegaron a la zona vecinos nuevos poco deseados: traficantes de droga y contrabandistas adquirieron grandes extensiones de tierra, especialmente en el extremo noroeste de la región y en el Parque Nacional de Laguna del Tigre, aprovechando la ausencia de patrullas en la frontera con México.

ℹ Cómo llegar y desplazarse

El principal nudo turístico de El Petén está en las localidades gemelas de Flores y Santa Elena, unos 60 km al suroeste de Tikal. Salvo algunos tramos cortos, las principales carreteras a Flores están asfaltadas y en buenas condiciones (de Río Dulce al sureste, de Cobán y Chisec al suroeste, de la frontera con Belice al este y de la frontera mexicana al noroeste). Hay autobuses y microbuses frecuentes que recorren estas rutas. Además, Santa Elena cuenta con el único

---

FRONTERA MEXICANA (CHIAPAS Y TABASCO)

Por Bethel y La Técnica y Frontera Corozal

Hay servicios de transporte regulares hasta la frontera mexicana de Bethel o La Técnica, en la orilla este del río Usumacinta, desde donde ferris de servicio regular cruzan a Frontera Corozal, en la orilla mexicana. La oficina de inmigración guatemalteca está en Bethel, pero el paso es más rápido y barato por La Técnica (10 GTQ por persona). Los conductores de microbús suelen detenerse y esperar a que los viajeros hagan los trámites en Bethel antes de continuar hasta La Técnica.

Las furgonetas de Autotransporte Chamoán circulan cada hora hasta las 15.00 del embarcadero de Frontera Corozal a Palenque (100 MXN, 2½-3 h).

Escudo Jaguar gestiona lanchas para visitar las ruinas de Yaxchilán, en la orilla mexicana, por 950-1300 MXN (5-10 personas), ida y vuelta, con 2 h de espera.

Por El Ceibo y La Palma

Se puede entrar en el estado mexicano de Tabasco por el puesto fronterizo de El Ceibo, un pueblo a orillas del río San Pedro. AMCRU (☑3127-6684) pone en servicio microbuses regulares de Santa Elena a El Ceibo, y con más frecuencia a El Naranjo, que dejan en "El Cruce" para tomar un transporte de enlace y recorrer el resto del trayecto (15 min) hasta la frontera. En dirección contraria, el ultimo microbús desde El Ceibo a Santa Elena sale a las 17.00.

Un pequeño puesto de inmigración funciona las 24 h por el lado guatemalteco, y uno nuevo y enorme por el mexicano abre de 9.00 a 18.00. Desde el lado mexicano, los *tuk-tuk* recorren 600 m para llevar a los viajeros hasta una pequeña terminal de donde salen furgonetas hacia Tenosique, enTabasco (40 MXN, 1 h cada hora hasta 18.00). Al llegar a Tenosique hay que bajarse junto a la terminal de autobuses para tomar un autobús de ADO hasta Villahermosa (3½ h); o bien tomar un *tuk-tuk* hasta el lugar de donde salen furgonetas hacia Palenque (50 MXN, 1½ h) hasta las 19.00.

aeropuerto civil operativo del país, aparte del de Ciudad de Guatemala.

Sayaxché

114 781 HAB.

En la orilla sur del río La Pasión, 61 km al suroeste de Flores, Sayaxché es la localidad más cercana a una decena de yacimientos arqueológicos mayas, entre ellos Ceibal, Aguateca, Dos Pilas, Tamarindito y Altar de Sacrificios. Aparte de su posición estratégica entre Flores y la zona de Cobán, la ciudad posee un particular encanto ribereño, con motoras destartaladas y pintorescas barcazas que arrastran troncos por el ancho río, las primeras hasta la puesta del sol, las segundas día y noche (peatones 2 GTQ, automóviles 15 GTQ).

Banrural (☉9.00-18.00 lu-vi, 8.00-12.00 sa, 9.00-12.00 do), más abajo de la iglesia yendo hacia el río, cambia dólares y euros; una oficina cercana dispone de un cajero automático 5B. Para conectarse a internet se puede ir a **Zona X** (6 GTQ/h; ☉8.00-18.00), a tres cuadras del muelle a mano izquierda.

Los más audaces podrían meterse en los tugurios junto al ferri para transporte de vehículos; por lo demás la vida nocturna se limita a pasear por las calles polvorientas.

🛏 Dónde dormir

Aunque los establecimientos hoteleros que rodean la cercana laguna Petexbatún resultan una opción mucho más atractiva, Sayaxché cuenta con unas pocas pensiones tranquilas a orillas del río.

Hotel Del Río HOTEL $
(☎7928-6138; hoteldelriosayaxche@hotmail.com; i/d 125/175 GTQ, con aire acondicionado 150/225 GTQ; 🅿❄🛜) Unos pasos a la derecha del muelle, este moderno hotel es la elección más fácil y cómoda, con habitaciones enormes y flamantes a lo largo y encima de un vestíbulo amplio y bien ventilado e iluminado.

El Majestuoso Petén HOTEL $
(☎7928-6166; majestuosopeten@gmail.com; i/d 80/160 GTQ, sin baño 50/100 GTQ; 🅿❄🛜) Se halla en un lugar tranquilo con vistas al río Petexbatún. De las habitaciones, amuebladas con sencillez (el aire acondicionado es opcional), las llamadas "Tikal" y "San José" tienen las mejores vistas. Desde el embarcadero hay que subir hasta la primera intersección y, tras recorrer tres cuadras a la derecha, se llega a un edificio verde.

Hospedaje Yaxkín BUNGALÓS $
(☎4913-4879; dc 30 GTQ, bungaló por persona con/sin baño 70/35 GTQ) Al este del centro, estas 15 cabañas rústicas se hallan dispersas por una zona arbolada. Un gran restaurante al aire libre sirve pastas, tacos y pescado de río (50 GTQ). Está dos cuadras al sur y tres al este de la iglesia. El patrón, don Rosendo, es muy sociable y recoge en el embarcadero si se le llama antes.

🍴 Dónde comer

Los sitios pasables se limitan al Café Maya (p. 237) y el restaurante del Hospedaje Yaxkín (p. 237). Quizá no se ofrezca pescado de río por sus altos niveles de contaminación.

Café Maya GUATEMALTECA $
(Calle del Ferri; platos ppales. 40-50 GTQ; ☉7.00-21.00) Quizá la mejor apuesta para comer, es un popular lugar de encuentro con un salón informal al aire libre. Aparte de los habituales huevos con frijoles, preparan pinchos con raciones abundantes de ensalada, frijoles y papas fritas, y los batidos de papaya son celestiales.

ℹ Cómo llegar y salir

Desde Sayaxché hay cuatro microbuses que salen en dirección sur hacia Cobán (60 GTQ, 4 h) entre 5.00 y 15.00. Cada 25 min aprox. salen microbuses a Raxrujá con parada en el cruce de San Antonio (30 GTQ, 1½ h), desde donde hay servicios frecuentes a Cobán. Los vehículos salen de un solar por encima del muelle del ferri. Desde el lado norte del río La Pasión salen microbuses hacia Santa Elena cada 15 min de 5.45 a 18.30 (23 GTQ, 1½ h).

Para transporte por el río, contáctese con **Viajes Don Pedro** (☎4580-9389; servlanchas donpedro@hotmail.com).

Alrededores de Sayaxché

Entre los yacimientos arqueológicos próximos a Sayaxché, los más interesantes para el visitante medio son Ceibal y Aguateca. Han sido muy bien restaurados y se puede acceder a ellos en barco, por los cauces que surcan la selva, y luego andando por los senderos. Muchos contratan un circuito organizado, pero es posible visitarlos por cuenta propia.

Para llegar a cualquiera de los yacimientos próximos a Sayaxché hay que ponerse de acuerdo con los patrones de lanchas en Sayaxché o apuntarse a un circuito. Viajes Don

Pedro (p. 237) ofrece una excursión de medio día de Sayaxché a Aguateca, con ida y vuelta, por 600 GTQ/persona para cinco personas; se podría, p. ej., convenir que dejen luego en algunos de los hoteles y que recojan a la tarde siguiente después de hacer una excursión a Dos Pilas. **Martsam Travel** (☎7832-2742, EE UU 1-866-832-2776; www.martsam.com; Calle 30 de Junio, Flores) y otras agencias de Flores ofrecen circuitos de un día a Aguateca con almuerzo y guía.

Aguateca

YACIMIENTO ARQUEOLÓGICO

(◷8.00-16.30) GRATIS Las ruinas de Aguateca se posan sobre un risco en el extremo sur de la laguna Petexbatún. Protegida por precipicios y dividida por un barranco, la ciudad cosechó varios éxitos militares (incluida una campaña en la cercana Ceibal) hasta cerca del año 735, según indican las estelas grabadas. De los yacimientos próximos a Sayaxché, este es el de más fácil acceso y el que más impresiona.

Se cree con bastante certeza que alrededor del 761 los gobernantes de Dos Pilas abandonaron su ciudad por Aguateca, mejor fortificada, y que sobre el 790, fueron invadidos por desconocidos (se han hallado abundantes puntas de flecha y esqueletos de ese período). Poco después, la ciudad fue abandonada.

El centro de visitantes se halla a 5 min andando del muelle. Los guardas forestales pueden mostrar el enclave en 1½ h (se aconseja agradecer el servicio con una propina). Los dos grupos principales presentan estructuras bien restauradas: el **grupo del Palacio,** donde vivía el gobernante, y la **Plaza Principal,** al sur, donde se alzan reproducciones en fibra de vidrio de estelas que representan, junto a las originales caídas, a soberanos elegantemente ataviados. Los dos grupos se comunican por una calzada elevada que salva el barranco.

Desde el centro de visitantes se puede bordear la pared norte del risco hasta llegar al **mirador,** que ofrece una vista panorámica de los ríos y las marismas hacia el este. Luego, el sendero gira a la izquierda y desciende por el barranco, se adentra 100 m entre dos escarpadas paredes de caliza y al final vuelve a subir hasta salir al grupo del Palacio. Para volver a la entrada hay que atravesar el complejo palatino. En el extremo inferior se debe girar a la derecha para cruzar a la **Plaza Principal** por la calzada sobre el barranco (70 m de profundidad).

Aguateca está a 1¼ h en lancha de Sayaxché por el río Petexbatún, bordeado de manglares.

Ceibal

Situado en un estratégico enclave en la orilla occidental del río La Pasión, el reino independiente de **Ceibal** (60 GTQ; ◷8.00-16.00) amasó un enorme poder al controlar el comercio de este importante tramo. Y pese a su menor impacto arquitectónico en comparación con otros lugares, la travesía hasta Ceibal se cuenta entre las más memorables de la región, así como las estupendas opciones de senderismo bajo un techo selvático poblado de monos aulladores.

En la entrada del yacimiento hay una gran maqueta a escala. El centro ceremonial de la ciudad abarca tres colinas, comunicadas por las calzadas originales que salvan los empinados barrancos. Hay dos grupos principales, A y D, rodeados por templos más pequeños, muchos engullidos por la selva. Frente a los senderos de algunos templos emergen en solitario estupendas estelas con elaborados grabados en magnífico estado. Se tardan unas 2 h en explorar el enclave. Hay que llevar algún repelente.

No hay en Ceibal ningún sitio donde comer ni dormir, aunque siempre se puede traer la comida desde Sayaxché. Casi todos los visitantes llegan en un circuito (en general con almuerzo incluido) y se quedan en Sayaxché o Flores.

Historia

Irrelevante durante casi todo el período clásico, Ceibal (a veces escrito Seibal) creció rápidamente en el s. IX. Alcanzó una población de unos 10 000 habitantes alrededor del año 900, pero al poco tiempo fue abandonada. La selva no tardó en tapar con un denso manto los bajos templos en ruinas. Las actuales excavaciones se llevan a cabo bajo la supervisión del arqueólogo de la Universidad de Arizona Takeshi Inomata.

◉ Puntos de interés

La mayoría de las estelas aparecen en el **grupo A,** compuesto por tres plazas en el punto más elevado del yacimiento. En la plaza sur, la mejor excavada, se alza la **Estructura A-3,** una plataforma piramidal con una estela a cada lado y una tercera superior. Algunos de los personajes representados no presentan rasgos y vestimentas propios de los mayas, lo que hace suponer que quizá en algún momento la zona fue habitada por foráneos. Según una controvertida teoría, la ciudad fue invadida por mayas putunes (una etnia de

Ceibal

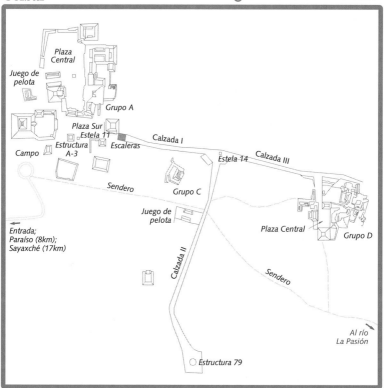

guerreros-mercaderes de la región mexicana de Tabasco) en torno al s. IX, lo que explicaría el aspecto forastero del guerrero con bigote de, p. ej., la **Estela 11**, situada en el lado este de la plataforma.

La calzada I, que discurre hacia el este, conduce al **grupo D**, una serie de templos más compacta, al borde de un abrupto precipicio. A medio camino se halla un desvío hacia el sur a la calzada II, después del cual se yergue la muy bien conservada Estela 14, que quizá representa a un recaudador de impuestos. Descendiendo hacia el sur por la calzada II, se llega a la inquietante **Estructura 79**. La construcción, con una peculiar forma de anillo, está rodeada por tres escalones y se alza solitaria en un claro de la selva, con un pequeño altar en forma de cabeza de jaguar. Se cree que funcionó como observatorio astronómico, desde donde se estudiaban los movimientos de los planetas.

❶ Cómo llegar y salir

Viajes Don Pedro (p. 237) en Sayaxché, por la orilla norte del río, lleva en lancha hasta el yacimiento (600 GTQ hasta 5 pasajeros). El precio debería incluir un guía, que podría ser el propio lanchero. En temporada alta, conviene preguntar a los lancheros sobre los circuitos en grupo.

El viaje de 1 h en lancha por el río La Pasión deja en un primitivo embarcadero. Luego se sube por un camino estrecho y pedregoso, bajo ceibas gigantescas y lianas, hasta llegar al yacimiento, a unos 100 m sobre el río.

También se puede llegar a Ceibal por tierra. Basta con tomar cualquier autobús, microbús o *picop* en dirección sur desde Sayaxché por la CA 5 (hacia Raxrujá y Chisec) y apearse al cabo de 9 km en Paraíso, desde donde hay que continuar 8 km a pie hacia el este por una carretera de tierra hasta Ceibal. A unos 2 km, en el punto donde la carretera tuerce a la izquierda junto a una pequeña casa de labor, se continúa de frente cuesta arriba hasta entrar en el parque; no hay letreros. En época de lluvias hay que comprobar antes si la ruta es practicable.

Laguna Petexbatún

La laguna, de 6 km de largo, está situada al suroeste de Sayaxché, a 1 h en lancha subiendo el río Petexbatún, afluente del La Pasión. El lago, el río y la selva de los alrededores son el hábitat de muchas aves, como martín pescadores, garcetas, buitres, águilas, cormoranes y garzas reales. Desde los cauces se puede acceder a cinco yacimientos arqueológicos y a un par de alojamientos en plena selva.

Lo que se sabe sobre estas zonas arqueológicas se debe a los descubrimientos de los arqueólogos a partir de finales de la década de 1980. Dos Pilas fue fundada hacia el 640 por un príncipe que abandonó Tikal y luego derrotó a esta última en dos guerras, con la posterior captura de su gobernante Nuun Ujol Chaak (Cráneo Protector) en el 679, según inscripciones halladas en el yacimiento. El segundo y el tercer gobernante de Dos Pilas desarrollaron monumentales programas de construcción, emprendieron guerras para conquistar territorios y lograron dominar casi toda la zona entre los ríos La Pasión y Chixoy. Pero en el 761 su vasallo Tamarindito se rebeló y asesinó al cuarto mandatario, por lo que la nobleza de Dos Pilas se trasladó al yacimiento de Aguateca, que contaba con una fortificación natural y que ya funcionaba como capital gemela. Aguateca, a su vez, fue abandonada a principios del s. ix, casi el mismo período en que se cavaron los tres fosos defensivos del istmo de la península de Chiminos, en el extremo de la laguna Petexbatún. Según los arqueólogos, Punta de Chiminos fue el último refugio de la dinastía de Petexbatún fundada en Dos Pilas.

🛏 Dónde dormir y comer

Dos alojamientos, uno en la **laguna Petexbatún** (www.chiminosisland.com; h adultos/ niños menores 13 años incl. 3 comidas 1030/ 575 GTQ) y **otro** (☑5304-1745; www.posadacaribe. com; bungaló 380 GTQ) en el río que la alimenta, brindan experiencias en la jungla con claro espíritu ecológico.

Los dos *ecolodges* de la laguna Petexbatún preparan comidas; no hay más sitios para comer en las cercanías de los yacimientos arqueológicos principales.

🛈 Cómo llegar y salir

La manera más cómoda de llegar a la laguna Petexbatún es en motora. Casi todos los visitantes son trasladados hasta aquí por uno de los *lodges* de los alrededores o por turoperadores de Flores. Para llegar por cuenta propia, lo mejor son los lancheros de Sayaxché, que cobran unos 600 GTQ por un circuito de ½ h por el lago con una visita a Aguateca (p. 238).

Dos Pilas

Llegar a este fascinante sitio, a solo 16 km de Sayaxché, es una dura empresa, pero vale la pena por sus bellos grabados, sobre todo la **escalinata jeroglífica** de la base del palacio real cerca de la Plaza Principal: cuenta con cinco escalones de 6 m de ancho, cada uno decorado con dos filas de glifos muy bien conservados; no obstante, hay que averiguar si está visible en el momento de la visita porque es posible que los arqueólogos hayan decidido cubrirla. Además pueden verse varias estelas en excelente estado de conservación y con inscripciones claras.

La ciudad nació como escisión del grupo de Tikal cuando Calakmul tomó el mando. Parece ser que Dos Pilas fue gobernada por un grupo de soberanos agresivos ya que en apenas 150 años se enfrentó a Tikal, Ceibal, Yaxchilán y Motul, a menudo ignorando la tradicional "temporada bélica", que solía finalizar a tiempo para la cosecha.

La mejor manera de llegar a Dos Pilas es en un circuito desde Sayaxché u hospedándose en la Posada Caribe (p. 240) y organizándolo una vez allí. En ambos casos, uno es conducido por una carretera penosa hasta la aldea Nacimiento (1 h o más según lo embarrada que esté la vía) y después debe caminar una ½ h hasta el yacimiento. Se puede acampar.

Finca Ixobel

Este **resort** (☑5410-4307; www.fincaixobel.com; parcelas 35 GTQ, dc 50 GTQ, i/d 180/315 GTQ, sin baño 85/135 GTQ, casa en árbol desde 90/140 GTQ; 🅿@🛜) 🖉 de espíritu ecologista y bohemio se emplaza en medio de un pinar y manchones de jungla entre Flores y Río Dulce, en el sureste del Petén. De ambiente tranquilo y acogedor, ofrece una amplia variedad de actividades y alojamientos, deliciosas comidas caseras y es perfecto para conocer a otros viajeros.

Los huéspedes llevan la cuenta de lo que comen y beben y de los servicios que usan.

Si este lugar ha complacido y se está dispuesto a quedarse un mínimo de seis semanas para echar una mano, pregúntese por la posibilidad de ejercer el voluntariado.

La finca contiene una poza natural donde se puede nadar. Además, se organizan a diario salidas a caballo (de 2 h a 4 días), excursiones a cuevas y *tubing* en el río Machaquilá (durante la estación de lluvias). Una de las excursiones más populares es a las cuevas de Naj Tunich (p. 242) y sus galerías con pinturas mayas; cuesta 310 GTQ por persona (mín. 4) e incluye entrada, guía y comida. Otra excursión combina una visita a las ruinas de Ixcún y baño en las cascadas del río Mopán.

Entre las modalidades de alojamiento de la Finca Ixobel se encuentran las *palapas* (construcciones con techo de hoja de palma) para colgar hamacas, los bungalós y las "casas arbóreas", casi todas ellas son, de hecho, cabañas sobre pilotes. La extensa y herbosa zona de acampada cuenta con buenos baños y mucha sombra. También es posible alojarse en un par de dormitorios y habitaciones con baño compartido y privado, todos con ventilador y mosquiteros en camas y ventanas.

Las comidas son excelentes, incluido el bufé libre para cenar por 60 GTQ. La Finca Ixobel cuenta con su propio horno, cultiva los ingredientes de sus ensaladas y produce huevos. Si se dispone del equipo necesario, se puede cocinar en el *camping*.

EL PETÉN FINCA IXOBEL

ADENTRARSE EN EL PETÉN

La región de El Petén rebosa de enclaves arqueológicos en diferentes fases de excavación. Algunos son más accesibles que otros, pero los operadores de Flores y El Remate pueden ayudar a llegar hasta ellos. Entre los más fascinantes cabe destacar:

San Bartolo Unos 40 km al noreste de Uaxactún, cerca del río Azul. Descubierto en el 2003, cuenta con una de las pinturas murales mayas mejor conservadas, que representan el mito de la creación, tal como se describe en el *Popul Vuh*.

Piedras Negras A orillas del río Usumacinta, entre precipicios de roca negra, estas remotas ruinas poseen impresionantes grabados y una considerable acrópolis. Aquí fue donde la arqueóloga Tatiana Proskouriakoff descifró el sistema jeroglífico maya.

La Blanca Situado a orillas del río Mopán, cerca de la frontera beliceña, este complejo palacial floreció probablemente como centro del comercio a finales del período clásico. La acrópolis es notable por sus muros muy bien conservados y la abundancia de grafitos. Hoy está siendo excavado por un equipo de arqueólogos españoles. **Mayan Adventure** (☑5830-2060; www.the-mayan-adventure.com; Calle 15 de Septiembre, Flores), con oficina en Flores, organiza circuitos.

El Zotz Este extenso yacimiento ocupa su propio biotopo, contiguo al Parque Nacional de Tikal. De los tres templos apenas excavados, solo se puede ascender a la pirámide del Diablo, que regala vistas hasta Tikal. Hay que quedarse hasta la puesta de sol para comprender el porqué de su nombre ("el Murciélago" en maya). Los investigadores de la Universidad del Sur de California han extraído hasta ahora 23 máscaras de las tumbas de la pirámide mayor. Los guías autorizados por el INGUAT de la comunidad de Cruce Dos Aguadas (42 km al norte de Flores) organizan **circuitos a El Zotz** (☑4646-8019), una caminata de 24 km hacia el este a través de la jungla.

Río Azul Cercano a la triple frontera entre Belice, Guatemala y México, este yacimiento de tamaño intermedio cayó en manos de Tikal a principios del período clásico y se convirtió en un importante centro comercial del cacao del Caribe. Destacan las tumbas con glifos pintados. El Campamento El Chiclero (p. 263), en Uaxactún, organiza una excursión que ha sido recomendada.

Naranjo Ahora se están llevando a cabo ambiciosos trabajos de excavación y restauración en este inmenso yacimiento a 12 km de la frontera beliceña. Los arqueólogos han determinado que la ciudad estuvo más densamente poblada que Tikal y era quizá más grande. Gobernada por la princesa Seis Cielo, hija de un mandatario de Dos Pilas, Naranjo conquistó los reinos vecinos y produjo algunas de las creaciones artísticas más refinadas del mundo maya. Para visitar el yacimiento contáctese con el Río Mopan Lodge (p. 248).

❶ Cómo llegar y salir

La Finca Ixobel queda 5 km al sur del municipio de Poptún, centro del comercio regional donde se puede tomar un taxi (30 GTQ) o *tuk-tuk* (20 GTQ). Por lo demás, cualquier autobús o microbús que circule por la ctra. 15 puede dejar en el desvío, desde donde hay que caminar 15 km hasta el *lodge*. Para salir, casi todos los autobuses recogen en la carretera, pero no después de oscurecido.

La mejor manera de llegar a Poptún desde Flores/Santa Elena es en un microbús que sale de la terminal principal (30 GTQ, cada 10 min, 5.00-19.00); si se le dice al conductor adónde se va, podrá dejar en el *lodge*. Viniendo de Ciudad de Guatemala o Río Dulce todos los autobuses con destino a Santa Elena paran en Poptún.

Alrededores de Finca Ixobel

◎ Puntos de interés

Museo Regional del Sureste de Petén   MUSEO
(☑7926-6033; 30 GTQ; ☺8.30-16.30 ma-do) Dotado de algunos de los hallazgos más significativos de los yacimientos del sur de El Petén, este museo es el principal atractivo de Dolores, una localidad 25 km al norte de Poptún por la CA 13. La colección consta de piezas de cerámica, puntas de flecha y estelas de todas las épocas de la civilización clásica maya.

Naj Tunich   CUEVA
(☑5034-7317; ☺8.00-18.00) GRATIS El descubrimiento de estas cuevas en 1979 fue muy celebrado, pues en sus 3 km de longitud están repletas de textos jeroglíficos y pinturas mayas que representan ceremonias religiosas, educación artística, juegos de pelota e incluso escenas de sexo (los antropólogos aún deben aclarar si se trata de relaciones homosexuales). En total hay 94 imágenes, finalizadas durante el período clásico maya. A la zona llegaban escribas y artistas de lugares tan lejanos como Calakmul, en México, para contribuir con sus aportaciones pictóricas.

Las grutas se cerraron en 1984 a causa del vandalismo y se abrieron de nuevo al cabo de poco, pero una década después se clausuraron de forma permanente por motivos de conservación. En una cueva cercana, artistas locales han creado reproducciones bajo la supervisión de las autoridades arqueológicas y culturales.

La Finca Ixobel (p. 240) organiza circuitos a Naj Tunich; se viaja en todoterreno hasta la cercana comunidad de La Compuerta y se continúa a pie hasta la cueva. Lo recaudado se destina a proyectos de desarrollo de las comunidades locales.

Ixcún   YACIMIENTO ARQUEOLÓGICO
(☑7926-6052; 30 GTQ; ☺8.00-17.00) La segunda mayor estela del mundo maya puede verse entre la selva protegida que esconde los restos de un reino maya del período clásico tardío, a 1 h (7 km) a pie al norte de Dolores. Representa a un gobernante con un tocado de plumas de quetzal y se alza en un extremo del gran centro de ceremonias formado por tres plazas, un templo sin restaurar y una acrópolis.

Los arqueólogos especulan sobre la posibilidad de que el complejo de estructuras de la plaza principal se usara como observatorio astronómico. La ciudad hermana de Ixtontón, un importante centro de comercio hasta el s. XI, está a otros 6 km por el río Mopán.

Flores y Santa Elena

85 000 HAB.

La isla de Flores tiene un aire mediterráneo, con sus casas cubistas que desde una céntrica plaza descienden hasta las aguas color esmeralda del lago Petén Itzá. Una carretera elevada comunica Flores con Santa Elena, más modesta, situada a orillas del lago, que luego se funde con la hogareña comunidad de San Benito, al oeste. Las tres localidades forman un gran núcleo, a menudo llamado sencillamente Flores.

El municipio de Flores es con diferencia el lugar más atractivo para instalarse. Los hotelitos y restaurantes se suceden en las calles, muchos con azoteas que dan al lago. Los habitantes se enorgullecen de la belleza de su ciudad-isla y han construido un paseo por todo el perímetro. No obstante, Flores tiene un punto de afectación que se suma al exceso de construcciones, por lo que algunos viajeros de presupuesto limitado que se dirigen a Tikal prefieren la tranquilidad de El Remate, carretera abajo.

Santa Elena aglutina los bancos, los autobuses y un gran centro comercial.

Historia

Flores fue fundada en una isla (*petén* en maya) por los itzaes, que se asentaron tras ser expulsados de Chichén Itzá, en México, hacia mediados del s. XV. La llamaron Tah Itzá (lugar de los itzaes), pero más tarde, los españoles lo cambiarían por Tayasal. En 1525, Hernán Cortés hizo una visita al rey Canek de Tayasal de camino a Honduras; al marcharse, dejó un caballo cojo que los itzaes alimentaron a base de flores y guiso de pavo. Al morir, lo disecaron y lo convirtieron en una estatua que empezaron a venerar como reencarnación del dios de la lluvia Chac, tal como vieron dos curas españoles en una visita en 1618.

Hasta 1697, los españoles no lograron someter a los itzaes de Tayasal, el último reino maya independiente en un gran radio; los soldados destruyeron sus muchas pirámides, templos y estatuas, y hoy no queda ni rastro, aunque no cabe duda de que la moderna Flores se alza sobre las ruinas y cimientos de la Tayasal maya.

⊙ Puntos de interés

Flores es magnífica para pasear, sobre todo ahora que el paseo lacustre que circunda la isla está terminado, aunque la subida del nivel del lago ha sumergido buena parte del tramo norte. En el centro, sobre una eminencia del terreno, se extiende el Parque Central, con su catedral de doble cúpula, **Nuestra Señora de los Remedios**.

Museo Santa Bárbara   MUSEO
(☑7926-2813; www.radiopeten.com.gt; 20 GTQ; ☺8.00-12.00 y 14.00-17.00) En un islote al oeste de Flores, este pequeño museo expone objetos mayas de los yacimientos cercanos, más algunos aparatos antiguos de Radio Petén (88.5 FM), que aún emite desde un edificio cercano. Si se telefonea antes vienen a recoger (20 GTQ/persona) en el embarcadero por detrás del **Hotel Santana** (☑7926-5123; www.santanapeten.com.gt; Calle 30 de Junio, Flores; i/d/tr 385/500/600 GTQ; ✤@🖂🛏).

Tras echar un vistazo al museo, lo mejor es dar un paseo por el islote, observar los pájaros en la orilla y tomar cocos fríos en el café junto al embarcadero.

🏃 Actividades

La ONG guatemalteca **Arcas** (Asociación de Rescate y Conservación de Vida Silvestre; ☑7830-1374; www.arcasguatemala.com/volunteering) administra un centro de rescate y rehabilitación de animales en tierra firme al noreste de Flores, donde los voluntarios "adoptan" y dan de comer a guacamayos, cotorras, jaguares y coatíes que han sido rescatados de contrabandistas y del comercio ilegal de mascotas. Los 1335 GTQ semanales cubren el alojamiento y la manutención.

👉 Circuitos

Varias agencias de viajes de Flores ofrecen circuitos de un día a yacimientos arqueológicos como Tikal, Uaxactún, Yaxhá y Ceibal. Los precios, con guía y almuerzo, oscilan desde 100 GTQ por un circuito sencillo por Tikal (con el Hostel Los Amigos) hasta 1200 GTQ por una excursión a Ceibal.

Los turoperadores locales ofrecen también excursiones más fatigosas, con caminatas y acampada, a yacimientos arqueológicos apartados como Nakum, El Perú, El Zotz, El Mirador, Nakbé y Wakná/El Perú.

Maya Expeditions (p. 54), con base en Ciudad de Guatemala, ofrece expediciones de *rafting* fáciles (para familias y neófitos) de uno a tres días por el río Chiquibul, con la posibilidad de visitar yacimientos menos conocidos como los de Yaxhá, Nakum y Topoxte por un precio de entre 650 y 3490 GTQ por persona.

Agencia de la Comisión de Turismo Cooperativa Carmelita   SENDERISMO
(☑7867-5629; www.turismocooperativacarmelita.com; Calle Centro América, Flores) Es la agencia en Flores de esta cooperativa de guías de senderismo con sede en Carmelita.

CIRCUITOS A YACIMIENTOS ARQUEOLÓGICOS LOCALES

Los precios indicados son por persona, en grupos de dos/cuatro o más de cinco, por lo general con comida, agua, equipo para dormir y guía incluidos.

UBICACIÓN	DURACIÓN	PRECIO
El Zotz y Tikal	3 días	3300/2455/2110 GTQ
El Perú y Estación Biológica Las Guacamayas	3 días	3685/3070/2765 GTQ
El Mirador-Nakbé-Wakná	7 días	5830/4335/3840 GTQ
Yaxhá y Nakum	2 días	2455/2075/1920 GTQ

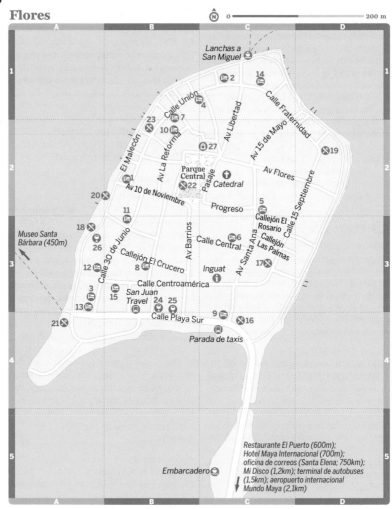

EL PETÉN

☞ Circuitos por lagos

Se pueden alquilar barcos en los embarcaderos situados frente al Hotel Petenchel y junto al Hotel Santana, en Flores, y en el punto intermedio de la carretera elevada entre Flores y Santa Elena. Los precios son negociables. Una salida de 1 h ronda los 150 GTQ. Un circuito de 3 h, que podría incluir el Petencito Zoo, la isla de Santa Bárbara y su museo, y las ruinas de Tayazal debería costar 350 GTQ, con paradas y espera incluidas.

🛏 Dónde dormir

Excepto un par de establecimientos de lujo en el paseo de Santa Elena, Flores es mucho mejor para alojarse.

Hostal Frida   ALBERGUE **$**
(📞7926-5427; fridahostel@gmail.com; Callejón El Rosario, Flores; dc 45 GTQ) Atendido por la hospitalaria Magdalena y su familia, que también regentan un salón de belleza-café alternativo más cerca del lago, este discreto albergue ocupa una típica casa antigua con jardín trasero. Los dormitorios son bastante

Flores

EL PETÉN FLORES Y SANTA ELENA

sencillos, con los baños separados por un tabique, pero están limpios. Con cocina para uso de los huéspedes.

Hostel Los Amigos ALBERGUE $
(📞7867-5075; www.amigoshostel.com; Calle Central, Flores; dc 70-90 GTQ, h con/sin baño 320/180 GTQ; @) Este albergue, el más conocido y frecuentado por los mochileros en El Petén, ha ido creciendo en sus 13 años de existencia y hoy incluye alojamientos de varias clases, desde dormitorios de seis a diez camas hasta una casa arbórea. Aquí se ofrecen toda clase de extras: baños de vapor con hierbas, mesa de billar, hamacas, copiosas raciones de comida orgánica, yoga y circuitos por la jungla a precios rebajados.

A pesar del ambiente de alegre camaradería, las luces se apagan después de las 22.00, pero la diversión continúa en un salón insonorizado del piso alto. Su flamante y más apacible anexo a la vuelta de la esquina tiene siete habitaciones de originales diseños.

Hospedaje Doña Goya ALBERGUE $
(📞7867-5513; hospedajedonagoya@yahoo.com; Calle Unión, Flores; dc 40 GTQ, i/d 120/160 GTQ, sin baño 90/120 GTQ; 📶) Excelente pensión familiar económica que pese a ser ultrabásica tiene sábanas limpias, ventiladores que funcionan, agua caliente y paredes recién pintadas. Los dormitorios también son espaciosos e impecables. Lo mejor es la terraza en la azotea, con una *palapa* y hamacas.

Hotel El Peregrino HOTEL $
(📞7867-5701; peregrino@itelgua.com; Av. La Reforma, Flores; i/d 120/160 GTQ, sin baño 70/120 GTQ; 📶) Es un hotel más antiguo, atendido por

una familia y con comida casera en el comedor (restaurante barato) de la entrada. Las habitaciones, grandes, con potentes ventiladores cenitales, bordean una galería interior llena de plantas; vistas no hay.

Posada de la Jungla HOTEL $
(📞7867-5185; lajungla@martsam.com; Calle Centro América 30, Flores; i/d 120/180 GTQ, con aire acondicionado 190/280 GTQ; 📶📶) Digno de tener en cuenta, en un esbelto edificio de tres pisos con balcones al frente. Las habitaciones son algo estrechas pero tienen camas de calidad.

Hotel Aurora HOTEL $
(📞7867-5516; aldeamaya@gmail.com; Calle Unión, Flores; dc/i/ 40/75/150 GTQ; 📶@📶) Este hotel para mochileros tiene la jungla como tema, con balaustres que semejan plantas trepadoras. Las habitaciones son sencillas, luminosas, bien aireadas y fregadas, con mosquiteros, y casi todas con vistas. La fantástica terraza de la azotea tiene un refugio al aire libre con hamacas. Con cocina para los huéspedes.

Hotel Flores de Petén HOTEL $
(📞4718-2635; Calle Sur, Flores; i/d/tr 125/170/200 GTQ; 📶) El primer hotel al que se llega desde la carretera elevada ofrece habitaciones amplias, con muebles de segunda mano y una terraza para contemplar el lago. Por el tráfico continuo desde Santa Elena lo más probable es que uno se despierte temprano.

Green World Hotel HOTEL $
(📞7867-5662; greenworldhotel@gmail.com; Calle 30 de Junio, Flores; i/d 125/175 GTQ, con aire acondicio-

nado 205/275 GTQ; ✸@🤖) Hotel sin pretensiones con patio interior y solárium con vistas al lago. Sus compactas y tenues estancias tienen caja fuerte, enormes ventiladores de techo y buenas duchas con agua caliente; la nº 8, con su balcón trasero, es la más bonita.

Hotel Santa Bárbara   HOTEL $$
(✆7926-2813; radiopeten.com.gt; i/d/tr 200/400/500 GTQ; ✸🤖) Integrado en un trío que consta además de un museo (p. 243) y un café, es un refugio perfecto de todo el barullo de Flores, situado en un islote solo 5 min al oeste en lancha (incluida en el precio). Tres cómodas cabañas con camas grandes y baldosas miran al lago más allá de un jardín con cocoteros y una ceiba. Muy recomendable.

La Posada de Don José   HOTEL $$
(✆7867-5298; Calle del Malecón esq. Calle Fraternidad, Flores; dc 60 GTQ, i/d 175/250 GTQ, sin baño 125/175 GTQ; ✸🤖) Cerca de la punta norte de la isla, es un establecimiento a la antigua, con mecedoras en un patio cuajado de plantas y una familia acogedora que se aprende los nombres de sus huéspedes. La subida del nivel del lago ha sumergido aquí el malecón, por lo que la terraza trasera es mucho más tranquila que calle abajo.

Además de las pulcras habitaciones, detrás hay un espacioso dormitorio con ventiladores.

Hospedaje Yaxha   ALBERGUE $$
(✆5830-2060; www.cafeyaxha.com; Calle 15 de Septiembre, Flores; dc/i/d 60/150/200 GTQ) Muy visitado por arqueólogos, historiadores y aficionados a la cocina prehispánica, el Café Arqueológico Yaxha (p. 247) ofrece ahora un lugar limpio y sencillo donde descansar; se puede elegir entre un dormitorio con cuatro camas, habitaciones privadas con baño y un apartamento, todos con colchones de calidad y ventiladores cenitales.

Mayaland Plaza Hotel   HOTEL $$
(✆7926-4976; mayalandplaza@yahoo.com; 6ª Av. y 4ª Calle, Santa Elena; i/d/tr 225/285/375 GTQ; P✸@✉) Las cómodas y espaciosas habitaciones de estilo colonial rodean un patio tranquilo. Todos los servicios quedan a mano, entre ellos un restaurante recomendado y una agencia de viajes.

Hotel La Casona de la Isla   HOTEL $$
(✆7867-5203; www.hotelesdepeten.com; Calle 30 de Junio, Flores; i/d/tr 390/450/550 GTQ; ✸@✉) De sabor caribeño, muy popular entre turistas de viajes organizados, sus menudas habitaciones se alinean en una veranda que da a una pis-

cina con jardín y a un mirador donde cenar al atardecer. Las más bonitas (31, 303 y 304) tienen vistas al lago.

Hotel Petén   HOTEL $$
(✆7867-5203; www.hotelesdepeten.com; Calle 30 de Junio, Flores; i/d/tr incl. desayuno 380/480/600 GTQ; ✸@🤖) Habitaciones alegremente decoradas. Se recomienda pedir una con balcón al lago, que además cuestan lo mismo que las interiores. Hay una buena piscina entre el patio y el porche trasero, y su popular bar-restaurante tiene una terraza junto al lago.

Casa Amelia   HOTEL-BOUTIQUE $$
(✆7867-5430; www.hotelcasamelia.com; Calle Unión, Flores; i/d 350/450 GTQ; ✸@🤖) Destacado en la orilla occidental de Flores, ofrece habitaciones luminosas y modernas con soberbias vistas al lago; las mejores (301 y 302) dan a una espléndida terraza balaustrada en la azotea.

Casazul   HOTEL-BOUTIQUE $$
(✆7867-5451; www.hotelesdepeten.com; Calle Unión, Flores; d/tr 440/496 GTQ; ✸🤖) Fiel a su nombre, todo es azul, desde los balcones hasta las nueve espaciosas y confortables habitaciones decoradas individualmente. Un par de ellas se prolongan en balcones, y todo el mundo puede disfrutar de la bonita terraza de la planta alta.

Hotel Isla de Flores   HOTEL $$$
(✆2476-8775; www.hotelisladeflores.com; Av. La Reforma, Flores; i/d 544/616 GTQ; ✸🤖✉) Este hotel más o menos nuevo exhibe un mesurado estilo tropical muy atractivo. Las vigas de maderas duras enmarcan paredes de color hueso con motivos florales que se repiten en los suelos de piedra, y las camas son grandes y firmes. Aunque no se encuentra en la orilla del lago, la terraza de la azotea, entarimada y con una pequeña piscina, depara vistas fantásticas de toda la isla.

Abajo, en el café, igual de elegante, se puede disfrutar de mojitos y cocina de fusión.

Hotel del Patio   HOTEL $$$
(✆7926-0104; http://hoteldelpatio.com.gt; 8ª Av. esq. 2ª Calle, Santa Elena; h 780 GTQ; P✸@🤖✉) Una umbrosa galería con suelos de terracota rodea un impresionante patio interior con una fuente. Las habitaciones son cómodas y su decoración de buen gusto.

Hotel Maya Internacional   HOTEL $$$
(✆7926-2083; www.villasdeguatemala.com; Calle Litoral del Lago, Santa Elena; i/d/tr incl. desayuno

465/550/670 GTQ; P✳@🛜🏊) Este chic complejo tropical, que se extiende sobre una marisma ajardinada junto al lago, es uno de los mejores motivos para alojarse en Santa Elena. El gran comedor con techo de paja es el centro de todas las actividades; el muelle de madera contiguo, con su pequeña piscina, es ideal para tomarse un daiquiri al atardecer. Una pasarela serpentea por jardines tropicales hasta llegar a las 26 habitaciones de techo de paja y madera de teca.

De la nº 49 a la nº 54 gozan de las mejores vistas del lago.

🍴 Dónde comer

Flores no anda escaso de restaurantes para turistas de viajes organizados, con una aburrida oferta de cocina "internacional". Pero hay unas cuantas joyas locales que se desmarcan del resto.

Las Mesitas   GUATEMALTECA $
(El Malecón, Flores; tentempiés 5-10 GTQ; ⏱15.00-22.00) Todas las noches, pero especialmente los domingos, se organiza una fiesta callejera en el paseo que bordea el lago, y las familias preparan enchiladas (en realidad tostadas con guacamole, ensalada de pollo, etc.) tacos y tamales y sirven bebidas de frutas; también hay pasteles y pudines.

Cool Beans   CAFÉ $
(☎5571-9240; Calle 15 de Septiembre, Flores; desayuno 25-35 GTQ; ⏱7.00-22.00 lu-sa; 🛜) También llamado Café Chilero, este relajado establecimiento es más la sede de un club con tentempiés que un restaurante, con salones para charlar, ver vídeos o navegar por internet. El frondoso jardín, desde el que se vislumbra el lago, es un lugar tranquilo para desayunar o comer una hamburguesa vegetariana. La cocina cierra a las 21.01 en punto.

Restaurante El Mirador   GUATEMALTECA $
(☎7867-5246; Parque Central, Flores; menú 25 GTQ; ⏱7.00-22.00 lu-sa) Este restaurante tradicional no está dirigido a los extranjeros, lo que se agradece, y prepara suculentas comidas caseras, como caldo de res, servido con todos sus aditamentos, y *fresco* (jugo natural de frutas con agua y azúcar). Está al lado de la cancha de baloncesto, en el Parque Central.

Café/Bar Doña Goya   CAFÉ $
(El Malecón, Flores; desayuno 35-50 GTQ; ⏱6.30-22.00; 🛜) Buena opción para desayunar temprano o tomar un aperitivo al atardecer en su terraza con vistas al lago. Según se acerca el fin de semana se mimetiza con el espíritu festivo de este tramo del paseo y, a veces, deleita con música en directo.

Restaurante Mijaro   RESTAURANTE $
(☎7926-1615; www.restaurantemijaro.com; 6ª Av., Santa Elena; comidas 25-40 GTQ; ⏱7.00-22.00) Muy buena la cocina de este comedor muy visitado por los florenses y situado unas pocas cuadras al sur de la pasarela elevada, con un amplio jardín techado. Además se preparan buenas limonadas.

★Terrazzo   ITALIANA $$
(Calle Unión, Flores; pasta 70-80 GTQ; ⏱8.00-22.00 lu-sa) Restaurante italiano *gourmet* con un chef de Bolonia y una romántica terraza cubierta en la azotea. Los *fettuccine, tortellini* y ñoquis se fabrican en la casa, las *pizzas* se asan, no se hornean, y la limonada de menta fresca es increíble. El servicio es el más atento de Flores.

Antojitos Mexicanos   ASADOR $$
(Calle Playa Sur, Flores; carne asada 50-60 GTQ; ⏱19.00-22.00) Todas las noches, al pie de la pasarela, se enciende la parrilla y se asa carne de res, pollo y chuletas de cerdo de una calidad excepcional. Su especialidad es el *puyazo* (solomillo) bañado en salsa de ajo. Es posible sentarse fuera, ver las luces que parpadean en el lago, o, si está lloviendo, refugiarse bajo un techo de hojalata. Los camareros se comportan con la ceremonia propia de un restaurante de postín. También se le conoce como "Don Fredy".

Raíces   ASADOR $$
(☎7867-5743; Calle Sur, Flores; platos ppales. 90-175 GTQ; ⏱12.00-22.00) Una ancha terraza y una parrilla llameante son los rasgos definitorios de este elegante bar-restaurante a orillas del lago, quizá el más distinguido de Flores para cenar. Las carnes y pescados a la parrilla son la especialidad, pero también sirven *pizzas* hechas en horno de leña.

Restaurante El Peregrino   GUATEMALTECA $$
(☎7867-5115; Av. La Reforma, Flores; platos ppales. 40-60 GTQ; ⏱7.00-22.00) Este humilde comedor en el hotel del mismo nombre sirve raciones colmadas de platos caseros como estofado de panceta de cerdo y lengua empanada. Pregúntese al almuerzo por el plato del día (25 GTQ).

Café Arqueológico Yaxha   CAFÉ $$
(☎4934-6353; www.cafeyaxha.com; Calle 15 de Septiembre, Flores; platos ppales. 45-70 GTQ; ⏱6.30-

22.00) Además de los clásicos desayunos de huevos con frijoles, destacan los platos prehispánicos e itzaes, como las tortitas con semillas de ramón, yuca revuelta con hierba mora o el pollo con salsa de chaya.

Restaurante El Puerto PESCADO $$
(1ª Calle 2-15, Santa Elena; platos ppales. 90-100 GTQ; ☺11.00-23.00) El marisco es el protagonista de este salón al aire libre, frente al agua y con un buen bar en la parte delantera. Es ideal para disfrutar una cazuela de marisco, ceviche o el famoso pescado blanco del lago.

🍷 Dónde beber y vida nocturna

La hilera de bares de la calle Sur, en la pequeña Zona Viva de Flores, siempre ha acaparado la marcha local, pero hay mucha acción en la curva del paseo del lago, al norte del Hotel Santana.

Qué Pachanga CLUB
(El Malecón, Flores) Por el lado oeste de la isla, se pone a reventar casi todas las noches, cuando los jóvenes guatemaltecos, vestidos con sus vaqueros más ajustados, giran al compás de una descarga continua de trepidante *reggaeton* y cumbia.

El Trópico BAR
(Calle Sur, Flores; ☺16.30-1.00 lu-sa) El decano de los bares de la orilla sur suministra tacos y cerveza a una clientela principalmente guatemalteca y de más edad. Su terraza a la luz de las velas es ideal para arrancar la noche ante el reflejo nocturno de Santa Elena sobre las aguas; después se sirven muchos *gallos* (sándwiches de tortilla), el pulso se acelera y los DJ agitan al gentío.

Jamming BAR
(Calle Sur, Flores) Uno de los varios locales nocturnos de la orilla sur, con el *reggae* como

tema central, aunque es más la cerveza que se bebe que la *ganja* que se fuma. Los clientes son casi todos guatemaltecos jóvenes de clase media.

🛍 De compras

Castillo de Arizmendi ARTESANÍA
(Parque Central, Flores; ☺9.00-18.00) Monumento a Martín de Ursúa Arizmendi y Aguirre, que les arrebató la isla a los mayas en 1697, este castillo que se alza por el flanco norte de la plaza alberga una serie de tiendas de artesanía, sobre todo de maderas nobles tropicales talladas por artistas de El Remate que trabajan la caoba, el cedro y el chicozapote.

ℹ️ Información

CORREOS

Oficina de correos (4ª Calle y 4ª Av.; ☺8.00-17.00 lu-sa) En el Centro Comercial Karossi, en Santa Elena.

DINERO

Banrural (Av. Flores, Flores), semiesquina al Parque Central, cambia dólares estadounidenses y euros en efectivo y en cheques de viaje. Muchas agencias de viajes y alojamientos cambian dólares y, a veces, cheques de viaje, aunque con tipos menos favorables.

El único **cajero automático** (Calle 30 de Junio, Flores) de Flores está en el supermercado de barrio Fotomart, frente a Capitán Tortuga. Hay otros muchos bancos con cajero en la 4ª calle de Santa Elena.

INFORMACIÓN TURÍSTICA

INGUAT (☎2421-2800, ext. 6303; info-ciudad-flores@inguat.gob.gt; Calle Centro América, Flores; ☺8.00-16.00 lu-sa) La oficina del INGUAT facilita información. Hay una **sucursal** (☎7926-0533; info-mundomaya@inguat.gob.mx; aeropuerto internacional Mundo Maya; ☺7.00-12.00 y 15.00-17.00) en el aeropuerto.

LLEGAR A LA FRONTERA DE BELICE

Hay 100 km de Flores a Melchor de Mencos, la localidad guatemalteca fronteriza con Belice. Desde el cruce con Tikal en Puente Ixlú, a 27 km de Flores, una carretera bien asfaltada continúa hasta la frontera con un corto tramo de baches.

La mayoría de los viajeros pasa por Melchor, aunque existe una población al otro lado del río Mopán, con hoteles, bancos y comercios. Hay pocos motivos para quedarse, pero si ya no se quiere viajar ese día, Melchor cuenta con un buen sitio para alojarse, el **Río Mopan Lodge** (☎7926-5196; avinsa@yahoo.com; h con/sin aire acondicionado 244/122 GTQ; [P][❄][🛜]). Apartado de la calle en un manchón de jungla, es tan tranquilo que parece increíble que la caseta de inmigración quede a solo 50 m. Las habitaciones son grandes, con decoración maya y bonitos balcones al río. Está entre el puente y el puesto de inmigración guatemalteco.

AUTOBUSES DESDE SANTA ELENA

DESTINO	PRECIO	DURACIÓN	FRECUENCIA	CONEXIONES
Ciudad de Belice	160 GTQ	5 h	Línea Dorada (☎7924-8535) sale a las 7.00, con regreso desde Ciudad de Belice a las 13.00.	Este autobús conecta con las lanchas a Cayo Caulker y Cayo Ambergris.
Bethel/ La Técnica (frontera mexicana)	45 GTQ	4-4½ h	AMCRU pone en servicio 12 microbuses a Bethel entre 4.15 y 16.30, ocho de los cuales continúan hasta La Técnica.	
Carmelita	40 GTQ	4½ h	Dos autobuses de Pinitas salen a las 5.00 y 13.00 desde el mercado.	
El Ceibo/ La Palma (frontera mexicana)	40 GTQ	4 h	Los microbuses a El Naranjo salen cada 20 min de 4.20 a 18.30, con parada en el cruce de El Ceibo, desde donde hay transporte de enlace hasta la frontera (10 GTQ, 15 min). Cinco llegan a El Ceibo (45 GTQ).	En La Palma, por el lado mexicano, hay transporte hasta Tenosique, en Tabasco (1 h), para seguir hasta Palenque o Villahermosa.
El Remate	20 GTQ	45 min	Los microbuses de ATIM salen cada ½ h de 6.30 a 19.00.	Los autobuses y microbuses a/desde Melchor de Mencos dejan en el cruce de Puente Ixlú, 2 km al sur de El Remate.
Ciudad de Guatemala	130-225 GTQ	8-9 h	Línea Dorada (☎7924-8535) da servicio con cuatro autobuses de 1ª clase entre 6.30 y 22.00 (225 GTQ). Autobuses del Norte (☎7924-8131) tiene autobuses a las 21.00 y 22.00 (180 GTQ). Fuente del Norte ofrece al menos 11 autobuses entre 4.00 y 22.30 (130 GTQ), cinco de ellos *deluxe* (180 GTQ).	
Melchor de Mencos (frontera con Belice)	50 GTQ	2 h	Los microbuses salen cada ½ h de 5.00 a 18.00. Los *pullman* de Línea Dorada a Ciudad de Belice a las 7.00 (40 GTQ).	
Poptún	30 GTQ	2 h	Microbuses, pasando por Dolores, cada 10 min de 5.00 a 19.00.	
San Andrés/ San José	8 GTQ	35-40 min	Los microbuses salen más o menos cada 15 min, de 5.00 a 18.40, desde el lado izquierdo de la entrada a la terminal.	
Sayaxché	23 GTQ	1½ h	Los microbuses salen cada 15 min de 5.35 a 17.00.	
Tikal	30 GTQ	1¼ h	Seis microbuses de ATIM entre 6.30 y 15.00, el último con regreso a las 17.00. También se podría tomar el autobús a Uaxactún (40 GTQ) a las 14.00, que va un poco más despacio.	

URGENCIAS

Hospital Privado Santa Elena (☑7926-1140; 3ª Av. 4-29, Zona 2, Santa Elena)
Comisaría de policía (☑7926-1365; Calle Límite 12-28, San Benito)
Policía turística (Proatur; ☑5414-3594; proatur.peten1@gmail.com; Calle Centro América)

ℹ Cómo llegar y salir

AVIÓN

El aeropuerto internacional Mundo Maya está en las afueras de Santa Elena, al este, a 2 km de la carretera elevada que conecta Santa Elena con Flores. **Avianca** (www.avianca.com) conecta dos veces al día con Ciudad de Guatemala. La aerolínea beliceña **Tropic Air** (☑7926-0348; www.tropicair.com) vuela una vez al día a/desde Ciudad de Belice; el viaje dura 1 h y cuesta unos 1500 GTQ por trayecto.

AUTOBÚS

Los autobuses de largo recorrido utilizan el terminal nuevo de autobuses de Santa Elena, 1,5 km al sur de la pasarela elevada por la 6ª Av.; también lo utilizan muchos expresos (microbuses) con servicios frecuentes a numerosos destinos. Los autobuses de 2ª clase y algunos micros también paran en la 5ª calle, en la **zona del mercado** (terminal vieja), antes de salir de la ciudad. Se puede reducir la duración del trayecto en 15 min yendo directamente al mercado, aunque se corre el riesgo de que el autobús esté lleno.

Como siempre, los horarios se hallan muy sujetos a cambios y deben confirmarse antes de salir.

Además de los que aparecen en la tabla, con algunos transbordos se puede llegar a los destinos siguientes:

Cobán Se toma un autobús o microbús a Sayaxché, donde se conecta con los microbuses que salen hacia Cobán.

Puerto Barrios (115 GTQ, 6 h) Hay que tomar un autobús Fuente del Norte hacia Ciudad de Guatemala y hacer transbordo en el cruce de La Ruidosa, al sur de Río Dulce.

Río Dulce (100 GTQ, 4 h) Se toma un autobús a Ciudad de Guatemala de las compañías Fuente del Norte o Línea Dorada.

AUTOMÓVIL

Hay varias compañías de alquiler con mostrador en el aeropuerto.

Hertz (☑3724-4424; www.guatemalarentcar.com)
Tabarini (☑7926-0253; www.tabarini.com)

MICROBÚS LANZADERA

Maayach Expeditions ofrece un servicio de enlace a las 8.00 (150 GTQ), con recogida de los pasajeros en sus hoteles; los billetes se compran en **San Juan Travel** (☑4068-7616; Calle Playa Sur, Flores). San Juan Travel ofrece cinco microbuses de enlace con Tikal (ida/ ida y vuelta 50/80 GTQ) que salen entre 4.30 y 13.00; muchos hoteles y agencias de viajes reservan plaza y recogen en el alojamiento. Los microbuses de regreso salen de Tikal a las 12.30, 15.00 y 17.00. Si se sabe la hora de vuelta, puede pedirse al conductor que reserve un sitio o bien pactarlo para otro microbús. Si se pasa la noche en Tikal y se quiere volver a Flores en microbús, lo mejor es reservar un pasaje con un conductor de la mañana.

ℹ Cómo desplazarse

Un taxi desde el aeropuerto a Santa Elena o Flores cuesta 30 GTQ. Los *tuk-tuk* llevan a cualquier lugar de Flores y Santa Elena, o entre ambos núcleos de población, por 5-10 GTQ; este servicio se interrumpe a las 19.00.

Alrededores de Flores

Petencito Zoo   ZOOLÓGICO
(40 GTQ; ☺8.00-17.00) Dos docenas de animales autóctonos, entre ellos pumas, ocelotes, monos araña y guacamayos, moran dentro de una laguna y en sus contornos en este zoo al este de Flores, en la orilla opuesta del lago. Surcada por senderos interpretativos, la reserva se comunica por un puente flotante con un islote poblado de tortugas y cocodrilos. Está permitido acampar (25 GTQ con tienda). Los lancheros de Flores cobran 200 GTQ, que incluyen 1 h de espera mientras se visita el zoológico.

Cuevas de Ak'tun Kan   CUEVA
(25 GTQ; ☺7.00-18.00) Se puede practicar la espeleología en estas impresionantes cavernas calizas de Ak'tun Kan, cuyo nombre en quekchí se traduce como "cueva de la Serpiente". El guarda explicará las insólitas formaciones de estalactitas y estalagmitas, como las Cascadas Heladas, la Cola de Ballena y las Puertas del Paraíso, estas últimas en una formidable sala donde revolotean murciélagos. La exploración requiere 30-45 min y se alquilan linternas. Están 2 km al sur de Flores y se llega en *tuk-tuk* (10 GTQ).

Parque Natural Ixpanpajul   RESERVA NATURAL
(☑2336-0576; www.ixpanpajul.com; tirolina adultos/ niños 170/100 GTQ; ☺7.00-18.00) Aquí pueden

El Cruce de Dos Aguadas (15km); Carmelita (50km)

14

San José

San Andrés

Ni'tun Ecolodge

Islote Lepete

Playa El Chechenal

Tayazal San Miguel

San Benito Flores Arcas

Santa Elena

Laguna Petenchel

Grutas Actun-Kan

Parque Natural Ixpanpajul

Lago de Petén Itzá

Jobompiche

Biotopo Cerro Cahuí

El Remate

Laguna Salpetén

Gringo Perdido Ecological Inn

Ixlú

Puente Ixlú

13

Tikal (27km)

Hotel Villa Maya

5

Sayaxché (52km)

13

Poptún (100km); Río Dulce (200km); Ciudad de Guatemala (480km)

Yaxhá (40km); Melchor de Mencos (63km); frontera con Belice (63km)

alquilarse caballos, bicicletas de montaña o tractores, o montar en tirolina sobre la cubierta arbórea de la jungla. La atracción principal es la ruta de los puentes colgantes, un circuito de 3 km de senderos de piedra y seis puentes tibetanos comunicados que cruzan la selva desde lo alto. Si se quiere hacer noche, se puede acampar o dormir en una cabaña. Está 8 km al este de Flores.

El parque ofrece transporte de enlace desde Flores a las 8.00 y 14.00 a diario; si se llama para reservar vendrán a recoger al hotel.

Hotel Villa Maya CENTRO VACACIONAL **$$$**
(☑7931-8350; www.villasdeguatemala.com; i/d 800/940 GTQ; 🅿@🛜❄) En la laguna Petenchel, un pequeño lago al este de Santa Elena, este hotel se cuenta entre los mejores de la zona. Escondidos dentro de su propia reserva natural, los tranquilos alojamientos consisten en diez bungalós de dos o tres niveles y otras tantas cabañas. Está 4 km al norte del cruce de la carretera a Ciudad de Guatemala con la de Tikal.

San Miguel y Tayazal

En el extremo occidental de la península de San Miguel, donde atracan varios ferris procedentes de Flores, están los restos de **Tayazal** (5 GTQ; ☺8.00-17.00), una de las últimas capitales mayas. Fue fundada por los itzaes cuando su ciudad de Chichén Itzá, en Yucatán, fue destruida, y la defendieron frente a los españoles hasta 1697. Los expertos coinciden en que Tayazal tenía en origen su centro en la isla de Flores, pero los restos del reino

itzá están repartidos por toda la península. Los túmulos de la era clásica están invadidos por la vegetación y algunas estelas deterioradas se han recuperado. Pero lo más interesante es deambular por la boscosa península, disfrutando de las panorámicas del lago.

Para llegar a las ruinas hay que caminar 250 m a la izquierda por la orilla donde se ha atracado, luego girar por la calle asfaltada a la derecha. Pasados 300 m, se gira a la izquierda en el indicador a la playa, dejando un campo de fútbol a mano derecha. Al cabo de otros 600 m, un sendero a la derecha conduce a la **playa El Chechenal,** que es apta para el baño y cuenta con un extenso embarcadero sobre sus aguas color turquesa y unas cuantas mesas de pícnic (entrada 5 GTQ). Tras caminar otros 300 m al oeste, se llega a la entrada principal del yacimiento. Desde ahí se asciende por la empinada ladera –de hecho, una de las pirámides de la antigua Tayazal– para alcanzar el **mirador del Rey Canek,** un punto de observación con unas vistas de 360º del lago Petén Itzá. El yacimiento se puede recorrer en círculos desde la base de la torre, bordeando el lago de vuelta al pueblo. Después de 800 m, se gira a la izquierda y se asciende una colina (pasados los cimientos de un edificio) y se sigue una pista de tierra a la izquierda hasta la Gran Plaza, donde se alzan varias estelas erosionadas del período clásico tardío.

El pueblo de San Miguel es un lugar tranquilo que se mueve con lentitud. Situado a un corto trayecto en lancha de la bulliciosa y cosmopolita Flores, su ambiente es mucho más idílico, sobre todo en el paseo que bordea el lago. A pocos pasos del embarcadero

LA NOCHE DE LAS CALAVERAS

San José es un lugar especial la noche del 31 de octubre, cuando las calaveras humanas que suelen guardarse en perfecto estado en la iglesia se sacan en procesión por la localidad sobre un cojín de terciopelo; tras ellas van los devotos vestidos con trajes típicos y llevando velas. Durante toda la noche, visitan determinadas casas, donde se pide la bendición, se realizan ofrendas y se organizan banquetes.

se alza un caballo de piedra que se descubrió en el 2014 y honra la "sabiduría y bravura del indómito pueblo itzá".

🛏 Dónde dormir y comer

Como se llega fácilmente desde Flores, alojarse en San Miguel es una opción excelente, y el único establecimiento hotelero de la orilla es una joya.

Posada San Miguel HOTEL $

(☑7867-5312; laposadasanmiguel.com; i/d 70/100 GTQ) Este pequeño y amable hotel a orillas del lago se encuentra en la idílica península San Miguel, a solo 5 min de Flores en lancha (5 GTQ, servicio toda la noche). Una sección de habitaciones novísimas con camas ortopédicas bordea una fabulosa terraza con sillones de madera pintada a mano. Desde el embarcadero hay que tomar a la izquierda y doblar la curva. Un café prepara pescado blanco del lago y otras especialidades.

ℹ Cómo llegar y salir

Las lanchas (5 GTQ/persona) tardan 5 min en cruzar hasta el pueblo de San Miguel desde el lado norte de Flores una vez que se llenan.

San José y San Andrés

9340 HAB.

San Andrés y San José, dos pueblos de tamaño parecido pero personalidad distinta en el extremo noroccidental de lago de Petén Itzá, quedan a pocos kilómetros el uno del otro.

En San Andrés, un revoltijo de casas desiguales cubre una empinada ladera entretejida con frondosos senderos, impregnados de la presencia tranquilizadora de la laguna.

San José está habitado por mayas itzaes descendientes de los pobladores precolombinos. El pueblo, muy ordenado, se precipita abruptamente desde la pequeña iglesia azul hasta el

borde del lago, donde se emplazan un parque acuático y un par de chozas de marisco.

🛏 Dónde dormir y comer

Casi todos los que visitan esta zona se quedan en uno de los dos establecimientos hoteleros a orillas del lago, aunque también es posible encontrar alojamiento en cualquiera de los dos pueblos a través de sus respectivas escuelas de idiomas.

Además de un asadero a orillas del lago junto al parque con toboganes, en el extremo oeste de San José, los dos hoteles de tipo resort preparan comidas para sus huéspedes.

Hotel Bahía Taitzá HOTEL $$

(☑7928-8125; www.taitza.com; d/tr 300/400 GTQ) Al oeste del pueblo, es ideal para desconectar de verdad. Ocho habitaciones de acertado diseño con muebles de maderas duras y preciosos porches se reparten en dos edificios que miran al lago a través de un césped salpicado de ficus y almendros. Las habitaciones nuevas son menos exóticas pero más espaciosas.

Bajo una *palapa* junto a la playa se sirven *pizzas,* curris vegetarianos y platos similares.

Ni'tun Ecolodge CENTRO VACACIONAL $$$

(☑5201-0759; www.nitun.com; i/d desayuno incl. desde 1100/1770 GTQ; 🅿🅰@) Al oeste de San Andrés, bajando por una carretera de grava, aguardan las 14 ha de bosques secundarios protegidos del Ni'tun, donde anidan seis especies de colibríes durante todo el año. Las cuatro espaciosas cabañas, construidas con materiales indígenas, poseen muebles hechos a mano y ventanas envolventes con mosquiteros. Se preparan exquisitas comidas en su club al aire libre, con un salón arriba.

Bernie y Lorena, ecologistas guatemaltecos, construyeron el *ecolodge* que ahora regentan y coordinan excursiones de espíritu aventurero a través de la agencia a la que están asociados, **Monkey Eco Tours** (☑5201-0759; www.nitun.com; San Andrés).

ℹ Cómo llegar y salir

Los microbuses salen más o menos cada 15 min de 5.00 a 18.40 desde el lado oeste de la terminal principal de Santa Elena; paran en San Andrés (8 GTQ, 35 min) y continúan otros 5 min bordeando la ribera hasta San José.

El Remate

Este idílico paraje, en el extremo oriental del lago de Petén Itzá, es una buena base alternativa para los viajeros a Tikal, pues es más relajado que Flores y está más cerca de las ruinas. Con solo dos calles, El Remate tiene un aire destartalado muy particular.

Empieza 1 km al norte de Puente Ixlú, donde el desvío a la frontera de Belice se desgaja de la carretera de Tikal. El pueblo discurre en paralelo a la carretera durante 1 km, hasta llegar a otro desvío donde arranca una carretera que avanza hacia el oeste por la orilla norte del lago.

El Remate es famoso por las tallas de madera. Hay estupendas piezas en los puestos de la carretera.

Se pueden cambiar dólares estadounidenses y euros o consultar el correo en **Horizontes Mayas** (☑5825-8296; Ruta a Tikal), pegado al Hotel Las Gardenias.

🏃 Actividades

La mayoría de los alojamientos de El Remate pueden reservar excursiones en barco de 2 h para **observar aves** o, de noche, **cocodrilos** (cada una 100 GTQ/persona). Se puede acudir al Hotel Mon Ami (p. 255), que ofrece además circuitos por el lago a la puesta del sol con desvíos a los ríos Ixlu e Ixpop (150 GTQ/persona).

Asunción, junto al segundo badén desde el desvío de la orilla norte, alquila kayaks (35 GTQ/h) y bicicletas (por h/día 10/70 GTQ) y organiza salidas a caballo a la laguna Sacpetén y a un pequeño yacimiento (150 GTQ/persona, 2½ h).

Biotopo Cerro Cahuí   RESERVA NATURAL
(40 GTQ; ☻7.00-16.00) En una franja de 7,3 km² de selva subtropical que se eleva sobre el lago en un terreno calcáreo, esta reserva natural ofrece caminatas de exigencia intermedia y excelente observación de fauna, con senderos que culminan en varios miradores fabulosos. Al lado hay un parque, junto al lago, con plataformas para zambullirse al final del circuito.

Más de 20 especies de mamíferos pululan por la reserva, incluidos el mono aullador, el mono araña, el ciervo de cola blanca y el huidizo tapir mesoamericano. La vida aviar es rica y variada, con oportunidades para observar tucanes, pájaros carpinteros y el famoso guajolote ocelado, similar a un pavo real. Entre las especies arbóreas se cuentan el caobo, el cedro, el ramón y la palmera cohune, así como muchos tipos de bromelias, helechos y orquídeas.

Una red de senderos circulares asciende la colina hasta tres miradores con vistas panorámicas del lago y la laguna Sacpetén, al este. La senda Los Escobos (4 km, 2¼ h aprox.), que atraviesa un bosque de segundo crecimiento, es perfecta para ver monos.

La tarifa de entrada da derecho a acampar o a colgar la hamaca bajo los refugios de paja, pasada la entrada. Hay lavabos y duchas. La reserva está 1,75 km al oeste por la carretera de la orilla norte desde El Remate.

Project Ix-Canaan   VOLUNTARIADO
(www.ixcanaan.com) Proyecto en aras de la mejora de la salud, la educación y las oportunidades de los habitantes de la selva tropical. El grupo, operativo en la zona desde 1996, dirige una clínica para la comunidad, un centro para mujeres, una biblioteca y un centro de investigación. Los voluntarios trabajan en la clínica, construyen y mantienen infraestructuras y ayudan en otras tareas.

👉 Circuitos

La Casa de Don David (p. 254) ofrece circuitos a Yaxhá (460 GTQ/persona, mín. 2 personas), y Tikal (479 GTQ). Los precios incluyen el guía y el almuerzo, pero no la entrada al yacimiento. Horizontes Mayas tiene circuitos un poco más baratos y organiza excursiones colectivas a Yaxhá a las 7.00 y 13.30 (100 GTQ/persona, mín. 3 personas).

🛏 Dónde dormir

La mayoría de los hoteles están acondicionados para nadar en el lago y contemplar el atardecer.

🛏 Por la carretera principal

Hotel Las Gardenias   HOTEL $
(☑5936-6984; www.hotelasgardenias.com; ruta a Tikal; i/d desde 90/150 GTQ, con aire acondicionado 150/200 GTQ; ❄@☎) En el cruce de la carretera de la orilla norte, este cordial hotel-restaurante-operador de traslados tiene dos zonas; las habitaciones forradas de madera de la parte delantera son grandes, aunque las traseras quedan alejadas de la carretera. Todas disponen de cómodas camas, hermosas duchas alicatadas y porches con hamacas.

Posada Ixchel   HOTEL $
(☑3044-5379; hotelixchel@yahoo.com; i/d 90/120 GTQ) De propiedad familiar, cerca del cruce principal del pueblo, es un alojamiento de primera: el olor a madera impregna sus habitaciones impecables, con ventiladores y

mosquiteros artesanales. El patio empedrado tiene pequeños rincones acogedores.

Hotel Sun Breeze
HOTEL $

(☎5898-2665; sunbreezehotel@gmail.com; Calle Principal; i/d 80/120 GTQ; ℗) El alojamiento más próximo al cruce es este hotel acogedor de excelente relación calidad-precio, con habitaciones pulcras y bien ventiladas con mosquiteros en ventanas y porches; las mejores son las de atrás, junto a un agradable patio. Está a un corto trecho de la playa pública.

Hostal Hermano Pedro
ALBERGUE $$

(☎5164-6485; www.hhpedro.com; Calle Camino Bíblico 8055; dc/i/d incl. desayuno 96/152/208 GTQ; 🛈) A 150 m desde el cruce de la orilla norte, esta estructura de madera de dos plantas posee un ambiente distendido con muchas hamacas en el patio y en las galerías. La decoración de sus espaciosas habitaciones incorpora ingeniosamente elementos reciclados y cuentan con grandes ventiladores. La cocina está a disposición de los huéspedes.

Hotel Palomino Ranch
HOTEL $$

(☎3075-4189; hotelpalominorancho@gmail.com; km 30 Carretera a Tikal; i/d 300/448 GTQ; ℗❄🛈🖂) Como un pedazo del Viejo Oeste insertado en El Remate, este hotel dispone de habitaciones con aire acondicionado y el mundo de los vaqueros como tema decorativo. Hay una piscina y un establo; a los huéspedes se les permite montar gratis por la propiedad de 7.00 a 16.00, y además pueden contratarse paseos por los senderos. En el *saloon* se sirven comidas y bebidas todo el día.

Por la carretera de la orilla norte

Casa de Doña Tonita
ALBERGUE $

(☎5767-4065; dc/i/d 30/40/80 GTQ) Acogedor y familiar, ofrece cuatro habitaciones sencillas y pasablemente ventiladas, cada una con dos camas individuales y mosquiteros en las ventanas, en un rancho (cabaña rural) de dos plantas, más un dormitorio sobre un restaurante que sirve comidas sabrosas a precio razonable. Solo hay una ducha. Al otro lado de la calle, al final de un muelle, hay una choza para contemplar la puesta del sol.

★ Alice Guesthouse
BUNGALÓS $$

(☎3087-0654; alice.gwate@gmail.com; dc 60 GTQ, bungaló 200 GTQ) Como en el País de las Maravillas, ni más ni menos. Fruto de la fértil imaginación de una pareja franco-belga, este lugar algo a trasmano no mira al lago, sino a un manchón de jungla. Irregular en cuanto a diseño, acogedor y divertido, tiene extravagantes cabañas con techos de paja cónicos, un par de aseadas y pintorescas cabañas, y una ducha tropical, todo comunicado por caminos empedrados.

Un chef de Nantes dirige la cocina al aire libre. Para llegar a Alice hay que recorrer 1,5 km por la carretera de Jobompiche; un camino señalizado a la derecha tuerce cuesta arriba.

★ Posada del Cerro
BUNGALÓS $$

(☎5376-8722; www.posadadelcerro.com; dc/i/d/tr 100/220/330/450 GTQ; ℗🛈) 🍃 Opción de mínimo impacto medioambiental en perfecta armonía con el entorno selvático y lo bastante cerca de la Reserva Natural Cerro Cahuí como para oír aullar a los monos al caer la tarde. Sus 10 habitaciones bien amuebladas se reparten entre casas de piedra y madera y recoletas cabañas diseminadas por la ladera; una de ellas da a los bosques y regala vistas del lago desde su porche. También hay una cabaña con ocho camas para grupos.

En su restaurante de techo de paja se utilizan hierbas de los bosques en recetas locales.

Gringo Perdido Ecological Inn
CENTRO VACACIONAL $$

(☎5804-8639; www.hotelgringoperdido.com; Ctra. Jobompiche; parcela de acampada 40 GTQ, i/d con desayuno y cena 380/760 GTQ; ℗) 🍃 Con una paradisíaca ubicación frente al lago, en la Reserva Natural Cerro Cahuí, ofrece una selección de habitaciones con persianas enrollables de pared completa para transmitir la sensación de dormir a la intemperie. Para mayor intimidad, puede reservarse un bungaló junto al agua. También cuenta con una zona de acampada con refugios con techo de paja para colgar las hamacas y un temazcal (sauna maya). Está a 3 km por la carretera de la orilla norte desde la de Tikal.

La Casa de Don David
HOTEL $$

(☎5306-2190; www.lacasadedondavid.com; Ctra. Jobompiche; i/d incl. desayuno o cena desde 273/436 GTQ; ⊙restaurante 6.30-21.00; ❄@🛈) Al oeste del cruce, cuenta con todos los servicios. Tiene habitaciones modernas e impecables decoradas con textiles mayas, todas con porches y hamacas que dan al ancho jardín, transformado en un increíble aviario. Tanto si se es huésped como si no, hay que ver la ceiba y el calendario maya del jardín trasero, diseñado por el propietario, David Kuhn.

Hotel Mon Ami
HOTEL $$

(☎3010-0284; www.hotelmonami.com; Ctra. Jobompiche; dc/i/d 75/150/200 GTQ, i/d sin baño 100/150 GTQ; 🛖) A 15 min a pie de la carretera a Tikal, conjuga con audacia el espíritu salvaje de la selva y la sofisticación europea. Sus cabañas de mobiliario extravagante y sus dormitorios colectivos con hamacas se suceden por senderos iluminados con velas entre tupidos jardines. Y el embarcadero de enfrente es una delicia. Su restaurante al aire libre prepara exquisita cocina francesa.

Pirámide Paraíso
HOTEL $$$

(http://hotelgringoperdido.com/hotel-piramide-paraiso; Ctra. Jobompiche; h desde 1550 GTQ; P🛖) Construido a tiempo para el comienzo del nuevo *baktún* (un *baktún* equivale a cuatro siglos) del calendario maya (en el 2012), este lujoso añadido a la Gringo Perdido Ecological Inn es una estructura blanca que se alza misteriosamente en el bosque como un templo maya. Sus ocho lujosas suites están equipadas con *jacuzzi* exterior.

🍴 Dónde comer

Casi todos los hoteles poseen restaurante propio y hay comedores sencillos dispersos por la calle principal.

La Piazza
CAFÉ $

(☎5951-7338; platos ppales. 30-40 GTQ; 🕐5.00-21.00) A cualquier hora del día se puede entrar en este pabellón al aire libre para tomar un exprés y sabrosos tentempiés. La gente que lo atiende, siempre de buen humor, prepara batidos de papaya y una soberbia tarta de piña. Está en el mismo cruce.

⭐Las Orquídeas
ITALIANA $$

(☎5819-7232; Ctra. Jobompiche; pasta 55-80 GTQ; 🕐12.00-21.00 ma-do) Casi oculto en el bosque, a 10 min a pie por la orilla norte desde el cruce de Tikal, aparece este maravilloso comedor al fresco. El dueño y chef, un simpático italiano, incorpora chaya –una hierba local– a sus *tagliatelle* y *panzarotti* (versión pequeña de las *calzone*). También hay unos postres muy apetecibles.

Mon Ami
FRANCESA $$

(platos ppales. 35-55 GTQ; 🕐6.00-21.00) Por la carretera de la orilla norte, en la jungla, este bistró francés de ensueño es un lugar tranquilo con techo de palma. Se aconseja el pescado blanco del lago o la abundante ensalada francesa.

ℹ Cómo llegar y salir

El Remate está conectado con Santa Elena por frecuentes microbuses (20 GTQ) hasta más o menos las 19.00.

Para Tikal, un vehículo de enlace colectivo sale a las 5.30 y regresa a las 14.00 (ida/ida y vuelta 30/50 GTQ); cualquier alojamiento de El Remate se ocupa de reservar plaza. O bien se puede tomar uno de los vehículos de enlace de ATIM (p. 261) o San Juan Travel (p. 250; 20 GTQ) que pasan por aquí en su ruta desde Santa Elena hasta Tikal de 5.00 a 15.30.

Si se desea un taxi, pregúntese en el Hotel Sun Breeze (p. 254). Una carrera a Flores ronda los 300 GTQ; a Tikal sale por 350 GTQ.

Para viajar a Melchor de Mencos, en la frontera con Belice, se toma un microbús o un autobús desde Puente Ixlú, 2 km al sur de El Remate (20 GTQ, 1¼ h). Además, Horizontes Mayas (p. 253) ofrece salidas diarias a Belice (150 GTQ) pasando por Melchor a las 5.30 y 8.00.

Tikal

Lo más impresionante de **Tikal** (☎2367-2837; www.parque-tikal.com; 150 GTQ; 🕐6.00-18.00) es el templo que se alza imponente a más de 44 m de altura, pero lo que lo distingue es su entorno de jungla. De sus muchas plazas se han retirado árboles y lianas, sus templos han sido descubiertos y parcialmente restaurados, pero al caminar de un edificio a otro se pasa bajo el tupido techo selvático aderezado con el rico aroma de la tierra y la vegetación. Buena parte del placer que supone recorrer el yacimiento se obtiene al pasear por sus anchas calzadas, originalmente construidas con pedazos de caliza para facilitar el tráfico entre los complejos de templos. Si no se hace ruido al pisar es más probable que se vean monos, agutíes, zorros y guajolotes ocelados

Tikal es destino habitual para una excursión de un día desde Flores o El Remate, así que está mucho más tranquilo a última hora de la tarde o primera de la mañana, por lo que resulta aconsejable hacer noche.

Historia

Tikal se halla en una colina baja, que se percibe cuando se sube a la Gran Plaza desde la vía de entrada. Dando tregua al cenagoso entorno, este terreno elevado explica por qué los mayas se asentaron aquí hacia el 700 a.C. Otro motivo fue la abundancia de pedernal, utilizada para fabricar garrotes, puntas de lanza y flecha, y cuchillos, lo que les permitía fabricar buenas herramientas para intercambiarlas por otros bienes. En 200 años, los mayas de Tikal construyeron estructuras ceremoniales de piedra y hacia el 200 a.C. ya existía un complejo de edificios en la acrópolis norte.

Período clásico

La Gran Plaza empezó a adquirir su forma y extensión actuales durante el cambio de era. Con la llegada del primer período clásico, hacia el 250 d.C., Tikal se había convertido en una importante ciudad religiosa, cultural y comercial con numerosa población. El rey Yax Ehb' Xooc, que asumió el poder hacia el 230, está considerado el fundador de la dinastía que gobernó desde entonces.

Bajo Chak Tok Ich'aak I (Gran Garra de Jaguar), que reinó a mediados del s. iv, Tikal adoptó un descarnado método de guerra, empleado por los gobernantes de Teotihuacán, en el centro de México. En vez de ir al encuentro de sus adversarios en el campo de batalla para combatir cuerpo a cuerpo, el ejército de Tikal se valía de unidades auxiliares para rodear a sus enemigos y alancearlos desde lejos. Este primer empleo de la fuerza aérea por los mayas de El Petén permitió al general Siyah K'ak' (Rana Humeante) conquistar al ejército de Uaxactún; después, Tikal se convirtió en el reino dominante de El Petén.

A mediados del período clásico, a mitad del s. vi, la capacidad militar de Tikal y su unión con Teotihuacán permitieron que creciera hasta abarcar más de 30 km² y una población de quizá 100 000 habitantes. Pero en el 553, Yajaw Te' K'inich II (Señor Agua) ascendió al trono de Caracol (en el suroeste de Belice) y al cabo de una década había conquistado Tikal y sacrificado a su rey. Tikal y otros reinos de El Petén sufrieron bajo el gobierno de Caracol hasta finales del s. vii, cuando, con un nuevo liderazgo, se libró de su opresor y resurgió.

El renacimiento de Tikal

El poderoso rey Ha Sawa Chaan K'awil [682-734], también llamado Ah Cacao o Luna Doble Peine, fue el 26º sucesor de Yax Ehb' Xooc, y no solo restauró el poderío miliar de Tikal, sino también su primacía en el mundo maya. En el 695 conquistó el mayor estado maya rival, Calakmul, en México, y sus sucesores fueron los responsables de la construcción de casi todos los grandes templos que hoy sobreviven en la Gran Plaza. El rey Ah Cacao fue enterrado bajo el altísimo Templo I.

La grandeza de Tikal inició su decadencia hacia el año 900 y hoy sigue siendo un misterio el colapso de la civilización maya en las tierras bajas.

Redescubrimiento

Sin duda, los itzaes, que ocuparon Tayazal (hoy Flores), conocían la existencia de Tikal a finales del período posclásico tardío. Quizá incluso ofrecieron sus plegarias en los altares de los viejos dioses. Los misioneros españoles que recorrieron El Petén tras la conquista dejaron escuetas referencias de estas estructuras cubiertas por la selva, pero sus escritos durmieron durante siglos en las bibliotecas.

El Gobierno guatemalteco no mandó una expedición al yacimiento hasta 1848, encabezada por Modesto Méndez y Ambrosio Tut. Puede que tal viaje estuviera inspirado por los exitosos relatos sobre fabulosas ruinas mayas, publicados por John L. Stephens en 1841 y 1843 (aunque nunca visitó Tikal). Como él, Méndez y Tut iban acompañados de un artista, Eusebio Lara, que dibujaba sus descubrimientos arqueológicos. La Academia de la Ciencia de Berlín publicó un informe con los hallazgos.

En 1877, el suizo Gustav Bernoulli visitó Tikal. Tras su exploración, desaparecieron los dinteles de madera tallada de los templos I y IV, que embarcó rumbo a Basilea, donde hoy se exponen en el Museum für Völkerkunde.

La exploración científica de Tikal empezó con la llegada del arqueólogo británico Alfred P. Maudslay en 1881. Con su labor continuaron otros como Teobert Maler, R. E. Merwin y Alfred M. Tozzer, que trabajó de forma intermitente en el yacimiento desde principios del s. xx hasta su muerte en 1954. Sylvanus G. Morley estudió y descifró las inscripciones.

Las investigaciones arqueológicas y la restauración fueron llevadas a cabo por la Universidad de Pensilvania y el Instituto Guatemalteco de Antropología e Historia hasta 1969. Desde 1991, gracias a un proyecto conjunto entre España y Guatemala, se están conservando y restaurando los templos I y V. El Parque Nacional de Tikal fue declarado Patrimonio Mundial de la Unesco en 1979.

◉ Puntos de interés

◉ Gran Plaza

El camino llega a la Gran Plaza por el lado del **Templo I**, el del Gran Jaguar, construido en honor a Ah Cacao, ahí enterrado. Es posible que el propio rey trazara el proyecto de su construcción, pero fue su hijo, sucesor al trono en el 734, quien lo erigió sobre su tumba. Entre el rico ajuar funerario real hay espinas de pastinaca, usadas en las sangrías rituales, 180 objetos de jade, perlas y 90 piezas de hueso tallado con jeroglíficos. Sobre este templo de 44 m de altura hay un pequeño recinto de tres estancias cubierto con un falso arco maya. Los dinteles de las puertas, realizados con madera de chicozapote, tenían elaborados grabados; uno de ellos está ahora en el Museum für Völkerkunde de Basilea. La elevada crestería que coronaba el templo estaba adornada con relieves y vivos colores. Cuando le da el sol de la tarde, se distingue la figura sedente de un mandatario.

Aunque está prohibido subir a lo alto del Templo I, las vistas desde el **Templo II** (o de las Máscaras), enfrente, son casi igual de asombrosas. Antaño era casi tan alto como el Templo I, pero hoy mide solo 38 m sin la crestería.

No lejos, la **acrópolis del norte** precede a los dos grandes templos. Los arqueólogos han descubierto un centenar de estructuras distintas; la más antigua atestigua que la zona estaba ocupada ya en el 600 a.C. Los mayas construían estructuras y volvían a levantarlas sobre las antiguas y las muchas capas, sumadas a las elaboradas tumbas de los primeros gobernantes de Tikal, conferían un valor sagrado y de poder a sus templos. La versión final de la acrópolis, tal como era alrededor del 800 d.C., contaba con un mínimo de 12 templos situados sobre una vasta plataforma, muchos obra del rey Ah Cacao. Son de destacar las dos gigantescas y conmovedoras máscaras de la pared, descubiertas en una estructura anterior y hoy protegidas por techos. En el lado de la acrópolis que da a la plaza hay dos hileras de estelas. Recogían las hazañas de los dioses, santificaban su memoria y conferían autoridad a los templos y plazas que las rodeaban.

Acrópolis central

Al sur y al este de la Gran Plaza se halla este laberinto de patios, cuartos y pequeños templos que, según muchos, fue un palacio donde vivían los nobles de Tikal. Otros creen que las diminutas habitaciones se empleaban en ceremonias y ritos sagrados,

tal como apuntan los grafitos del interior. Con el paso de los siglos se fue modificando la estructura de las habitaciones, lo cual sugiere que quizá este palacio era en efecto una residencia noble o de la familia real y las reformas se hacían para dar cabida a los grupos de parientes. Un siglo atrás, una parte de la acrópolis servía de alojamiento al arqueólogo Teobert Maler cuando trabajaba en Tikal.

Templo III

Al oeste de la Gran Plaza, cruzando la calzada Tozzer, se alza el **Templo III,** que hoy está siendo restaurado. Solo se ha limpiado su parte superior. Una escena grabada en su dintel superior, a 55 m de altura, representa una figura vestida con una piel de jaguar, quizá del rey Sol Oscuro. Enfrente se levanta la Estela 24, que indica la fecha de su construcción: 810 d.C. Desde aquí se puede continuar hacia el Templo IV, al oeste, siguiendo la calzada Tozzer, una de las vías sagradas que discurren entre los templos.

Templo V y acrópolis del sur

Al sur de la Gran Plaza, el **Templo V** es una estructura notablemente elevada (57 m) que fue construida entre los ss. VII y VIII d.C.; consta de siete plataformas escalonadas y, a diferencia de otros grandes templos, presenta esquinas levemente redondeadas. Una excavación reciente sacó a la luz un grupo de estructuras empotradas, algunas con calendarios mayas. Por tentador que resulte, no está permitido subir por la ancha escalinata central.

Apenas ha empezado la excavación en las construcciones al oeste del templo, conocidas en conjunto como **acrópolis del sur.** Los palacios superiores son del período clásico tardío (del reinado de Ah Cacao), pero las construcciones anteriores probablemente los preceden en 1000 años.

Plaza de los Siete Templos

Al oeste de la acrópolis sur hay una amplia plaza cubierta de hierba a la que se llega por un sendero que culmina en su extremo sur. Erigidos en el período clásico tardío, los siete **templos,** con sus robustas crestrerías, se alinean por el lado este de la plaza. En el extremo sur se observan tres **palacios** de mayor tamaño y, enfrente, una inusual cancha **triple juego de pelota.**

◎ Mundo Perdido

Unos 400 m al suroeste de la Gran Plaza se encuentra el **Mundo Perdido**, un complejo de 38 estructuras presidido por una enorme pirámide de 32 m de altura y 80 m de base, en esencia, del período preclásico (con algunos retoques posteriores). Está rodeada de cuatro erosionadas escalinatas flanqueadas por enormes máscaras; la que mira al este se cree que sirvió como plataforma de observación de la trayectoria del sol, junto a tres estructuras sobre una plataforma elevada hacia el este, en una disposición similar a la del observatorio astronómico de Uaxactún. Gracias a los túneles que los arqueólogos excavaron en su interior se han descubierto cuatro pirámides parecidas bajo la capa externa; la más antigua (estructura 5C-54 Sub 2B) data del 700 a.C., de ahí que sea la más antigua de Tikal.

Hacia el oeste, un **templo** menor de principios del período clásico demuestra la influencia de Teotihuacán con su estilo arquitectónico talud-tablero.

◎ Templo IV y Complejo N

Con sus 65 m, el **Templo IV** es el edificio más alto de Tikal y el segundo de los precolombinos conocidos en el hemisferio occidental, tras La Danta de El Mirador. Al igual que el límite occidental del recinto de ceremonias, se finalizó hacia el año 741, seguramente bajo las órdenes del hijo de Ah Cacao, Yax Kin, que aparece en el dintel grabado de la puerta central (hoy en un museo de Basilea, Suiza). Una empinada escalinata de madera conduce a lo alto. La vista hacia el este es casi tan buena como desde un helicóptero: una panorámica sobre el techo selvático donde despuntan, de izquierda a derecha, los templos de la Gran Plaza, el III, el V (parte de su techo) y la gran pirámide del Mundo Perdido.

Entre el Templo IV y el Templo III se halla el **Complejo N,** un ejemplo de los complejos de "templos gemelos" erigidos durante el período clásico tardío; este fue construido en el 711 d.C. por Ah Cacao para señalar el 14º *katún,* o ciclo de 20 años, del *baktún* 9. El propio monarca está tallado en la muy bien conservada Estela 16, en un recinto al otro lado del sendero; junto a ella se halla el Altar 5, una piedra circular que representa al mismo rey acompañado por una figura sacerdotal mientras exhuman el esqueleto de una gobernante.

◎ Templo de las Inscripciones (Templo VI)

El **Templo VI** es uno de los pocos templos de Tikal con inscripciones. Por detrás de su cresta, de 12 m de altura, corre una larga inscripción –costará cierto trabajo distinguirla a la luz del sol– que da la fecha de 766 d.C. Los costados y la cornisa de la cresta también tienen glifos. Su apartada ubicación (unos 25 min a pie al sureste de la Gran Plaza por la calzada Méndez) lo convierte en un buen lugar para observar fauna. Desde aquí hay que caminar otros 20 min hasta la entrada.

◎ Grupo norte

Cerca de 1 km al norte de la Gran Plaza está el **complejo P,** otro par de templos gemelos del clásico tardío, construido seguramente para conmemorar el fin de un *katun.* Al lado está el **complejo M,** parcialmente derribado en el mismo período para obtener materiales con los cuales construir la calzada, hoy llamada Alfred P. Maudslay, que se dirige al suroeste hacia el Templo IV. El **grupo H,** al noreste de los complejos P y M, con un templo alto y despejado, presentaba algunos grafitos interesantes en los templos.

El **complejo Q** y el **complejo R,** unos 300 m al norte desde la Gran Plaza, poseen pirámides gemelas del período clásico más tardío, con estelas y altares delante. El Q puede que sea el mejor ejemplo de la estructura de pirámides gemelas, ya que se ha restaurado parcialmente. La Estela 22 y el Altar 10 son excelentes ejemplos de relieves tallados del clásico tardío de Tikal, datados en el 771.

◎ Museos

Museo Sylvanus G. Morley   MUSEO
(Museo Cerámico; 30 GTQ, válido también para Museo Lítico; ◷8.00-16.00) Este museo expone varias piezas de cerámica de extraordinario valor procedentes de excavaciones, como incensarios y vasijas policromadas, con descripciones de sus usos y significado. El edificio que alberga el museo está en obras por un tiempo indefinido y mientras dure la restauración, la cerámica se expondrá en el CCIT.

Dos de las piezas más valiosas, la Estela 31 ricamente tallada dedicada al gobernante Cielo Tormentoso-Doble Peine, y la tumba simulada del rey Luna Doble Peine, con los preciados objetos desenterrados de su tumba bajo el Templo I, permanecen en el museo, y el guarda puede enseñarlas si se solicita.

CCIT
MUSEO

(Centro de Conservación e Investigación de Tikal; ☉8.00-12.00 y 13.00-16.00) GRATIS Este centro bajo el auspicio del Gobierno japonés está consagrado a la identificación y restauración de piezas desenterradas en el yacimiento. Sus 1300 m² almacenan infinidad de objetos aún por analizar y se pueden ver los restauradores en plena labor. Aunque no sea un museo en sentido estricto, contiene una excelente galería sobre los materiales utilizados por los artesanos mayas.

El centro acogerá el Museo Sylvanus G. Morley por tiempo indefinido mientras dure la reforma del museo.

Museo Lítico
MUSEO

(30 GTQ, válido también para Museo Sylvanus G. Morley; ☉8.00-16.30 lu-vi, 8.00-16.00 sa y do) El mayor de los dos museos de Tikal se halla en el centro de visitantes y alberga varias piedras talladas de las ruinas. Las fotografías tomadas por los arqueólogos pioneros Alfred P. Maudslay y Teobert Maler de los templos tapados por la jungla en sus sucesivas fases de descubrimiento son muy impactantes. Por fuera se ve una maqueta que muestra cómo debió de ser Tikal hacia el 800 d.C.

🏃 Actividades

Canopy Tours Tikal
CIRCUITO

(☎5615-4988; circuitos 230 GTQ; ☉7.00-17.00) Junto a la entrada al parque nacional, ofrece un circuito de 1 h para recorrer, con ayuda de un arnés, una serie de tramos (¡algunos de hasta 300 m!) entre árboles unidos por cables y puentes tibetanos. El precio incluye el transporte desde Tikal o El Remate.

👉 Circuitos

La arqueóloga **Roxy Ortiz** (☎5197-5173; http://www.tikalroxy.blogspot.com) lleva 32 años viajando por el mundo maya y organiza circuitos a primera hora de la mañana desde la Tikal Inn; también ofrece excursiones personalizadas a Uaxactún, Yaxhá y otros yacimientos menos conocidos en su vehículo militar de 15 plazas.

En el quiosco de información se pueden encontrar guías autorizados con su carné de acreditación. Antes de las 7.00, un circuito de medio día cuesta 80 GTQ/persona para un mínimo de cinco personas; después se pagan 475 GTQ por un circuito en grupo.

🛏 Dónde dormir

Hacer noche permite relajarse y disfrutar del amanecer y la puesta de sol, cuando la mayoría de las criaturas y aves de la selva pueden ser vistas y oídas (en especial los monos aulladores). Aparte de la zona de acampada, solo hay tres alojamientos, y los grupos organizados tienden a reservar buena parte de sus habitaciones. Casi todas las agencias de viajes de Guatemala ofrecen circuitos a Tikal que incluyen el alojamiento, una o dos comidas, la visita guiada y el transporte.

No es necesario reservar si se opta por la zona de acampada (parcela 50 GTQ por persona, hamaca con mosquitera 85 GTQ), detrás del CCIT, una amplia zona de hierba con un baño limpio y *palapas* para colgar hamacas.

Tikal Inn
HOTEL $$

(☎7861-2444; www.tikalinn.com; i/d 500/730 GTQ; P@☎☀) Construido a finales de la década de 1969, es un resort con un edificio principal de dormitorios y bungalós con techo de paja junto a la piscina y al jardín trasero, con pequeños porches delanteros. Todos son sencillos, amplios y cómodos. Las habitaciones más alejadas, ubicadas en un puñado de cabañas al final de un sendero que atraviesa la selva, son las más baratas.

Jungle Lodge
HOTEL $$$

(☎7861-0446; www.junglelodgetikal.com; i/d 695/810 GTQ, sin baño 370/385 GTQ; P@☀) El más cercano de los hoteles a la entrada del yacimiento fue construido para alojar a los arqueólogos. Los bungalós bien equipados, más una hilera de unidades más baratas, están bastante separados en un vasto manchón de jungla. Algunas suites más nuevas tienen decoración selvática elegante y duchas de efecto lluvia al aire libre. El restaurante-bar (platos principales 80-100 GTQ) sirve pastas vegetarianas, creps y otros platos internacionales en un ambiente tropical.

Jaguar Inn
HOTEL $$$

(☎7926-2411; www.jaguartikal.com; parcela 50 GTQ/persona, con tienda 115 GTQ, i/d/tr 580/695/925 GTQ; P❄@☎) El predilecto de los viajeros independientes de espíritu joven, con bungalós dúplex y cuádruples con techo de paja y hamacas en el porche, además de un coqueto restaurante con terraza al frente. Si el presupuesto es ajustado, también hay tiendas de campaña.

EL PETÉN TIKAL

OBSERVACIÓN DE AVES EN TIKAL

Aparte de los monos aulladores y araña que retozan por los árboles de Tikal, es impresionante la cantidad de pájaros que revolotean por el manto de la selva y por las extensiones verdes del yacimiento. Los complejos de los templos en ruinas son excelentes plataformas para observarlos y, a veces, incluso se puede ver la copa de los árboles, donde se han avistado y registrado unas 300 especies de aves (migratorias y residentes). Hay que llevar prismáticos. Caminando despacio y con paciencia, seguro que se verá alguno de los siguientes pájaros en las zonas indicadas:

Templo de las Inscripciones Momotos enanos, cuatro especies de trogones y mosqueros reales.

El Mundo Perdido Dos especies de orioles, tucanes pico iris y tucancillos collarejos.

Complejo P Pavones norteños, tres especies de pájaros carpinteros, pavas cojolitas, guacharacas norteñas y tres especies de tanagras.

Aguada Tikal Tres especies de martín pescadores, jacanas, garzas reales azules, dos especies de andarríos y bienteveos comunes.

Camino de entrada Las garzas tigre anidan a veces en la enorme ceiba.

Complejo Q Saltarines cabecirrojos y cuelliblancos.

Complejo R Tucanes esmeralda.

✖ Dónde comer

Por el lado derecho de la carretera de acceso, una sucesión de pequeños comedores ofrecen versiones insulsas de platos clásicos como pollo asado y bistec a la parrilla (40-50 GTQ); todos abren a diario de 5.00 a 21.00.

Bajo los cobertizos, junto a la Gran Plaza, hay mesas de pícnic; cerca se sitúan vendedores de agua y refrescos, pero no de comida. Si se quiere pasar todo el día en las ruinas sin tener que caminar los 20 o 30 min de vuelta hasta un comedor hay que llevar comida y bebida.

Comedor Tikal RESTAURANTE $$
(centro de visitantes; platos ppales. 60-70 GTQ; ◷6.30-20.30) Es uno de los pequeños comedores al aire libre situados por el lado derecho de la carretera de acceso a Tikal, con pasta y hamburguesas entre sus ofertas.

❶ Orientación

El yacimiento arqueológico se halla en el centro de los 550 km² del Parque Nacional de Tikal. La carretera desde Flores se adentra en el parque en un punto 19 km al sur de las ruinas. Desde el aparcamiento del yacimiento, un corto paseo a pie regresa al cruce, donde se halla un quiosco de información. Al sur del cruce hay un centro de visitantes que vende libros, mapas/planos, recuerdos, sombreros, repelente de insectos, protector solar, etc.; también cuenta con un restaurante y un museo (p. 258). Cerca del centro de visitantes están los tres hoteles de Tikal, un *camping,* unos cuantos comedores pequeños y un pequeño centro de investigación con un segundo museo (p. 258).

El puesto de control de visitas está a 5 min a pie de la entrada. Pasada esta, hay un letrero con un plano grande. Desde aquí hay que continuar 1,5 km a pie (20 min) al suroeste hasta la Gran Plaza. Desde la Gran Plaza, el Templo IV se halla más de 600 m al oeste.

❶ Información

Todo el mundo debe comprar un billete en la entrada a la carretera de acceso; los billetes comprados después de las 15.00 son válidos durante todo el día siguiente. Quienes prevean quedarse más de un día deberán comprar tiques extras en el puesto de control del camino de entrada al recinto. Se puede contemplar el amanecer desde el Templo IV (en el límite oriental del yacimiento principal) de octubre a marzo; pero para acceder al parque fuera del horario de visita hay que comprar una entrada adicional (100 GTQ), al parecer para pagar al guía que acompañará al visitante.

La parte central de la ciudad antigua abarca unos 16 km² y tiene más de 4000 estructuras. Para visitar los principales complejos de edificios hay que caminar al menos 10 km, así que se necesita calzado cómodo con suela de goma que se agarre bien. Las ruinas pueden estar resbaladizas por las lluvias y los materiales orgánicos, sobre todo en la estación lluviosa. Es necesario traer mucha agua, pues habrá que caminar todo el día aguantando el calor.

Se aconseja no dar de comer a los pizotes que deambulan por el yacimiento.

DINERO

La Jaguar Inn (p. 259) cambia efectivo y cheques de viaje en dólares estadounidenses (con un tipo desfavorable).

RECURSOS

Para ampliar detalles sobre los monumentos de Tikal conviene adquirir un ejemplar de *Tikal: Guía de las antiguas ruinas mayas*, de William R. Coe, de venta en Flores y en Tikal. Los guardias de la caseta de venta de billetes venden un útil plano del yacimiento (20 GTQ).

🛈 Cómo llegar y salir

Seis microbuses de **ATIM** (ATIM; ☑5905-0089) salen de Flores entre 6.30 y 15.00 (30 GTQ, 1½ h), con el último regreso a las 17.00; regresan de Tikal a las 12.00, 15.00 y 18.00. También se podría tomar el autobús con destino a Uaxactún que sale del mercado de Santa Elena a las 15.30, aunque va un poco más despacio. San Juan Travel (p. 250) ofrece cinco enlaces diarios desde Flores (ida/ida y vuelta 50/80 GTQ, con guía incl. 150 GTQ) entre 4.30 y 13.00, con el último regreso a las 18.00.

Desde El Remate, un transporte de enlace colectivo sale a las 5.30 hacia Tikal con regreso a las 14.00 (ida/ida y vuelta 30/50 GTQ). En cualquier alojamiento de El Remate tramitan la reserva.

Si se viaja desde Belice hay que tomar un microbús a Santa Elena hasta Puente Ixlú (también conocido como El Cruce) y continuar en algún microbús al norte para recorrer los 36 km restantes hasta Tikal. Para ir de Tikal a Belice conviene madrugar para llegar pronto a Puente Ixlú y tomar un autobús o un microbús al este. Hay que tener cuidado con los servicios de enlace a Belice que se anuncian en Tikal, pues algunos se desvían hasta Flores para recoger pasajeros.

Uaxactún

700 HAB.

Unos 23 km al norte de Tikal por una carretera sin asfaltar que cruza la selva, Uaxactún fue la rival política y militar de Tikal a finales del período preclásico. Con la conquista de Chak Tok Ich'aak I (rey Gran Garra de Jaguar) en el s. IV, quedó sometida a su gran hermana

del sur durante siglos, aunque experimentó un renacimiento aparente en el clásico tardío, tras el declive de Tikal.

La gente del pueblo obtiene un dinero recogiendo en el bosque chicle, pimienta de Jamaica y *xate* (palma que se exporta a los Países Bajos para arreglos florales). En el almacén de *xate*, en el extremo oeste del pueblo, se ve a las mujeres hacer ramilletes con las plantas.

Buena parte de su encanto reside en su quietud y aislamiento. Pocos visitantes aparecen por aquí.

Durante la redacción de esta guía no había cobertura para teléfonos móviles, y solo existía un teléfono público: en una **oficina** (⊙hasta 18.00) por el lado sur del aeródromo.

El **sendero interpretativo El Wit'z** discurre 1,7 km a través de la jungla, desde un punto situado 200 m más allá del Comedor Imperial Okan Arin hasta el grupo H del yacimiento arqueológico Uaxactún. Con secciones de selva cultivadas y preservadas, está concebido para demostrar la eficacia de la conservación al preservar el medio ambiente. En la zona protegida hay árboles endémicos como el chicozapote o el ramón.

⊙ Puntos de interés

Las labores de investigación efectuadas por el Carnegie Institute en las décadas de 1920 y 1930 asentaron las bases de gran parte del estudio arqueológico que después se llevó a cabo en la región, incluidas las excavaciones de Tikal.

Los 50 GTQ que cuesta la entrada a Uaxactún se pagan en la verja del Parque Nacional Tikal, aunque una vez en el yacimiento no existe ningún control.

**Colección Dr. Juan
Antonio Valdés**   MUSEO

(Campamento El Chiclero) GRATIS Ubicada en el lado norte del aeródromo, esta colección incluye numerosa cerámica maya procedente de Uaxactún, Yaxhá y hasta Oaxaca, en México. Hay jarrones, tazas, platos, cuencos, quemadores de incienso y jícaras para beber chocolate. Neria, su conservadora, contará al visitante la historia, origen, significado y uso de cada pieza. En una vitrina se guardan los más valiosos: pendientes de piedra, puntas de flecha y tres fuentes con la danza del dios del maíz.

No se cobra la entrada, pero se agradecen los donativos.

Uaxactún

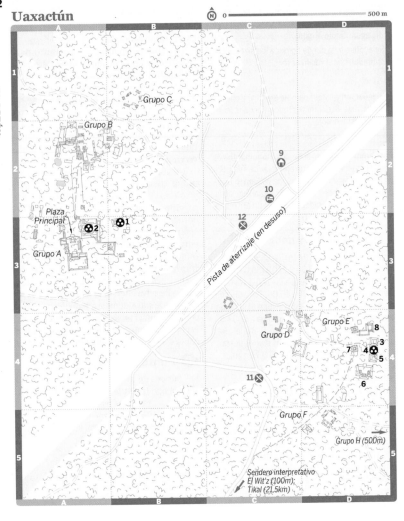

Ⓝ 0 ▬▬▬▬▬▬▬ 500 m

Uaxactún

Grupo E

Sus edificios están agrupados sobre cinco cerros. Desde la pista de aterrizaje hay que buscar el indicador al grupo E entre las iglesias católica y evangélica, a la derecha; el yacimiento está a 10-15 min a pie de allí. El **Templo E-VII-Sub**, el más importante, es uno de los primeros intactos excavados, cuyos cimientos tal vez se remontan al 2000 a.C. La pirámide forma parte de un grupo de relevancia astronómica: desde este punto, se ve salir el sol por detrás del **Templo E-I** el día más largo del año y por detrás del **Templo E-III** el día más corto. Las cuatro máscaras de jaguar y serpiente de la escalinata principal del templo fueron restauradas en el 2014 por un grupo de arqueólogos eslovacos, pero volvieron a cubrirse para su conservación.

Templo E-X YACIMIENTO ARQUEOLÓGICO
Es el más alto y tal vez el más antiguo de un conjunto de templos del grupo E, fechado por los arqueólogos hacia el 400 a.C.; alzado al norte de la plaza central, puede reconocerse fácilmente por su escalinata central.

Templo E-II YACIMIENTO ARQUEOLÓGICO
Es el templo intermedio de los tres que forman un observatorio astronómico en el grupo E; visto desde el Templo E-VII-Sub, el sol se pone por detrás del Templo E-II al inicio de la primavera y el otoño.

Grupos B y A

Se hallan al noroeste de la pista, a 20 min a pie. El grupo A presenta las estructuras más fascinantes de la plaza principal de la antigua ciudad. El **Palacio V**, en el lado oriental de la plaza, se dice que sirvió de inspiración para la acrópolis norte de Tikal. En 1916 el arqueólogo norteamericano Sylvanus Morley descubrió una estela del *baktún* 8 en el grupo A, de ahí que el yacimiento se llamara Uaxactún, que significa "piedra ocho". Detrás del Palacio V, por un sendero que vuelve al pueblo, se alza el imponente **Palacio A-XVIII**, que ofrece desde su cima la mejor panorámica del yacimiento.

La **Estela 5,** en el grupo B, muestra el glifo característico de Tikal, por lo que los arqueólogos dedujeron que Uaxactún estaba sometida a su poder en la época de la fecha inscrita, el año 358.

Circuitos

En Flores o en los hoteles de El Remate y Tikal organizan circuitos a Uaxactún.

En Uaxactún, Héctor Aldana Núñez, del Aldana's Lodge, es un guía especializado en circuitos por la región centrados en el estudio de la naturaleza. Conduce expediciones de tres días a El Zotz y Tikal por unos 1300 GTQ por persona. También ofrece cursos de supervivencia (350 GTQ/día), en los que enseña a buscarse sustento y cobijo en la selva; proporciona machetes.

El Campamento El Chiclero organiza excursiones a yacimientos más remotos como El Mirador, Río Azul (3 días), Xultún, Nakbé y San Bartolo.

Dónde dormir y comer

Si se llega en un autobús de transporte público, habrá que hacer noche porque el único viaje de ida y vuelta es a primera hora de la mañana. Hay dos sitios donde quedarse: uno sencillo y otro rústico.

Se puede comer en plan sencillo en el **Comedor Uaxactún** (platos ppales. 20 GTQ; ⊘8.00-20.00) y en el **Comedor Imperial Okan Arin** (platos ppales. 20 GTQ; ⊘7.00-19.00), y en los principales alojamientos del pueblo preparan todas las comidas.

Posada y Restaurante
Campamento El Chiclero HOTEL **$**
(☎5780-4855; campamentochiclero@gmail.com; parcela/h por persona 30/75 GTQ) Por el lado norte del aeródromo, ofrece 10 habitaciones espartanas bajo una *palapa,* con colchones pasables y mosquiteros en techos y ventanas. En un edificio aparte están los baños y las duchas, limpios; las luces se apagan a las 21.00. La alegre propietaria cocina los mejores platos del pueblo (sopa más principal con arroz 50 GTQ).

Aldana's Lodge CABAÑA **$**
(☎7783-3931; parcela/h por persona 20/25 GTQ) A la derecha de la carretera que lleva a los grupos B y A, la familia Aldana ofrece seis cabañas de chilla, con catres. Padre e hijo dirigen los circuitos por los yacimientos de la selva, y Amparo prepara buenas comidas.

Orientación

El pueblo de Uaxactún se extiende a uno y otro lado de una pista de aterrizaje en desuso, vestigio de la época en que los aviones eran la única manera de llegar a este lugar inaccesible; hoy la pista es un campo de pasto y de fútbol. Más o menos en medio de la pista salen carreteras a la izquierda y la derecha que van a las ruinas. Los muchachos del pueblo se ofrecerán a guiar; no hace falta un guía para encontrar las ruinas, pero se puede dejar que uno o dos de ellos se ganen una pequeña propina.

❶ Cómo llegar y salir

Un autobús de Pinita sale de la terminal principal de Santa Elena hacia Uaxactún (40 GTQ) a las 14.15, se dirige después a la terminal del mercado y sale por último de la ciudad a las 15.30. Este autobús pasa por El Remate sobre las 16.30 y por Tikal a las 17.00. Al día siguiente vuelve a Santa Elena desde Uaxactún a las 7.00, lo que significa que hay que pasar dos noches para ver las ruinas. Por lo demás, los circuitos desde El Remate a Uaxactún y regreso de Casa de Don David (p. 254) cuestan 615 GTQ para un máximo de cinco personas.

Si se va en vehículo propio, la última gasolinera llegando desde el sur está en Puente Ixlú, al sur de El Remate. Durante la temporada lluviosa (de mayo a octubre, a veces hasta noviembre), la carretera de Tikal a Uaxactún puede convertirse en un barrizal. Desde Uaxactún hay carreteras sin asfaltar que conducen a las ruinas de El Zotz (30 km al suroeste), Xultún (35 km noreste) y Río Azul (100 km noreste).

Yaxhá

Los yacimientos clásicos mayas de Yaxhá, Nakum y El Naranjo forman un triángulo que constituye un parque nacional de más de 370 kilómetros cuadrados que linda con el Parque Nacional de Tikal al oeste. Yaxhá, el más visitado de los tres, se asienta en una colina entre dos grandes lagos, el Yaxhá y el Sacnab. Vale la pena visitarlo por el paraje, las dimensiones del lugar, los numerosos edificios muy bien restaurados y la abundante flora y fauna de la selva. Está 11 km al norte de la carretera entre Puente Ixlú y Melchor de Mencos; se llega por una pista sin asfaltar que nace en un desvío a 32 km de Puente Ixlú y a 33 de Melchor de Mencos.

◎ Puntos de interés

Yaxhá (que significa 'agua azul verdosa') ya estaba ocupada en el 600 a.C. y alcanzó su clímax cultural en el s. VIII d.C., cuando contaba con unos 20 000 habitantes y 500 edificios, incluidos templos, palacios y complejos residenciales.

Se tardan unas 2 h en recorrer los grupos principales de ruinas, que han sido excavados y reconstruidos en profundidad. En la caseta de venta de billetes se puede recoger un excelente plano-guía de información (20 GTQ). Una manera de ver el yacimiento en el sentido de las agujas del reloj, recorriendo la red primigenia de calzadas. El primer grupo de edificios que se observa, la plaza C, es uno de los dos observatorios astronómicos. Hay que tomar la calzada de las Canteras hasta la acrópolis sur, un complejo de suntuosas estructuras desde donde la aristocracia de Yaxhá veía los juegos de pelota disputados en la cancha de abajo. Al noroeste se alza una de las construcciones más antiguas del yacimiento, el Gran Complejo Astronómico (plaza F). Por su disposición se parece al del grupo E de Uaxactún, con una torre de observación (sin excavar) que da a una plataforma dividida en tres, desde la que se seguía la trayectoria del sol durante el año. Si se sube a la torre piramidal (hay una escalera de madera), se observarán las espectaculares vistas de la acrópolis norte al noreste, con un templo que se abre paso entre el follaje. Desde aquí hay que ir al norte por la calzada de las Aguadas hasta la plaza de las Sombras, donde, según los arqueólogos, se reunían grupos de ciudadanos durante las ceremonias religiosas. Volviendo hacia la entrada por la calzada este se llega al punto álgido del circuito, la Estructura 216, en la acrópolis este. También se la llama templo de las Manos Rojas por las palmas rojas que se descubrieron. Mide más de 30 m, por lo que ofrece vistas panorámicas en todas las direcciones.

En una isla cerca de la orilla opuesta (sur) de la laguna Yaxhá se extiende un yacimiento arqueológico del posclásico tardío, Topoxté, con unas 100 estructuras entre templos en ruinas y casas. A tenor de las pruebas encontradas se han establecido dos períodos de ocupación, el último en el 1450 d.C., por un grupo que había emigrado desde la península de Yucatán. Al final de la calzada del Lago está el embarcadero, desde donde un lanchero puede llevar a Topoxté por unos 250 GTQ.

Desde el embarcadero, un sendero bordea el lago hasta un nuevo centro de interpretación que expone cerámica, instrumentos musicales y joyas del yacimiento, junto con descripciones de su descubrimiento y excavación.

🛏 Dónde dormir y comer

El Sombrero Eco-Lodge (📞4215-8777; el sombreroecolodge.com; i/d/tr 544/880/1216 GTQ,

Yaxhá

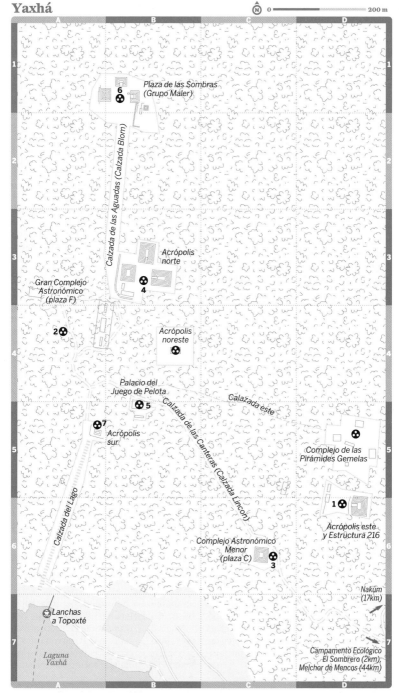

N

0 — 200 m

Plaza de las Sombras
(Grupo Maler)

6

Calzada de las Aguadas (Calzada Blom)

Acrópolis
norte

4

Gran Complejo
Astronómico
(plaza F)

2

Acrópolis
noreste

Palacio del
Juego de Pelota

5

Calzada este

Calzada de las Canteras (Calzada Lincon)

7

Acrópolis
sur

Complejo de las
Pirámides Gemelas

1

Acrópolis este
y Estructura 216

Calzada del Lago

Complejo Astronómico
Menor
(plaza C)

3

Lanchas
a Topoxté

Laguna
Yaxhá

Nakúm
(17km)

Campamento Ecológico
El Sombrero (2km);
Melchor de Mencos (44km)

Yaxhá

i/d/tr sin baño 144/288/416 GTQ; P) ✐ ofrece alojamiento cómodo a 2 km del yacimiento. A orillas del lago, por debajo de las ruinas, está el **Campamento Yaxhá** GRATIS, donde se puede acampar gratis en unas plataformas elevadas con techos de paja. Hay unos cobertizos con duchas y baños. En la tienda se vende agua potable, pero la comida hay que llevarla consigo. No hace falta comprar otro billete de entrada si uno quiere quedarse uno o dos días más.

El sitio más próximo para comer es El Sombrero Eco-Lodge, con comida italiana de calidad; también sirven comidas caseras en el desvío que sale de la carretera Puente Ixlú-Melchor.

❶ Cómo llegar y salir

Las agencias de Flores y El Remate gestionan viajes organizados a Yaxhá, algunos combinados con Nakum y/o Tikal. Horizontes Mayas (p. 253) en El Remate organiza circuitos (125 GTQ/persona, mín. 3 personas), con guía y entrada incluidos en el precio, a las 7.00 y 13.00, con regreso a las 13.00 y 18.30. Otra opción es tomar un microbús que vaya a Melchor de Mencos y bajar en el Restaurante El Portal de Yaxhá, frente al desvío a Yaxhá; desde allí se puede llegar al yacimiento en *picop* o motocicleta (65 GTQ ida y vuelta).

Nakum

Contemporáneo de Tikal, Nakum fue un puerto importante del río Holmul, que unía Tikal con la costa caribeña, aunque alcanzó su cénit cultural en el período clásico tardío, mucho después del esplendor de Tikal. Está 17 km al norte de Yaxhá, a 1½ h en coche por una carretera en mal estado, intransitable de agosto a enero.

Dado su alejamiento, sorprende hallar un conjunto de estructuras tan formidables. La sección excavada no es muy grande, pero ha sacado mucho a la luz. La excavación del yacimiento se ha terminado recientemente. La investigación arqueológica se centró en el predominio de las estructuras de estilo talud-tablero, que indica una conexión con Teotihuacán en México. No se ha explicado todavía por qué floreció Nakum durante el período clásico terminal, una época en que las demás ciudades estaban en plena decadencia.

El yacimiento cuenta con dos grupos arquitectónicos principales, los sectores norte y sur, interconectados por una calzada; la mayoría de las estructuras excavadas están en este último. Entre las más interesantes de la zona llamada Plaza Central se cuentan una crestería muy bien conservada con una máscara bien visible; tal vez sirvió de observatorio astronómico junto con la estructura piramidal de enfrente.

Yendo hacia el sur desde la Plaza Central se llega a la acrópolis sur, un complejo amurallado sobre una plataforma elevada compuesta por 12 patios rodeados de 33 edificios, utilizados como residencias palatinas. Esta disposición data del año 900, más o menos, pero hay pruebas de que el lugar llevaba habitado 14 siglos. La peculiaridad de algunos patios, como el 1, es que están completamente rodeados por edificios, una distribución insólita en el resto del mundo maya. Fuera de la acrópolis sur, hacia el este, hay estelas con fechas grabadas del s. IX, unas de las últimas registradas en las tierras bajas mayas.

El Sombrero Eco-Lodge (p. 264) en Yaxhá organiza excursiones a caballo con una noche durmiendo en hamacas. Para llegar por cuenta propia hará falta un todoterreno y un permiso de la administración del parque en Yaxhá. Y si se quiere hacer noche, en Nakum hay unas cuantas plataformas donde plantar gratis la tienda de campaña, aunque hay que llevar comida y agua.

Parque Nacional Laguna del Tigre

En una vasta extensión de bosques que se inundan estacionalmente, surcada de ríos somnolientos, este parque de 3340 km² en el extremo noroeste de El Petén conforma la mayor zona de humedales protegidos de Centroamérica. Aunque el sector noroccidental está amenazado por la extracción de petróleo y el tráfico de drogas, sigue siendo un refugio para la fauna autóctona.

El Perú (Waká)

El trayecto a El Perú se conoce como la Ruta Guacamaya, ya que el avistamiento de estas maravillosas aves está casi asegurado, máxime durante su temporada de anidación (de febrero a junio). El hallazgo de varias estructuras importantes y estelas del período clásico en este yacimiento selvático ha llevado a pensar que quizá mantuvo una alianza con Calakmul, la gran rival norteña de Tikal.

El Perú está 62 km al noroeste de Flores en el Parque Nacional Laguna del Tigre. Desde la orilla del río hay que caminar ½ h hasta la entrada del yacimiento y después subir 1 h atravesando un bosque primario hasta llegar a las ruinas.

Aunque no se ha excavado ningún edificio, varias estelas más o menos deterioradas ocupan cuatro plazas. La Estela 16, en la plaza 3 (la original está bajo un techo de paja junto a la reproducción en fibra de vidrio), representa a Siyaj K'ak' (Rana Humeante), un guerrero de Teotihuacán que llegó a la zona en el 378 y, por lo visto, se alió con El Perú en una campaña para derrocar a Tikal.

Muchos visitantes se quedan en la Estación Biológica Las Guacamayas, a 20 min en motora por el río San Pedro, pero si se quiere acampar hay plataformas para montar tiendas en el puesto de guardabosques.

En el yacimiento no hay restaurante ni cafetería, así que habrá que llevarse la comida o llegar a un arreglo con el guía del circuito.

La manera más práctica de llegar a El Perú es en un circuito de la Estación Biológica Las Guacamayas, que por lo general forma parte de un paquete de dos o tres días; pueden llevar hasta el yacimiento en lancha o a través de la jungla en un *buggy;* al frente de los circuitos van guías de la cercana comunidad de Paso Caballos.

Estación Biológica Las Guacamayas

La **Estación Biológica Las Guacamayas** (☎5699-3735; www.lasguacamayas.org), un centro de investigación dentro del Parque Nacional Laguna del Tigre, ofrece circuitos arqueológicos y de observación de fauna, y la posibilidad de acompañar a los investigadores mientras estudian a guacamayos y mariposas. Se halla asomado al plácido río y es un lugar deliciosamente aislado, con confortables alojamientos ecológicos en varias casas con techo de paja.

Los circuitos de un día para la observación de aves se dedican a avistar y fotografiar no solo guacamayos, sino otras 300 especies de aves de la reserva y sus alrededores, como el saltarín cabecirrojo norteño, el mielero patirrojo y el ermitaño colilargo. Los circuitos de dos y tres días combinan una visita al yacimiento de El Perú, 20 min al oeste por el río San Pedro, con la observación nocturna del endémico cocodrilo de Morelet, junto con la oportunidad de pescar al famoso pescado blanco.

También hay programas de voluntariado para ayudar a construir infraestructuras, mantener los senderos, trabajar en el jardín de mariposas o promover proyectos de educación ambiental entre la comunidad quekchí de Paso Caballos. Es esencial comprometerse por un mínimo de dos semanas; los participantes han de abonar 620 GTQ por semana por el alojamiento, la manutención y el transporte.

Las 15 habitaciones de semilujo recién instaladas en la jungla poseen camas de bambú, muebles de caoba, ventanales con mosquiteros y porches con vistas al río. El precio por persona de una estancia de dos días (2 personas) ronda los 2000 GTQ, que incluyen alojamiento, comidas y transporte; para una estancia de tres días la tarifa sube a 3000 GTQ.

La estación cuenta con un comedor donde se preparan comidas saludables.

La reserva (en esta página) proporciona transporte desde Flores integrado en sus paquetes. El viaje consiste en 2½ h de carretera hasta Paso Caballos y después 20 min en motora hasta la estación.

El Mirador

Enterrada en lo más profundo de la jungla de El Petén, a solo 7 km de la frontera mexicana, la metrópolis de **El Mirador** (www.miradorbasin.com; ⊙24 h) GRATIS, del preclásico tardío, contiene el mayor conjunto de edificios de todos los yacimientos mayas, entre ellos la pirámide más grande construida en el mundo

LA CUENCA DE EL MIRADOR

Los 2169 km² de bosque tropical que rodean El Mirador albergan muchas ciudades importantes que también prosperaron durante los períodos preclásicos medio y tardío. El Mirador se comunicaba con estas satélites a través de seis calzadas principales, una proeza de la ingeniería que le permitió convertirse en el que quizá fuera el primer Estado político del Nuevo Mundo. Las cuatro ciudades más grandes de la zona quedan a un día a pie:

El Tintal (23 km al suroeste de El Mirador) Una de las ciudades preclásicas más grandes e importantes, con un foso en torno al centro para defender la ciudad y garantizar el suministro de agua todo el año.

Wakná (15 km al sur) Construida en torno a lo que quizá fuera el mayor observatorio astronómico del mundo maya, con murales preclásicos y una serie de calzadas elevadas internas.

Nakbé (13 km al sureste) Fundada alrededor del 1200 a.C., creció hasta convertirse en uno de los centros preclásicos más importantes, que tal vez sirvió de modelo para construir El Mirador. Ya en el 600 a.C. aparecieron aquí todos los rasgos típicos de la civilización maya (arquitectura monumental, palacios, calzadas y canchas de pelota).

Xulnal (7 km al oeste de El Tintal) Descubierta en el 2001, la cerámica hallada indica que fue uno de los primeros asentamientos de la cuenca de El Mirador.

maya. Las excavaciones que se están llevando a cabo apenas han desempolvado la superficie, por lo que muchas estructuras aún se hallan bajo la selva.

El Mirador recibió ese nombre de los chicleros de la zona por las magníficas vistas que se contemplaban desde algunas de las pirámides. La Danta (el Tapir) se alza a 70 m sobre el piso del bosque. El Tigre mide 55 m de altura, con una base de 18 000 m². En su época de esplendor, la ciudad ocupaba más de 16 km² y la habitaban decenas de miles de personas. Seguramente fue la mayor ciudad maya de la era preclásica, con un tamaño muy superior a cualquiera que se construyera después en el mundo maya.

Los templos erigidos se encuadran en el infrecuente estilo llamado triádico, en el que tres pirámides coronan una gran plataforma y la del medio domina las otras dos, una frente a otra en un nivel inferior. Sus fachadas estuvieron decoradas con máscaras talladas.

Los estudiosos aún no se explican cómo y por qué prosperó El Mirador (hay pocos recursos naturales y carece de fuentes de agua, salvo los depósitos construidos por los avezados ingenieros de la época) y qué llevó a su abandono en el año 150. Unos cinco siglos después de tal fecha, parece que El Mirador fue repoblado, tal como apunta la existencia de arquitectura clásica construida sobre estructuras más antiguas. La cerámica desenterrada de esta época muestra una pulidísima decoración, con líneas de caligrafía pintadas en una superficie color crema, con dibujos que recuerdan a los códices mayas.

Richard Hansen, profesor de la Universidad de Idaho, en EE UU, está intentando trazar un mapa de la cuenca de El Mirador, una vasta franja del norte de El Petén que abarca muchas ciudades comunicadas entre sí; cuenta con la financiación de varias fundaciones internacionales y guatemaltecas, además de donantes privados. En marzo del 2009, Hansen y su equipo lograron un importante descubrimiento al dar con un friso de 4 m del año 300 a.C. en la base de La Danta, que suponen decoraba una piscina real. Las imágenes talladas representan a los héroes gemelos Hunahpú e Ixbalnqué que se alejan nadando del submundo de Xibalbá, un relato recogido en el *Popol Vuh* (el libro sagrado de los mayas). El hallazgo subraya la importancia de El Mirador en el afianzamiento de las creencias de las civilizaciones de la era clásica.

🛏 Dónde dormir y comer

Si se llega al yacimiento en un circuito, los guías montarán tiendas con mosquiteros en Tintal, El Mirador y Nakbe. Las familias de Carmelita (punto de partida de la caminata) ofrecen camas.

Los guías de senderismo preparan tentempiés a lo largo del sendero y comidas en los yacimientos, aunque es buena idea llevar algo que apetezca comer. Neria, de la Posada del Campamento Chiclero (p. 263), es famosa por sus habilidades culinarias.

❶ Cómo llegar y salir

Visitar el yacimiento de El Mirador implica una ardua expedición por la selva de, como mínimo, cinco días y cuatro noches (unos 60 km cada trayecto), sin prestaciones ni instalaciones de ningún tipo, más allá de lo que uno lleve y obtenga de la selva. Durante la estación de lluvias, sobre todo de septiembre a diciembre, el barro puede dificultar la marcha. El mejor período para intentar cubrir la ruta es de febrero a junio.

El viaje suele iniciarse desde un núcleo de casas llamado Carmelita, 82 km al norte de la carretera de Flores. La Comisión de Turismo Cooperativa Carmelita (p. 243), un grupo de 16 guías autorizados por el INGUAT, organiza caminatas a El Mirador, con visitas opcionales a los yacimientos preclásicos de Nakbé, El Tintal, Waknáy Xulnal. Es necesario que los participantes se encuentren en buena forma física, soporten las altas temperaturas (una media superior a 38ºC) y la humedad (una media del 85%) y estén preparados para caminar largas distancias (hasta 30 km al día).

En una ruta clásica de seis jornadas, el 1er día se camina durante 6 h atravesando campos de labor hasta El Tintal, donde se pasa la noche. El 2º día se da una vuelta por El Tintal, se sigue por los bosques más densos hasta El Mirador y se acampa. El 3er día se reserva para explorar el yacimiento. El 4º día se caminan 4 h en dirección sureste hasta Nakbé, donde se acampa. Al día siguiente se inicia el regreso al sur por un cami-no oriental, parando para dormir en La Florida. El 6º día se pone rumbo a Carmelita.

Por una expedición de 5/6/7 días, la cooperativa cobra 1915/2300/2700 GTQ por persona para un grupo de al menos tres personas. La tarifa incluye tienda, hamaca y mosquitero; todas las comidas y agua, guía, mulas y arrieros, más suministros de primeros auxilios.

Dos autobuses diarios viajan de Flores a Carmelita a las 5.00 y 13.00 (40 GTQ); por lo general se toma el autobús de la mañana y la caminata empieza nada más llegar.

También se puede llegar desde Uaxactún; es un viaje más largo aunque menos duro, ya que hay menos bajos (pantanos estacionales) y menos claros destinados a la agricultura, por lo que el viajero está bajo el dosel de la selva desde el principio. Posada Campamento del Chiclero (p. 263) ofrece un circuito de seis días a 1900 GTQ por persona y día. El primer tramo del viaje (5 h) se cubre en un *monster truck* hasta un *camping* en el antiguo campamento chiclero de Yucatán. A la mañana siguiente el grupo se provee de mulas y se traslada a otro campamento, La Leontina, a 4 h de marcha a través de la jungla. El día siguiente toca una caminata de 3 h hasta Nakbé. Después de visitar ese yacimiento, la expedición continúa hasta El Mirador. La ruta de vuelta es igual.

Para quienes puedan permitírselo, existe una modalidad mucho más sencilla, el helicóptero. En determinadas épocas del año, **TAG Airlines** (☏2380-9400; www.tag.com.gt) ofrece paquetes en helicóptero desde Flores hasta El Mirador, que incluyen comentarios del arqueólogo Richard Hansen, más comidas y alojamiento por unos 10 340 GTQ/persona.

Comprender Guatemala

Guatemala hoy

Los guatemaltecos viven tiempos difíciles. Más de la mitad de la población se encuentra por debajo del umbral de la pobreza y las bandas van en aumento al tiempo que la policía, desbordada y con medios insuficientes, se afana en mantener el orden. Frente a este panorama desalentador han surgido multitud de organizaciones locales a fin de combatir los muchos problemas del país. Y pese a las incontables promesas de los sucesivos gobiernos, es el pueblo quien aporta las soluciones.

Las mejores películas

'Aquí me quedo' (Rodolfo Espinoza; 2010) Rodada en Quetzaltenango, es la historia de un secuestro narrada con sutil crítica política y grandes dosis de humor negro.

'Cuando las montañas tiemblan' (Pamela Yates y Newton Thomas Sigel; 1983) Documental sobre la guerra civil, con la participación de Susan Sarandon y Rigoberta Menchú.

'Cápsulas' (Verónica Riedel; 2011) Una mirada a la codicia, la corrupción y el tráfico de drogas de una de las pocas directoras nacionales.

Ixcanúl (Jayro Bustamante; 2015) Película multipremiada sobre la llegada a la mayoría de edad de una muchacha cachiquel.

Los mejores libros

'El señor presidente' (Miguel Ángel Asturias; 1946) Su autor, Premio Nobel de Literatura, ofrece una mirada crítica sobre la larga tradición de dictadores del país.

'La otra cara (La vida de un maya)' (Gaspar Pedro González; 1995) La primera novela de un autor maya es un excelente estudio de la vida rural guatemalteca.

'El arte del asesinato político' (Francisco Goldman; 2008) Relato meticulosamente documentado en torno al asesinato del obispo Gerardi.

Ni corrupto, ni ladrón

Las elecciones que siguieron al juicio del expresidente Otto Pérez Molina las ganó Jimmy Morales, un conocido cómico de televisión cuya popularidad se debió en parte a que no procedía de la élite política. Morales concurrió a los comicios con el eslogan "Ni corrupto, ni ladrón", que lógicamente surtió efecto en un país que tenía entre rejas al presidente y vicepresidente anteriores. La población confió en que por fin se produciría el cambio, pero los vínculos del nuevo presidente con el estamento militar (considerada la verdadera élite política) dieron que pensar que al país le aguardara más de lo mismo.

Cuestión de seguridad

Guatemala sigue combatiendo la violencia. La campaña del Registro Nacional de Armas empezó bien, pero no acaba de ser efectiva; hay 11 armas de fuego por cada 100 personas, de las cuales solo tres están registradas.

La policía, con dotación y recursos insuficientes, se ha esforzado por hacer frente al aumento de los delitos relacionados con el tráfico de drogas, principalmente en zonas urbana y de manera especial en Ciudad de Guatemala. Basta decir que en el país hay unos 150 000 guardias de seguridad privados frente a solo 30 000 agentes de policía. El viajero pronto verá jóvenes armados (a veces demasiado jóvenes), con uniformes que parecen oficiales y que custodian desde casas particulares hasta farmacias y restaurantes de comida rápida.

Política internacional

La política internacional sigue afectando a Guatemala. Como consecuencia, probablemente no prevista, de la tendencia mundial al uso de las energías renovables, los precios de las tortillas de maíz se han disparado porque EE UU emplea hasta el 40% de su cosecha de maíz en la fabricación de combustibles biológicos. El maíz es un alimento de primera necesidad en Guatemala –casi el único alimento presente en todas las comidas– y, a pesar de todo el que se cultiva, el país paga a EE UU más de 200 millones de US$ al año para importar maíz.

Un tema muy delicado en la Guatemala rural tiene que ver con los grandes proyectos (con frecuencia en manos extranjeras) como centrales hidroeléctricas y minas. Amnistía Internacional ha denunciado que las multinacionales vulneran con regularidad las convenciones sobre Derechos Humanos cuando desplazan a las comunidades locales, y que las más afectadas son las empobrecidas comunidades indígenas de las zonas rurales.

El lento camino hacia la recuperación

Las heridas de la guerra civil van cicatrizando, en parte por el paso de las generaciones que la vivieron, aunque ha tenido suma importancia el reconocimiento oficial de algunas atrocidades. A pesar de que el presidente Morales ha dicho que no cree que se haya cometido un genocidio en el Triángulo Ixil, se están exhumando los cementerios clandestinos utilizados por los militares para enterrar a disidentes "desaparecidos" y, al menos algunos criminales de guerra, han empezado a comparecer ante la justicia. Hasta la fecha, la mayor pena ha sido los 7710 años de cárcel impuestos al excomisionado militar Lucas Tecún.

En marzo del 2012, con un golpe de efecto que dejó perplejos a muchos, un juez guatemalteco levantó el último obstáculo que impedía que el exdictador Efraín Ríos Montt fuera juzgado por crímenes de lesa humanidad. Primero fue condenado a 80 años de prisión, pero una sentencia posterior revocó la condena y solicitó un nuevo juicio, alegando la supuesta senilidad de Ríos Montt.

El movimiento local

Ante la indiferencia de las instituciones y/o su inoperancia para afrontar los problemas del país, muchas organizaciones comunitarias y ONG están llenando el vacío. Amplios sectores de población se están implicando y colaborando como voluntarios en cuestiones de diversa índole, desde patrullas vecinales de vigilancia hasta programas de seguridad alimentaria y vivienda para pobres. Este espíritu comunitario ha sido evidente tras los desastres naturales sufridos por el país, cuando los ciudadanos se han organizado para suministrar ayuda a los afectados.

Las protestas masivas contra el Gobierno de Pérez Molina, básicamente sin orientación política y organizadas a través de las redes sociales, parecen haber despertado en los guatemaltecos jóvenes un interés nuevo en la política, y se están formando alianzas entre grupos antes dispares.

POBLACIÓN: **14 919 000 HAB.**

SUPERFICIE: **108 889 KM²**

PIB: **63 220 MILLONES DE US$**

INFLACIÓN: **2,2%**

ÍNDICE DE POBREZA: **54%**

si Guatemala tuviera 100 personas

59 serían mestizos (ascendencia mixta)
40 serían mayas
1 sería de otra procedencia

diáspora guatemalteca
(% de la migración de población)

población por km²

Historia

El adjetivo tumultuoso no basta para describir los sucesos que este trozo de tierra ha vivido en los últimos milenios. Grandes imperios han surgido y caído, llegaron los conquistadores y se fueron, y la población se ha visto atrapada una y otra vez en el fuego cruzado de las guerras.

La civilización maya, de Robert J. Sharer, publicada en la década de 1990, es una actualización del clásico homónimo escrito por Sylvanus G. Morley. La primera parte del libro narra la historia de los mayas de manera cronológica; la segunda trata diferentes aspectos de su cultura, con una gran claridad.

Período preclásico (2000 a.C.-250 d.C.)

Se cree que esta época coincidió con la aparición de estructuras sociales estables y formas arcaicas de agricultura, cerámica y fabricación de herramientas en el territorio que hoy corresponde a México y Guatemala. La mejora en la alimentación dio lugar a un aumento de la población, un mejor nivel de vida y avances en las técnicas agrícolas y artísticas. Se produjeron vasijas decorativas y mazorcas de maíz más gruesas y sanas. Incluso al inicio del período, los habitantes de Guatemala ya hablaban una versión primitiva de la lengua maya.

Hacia mediados del período preclásico (800-300 a.C.), en el valle de Copán vivían pueblos ricos y se habían fundado poblados junto a lo que sería la ciudad de Tikal, en la selva de El Petén. Se abrieron rutas comerciales entre los pueblos de la costa y las tribus del altiplano que intercambiaban sal y conchas marinas por obsidiana para construir herramientas.

A medida que los mayas perfeccionaron sus técnicas agrícolas, surgió una clase noble que construyó templos a partir de plataformas elevadas de terreno, coronadas por un refugio con tejado de paja, bajo el cual se enterraba al potentado local, lo que incrementaba el poder sagrado del recinto. Estos templos se han descubierto en Uaxactún, Tikal y en El Mirador. Kaminaljuyú, en Ciudad de Guatemala, alcanzó su cenit entre los años 400 a.C. y 100 d.C., con miles de habitantes y numerosos templos sobre montículos.

En El Petén, donde abundaba la caliza, los mayas construyeron templos sobre plataformas de piedra. A medida que los sucesivos potentados locales exigían tener un templo mayor que el del líder predecesor, se iban edificando plataformas cada vez mayores sobre las ya existentes, lo que

CRONOLOGÍA	3114 a.C.	1100 a.C.	c. 250 a.C.
	Según los mayas, el mundo se creó el 13 de agosto de este año, que es la primera fecha del calendario maya de la cuenta larga.	Aparecen asentamientos protomayas en el valle de Copán. Hacia el 1000 a.C. los de la costa guatemalteca del Pacífico muestran los primeros indicios de una sociedad jerárquica.	El Mirador y Kaminaljuyú florecen entre el 250 a.C. y el 100 d.C. por sus ventajas tácticas y comerciales. La agricultura mejora a expensas del comercio de obsidiana y jade.

dio lugar a enormes pirámides. Se cree que la pirámide del Tigre, en El Mirador, de 18 pisos de altura, es la mayor construida por los mayas. El terreno quedó así abonado para que floreciera la civilización maya clásica.

Período clásico (250-900)

En este período, los mayas se organizaron en numerosas ciudades-estado. Mientras Tikal adquiriría un papel central hacia el año 250, El Mirador había sido misteriosamente abandonado un siglo antes. Algunos expertos creen que debido a una grave sequía.

Cada una tenía su casa aristocrática, encabezada por un rey-sacerdote que aplacaba a los dioses derramando su sangre al perforarse la lengua, el pene o las orejas con objetos punzantes. Como dirigente sagrado de su comunidad, el rey también debía liderar a sus soldados en las batallas contra ciudades rivales, en las que se capturaba a prisioneros para los sacrificios humanos.

Una ciudad maya típica funcionaba como centro religioso, político y comercial de las aldeas campesinas circundantes. Su centro ceremonial estaba formado por plazas rodeadas de altos templos piramidales y edificios más bajos con numerosas estancias. Estelas y altares se cubrían de inscripciones con fechas, historias y elaboradas representaciones humanas y divinas.

En la primera parte del período clásico, lo más probable es que casi todas las ciudades-estado se agruparan en dos alianzas militares genéricas, centradas en Calakmul, en el estado mexicano de Campeche, y Tikal.

A finales del s. VIII disminuyó el comercio entre los estados mayas y aumentaron los conflictos. A principios del s. X, las ciudades de Tikal, Yaxchilán, Copán, Quiriguá y Piedras Negras habían quedado reducidas a pueblos y gran parte de El Petén había sido abandonado. Hay muchas teorías para explicar la caída de la civilización maya clásica, tales como la presión demográfica, la sequía y el deterioro ecológico.

Período posclásico (900-1524)

Se cree que algunos de los mayas que abandonaron El Petén se trasladaron al suroeste, hacia las montañas de Guatemala. En los ss. XIII y XIV se unieron a los mayas toltecas de las regiones mexicanas de Tabasco y Yucatán. Varios grupos de estos recién llegados fundaron una serie de estados rivales en las montañas guatemaltecas. Los más importantes fueron el quiché (o k'iche'; con capital en Gumarcaaj, cerca de la actual Santa Cruz del Quiché), el cachiquel (con capital en Iximché, cerca de Tecpán), los mam (con capital en Zaculeu, cerca de Huehuetenango), los zutujil (con capital en Chuitinamit, cerca de Santiago Atitlán) y los pocomam (con capital en Mixco Viejo, al norte de Ciudad de Guatemala). Los itzaes

Los mayas, de Michael D. Coe, es quizá la mejor monografía sobre la historia de los antiguos mayas. En su El desciframiento de los glifos mayas, el autor explica lo que considera "una de las aventuras intelectuales de nuestro tiempo". Y es que los glifos mayas han sido objeto de numerosos estudios y polémicas.

Los arqueólogos estiman que solo se ha descubierto el 10% de Tikal, uno de los yacimientos mayas más grandes y célebres del país.

230	682	900	S. XIII
El Mirador decae. El rey Yax Ehb' Xooc de Tikal inicia la dinastía que hará de Tikal la ciudad dominante del sur del mundo maya.	El rey Luna Doble Peine, o Señor Chocolate, asume el trono de Tikal y comienza a remodelar las plazas y templos destruidos por Caracol y Calakmul.	Se inicia el declive de la civilización maya clásica y comienza la época posclásica. El éxodo de Tikal durará un siglo: la ciudad no volverá a habitarse.	Inmigrantes mayas toltecas del sureste de México fundan reinos en Guatemala. Los mayas del altiplano crean reinos rivales, con agrupaciones lingüísticas y culturales que perduran en la actualidad.

de Yucatán se asentaron en el lago de Petén Itzá, en El Petén, en la isla hoy llamada Flores.

La conquista española

El cosmos maya: tres mil años por la senda de los chamanes, de Davis Freidel, Linda Schele y Joy Parker, es una hábil combinación de arqueología, antropología, astronomía y testimonio personal de los autores, que recrean la rica historia del mito original del pueblo maya desde sus manifestaciones más tempranas hasta sus expresiones actuales.

Hernán Cortés derrotó al Imperio azteca, cuyo centro era Tenochtitlán (la actual Ciudad de México), en 1521. Uno de sus capitanes, Pedro de Alvarado, llegó a Guatemala en 1524. Allí forjó alianzas temporales con los grupos mayas y sometió a los pueblos rivales, para luego hacer estragos entre sus propios aliados mayas. La única excepción notable fueron los rabinales, en la actual Baja Verapaz, que sobrevivieron con su identidad prehispánica intacta.

Alvarado trasladó su base a Santiago de los Caballeros (la actual Ciudad Vieja) en 1527, pero poco después de su muerte, en 1541, fue destruida por una inundación. La capital se trasladó de nuevo con el mismo nombre a un lugar cercano, a la actual Antigua.

Período colonial (1524-1821)

Los colonizadores esclavizaron a la población indígena para que trabajaran la tierra. Negarse comportaba la muerte.

Pero a América también llegó la Iglesia católica y, con ella, el fraile dominico Bartolomé de las Casas, que había presenciado el casi total exterminio de los indios de Cuba y La Española. Horrorizado, consiguió que Carlos I de España promulgara las Leyes Nuevas de 1542, que ponían fin al sistema de trabajos forzados. En la práctica continuaron, pero evitó la desenfrenada devastación de los mayas; fray Bartolomé y otros misioneros empezaron a convertirlos al cristianismo.

Se puede atribuir gran parte del éxito evangelizador a su enfoque pacífico, el relativo respeto que mostró hacia las creencias tradicionales y la educación que impartía en las lenguas indígenas.

Independencia

A su vuelta de América, Cristóbal Colón introdujo en Europa una variedad de alimentos desconocidos para sus habitantes: tomate, boniato, calabaza, patata, aguacate, maíz y cacao.

Cuando los guatemaltecos empezaron a plantearse la independencia de España, la sociedad estaba rígidamente estratificada. Los españoles nacidos en Europa eran los únicos que tenían verdadero poder; los criollos (españoles nacidos en Guatemala) dominaban a los ladinos (mestizos de sangre española y maya); y estos explotaban a la población india, relegada al peldaño más bajo de la escala socioeconómica.

Hartos de ser menospreciados en aras del progreso, los criollos guatemaltecos se sublevaron en 1821. Pero la independencia supuso pocos cambios para las comunidades indígenas.

México, recién independizado, no tardó en anexionarse el territorio guatemalteco, pero en 1823 Guatemala reafirmó su independencia y lideró

1523	1542	1609-1821	1773
El español Pedro de Alvarado comienza la conquista de Guatemala, que ocupa enseguida. Partes del altiplano resisten durante años y El Petén tarda otros 170 años en ser sometido.	España aplica las Leyes Nuevas que prohíben oficialmente la esclavitud en sus colonias. La influencia católica se institucionaliza más y las estructuras sociales tradicionales mayas cambian.	La Capitanía General de Guatemala comprende la actual Costa Rica, Nicaragua, Honduras, El Salvador, Guatemala y el estado mexicano de Chiapas.	Antigua, una joya colonial, con una universidad, imprenta, escuelas, hospitales e iglesias, es asolada por un terremoto. La nueva capital se funda en la actual Ciudad de Guatemala.

la formación de las Provincias Unidas de Centroamérica (creadas el 1 de julio de 1823), junto con El Salvador, Nicaragua, Honduras y Costa Rica. Su unión, debilitada por enfrentamientos civiles desde el principio, solo duró hasta 1840. Ese período aportó prosperidad a los criollos, pero empeoró la suerte de los mayas guatemaltecos. El final del dominio español significó el abandono de las escasas salvaguardas liberales de la Corona, que habían proporcionado a los mayas un mínimo de protección

Mesoweb (www.mesoweb.com) es una excelente fuente de información sobre el presente y el pasado de los mayas.

Los liberales y Carrera

Las clases dirigentes se dividían en dos bandos: la élite conservadora, que incluía a la Iglesia católica y a los grandes terratenientes; y los liberales, que habían sido los primeros en defender la independencia.

La breve sucesión de líderes liberales llegó a su fin cuando las políticas económicas impopulares y una epidemia de cólera desencadenaron una revuelta indígena que llevó al poder a Rafael Carrera, un criador de cerdos ladino conservador. Se mantuvo en el poder de 1844 a 1865, período en que suprimió muchas de las reformas liberales anteriores y cedió el control de Belice a Gran Bretaña a cambio de una carretera entre Ciudad de Guatemala y la capital de Belice que nunca llegó a construirse.

Reformas liberales de J. R. Barrios

Los liberales volvieron al poder en la década de 1870, primero con Miguel García Granados y después con Justo Rufino Barrios, el joven y rico propietario de una plantación de café que gobernó como un dictador entre 1873 y 1879. Modernizó carreteras, ferrocarriles, escuelas y el sistema bancario, y favoreció desmesuradamente la floreciente industria cafetera. Bajo el gobierno de sus sucesores, un pequeño grupo de familias comerciantes y terratenientes se hizo con el control de la economía, se otorgaron generosas concesiones a compañías extranjeras y se censuró, encarceló o exilió a los opositores.

Estrada Cabrera

Manuel Estrada Cabrera gobernó de 1898 a 1920, y logró progresos en cuestiones técnicas, aunque imponiendo una pesada carga a toda la población, excepto a la oligarquía gobernante. Se definía a sí mismo como "maestro y protector de la juventud guatemalteca".

Como reacción al doble lenguaje de Cabrera, se inició la llamada "Huelga de Dolores". Estudiantes de la Universidad de San Carlos de Ciudad de Guatemala tomaron las calles en Cuaresma –con capuchas para evitar represalias– en protesta contra la injusticia y la corrupción. La tradición arraigó en todo el país y culminó en un desfile por las calles principales el viernes previo al Viernes Santo que aún se celebra.

1823-1840	1838	1840	Década de 1870
Guatemala, El Salvador, Honduras, Nicaragua y Costa Rica forman las Provincias Unidas de Centroamérica. Se promulgan reformas liberales con la oposición de los conservadores y la Iglesia católica.	Gran parte del suroeste de Guatemala declara la independencia. Se convierte así en el sexto miembro de las Provincias Unidas, Los Altos, con su capital en Quetzaltenango.	Rafael Carrera toma el poder y declara la independencia de Guatemala y reincorpora Los Altos. Revoca muchas de las reformas liberales de las Provincias Unidas.	Los gobiernos liberales modernizan Guatemala, pero ceden las tierras de los indígenas a las plantaciones cafeteras. Se favorece a los colonos europeos y los mayas pierden derechos.

Jorge Ubico

Estrada Cabrera fue derrocado en 1920 y Guatemala entró en un período de inestabilidad que terminó en 1931 con la elección del general Jorge Ubico como presidente, quien hizo especial hincapié en la honradez del Gobierno y modernizó las infraestructuras sanitarias y sociales. Su gobierno terminó cuando fue obligado a exiliarse en 1944.

J. J. Arévalo y J. Arbenz

Guatemala reconoció la independencia de Belice en 1992, pero la delimitación de la frontera sigue estando en litigio. En el 2008 se firmó un acuerdo para llevar esta cuestión a la Corte Internacional de Justicia.

Cuando parecía que Guatemala estaba condenada a una sucesión de dictadores, las elecciones de 1945 llevaron a la presidencia al filósofo Juan José Arévalo. Ocupó el cargo hasta 1951, creó el sistema de seguridad social, una oficina de asuntos indígenas, un sistema moderno de sanidad pública y una legislación laboral de tintes liberales. Además, sobrevivió a 25 intentos de golpe de Estado por militares conservadores.

Su sucesor, el coronel Jacobo Arbenz, continuó en la línea de su predecesor: introdujo reformas agrarias para facilitar una productividad alta en explotaciones pequeñas. También expropió grandes extensiones de terreno concedido a la United Fruit Company durante los mandatos de Estrada Cabrera y de Ubico. Se pagaron compensaciones por el valor que la compañía había declarado (muy por debajo del valor real) y se anunció que las tierras se redistribuirían entre los campesinos. Este anuncio disparó las alarmas en Washington; en 1954, en una de las primeras operaciones encubiertas documentadas por la CIA, EE UU orquestó una invasión desde Honduras. Arbenz dejó el cargo y la reforma agraria nunca se materializó.

Tras él hubo varios presidentes militares. Un apoyo más encubierto, pero bien documentado, provino de EE UU en forma de dinero y adiestramiento de la contrainsurgencia. La violencia se convirtió en una constante en la política, las reformas agrarias se revirtieron, el derecho a voto se condicionó a la alfabetización (privando de sus derechos a casi un 75% de la población), la policía secreta se restituyó y la represión militar fue constante.

En 1960 se empezaron a formar guerrillas de izquierdas.

Inicio de la guerra civil

La industria de Guatemala se desarrolló rápidamente, pero el tejido social se iba tensando cada vez más. Los sindicatos se organizaron y la emigración hacia las ciudades, en particular a la capital, originó la urbanización irregular y la aparición de barrios de chabolas. Se implantó un ciclo de represión violenta y de protestas. En 1979, Amnistía Internacional calculaba que durante la violencia política de esa década habían sido asesinadas de 50 000 a 60 000 personas.

1901	1940	1945-1954	1954
El presidente Manuel Estrada Cabrera intenta que se establezca en Guatemala la estadounidense United Fruit Company, que pronto jugará un papel fundamental en la política nacional.	Cediendo a la presión de EE UU (entonces el destinatario del 90% de las exportaciones de Guatemala), el presidente Jorge Ubico expulsa a los terratenientes alemanes y reparte sus tierras.	Juan José Arévalo llega al poder avalado por el 85% del sufragio popular, lo que da paso a un gobierno progresista continuado por su sucesor Jacobo Arbenz.	El primer intento serio de reforma agraria lleva a Arbenz a expropiar tierras de la United Fruit Company. Será depuesto mediante un golpe de Estado orquestado por EE UU.

En 1976, un grave terremoto causó la muerte de 22 000 personas y dejó sin hogar a un millón. Solo una parte muy pequeña de la ayuda enviada a las víctimas llegó a sus destinatarios.

La década de 1980

A principios de la década de 1980, cuatro grupos guerrilleros se unieron formando la URNG (Unidad Revolucionaria Nacional Guatemalteca), y la represión militar de elementos contrarios al Gobierno en el campo alcanzó su punto álgido, en especial con la presidencia del general Efraín Ríos Montt, cristiano evangélico que se hizo con el poder mediante un golpe de Estado en marzo de 1982. En nombre de la contrainsurgencia, la estabilización y el anticomunismo, se asesinó a un gran número de personas de más de 400 aldeas, sobre todo hombres indígenas.

Se llegó a estimar que unos 15 000 civiles murieron como consecuencia de las operaciones de contrainsurgencia durante el mandato de Ríos Montt, por no hablar de los más de 100 000 refugiados, según diversas estimaciones, que huyeron a México, casi todos mayas. El Gobierno obligó a los aldeanos a formar Patrullas de Autodefensa Civil (PAC), que más tarde fueron acusadas de graves atrocidades contra los derechos humanos.

A medida que la guerra civil se prolongaba y en ambos lados se perpetraban brutalidades, cada vez más habitantes de las zonas rurales se vieron atrapados en el fuego cruzado.

En agosto de 1983 Ríos Montt fue depuesto por el general Oscar Humberto Mejía Victores, pero los abusos continuaron. Los supervivientes fueron conducidos a remotas "aldeas modelo" rodeadas por campamentos militares. A raíz de los constantes informes de que se violaban las libertades y se masacraba a civiles, EE UU interrumpió su ayuda militar a Guatemala, lo cual propició la elección en 1986 de un presidente civil, el cristianodemócrata Marco Vinicio Cerezo Arévalo.

Se depositaron grandes esperanzas en que la administración de Cerezo Arévalo templara los excesos de la élite dirigente y del ejército, y estableciera las bases para una democracia verdadera. Pero el conflicto armado siguió vivo en algunas zonas remotas y, cuando terminó el mandato en 1990, muchos se preguntaron si realmente se había avanzado en algo.

Principios de la década de 1990

El presidente Jorge Serrano, del conservador Movimiento de Acción Solidaria, reabrió el diálogo con la URNG, con la esperanza de terminar con una guerra civil que duraba décadas. Cuando las conversaciones fracasaron, el mediador de la Iglesia católica culpó a ambas partes de intransigencia.

Del katún al siglo: tiempos del colonialismo y resistencia entre los mayas, de Mª Carmen León, Mario H. Ruz y José Alejos, da cuenta de las diferentes formas de colonialismo que se han querido imponer a los pueblos mayas y de su resistencia.

La hija del puma, película dirigida por Ulf Hultberg en 1994, está basada en una historia real sobre una chica maya quiché que sobrevive a la masacre de los habitantes de su pueblo a manos del ejército y ve cómo capturan a su hermano. Huye a México pero regresa a Guatemala en su busca.

HISTORIA LA DÉCADA DE 1980

1950-1960	1967	1976	1982
El país es gobernado por dictaduras militares, que revierten las reformas liberales anteriores. La represión provoca la formación de los grupos guerrilleros izquierdistas. La guerra civil se generaliza.	El escritor y diplomático guatemalteco Miguel Ángel Asturias, pionero de la literatura contemporánea latinoamericana, recibe el Premio Nobel de Literatura.	Un terremoto mata a 22 000 personas en Guatemala. Las tareas de reconstrucción contribuyen al reforzamiento de los grupos opositores de izquierda, que son reprimidos duramente por los militares.	Cuatro organizaciones guerrilleras se unen en la URNG (Unidad Revolucionaria Nacional Guatemalteca). Se calcula que medio millón de ciudadanos apoyan activamente el movimiento guerrillero.

Durante este período continuaron los abusos, a pesar de que el país había vuelto a la democracia. En 1990, en un caso dramático, la antropóloga guatemalteca Myrna Mack, que había documentado la violencia del ejército contra la población rural maya, quedó herida de muerte tras ser cosida a puñaladas. El exjefe de la guardia presidencial, el coronel Juan

RIGOBERTA MENCHÚ TUM

En teoría, una campesina indígena guatemalteca no sería uno de los candidatos más probables al Premio Nobel.

Rigoberta Menchú nació en 1959 cerca de Uspantán, en el altiplano del departamento de Quiché, y vivió como cualquier joven maya hasta finales de la década de 1970, cuando la guerra civil la afectó de manera trágica y se vio abocada a colaborar con la guerrilla izquierdista. Su padre, su madre y su hermano fueron asesinados durante la campaña militar para erradicar el comunismo.

Menchú se exilió a México, donde publicó su autobiografía *Me llamo Rigoberta Menchú y así me nació la conciencia*. El libro fue traducido a numerosas lenguas y atrajo la atención internacional hacia la grave situación de la población indígena de Guatemala. En 1992 recibió el Premio Nobel de la Paz y tanto ella como su causa obtuvieron prestigio y apoyo. Con los 1,2 millones de US$ del premio creó la Fundación Rigoberta Menchú (www.frmt.org), que trabaja en la resolución de conflictos, la pluralidad y los derechos de las personas, los indígenas y la mujer en Guatemala y en el mundo entero.

Los guatemaltecos, en especial los mayas, se sentían orgullosos de que uno de ellos hubiera sido distinguido por el comité del Nobel. En los círculos del poder, no obstante, la notoriedad de Rigoberta no fue bien recibida por considerársela una agitadora.

El libro del antropólogo David Stoll *Rigoberta Menchú y la historia de todos los guatemaltecos pobres* (1999) cuestionó la veracidad de muchos aspectos de la autobiografía de Menchú, incluidos algunos hechos capitales. El *New York Times* afirmó que Menchú había recibido el Premio Nobel gracias a las mentiras, y sus detractores se frotaron las manos.

Menchú se tomó la controversia con calma, sin rebatir las acusaciones directas, y el Instituto Nobel dejó claro que el premio se le concedía por su trabajo en pro de los indígenas y no por el contenido de su libro. Pero el escándalo consolidó aún más el apoyo a su causa, y Stoll quedó en entredicho.

En 1994, Rigoberta regresó a su país. Desde entonces ha seguido trabajando en la fundación, sobre todo para mejorar el acceso a los medicamentos genéricos de bajo coste. También ha sido durante un tiempo embajadora de buena voluntad de la ONU para los Acuerdos de Paz. En el 2007 decidió presentarse a la presidencia, pero el carácter problemático y, a menudo, dividido de la política indígena se puso de manifiesto cuando la Cumbre Indígena Mundial de aquel año decidió no apoyarla y su partido obtuvo poco más del 3% de los votos en las elecciones.

1982-1983	1990	1992	1996
El terrorismo de Estado contra las comunidades indígenas rurales alcanza su punto álgido durante el gobierno del general Efraín Ríos Montt. Campesinos, sobre todo del altiplano, huyen a México.	El ejército mata a 13 mayas zutujiles (tres de ellos niños) en Santiago Atitlán. Los vecinos se defienden y consiguen que la ciudad sea la primera en expulsar al ejército mediante presión popular.	La pacifista indígena y defensora de los derechos humanos Rigoberta Menchú obtiene el Premio Nobel de la Paz durante su exilio en México; regresa a Guatemala dos años después.	Tras casi una década de conversaciones se firman los acuerdos de paz que ponen fin a 36 años de guerra civil durante los que se estima que murieron 200 000 guatemaltecos.

Valencia Osorio, fue declarado culpable de planear el asesinato y sentenciado a 30 años de prisión, aunque consiguió pasar a la clandestinidad antes de ser arrestado.

La presidencia de Serrano dependía cada vez más del apoyo del ejército. En 1993 trató de hacerse con el poder absoluto, pero tras unos días de tensión, se le obligó a exiliarse. El Congreso nombró presidente a Ramiro de León Carpio, conocido por sus críticas a la mano dura del ejército.

Los acuerdos de paz

Álvaro Arzú, del centroderechista Partido de Avanzada Nacional (PAN), sucesor electo de Ramiro de León desde 1996, continuó las negociaciones con la URNG hasta que el 29 de diciembre de 1996 se firmó en el Palacio Nacional de Ciudad de Guatemala un "Acuerdo de Paz firme y duradera". Se calcula que durante los 36 años de guerra civil murieron 200 000 guatemaltecos, un millón perdió sus casas y no se sabe cuántos miles desaparecieron.

Guatemala a partir de los acuerdos de paz

Toda la esperanza de que Guatemala se convirtiera en una sociedad justa y democrática se ha ido desvaneciendo desde 1996. Las organizaciones internacionales critican a menudo la situación en el país y muchos guatemaltecos defensores de los derechos humanos reciben amenazas o desaparecen. Siguen lejos de resolverse los principales problemas (pobreza, analfabetismo, falta de educación y deficiencias sanitarias), más comunes en las zonas rurales, donde se concentra la población maya.

Alfonso Portillo, del conservador Frente Republicano Guatemalteco (FRG), ganó las elecciones presidenciales de 1999. Era considerado el testaferro del líder del FRG, el expresidente Ríos Montt. Al final de su mandato, Portillo huyó del país ante las acusaciones de haber desviado 500 millones de US$ del Tesoro hacia cuentas bancarias personales y familiares. Eludió la justicia durante años, pero finalmente fue acusado por EE UU de blanquear dinero a través de bancos estadounidenses; tras cumplir condena de un año y medio es ese país, en el 2015 regresó a Guatemala.

Ríos Montt obtuvo el permiso del Tribunal Constitucional guatemalteco para presentarse a las elecciones del 2003, a pesar de que la Constitución se lo prohibía por haber protagonizado un golpe de Estado en 1982.

Berger y la 'nueva' Guatemala

Ríos Montt sufrió una rotunda derrota frente a Oscar Berger, de la Gran Alianza Nacional (GANA), moderadamente conservadora, que fue elegido presidente. Berger se mantuvo relativamente al margen de escándalos políticos; según sus críticos, porque en realidad no hacía nada, ni bueno ni malo.

Searching for Everardo, de la abogada estadounidense Jennifer K. Harbury, cuenta cómo se enamoró y se casó con un dirigente de la guerrilla URNG que después desapareció en combate, y su lucha con los gobiernos de EE UU y Guatemala –incluida una huelga de hambre delante de la Casa Blanca– para saber qué fue de él.

Guatemala: Nunca Más (1998), publicado por la ODHAG (Oficina de Derechos Humanos del Arzobispado de Guatemala) y REMHI (Recuperación de la Memoria Histórica), detalla muchas de las violaciones de los derechos humanos cometidas durante la guerra civil guatemalteca.

1998	2000-2004	2006	2011
La verdadera naturaleza de la paz se cuestiona cuando el obispo Gerardi, que responsabiliza al ejército de el abrumador número de muertes en la guerra, es asesinado.	Presidencia de Alfonso Portillo, del FRG, liderado por Ríos Montt. Comienza procesando a los responsables de la muerte del obispo Gerardi, pero se ve envuelto en acusaciones de corrupción.	Guatemala ratifica el CAFTA, un acuerdo de libre comercio entre EE UU y América Central. Las protestas callejeras y el debate interminable en los medios tienen poco efecto en el documento final.	La primera dama, Sandra Torres, anuncia su divorcio del presidente para poder presentarse a las elecciones y "casarse con el pueblo". La oposición lo clasifica como un fraude.

En el 2006, Guatemala ratificó el Tratado de Libre Comercio (TLC). Sus partidarios sostienen que asegura una mayor presencia del país en los mercados internacionales, mientras que sus detractores afirman que perjudica a los campesinos pobres.

La elecciones de finales del 2007 llevaron al poder a Álvaro Colom, de la Unidad Nacional de la Esperanza (UNE), de centroizquierda. Siguió el ejemplo de Berger al aplicar un gobierno estable y minimalista, e impulsó mejoras en las infraestructuras. Pero su presidencia se vio manchada por la corrupción.

Quizá el giro más estrambótico de la presidencia de Colom tuvo lugar a su término. Sabiendo que la Constitución guatemalteca prohíbe a los miembros de la familia del presidente concurrir a las elecciones siguientes para evitar las dictaduras, Colom y su esposa interpusieron una demanda de divorcio para que ella pudiera ser candidata. Sin embargo, el Tribunal Constitucional prohibió su candidatura, dejando el paso libre a la línea dura del exgeneral de la guerra civil Otto Pérez Molina, que asumió el cargo a principios del 2012.

La elección de Pérez Molina fue polémica; había sido general del ejército de Ríos Montt. No obstante, los guatemaltecos ya se habían cansado del desgobierno e hicieron tabla rasa con la esperanza de que Molina cumpliera sus dos promesas electorales: trabajo y seguridad.

A pesar de algunas reacciones severas contra los manifestantes (el ejército mató a siete e hirió a 40 durante una protesta contra las presas y las minas), Pérez Molina hizo poco para combatir la verdadera delincuencia, y el inicio de su mandato se vio salpicado por rumores de corrupción. En abril del 2015, CICIG, la agencia anticorrupción de la ONU, publicó un informe y todo se volvió mucho menos impreciso.

El informe decía que varios miembros del gabinete de Pérez Molina habían aceptado sobornos de los importadores a cambio de reducciones en los aranceles. En cuestión de días se organizaron protestas masivas y decenas de miles de personas ocuparon el centro de Ciudad de Guatemala. La vicepresidenta Roxana Baldetti fue la primera en marcharse: dimitió al no poder explicar, entre otras cosas, cómo había pagado los 13 millones de US$ de su helicóptero.

En los meses siguientes dimitieron más de 20 altos cargos y muchos fueron detenidos a medida que el escándalo ascendía. Las protestas continuaron conforme se descubrían más cosas. Baldetti fue detenida en agosto entre apelaciones al procesamiento de Pérez Molina. El presidente resistió algunas semanas más y por último dimitió y fue detenido.

Para estar al día de los avances (o de la falta de ellos) en materia de derechos humanos en Guatemala, se recomienda visitar el sitio web de Guatemala Derechos Humanos (www.derechos.org/nizkor/guatemala).

Enero 2012	21 diciembre 2012	2015	2016
El exgeneral Otto Pérez Molina toma posesión como presidente tras ganar las elecciones con la promesa de atajar la creciente delincuencia.	A pesar de las predicciones (hechas por personas no mayas) de que se acabaría el mundo, *baktún* 13 termina sin incidentes y se inicia un nuevo Gran Ciclo del calendario maya de la cuenta larga.	El CICIG, la agencia anticorrupción de la ONU, denuncia la corrupción generalizada del Gobierno. La vicepresidenta Baldetti y el presidente Pérez Molina dimiten después de protestas masivas.	Sandra Morán, primer miembro abiertamente LGBT del Congreso, jura su cargo el mismo día que el nuevo presidente Jimmy Morales, un cristiano evangélico que se ha opuesto al matrimonio homosexual.

Estilo de vida

Aparte de las consabidas divisiones socioeconómicas, la forma de vida en Guatemala depende de dónde se viva; las diferencias entre la costa y el altiplano, entre las grandes ciudades y las aldeas, son tan acusadas que al visitante a veces le parecerá que el trayecto de una hora en autobús le ha llevado a otro país. Sin embargo, todos los guatemaltecos tienen cosas en común, un conjunto de características nacionales que cuando se suman definen en gran medida la esencia de ser chapín (guatemalteco).

Luces de la ciudad

Casi la mitad de los guatemaltecos viven en los llamados "entornos urbanos". Pero no hay que olvidar que, según los cánones internacionales, Ciudad de Guatemala es la única gran ciudad del país: la capital posee más de 4 millones de habitantes, Quetzaltenango, que es la segunda en tamaño, no llega a los 200 000.

La vida en la capital, e incluso en las ciudades importantes, es parecida a la de cualquier gran ciudad. Hay barrios marginales, otros de clase media y urbanizaciones privadas. La superpoblación y la creciente cultura del automóvil provocan atascos de tráfico dignos de Madrid o Nueva York. Ciudad de Guatemala sobre todo tiene mala fama por la delincuencia callejera y es raro ver gente caminando de noche por sus calles. Es también en la capital donde se verán más casas fortificadas, con alambre de púas, ventanas con rejas y circuitos cerrados con cámaras de vigilancia: la gente suele tomar todas las medidas que puede pagar para protegerse de robos y allanamientos.

El nivel de vida en Ciudad de Guatemala está mejorando gracias, sobre todo, a los esfuerzos del expresidente y cinco veces alcalde Álvaro Arzú, cuyas iniciativas de abrir los espacios públicos y peatonalizar las calles han provocado que sus críticos le llamen "el jardinero".

La vida en la montaña

Las regiones montañosas son las más indígenas, así que la cultura y las tradiciones mayas son mucho más fuertes en dichas zonas que en la costa o en la capital. Incluso en las grandes ciudades se ve a muchas mujeres (y también hombres) con el traje típico maya, y el viajero los oirá hablar en su dialecto. Muchos habitantes de estas comarcas, sobre todo los más mayores, tienen el español como segunda lengua y algunos ni lo hablan.

El frío es un factor determinante en las montañas; ciudades como Quetzaltenango y Todos Santos suelen registrar temperaturas bajo cero en diciembre. También allí es probable que el viajero vea hombres cortando y acarreando la leña que en muchas casas tradicionales se utiliza para calentar la casa y cocinar.

La rica tierra volcánica del altiplano da lugar a los mejores campos de cultivo del país. Las verduras que se cosechan en el altiplano occidental se exportan incluso a Belice, y la región de Cobán se ha convertido en una de las principales exportadoras de cardamomo, gran parte del cual se envía a destinos tan remotos como la India y Oriente Próximo. Muchos habitantes de las montañas viven de la agricultura, ya sea cuidando pequeñas parcelas de subsistencia o trabajando en las granjas.

En la costa

Dado que las temperaturas al mediodía suelen llegar a los 40°C, el ritmo de vida en la costa es más lento. Son zonas sin mucha industria y escasas oportunidades económicas, donde las grandes empresas dedicadas a la caña de azúcar, el chicle y las explotaciones de palmera africana ofrecen trabajo temporero. No es un trabajo fácil (la caña se corta con un machete y a 40°C) y muchos habitantes de la costa emigran a las ciudades en busca de mejores oportunidades.

Otra fuente de ingresos es la pesca. Aunque existen algunas empresas importantes, la mayoría de los pescadores (apenas hay mujeres) trabajan por su cuenta vendiendo las capturas del día en el mercado o en pequeñas cooperativas.

Las viviendas del litoral son muy diferentes a las del resto del país. Por el extremo calor, el bloque de hormigón de escoria no es un material de construcción tan utilizado como en el resto del país, ni tampoco el hierro acanalado para techar. La casa típica costera carece de tabiques interiores y a menudo tiene las paredes de madera y el techo de paja. Las puertas siempre están abiertas y las ventanas muchas veces no tienen cristales, solo persianas de madera para proteger el interior de la lluvia.

En los pueblos

Aunque las zonas rurales de Guatemala son las más pintorescas, también concentran muchos de los problemas persistentes del país. En el último siglo, la vida en muchos pueblos apenas ha cambiado y los campesinos pobres todavía se ganan la vida a duras penas en sus minúsculas parcelas. La precariedad se ve agravada con cada inundación, sequía, plaga o mala cosecha que, aunque pequeñas, pueden llevar a familias enteras al borde de la inanición.

Los gobiernos guatemaltecos han ignorado a los pueblos, y las infraestructuras pueden ser nefastas. Muchos niños tienen que viajar largas horas para ir a la escuela, y lo que allí llaman escuela tal vez no coincida con la idea que tenga de ella el extranjero. El acceso a la sanidad es también limitado; en el mejor de los casos, la aldea tendrá un dispensario para atender dolencias leves. Los pacientes que requieran hospitalización tal vez deban ser trasladados a horas de distancia. Muchas aldeas pequeñas no cuentan con médico, y la atención sanitaria corre a cargo de curanderas, comadronas y quizá un farmacéutico.

A pesar de todos estos inconvenientes, muchos pueblos de Guatemala son muy bellos, rodeados de un paisaje exuberante con caminos de tierra que serpentean entre chozas de adobe. Una antigua iglesia colonial preside la plaza, pollos y caballos deambulan a sus anchas y los niños juegan descalzos en la calle, una estampa que no se ve en el resto del país.

Ser guatemalteco

A pesar de las grandes diferencias regionales, existe una identidad nacional chapina. Exceptuando algunos casos desafortunados, el viajero se sorprenderá de lo serviciales, educados y apacibles que son los autóctonos. Todo el mundo tiene tiempo para pararse a charlar y explicar lo que uno necesita saber. Esto se nota incluso al cruzar la frontera de México, país cuyo ritmo tampoco es que sea acelerado. A la mayoría de los guatemaltecos les gusta conocer a otras personas sin prisas, buscando puntos en común y cosas en las que estar de acuerdo, y no hacer afirmaciones tajantes o entrar en discusiones.

Aunque muchas casas de los pueblos tienen agua corriente, la fuente pública sigue siendo un lugar donde la gente se reúne a conversar.

Lo que se esconde tras esta cortesía es difícil de resumir. Son pocos los que manifiestan el estrés, las preocupaciones y las prisas de los países desarrollados, pero esto no significa que no estén preocupados por el dinero o el trabajo. Es un pueblo que lleva sufriendo hace mucho y no espera riquezas ni gobiernos buenos, sino aprovechar lo que la vida les depare: amistad, familia, una buena comida o una compañía agradable.

Las historias de violencia (doméstica, bélica, criminal) que se oyen parecen no encajar con la actitud afable que el viajero encontrará en casi todas las personas. Sea cual sea la explicación, ayuda a entender por qué es habitual ser cauto en el primer encuentro.

Religión

Los guatemaltecos son extremadamente religiosos y entre ellos no hay muchos ateos y agnósticos. Es probable que pregunten al viajero de qué religión es.

Entre los ladinos (mestizos de europeos e indígenas), el catolicismo está cediendo terreno ante el protestantismo evangélico, a lo que se añade la presencia constante del sincretismo maya entre animismo y catolicismo. El número de iglesias evangélicas nuevas, sobre todo en los pueblos indígenas mayas, es asombroso. Desde la década de 1980, las sectas evangélicas, de las cuales un 58% son pentecostales, han aumentado en popularidad y se calcula que entre el 30 y el 40% de los guatemaltecos ya son evangélicos.

La caída del catolicismo puede atribuirse en parte a la guerra civil. En ocasiones, los sacerdotes católicos fueron (y todavía son) abiertos defensores de los derechos humanos, y por ello los dictadores de cada época, en especial Ríos Montt, los han perseguido (y cosas peores).

El catolicismo contraataca con mensajes sobre la justicia económica y racial, visitas papales y nuevos santos; el Hermano Pedro de San José Betancur, el cristiano guatemalteco más venerado del país y fundador en el s. xvii de un hospital en Antigua, fue canonizado en el 2002, coincidiendo con la visita del papa Juan Pablo II.

El catolicismo de las zonas mayas nunca ha sido plenamente ortodoxo. Los misioneros que lo difundieron en el s. xvi tuvieron la prudencia de permitir que algunos aspectos de la religión chamánica y animista practicada por los nativos convivieran con los ritos y creencias cristianos. Este sincretismo se vio favorecido por la identificación de algunas divinidades

CONOCER A LOS GUATEMALTECOS

Aunque los guatemaltecos tienden a dejar bastante libertad de acción a los extranjeros, adaptarse a los hábitos locales mejorará el viaje.

➡ Incluso en las situaciones más rutinarias, como entrar en una tienda o sentarse en un autobús, la gente suele dedicarse un simple saludo: basta con sonreír y dar los buenos días o las buenas tardes.

➡ Al salir del restaurante es habitual desear buen provecho a los otros comensales.

➡ Los mayas son bastante celosos de su intimidad, y en algunas comunidades todavía se están reponiendo de la pesadilla de la guerra civil. Puede que estén dispuestos a compartir sus vivencias, pero no hay que pedirles demasiados detalles y dejar que sean ellos los que den la información.

➡ El adjetivo "indio" para referirse a una persona maya se considera racista. Es preferible "indígena".

➡ Al tratar con la burocracia (policía, agentes de aduanas o de inmigración) hay que mostrarse lo más respetuoso posible.

➡ En las iglesias y en las reuniones familiares hay que vestir con decoro.

mayas con santos cristianos, que hoy perdura. Un ejemplo destacable es el dios conocido como Maximón en Santiago Atitlán, San Simón en Zunil y Rilaj Maam en San Andrés Itzapa, cerca de Antigua, y que parece ser una combinación inestable de dioses mayas, el conquistador español Pedro de Alvarado y Judas Iscariote.

Para hacerse una idea de Maximón y el chamanismo a orillas del lago de Atitlán, consúltese www trace. revues.org/457.

Vida familiar

A pesar de las influencias modernizadoras (educación, televisión por cable, contacto con viajeros extranjeros, música pop internacional, trabajo emigrante en EE UU), los lazos familiares tradicionales siguen siendo muy fuertes en todos los estratos sociales. Las familias extensas se reúnen para comer los fines de semana y festivos. Los roles tradicionales de género todavía son muy fuertes: muchas mujeres trabajan para aumentar los ingresos familiares pero muy pocas tienen cargos de responsabilidad.

Los escépticos afirman que gran parte de esta proximidad familiar tiene que ver más con la economía que con los sentimientos; es difícil ser distante cuando tres generaciones viven bajo el mismo techo. Pero es una tradición que perdura. Son evidentes los fuertes lazos familiares entre los guatemaltecos de clases media y alta, y una de las preguntas que harán al visitante es si no echa de menos a su madre.

A pesar de esta cercanía es raro encontrar una familia que no tenga al menos un miembro trabajando en EE UU; el par de cientos de dólares mensuales que estos emigrantes envían constituye la única fuente de ingresos de algunas familias, y, cuadrando las cuentas, asciende más o menos a la mitad de lo que Guatemala gana con sus exportaciones.

Las mujeres en Guatemala

Uno de los objetivos de los acuerdos de paz de 1996 fue mejorar los derechos de las guatemaltecas. En el 2003 la Comisión Interamericana de Derechos Humanos tuvo que informar de que todavía no se habían derogado las leyes que discriminaban a la mujer. Las mujeres consiguieron el derecho al voto y a ser elegidas en 1946, pero en el 2015 solo el 13% de los diputados del Congreso eran mujeres. Las mujeres dirigentes critican reiteradamente la cultura machista de Guatemala, según la cual, el lugar

LA MAYOR FIESTA DE LA CIUDAD

Los viernes por la noche en cualquier ciudad pequeña de Guatemala la música retumba y se oyen cantos y palmas. En un local parece que tiene lugar una sesión de *jazz*… No, lo más probable es que sea una misa evangélica.

El movimiento evangélico es la religión que más rápido ha crecido en América Latina; se calcula que cada día se convierten a él 8000 personas.

La Iglesia católica está preocupada por su feudo, pero las razones de su pérdida de control no son fáciles de identificar.

Hay quien dice que la presencia de los evangélicos en la radio y la televisión es lo que les proporciona un público más amplio; para otros, es su rechazo de los rituales, gestos y costumbres en favor del contacto humano verdadero. Su éxito también se atribuye a la manera en que los neófitos van a los barrios más peligrosos y aceptan a todo el mundo, incluso a "los borrachos y las prostitutas", como ha declarado un sacerdote.

Tal vez sea porque son más divertidos: entran en trance y hablan lenguas desconocidas, curan y profetizan. Y también están los cantos: no utilizan himnos anticuados, sino atrevidas canciones pop cuya letra cambian por otra más espiritual.

Lo que sí está claro es que hace mejores a los maridos, pues la bebida, el tabaco, el juego y la violencia doméstica están muy mal vistos. Quizá también en Guatemala sean las esposas las que de verdad manden.

de la mujer es su casa. La situación es aún peor para las indígenas de las zonas rurales, que además tienen que vivir en la pobreza más extrema.

Según la organización internacional Human Rights Watch, en el 2002 las mujeres que trabajaban en casas particulares eran discriminadas persistentemente. Las trabajadoras domésticas, muchas de las cuales provienen de comunidades mayas, carecen de algunos derechos elementales, como el de percibir el salario mínimo y la jornada laboral de 8 h al día y 48 h a la semana. Muchas de ellas empiezan a trabajar siendo adolescentes, pero las leyes laborales guatemaltecas no brindan una protección adecuada a las empleadas de hogar menores de 18 años.

Probablemente la mayor preocupación son los informes que indican un aumento de la violencia contra las mujeres, junto con un índice de asesinatos en constante aumento. Antaño se menospreciaba a estas víctimas por ser meras pandilleras o prostitutas, pero hoy queda claro que el asesinato, la violación y el secuestro de mujeres es un problema grave. La comunidad internacional ha empezado a presionar a Guatemala para que actúe, pero por el machismo imperante en la sociedad incluso con la aprobación de leyes específicamente orientadas a proteger a las mujeres, los delitos contra ellas apenas se investigan y raras veces se esclarecen.

En www.entre mundos.org se hallará más información sobre las organizaciones de mujeres en Guatemala y otros temas.

La educación en Guatemala

En teoría, la educación es gratuita y obligatoria entre los 7 y los 14 años. La enseñanza primaria dura 6 años pero, según estadísticas de la ONU, los niños abandonan la escuela con una edad media de 11 años. La enseñanza secundaria empieza a los 13 años y consta de dos ciclos de 3 años: el básico y el magisterio. No toda la enseñanza secundaria es gratuita, lo cual supone un importante obstáculo para muchos escolares. Algunas personas siguen estudiando el magisterio en la edad adulta; al terminarlo, se está capacitado para convertirse en maestro de escuela. Se calcula que cerca del 34% de los niños de entre 13 y 18 años están en la escuela secundaria. Guatemala posee cinco universidades.

En general, la alfabetización de adultos ronda el 81%, pero es más baja entre las mujeres (76%) y la población rural. Los niños mayas que realizan trabajos temporeros en el extranjero con su familia tienen menos posibilidades de acceder a la educación, pues las épocas en que las familias marchan para trabajar fuera coinciden con el curso escolar. Se calcula que el 21% de los guatemaltecos de entre 5 y 14 años trabaja en vez de asistir a la escuela.

Una parte limitada de la enseñanza se imparte en lenguas mayas, sobre todo en las cuatro principales (quiché, mam, cachiquel y quekchí), pero pocas veces se prolonga más allá de los dos primeros años de la primaria. El español sigue siendo el idioma necesario para cualquiera que quiera progresar en la vida.

Deporte (es decir, fútbol)

Si hay algo que une a casi todos los guatemaltecos es la pasión por el fútbol. Si el visitante necesita un tema de conversación universal, no estaría mal que se pusiera al día de sus equipos favoritos. Muchos guatemaltecos siguen de cerca a su equipo local, a la selección nacional y al menos a un equipo europeo (el F. C. Barcelona es, de lejos, el más popular). Aunque los equipos guatemaltecos siempre pierden en las competiciones internacionales, la liga mayor, en la que compiten 10 clubes, es seguida con pasión por multitudes bastante numerosas. Cada año se juegan dos torneos: el de apertura (jul-nov) y el de clausura (ene-may). Los dos grandes clubes son el Municipal y el Comunicaciones, ambos de Ciudad de Guatemala. El "clásico gringo" tiene lugar cuando se enfrentan los equipos de Quetzaltenango y Antigua, las dos grandes ciudades turísticas.

La web www. guatefutbol.com ofrece noticias al minuto del panorama futbolístico guatemalteco.

Patrimonio maya

Los antiguos mayas crearon una civilización impresionante, compleja y fructífera. Si bien algunos tesoros que legaron son obvios, como los yacimientos arqueológicos, los eruditos aún trabajan para componer las diversas piezas de la sociedad maya y conocer su funcionamiento. He aquí algunas cosas que se saben de ellos, desde las tradiciones perdidas hasta los rituales que aún hoy subsisten.

Creencias de los antiguos mayas

Mitologia americana: mitos y leyendas del Nuevo Mundo, de Samuel Feijóo, es una obra fundamental para entender la cosmogonía, los mitos y las leyendas de los pueblos indígenas americanos.

La fecha de la creación que aparece en las inscripciones de todo el mundo maya es el 13.0.0.0.0, 4 ajau, 8 cumkú; es decir, el 13 de agosto del 3114 a.C. Aquel día los dioses creadores depositaron tres piedras en las oscuras aguas que cubrían el mundo primitivo. Estas formaron un fogón cósmico en el centro del universo, que los dioses encendieron con el rayo para dotar de vida al mundo.

Los dioses realizaron tres intentos de crear al ser humano antes de conseguirlo. Primero dieron forma al ciervo y a otros animales, pero al ver que no podían hablar para honrar a los dioses, los condenaron a servir de alimento.

Luego crearon un ser humano hecho de barro. Al principio, el ser humano habló, "pero sin entendimiento ni comprensión", y pronto se disolvió de nuevo en el barro.

El tercer intento de los dioses fue tallar hombres de madera, pero también estos resultaron imperfectos y fueron igualmente destruidos. El *Popol Vuh*, un libro compilado por miembros de la nobleza maya, dice que los supervivientes de estos hombres de madera son los monos que habitan los bosques.

Finalmente los dioses acertaron cuando descubrieron el maíz y crearon el género humano con las mazorcas amarillas y las mazorcas blancas de este cereal indispensable.

La cosmovisión maya

Para los antiguos mayas, el mundo, el cielo y el misterioso inframundo llamado Xibalbá constituían una gran estructura unificada que funcionaba según las leyes de la astrología, el tiempo cíclico y el culto a los antepasados.

La imponente ceiba es el árbol sagrado de los mayas y simboliza el mundo-árbol que unió los cielos (representados por las ramas y las hojas),

---

BELLEZA MAYA

Los antiguos mayas consideraban que la frente plana y los ojos bizcos eran bellos. Para conseguir estos resultados, los niños llevaban unas tablas firmemente sujetas a la cabeza y unas cuentas de cera colgando delante de los ojos. Tanto hombres como mujeres se practicaban cortes en la piel para conseguir las anheladas marcas de cicatrices y las mujeres se afilaban los dientes para darles una forma puntiaguda, otro signo de belleza que tal vez les ayudaba a mantener a los hombres a raya.

ESCRITURA MAYA

Durante el período clásico, las tierras de los mayas se dividían en dos importantes grupos lingüísticos. En la península del Yucatán y Belice se hablaba el yucateco, y en el altiplano oriental y el valle del Motagua, en Guatemala, se hablaba una lengua emparentada con el chol. Es probable que los pobladores de El Petén dominasen ambas. Los expertos han sugerido que la lengua escrita en todo el mundo maya era una variante del chol.

Mucho antes de la conquista española, los mayas desarrollaron una compleja escritura jeroglífica que era en parte fonética (los glifos representan sonidos) y en parte logográfica (los glifos representan palabras).

la tierra (tronco) y los nueve niveles del Xibalbá (raíces). El mundo-árbol tenía forma de una especie de cruz, de modo que cuando los franciscanos llegaron con su cruz y pidieron a los mayas que la adorasen, este simbolismo se asimiló fácilmente con sus creencias.

Cada punto cardinal tenía un color y un particular significado religioso. Todo en el mundo maya se veía en relación con los cuatro puntos cardinales, en cuyo centro se alzaba el mundo-árbol.

Para los mayas, las ceremonias sangrientas eran las más importantes y representaban una forma de unirse al inframundo; la sangre de los reyes era la más apropiada para estos rituales y, a menudo, eran ellos los que iniciaban los ritos de sangre para aumentar la receptividad de los dioses.

Las ceremonias mayas se llevaban a cabo en lugares naturales sagrados o en sus equivalentes artificiales. Montañas, cuevas, lagos, cenotes (lagos en las cuevas), ríos y campos eran sagrados y aún lo son. Las pirámides y los templos eran vistos como montañas estilizadas. Una cueva era la boca del animal que representaba al Xibalbá, y entrar en ella era como penetrar en el espíritu del mundo secreto. Por eso algunos templos mayas tienen puertas rodeadas de enormes máscaras; atravesar la puerta de esta "cueva" era como entrar en el Xibalbá.

El culto a los antepasados era muy importante, y cuando enterraban a un rey bajo una pirámide o a un plebeyo bajo el suelo o en el patio de la *na* (choza maya de paja), el lugar se volvía más sagrado.

Juego de pelota

El pasatiempo favorito de los mayas consistía en el juego de pelota; en muchos yacimientos pueden verse las canchas de juego. Se cree que los jugadores tenían que mantener en el aire una pelota de goma dura empleando cualquier parte del cuerpo excepto las manos, la cabeza o los pies. En algunas regiones, un equipo ganaba cuando uno de sus jugadores la golpeaba y la hacía pasar por unos aros de piedra cuyo agujero era apenas mayor que la propia pelota.

Sistema de cálculo maya

Este sistema se utilizaba principalmente para escribir fechas. Es un sistema de una simplicidad elegante: los puntos sirven para contar del 1 al 4; el 5 es una barra horizontal; el 6, un punto sobre una barra; el 7, una barra con dos puntos, etc. Dos barras representan el 10, y tres barras, el 15. El 19, el número común más alto, son tres barras superpuestas con cuatro puntos encima.

Para representar cantidades mayores, superponían los números del 0 al 19. Así, el número inferior del montón indica los valores del 1 al 19; el siguiente representa 20 veces su valor; el tercero, 20 veces 20 su valor. Las tres posiciones juntas pueden representar los números hasta el 7999.

La detallada web de la Fundación para el Avance de los Estudios Mesoamericanos (www.famsi.org) ofrece información sobre estudios actuales y pasados sobre escritura, recursos educativos, mapas lingüísticos, etc.

Añadiendo más posiciones se puede contar hasta donde haga falta. El cero se representa con un dibujo estilizado de una concha u otro objeto.

Calendario maya

La web del Smithsonian Museo Nacional del Indígena Americano (https://maya.nmai.si.edu/es) es una buena fuente de información sobre las tradiciones, leyendas y ritos mayas, y cuenta con una calculadora que permite convertir cualquier fecha al calendario maya.

Los cálculos y observaciones astronómicas de los antiguos mayas son asombrosamente precisos; de hecho, su religión se basaba en el tiempo. Tal vez la mejor analogía para entender el calendario maya sea el mecanismo de un reloj, donde las ruedas pequeñas se engranan con ruedas mayores y estas, a su vez, encajan con otros conjuntos de ruedas para registrar el paso del tiempo.

'Tzolkin', 'cholq'ij' o 'tonalamatl'

Las dos ruedas menores eran dos ciclos de 13 y 20 días; al engranarse ambas, los días sucesivos recibían nombres únicos. Las dos ruedas pequeñas creaban así una rueda mayor de 260 días, llamada *tzolkin, cholq'ij* o *tonalamatl*.

Año vago ('haab')

Otro conjunto de ruedas del calendario maya constaba de 18 meses de 20 días, que formaban la base del año solar (*haab* o *ab'*). Estos meses equivalen a 360 días o un *tun*, al término del cual se añadía un período especial de 5 días lleno de presagios, llamado el *uayeb*, para completar el calendario solar de 365 días.

Calendario circular

Las grandes ruedas del *tzolkin* y del *haab* también se engranaban y repetían cada 52 años solares para constituir el ciclo llamado "calendario circular". Este fue el sistema de datación utilizado no solo por los mayas sino también por los olmecas, aztecas y zapotecas del México antiguo.

Cuenta larga

El calendario circular tiene una limitación importante: solo dura 52 años. De ahí que, hacia principios del período clásico, los mayas desarrollaran la cuenta larga.

EL ENTIERRO DE UN MAYA

En la noche previa al funeral, el chamán lava las velas en agua sagrada en la casa del difunto. Si se olvida alguna, un miembro de la familia podría quedarse ciego o sordo. Ha contado los días y adivinado que mañana será propicio para el entierro.

Reza a los espíritus ancestrales, les pide salud para la familia y que no haya catástrofes. La lista es larga y detallada. En el ataúd se colocan los objetos personales del finado; si no, su espíritu podría regresar en su busca.

Los miembros de la cofradía conducen el ataúd al cementerio, seguidos por el duelo. Para salir de la casa se realizan cuatro paradas: en la puerta, en el patio, al salir a la calle y en la primera esquina. En cada una, los dolientes colocan monedas sobre el ataúd; en realidad sirven para comprar velas y, simbólicamente, para que el espíritu pueda pagar la salida del purgatorio y acceder al cielo.

Cuando el ataúd baja a la fosa, los dolientes besan puñados de tierra y los echan sobre él. Cuando ya está bajo tierra, las mujeres rocían el suelo con agua y lo apisonan para proteger el cadáver de los hombres lobo y los malos espíritus.

Cada Día de Difuntos (2 de noviembre), la familia acude al cementerio para honrar a sus muertos. A veces la visita se prolonga tres días, durante los cuales limpian y decoran la tumba y depositan comida, como maíz asado, batata, chayotes y otras frutas recién recogidas. Las campanas de la iglesia redoblan a mediodía para convocar a los espíritus, que se dan un banquete con los aromas de la comida.

La cuenta larga emplea el *tun,* pero se salta el *uayeb;* 20 *tunes* hacen un *katún* y 20 *katunes* hacen un *baktún.* Curiosamente para la gente de hoy, 13 *baktunes* (1872000 días, o 5125 años solares gregorianos) forman un Gran Ciclo, y el primero de ellos empezó el 11 de agosto del 3114 a.C., lo que significa que terminaba el 23 (o 25) de diciembre del 2012 d.C. El final de un Gran Ciclo era un momento de gran relevancia; quien más quien menos, se enteró de cierto pánico reinante entre los no mayas por la llegada del fin del mundo alrededor de la Navidad del 2012.

Arquitectura maya

La arquitectura de los antiguos mayas es una mezcla de proezas increíbles logradas a pesar de las severas limitaciones. Sus grandes edificios son impresionantes y bellos, y la atención estética se centra en las fachadas de intrincados motivos, en las delicadas cresterías y las sinuosas tallas. Estas magníficas construcciones, como las de Tikal, El Mirador y Copán, se levantaron sin utilizar bestias de carga (solo humanos) ni la ayuda de la rueda. Según las hipótesis, una vez que las estructuras estaban terminadas se recubrían de estuco y se pintaban de rojo usando una mezcla de hematites y seguramente agua.

Aunque los estudios y excavaciones oficiales de los yacimientos mayas guatemaltecos se realizan desde hace más de un siglo, gran parte del cómo y el porqué de esta arquitectura sigue siendo un misterio. Por ejemplo, la finalidad de los *chultunes,* cámaras subterráneas excavadas en la roca y llenas de ofrendas, sigue desconcertando a los expertos. Y aunque es sabido que los mayas solían levantar un templo encima de otro para enterrar a los sucesivos líderes, no se sabe bien cómo podían levantar estos símbolos de poder. Toda la caliza empleada para construir las grandes ciudades tenía que transportarse y colocarse a mano, una proeza de la ingeniería que debió de requerir cantidades ingentes de mano de obra.

El libro ilustrado *Arte y arquitectura maya,* de Mary Ellen Miller, abarca todo el panorama artístico maya, desde los templos gigantescos a las elaboradas cerámicas pintadas.

Rituales mayas modernos

En muchas ruinas mayas antiguas, como las de Tikal, Kaminaljuyú o K'um'arkaj, existen altares donde todavía hoy tienen lugar plegarias, ofrendas y ceremonias. Los ritos de fertilidad, las ceremonias de sanación y las prácticas sagradas para celebrar un nuevo año maya aún se practican con gran devoción. Son oficiadas o supervisadas por un sacerdote maya, llamado *zahorín,* y consisten en encender velas, quemar copal (incienso que se extrae de la corteza de varios árboles tropicales), realizar ofrendas a los dioses y rezar por aquello que se desee obtener, p. ej., una buena cosecha, un niño sano o un año próspero. En algunas ceremonias incluso se llegan a sacrificar pollos. Cada lugar tiene su propio grupo de dioses o, al menos, nombres diferentes para dioses similares.

Los visitantes pueden presenciar ceremonias tradicionales mayas en algunos recintos, como el santuario de Pascual Abaj de Chichicastenango; los altares en la orilla de la laguna de Chicabal, a las afueras de Quetzaltenango; o El Baúl, cerca de Santa Lucía Cotzumalguapa, pero existen numerosos ritos tradicionales a los que los extranjeros no tienen acceso.

Arte y arquitectura

Pese a tratarse de un país pobre y atribulado, Guatemala ha producido más artistas importantes y creado más obras de arte innovadoras de las que por lógica le correspondían. El perdurable legado de la arquitectura y los textiles mayas no puede negarse, y el país ha dado escritores y músicos de fama internacional. Además, perviven muchas labores tradicionales, y la artesanía manufacturada se destina también para el uso cotidiano y la venta como 'souvenirs'.

Literatura

La primera gran figura de la literatura guatemalteca fue el poeta y sacerdote jesuita Rafael Landívar, cuyo poemario *Rusticatio Mexicana,* formado por 5348 versos en latín, se publicó en 1781.

El Premio Nobel de Literatura concedido a Miguel Ángel Asturias (1899-1974) en 1967 es un orgullo nacional. Es conocido sobre todo por *Hombres de maíz,* épica de realismo mágico sobre la conquista europea y los mayas, y por el sutil retrato de los dictadores latinoamericanos que hace en *El señor presidente.* A lo largo de su vida ocupó diversos puestos diplomáticos en el Gobierno.

Otros autores guatemaltecos célebres son el maestro de la narración breve Augusto Monterroso (1921-2003), a quien se atribuye el relato más breve publicado, *El dinosaurio.* Muy recomendada es su obra *La oveja negra y demás fábulas.*

Luis Cardoza y Aragón (1901-1992) es conocido sobre todo por su poesía y por luchar en el movimiento revolucionario que depuso al dictador Jorge Ubico en 1944.

La otra cara, de Gaspar Pedro González, se considera la primera novela escrita por un autor maya.

Arturo Arias es escritor y profesor de literatura hispanoamericana en la Universidad de Texas. Entre sus obras más famosas destacan *Itzam Na* (1981), *Jaguar en llamas* (1990) y *The Rigoberta Menchú Controversy* (2001), en la que analiza el encendido debate que se originó al concedérsele el Premio Nobel a Menchú.

Nacido en EE UU de madre guatemalteca, Francisco Goldman es quizá el escritor más famoso que ha escrito sobre Guatemala en los últimos tiempos. Aunque es principalmente novelista, su relato de no ficción sobre el asesinato del obispo Gerardi, *El arte del asesinato político,* le valió el reconocimiento internacional y de la crítica y le granjeó bastantes enemigos.

Uno de los mayores concursos literarios de Centroamérica, los Juegos Florales Hispanoamericanos, tiene lugar en Quetzaltenango en septiembre y coincide con las celebraciones del Día de la Independencia.

Pintura

Precolombina

Ningún análisis de la pintura en Guatemala sería completo sin la mención de los fabulosos murales realizados por los mayas mucho antes de la llegada de los españoles. En su mayor parte están erosionados o destrozados por el vandalismo, pero algunos, como los de San Bartolo o Río Azul, todavía poseen pinturas muy vívidas.

Poscolonial temprana
Uno de los primeros pintores notables fue Tomás de Merlo, famoso por ser el padre del movimiento "Antigua barroca". Muchas de sus obras pueden verse en el Museo Nacional de Arte Colonial y en las iglesias de Antigua.

Pintura maya moderna
El arte naif maya es un género pictórico auténticamente guatemalteco, iniciado por Andrés Curruchich, natural de San Juan Comalapa, población próxima al lago de Atitlán. Su obra representa sencillas escenas rurales del campo guatemalteco que todavía se ven. El museo Ixchel de Ciudad de Guatemala exhibe una exposición permanente de su obra. Aunque falleció en 1969, su legado perdura a través de medio millar de artistas de San Juan Comalapa. Juan Sisay fue otro pintor primitivista maya de la región de Atitlán que consiguió renombre internacional.

Artistas contemporáneos
De todos los artistas guatemaltecos modernos, el más famoso tal vez sea este arquitecto, muralista, pintor y escultor, Efraín Recinos. Sus murales decoran el Conservatorio Nacional de Música de Ciudad de Guatemala y también son obra suya la fachada de la Biblioteca Nacional y el diseño del Centro Cultural Miguel Ángel Asturias, ambos también en Ciudad de Guatemala. En 1999 Recinos obtuvo la mayor distinción nacional, la Orden del Quetzal, y cuando murió en el 2011, el país estuvo de luto.

Música
Música tradicional
Las fiestas suponen una gran oportunidad de escuchar música tradicional con instrumentos tales como la flauta de caña, el tambor cuadrado y la chirimía, un instrumento de lengüeta de raíces árabes, emparentado con el oboe.

Otra modalidad muy popular de la música tradicional se debe a los garífunas de la costa caribeña. Su estilo más difundido es la *punta,* cuyas variantes suenan en las pistas de baile de todo el país.

Música moderna
Los gustos guatemaltecos en música pop están muy influidos por los productos de otros países de América Latina. El *reggaeton* hace furor; las grandes figuras actuales son Pitbull, Nicky Jam y J Balvin.

LA MARIMBA
La marimba se considera el instrumento nacional, aunque los expertos no se ponen de acuerdo sobre si este elemento parecido al xilófono ya existía en África mucho antes y fue traído a Guatemala al principio de la esclavitud. Se oye por todo el país, a menudo en restaurantes o plazas.

Las marimbas primitivas usaban una sucesión de calabazas cada vez mayores como cajas de resonancia, pero las modernas suelen contar con tubos de madera. La suelen tocar tres hombres, y su sonido y sus composiciones tradicionales tienen un toque carnavalesco.

Los amantes del *jazz* la reconocen porque se puso de moda en la década de 1940, cuando grandes figuras como Glenn Miller empezaron a incluirla en sus composiciones.

La única discográfica que hace una buena promoción de nuevos artistas guatemaltecos (en su mayoría de tendencia *urban/hip hop*) es UnOrthodox Productions, de Ciudad de Guatemala.

El *rock* nacional vivió una época dorada en la década de 1980 y principios de la de 1990. Grupos como Razones de Cambio, Bohemia Suburbana y Viernes Verde siguen hoy contando con seguidores fieles. El músico más famoso nacido en Guatemala es Ricardo Arjona.

Para saber más sobre bandas de *rock* emergentes de Guatemala, véase www.rock republik.net.

Arquitectura

La arquitectura guatemalteca moderna, exceptuando varios bancos y edificios de oficinas muy llamativos de la Av. La Reforma de Ciudad de Guatemala y las obras de Efraín Recinos, se caracteriza principalmente por grandes superficies de cemento gris. Algunos edificios rurales más humildes aún presentan una construcción tradicional. Cada vez más tejados de las casas rurales se cubren con láminas de hojalata en lugar de tejas o paja; es menos agradable a la vista pero más económico.

Arquitectura colonial

Durante el período colonial (de principios del s. xvi a mediados del s. xix) se construyeron iglesias, conventos, mansiones y palacios en los estilos que imperaban en España en la época, principalmente renacentista, barroco y neoclásico. Pero aunque los conceptos arquitectónicos eran de inspiración europea, la mano de obra empleada para desarrollarlos era estrictamente indígena. Así pues, se pueden hallar adornos mayas en muchos edificios coloniales, como los lirios y los motivos vegetales que luce la iglesia de la Merced de Antigua.

Guatemala carece del gran patrimonio arquitectónico colonial de su vecino México, en parte porque los terremotos destruyeron muchos de sus mejores edificios. Pero la arquitectura de Antigua es especialmente llamativa, dados los nuevos estilos y técnicas de ingeniería que se desarrollaron después de cada terremoto. Las columnas se hicieron más bajas y gruesas para proporcionar mayor estabilidad, y algunos edificios, como el palacio de los Capitanes y el del Ayuntamiento, se construyeron con una estructura de doble arco para fortalecerlos. Con tantos vestigios coloniales, Antigua fue nombrada Patrimonio Mundial de la Unesco en 1979.

Tras el terremoto de 1773, que forzó el traslado de la capital de Antigua a Ciudad de Guatemala, la arquitectura neoclásica de la época se centró en la durabilidad. Las florituras decorativas se guardaban para el interior de los edificios, y altares elaborados y muebles adornaban iglesias y hogares. En esa época, la obsesión de los arquitectos guatemaltecos era el asegurarse de que sus obras siguieran en pie. Aunque desde entonces se han producido diversos temblores graves que han afectado a la capital, muchos edificios coloniales, han sobrevivido. No se puede decir lo mismo de las casas humildes de los habitantes, que sufrieron los terribles efectos del devastador terremoto de 1976.

Para una extensa base de datos con fotografías de cerámica precolombina, véase www.mayavase. com.

Artesanía

Los guatemaltecos elaboran artesanía tradicional de muchos tipos, tanto para su uso cotidiano como para venderla. Las labores artesanales incluyen cestería, cerámica y talla en madera, pero destacan especialmente los tejidos, los bordados y otras artes textiles. Los trajes confeccionados a mano que visten las guatemaltecas son una de las expresiones más cautivadoras de la cultura maya.

Tejido

La característica más llamativa de la vestimenta tradicional maya guatemalteca son sus coloridos tejidos y bordados, que convierten muchos trajes en auténticas obras de arte. La elaboración del huipil femenino, una túnica larga sin mangas, es la que recibe más atención. A menudo los huipiles enteros se cubren de una capa multicolor de formas animales y humanas, plantas y criaturas mitológicas, un proceso que puede llevar varios meses. Cada prenda identifica al pueblo de donde procede quien la lleva (los colonizadores españoles adjudicaron a cada pueblo un diseño diferente para distinguir a sus habitantes) y dentro del estilo de cada pueblo puede haber variaciones según su estatus social, además de los toques creativos individuales.

Actualmente los hombres mayas suelen llevar una anodina ropa occidental, excepto en lugares como Sololá y Todos Santos Cuchumatán, donde siguen luciendo el colorido traje típico. Aunque los materiales y las técnicas están cambiando, el telar de cintura prehispánico sigue siendo muy usado. La urdimbre se tensa entre dos barras horizontales, una se fija a un poste o a un árbol y la otra se ata a una tira que rodea la parte baja de la espalda de la tejedora. A continuación se teje la trama. Por toda la zona del altiplano se pueden encontrar mujeres que tejen así a la entrada de sus hogares. Hoy, algunos huipiles y otros adornos se hacen a máquina, ya que es más fácil y rápido.

Un libro ilustrado muy didáctico sobre los tejidos mayas, sus técnicas y aparejos de tejer, los modelos que han pervivido y mucho más es *Diseños en los tejidos indígenas de Guatemala*, de Carmen Neutze de Rugg.

En muchos pueblos, la lana todavía se hila a mano. Los guatemaltecos pudientes prefieren los hilos de seda para los bordados de los huipiles de las novias y otras prendas importantes. Los tintes vegetales se siguen utilizando, caso del tinte rojo de la cochinilla y el índigo natural. Los luminosos tintes modernos tienen mucha aceptación entre los mayas, muy aficionados a los colores brillantes.

El colorido traje típico se puede ver aún en casi todo el altiplano, aunque el viajero lo encontrará por todo el país. La variedad de técnicas, materiales, estilos y motivos es asombrosa y algunos de los diseños más coloridos, llamativos y populares se encontrarán en Sololá y Santiago Atitlán, cerca del lago de Atitlán, Nebaj (en el Triángulo Ixil), Zunil (cerca de Quetzaltenango) y Todos Santos y San Mateo Ixtatán, en los montes Cuchumatanes.

En las escuelas de Quetzaltenango, San Pedro La Laguna y otras ciudades, el visitante puede aprender la técnica con que se teje el mecapal. Si se desea contemplar nutridas colecciones de tejidos exquisitos no hay que perderse el Museo Ixchel de Ciudad de Guatemala o la tienda Nim Po't de Antigua.

Otras artesanías

Los mayas, sobre todo en el altiplano, poseen una larga tradición como artesanos especializados y sus productos pueden encontrarse en todos los mercados del país. La pequeña ciudad de Totonicapán posee decenas de pequeños talleres donde puede verse en plena labor a hojalateros, alfareros, tallistas y lutieres.

El jade era una piedra sagrada para los mayas y hoy sigue siendo una gema muy utilizada por los joyeros. En Antigua pueden verse las piezas más refinadas.

Uno de los recuerdos guatemaltecos más populares son las máscaras de madera que se utilizan en las fiestas de los pueblos. Muchas exhiben una curiosa mezcla de influencias precolombinas y posteriores, como las máscaras de aspecto diabólico con las que gustan representar a los conquistadores. También pueden encontrarse en los mercados, pero la mejor selección de máscaras se concentra en Chichicastenango, y los mejores precios, en Panajachel o Antigua.

Paisajes, fauna y flora

Incluso los más urbanitas admiten que algunas de las mejores zonas de Guatemala son rurales. Este variopinto país comprende la cálida costa, el riguroso altiplano, el fresco bosque nuboso, la exuberante selva y la desértica sabana. Aunque gran parte de su fauna ha terminado en el plato, todavía quedan suficientes animales y bichos exóticos para contentar a los aficionados.

El país

Tajumulco (4220 m), al noroeste de Quetzaltenango, es el pico más alto de América Central. La Torre (3837 m), al norte de Huehuetenango, es el pico no volcánico más alto de América Central.

Guatemala ocupa una superficie de 108 889 km², algo más que Castilla y León. Geológicamente, la mayor parte del país se asienta sobre la placa tectónica norteamericana, pero esta linda con la placa de Cocos a lo largo de la costa guatemalteca del Pacífico y con la placa del Caribe en el sur del país. Cuando alguna de estas placas se desplaza, se originan terremotos y erupciones volcánicas. De ahí los grandes seísmos de 1917, 1918 y 1976 y la espectacular cadena de 30 volcanes, algunos activos, paralela a la costa pacífica desde la frontera mexicana hasta la salvadoreña. Al norte de la cadena volcánica se levanta la sierra de los Cuchumatanes.

Al norte de Ciudad de Guatemala, las tierras altas de Alta Verapaz descienden gradualmente hasta las tierras bajas de El Petén y ocupan el norte del país. El Petén es cálido y húmedo o cálido y seco, según la estación. Las mayores extensiones de selva virgen de Centroamérica cubren las fronteras de El Petén con México y Belice, aunque esto puede cambiar si los esfuerzos de conservación fracasan.

Al noreste de Ciudad de Guatemala, el valle del río Motagua (seco en algunas zonas, húmedo en otras), donde abundan los plátanos y la caña de azúcar, baja hasta la corta y muy cálida costa caribeña.

Entre la cadena de volcanes y el océano Pacífico se encuentra la planicie del Pacífico, con ricas plantaciones de café, algodón, caucho, fruta y azúcar, fincas ganaderas, playas de arena volcánica negra y un clima abrasador.

La singular geología de Guatemala incluye también colosales sistemas de cuevas. El agua, al discurrir durante miles de años por una base de roca caliza, creó acuíferos y conductos que terminaron convirtiéndose en cuevas subterráneas, ríos y sumideros cuando el agua de la superficie se filtró a cavernas y arroyos subterráneos. Este tipo de terreno, conocido como karst, se encuentra en las regiones de Alta y Baja Verapaz y hace de Guatemala un destino inmejorable para la espeleología.

Fauna y flora

Para ver raros guacamayos escarlata en su medio natural, lo mejor es la Ruta Guacamaya de las ruinas El Perú, en El Petén.

La belleza natural de Guatemala, que incluye desde volcanes y lagos hasta junglas y humedales, es uno de los principales atractivos del país. Con una extraordinaria variedad de ecosistemas, la diversidad de la fauna y flora es enorme; y si se sabe adónde ir, las oportunidades para ver especies fascinantes son muchas.

Fauna

Se calcula que hay 250 especies de mamíferos, 600 de aves, 200 de reptiles y anfibios y un número indeterminado de mariposas y otros insectos.

El ave nacional, el iridiscente quetzal (que da nombre a la moneda), es pequeño y de gran belleza. El macho tiene el pecho de color rojo vivo, y el cuello, la cabeza, la espalda y las alas de un azul verdoso brillante, como la cola, que es varias veces más larga que el cuerpo. Solo mide unos 15 cm de alto. La hembra tiene un plumaje mucho más apagado. Su hábitat principal son los bosques nubosos de Alta Verapaz.

Entre las aves exóticas de las selvas de las tierras bajas se encuentran tucanes, guacamayos y loros. Si se visita Tikal, hay que ver el pavo ocelado, también llamado pavo de El Petén, grande y multicolor, que recuerda a un pavo real. También hay muchas posibilidades de ver monos aulladores y araña, coatíes (llamados aquí pizotes) y otros mamíferos, además de tucanes, loros y muchas otras aves. En la zona se han contabilizado más de 300 especies de aves endémicas y migratorias, entre las que se encuentran colibríes y cuatro trogones. Para avistar aves acuáticas, como el jabirú americano, la mayor ave voladora del hemisferio occidental, se aconseja acudir a la laguna Petexbatún y a los lagos cercanos a las ruinas de Yaxhá, en El Petén, así como al río Dulce, entre el lago de Izabal y Lívingston.

Los bosques de Guatemala albergan muchas especies de mamíferos y reptiles. En El Petén hay jaguares, ocelotes, pumas, dos especies de pecarí, zarigüeyas, tapires, kinkajús, pacas (o tepezcuintles; roedores de entre 60 y 70 cm de largo), armadillos y ciervos cola blanca y temazates. Guatemala cuenta con, al menos, cinco especies de tortugas marinas (boba, carey y verde en la costa del Caribe, laúd y golfina en el Pacífico) y dos de cocodrilos, una en El Petén y la otra en el río Dulce, donde también hay manatíes, aunque apenas se dejan ver.

Biodiversidad de Guatemala, editado por Enio B. Cano, es el mayor compendio realizado hasta la fecha sobre flora y fauna de Guatemala, desde los orígenes hasta la actualidad. Incluye centenares de ilustraciones y fotografías.

Especies amenazadas

La fauna y flora de Guatemala se enfrenta a dos amenazas principales. La primera es la pérdida de su hábitat debida a la extensión de los campos

TERREMOTOS Y OTROS DESASTRES

Conviene saber que Guatemala, además de ser la tierra de la eterna primavera, de sonrisas y de árboles, parece ser también la tierra de los desastres naturales. Que nadie se asuste, pues solo hay tres asuntos graves de los que preocuparse:

Terremotos Estar situada sobre tres placas tectónicas no ha sido lo mejor para Guatemala. La capital actual se fundó cuando Antigua quedó arrasada, pero Ciudad de Guatemala tampoco se libró de la devastación en 1917, 1918 y 1976. Este último temblor se saldó con 23 000 muertos.

Huracanes A nadie le gusta un huracán: el viento sopla con furia, el ruido espanta y el barro y el agua llegan a todas partes. Guatemala tiene dos litorales, así que en teoría el golpe podría venir de cualquiera de los dos lados, aunque según las estadísticas es más probable que proceda de la vertiente del Pacífico. En el 2005, el huracán Stan fue el peor que ha vivido el país: causó la muerte de más de 1500 personas y afectó a casi medio millón. La época de huracanes va de junio a noviembre. Para conocer la última hora se puede consultar en National Hurricane Center & Tropical Prediction Center (www.nhc.noaa.gov).

Volcanes Mirarlos es fantástico y escalarlos, divertido, pero verlos en erupción es aterrador. Guatemala tiene cuatro volcanes activos: Pacaya, Santiaguito, Tacaná y de Fuego. El peor episodio hasta la fecha se remonta a 1902, cuando el Santa María entró en erupción y se cobró 6000 vidas. En los últimos años el Pacaya y el Fuego (ambos a las afueras de Antigua) han estado activos, con emisiones crecientes de lava y ceniza. Las recientes erupciones han provocado la evacuación de más de 5000 personas de las comunidades cercanas. Para informarse de la situación lo mejor es entrar en la página sobre volcanes del Instituto Smithsoniano (www.volcano.si.edu).

Los amantes de las aves deberían consultar *The Birds of Tikal: An Annotated Checklist*, de Randell A. Beavers, o *The Birds of Tikal*, de Frank B. Smithe. En Tikal suelen vender al menos uno de los dos, pero ambos sirven para muchas otras regiones del país.

El escritor y diplomático guatemalteco Virgilio Rodríguez Macal, enamorado de la naturaleza de su país, encontró inspiración en las selvas de El Petén para obras como *La mansión del pájaro serpiente*, *El mundo del misterio verde*, o su colección de cuentos *Sangre y clorofila*.

agrícolas. La segunda es la caza, destinada a la obtención de alimentos, pero también de pieles y otros productos, como es el caso de ciervos, tortugas y diversos reptiles. Entre los mamíferos en peligro figuran jaguares, monos aulladores, manatíes, varias especies de ratones y murciélagos, y el topillo guatemalteco.

Más de 25 especies de aves autóctonas están en peligro, como el ave nacional, el quetzal, y pueden terminar como el endémico somormujo de Atitlán, ya extinto. Muchos reptiles, como el cocodrilo de Morelet, también peligran.

Flora

Guatemala tiene más de 8000 especies de plantas y 19 ecosistemas diferentes, desde manglares y humedales en ambas costas hasta la selva tropical de El Petén y los pinares, prados y bosques nubosos de las montañas; los bosques nubosos, con sus epífitos, bromeliáceas y clemátides, abundan sobre todo en Alta Verapaz. Entre los árboles de El Petén destacan el chico zapote, los cauchos silvestres, la caoba, varias palmeras aprovechables y la ceiba, árbol nacional de Guatemala por los múltiples simbolismos que tenía para los mayas. Ciudades como Antigua están espléndidas con las flores lilas de los jacarandás en los primeros meses del año.

En cuanto a la flor nacional, la orquídea monja blanca ha sido tan esquilmada que ahora apenas se encuentra en su hábitat natural; no obstante, con unas 550 especies de orquídeas (un tercio de ellas endémicas), no debería resultar difícil ver alguna. Quienes estén interesados en ellas, deben visitar el Vivero Verapaz de Cobán y, a ser posible, durante el festival anual de diciembre.

Las plantas cultivadas contribuyen al paisaje tanto como las silvestres. La milpa (maizal) es el pilar de la subsistencia en todo el país. Sin embargo, el terreno para las milpas se suele preparar con tala y quema del lugar, por lo que es uno de los principales responsables de la disminución de los bosques en Guatemala.

Parques y zonas protegidas

Guatemala tiene más de 90 zonas y biotopos protegidos, entre reservas de la biosfera, parques nacionales, refugios de vida silvestre y reservas naturales privadas. Aunque algunas zonas se hallan dentro de otras mayores, en total suponen un 28% del territorio nacional. El Parque Nacional de Tikal es el único de Guatemala considerado Patrimonio Mundial de la Unesco, y su inclusión se debe en gran parte al yacimiento arqueológico hallado en su interior. Muchas zonas protegidas son remotas y de difícil acceso para el viajero independiente.

Cuestiones medioambientales

La conciencia medioambiental no está muy desarrollada, como demuestra la gran cantidad de basura esparcida por el país y las espesas nubes de humo que escupen camiones y autobuses. A pesar de la lista de parques y zonas protegidas, resulta difícil lograr su verdadera protección, en parte por la connivencia oficial para ignorar las regulaciones y en parte por la presión de los guatemaltecos pobres que necesitan tierras para su subsistencia.

SERPIENTES VENENOSAS

La serpiente barba amarilla es una víbora muy venenosa, con manchas romboidales en el dorso y cabeza en forma de flecha. La cascabel es la más peligrosa de todos los crótalos. Ambas habitan en la jungla y en la sabana.

PARQUES Y ZONA PROTEGIDAS

ZONA PROTEGIDA	CARACTERÍSTICAS	ACTIVIDADES	MEJOR ÉPOCA PARA LA VISITA
Área de Protección Especial de Punta de Manabique	extensa reserva de humedales del Caribe; playas, manglares, lagunas, aves, cocodrilos.	paseos en barca, observación de fauna, pesca, playas	cualquiera
Biotopo Cerro Cahuí	reserva forestal junto al lago de Petén Itzá; fauna de El Petén, monos	rutas de senderismo	cualquiera
Biotopo del Quetzal (Biotopo Mario Dary Rivera)	reserva de bosques nubosos de fácil acceso; monos aulladores, aves	senderos naturales, observación de aves, posibles avistamientos de quetzales	cualquiera
Biotopo San Miguel La Palotada	dentro de la Reserva de la Biosfera Maya y contiguo al Parque Nacional Tikal; selva de El Petén con millones de murciélagos	paseos por la selva, visitas al yacimiento arqueológico de El Zotz y cuevas de murciélagos	cualquiera, más seco nov-may
Parque Nacional Grutas de Lanquín	gran red de cuevas a 61 km de Cobán	observación de murciélagos; visita a las cercanas lagunas y cascadas de Semuc Champey	cualquiera
Parque Nacional Laguna del Tigre	dentro de la Reserva de la Biosfera Maya; humedales de agua dulce, flora y fauna de El Petén	observación de guacamayos rojos, monos y cocodrilos, entre otros; visita al yacimiento arqueológico de El Perú; voluntariado en la estación biológica de Las Guacamayas	cualquiera, más seco nov-may
Parque Nacional Laguna Lachuá	lago turquesa redondo de 220 m de profundidad entre la selva; muchos peces, algunos jaguares y tapires	acampada, baño	cualquiera
Parque Nacional Mirador-Río Azul	parque nacional dentro de la Reserva de la Biosfera Maya; flora y fauna de El Petén	caminatas por la selva hasta el yacimiento arqueológico de El Mirador	cualquiera, más seco nov-may
Parque Nacional de Río Dulce	bello tramo bajo del río Dulce entre el lago de Izabal y el Caribe, en la selva; refugio de manatíes	paseos en barca	cualquiera
Parque Nacional de Tikal	fauna selvática entre las mejores ruinas mayas de Guatemala	observación de fauna y visita a la espectacular ciudad maya	cualquiera, más seco nov-may
Refugio de Bocas del Polochic	delta del río Polochic en el extremo occidental del lago de Izabal; los segundos humedales de agua dulce más extensos de Guatemala	observación de aves (más de 300 especies) y monos aulladores	cualquiera
Refugio de Vida Silvestre Petexbatún	lago cerca de Sayaxché; aves acuáticas	paseos en barca, pesca, visita a varios yacimientos arqueológicos	cualquiera
Reserva de la Biosfera Maya	21 000 km^2 al norte de El Petén; comprende cuatro parques nacionales	caminatas por la selva, observación de fauna	cualquiera, más seco nov-may
Reserva de la Biosfera Sierra de las Minas	reserva de bosque nuboso muy biodiverso; importante hábitat del quetzal	senderismo, observación de fauna	cualquiera
Reserva Natural Monterrico-Hawaii	playas y humedales del Pacífico; avifauna, tortugas	circuitos en lancha, observación de aves y tortugas	jun-nov (cría de tortugas)

Para información sobre el espectacular bosque nuboso de Chelemhá, consúltese www.chelemha.org.

Con *La fauna silvestre de Guatemala*, el investigador Luis Villar Anléu pretende concienciar sobre la importancia de proteger la rica fauna del país.

El portal Viaje a Guatemala (www.viajeagua temala.com), con un apartado dedicado al ecoturismo, propone opciones turísticas respetuosas con el medio ambiente.

La popularidad de Guatemala como destino turístico provoca diversos problemas medioambientales; las aguas residuales y el tratamiento de la basura en torno al lago de Atitlán y la explotación inadecuada de amplias zonas de los bosques selváticos de El Petén son los más importantes. Sin embargo, las infraestructuras se están desarrollando a tal velocidad que estos problemas parecen pequeños en comparación con algunos de los nuevos retos a los que se enfrentan los defensores del medio ambiente.

La deforestación supone un problema en muchas zonas, especialmente en El Petén, donde la selva está siendo talada no solo por su madera sino también para hacer sitio a explotaciones ganaderas, oleoductos, pistas de aterrizaje clandestinas y nuevos asentamientos y maizales.

Las prospecciones petrolíferas son noticia en todo el país, ya que los guatemaltecos intentan poner en marcha perforaciones para extraerlo en El Petén, y así explotar la enorme reserva subterránea que recorre la frontera. En su breve mandato, el entonces presidente Alfonso Portillo propuso extraer petróleo del centro del lago de Izabal. El plan se archivó tras la protesta masiva de agencias medioambientales locales e internacionales.

Se están anunciando proyectos de infraestructuras a gran escala, a menudo en zonas medioambientalmente sensibles. El más polémico se denomina Transversal del Norte y es un tramo de autopista que consolida carreteras existentes: nace en la frontera mexicana de Gracias a Dios, pasa por Playa Grande y conecta con Modesto Méndez, donde está previsto un nuevo paso fronterizo a Belice. Este proyecto es causa de inquietud, ya que la carretera atraviesa yacimientos de importancia arqueológica, medioambiental y cultural. Pero aunque el plan se complementa con la presa de Xalalá, que aseguran que producirá anualmente 886 GWh de energía hidroeléctrica, lo que reduciría el déficit energético del país y su dependencia de los combustibles fósiles, ha chocado con una férrea oposición y sus detractores advierten que su construcción desplazará las comunidades locales, afectará a la calidad del agua del río y alterará la ecología de la zona.

Las empresas mineras transnacionales se están instalando en el país, principalmente en el altiplano occidental y en el sureste. Sin llevar a cabo las consultas a las comunidades que establece la ley, el Gobierno ha concedido permisos para explotar minas abiertas en busca de oro y plata. Los principales problemas que esto plantea son la escorrentía química, la deforestación, el desalojo de comunidades locales y la contaminación del agua. Con la ayuda de la policía se ha intentado desalojar a los habitantes y sofocar las protestas.

Organizaciones medioambientales

A pesar de los múltiples obstáculos, varias organizaciones guatemaltecas trabajan con valentía para proteger el medio ambiente y la biodiversidad del país. Las siguientes son una buena fuente de información:

Arcas (www.arcasguatemala.com) ONG que trabaja en la conservación de las tortugas marinas y la rehabilitación de la fauna y la flora de El Petén.

Asociación Ak' Tenamit (www.aktenamit.org) ONG gestionada por mayas que trabaja para reducir la pobreza y promover la conservación y el ecoturismo en las selvas del este del país.

Cecon (www.cecon.usac.edu.gt) Administra seis biotopos de propiedad pública y una reserva natural.

Fundación Defensores de la Naturaleza (www.defensores.org.gt) ONG propietaria y administradora de varias zonas protegidas.

ProPetén (www.propeten.org) ONG que trabaja en la conservación y gestión de productos naturales en el Parque Nacional Laguna del Tigre.

Guía práctica

Datos prácticos A-Z

Acceso a internet

La mayoría de los viajeros utilizan los cibercafés y el correo electrónico gratuito a través de la web. La mayor parte de las ciudades poseen cibercafés con conexiones bastante fiables. El precio de conexión es de entre 5 y 10 GTQ/h.

El sistema wifi se está extendiendo, pero solo hay que contar con él en ciudades grandes y/o turísticas. La mayoría de los albergues (aunque no todos) disponen de este servicio, al igual que muchos hoteles de precios medio y alto. Los lugares con wifi mejor y más fiable del país son los restaurantes Pollo Campero; están en las principales localidades y ofrecen acceso gratuito sin contraseña.

Aduanas

Normalmente, los funcionarios aduaneros no suelen revisar el equipaje del viajero. Guatemala restringe la importación o exportación de casi los mismos artículos que otros países (armas, drogas, grandes cantidades de dinero, etc.).

Alojamiento

Hoteles, albergues y pensiones

La oferta de alojamiento en Guatemala es muy variada y se pueden encontrar desde hoteles de lujo hasta lo que se conoce por hospedajes (casas de huéspedes) sumamente económicos.

Los establecimientos de la franja inferior de la categoría económica son por lo común pequeños, oscuros y no especialmente limpios, y la seguridad quizá no sea la deseable. Las habitaciones de la franja superior de la categoría económica suelen ser limpias y de tamaño aceptable, con baño, TV y, en las regiones más calurosas, ventilador y tal vez aire acondicionado.

Hay cada vez más albergues, sobre todo en zonas turísticas como Antigua, Flores y Lanquín. Aunque en ellos las condiciones del alojamiento pueden no ser las

ideales en cuanto a comodidad (un conjunto de literas metidas en una habitación), las instalaciones y servicios suelen incluir bares y restaurantes, organización de circuitos, piscina y otras comodidades. También son buenos para conocer a otros viajeros.

Las habitaciones de precio medio son casi siempre cómodas, con baño propio, agua caliente, TV, camas aceptables, ventilador y/o aire acondicionado. Las zonas comunes de los hoteles buenos de esta categoría, tales como comedor, bar y piscina, son atractivas.

Los alojamientos de precio alto son principalmente los hoteles internacionales y de negocios de Ciudad de Guatemala, las refinadas hospederías de Antigua y varios complejos hoteleros

RESERVAS EN LÍNEA

Si se busca alojamiento, en www.lonelyplanet.es, en la pestaña Reservar y allí en Alojamientos, se encontrarán hoteles de todo el mundo, con la posibilidad de hacer reservas en línea.

de otros lugares. Ofrecen todas las comodidades y más de las que cabría esperar por el precio.

Las tarifas suelen subir en los alojamientos más turísticos durante la Semana Santa, Navidad y Año Nuevo, y julio y agosto. La Semana Santa es el principal período vacacional en Guatemala, y los precios pueden incrementarse entre un 30 y un 100% en Antigua, la costa y el campo, es decir, en cualquier sitio adonde vayan los guatemaltecos a descansar. Para la Semana Santa, es aconsejable reservar el alojamiento con antelación.

Con independencia del presupuesto, si el viajero tiene previsto quedarse unos cuantos días, vale la pena pedir un descuento.

El precio de las habitaciones se grava con dos impuestos principales: el 12% del IVA y el 10% destinado a las actividades del Instituto de Turismo de Guatemala (INGUAT). Todas las tarifas aquí recogidas incluyen ambos impuestos. En algunos de los hoteles más caros no se incluyen en las tarifas anunciadas, por lo que conviene informarse.

'Camping'

La acampada en Guatemala es una actividad bastante azarosa, pues existen pocos *campings* regulados y la seguridad no suele estar garantizada. La tarifa más habitual de los campings existentes es de 20-50 GTQ por persona y noche.

Estancias con familias

Los viajeros (principalmente los estudiantes) tienen la posibilidad de alojarse con una familia guatemalteca. Suele ser una opción bastante económica: entre 300 y 600 GTQ semanales por una habitación privada, con baño compartido y tres comidas diarias, excepto el domingo. Hay

que buscar una casa que se adapte a las necesidades del viajero. Algunas familias alojan a varios estudiantes al mismo tiempo, lo que crea un ambiente más parecido a un albergue que a una residencia familiar.

Comida

Lo que se come en Guatemala es una mezcla de cocina guatemalteca, nutritiva y saciante pero que no llevará al éxtasis a las papilas gustativas, y comida internacional, que se ofrece allí donde paran los viajeros y turistas. En ambos casos las comidas más satisfactorias serán probablemente las de los restaurantes pequeños, donde el jefe está en la cocina.

Clima

Comunidad homosexual

En América Latina hay pocos que acepten abiertamente la homosexualidad, y Guatemala no es una excep-

Ciudad de Guatemala

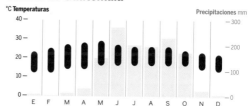

Huehuetenango

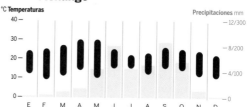

Río Dulce

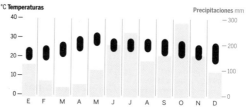

ción. En teoría, la homosexualidad es legal para cualquier ciudadano mayor de 18 años, pero la realidad es muy distinta. El acoso y las agresiones a homosexuales están a la orden del día en todo el país. No se aconseja poner a prueba la tolerancia de los vecinos con muestras de afecto en público.

Antigua registra una actividad homosexual aceptable pero discreta, y las demostraciones de cariño se reservan todavía para la intimidad; la principal excepción es el club **La Casbah** (plano p. 68; ☑3141-5311; www.lasvibrasantigua.com; 5ª Av. Norte 30; ⊙17.00-1.00 mi-sa). En Ciudad de Guatemala, **Genetic** (plano p. 48; Ruta 3 3-08, Zona 4; desde 30 GTQ; ⊙21.00-1.00 vi y sa) y **Black & White Lounge** (plano p. 48; 11ª Calle 2-54, Zona 1; ⊙19.00-1.00 mi-sa) son los favoritos del momento. En la mayoría de los casos, no obstante, los gais que viajen a Guatemala deberán actuar con discreción y juntar las dos camas individuales.

Gay.com tiene una sección de contactos personales en Guatemala, y el Gully (www.thegully.com) suele traer algunos artículos e información relevante sobre el país. El mejor sitio web en español es **Gay Guatemala** (www.gayguatemala.com).

Correos

El servicio postal guatemalteco se privatizó en 1999. Por lo general, las cartas y los paquetes tardan de 8 a 10 días en llegar a EE UU y entre 10 y 12 a Europa. Casi todas las ciudades (que no los pueblos) albergan una estafeta de correos donde se pueden comprar sellos y enviar correo. Si se espera un paquete enviado por una empresa de mensajería hay que asegurarse de que la compañía dispone de una oficina en la localidad donde uno se encuentra; de

lo contrario, se le cobrarán unos elevados gastos de tramitación.

Cuestiones legales

El viajero puede llegar a pensar que los agentes de policía de Guatemala son a veces poco colaboradores. En general, cuanta menos relación se tenga con la ley, mejor.

En cualquier caso, debe evitarse cualquier tipo de contacto con drogas ilegales, aunque algunos habitantes consumen drogas libremente. Los extranjeros se encuentran en una clara posición de desventaja y pueden ser delatados por cualquier extraño. La legislación sobre drogas en Guatemala es muy estricta y, aunque su aplicación sea desigual, las penas son muy duras. Si el viajero es sorprendido haciendo algo ilegal, la mejor defensa es disculparse y mantener la calma.

Aunque muchos comentaristas afirman que la corrupción se halla extendida en Guatemala, no debe deducirse que con dinero se pueda salir airoso de cualquier situación. Si en efecto da la impresión de que se puede "conseguir que todo se arregle" entregando algún dinero, será preciso actuar con tacto y cautela.

Dinero

La moneda de Guatemala, el quetzal (abreviado GTQ), se ha mantenido estable durante años a un tipo de cambio aproximado de 7,5 GTQ = 1 US$, con fluctuaciones debidas más a la inestabilidad del dólar que a las oscilaciones del quetzal. El quetzal se divide en 100 centavos.

Cajeros automáticos

En todas las localidades, excepto las más pequeñas,

hay cajeros automáticos que aceptan tarjetas Visa/Plus y otros que aceptan MasterCard/Cirrus; cualquiera de estas son la mejor opción para obtener dinero en efectivo en todo el país. La red 5B está extendida y es bastante útil, al aceptar tarjetas Visa y MasterCard.

Recuérdese que la clonación de las tarjetas es un problema en Guatemala. No hay que utilizar los cajeros automáticos que estén sin vigilancia por la noche (es decir, los instalados en un pequeño vestíbulo a la entrada del banco), sino buscar los que se encuentren en un entorno seguro (como dentro de los supermercados o centros comerciales). En su defecto, hay que cubrirse la mano mientras se introduce el PIN y verificar el saldo de la cuenta por internet.

Efectivo

Es el medio de pago más utilizado, aunque si se lleva demasiado dinero encima, un hipotético atraco será más doloroso. En algunas ciudades escasea el cambio, por lo que convendría llevar siempre un retén de billetes pequeños para casos de emergencia; lo mejor son dólares estadounidenses, que se aceptan en casi todas partes con diferentes tipos de cambio.

Aunque todo el mundo acepta dólares, casi siempre resulta más ventajoso pagar con quetzales.

Otras monedas que no sean el dólar son poco menos que inútiles, aunque los euros ya se cambian en algunos sitios.

Tarjetas de crédito

Muchos bancos dan anticipos con cargo a la tarjeta Visa, y algunos a MasterCard. Muchas compras se pueden pagar con estas tarjetas o con la American Express (Amex), sobre todo en los hoteles y restaurantes de más categoría. El pago con tarjeta de crédito puede comportar un gasto adicional de hasta el 5%; hay que preguntar siempre si se aplica algún recargo.

Propinas

Los restaurantes esperan una propina del 10%, que en ciudades turísticas como Antigua se suele añadir automáticamente a la cuenta. En los comedores más sencillos, dar propina es opcional, pero se aconseja seguir la costumbre local de dejar algunas monedas.

Cheques de viaje

Aunque se disponga de tarjeta, se aconseja llevar algo de efectivo por precaución. Todos los bancos cambian dólares y euros en efectivo, y en muchos también cambian cheques de viaje por dólares estadounidenses, y suelen ofrecen el mejor tipo de cambio. Aunque se disponga de tarjeta, conviene llevar algunos cheques de emergencia. Amex es la marca más prestigiosa. Pocos comercios los aceptan como pago o los cambian por efectivo.

Electricidad

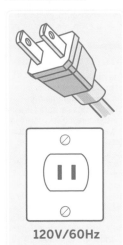

120V/60Hz

120V/60Hz

Embajadas y consulados

Los ciudadanos de países sin embajadas se ven casi siempre obligados a desplazarse a Ciudad de México (a menos que el consulado sirva de ayuda).

Argentina (✆385 3786/87/89/90; embargen@ intelnet.net.gt; 5ª Av. 5-55, Zona 14, Edif. Europlaza, nivel 17, of. 1703)

Belice (✆2367-3883; www. embajadadebelize.org; 5ª Av. 5-55, Europlaza 2, of. 1502, Zona 14)

Brasil (✆337 0949; braembx@intelnet.net.gt; 18ª Calle 2-22, Zona 14)

Chile (✆334 8273; embagua techile@adsl.cl; 14ª Calle 15-21, Zona 13)

Colombia (✆335-3602; embajadacol@gold.guate.net; 12ª Calle 1-25, Zona 10, Edif. Géminis 10 Torre Sur, of. 807)

Cuba (✆2332-4066; www. cubadiplomatica.cu; Av. Las Américas 20-72, Zona 13)

Ecuador (✆337 2902; embe cuad@guate.net; 4ª Av. 12-04, Zona 14)

España (✆2379-3530; 6ª Calle 6-48, Zona 9)

Honduras (✆2366-5640; embhond@intelnet.net.gt; 19ª Av. A 20-19, Zona 10)

El Salvador (✆2245-7272; Embajada Guatemala@rree. gob.sv; Av. Las Américas 16-40, Zona 13)

EE UU (✆2326-4501; http:// guatemala.usembassy.gov; Av. La Reforma 7-01, Zona 10)

México (✆2420-3400; www. sre.gob.mx/guatemala; 2ª Av. 7-57, Zona 10)

Nicaragua (✆2368-2284; embaguat@terra.com.gt; 13ª Av. 14-54, Zona 10)

Perú (✆331 8558; leprugua@ concyt.gob.gt; 2ª Av. 9-67, Zona 9)

Venezuela (✆366 9832; embavene@concyt.gob.gt; 13ª Calle 3-40 Zona 10, Edif. Atlantis, of. 601)

Fiestas oficiales

Se celebran los siguientes días festivos:

Año Nuevo 1 de enero

Semana Santa (del Jueves Santo al Domingo de Pascua, ambos incluidos) marzo/abril

Día del Trabajo 1 de mayo

Día del Ejército 30 de junio

Día de la Asunción 15 de agosto

Día de la Independencia 15 de septiembre

Día de la Revolución 20 de octubre

Día de Todos los Santos 1 de noviembre

Nochebuena 24 de diciembre

Navidad 25 de diciembre

Nochevieja 31 de diciembre

Fotografía

La fotografía es un asunto delicado en Guatemala. Siempre hay que pedir permiso antes de tomar fotos de los

RECOMENDACIONES OFICIALES

Las siguientes webs gubernamentales dan información y recomendaciones a los viajeros sobre los puntos de conflicto actuales. No suelen actualizarse más que ocasionalmente y pecan por exceso de cautela; hay muchísimos viajeros que visitan Guatemala y no tienen ninguno de los problemas que se advierten.

➜ **Argentina, Ministerio de Relaciones Exteriores, Comercio Internacional y Culto** (☑54 11 4819 7000; www.mrecic.gov.ar)

➜ **Chile, Ministerio de Relaciones Exteriores** (☑56 2 6794200; www.minrel.gov.cl)

➜ **España, Ministerio de Asuntos Exteriores** (☑91 379 83 00; http://www.exteriores.gob.es)

➜ **Departamento de Estado de EE UU** (http://travel.state.gov)

➜ **México, Secretaría de Relaciones Exteriores** (☑9159 500;www.sre.gob.mx)

habitantes, sobre todo de mujeres y niños mayas. No hay que sorprenderse si la respuesta es negativa. Los niños suelen solicitar una propina (normalmente 1 GTQ) para posar ante la cámara. En algunos lugares, como en la iglesia de Santo Tomás de Chichicastenango, está prohibido tomar fotografías. En las ceremonias mayas (si uno tiene la suerte de presenciar una) también está prohibido hacer fotos, a menos que se obtenga un permiso explícito. Si los lugareños muestran cualquier indicio de sentirse ofendidos, hay que guardar la cámara y disculparse de inmediato, tanto por educación como por seguridad. Nunca deben fotografiarse instalaciones militares, hombres armados ni otros escenarios de índole militar.

Hora local

En Guatemala se aplica el huso horario de la zona de Greenwich menos 6 horas. Normalmente se utiliza el sistema horario de 0.00 a 24.00. Cuando es mediodía en Guatemala, son las 13.00 en Nueva York y las 19.00 en Madrid. Para más conversiones horarias, véase www.timeanddate.com/worldclock.

Horario comercial

Los horarios que aquí se facilitan son orientativos, y se producen muchas variaciones; en particular, los restaurantes pueden variar hasta 2 h en su apertura y cierre.

La ley seca establece que los bares y discotecas deben cerrar antes de la 1.00, salvo las vísperas de festivos; esta norma se aplica con rigor en las ciudades grandes, pero en las poblaciones más pequeñas nadie le hace caso.

Bancos 9.00-17.00 lu-vi, 9.00-13.00 sa

Bares 11.00-24.00

Cafés y restaurantes 7.00-21.00

Oficinas públicas 8.00-16.00 lu-vi

Tiendas 8.00-12.00 y 14.00-18.00 lu-sa

Información turística

El Instituto Guatemalteco de Turismo, **INGUAT** (www.visitguatemala.com), posee oficinas de información en las principales zonas turísticas. Pocas ciudades tienen oficinas de turismo departamentales, municipales o privadas. **Proatur** (☑1500), una iniciativa conjunta privada y estatal, ofrece una línea directa gratuita de información y asistencia que funciona 24 h.

Lavabos públicos

➜ En Guatemala no se puede tirar nada al inodoro, ni tan solo papel higiénico. Los aseos incorporan algún tipo de recipiente (normalmente una pequeña papelera) para depositar el papel usado. No siempre disponen de papel higiénico, por lo que se aconseja llevar algún rollo en el equipaje.

➜ Si el viajero no lleva papel encima y lo necesita con urgencia, puede pedírselo a cualquier trabajador del local junto con una expresión de pánico; suele dar resultado.

➜ Los lavabos públicos escasean. La mejor opción es utilizar los de cafeterías, restaurantes, hoteles o yacimientos arqueológicos. Pocos autobuses disponen de aseo a bordo, y si es así, no suele funcionar.

Mujeres viajeras

Las mujeres no tendrán especiales problemas para viajar por Guatemala. La medida más sensata para garantizar un viaje sin sobresaltos es vestir discretamente, cualidad muy apreciada en el país, y que suele recompensarse con un mayor respeto por parte de los vecinos.

Las mujeres solo deben llevar pantalones cortos en la playa, nunca en los pueblos (especialmente en el altiplano). Las faldas deben llegar, como mínimo, a la altura de la rodilla. Se considera provocativo no llevar sujetador.

Muchas guatemaltecas se bañan con una camiseta encima del traje de baño.

A menudo, los hombres se acercan a las mujeres que viajan solas para charlar con ellas. Normalmente solo lo hacen por curiosidad, no para seducirlas. La viajera puede responder como crea más conveniente, pero no hay razón para sentirse intimidada. Hay que tener en cuenta la situación y las circunstancias, y mostrar seguridad. En los autobuses, las viajeras pueden sentarse junto a mujeres o niños. Las guatemaltecas rara vez inician una conversación, pero tienen cosas muy interesantes que contar una vez se ha roto el hielo.

Aunque no hay motivo para alarmarse, siempre existe el riesgo de sufrir una agresión sexual. Hay que tomar las precauciones habituales: evitar los lugares aislados o las calles poco transitadas durante la noche, y no hacer nunca autostop.

Peligros y advertencias

Aunque la delincuencia existe en Guatemala, y sin duda también afecta a los turistas, actualmente la clase de incidente desagradable que con mayor frecuencia se denuncia son los atracos en las rutas de senderismo.

Los días en que los atracadores ponían el punto de mira en los autobuses turísticos cuando circulaban por carretera parecen por fortuna cosa del pasado, aunque algunos turistas con coches alquilados han sido objetivo de los delincuentes. Para obtener información actualizada, contáctese con **Proatur** (☑1500).

Los delitos de los que el viajero tiene más probabilidades de ser víctima son los robos de carteras y bolsos en calles abarrotadas, mercados, estaciones de autobuses y los propios autobuses,

pero también en calles vacías y oscuras.

Consejos

➡ Es mejor viajar y llegar en horario diurno. Si no fuera posible, de noche se recomienda viajar en autobuses de 1ª clase y tomar un taxi hasta el hotel.

➡ Solo hay que llevar el dinero, las tarjetas, los cheques de viaje y los objetos de valor imprescindibles. Se debe dejar todo lo demás en un sobre cerrado y firmado en la caja fuerte del hotel; siempre hay que pedir un recibo tras dejar el sobre.

➡ No se aconseja llevar a la vista joyas, cámaras o relojes de aspecto valioso. También debe ocultarse la cartera o el monedero.

➡ En los autobuses hay que llevar siempre encima los objetos de valor.

➡ Al utilizar los cajeros automáticos hay que adoptar las precauciones habituales (y tener presente que la clonación de tarjetas es una realidad).

➡ Ir de excursión en grupo y/o con escolta policial reduce el riesgo de robos.

➡ Resistirse o intentar huir de los asaltantes suele empeorar la situación.

➡ Practicar senderismo en volcanes activos entraña ciertos riesgos y se aconseja informarse antes de partir. En la época de lluvias se recomienda caminar por la mañana, antes de que empiece a llover o estalle una tormenta.

➡ Hay que tener cuidado, sobre todo en zonas rurales, a la hora de hablar con niños pequeños; siempre se debe pedir permiso para hacer fotos y, en general, hay que evitar cualquier situación que pueda malinterpretarse.

Estafas

He aquí una estafa habitual: un hombre se acerca al viajero y le rocía la ropa con kétchup u otro líquido pegajoso. Un cómplice aparece para ayudarle a limpiarse y le roba todo lo que puede. Los carteristas y otros rateros también utilizan métodos de distracción, como dejar caer un bolso o monedas, o fingir un desmayo.

Por desgracia, los clonadores de tarjetas en los cajeros automáticos se han instalado en Guatemala y ac-

DENUNCIAS

Denunciar un delito puede tener resultados imprevisibles en Guatemala. Si el viajero es víctima de un delito grave, es obvio que debe denunciarlo a la policía. Si ha sufrido un robo, hay que pedir una copia de la denuncia para presentarla ante la compañía de seguros.

Si el problema es de poca importancia, conviene decidir si merece la pena informar a la policía.

En algunas de las principales zonas turísticas presta servicio una policía turística con formación especial; se les puede llamar en **Antigua** (☑5578-9835; operacionesproatur@inguat.gob.gt; 6ª Calle Poniente Final; ⊘24 h) y **Ciudad de Guatemala** (Policía turística; ☑2232-0202; 11 Calle 12-06, Zona 1; ⊘24 h).

Fuera de estas zonas, la mejor opción es llamar a **Proatur** (☑1500), que dispone de un teléfono gratuito las 24 h en todo el país. Ofrece información y asistencia para tratar con la policía, además de un servicio de abogados, si es necesario.

túan contra compatriotas y extranjeros por igual. Suelen colocar un lector en la ranura donde se inserta la tarjeta y, una vez obtenidos los datos, proceden a vaciar la cuenta. Se han producido denuncias de tarjetas duplicadas en los principales destinos turísticos. El único modo de evitarlo es usar cajeros difícilmente manipulables (los del interior de supermercados o centros comerciales). Los más proclives a ser saboteados son los situados en el pequeño recinto sin cerradura en la parte delantera del banco. Recuérdese que nunca se tiene que marcar el PIN para acceder a una sala con cajeros automáticos.

Salud

Para cuidar la salud en Guatemala hay que tomar ciertas precauciones de sentido común y algunas añadidas para destinos concretos.

Antes de ir
SEGURO MÉDICO

A pesar del precio relativamente bajo de la asistencia sanitaria, por lo general es recomendable contratar un seguro de viaje, que casi siempre cubre los gastos por atención médica. Antes de suscribir la póliza hay que leerla con detenimiento para ver lo que cubre y lo que no.

VACUNACIÓN

Las vacunas que suelen recomendarse para viajar a América Central son las de las hepatitis A y B y la fiebre tifoidea. Si el viajero debe pasar cierto tiempo en contacto con animales o explorando cuevas, debería vacunarse también contra la rabia.

En Guatemala
ASISTENCIA MÉDICA EN GUATEMALA

Las ciudades más grandes tienen hospitales públicos (baratos, con largas listas de espera) y privados (caros pero más rápidos).

Las poblaciones pequeñas dispondrán de un ambulatorio y en los pueblos suele haber un médico. Por supuesto, la capital cuenta con la mejor selección de servicios sanitarios de todo el país.

La atención sanitaria es relativamente económica (25 GTQ aprox. por una consulta normal de un médico).

Aunque el "turismo médico" está despegando en Guatemala (la atención dental, p. ej., es una ganga en comparación con lo que se paga en otros países), si se presenta una dolencia seria que no precise atención inmediata, quizá convenga regresar al propio país para recibir tratamiento.

COMER SANO

El problema de salud más común entre los que viajan a Guatemala tiene que ver con la digestión. Puede variar desde enfermedades graves como el cólera hasta simples casos de diarrea. Hay que vigilar lo que se come y se bebe y, en general, se introduce en la boca. He aquí unas sencillas normas preventivas para tener el viaje en paz:

➡ Lavarse bien las manos antes de comer o tocarse la cara.

➡ Comer solo en sitios que se vean limpios (el estado del comedor a veces es un buen indicador de cómo está la cocina).

➡ Comer únicamente en lugares concurridos a la hora de las comidas para asegurarse de que los productos son frescos.

➡ Pelar, cocer o desinfectar frutas y verduras.

➡ Ser muy escrupuloso con la comida ambulante.

➡ Evitar el agua del grifo a menos que haya sido bien hervida o desinfectada. En los restaurantes más caros el hielo se hace con agua purificada, pero si se quiere ser más cuidadoso, es

preferible pedir las bebidas sin hielo.

➡ Si el viajero siente malestar y le dura más de un par de días, debe llevar una muestra de heces a un laboratorio (los hay incluso en las poblaciones más pequeñas) para su análisis. Obtendrá un informe tal vez alarmante sobre el tipo de parásitos que tiene. Cualquier farmacéutico podrá recetarle la medicina adecuada basándose en el informe.

MOSQUITOS

Pueden transmitir dos enfermedades graves: la malaria y el dengue. Contra la malaria existen pastillas, recomendables si el viajero viaja a zonas rurales por debajo de los 1500 m, sobre todo en la estación lluviosa (jun-nov). No hay riesgo de malaria en Antigua ni en los alrededores del lago de Atitlán. La mejor prevención contra las enfermedades transmitidas por mosquitos es evitar las picaduras. En las zonas de alto riesgo hay que usar un repelente con DEET (debe llevarse de casa), vestir con mangas y pantalones largos, evitar estar al aire libre al amanecer y al atardecer y, en los hoteles, revisar las mosquiteras de ventanas y camas en busca de agujeros.

VIRUS DEL ZIKA

A finales del 2015 se informó de que el virus del Zika había llegado a Guatemala, y a principios del 2016 se habían confirmado más de 100 casos. Transmitido también por los mosquitos, los síntomas del Zika son fiebre, erupciones cutáneas, dolor en las articulaciones y enrojecimiento de los ojos. Las complicaciones para embarazadas y niños revisten más gravedad; para conocer detalles, véase la web del Centro para el Control de Enfermedades (www.cdc.gov). Igual que otras enfermedades transmitidas por los mosquitos, la mejor prevención es evitar las picaduras.

AGUA DEL GRIFO

Aunque muchos guatemaltecos beben agua del grifo (con frecuencia más por necesidad que por gusto), no es recomendable para los extranjeros. El agua purificada es barata y se consigue fácilmente en zonas turísticas y también en regiones apartadas.

Seguro de viaje

Es recomendable contratar un seguro que cubra robos, pérdidas y problemas médicos. Algunas pólizas excluyen las actividades peligrosas, como el submarinismo, el motociclismo e incluso el senderismo.

Siempre es más aconsejable contratar un seguro que abone directamente los gastos de médicos y hospitales que otro que obligue al viajero a pagar la asistencia de su bolsillo y reclamar el importe al volver a su país. En caso de tener que reclamar más adelante, es necesario conservar toda la documentación pertinente.

También debe comprobarse que el seguro cubra los desplazamientos en ambulancia o un vuelo de repatriación de emergencia.

En www.lonelyplanet.es se hallarán seguros de viaje internacionales. Se pueden contratar, ampliar y reclamar en cualquier momento por internet, incluso durante el viaje.

Teléfono

En Guatemala no hay prefijos de zona ni de ciudad. Si se llama desde el extranjero, solo hay que marcar el prefijo internacional (☎00 en casi todos los países), seguido del prefijo de Guatemala (☎502) y del número de ocho dígitos al que se desea llamar. Para llamar desde Guatemala, basta con marcar el número de ocho dígitos. El prefijo internacional para telefonear desde Guatemala es el ☎00.

Muchos pueblos y ciudades frecuentadas por turistas disponen de locutorios telefónicos privados donde se pueden realizar llamadas internacionales a precios razonables.

No se aconseja utilizar las cabinas negras situadas estratégicamente en las localidades turísticas, donde se puede leer "iPulse 2 para llamar gratis a Estados Unidos!". Es un timo: la llamada se carga en la tarjeta de crédito y al regresar al propio país se comprueba que se ha pagado entre 8 y 20 US$ por minuto.

Muchos viajeros utilizan una cuenta con servicio VOIP como Skype (www.skype.com). Si un cibercafé no la tiene instalada, se puede descargar en cuestión de minutos. Si se tiene previsto realizar llamadas desde los ordenadores de los cibercafés, hay que comprar unos auriculares con micrófono antes de partir; se pueden enchufar en el frontal de casi todos los ordenadores.

Teléfonos móviles

Existen tres compañías de telefonía móvil en el país: Movistar (www.movistar.com.gt) suele tener las tarifas más baratas, pero su cobertura no va mucho más allá de las ciudades principales; Tigo (www.tigo.com.gt) y Claro (www.claro.com.gt) ofrecen la mejor cobertura.

Es posible llevar el teléfono móvil desde el propio país, "desbloquearlo" para su uso en Guatemala (esto cuesta entre 50 y 100 GTQ en Guatemala, dependiendo de la marca del teléfono) y sustituir después la tarjeta SIM por otra local. Esto funciona con determinados tipos de móviles, no con todos, pero no se sabe exactamente a qué se debe. Las empresas telefónicas guatemaltecas operan en frecuencias de 850, 900 o 1900 MHz; los teléfonos tribanda o cuatribanda no suelen presentar problemas. Las cuestiones de compatibilidad y el riesgo de robo (los móviles son un artículo predilecto de los carteristas) hace que la opción más frecuente sea adquirir un teléfono de prepago barato a la llegada; se pueden adquirir en casi todo el país. Cuestan entre 100 y 150 GTQ y a menudo incluyen 100 GTQ en llamadas. En cualquier tienda es posible comprar tarjetas con saldo para realizar llamadas. Las llamadas cuestan 1,50 GTQ por minuto a cualquier destino del país y de EE UU (en función del operador). El precio se quintuplica en las llamadas al resto del mundo.

Tarjetas telefónicas

Los teléfonos que más se ven por las calles (aunque cada vez son más raros porque todo el mundo usa teléfonos móviles) son los de Telgua, para los que se necesita comprar una tarjeta telefónica de Telgua en tiendas, quioscos y establecimientos similares; en los puntos de venta se coloca un letrero rojo que dice "Ladatel de Venta Aquí". Las tarjetas se comercializan en 20, 30 y 50 GTQ: se insertan en un teléfono de Telgua, se marca el número y el visor indica el tiempo que queda. Los teléfonos callejeros de Telgua dan instrucciones sobre cómo marcar el ☎147110 para llamadas nacionales a cobro revertido y el ☎147120 para llamadas internacionales a cobro revertido.

Trabajo

Algunos viajeros encuentran trabajo en bares, restaurantes y hoteles de Antigua, Panajachel o Quetzaltenango, pero los sueldos son muy bajos. Si desea unirse a la tripulación de un yate, debe dirigirse a los alrededores de Río Dulce, donde siempre hay vacantes para excursiones cortas o para expediciones a EE UU y más allá. Para más detalles, véanse los tablones de anuncios y foros de internet.

Viajar con niños

En Guatemala se tiene mucho aprecio a los niños y pueden romper barreras y abrir las puertas de la hospitalidad local. Sin embargo, es tal la densidad cultural de Guatemala, y tan centrada en la historia y la arqueología, que los niños pueden aburrirse con facilidad. Para mantener entretenidos a los pequeños conviene intercalar en el viaje las visitas a lugares como el **Museo de los Niños** en Ciudad de Guatemala (plano p. 52; ☑2475-5076; www.museodelosninos.com.gt; 5ª Calle 10-00, Zona 13; 40 GTQ; ☺8.00-12.00 y 13.00-16.30 ma-vi, 9.30-13.30 y 14.30-18.00 sa y do) y **La Aurora Zoo** (plano p. 52; ☑2472-0507; www.aurorazoo.org.gt; 5ª Calle, Zona 13; adultos/niños 30/15 GTQ; ☺9.00-17.00 ma-do), **Autosafari Chapín** (☑2222-5858; www.autosafarichapin.com; Carretera a Taxisco, km 87,5; adultos/niños 60/50 GTQ; ☺9.30-17.00 ma-do), y el parque acuático de Retalhuleu **Xocomil** (☑7772-9400; www.irtra.org.gt; Carretera CITO, km 180,5; adultos/niños 100/50 GTQ; ☺9.00-17.00 ju-do) y el parque temático **Xetulul** (☑7722-9450; www.irtra.org.gt; Carretera CITO, km 180,5; adultos/niños 100/50 GTQ; ☺10.00k-17.00 vi-do). Muchos niños mayores disfrutarán también con actividades como la tirolina, el kayak y los paseos a caballo.

Para información general sobre viajes con niños, consúltese *Travel with Children* de Lonely Planet.

Viajeros con discapacidades

Guatemala es un país bastante complicado para los viajeros discapacitados. Aunque en Antigua hay muchas aceras con rampas y bonitas baldosas con el dibujo de una silla de ruedas, los adoquines de las calles dificultan en gran medida el desplazamiento para las personas con movilidad reducida.

Muchos hoteles están situados en casas antiguas restauradas, con habitaciones que dan a un patio; dichas habitaciones son accesibles en silla de ruedas, pero los baños tal vez no. Los hoteles de mayor categoría disponen de rampas, ascensores y lavabos accesibles. El transporte es el principal problema para los viajeros con movilidad reducida: si se viaja en silla de ruedas, se aconseja alquilar un automóvil con conductor, pues los autobuses suelen ser demasiado estrechos.

En España, la federación **ECOM** (☑93 451 55 50; ecom@ecom.es; www.ecom.es; Gran Via de les Corts Catalanes 652, pral. 2ª, Barcelona) aborda, entre otros asuntos de interés para discapacitados, el turismo accesible. Por su parte, **Viajes 2000** (☑91 323 11 07; www.viajes2000.com; Pº Castellana 228, Madrid), agencia de viajes de la Organización Nacional de Ciegos de España (ONCE), dispone de información sobre la accesibilidad en los hoteles, restaurantes y otros lugares de las ciudades que se desee visitar.

En EE UU, **Mobility International USA** (www.miusa.org) ofrece orientación sobre temas de movilidad a los viajeros discapacitados, organiza programas de intercambio (incluido uno en Guatemala) y publica algunos libros de gran utilidad. También se puede acudir a **Access-Able Travel Source** (www.access-able.com) y a **Accessible Journeys** (www.disabilitytravel.com).

Transitions (www.transitionsfoundation.org), con sede en Antigua, es una organización dedicada a ampliar el conocimiento y el acceso a las personas con discapacidades en Guatemala.

La guía *Accesible Travel* de Lonely Planet puede descargarse gratuitamente en http://lptravel.to/AccessibleTravel.

Visados

Los ciudadanos de España, Argentina, Brasil, Chile, Colombia, México, Perú, Venezuela y EE UU, entre otros, no necesitan visado para entrar en Guatemala. En cambio, los de Bolivia y Ecuador sí lo necesitan. Normalmente se permite una estancia de 90 días (dentro del sello del pasaporte suele escribirse un número 90).

En agosto del 2006, Guatemala se adhirió al Centro América 4 (CA-4), un tratado de libre comercio junto con Nicaragua, Honduras y El Salvador. Diseñado para facilitar el movimiento de bienes y personas por toda la región, ha tenido un efecto muy positivo para los viajeros: al entrar en un país de la CA-4, se les permite permanecer durante 90 días en cualquiera de los de la zona. Este período puede ampliarse una vez (90 días más) por unos 120 GTQ. Los requisitos concretos cambian con cada Gobierno, pero así es como funcionaba en Guatemala durante la redacción de esta guía: había que acudir al **Departamento de Extranjería** (plano p. 48; ☑2411-2411; www.migracion.gob.gt; 6ª Av. 3-11, Zona 4, Ciudad de Guatemala; ☺8.00-14.30 lu-vi) provisto de lo siguiente:

Dos fotografías de carné en blanco y negro sobre papel mate; un pasaporte en vigor; dos copias de la página del pasaporte con la fotografía y una copia de la página con el sello de entrada; tarjeta de crédito (no de débito) con fotocopia de sus dos caras (o cheques de viaje por valor de 400 US$ o un billete de salida del país o confirmación de reserva de vuelo con membrete de la agencia de viajes, firmada y sellada por la agencia).

Las extensiones pueden tardar hasta una semana en tramitarse, pero este período de tiempo es muy elástico; vale la pena preguntar antes de iniciar los trámites.

Si el viajero ha pasado los 90 días permitidos y ha agotado los 90 días de extensión en la región CA-4, debe abandonar la zona en 72 h (los destinos más cercanos son Belice y México), tras las cuales puede volver y reiniciar todo el trámite. Algunos extranjeros llevan años repitiendo este proceso.

La normativa en materia de visados puede cambiar en cualquier momento, por lo que se aconseja informarse en la embajada de Guatemala antes de partir.

Voluntariado

Si el viajero quiere conocer a fondo lo que ocurre en Guatemala, puede apuntarse a tareas de voluntariado. Las oportunidades abundan y van desde cuidar a animales abandonados o escribir solicitudes de ayuda hasta cultivar el campo. Los viajeros con conocimientos específicos (enfermeras, médicos, profesores o diseñadores de sitios web) son especialmente necesarios en el país.

Casi todos los trabajos voluntarios requieren una estancia mínima. Dependiendo de la organización, quizá haya que pagar el alojamiento y la comida, Antes de comprometerse, se aconseja hablar con otros voluntarios e informarse sobre todos los detalles relativos a la plaza vacante.

Una excelente fuente de información sobre oportunidades de voluntariado es **EntreMundos** (plano p. 142; ✆7761-2179; www.entremundos.org; 6ª Calle 7-31, Zona 1; ☉14.00-16.00 lu-ju), establecida en Quetzaltenango, cuya web trae una enorme variedad de posibilidades para ejercerlo. Muchas escuelas de idiomas mantienen estrechas relaciones con el mundo del voluntariado, y con frecuencia son la mejor solución si solo se pretende trabajar unas pocas semanas. Un portal de ámbito mundial para labores de voluntariado (con muchos trabajos en Guatemala) es www.idealist.org.

Transporte

CÓMO LLEGAR Y SALIR

Con tres fronteras terrestres, entradas por puertos marítimos y fluviales, y dos aeropuertos internacionales, no es difícil acceder o salir de Guatemala. Los vuelos, vehículos y circuitos pueden reservarse en línea en lonely planet.com/bookings.

Avión

El aeropuerto La Aurora de Ciudad de Guatemala (GUA) es el principal aeropuerto internacional del país. El otro único aeropuerto que recibe vuelos internacionales (desde Ciudad de Belice) es el de Flores (FRS). La aerolínea nacional guatemalteca, Avianca, es una filial de la compañía colombiana del mismo nombre.

Desde EE UU hay vuelos directos con aerolíneas como Avianca (www.avianca. com). Aero-Mexico (www. aeromexico.com) e Interjet (www.interjet.com.mx) vuelan directamente desde Ciudad de México. Avianca y Alternative Airlines (http://taca.alternativeairlines.com) tienen vuelos desde casi todas las capitales centroamericanas. Si se viaja desde otros países, lo más seguro es que haya que cambiar de avión en EE UU, México u otros lugares de América Central.

Por tierra

Se aconseja cruzar la frontera lo más temprano posible. Los servicios de transporte una vez pasada la frontera se reducen por la tarde, y las zonas fronterizas no son siempre los lugares más seguros. Si se abandona el país por tierra, no se paga ninguna tasa de salida, aunque muchos agentes de la frontera piden 10 GTQ. Si uno está dispuesto a discutir y esperar, puede que se libre, pero la mayoría se limita a no oponer resistencia y pagar.

Pasos fronterizos

Guatemala comparte frontera con sus países vecinos. Compruébense las exigencias del visado (p. 16) antes de la llegada.

BELICE

➡ Melchor de Mencos (GUA)-Benque Viejo del Carmen (BCE)

EL SALVADOR

➡ Ciudad Pedro de Alvarado (GUA)-La Hachadura (ES)

➡ Valle Nuevo (GUA)-Las Chinamas (ES)

➡ San Cristóbal Frontera (GUA)-San Cristóbal (ES)

➡ Anguiatú (GUA)-Anguiatú (ES)

EL CAMBIO CLIMÁTICO Y LOS VIAJES

Todos los viajes con motor generan una cierta cantidad de CO_2, la principal causa del cambio climático provocado por el hombre. En la actualidad, el principal medio de transporte para los viajes son los aviones, que emplean menos cantidad de combustible por kilómetro y persona que en la mayoría de los automóviles, pero también recorren distancias mucho mayores. La altura a la que los aviones emiten gases (incluido el CO_2) y partículas también contribuye a su impacto en el cambio climático. Muchas páginas web ofrecen "calculadoras de carbono" que permiten al viajero hacer un cálculo estimado de las emisiones de carbono que genera en su viaje y, si lo desea, compensar el impacto de los gases invernadero emitidos participando en iniciativas de carácter ecológico por todo el mundo. Lonely Planet compensa todos los viajes de su personal y de los autores de sus guías.

HONDURAS

➡ Agua Caliente (GUA)-Agua Caliente (HND)

➡ El Florido (GUA)-Copán Ruinas (HND)

➡ Corinto (GUA)-Corinto (HND)

MÉXICO

➡ Ciudad Tecún Umán (GUA)-Ciudad Hidalgo (MEX)

➡ El Carmen (GUA)-Talismán (MÉX)

➡ La Mesilla (GUA)-Ciudad Cuauhtémoc (MÉX)

Autobús

El autobús es el medio de transporte más habitual para entrar en Guatemala por tierra. Casi todos los autobuses internacionales de 1ª clase salen de Ciudad de Guatemala y no hacen paradas. También hay servicios de 1ª clase a Belice desde Flores/Santa Elena. En los autobuses de 1ª clase (sobre todo a Honduras y El Salvador), el conductor pide el pasaporte a los pasajeros y se ocupa de los trámites fronterizos. Si se viaja a Belice o México tendrá que hacerlo uno mismo. Las tasas fronterizas (oficiales o de otra índole) no van incluidas en el precio del billete.

Los autobuses de 2ª clase no suelen cruzar la frontera.

Automóvil y motocicleta

El abundante papeleo y los riesgos de conducir por Guatemala suelen disuadir a muchos viajeros. Para entrar a Guatemala en automóvil son necesarios:

➡ Documento de matriculación válido y actualizado.

➡ Prueba de propiedad (si el automóvil no pertenece al viajero hará falta una carta firmada ante notario con la autorización del propietario).

➡ Permiso de conducción válido o carné internacional, expedido por la asociación automovilística del país de origen.

➡ Permiso de importación temporal válido para un máximo de 90 días, que se puede tramitar gratis en la frontera.

Los seguros contratados en el extranjero no tienen validez en Guatemala, lo que obliga a contratar una nueva póliza. En casi todos los puestos fronterizos y en los pueblos cercanos hay oficinas que contratan seguros de daños a terceros. Para evitar que los extranjeros vendan sus vehículos en Guatemala, las autoridades obligan al viajero a abandonar el país con el mismo vehículo con el que se ha entrado. La persona que conduzca el automóvil al cruzar la frontera debe ser la misma que lo conduzca al abandonar el país.

Hay estaciones de servicio en todas las poblaciones salvo en las más pequeñas. Si se ve a algún chico agitando un embudo al paso del viajero es que le está ofreciendo combustible mexicano de contrabando, más barato; muchos lo usan sin problemas, pero hay quien afirma que su alto contenido en sedimentos daña el motor.

También hay mecánicos por doquier, pero los talleres autorizados solo están en las grandes poblaciones. Y aunque es fácil encontrar repuestos genéricos, si se buscan piezas originales hay que tener en cuenta que Toyota es el fabricante con mayor presencia en el país, seguido (de lejos) por Mazda y Ford.

Por río

Hay dos pasos fronterizos entre el estado mexicano de Chiapas y El Petén. El más utilizado es el que cruza de Frontera Corozal (México) a La Técnica o Bethel (Guatemala). Frontera Corozal tiene buenas conexiones de transporte a Palenque (México), y hay autobuses regulares de La Técnica y Bethel a Flores/Santa Elena.

La otra ruta fluvial desde México al departamento de El Petén (Guatemala) es remontar el río La Pasión desde Benemérito de las Américas, al sur de Frontera Corozal, hasta Sayaxché, aunque no dispone de instalaciones de inmigración ni servicios de confianza.

Por mar

Hay barcos públicos que conectan Punta Gorda (Belice) con Lívingston y Puerto Barrios (Guatemala). Los servicios de Punta Gorda conectan con los autobuses a/desde la ciudad de Belice. Al abandonar Guatemala por mar hay que pagar una tasa de 80 GTQ.

CÓMO DESPLAZARSE

Avión

Cuando se redactó esta guía, los únicos vuelos interiores disponibles eran los que cubrían Ciudad de Guatemala-Flores a diario, operados por Avianca (www.avianca.com) y TAG (www.tag.com.gt).

TASA DE SALIDA

Guatemala cobra a los pasajeros que salen del país en avión un impuesto de 30 US$, que casi siempre va incluido en el precio del billete. En caso contrario, ha de abonarse en efectivo (en US$ o quetzales) en el mostrador de facturación de la compañía correspondiente.

Bicicleta

El terreno montañoso de Guatemala y el estado de las carreteras, a veces espantoso, desaconseja el pedaleo por vías interurbanas. Pero si se actúa con prudencia, la bicicleta es una manera magnífica de moverse por las ciudades pequeñas; Antigua, Quetzaltenango y San Pedro La Laguna son algunas de las ciudades donde pueden alquilarse bicicletas de montaña aceptables (no se aconsejan las de paseo, con ruedas estrechas). Hay tiendas de bicicletas en casi todas las localidades; una nueva cuesta a partir de unos 800 GTQ.

Barco

La localidad caribeña de Lívingston solo es accesible por barco, cruzando la bahía de Amatique desde Puerto Barrios, o descendiendo el río Dulce desde la localidad de Río Dulce, trayectos ambos de gran belleza. En el lago de Atitlán, lanchas rápidas surcan las aguas que separan los pueblos y es, con diferencia, la mejor manera de desplazarse.

Autobús y microbús

Los autobuses llegan a casi todas partes en Guatemala. La mayoría son viejos autobuses urbanos de EE UU y Canadá, y no es raro que una familia de cinco personas se apretuje en asientos que fueron pensados para dos niños. Conocidos como *parrilleras*, son frecuentes, baratos y van abarrotados. La hora de viaje cuesta 10 GTQ o incluso menos.

Las *parrilleras* paran donde sea y a quien sea. Siempre hay alguien que grita "¡hay lugares!" y anuncia, también a gritos, el destino del autobús. Para los viajeros más altos, los trayectos en autobús resultan muy incómodos. Para tomar una *parrillera,* basta con colocarse junto a la carretera y extender el brazo.

En algunas rutas, sobre todo entre las grandes ciudades, circulan autobuses más cómodos con lujos tales como un asiento por persona. Los mejores llevan un cartel que pone "Pullman", "Especial" o "Primera clase". En ocasiones, disponen de baño (no hay que contar con que funcione), TV e incluso comida.

Las rutas de los *pullman* siempre salen y terminan en Ciudad de Guatemala.

Por lo general salen más autobuses por la mañana (algunos desde las 2.00) que por la tarde. Los servicios disminuyen después de las 16.00; los autobuses nocturnos son raros y no se recomiendan. Una excepción son los autobuses nocturnos desde Ciudad de Guatemala hasta Flores, que llevan ya algunos años sin registrar incidentes.

Las distancias en Guatemala no son enormes y, salvo en la ruta Guate-Flores, no se suele permanecer más de 4 h seguidas en un autobús. En un típico viaje de 4 h se recorren 175-200 km por 60-100 GTQ.

Algunos de los autobuses más cómodos permiten comprar los billetes con antelación, lo que vale la pena para asegurarse un asiento.

En algunas de las rutas más cortas, los microbuses, también denominados *bu-sitos,* están sustituyendo a las *parrilleras;* regidos por el mismo principio de apretujamiento, pueden ser incluso más incómodos porque tienen menos espacio para las piernas. Allí donde no circulan autobuses ni microbuses, las *picops* (camionetas) funcionan como autobuses; se paran de igual manera y se paga lo mismo.

Al menos un par de veces al mes, un autobús se despeña por un acantilado o se pasa de frenada en una curva y provoca una colisión frontal. Los periódicos están llenos de detalles sangrientos y diagramas del último accidente.

Microbús de enlace

Los microbuses gestionados por las agencias de viajes son una opción rápida y cómoda para cubrir trayectos entre las principales rutas turísticas. Están bien anunciados dondequiera que se ofrezcan. Y salvo contadas excepciones, son mucho más caros que los autobuses (entre 5 y 15 veces más), pero también más prácticos, ya que normalmente brindan un servicio puerta a puerta, con comida programada y paradas para ir al baño. Las principales rutas de enlace son Aeropuerto de Ciudad de Guatemala-Antigua, Antigua-Panajachel, Panajachel-Chichicastenango y Lanquín-Antigua.

AVISO

Aunque viajar en autobús de noche no es aconsejable en ningún caso, es recomendable que las mujeres que vayan solas no tomen autobuses (*pullman* o *parrilleras*) nocturnos, excepto los que circulan entre Ciudad de Guatemala y Flores. Las denuncias sobre incidentes relacionados con estos servicios son tan raras que uno podría considerarlos "seguros".

Ante todo, lo que se debe evitar es ser el último dentro del autobús al llegar al destino si es de noche.

MONTAR EN 'PARRILLERA'

Si el viajero ha estado en EE UU y ha visto los autobuses escolares, los reconocerá en Guatemala, reciclados y convertidos en camionetas o *parrilleras*. Gusten o no, son una realidad constante al viajar por Guatemala, y muchas veces no hay alternativa.

En EE UU, cuando los autobuses escolares alcanzan la provecta edad de 10 años o han recorrido 150 000 millas son subastados. Entonces se llevan remolcados por EE UU y México hasta un taller guatemalteco donde se reacondicionan (motor más grande, cambio de seis velocidades, baca en el techo, cartel de destino, portaequipajes interior, asientos más largos) y se remozan con una mano de pintura, reproductor de CD y detalles cromados. Los conductores añaden entonces su toque personal, desde parafernalia religiosa a peluches y luces navideñas en el salpicadero.

Si se puede elegir, el aspecto es importante: si la pintura es reciente y el cromado brilla, probablemente el propietario también pueda costear unos frenos nuevos y un mantenimiento periódico. Si se tiene en cuenta que en Guatemala cada semana se produce al menos un accidente en el que se ve implicada una *parrillera*, es algo que conviene tener en cuenta.

Automóvil y motocicleta

En Guatemala se puede conducir con el carné del país de origen o con el internacional. Las costumbres al volante serán probablemente muy distintas de las del propio país: adelantar en curvas con poca visibilidad, ceder el paso a los vehículos que suben por una cuesta en los estrechamientos de las vías y tocar el claxon ruidosamente sin que se sepa por qué no son más una muestra. La señalización viaria es escasa, y nulas las indicaciones de otros conductores para avisar de lo que van a hacer. No hay que prestar atención a los intermitentes: casi nunca se usan. Las luces de emergencia significan por lo general que el conductor está a punto de hacer algo imprudente y/o ilegal.

Los vehículos que suben siempre tienen preferencia de paso. Por todo el país hay bandas reductoras de grandes dimensiones, repartidas generosamente, en ocasiones en lugares tan poco adecuados como la avenida principal de las poblaciones. El uso del cinturón de seguridad es obligatorio, aunque pocos lo utilizan.

En Guatemala no es aconsejable conducir de noche por varias razones, entre las que se cuentan los asaltos a mano armada, los conductores ebrios y la escasa visibilidad.

Todo conductor implicado en un accidente con heridos o víctimas mortales pasa a disposición judicial hasta que un magistrado emita un veredicto.

Si un vehículo se avería en la carretera (sobre todo en las de montaña), el conductor advertirá a otros colocando arbustos o una rama en la carretera unos cientos de metros más atrás. Si se va conduciendo y se ven estos avisos, lo mejor es ser prudente y reducir la marcha.

Alquiler

Si el viajero tiene previsto ceñirse a los principales puntos de interés, alquilar un automóvil no suele ser una buena idea desde el punto de vista logístico. Antigua se recorre mejor a pie, a los pueblos del lago de Atitlán es mejor ir en lancha y la distancia que separa ambos lugares de Tikal hace que sea más conveniente viajar en autobús o en avión. Ahora bien, en lo que a libertad y confort se refiere, no hay como disponer de dos o cuatro ruedas.

Para alquilar un automóvil hay que mostrar el pasaporte, el permiso de conducción y una tarjeta de crédito. Normalmente la persona que alquila el automóvil debe tener más de 25 años. Es posible que los seguros incluidos en el alquiler no cubran la pérdida o el robo, por lo que el viajero podría ser responsable de daños por valor de varios cientos o incluso miles de dólares. Hay que aparcar el vehículo en lugares seguros, sobre todo en Ciudad de Guatemala y por la noche. Aunque en el hotel no dispongan de aparcamiento, es posible que sepan de un garaje seguro en las proximidades.

Se alquilan motocicletas en Antigua y en los alrededores del lago de Atitlán, pero es muy aconsejable llevar los elementos de seguridad necesarios.

Autostop

Es una práctica poco habitual en Guatemala, pues no es segura. Sin embargo, en los lugares donde los servicios de autobuses escasean o son inexistentes, se utilizan furgonetas como transporte público. Si el viajero se coloca junto a la carretera y extiende el brazo, alguien se detendrá. Debe pagarse directamente al conductor como si se tratara de un autobús; las tarifas suelen ser parecidas. Este es un sistema seguro y fiable utilizado por guatemaltecos y viajeros, y el único inconveniente es que los vehículos suelen ir a rebosar.

Cualquier otra modalidad de autostop nunca es totalmente segura, por lo que no se recomienda. Los viajeros que hacen autostop deben entender que corren un riesgo pequeño pero potencialmente grave.

Transporte local

Autobús y microbús

Fuera de Ciudad de Guatemala, el transporte público es un servicio que se presta principalmente con microbuses nuevos y abarrotados de pasajeros; son útiles para los viajeros en ciudades más extensas como Quetzaltenango y Huehuetenango. Ciudad de Guatemala cuenta con los viejos autobuses rojos (no se aconsejan por motivos de seguridad) y con flotas más nuevas de los autobuses de TransMetro y TransUrbano.

Los microbuses de enlace de las agencias de viajes, muy publicitados, ofrecen transporte cómodo y rápido por las rutas turísticas principales. Con contadas excepciones, son mucho más caros que los autobuses (entre 5 y 15 veces más), pero también más cómodos; por lo general ofrecen un servicio puerta a puerta, con paradas programadas para comer e ir al baño. Las rutas principales son Aeropuerto de Ciudad de Guatemala-Antigua, Antigua-Panajachel, Panajachel-Chichicastenango y Lanquín-Antigua.

Taxi

Abundan en las localidades de mayor tamaño. Una carrera de 10 min puede costar unos 60 GTQ, lo que resulta bastante caro; los taxistas suelen achacarlo al precio de la gasolina.

A excepción de algunos taxis en Ciudad de Guatemala, no existe el taxímetro; hay que acordar la tarifa antes de subir al vehículo.

Una opción para quienes prefieran no conducir es contratar un taxista por un largo período, por lo general es solo un poco más caro que alquilar y garantiza toda la libertad y el confort sin el estrés que implica conducir.

'Tuk-tuk'

Si uno ha viajado a Asia, estará más que familiarizado con el *tuk-tuk*, diminuto taxi de tres ruedas con capacidad para el conductor y tres pasajeros, aunque siempre habrá quien se anime a acomodar el doble de viajeros. Así llamados por el ruido que hacen sus pequeños motores para cortacésped, los *tuk-tuk* son útiles sobre todo para carreras cortas por la ciudad; lo normal es pagar unos 5 GTQ/persona, y se paran de igual manera que los taxis.

Idioma

Guatemala cuenta con unas 20 lenguas indígenas mayas, pero el español es la lengua más hablada.

MAYA ACTUAL

Desde la época precolombina, los dos idiomas mayas antiguos, el yucateco y el cholano, se han subdividido dando lugar a más de 20 lenguas mayas independientes, entre las que figuran el yucateco, el chol, el chortí, el tzeltal, el tzotzil, el lacandón, el mam, el quiché y el cachiquel. Estas lenguas rara vez aparecen en forma escrita, y cuando lo hacen, se sirven del alfabeto romano. La mayoría de los hablantes de maya generalmente solo saben leer y escribir en español.

La pronunciación del maya no es complicada. Solo hay unas cuantas reglas a tener presente. Las consonantes seguidas de apóstrofo (**b', ch', k', p', t'**) se pronuncian con mayor énfasis. Las vocales seguidas por un apóstrofo (') indican una oclusión de la glotis. El acento suele recaer en la última sílaba.

Quiché

Se habla en la región del altiplano, desde aproximadamente Santa Cruz del Quiché hasta la zona del lago de Atitlán y Quetzaltenango. Hay unos dos millones de mayas quiché en Guatemala.

Buenos días.	*Saqarik.*
Buenas tardes.	*Xb'eqij.*
Buenas noches.	*Xokaq'ab'.*
Adiós.	*Chab'ej.*
Hasta pronto.	*Kimpetik ri.*
Disculpe.	*Kyunala.*
Gracias.	*Uts awech.*
¿Cómo se llama?	*Su ra'b'i?*

Me llamo ...	*Nu b'i ...*
¿De dónde es?	*Ja kat pewi?*
Soy de...	*Ch'qap ja'kin pewi ...*
¿Dónde está el/la ...?	*Ja k'uichi' ri ...?*
baño	*b'anb'al chulu*
parada del autobús	*tek'lib'al*
médico	*ajkun*
hotel	*jun worib'al*
¿Tiene ...?	*K'olik ...?*
agua hervida	*saq'li*
café	*kab'e*
habitaciones	*k'plib'al*
malo	*itzel*
manta	*k'ul*
cerrado	*tzapilik*
frío	*joron*
bueno	*utz*
duro	*ko*
caliente	*miq'in*
abierto	*teb'am*
enfermo	*yiwab'*
blando	*ch'uch'uj*
verduras	*ichaj*
norte (blanco)	*saq*
sur (amarillo)	*k'an*
este (rojo)	*kaq*
oeste (negro)	*k'eq*
1	*jun*
2	*keb'*
3	*oxib'*

4	*kijeb'*
5	*job'*
6	*waq'ib'*
7	*wuqub'*
8	*wajxakib'*
9	*b'elejeb'*
10	*lajuj*

Mam

Se habla en el departamento de Huehuetenango y se oye continuamente en Todos Santos Cuchumatán. Muchas palabras mames han estado en desuso durante tanto tiempo que el equivalente en español se utiliza casi exclusivamente. Los números del 1 al 10 son igual que en quiché, y del 10 en adelante se continúa como en español.

Buenos días	*Chin q'olb'el teya.*
Buenas tardes/noches.	*Chin q'olb'el kyeyea.*
Adiós.	*Chi nej.*
Hasta pronto.	*Ak qli qib'.*
Disculpe.	*Naq samy.*
Gracias.	*Chonte teya.*
¿Cómo está?	*Tzen ta'ya?*
¿Cómo se llama?	*Tit biya?*
Me llamo ...	*Luan bi ...*
¿De dónde es?	*Jaa'tzajnia?*
Soy de ...	*Ac tzajni ...*

¿Dónde está el/la ...?	*Ja at ...?*
baño	*bano*
médico	*medico/doctor*
hotel	*hospedaje*

¿Hay algún lugar para dormir?
Ja tun kqta'n?

¿Dónde está la parada del autobús?
Ja nue camioneta?

¿Cuánto cuestan las frutas y las verduras?
Je te ti lobj?

¿Tiene ...?	*At ...?*
agua hervida	*kqa'*
café	*café*
habitaciones	*cuartos*
Tengo frío.	*At xb'a'j/choj.*
Estoy enfermo.	*At yab'.*
malo	*k'ab'ex/nia g'lan*
cerrado	*jpu'n*
bueno	*banex/g'lan*
duro	*kuj*
caliente	*kyaq*
abierto	*jqo'n*
blando	*xb'une*
norte (blanco)	*okan*
sur (amarillo)	*eln*
este (rojo)	*jawl*
oeste (negro)	*kub'el*

GLOSARIO

boleto – billete (de autobús, tren, etc.)

bolo – borracho en lenguaje coloquial

camión – nombre también utilizado para referirse al autobús

cenote – gran cueva calcárea natural utilizada para almacenar agua o con fines ceremoniales

Chaac – dios maya de la lluvia

chac mool – piedra de sacrificios

chapín – sobrenombre que reciben los ciudadanos de Guatemala

charro – vaquero

chicle – savia del árbol sapodilla con la que se produce el chicle

chicleros – recolectores de chicle

chuchkajau – sacerdote maya

chuj –sauna maya tradicional; también conocida como *tuj* o *temazcal*

chultún – cisterna maya artificial

colectivo – taxi o microbús compartido que para cada tanto para recoger y dejar pasajeros

comal – plancha utilizada para cocinar tortillas

comedor – restaurante básico y barato con un menú limitado

copal – resina utilizada como incienso en las ceremonias mayas

corte – falda de tubo maya

criollos – guatemaltecos de sangre española

cuadra – manzana

dzul, dzules – en maya, extranjero y vecino

estela – monumento monolítico de piedra con inscripciones grabadas

glifo – carácter o figura simbólica tallada o grabada en relieve

guayabera – elegante camisa de hombre con bolsillos en la pechera y en los faldones, adornada con bordados; suele reemplazar al traje y la corbata en ocasiones importantes.

hacienda – finca

huipil – colorida túnica maya con bordados

kaperraj – pañuelo utilizado por las mujeres mayas atado a la cabeza o bien para llevar cosas o niños

Kukulcán – nombre maya de Quetzalcóatl, la serpiente emplumada de las culturas azteca y tolteca

ladino – persona de sangre indígena y europea; más extendido en Guatemala que la palabra *mestizo*

leng – en el altiplano, palabra coloquial maya para referirse a una moneda

marimba – instrumento nacional de Guatemala, similar a un xilófono

metate – piedra plana sobre la que se muele el maíz con ayuda de un rodillo de piedra

milpa – maizal

mordida – soborno

na – cabaña maya con techo de paja

palapa – refugio con techo de paja y hojas de palmera, abierto a los costados

panza verde – sobrenombre con el que se conoce a los habitantes de Antigua por su pasión por los aguacates

parrillera – antiguos autobuses escolares de EE UU reciclados como camionetas para el transporte público regional

picop – furgoneta o camioneta

pisto – palabra coloquial maya para referirse al dinero

pullman – autobús tipo Pullman, de alta gama y elevadas prestaciones, generalmente destinado al transporte público discrecional

punta – danza erótica con la que se deleita a los hombres garífunas del Caribe

rebozo – pañuelo de algodón o lino utilizado para cubrirse la cabeza o los hombros

refajo – falda que usan las mujeres mayas

retorno – señal de tráfico que anuncia un cambio de sentido

sacbé, sacbeob – camino o avenida ceremonial entre las grandes ciudades mayas

sanatorio – hospital

temazcal – sauna maya

tepezcuintle – especie de roedor comestible que habita en la selva

tocoyal – tocado típico maya

tzut – versión del *kaperraj* utilizada por los hombres

tuk-tuk – mototaxi

vulcanizadora – taller de reparación de neumáticos

xinca – pequeño grupo indígena, de origen distinto a los mayas, que habita en la vertiente del Pacífico

zotz – en muchos idiomas mayas, murciélago

antojitos – aperitivos

GLOSARIO GASTRONÓMICO

atole – gachas calientes a base de maíz, leche, canela y azúcar

ceviche – pescado marinado en zumo de lima, acompañado de cebolla, chiles, ajo, tomate y cilantro

chicharrón – corteza de cerdo

chuchito – tamal pequeño

churrasco – bistec a la parrilla

frijol – alubia

güisquil – variedad de calabaza

jícama – popular tubérculo a caballo entre una patata y una manzana

jocón – guiso de color verde

preparado con pollo o cerdo, verduras y hierbas

licuado – batido preparado con fruta fresca, azúcar y leche o agua

milanesa – escalope

mojarra – perca

mosh – gachas de avena

pacaya – popular alimento que se extrae del corazón de una palmera

pepián – guiso tradicional a base de pollo y verduras en una salsa picante de sésamo y semillas de calabaza

plátano – plátano macho, comestible cuando se cocina

puyazo – selecto corte de carne de res

refacciones – aperitivos; véase antojitos

taco – tortilla de maíz blanda o crujiente, envuelta en carne y salsa

tamal – masa de maíz rellena de carne, alubias, chiles y otros ingredientes, envuelta en hoja de banano y cocinada al vapor

tapado – cazuela de marisco con leche de coco y plátano

tostada – tortilla plana y crujiente sobre la que se sirve carne o queso, tomates, frijoles y lechuga

Entre bastidores

LA OPINIÓN DEL LECTOR

Agradecemos a los lectores cualquier comentario que ayude a que la próxima edición pueda ser más exacta. Toda la correspondencia recibida se envía al equipo editorial para su verificación. Es posible que algún fragmento de esta correspondencia se use en las guías o en la web de Lonely Planet. Aquellos que no quieran ver publicados sus textos ni su nombre, deben hacerlo constar. La correspondencia debe enviarse, indicando en el sobre Lonely Planet/Actualizaciones, a la dirección de geoPlaneta en España: Av. Diagonal 662-664. 08034 Barcelona. También puede remitirse un correo electrónico a: **viajeros@lonelyplanet.es.** Para información, sugerencias y actualizaciones, se puede visitar www.lonelyplanet.es.

NUESTROS LECTORES

Gracias a los viajeros que consultaron la última edición y escribieron a Lonely Planet para enviar información, consejos útiles y anécdotas interesantes:

Kurt Annen, Carlos Baeza, Karen Bidmead, Amanda Bresnan, Rafael D'Angelo, Sofia Gazon, Pete Harvey, Rita Jaros, Pauline Kennedy, Lora Liegel, M. Carmen Marín, Lorette Medwell, Mark Nakano, Romario Quiche, Zack Rath, Hank Raymond, Nina Stelzig, Xabier Urrutia

AGRADECIMIENTOS

Lucas Vidgen

Gracias una vez más a los guatemaltecos por hacer un país tan magnífico para trabajar, vivir y viajar. Más concretamente, gracias a Johann en Guate por toda su luz interior y por una gran noche en la calle, a Denis en Río Dulce y a Charlie en Monterrico. A todos los lectores que escribieron con consejos e información, gracias. Y gracias siempre a mi compañera, América, por darme todo lo que siempre quise, incluidas Sofía y Teresa.

Daniel C. Schechter

Varios chapines y medio chapines contribuyeron generosamente a esta edición con su conocimiento y experiencia. Por nombrar solo a unos cuantos: Azucena Soto y Ángel Quiñones en Antigua; Christian Behrenz, Stefanie Zecha, Matt Purvis y Steve y Kat Kmack en el lago de Atitlán; William Paxtor, Martha "la Nicaragüense" Munguía, Marieke Smulders, Jacco Windt y Marcos Cifuentes en Quetzaltenango; Pauline Décamps y Mario Rolando Gutiérrez en Huehuetenango; Jeovani Tut Rodríguez y Marco Gross en El Petén; y Juan Pablo Viegas que describió su experiencia al cruzar la frontera por La Mesilla. ¡Gracias a todos!

RECONOCIMIENTOS

Información del mapa climatológico adaptado de M. C. Peel, B. L. Finlayson y T. A. McMahon (2007) "Updated World Map of the Köppen-Geiger Climate Classification", *Hydrology and Earth System Sciences*, 11, pp. 1633-1644. Ilustración pp. 38–39 por Michael Weldon. Fotografía de cubierta: iglesia y convento de Nuestra Señora de la Merced, Antigua; Aurora Photos/AWL ©.

ESTE LIBRO

Esta es la traducción al español de la 6ª edición de la guía *Guatemala* de Lonely Planet, documentada y escrita por Lucas Vidgen y Daniel C. Schechter, que también escribieron las dos ediciones anteriores.

VERSIÓN EN ESPAÑOL

GeoPlaneta, que posee los derechos de traducción y distribución de las guías Lonely Planet en los países de habla hispana, ha adaptado para sus lectores los contenidos de este libro.

Lonely Planet y GeoPlaneta quieren ofrecer al viajero independiente una selección de títulos en español; esta colaboración incluye, además, la distribución en España de los libros de Lonely Planet en inglés e italiano, así como un sitio web, www.lonelyplanet.es, donde el lector encontrará amplia información de viajes y las opiniones de los viajeros.

Gracias a Victoria Harrison, Andi Jones, Kirsten Rawlings, Maureen Wheeler

Índice

La **negrita** indica los mapas.
El azul indica las fotografías.